DIREITO DAS RELAÇÕES FAMILIARES CONTEMPORÂNEAS

ESTUDOS EM HOMENAGEM A PAULO LUIZ NETTO LÔBO

MARCOS EHRHARDT JÚNIOR
FABÍOLA ALBUQUERQUE LOBO
GUSTAVO ANDRADE
Coordenadores

Homenagens
Giselda Hironaka
Gustavo Tepedino
Luiz Edson Fachin
Rodrigo da Cunha Pereira
Zeno Veloso

DIREITO DAS RELAÇÕES FAMILIARES CONTEMPORÂNEAS

ESTUDOS EM HOMENAGEM A PAULO LUIZ NETTO LÔBO

Belo Horizonte

2019

© 2019 Editora Fórum Ltda.

É proibida a reprodução total ou parcial desta obra, por qualquer meio eletrônico, inclusive por processos xerográficos, sem autorização expressa do Editor.

Conselho Editorial

Adilson Abreu Dallari
Alécia Paolucci Nogueira Bicalho
Alexandre Coutinho Pagliarini
André Ramos Tavares
Carlos Ayres Britto
Carlos Mário da Silva Velloso
Cármen Lúcia Antunes Rocha
Cesar Augusto Guimarães Pereira
Clovis Beznos
Cristiana Fortini
Dinorá Adelaide Musetti Grotti
Diogo de Figueiredo Moreira Neto (in memoriam)
Egon Bockmann Moreira
Emerson Gabardo
Fabrício Motta
Fernando Rossi
Flávio Henrique Unes Pereira

Floriano de Azevedo Marques Neto
Gustavo Justino de Oliveira
Inês Virgínia Prado Soares
Jorge Ulisses Jacoby Fernandes
Juarez Freitas
Luciano Ferraz
Lúcio Delfino
Marcia Carla Pereira Ribeiro
Márcio Cammarosano
Marcos Ehrhardt Jr.
Maria Sylvia Zanella Di Pietro
Ney José de Freitas
Oswaldo Othon de Pontes Saraiva Filho
Paulo Modesto
Romeu Felipe Bacellar Filho
Sérgio Guerra
Walber de Moura Agra

CONHECIMENTO JURÍDICO

Luís Cláudio Rodrigues Ferreira
Presidente e Editor

Coordenação editorial: Leonardo Eustáquio Siqueira Araújo
Aline Sobreira de Oliveira

Av. Afonso Pena, 2770 – 15º andar – Savassi – CEP 30130-012
Belo Horizonte – Minas Gerais – Tel.: (31) 2121.4900 / 2121.4949
www.editoraforum.com.br – editoraforum@editoraforum.com.br

Técnica. Empenho. Zelo. Esses foram alguns dos cuidados aplicados na edição desta obra. No entanto, podem ocorrer erros de impressão, digitação ou mesmo restar alguma dúvida conceitual. Caso se constate algo assim, solicitamos a gentileza de nos comunicar através do *e-mail* editorial@editoraforum.com.br para que possamos esclarecer, no que couber. A sua contribuição é muito importante para mantermos a excelência editorial. A Editora Fórum agradece a sua contribuição.

Dados Internacionais de Catalogação na Publicação (CIP) de acordo com a AACR2

X123	Direito das relações familiares contemporâneas: estudos em homenagem a Paulo Luiz Netto Lôbo / Marcos Ehrhardt Júnior, Fabíola Albuquerque Lobo, Gustavo Andrade (Coord.).– Belo Horizonte : Fórum, 2019.
	568p.; 14,5cm x 21,5cm
	ISBN: 978-85-450-0700-5
	1. Direito Civil. 2. Direito das Sucessões. I. Ehrhardt Júnior, Marcos. II. Lobo, Fabíola Albuquerque. III. Andrade, Gustavo. IV. Título.
	CDD 347
	CDU 342.1

Elaborado por Daniela Lopes Duarte - CRB-6/3500

Informação bibliográfica deste livro, conforme a NBR 6023:2018 da Associação Brasileira de Normas Técnicas (ABNT):

EHRHARDT JÚNIOR, Marcos; LOBO, Fabíola Albuquerque; ANDRADE, Gustavo (Coord.). *Direito das relações familiares contemporâneas*: estudos em homenagem a Paulo Luiz Netto Lôbo. Belo Horizonte: Fórum, 2019. 568p. ISBN 978-85-450-0700-5.

SUMÁRIO

BREVES CONSIDERAÇÕES SOBRE O HOMENAGEADO
Marcos Ehrhardt Jr. 17

APRESENTAÇÃO
Os Coordenadores 21

EVOLUÇÃO HISTÓRICA E ASPECTOS CONSTITUCIONAIS

QUEM É PAULO LÔBO? UM PEQUENO RECORTE DE SUA VIDA
Rodrigo da Cunha Pereira 27

OS PRINCÍPIOS CONSTITUCIONAIS E SUA APLICAÇÃO NAS RELAÇÕES JURÍDICAS DE FAMÍLIA
Fabíola Albuquerque Lobo 31
1   Breves considerações sobre os princípios constitucionais 31
2   A estrutura normativa bidimensional do sistema jurídico constitucional 32
3   Subprincípios constitucionais aplicáveis ao Direito de Família 38
4   Conclusão 46

PRINCÍPIO DA AFETIVIDADE NO DIREITO DE FAMÍLIA
Ricardo Calderón 49
1   O percurso construtivo da afetividade 49

2	O perfil principiológico da afetividade no Direito de Família contemporâneo	53
3	Projeções da leitura jurídica da afetividade	64
	Referências	69

A TÉCNICA DA PONDERAÇÃO E SUAS APLICAÇÕES AO DIREITO DE FAMÍLIA E DAS SUCESSÕES

Flávio Tartuce 73

1	O Novo Código de Processo Civil. Panorama geral. A inclusão da técnica da ponderação no texto legal	73
2	A técnica da ponderação segundo Robert Alexy. Confrontação com a regra do art. 489, §2º, do novo CPC	77
3	Algumas aplicações concretas da técnica da ponderação no Brasil	81
4	Críticas ao uso da técnica da ponderação no Brasil e premissas para o seu afastamento	89
5	Aplicações da técnica da ponderação para resolver problemas de Direito de Família e das Sucessões no Brasil	92
6	Conclusão	102
	Referências	103

LIBERDADE E FAMÍLIA: UMA PROPOSTA PARA A PRIVATIZAÇÃO DAS RELAÇÕES CONJUGAIS E CONVIVENCIAIS

Renata Vilela Multedo 105

1	Introdução	105
2	Liberdade e família	111
3	Uma proposta para a privatização das relações conjugais e convivenciais	117
4	Limites e justificativas para e intervenção estatal	123
5	Conclusão	127
	Referências	130

PATRIMÔNIO MÍNIMO EXISTENCIAL: BENS PARA ALÉM DAS FAMÍLIAS
José Barros Correia Junior 133
    Referências 154

NOVOS DESAFIOS NAS RELAÇÕES CONJUGAIS E PARENTAIS

PAULO NOSSO DE CADA DIA
Luiz Edson Fachin 159

PARENTALIDADE SOCIOAFETIVA: O ATO FATO QUE SE TORNA RELAÇÃO JURÍDICA
Rodrigo da Cunha Pereira 161
1   Da mudança de paradigmas nas relações de parentesco 161
2   O afeto como valor e princípio jurídico 162
3   A família como estruturação psíquica 164
4   Da posse de estado de filho 165
5   Paternidade e filiação desbiologizada – uma das primeiras e mais conhecidas parentalidades socioafetivas: a família de Nazaré 167
6   O costume como principal fonte do direito: a força dos fatos 168
7   A boa-fé objetiva e o *venire contra factum proprium* 169
8   Socioafetividade e multiparentalidade 171
9   Conclusão 175
    Referências 176

REFLEXÕES SOBRE A MULTIPARENTALIDADE E A REPERCUSSÃO GERAL Nº 622 DO STF
João Ricardo Brandão Aguirre 177
1   Introdução 177
2   A presunção *pater is est* e o sistema patriarcal do Código Civil de 1916 180

3	O novo paradigma constitucional e a tutela das relações socioafetivas: da consolidação da afetividade como princípio fundamental das relações familiares ao reconhecimento da multiparentalidade	186
4	A Repercussão Geral nº 622 do STF e o reconhecimento da multiparentalidade	201
5	Considerações finais: caminho aberto para um terceira via, não excludente	209
	Referências	210

A DESJUDICIALIZAÇÃO DA MULTIPARENTALIDADE VOLUNTÁRIA

Patricia Ferreira Rocha 213
Introdução 213
1   Filiação: legitimação, desbiologização e
    multiparentalidade 214
2   O reconhecimento voluntário da filiação e o provimento
    nº 63/2017 do CNJ 218
3   A desjudicialização da multiparentalidade voluntária 222
    Conclusão 232
    Referências 233

A MULTIPARENTALIDADE NA PERSPECTIVA CIVIL-CONSTITUCIONAL E SEUS REFLEXOS SUCESSÓRIOS

Karina Barbosa Franco 237
Introdução 237
1   O instituto da multiparentalidade na perspectiva civil-
    constitucional 238
1.1 Origem e sua conceituação 238
1.2 A decisão do STF no RE nº 898.060, a tese fixada em
    repercussão geral e suas consequências 248

2	O exercício da multiparentalidade e seus efeitos jurídicos patrimoniais	255
2.1	Em relação aos direitos sucessórios	258
	Conclusão	271
	Referências	273

AS CAUSAS LEGAIS DA SEPARAÇÃO E A REALIDADE SOCIAL: RELEITURA DE UM ESTUDO SOCIOJURÍDICO

Maria Rita de Holanda Silva Oliveira 277

1	Introdução	277
2	As causas legais da separação judicial litigiosa	281
3	Principais resultados da pesquisa realizada no período de 1996 a 2000 na cidade do Recife – uma releitura	283
3.1	Método utilizado	283
3.2	Dados quantitativos dos processos distribuídos nas Varas de Família do Recife	284
3.2.1	Processos por ano de distribuição, segundo o procedimento	284
3.2.2	Processos de dissolução da sociedade conjugal, por ano de distribuição segundo o tipo de ação	285
3.2.3	Processos de separação litigiosa	286
3.2.3.1	Características socioeconômicas dos requerentes	286
3.2.3.2	A duração do casamento	287
3.2.3.3	As causas invocadas	287
3.2.3.4	As causas decididas	289
4	Reflexão dos resultados da pesquisa – do sistema híbrido (culpa e ruptura) ao sistema unitário (ruptura) nas formas de dissolução da conjugalidade	291
5	O fenômeno da emancipação da mulher como fator determinante dos conflitos conjugais	294
6	Conclusão	297
	Referências	298

PODER FAMILIAR NA PERSPECTIVA DO DIREITO CIVIL-CONSTITUCIONAL E A NECESSÁRIA INTERFERÊNCIA DA SOCIEDADE E DO ESTADO PARA O MELHOR INTERESSE DE CRIANÇAS E ADOLESCENTES
Catarina Oliveira 301
1   Autonomia da vontade e responsabilidades no Direito de Família constitucionalizado 301
2   Poder familiar no Direito Civil brasileiro 304
3   Para onde apontam os deveres parentais no poder familiar 307
4   Interferência estatal e intimidade familiar 310
5   Conclusão 315
      Referências 316

QUESTÕES BIOÉTICAS NAS RELAÇÕES FAMILIARES

PAULO LÔBO – UM EDUCADOR
Zeno Veloso 321

DIREITOS HUMANOS REPRODUTIVOS E REPRODUÇÃO MEDICAMENTE ASSISTIDA: LIBERDADE DE REPRODUZIR (?)
Luciana Brasileiro 325
1   A reprodução humana 325
2   Direitos humanos reprodutivos 326
3   Planejamento familiar 330
3.1   Lei do Planejamento Familiar 330
3.2   Liberdade de reprodução 333
4   A reprodução medicamente assistida 337
      Referências 342

HOMOPARENTALIDADES ECTOGENÉTICAS E A (IM)POSSIBILIDADE DE REPRODUÇÃO ENTRE IGUAIS: UMA ANÁLISE DO EXERCÍCIO DO PLANEJAMENTO FAMILIAR NAS FAMÍLIAS HOMOAFETIVAS

Manuel Camelo Ferreira da Silva Netto 345

    Introdução 345

1   Planejamento familiar no Brasil: uma análise da Constituição de 1988 em conjunto com a Lei nº 9.263/96 347

1.1   Direitos sexuais e reprodutivos como pressupostos de um planejamento familiar efetivo 350

1.2   O planejamento familiar e seus limites: a dignidade da pessoa humana e a parentalidade responsável 353

2   O planejamento familiar no âmbito da família homoafetiva 357

2.1   Argumentos contrários à homoparentalidade: o preconceito social como um obstáculo à consecução de direitos civis 359

2.2   A homoparentalidade à luz da Constituição Federal de 1988 361

2.3   Uma escolha legítima: a reprodução humana assistida como uma alternativa para os casais homoafetivos 365

    Considerações finais 369

    Referências 373

RESPONSABILIDADE CIVIL NAS RELAÇÕES FAMILIARES

PAULO LÔBO, MEU AMIGO ANCESTRAL E MEU MESTRE ETERNO

Giselda Maria Fernandes Novaes Hironaka 379

BREVES NOTAS SOBRE A RESPONSABILIDADE CIVIL NO DIREITO DAS FAMÍLIAS

Marcos Ehrhardt Júnior 383
    Introdução 383
1   Responsabilidade civil no Direito de Família 386
    Considerações finais 395
    Referências 397

O DANO EXISTENCIAL NO DIREITO DE FAMÍLIA A PARTIR DA EXPERIÊNCIA JURISPRUDENCIAL ITALIANA

Elaine Buarque 401
    Introdução 401
1   Breves apontamentos acerca das diferenças entre os danos moral e existencial 403
1.1   O *danno esistenziale* na Itália 406
1.2   O dano existencial no Direito de Família a partir dos precedentes italianos 408
1.2.1   III Sessão Unida proferiu a Sentença nº 6.607, de 11 de novembro de 1986 408
1.2.2   III Sessão Unida da Corte de Cassação Civil, Sentenças nº 8.827 e nº 8.828, de 31 de maio de 2003 414
1.2.3   III Sessão Unida da Corte de Cassação, Sentenças nº 26.972 e 2.973, de 11 de novembro de 2008 417
2   O dano existencial e suas consequências nas relações de Direito de Família: casos brasileiros 420
    Conclusão 425
    Referências 428

A RESPONSABILIDADE CIVIL DA MÃE GESTANTE POR DANOS AO NASCITURO

Mário Luiz Delgado 431
1   Introdução 431

2	O conceito de nascituro	433
3	O nascituro como titular de direitos da personalidade	434
4	Os deveres parentais de cuidado e de responsabilidade extensivos ao nascituro	435
5	A tutela do direito à integridade física e psíquica do nascituro durante a vida intrauterina	438
6	Dano genético e dano pré-natal	441
7	Responsabilizando a gestante: pressupostos e casuística	444
8	As ações de *wrongful birth* e *wrongful life*. Um olhar sobre o Direito anglo-saxão	448
9	Conclusões	452
	Referências	454

RESPONSABILIDADE CIVIL E RELACIONAMENTO EXTRACONJUNGAL
Ana Carla Harmatiuk Matos, Lígia Ziggiotti de Oliveira 457

1	Introdução	457
2	Danos morais na conjugalidade	459
3	Reflexão crítica sobre os deveres conjugais	461
4	Danos morais em razão de relações extraconjugais?	464
5	Além do dever de fidelidade	467
	Considerações finais	470
	Referências	471

QUESTÕES CONTEMPORÂNEAS

AVE, PAULO LÔBO!
Gustavo Tepedino 477

MEDIAÇÃO FAMILIAR: NOVAS PERSPECTIVAS
Gustavo Andrade 479

1	Introdução	479
2	Situação do tema	481

3	Os diversos meios para a resolução de conflitos	483
3.1	Mediação e arbitragem	483
3.2	Mediação e conciliação	485
4	Mediação familiar	487
4.1	Definição	487
4.2	Interdisciplinaridade	490
5	Conclusão	492
	Referências	493

A TUTELA JURÍDICA DA TRANSEXUALIDADE NO BRASIL
Mariana Chaves, Fernanda Leão Barretto, Rodolfo Pamplona Filho 495

1	Introdução	495
2	A despatologização das identidades trans	498
3	Sobre o direito à liberdade, à identidade pessoal e ao nome	506
4	O direito à cirurgia de transgenitalização	509
5	O direito à mudança do prenome e do sexo no registro civil com ou sem cirurgia	512
6	Considerações finais	524
	Referências	525

LICENÇA-NATALIDADE: EM BUSCA DE UMA READEQUAÇÃO DE CONCEITOS EM UM NOVO DIREITO DE FAMÍLIA
Everilda Brandão Guilhermino 527

Para um novo direito, novas palavras 527
A família, de fato e de direito, na contemporaneidade 530
O caminhar da evolução legislativa em busca da ampliação da proteção à maternidade 532
Por uma alteração de palavras e de conceitos 536
Referências 541

PLANEJAMENTO PATRIMONIAL FAMILIAR: AS *HOLDINGS*

Paula Falcão Albuquerque,
Danilo Rafael da Silva Mergulhão 543

    Considerações iniciais 543
1   A constitucionalização do Direito Civil: família, contratos e propriedade 545
2   Planejamento e blindagem patrimonial 551
3   *Holding* familiar como forma de planejamento patrimonial familiar 556
    Considerações finais 561
    Referências 562

SOBRE OS AUTORES 565

BREVES CONSIDERAÇÕES SOBRE O HOMENAGEADO

Paulo Luiz Netto Lôbo nasceu em Penedo, Alagoas, em 30 de julho de 1949, filho de Luiz Araújo Lôbo e Inez Netto Lôbo. Graduou-se como Bacharel em Direito pela Universidade Federal de Alagoas (UFAL) em 1972. Especialista em Teoria Geral do Direito Privado pela Universidade de Brasília (UnB) em 1982, concluiu seu mestrado em Direito pela Universidade Federal de Pernambuco (UFPE) em janeiro de 1983, sendo aprovado com distinção. Após defesa de tese em maio de 1991, obteve, mais uma vez com distinção, o título de Doutor em Direito, pela Universidade de São Paulo (USP).

Advogado desde março de 1973, Procurador do Estado de Alagoas aposentado, Ex-Conselheiro do Conselho Nacional de Justiça (CNJ), sempre exerceu durante toda sua trajetória profissional diversos cargos relevantes, dentre os quais vale destacar o de Procurador-Geral do Estado de Alagoas (de 23.8.1999 a 7.2.2002), Conselheiro Federal da Ordem dos Advogados do Brasil, durante 11 anos (de 1987 a início de 1998), Conselheiro Seccional da OAB – Seção de Alagoas, durante 8 anos, de 1979 a início de 1987, tendo sido Secretário Geral.

Paulo Lôbo também atuou como Presidente e Relator da Comissão do Conselho Federal da OAB que elaborou o projeto do Estatuto da Advocacia e da OAB (1991/1992) e como Presidente da Comissão de Ensino Jurídico do Conselho Federal da OAB, desde sua criação em 1991 até janeiro de 1998, período no qual integrou a Comissão de Temário de quatro Conferências Nacionais dos Advogados (XIV, XV, XVI e XVII) e o Conselho Consultivo da Escola Nacional de Advocacia. Esta intensa atividade relacionada à advocacia fez com que recebesse a homenagem do Projeto Memória OAB, do Conselho Federal da OAB, em 14 de março de 2005.

Em suas atividades institucionais, destaca-se como membro do Instituto dos Advogados Brasileiros e do Instituto dos Advogados de Alagoas, membro da *International Society of Family Law*, membro fundador do Instituto Brasileiro de Direito de Família – IBDFAM (integrando sua Diretoria Nacional desde os primeiros dias), membro Fundador do Instituto de Direito Privado, membro do Instituto Brasileiro de Política e Direito do Consumidor – BRASILCON (integrando seu Conselho Científico), membro do Instituto Luso-Brasileiro de Direito Comparado e, mais recentemente, membro fundador e vice-presidente do Instituto Brasileiro de Direito Civil – IBDCivil.

O homenageado também integra os conselhos editoriais de diversas revistas jurídicas no Brasil e no exterior, dentre as quais a Revista Fórum de Direito Civil (RFDC), editada pelo selo editorial responsável pela publicação desta homenagem, além de ter participado de diversas bancas examinadoras de concurso para ingresso no Magistério Superior, na Magistratura, no Ministério Público, como representante da OAB.

No campo acadêmico, Professor Emérito da Universidade Federal de Alagoas (2006) foi diretor do Centro de Ciências Sociais Aplicadas da UFAL (1984/1988) e do Centro de Ciências Jurídicas (setembro 1995/agosto 1999) e consultor do CNPq e da CAPES, na área de Direito. Paulo Lôbo foi Presidente da Associação Brasileira de Ensino do Direito (2001/2002) e o orientador de mais de 50 mestres e doutores, ajudando a consolidar uma verdadeira escola de pensamento no campo do Direito Privado em nosso país.

Sua vasta produção científica contabiliza mais de uma centena de artigos e mais de 50 livros publicados, desde o trabalho sobre alocação de prédios urbanos (1974), passando pelos trabalhos sobre o Direito Contratual (*Do contrato no Estado Social*, Maceió, EDUFAL, 1983; *O contrato – exigências e concepções atuais*, São Paulo, Ed. Saraiva, 1986; *Condições gerais dos contratos e cláusulas abusivas*, São Paulo, Ed. Saraiva, 1991), seus comentários ao Estatuto da Advocacia (primeira edição em 1994), escritos sobre o Direito das Relações de Consumo (*Responsabilidade por Vício do Produto ou do Serviço*, Brasília: Ed. Brasília Jurídica, 1996), Comentários ao Código Civil (*Comentários ao Código Civil: Das várias espécies de contrato*, Antônio Junqueira de Azevedo (Coord.), vol. 6, São Paulo: Saraiva, 2003; *Código Civil Comentado: Direito de Família. Relações de Parentesco. Direito Patrimonial*, Álvaro Villaça Azevedo (Coord.), vol. XVI, São Paulo: Atlas, 2003) até chegar ao seu prestigiado e festejado Curso de Direito Civil, editado pela Saraiva e organizado em seis volumes: Parte Geral (8ª edição), Obrigações (7ª edição), Contratos (5ª edição), Coisas (4ª edição), Famílias (9ª edição) e Sucessões (5ª edição).

O vasto currículo e a relevante contribuição nos mais diversos segmentos da atividade jurídica o credenciaram ao recebimento de diversos prêmios e homenagens, dentre os quais se pode destacar a Comenda Mendonça Junior, da Academia Maceioense de Letras (2006), a Comenda Desembargador Mário Guimarães, da Câmara Municipal de Maceió (2008), a Comenda do Mérito dos Palmares, grau Comendador, do Governo do Estado de Alagoas (2009), a Medalha Doutor Pontes de Miranda, do Governo do Estado de Alagoas (2006), as Medalhas Zepherino Lavenère Machado (2009) e Quintela Cavalcanti (2014), ambas da OAB/AL, e a Ordem do Mérito Ministro Silvério Fernandes de Araújo Jorge, grau Mérito Ouro, Tribunal Regional do Trabalho da 19ª Região (1998). Em 2017, o Instituto de Pesquisas e Extensão Perspectivas e Desafios da Humanização e Desafios do Direito Civil-Constitucional (IDCC) vinculado ao Curso de Direito da Universidade Federal da Paraíba (UFPB) criou um prêmio de honra ao mérito que leva o seu nome.

Atualmente atua como líder do Grupo de Pesquisa Constitucionalização das Relações Privadas (CONREP/UFPE), que congrega pesquisadores de diversos estados, constituindo uma verdadeira rede de pesquisa sobre o Direito Civil e seus desafios contemporâneos.

Como se pode facilmente constatar, o homenageado devotou sua vida ao estudo do Direito, tendo contribuído ativamente para o aperfeiçoamento profissional e acadêmico das instituições jurídicas em nosso país. Esta obra é fruto do reconhecimento de seus ex-alunos, alunos, admiradores e colegas professores pelo trabalho excepcional que o pai do Marcelo, Moema (*in memoriam*), Marcos e Luiz e avô da Mariana, da Alice e do Marcelinho sempre desempenhou em prol do ensino jurídico no Brasil.

Marcos Ehrhardt Jr.

APRESENTAÇÃO

Este livro é fruto de um projeto coletivo, concebido inicialmente a partir dos debates entre pesquisadores integrantes do Grupo de Pesquisa Constitucionalização das Relações Privadas (CONREP/UFPE) e do Grupo Direito Privado e Contemporaneidade (UFAL), que se expandiu para integrar um diálogo prospectivo com pesquisadores de outras regiões do país, tendo como fio condutor as reflexões e lições de Paulo Luiz Netto Lôbo atinentes ao âmbito do Direito das Famílias e Sucessões, razão pela qual, na ocasião do seu septuagésimo aniversário, decidiu-se por homenageá-lo.

O livro contém 21 textos, divididos em cinco blocos organizados de acordo com as mais representativas temáticas do Direito de Família contemporâneo, quer na pesquisa acadêmica, quer na rotina prática dos advogados e demais operadores do Direito, onde afinal a obra do homenageado tem irradiado e contribuído para enriquecer os debates e oferecer soluções a casos concretos.

O *bloco introdutório*, forte na metodologia civil constitucional, como de resto é também o complemento do livro, o que não poderia deixar de ocorrer, dada a sua fonte inspiradora ser a obra daquele que é uma das principais referências do Direito Civil Constitucional no Brasil, além da abordagem do Direito de Família à luz da legalidade constitucional, apresenta a principiologia tão expressiva nos ensinamentos de Paulo Lôbo. Destina-se portanto a abordar a temática dos princípios constitucionais e sua aplicação nas relações jurídicas de família (Fabíola Lobo), tendo como desdobramentos a temática da afetividade no Direito de Família (Ricardo Calderón) e na contribuição de Flávio Tartuce, que aborda a questão da técnica da ponderação e suas aplicações ao Direito de Família e das Sucessões.

Destaque-se até aqui a integração entre os textos e o forte diálogo entre a Escola de Direito Pernambucana (Fabíola Lobo – UFPE), Paranaense (Ricardo Calderón – UFPR) e Paulista (Flávio Tartuce – USP), que convidam ao diálogo a Escola de Direito do Rio de Janeiro (Renata Multedo – UERJ), através do texto

"Liberdade e família: uma proposta para a privatização das relações conjugais". A esse mosaico formado pelas interações entre PE-PR-SP-RJ, conecta-se Alagoas, mediante as reflexões de José Barros Correia Junior sobre a concepção de patrimônio mínimo, marcando a participação do já referido Grupo de Pesquisa Direito Privado e Contemporaneidade, vinculado à Universidade Federal de Alagoas (UFAL), na qual o homenageado desta obra teve contribuição decisiva na formação de toda uma geração de docentes e operadores jurídicos.

A *segunda parte* traz ao leitor núcleo temático baseado nos desafios que surgem no Direito de Família frente às novas composições familiares, em especial no âmbito da conjugalidade e da parentalidade, sem descurar de seu enfrentamento e das discussões levadas aos tribunais. O texto de abertura desta seção é de autoria de Rodrigo da Cunha Pereira, presidente nacional do Instituto Brasileiro de Direito de Família (IBDFAM), que trata da parentalidade socioafetiva. Na sequência, três autores apresentam diferentes perspectivas acerca do instituto da multiparentalidade, iniciando com João Aguirre e seus comentários acerca do julgamento do Supremo Tribunal Federal sobre o tema. Cabe à Patrícia Ferreira Rocha abordar a questão da desjudicialização da multiparentalidade voluntária, sendo seguida da contribuição de Karina Barbosa Franco, que enfrenta a questão dos reflexos sucessórios decorrentes do reconhecimento da multiparentalidade.

Este bloco do livro prossegue com as reflexões da professora Maria Rita de Holanda Silva Oliveira a respeito das causas legais da separação em cotejo com a realidade social, apresentando interessante releitura sociojurídica de um tema de forte incidência no cotidiano de nossos tribunais. Saindo da questão da conjugalidade, dá-se por encerrada a segunda parte do livro com o artigo de Catarina Oliveira sobre o poder familiar na perspectiva do melhor interesse da criança.

O *terceiro bloco* apresenta a sensível questão da bioética no Direito de Família, aprofundando a análise do tema com inquietações em torno de importantes problemas, como a reprodução assistida e o planejamento familiar. Coube a Luciana Brasileiro tratar da liberdade de reproduzir, num texto que dialoga com as reflexões de Manuel Camelo Ferreira da Silva Netto acerca do exercício do planejamento familiar nas famílias homoafetivas.

Os textos que compõem a *quarta parte* versam sobre o direito de danos na seara do Direito de Família, oferecendo questões atuais, contemplando também a contingencialidade do tempo e do espaço na responsabilidade civil decorrente das relações familiares, consoante se verifica na contribuição de Marcos Ehrhardt Jr., que serve de introdução para a análise de três temas específicos: (a) dano existencial no Direito das Famílias (Elaine Buarque), (b) responsabilidade da mãe gestante por danos ao nascituro (Mário Delgado) e (c) responsabilidade no relacionamento extraconjugal (Ana Carla Harmatiuk Matos e Lígia Ziggiotti de Oliveira), destacando-se mais uma fez uma construção coletiva de saberes que reúne o Nordeste (Marcos Ehrhardt e Elaine Buarque), com o Sul (Ana Carla Matos e Lígia Ziggiotti) e Sudeste, aqui representado por um nordestino, que concluiu sua formação acadêmica em São Paulo, Mário Delgado, doutor pela USP.

O *quinto e último bloco* enfrenta temas contemporâneos que suscitam reflexões em institutos ainda em consolidação no Direito de Família brasileiro, fontes de constantes discussões e utilização prática. Eis aqui a contribuição de Gustavo Andrade sobre a mediação familiar, as reflexões de Marianna Chaves, Fernanda Leão Barreto e Rodolfo Pamplona Filho acerca da tutela jurídica da transexualidade no Brasil, como também a proposta de Everilda Brandão sobre a licença natalidade. Por fim e não menos importante, os comentários de Paula Falcão e Danilo Mergulhão sobre a polêmica questão do planejamento patrimonial familiar.

Esperamos que ao fim de todo esse percurso o leitor perceba quão rico, variado e desafiador é o estudo do Direito das Famílias em nosso país e que as diversas citações aos trabalhos do homenageado presentes ao longo dos textos que compõem este livro permitam entender melhor a sua influência nas decisões dos tribunais e a importância do seu pensamento na formação dos operadores jurídicos comprometidos com a repersonalização das relações pessoais no Brasil.

Se o móvel deste projeto foi prestar uma homenagem ao Professor Paulo Lôbo na passagem dos seus 70 anos, não podemos deixar de registrar a opinião unânime de todos os participantes de que fomos nós que recebemos o presente, através do privilégio de privar de sua companhia e/ou dos seus ensinamentos, quer seja por tudo quanto escreveu, quer seja pelo exemplo de dedicação profissional e acadêmica ao longo de toda a sua trajetória.

Os Coordenadores

EVOLUÇÃO HISTÓRICA E ASPECTOS CONSTITUCIONAIS

QUEM É PAULO LÔBO? UM PEQUENO RECORTE DE SUA VIDA

Paulo Lôbo é um dos maiores civilistas brasileiros. Seus livros já são "clássicos", e como poucos outros autores os seus escritos atravessarão gerações. O seu texto está entre os melhores: conciso, sintético (escrever é arte de economizar palavras, como dizia Carlos Drummond Andrade), objetivo, claro e vai direto ao ponto.

Antes de conhecer Paulo Lôbo, eu já o conhecia. Isto porque seus escritos, sua doutrina, seu pensamento já havia começado a se espraiar muito antes do meu contacto pessoal com ele, quando o conheci em um evento em Maceió.

Foi neste Congresso de Direito Civil, em 1996 no hotel Jatiúca, que nos encontramos pela primeira vez. E foi ali que começamos a gestar, juntamente com Maria Berenice Dias, o IBDFAM – Instituto Brasileiro de Direito de Família, cujo nascimento se deu em 25.10.1997 em Belo Horizonte. De lá para cá, tive o privilégio de conhecê-lo melhor, chegar mais perto, conhecê-lo para além de sua consistente doutrina jurídica. Acho que sei quase tudo de sua vida. Pude entrar um pouco na sua intimidade, desvendar e desvelar sua alma. E quanto mais eu o decifrava, mais eu o admirava. Paulo Lôbo é uma pessoa conhecida, inclusive, pela sua ética inquebrantável, que é exemplo para o nosso Brasil, e que se projeta em todos os setores de sua vida.

Na OAB fez, não apenas doutrina, mas foi também um dos maiores e melhores intérpretes do Estatuto da OAB (Lei nº 8.906/1994) e nele está contido a influência de seu pensamento ético. No CNJ – Conselho Nacional de Justiça, onde assentou por dois mandatos (2005 a 2009), deixou marcas e a força do seu pensamento ético. Dentre seus vários feitos no CNJ está o importante provimento que recomenda os tribunais estaduais a criarem câmaras especializadas ou preferenciais de Direito de Família e Sucessões. Para muito além desta questão pontual e específica do Direito das Famílias, deixou sua marca no CNJ na luta contra o preconceito, contra o coronelismo ainda existente e o terrível tráfico de influência.

Por onde ele passa deixa sua marca de seriedade, competência e bons valores. Na universidade e na academia sempre estimulou os alunos a pensarem por si, a desenvolverem raciocínio próprio. Acho que ele continua acreditando na universidade como *locus* de produção de conhecimento. Participou de vários grupos de estudo e ainda participa. Orientou, e talvez tenha até desorientado (no bom sentido), vários mestrandos e doutorandos por esse Brasil. Por mais que ele não concorde, sempre soube respeitar a diversidade e diferença de pensamentos, exercício para apenas quem tem pensamento nobre como Paulo Lôbo sabe fazê-lo. E isto não é simples, pois a nossa tendência, como todo humano, é afastar o diferente. Talvez seja isto que tenha colocado Paulo Lôbo, em muitos aspectos de sua doutrina jurídica e de seu pensamento em geral, como um homem à frente de seu tempo.

Aparentemente ele é um homem comum, como qualquer outro, mas não é. Ele não ocupa um lugar comum na vida. Ele é um homem raro e com quem me identifico. E isto não é uma conclusão apressada. Pude verificar isto em mais de duas décadas que convivi com ele, e acho que juntos transformamos nossas vidas. O IBDFAM foi, e continua sendo, nosso ponto de encontro. Ele á a sensatez e a nossa referência para dirigir o barco. Mesmo nas turbulências, nas adversidades e no conflito de nossas diferenças, ele sempre tem a palavra da ponderação. Parece até sobre-humano. Mas não é. E é exatamente a sua humanidade e seus valores humanitários que o fazem ser um homem assim: raro. Claro que ele tem defeitos, como todos nós humanos. Seria desumanizá-lo se eu não os enxergasse, mas isto não o torna menor. Apenas, também, mais humano. Mas ainda tem muito a contribuir. Ele está no ápice de sua maturidade intelectual. A cada nova edição de seus livros vê-se que ele vem se apurando e depurando a sua intelectualidade. Temos que nos espelhar em sua ética, em seu pensamento jurídico e principalmente em sua humanidade. Ele tem uma grande influência em minha vida. Acho que eu seria bem diferente se não o tivesse conhecido. Ele é assim, vai deixando suas marcas pelo caminho e nas pessoas. Homenageá-lo com este livro, capitaneado por Marcos Ehrhardt, é um gesto de reconhecimento e agradecimento à sua vida e obra. Sim, ele tem uma obra e que ficará para além dele e se desprenderá dele.

Esta é a verdadeira obra. Por isto, e por ser quem é, Paulo Lôbo é um homem imprescindível para o Brasil do século XXI.

A todos, os meus desejos de uma boa leitura e de uma profícua reflexão.

Rodrigo da Cunha Pereira
Advogado, Presidente Nacional do Instituto Brasileiro de Direito de Família IBDFAM, Doutor (UFPR) e Mestre (UFMG) em Direito Civil e autor de vários artigos e livros em Direito de Família e Psicanálise.

OS PRINCÍPIOS CONSTITUCIONAIS E SUA APLICAÇÃO NAS RELAÇÕES JURÍDICAS DE FAMÍLIA

FABÍOLA ALBUQUERQUE LOBO

1 Breves considerações sobre os princípios constitucionais

O fio condutor do presente trabalho é demonstrar a aplicação direta e imediata dos princípios constitucionais nas relações jurídicas de família, de acordo com a chamada interpretação conforme a Constituição, tão cara à metodologia do Direito Civil Constitucional.

A constitucionalização do Direito Civil atingiu seu ápice com a Constituição Federal/88 e impôs uma hermenêutica interpretativa diferenciada às relações jurídicas, consolidando valores há muito postulados pela sociedade, resultando em um completo redirecionamento no conteúdo do Direito Privado. Quiçá o Direito de Família tenha sido o ramo que mais absorveu as vicissitudes deste processo transformativo, ao buscar apreender as singelezas das demandas sociais.

Os princípios, na atualidade, ocupam posição de destaque no sistema de fontes, porque detêm a primazia na escala hierárquica, ao contrário do que ocorria no Estado liberal, onde havia a prevalência da lei e aos princípios cabia o papel de coadjuvante no sistema de fontes. Como exemplo, veja-se a Lei de Introdução às Normas do Direito Brasileiro.[1] Essa ordem foi alterada somente com o advento do Estado Social, quando o caráter supletivo e último, atribuído aos princípios gerais de Direito, foi objeto de reviravolta. Os princípios, assim, assumiram posição de destaque na pirâmide normativa,

---

[1] Art. 4º – Quando a lei for omissa, o juiz decidirá o caso de acordo com a analogia, os costumes e os princípios gerais do direito.

passando a conformar a lei e não mais o inverso.² A inversão deve-se ao fato da reconhecida insuficiência da lei para realizar os anseios sociais, ao passo que os princípios, dada a sua natureza fluida, permitem seu preenchimento e servem de instrumentos concretizadores dos valores supremos intrínsecos à sociedade em determinado contexto. Neste sentido os princípios radiografam os fundamentos da ordem jurídica.

A respeito à contribuição de Luís Roberto Barroso:

> Princípios são o conjunto de normas que espelham a ideologia da Constituição, seus postulados básicos e seus fins. Dito de forma sumária são as normas eleitas pelo constituinte originário como fundamentos ou qualificações essenciais da ordem jurídica que institui.³

2 A estrutura normativa bidimensional do sistema jurídico constitucional

A ideia de bidimensionalidade exige compreender o sistema jurídico constitucional como estrutura normativa aberta, composta de duas dimensões: regras e princípios. Por estrutura normativa aberta entenda-se a capacidade de absorção e de diálogo das normas constitucionais com a realidade social. A composição de regras e princípios significa dizer que norma é gênero do qual regras e princípios são espécies. Logo, as normas constitucionais tanto se revelam sob a forma de regras como de princípios e ambos são dotados de igualdade normativa, apesar da admissão de diferentes tipos de regras e princípios.

Segundo Canotilho, a diferença é qualitativa e, para ilustrar, elenca alguns critérios distintivos entre princípios e regras. Segundo ele, os princípios contêm um grau elevado de abstração, o que os torna conceitualmente vagos e indeterminados, exigindo uma operação secundária de mediações concretizadoras, consoante as circunstâncias fácticas e jurídicas.

---

[2] A respeito da inversão hermenêutica dos princípios ver Gustavo Tepedino. *Temas de direito civil*, 1999, p. 18. Do mesmo autor ver Normas constitucionais e relações de direito civil na experiência brasileira. *Conferência da Faculdade de Direito de Coimbra*, 2000, p. 333.
[3] Cf. *Temas de direito constitucional*, Rio de Janeiro: Renovar, 2001, p. 65.

As regras, ao contrário, primam pela clareza e pela possibilidade de aplicação imediata, recorrendo-se às vias interpretativas, numa incidência menor que os primeiros ou com menor mediação semântica. Os princípios coexistem diante de uma colisão, enquanto a estrutura normativa das regras é destituída dessa flexibilidade, porque, em caso de conflito, excluem-se. No caso de colisão de princípios, lança-se mão do recurso do princípio da proporcionalidade; já as regras estão no plano da validade e desconhecem qualquer espécie de mediação. Os princípios contêm exigências que devem ser realizadas em maior grau possível; as regras, por sua vez, são prescrições normativas concretas.[4]

Em decorrência dessa igualdade normativa é certa a existência de colisão entre as regras e entre os princípios, mas a forma de solucioná-la é distinta. A colisão se instaura quando duas normas aplicadas isoladamente conduzirem a resultados distintos e incompatíveis.

As regras estão no plano da validade; consequentemente, ou valem ou não valem. Há dois caminhos possíveis para resolver o conflito: mediante a inserção da cláusula de exceção, ou mediante a revogação da lei, ao ser declarada inconstitucional.

Quanto à primeira opção, a doutrina admite a inserção de cláusulas de exceção às regras, de modo a conformar uma ressalva ao seu conteúdo; entretanto, quanto maior a intensidade das expressões deônticas de mandato, permissão ou proibição informativas das regras, aquele espaço conciliatório fica reduzido. Quanto à hipótese da revogação deve-se observar o prescrito na Lei de Introdução às Normas do Direito Brasileiro.[5]

Ao inverso das regras, a natureza dos princípios, fluida e harmonizadora, possibilita a convivência e a coexistência entre eles numa colisão sem significar sua exclusão. Os princípios, mesmo conflituosos, convivem harmonicamente, ou seja, diante de um caso concreto, o fato de um princípio ter sido utilizado ao invés de outro não retira sua relevância, ou seja, como encerram mandatos

---

[4] CANOTILHO, J. J. Gomes. *Direito constitucional*. 3. ed. Coimbra: Almedina, 1998, p. 1087/8.
[5] LINDB – Art. 2º, §1º – "A lei posterior revoga a anterior quando expressamente o declare, quando seja com ela incompatível ou quando regule inteiramente a matéria de que tratava a lei anterior".

de otimização, ordenam o balanceamento de valores e interesses, segundo o peso e a ponderação de outros princípios para que algo seja realizado na maior medida possível, dentro das possibilidades jurídicas e reais existentes.

Noutros termos lançar-se-á mão do recurso da ponderação ou balanceamento de valores ou do princípio da restrição menor possível.

Lorenzetti, a respeito, assim se manifesta:

> A valoração pode ser de tipo comparativo quando de dois objetos se diz que um tem maior valor que outro, expressando-se juízos de preferência ou equivalência, neste caso o modo de interpretar o valor é, então, mediante um juízo comparativo, que denominaremos juízo de ponderação, já que se trata de estabelecer uma medida, um equilíbrio (…), destinado a estabelecer "seu peso no caso concreto".[6]

Os princípios são cambiantes e sua plasticidade permite uma aderência maior ou menor em consonância com as circunstâncias temporais, fácticas e jurídicas imanentes ao caso concreto.

Pelo exposto é imperiosa a articulação das regras e princípios conduzindo à chamada unidade da Constituição, tão cara ao princípio da unidade do ordenamento jurídico, conformado com o princípio da supremacia da Constituição.

Conforme dito anteriormente, a moderna hermenêutica constitucional requer um constante diálogo entre a realidade social e as normas jurídicas. Sabedores de que as regras não detêm a mesma adaptabilidade dos princípios, a esses recaem o papel de articulador do sistema jurídico.

Em contrapartida à fraca densidade semântica dos princípios, ressalte-se a força dos princípios para legitimar os valores sociais de tutela. Portanto, qualquer interpretação que se faça da Constituição deverá, necessariamente, ser conformada à perspectiva de uma sociedade democrática, solidária e pluralista, o que caracteriza o chamado condicionamento recíproco entre a Constituição jurídica e a realidade político-social.

---

[6] LORENZETTI, Ricardo Luis. *Fundamentos do direito privado*. Trad. Vera Maria Jacob de Fradera. São Paulo: RT, 1998, p. 287.

Situação extremamente cara a Konrad Hesse. Segundo ele:

> O significado da ordenação jurídica na realidade e em face dela somente pode ser apreciado se ambas – ordenação e realidade – forem consideradas em sua relação, em seu inseparável contexto, e no seu condicionamento recíproco. Uma análise isolada, unilateral, que leve em conta apenas um ou outro aspecto, não se afigura em condições de fornecer resposta adequada à questão. Para aquele que contempla apenas a ordenação jurídica, a norma está em vigor ou está derrogada; Não há outra possibilidade. Por outro lado, quem considera, exclusivamente, a realidade política e social ou não consegue perceber o problema na sua totalidade, ou será levado a ignorar, simplesmente, o significado da ordenação jurídica (...). Eventual ênfase numa ou noutra direção leva quase inevitavelmente aos extremos de uma norma despida de qualquer elemento da realidade ou de uma realidade esvaziada de qualquer elemento normativo. Faz-se mister encontrar, portanto, um caminho entre o abandono da normatividade em favor do domínio das relações fáticas, de um lado, e a normatividade despida de qualquer elemento da realidade, de outro.[7]

Esse condicionamento recíproco nos conduz a concluir que, quanto maior a absorção constitucional dos valores consagrados pela sociedade, maior a probabilidade de sua eficácia jurídica e social.

Como sabido, a Constituição Federal alçou alguns princípios à condição de fundamentais/estruturantes. Para Canotilho, os princípios designados como tais são constitutivos e indicativos das "ideias directivas básicas de toda a ordem constitucional".[8]

No rol dos chamados princípios estruturantes ressaltamos os princípios da dignidade da pessoa humana e da solidariedade.

Inúmeras são as contribuições doutrinárias no sentido de preencher o conteúdo do princípio da dignidade da pessoa humana, mas sem dúvida a mais recorrente é a de Kant, para quem aquele deve ser compreendido nos seguintes termos:

> No reino dos fins tudo tem ou um preço ou uma dignidade. Quando uma coisa tem um preço, pode-se pôr em vez dela qualquer outra

---

[7] HESSE, Konrad. *A força normativa da constituição*. Trad. Gilmar Ferreira Mendes. Porto Alegre: Sérgio Antônio Fabris, 1991, p. 13-4.
[8] CANOTILHO, J. J. Gomes. *Direito constitucional*. 3. ed. Coimbra: Almedina, 1998, p. 1099.

como equivalente; mas quando uma coisa está acima de todo o preço, e, portanto não permite equivalente, então tem ela dignidade.[9]

Consoante a Constituição, todos os espaços de atuação do homem estão jungidos ao atendimento do princípio da dignidade da pessoa humana, quer seja em relação aos direitos de personalidade, na condição de proprietário, no exercício da livreiniciativa econômica, na condição de consumidor ou como integrante de entidade familiar.

> A Constituição Federal de 1988 erigiu como fundamento da República a dignidade da pessoa humana. Tal opção colocou a pessoa como centro das preocupações do ordenamento jurídico, de modo que todo o sistema, que tem na Constituição sua orientação e seu fundamento, se direciona para a sua proteção.[10]

Já para o princípio da solidariedade destacamos as contribuições de Paulo Lôbo, para quem o princípio cresceu de importância a partir da Constituição de 1988, quando se inscreveu como princípio jurídico, de modo a conferir unidade de sentido e na medida em que permitiu a tomada de consciência da interdependência social.[11]

Ainda a respeito do mencionado princípio, o autor faz as seguintes considerações:

> O princípio jurídico da solidariedade resulta da superação do individualismo jurídico, que por sua vez é a superação do modo de pensar e viver a sociedade a partir do predomínio dos interesses individuais (...). No mundo contemporâneo, busca-se o equilíbrio entre os espaços privados e públicos e a interação necessária entre os sujeitos, despontando a solidariedade como elemento conformador dos direitos subjetivos.[12]

Resta demonstrado que os princípios aludidos permeiam toda a ordem jurídica e, como bem também ressalta Canotilho,

---

[9] KANT, Immanuel. *Fundamentação da metafísica dos costumes*. Trad. Paulo Quintela. Lisboa: Edições 70, 1997. p. 77.
[10] FACHIN, Luiz Edson. *Parecer do Projeto de Código Civil*, 2000, p. 3.
[11] LÔBO, Paulo. Princípio da solidariedade familiar. *Revista Brasileira de Direito das Famílias e Sucessões*, ano IX, p. 145, out./nov. 2007.
[12] LÔBO, Paulo. *Direito Civil* – Famílias. São Paulo: Saraiva, 2008, p. 40.

os princípios ganham concretização através de outros princípios (ou subprincípios) que densificam os princípios estruturantes, iluminando o seu sentido jurídico-constitucional e político-constitucional, formando, ao mesmo tempo, com eles, um sistema interno.[13] É nesta perspectiva de sistema harmônico que enxergamos nos princípios constitucionais aplicáveis ao Direito de Família a condição de subprincípios voltados a concretizar os princípios da dignidade e da solidariedade.

Perante o texto constitucional família é a base da sociedade, sem qualquer predicativo do tipo de família que será destinatária da tutela legal. Sem dúvida protagonizamos o florescer de um modelo de família, genuinamente, fundado em novos pilares e sob os auspícios do princípio da dignidade da pessoa humana, que, por sua vez, lança foco nas características da repersonalização, da pluralidade e da funcionalização.

A repersonalização deve ser compreendida como o processo de deslocamento da tutela jurídica do indivíduo proprietário para a tutela do indivíduo enquanto pessoa, dotada de dignidade.

> O desafio que se coloca ao jurista e ao direito é a capacidade de ver a pessoa humana em toda a sua dimensão ontológica e não como simples e abstrato sujeito de relação jurídica. A pessoa humana deve ser colocada como centro das destinações jurídicas, valorando-se o ser e não o ter, isto é, sendo medida da propriedade, que passa a ter função complementar.[14]

A funcionalização exprime a ideia de que a família na atualidade tem uma função prestante de garantir a realização existencial e o desenvolvimento de cada um dos integrantes do grupo familiar.

> A família passou a ter funcional de servir de instrumento de promoção da dignidade da pessoa humana. Não é mais protegida como instituição, titular de interesse transpessoal, superior aos interesses de seus membros; passou a ser tutelada como instrumento de estruturação e desenvolvimento da personalidade dos sujeitos que a integram.[15]

---

[13] CANOTILHO, J. J. Gomes. *Direito constitucional*. 3. ed. Coimbra: Almedina, 1998, p. 1099.
[14] LÔBO, Paulo. A Repersonalização das Relações de Famílias. *Revista Brasileira de Direito de Família*, ano VI, n. 24, p. 152, jun./jul. 2004.
[15] PEREIRA, Caio Mário da Silva. *Instituições de Direito Civil* – Direito de Família. Tânia da Silva Pereira (atualizadora). Rio de Janeiro: Forense, 2009, p. 50.

Nestes termos o princípio da dignidade da pessoa humana nas relações de família deve ser compreendido como o fio condutor respeitante a todas e a cada uma das pessoas integrantes daquele grupo familiar, com necessidades reais e concretas que luta para conquistá-las.

Enquanto o princípio da dignidade da pessoa humana privilegia o indivíduo, o princípio da solidariedade não perde de vista seu caráter de reciprocidade, onde cada pessoa vive em relação uma para com a outra.[16]

> A dignidade de cada um apenas se realiza quando os deveres recíprocos de solidariedade são observados ou aplicados. (...) A solidariedade familiar é fato e direito; realidade e norma. No plano fático, as pessoas convivem, no ambiente familiar, não por submissão a um poder incontrariável, mas porque compartilham afetos e responsabilidades. No plano jurídico, os deveres de cada um para com os outros impuseram a definição de novos direitos e deveres jurídicos.[17]

3 Subprincípios constitucionais aplicáveis ao Direito de Família

No rol de subprincípios constitucionais (explícitos e implícitos) aplicáveis ao Direito de Família destacamos os seguintes: princípio da liberdade, da igualdade, da afetividade, do melhor interesse da criança e do adolescente e da convivência familiar.

Os princípios da liberdade e da igualdade, embora presentes entre os direitos fundamentais, também incidem nas relações de família, a exemplo da liberdade de escolha do tipo de entidade familiar e no exercício do planejamento familiar (CF/88 – art. 226, §7º).

A pluralidade das entidades familiares se manifesta quando a CF/88, em seu art. 226, reconhece outras espécies, para além do casamento, todavia não significa que alberga apenas aquelas expressamente

---

[16] CF/88 art. 229 – Os pais têm o dever de assistir, criar e educar os filhos menores, e os filhos maiores têm o dever de ajudar e amparar os pais na velhice, carência ou enfermidade.

[17] LÔBO, Paulo. Princípio da solidariedade familiar. *Revista Brasileira de Direito das Famílias e Sucessões*, ano IX, p. 145, 146 e 149, out./nov. 2007.

previstas, pelo contrário, sua natureza principiológica e contemplativa da cláusula geral de inclusão tutela todo e qualquer tipo de arranjo familiar, ainda que implícito.[18] O entendimento doutrinário adequado assevera que qualquer entidade familiar pautada nas características da afetividade, estabilidade e ostensibilidade merece tutela jurídica.[19]

A propósito, bastante percuciente a consideração de Rodrigo da Cunha Pereira:

> Uma sociedade justa e democrática começa e termina com a consideração da liberdade e da autonomia privada. Isto significa também que a exclusão de determinadas relações de família do laço social é um desrespeito aos Direitos Humanos, ou melhor, é uma afronta à dignidade da pessoa humana. O Direito de Família só estará de acordo e em consonância com a dignidade e com os Direitos Humanos a partir do momento em que essas relações interprivadas não estiverem mais à margem, fora do laço social.[20]

Observe-se que, até o presente momento, o Código Civil Brasileiro é omisso quanto às entidades familiares homoafetivas,[21] ao contrário da orientação seguida pelo Código Civil da Argentina.[22]

Quanto ao princípio da igualdade aplicado às entidades familiares (explícitas ou implícitas), temos que entre elas, independentemente do arranjo, inexistem quaisquer distinção e hierarquia, pois todas são albergadas e merecedoras de tutela constitucional.[23] Características intrínsecas a cada qual, não importa concluir desigualdade quanto à proteção estatal.

---

[18] LÔBO, Paulo. Entidades familiares constitucionalizadas: para além do *numerus clausus*. Revista Brasileira de Direito de Família, ano III, n. 12, jan./fev./mar. 2003.
[19] LÔBO, Paulo. Entidades familiares constitucionalizadas: para além do *numerus clausus*. Revista Brasileira de Direito de Família, ano III, n. 12, p. 42, jan./fev./mar. 2003.
[20] PEREIRA, Rodrigo da Cunha. *Princípios fundamentais norteadores para o Direito de Família*. Belo Horizonte: Del Rey 2006, p. 100.
[21] Disponível em: http://www.stf.jus.br. STF julgamento da Ação Direta de Inconstitucionalidade (ADI) 4.277 e da Arguição de Descumprimento de Preceito Fundamental (ADPF) 132, reconhecimento da união estável para casais do mesmo sexo (05 de maio de 2011).
[22] Ley nº 26.994/2014 – Art. 402 – Interpretación y aplicación de las normas. Ninguna norma puede ser interpretada ni aplicada en el sentido de limitar, restringir, excluir o suprimir la igualdad de derechos y obligaciones de los integrantes del matrimonio, y los efectos que éste produce, sea constituido por dos personas de distinto o igual sexo.
[23] LÔBO, Paulo. Entidades familiares constitucionalizadas: para além do *numerus clausus*. Revista Brasileira de Direito de Família, n. 12, 2002.

Em relação aos cônjuges, sem dúvida alguma, o princípio da igualdade constitucional[24] representa uma verdadeira revolução, tendo em vista que a história do Direito Civil foi pontuada pelo estatuto da desigualdade entre cônjuges e filhos. O mesmo princípio também se aplica às uniões estáveis, inclusive com destaque para o recente julgamento, com repercussão geral, acerca da equiparação entre cônjuge e companheiro para fins de sucessão, inclusive em uniões homoafetivas.[25]

A igualdade entre os filhos representa o expurgo dos variados designativos discriminatórios impostos àqueles provenientes das relações extramatrimoniais e incestuosas. Segundo dispunha a codificação civil liberal (CC/16) o casamento legitimava a família e, por conseguinte, os filhos. A CF/88 baniu todos os resquícios do estatuto da desigualdade e consagrou o princípio da igualdade da filiação, independentemente da origem.[26]

Como se percebe, a Constituição desatrela a filiação da situação jurídica de conjugalidade dos pais e equipara os filhos não consanguíneos (adoção) aos consanguíneos.

Deste novo paradigma constitucional da filiação emerge, de modo mais explícito o princípio da afetividade, o qual redireciona as relações paterno-filiais, bem como os vínculos de parentesco, à seara da família socioafetiva.

Ratificando esta linha de entendimento, destacamos a contribuição de Rodrigo da Cunha Pereira:

> Lugar de pai, lugar de mãe, lugar de filhos, sem, entretanto, estarem necessariamente ligados biologicamente. Tanto é assim, uma questão de 'lugar', que um indivíduo pode ocupar o lugar de pai ou mãe, sem que seja o pai ou a mãe biológicos.[27]

---

[24] CF/88 art. 226 §5º Os direitos e deveres referentes à sociedade conjugal são exercidos igualmente pelo homem e pela mulher.
[25] Disponível em: http://www.stf.jus.br. Recursos Extraordinários (REs) 646721 e 878694. Julg em: 10 maio 2017.
[26] CF/88 art. 227, §6º Os filhos, havidos ou não da relação do casamento, ou por adoção, terão os mesmos direitos e qualificações, proibidas quaisquer designações discriminatórias relativas à filiação.
[27] PEREIRA, Rodrigo da Cunha. Família, direitos humanos, psicanálise e inclusão social. *Revista Brasileira de Direito de Família*, ano IV, n.16, p. 08, jan./mar. 2003.

Percebe-se que a razão dos vínculos formados abandona os motivos religiosos, patrimoniais ou de interesses familiares e assume um viés pautado na liberdade e no desejo das pessoas.

Como bem disse Michelle Perrot, ao defender a ideia de uma nova felicidade, a entrelaça, necessariamente, com a liberdade das escolhas, ou seja, "ser a gente mesmo, escolher sua profissão, seus amores, sua vida".[28]

Afeto e afetividade não se confundem, enquanto o primeiro está no plano anímico e estranho ao Direito, o segundo ganha ares normativos, qualificação de princípio, encerra dever jurídico e representa o novo suporte fático das relações de família. O princípio da afetividade, apesar de implícito no texto constitucional, doutrina e jurisprudência se apropriaram do seu conteúdo e, cada vez mais, reconhecem e ampliam os efeitos jurídicos decorrentes das relações socioafetivas.

É de se observar que a Codificação Civil/02, ao dispor sobre a proteção da pessoa dos filhos (guarda),[29] das relações de parentesco[30] e da filiação,[31] reconhece os efeitos jurídicos do princípio da afetividade. Como modelo aberto, o princípio terá seu conteúdo preenchido diante do caso concreto, impulsionado pela consolidação no tempo e pela recorrência de comportamentos, aptos à produção de efeitos jurídicos.

A sofisticação que alcançou os debates doutrinários e jurisprudenciais em torno da socioafetividade instou o STF a decidir acerca da prevalência da paternidade socioafetiva em detrimento da paternidade biológica,[32] o que culminou com o julgamento admitindo a coexistência de parentalidades simultâneas, com a fixação da seguinte tese de repercussão geral: "A paternidade socioafetiva, declarada ou não em registro público, não impede o reconhecimento do vínculo de filiação concomitante baseado na origem biológica, com os efeitos jurídicos próprios".

---

[28] PERROT, Michelle. O nó e o ninho. *Veja: 25 anos*. Reflexões para o futuro. São Paulo: Ed. Abril, 1993, p. 78.
[29] CC/2002 Art. 1.584, §5º.
[30] CC/2002 Art. 1.593.
[31] CC/2002 Art. 1.597, V, e art. 1.605, II.
[32] Disponível em: http://www.stf.jus.br. STF- Repercussão Geral. Relator Min. Luiz Fux. Leading Case ARE 692186 Tema 622.

Conforme o julgamento do STF, o Direito brasileiro reconheceu o instituto da multiparentalidade, atribuindo-lhe todos os seus consectários jurídicos, nos planos existencial e patrimonial das relações de família. Não obstante o julgamento, cabe registrar a alteração ocorrida na Lei de Registros Públicos, que, desde 2009, possibilitou a averbação do sobrenome do padrasto ou da madrasta ao nome do enteado(a), sem prejuízo de seus apelidos de família.[33] Ocasião em que alguns doutrinadores, a exemplo de Christiano Cassetari, passaram a defender o reconhecimento da multiparentalidade com a incidência de todos os efeitos jurídicos decorrentes (alimentos, guarda, direito de visita, sucessão e direitos previdenciários).[34]

Outro subprincípio com enorme impacto nas relações de família é o do melhor interesse.

A doutrina da proteção integral, que, por sua vez, traz em seu âmago a primazia do melhor interesse, revela a opção do ordenamento jurídico brasileiro pela ampla proteção das crianças e adolescentes. Seu fundamento encontra-se consolidado no art. 227 da Constituição,[35] cuja fonte primaz remonta à Declaração Universal dos Direitos das Crianças (1959).

Nas linhas da Constituição, destaque para a Convenção Internacional dos Direitos da Criança, com força de lei no Brasil desde 1990, que estabelece em seu artigo 3.1 que: "todas as ações relativas às crianças, levadas a efeito por instituições públicas ou privadas de bem-estar social, tribunais, autoridades administrativas ou órgãos legislativos, devem considerar, primordialmente, o interesse maior da criança" e para o Estatuto da Criança e do Adolescente, ao enunciar-se como lei de proteção integral e expressamente ressaltar a absoluta prioridade, na efetivação dos direitos da criança e do adolescente, indo mais além, ao esclarecer qual a dimensão legal atribuída ao conteúdo de prioridade.

---

[33] Lei nº 6.015/75, art. 57, §8º.
[34] CASSETARI, Christiano. *Multiparentalidade e parentalidade socioafetiva*. São Paulo: Atlas, 2014.
[35] CF/88 art. 227 É dever da família, da sociedade e do Estado assegurar à criança, ao adolescente e ao jovem, com absoluta prioridade, o direito à vida, à saúde, à alimentação, à educação, ao lazer, à profissionalização, à cultura, à dignidade, ao respeito, à liberdade e à convivência familiar e comunitária, além de colocá-los a salvo de toda forma de negligência, discriminação, exploração, violência, crueldade e opressão (Redação dada pela Emenda Constitucional nº 65, de 2010).

Como se percebe, o princípio do melhor interesse é um dever jurídico imposto à família, à sociedade e ao Estado, que deve ser observado "tanto na elaboração quanto na aplicação dos direitos que lhe digam respeito, notadamente nas relações familiares, como pessoa em desenvolvimento e dotada de dignidade".[36]

Ademais, trata-se de um princípio de repercussão prática recorrente, principalmente, nas demandas envolvendo a guarda de filhos. Não por acaso a lei brasileira estabeleceu como critério norteador a aplicação da guarda compartilhada, sob o pressuposto que o melhor interesse do filho se materializa mediante a convivência com ambos os pais,[37] sendo a guarda exclusiva/unilateral medida de caráter excepcional. [38]

A propósito nos valemos das contribuições de Paulo Lôbo, que assim se pronuncia:

> A tendência mundial, que consulta o princípio do melhor interesse da criança, recomenda a máxima utilização da guarda compartilhada, da manutenção da coparentalidade, de modo a que o filho sinta a presença constante de ambos os pais, apesar da separação física deles. Neste sentido, o "direito à companhia" é relativo e não pode ser exercido contrariamente ao interesse do filho, que deve ser assegurado o direito à companhia do pai ou mãe que não seja o guardião. Em suma, o direito de um não exclui o direito do outro e o filho tem direito à companhia de ambos.[39]

A mesma atenção ao princípio verifica-se nos processos de adoção, ou seja, a adoção será deferida quando apresentar reais vantagens para o adotando e fundar-se em motivos legítimos.[40]

O compromisso com a materialização do melhor interesse da criança e do adolescente repercutiu positivamente no conteúdo

---

[36] LÔBO, Paulo. *Direito Civil* – Famílias. São Paulo: Saraiva, 2008, p. 53.
[37] CC/2002 Art. 1.583, §2º Na guarda compartilhada, o tempo de convívio com os filhos deve ser dividido de forma equilibrada com a mãe e com o pai, sempre tendo em vista as condições fáticas e os interesses dos filhos: (Redação dada pela Lei nº 13.058, de 2014).
[38] CC/2002 Art. 1.584, §2º Quando não houver acordo entre a mãe e o pai quanto à guarda do filho, encontrando-se ambos os genitores aptos a exercer o poder familiar, será aplicada a guarda compartilhada, salvo se um dos genitores declarar ao magistrado que não deseja a guarda do menor (Redação dada pela Lei nº 13.058, de 2014).
[39] LÔBO, Paulo. Do poder familiar. *In:* DIAS, Maria Berenice; PEREIRA, Rodrigo da Cunha (Coord.). *Direito de família e o novo Código Civil*. Belo Horizonte: Del Rey. 2001, p. 149.
[40] ECA/90 art. 43.

do antigo instituto do pátrio poder, hoje poder familiar no sentido de dar-lhe funcionalização. Em outras palavras, o poder familiar configura-se mais como um plexo de deveres legais impostos aos pais voltados ao melhor interesse dos filhos, do que de direitos, como outrora se compreendia. Na atualidade vislumbra-se a relação paterno-filial fincada em moldes democráticos e afetivos, em cujos polos encontram-se sujeitos de direito. É uma situação relacional e, como tal, importa numa correlação entre poder familiar e realização do interesse do filho, materializando a reciprocidade de interesses ínsitos à relação paterno-filial.

Apesar da primazia do interesse do filho, seu exercício será em conformidade com a idade, maturidade e evolução de sua capacidade, pois são pessoas em desenvolvimento e, indiscutivelmente, os pais, como principais responsáveis, representam a ancoragem essencial ao desenvolvimento sadio e harmonioso, em condições dignas de existência da pessoa do filho.

Conforme se observa, entre as prioridades elencadas, pelo já referido art. 227 da CF/88, vislumbra-se um rol de vários direitos fundamentais e, entre eles, destacamos o direito à convivência familiar e comunitária.

Entretanto, a previsão daquele direito encontra suas bases na Declaração Universal dos Direitos Humanos – 1948 (art. XVI, 3º), ao definir a família enquanto núcleo natural e fundamental da sociedade. No mesmo sentido, as disposições insertas na Declaração Universal dos Direitos das Crianças (1959):

> Princípio VI – A criança necessita de amor e compreensão, para o desenvolvimento pleno e harmonioso de sua personalidade; sempre que possível, deverá crescer com o amparo e sob a responsabilidade de seus pais, mas, em qualquer caso, em um ambiente de afeto e segurança moral e material; salvo circunstâncias excepcionais, não se deverá separar a criança de tenra idade de sua mãe (...).

As quais foram também ratificadas na Convenção Internacional dos Direitos da Criança (1990), ao reafirmar a família como elemento natural e fundamental da sociedade e meio natural para o crescimento e bem-estar de todos os seus membros, e em particular das crianças; que, para o desenvolvimento harmonioso da sua personalidade, a criança deve crescer num ambiente familiar, em clima de felicidade, amor e compreensão; reconhece também que, devido à vulnerabilidade das crianças, estas necessitam de uma proteção e de uma atenção especiais e sublinha de forma particular a responsabilidade fundamental da família no que diz respeito aos cuidados e proteção, bem como pelo ECA.[41]

Depreende-se, portanto, que as normas de regência do direito à convivência familiar e comunitária estão localizadas tanto na esfera jurídica internacional como no Direito Pátrio, em sede constitucional e infraconstitucional.

No sentir de Paulo Lôbo a convivência familiar deve ser assim compreendida:

> é a relação afetiva diuturna e duradoura entretecida pelas pessoas que compõem o grupo familiar, em virtude de laços de parentesco ou não, no ambiente comum. (...). É o ninho no qual as pessoas se sentem recíproca e solidariamente acolhidas e protegidas, especialmente as crianças.[42]

Outro aspecto fundamental para a preservação da convivência familiar entre pais e filhos, em especial, nas chamadas famílias recompostas, é ter clareza que não existe a figura do ex-pai, ambos continuaram exercendo os poderes inerentes ao poder familiar e a prioridade é atender ao melhor interesse do filho. Logo, não é recomendável prejudicar ou impedir que o filho conviva com o outro genitor pelo fato dos pais não conseguirem, ou sequer, tentarem manter uma relação harmônica, salvo naquelas hipóteses cujos fatos subjacentes ao caso concreto apontem de modo inequívoco ser temerária ao melhor interesse do filho a manutenção do convívio.

Neste momento percebemos o quanto o princípio do melhor interesse e o da convivência familiar estão intrinsecamente imbricados. Nos processos de guarda, por exemplo, a ausência de convivência familiar não condiz com o melhor interesse, muito pelo contrário, pois a redução do papel da coparentalidade fere o direito fundamental da criança ou do adolescente de convivência familiar saudável, prejudica a realização de afeto nas relações com o genitor

---

[41] ECA/90 art. 19 É direito da criança e do adolescente ser criado e educado no seio de sua família e, excepcionalmente, em família substituta, assegurada a convivência familiar e comunitária, em ambiente que garanta seu desenvolvimento integral.
[42] LÔBO, Paulo. *Direito Civil* – Famílias. São Paulo: Saraiva, 2008, p. 52.

e com o grupo familiar, constitui abuso moral contra a criança ou o adolescente e descumprimento dos deveres inerentes à autoridade parental ou decorrentes de tutela ou guarda.[43]

A guarda compartilhada representa um modelo em que, apesar da separação dos pais, os traumas naturais oriundos daquela situação são abrandados, tendo em vista a manutenção do princípio da convivência familiar; os laços afetivos e a participação efetiva e constante dos pais são mantidos vivos.

O vínculo entre pais e filhos é reconhecidamente essencial para a higidez física e psíquica das partes. Tornando-se claro que o direito à convivência familiar e comunitária é essencial para promover a realização e o desenvolvimento de cada um dos membros integrantes daquele núcleo familiar e desta maneira garantir a manutenção da relação de afetividade entre as partes.

4 Conclusão

O sistema jurídico normativo é formado de regras e princípios e essa estrutura subsidia o equilíbrio necessário ao operador do Direito, em particular ao juiz no momento da decisão do caso concreto. Se a regra não responde satisfatoriamente às demandas modernas, cabe então aos princípios este papel, sua aplicação não é meramente subjetiva e tampouco absoluta, encontra limites nos outros princípios e no contato com a regra ética.

O Direito de Família conformado aos princípios constitucionais fomenta um modelo aberto que se densificará no caso concreto e deste modo sua aplicação se dará mais rente à realidade dos fatos. Somente assim o Direito de Família traduzirá a dimensão da natureza democrática e igualitária que deve permear as relações de família, não se esquecendo também do papel transformador e crítico impingido à jurisprudência.

As demandas existenciais, por si só, exigem uma tutela mais humanizada e um olhar mais detido por parte dos intérpretes, principalmente em relação aos fatos que estão subjacentes àquelas

---

[43] Lei nº 12.318/2010. Art. 3º.

questões. É neste sentido que a responsabilidade aflora quanto à maneira de conduzir os processos de família, em particular, diante da dissolução de uma entidade familiar e, ao mesmo tempo, da necessária e fundamental manutenção dos vínculos afetivos paterno-filiais.

Deste modo é inconcebível compreender os conceitos de Direito de Família dissociados dos princípios da dignidade, dos direitos humanos e da cidadania, todos estão umbilicalmente interligados e somente com este olhar é possível realizar o Direito de Família em sua plenitude.

> Isto deve significar a legitimação e a inclusão no laço social de todas as formas de família, respeito a todos os vínculos afetivos e a todas as diferenças. Portanto, o princípio da dignidade humana significa para o Direito de Família a consideração e o respeito à autonomia dos sujeitos e à sua liberdade. Significa em primeira e última análise, uma igual dignidade para todas as entidades familiares.[44]

Informação bibliográfica deste texto, conforme a NBR 6023:2018 da Associação Brasileira de Normas Técnicas (ABNT):

LOBO, Fabíola Albuquerque. Os princípios constitucionais e sua aplicação nas relações jurídicas de família. *In*: EHRHARDT JÚNIOR, Marcos; LOBO, Fabíola Albuquerque; ANDRADE, Gustavo (Coord.). *Direito das relações familiares contemporâneas:* estudos em homenagem a Paulo Luiz Netto Lôbo. Belo Horizonte: Fórum, 2019. p. 25-47. ISBN 978-85-450-0700-5.

---

[44] PEREIRA, Rodrigo da Cunha. *Princípios fundamentais norteadores para o Direito de Família.* Belo Horizonte: Del Rey, 2006, p. 100.

PRINCÍPIO DA AFETIVIDADE NO DIREITO DE FAMÍLIA[1]

Amo, logo existo.
RODOTÀ, Stefano

RICARDO CALDERÓN

1 O percurso construtivo da afetividade

A família contemporânea vivencia um processo de transição paradigmática, pelo qual se percebe um paulatino decréscimo de influências externas (da religião, do Estado, dos interesses do grupo social) e um crescente espaço destinado à realização existencial afetiva dos seus integrantes. No decorrer da modernidade[2] o espaço conferido à subjetividade e à afetividade alargou-se e verticalizou-se a tal ponto que, no último quarto do século XX, já era possível sustentar a afetividade como vetor das relações pessoais.

A partir da segunda metade do século passado a sociedade contemporânea apresentou características que sinalizaram o momento de uma outra e peculiar modernidade. As marcas deste período passaram a ser a complexidade, a fragmentalidade e uma constante instabilidade. Estes fatores disseminaram-se no meio social e também influenciaram os relacionamentos familiares.

Um vasto mosaico de entidades familiares foi reconhecido, uniões livres (homo e heteroafetivas) e parentescos vincados apenas por laços afetivos passaram a ser vistos com maior dignidade. A igualdade e a liberdade foram gradativamente conferidas aos

---

[1] Este artigo traz ideias que são detalhadas e fundamentadas na seguinte obra: CALDERÓN, Ricardo. *Princípio da Afetividade no Direito de Família*. 2. ed. rev. atual. e ampl. Rio de Janeiro: Forense, 2017.
[2] Aqui compreendida como o período do final do século XVIII até meados do século XX.

relacionamentos e alteraram o quadro de estabilidade anterior, uma vez que a qualidade dos vínculos passou a ser objeto de análise constante. Estas consequências acabaram por gerar diversas uniões, separações, novas uniões em um quadro de combinações e recombinações sem precedentes. A instabilidade alcançou os relacionamentos familiares, outrora tidos como exemplos de segurança e de estabilidade.

O Direito, permeável à realidade que lhe é subjacente, sofreu o influxo dessa mudança, sendo cada vez mais demandado por conflitos indicadores deste outro cenário que se apresentava. A cultura jurídica brasileira, entretanto, ainda está baseada em um Direito de matriz moderna, precipuamente formal, com forte relevância da lei na definição do que se entende por Direito, em vista de que o diálogo com esta pulsante realidade em movimento não foi tranquilo.

A legislação expressa não tratava de muitas situações existenciais afetivas que eram postas para análise do Direito, de modo que uma interpretação que restasse limitada à estrutura codificada trazia dificuldades na tutela destes novéis conflitos. Ainda assim, doutrina e jurisprudência não se furtaram a constatar a afetividade imanente a tais relações pessoais e passaram a conferir respostas a estas demandas mesmo sem expressa previsão legislativa.

Foi nessa dualidade entre uma alteração paradigmática nas relações familiares da sociedade e um discurso jurídico ainda muito formal e apegado à lei que se desenvolveu o reconhecimento da afetividade pelo Direito brasileiro.

Os aportes advindos com a constitucionalização do Direito privado e os novos ares trazidos pelos debates metodológicos sobre a forma de realização do Direito na contemporaneidade influenciaram fortemente a cultura jurídica brasileira das últimas décadas. Ao mesmo tempo o movimento de repersonalização do Direito Civil sustentou que a pessoa concreta deve ser o centro das suas preocupações. Na esteira disso emergiu a doutrina do Direito Civil-Constitucional, que argumentou no sentido de que os institutos de Direito Civil deveriam ser vistos sempre sob o prisma da Constituição, que está no vértice do ordenamento. Com isso, houve uma perceptível aproximação do Direito com os dados de realidade, o que o levou ao encontro da afetividade quando do trato das relações interpessoais.

Os princípios constitucionais de liberdade, igualdade, dignidade e solidariedade incidiram no Direito de Família, permitindo a releitura de diversas categorias jurídicas, muitas delas mais aptas às demandas da plural e fluida sociedade do presente.[3] A aproximação com a experiência concreta fez o Direito perceber a relevância que era socialmente conferida à afetividade, mesmo com o paralelo avanço de técnicas científicas que favoreciam a descoberta dos vínculos biológicos.

Houve um movimento crescente na defesa do reconhecimento da ligação afetiva como suficiente nas relações familiares, já que apenas os elos matrimoniais, biológicos e registrais não davam conta das variadas situações que se apresentaram. A partir da distinção entre o papel de pai/mãe das figuras dos ascendentes genéticos restou mais claramente perceptível a relevância que era conferida à afetividade, bem como se desnudaram diversas possibilidades oriundas de tal concepção. Legislação, jurisprudência e doutrina progressivamente trataram da temática, embora não sem enfrentar resistências e sobressaltos.

As alterações processadas no ordenamento brasileiro indicaram certa sensibilidade, ainda que tímida, a esta transição paradigmática. O Direito Civil clássico, retratado pelo Código de 1916, silenciava sobre o tema, restando apegado às noções de família legítima e atrelando os vínculos familiares apenas a elos matrimoniais, biológicos ou registrais (com a adoção como parentesco civil). A Constituição de 1988, na esteira das extensas alterações processadas na família, iniciou o reconhecimento legal da afetividade, uma vez que está implícita em diversas das suas disposições. O Código de 2002 tratou do tema de forma pontual. A legislação esparsa recente passou a dar sinais de crescente inclusão da afetividade de forma expressa nos textos de lei.

A jurisprudência teve papel fundamental nesta construção, pois os tribunais há muito fazem remissões à socioafetividade como suficiente vínculo parental. Atualmente, a extensão conferida à afetividade tem contribuído para outras leituras de diversos temas do Direito de Família (definição de entidade familiar, parentesco, guarda, adoção, alienação parental etc.).

Até mesmo os Tribunais Superiores têm tratado da afetividade em várias decisões judiciais, demonstrando sua acolhida quando do

---

[3] TEPEDINO, Gustavo. A disciplina civil-constitucional das relações familiares. *In:* COMAILLE, Jacques *et al. A Nova Família*: problemas e perspectivas. Rio de Janeiro: Renovar, 1997.

acertamento de casos concretos. Provas disso, as recentes decisões do STF sobre temas familiares e sucessórios. Tanto no caso da multiparentalidade (julgado em 2016) como no caso da equiparação do regime sucessório dos cônjuges aos companheiros (julgado em 2017), os ministros de nossa Corte Suprema trataram das projeções jurídicas da afetividade.

Há algum tempo os juristas passaram a perceber que o Direito deveria, de algum modo, valorar a afetividade,[4] o que encontrou respaldo e felizmente se implementou. Inicialmente, o debate doutrinário girava em torna da possibilidade ou não de o Direito reconhecer a afetividade e, em sendo positiva a resposta, se esta deveria ser considerada um princípio ou apenas ser vista como um valor relevante.

Em outras palavras: a problemática central atinente ao tema da afetividade envolveu o seu reconhecimento (ou não) pelo Direito e a possibilidade de sua inclusão na categoria de princípio. Esta discussão trazia subjacente a própria visão de Direito que se adota, as formas de expressão que se lhe reconhece, o conceito e o papel de princípio no sistema e, ainda, a escolha de alguns posicionamentos hermenêuticos que refletem na análise. Todas estas opções influenciam a maneira como se apreende a relação entre a família (como manifestação social) e o Direito que pretende regulá-la.

O entendimento da questão sinaliza, de algum modo, uma forma de ver o Direito de Família na atualidade, cuja resposta pode ser relevante para diversas outras construções teórico-práticas. Isso porque a família do presente está tão imbricada com a noção de afetividade que o seu reconhecimento (ou não) pelo Direito pode trazer consequências de diversas ordens (como se viu no recente caso do reconhecimento judicial das uniões homoafetivas).

Atualmente, é possível afirmar que a afetividade é o grande vetor dos relacionamentos familiares, constituindo-se no novo paradigma, sendo, no cenário brasileiro, princípio contemporâneo do Direito de Família.

---

[4] FACHIN, Luiz Edson. Do Direito de Família. Do Direito Pessoal. Das Relações de Parentesco. Arts. 1.591 a 1.638. *In:* TEIXEIRA, Sálvio de Figueiredo (Coord.). *Comentários ao Novo Código Civil.* Rio de Janeiro: Forense, 2008. v. XVIII. p. 112-113.

O presente texto procura descrever a trajetória da afetividade nas relações familiares e no Direito de Família brasileiro. A partir disso, visa destacar qual o seu atual sentido jurídico e, também, quais são algumas das suas principais projeções.

O aspecto inicial desta análise percorre desde sua percepção nas relações familiares até sua posterior centralidade nesses relacionamentos; subsequentemente, aprecia seu gradual reconhecimento jurídico. A relevância conferida a esta dimensão afetiva das relações pessoais acabou por fazer o Direito assimilar a afetividade quando do trato destas situações existenciais.

2 O perfil principiológico da afetividade no Direito de Família contemporâneo

As transformações ocorridas no transcurso da modernidade desaguaram em uma sociedade com características próprias neste início de século XXI. A complexidade, a pluralidade e a constante mobilidade constituíram-se nas marcas do que se pode chamar de uma época de *modernidade líquida* (para muitos uma condição *pós* – ou hiper – *moderna*) com influência na forma como se desenvolvem os diversos relacionamentos.[5]

Concomitantemente, a subjetividade inicialmente conferida a uma esfera pessoal, a partir do final do século XVIII, galgou espaço ampliando-se consideravelmente. O período *pós*-Segunda Guerra permitiu perceber com mais clareza uma outra percepção de pessoa, com a difusão da possibilidade de sua livre escolha nas diversas questões pessoais. No amplo campo da subjetividade germinou a afetividade como expressão dos relacionamentos familiares. A dimensão afetiva gradativamente assumiu uma posição cada vez mais central na representação desses envolvimentos.[6]

---

[5] BAUMAN, Zygmunt. *Amor Líquido*: Sobre a Fragilidade dos Laços Humanos. Trad. Carlos Alberto Medeiros. Rio de Janeiro: Zahar, 2004.
[6] HIRONAKA, Giselda Maria Fernandes Novaes. Sobre Peixes e Afetos – Um Devaneio Acerca da Ética no Direito. *In*: PEREIRA, Rodrigo da Cunha (Org.). *Anais do V Congresso Brasileiro de Direito de Família*. São Paulo: IOB Thompson, 2006.

Como a família é reflexo da sociedade na qual está inserida, certamente sofreu os influxos desses movimentos, passando por uma verdadeira transição paradigmática que lhe ocasionou mudanças estruturais e funcionais. A concepção clássica de família a atrelava à noção de 'legitimidade', vinculada ao matrimônio e com forte presença dos liames biológicos e registrais. A alteração processada distanciou-se desta concepção e provocou uma nova definição do que se entende por família, cada vez mais desvinculada desses fatores.

O novo paradigma passa a estar diretamente relacionado à afetividade, que se constitui em um dos elementos centrais identificadores do que se compreende por entidade familiar (parte da doutrina segue o sentido descrito por Paulo Lôbo e a conceitua por relações pessoais consubstanciadas pela *afetividade, estabilidade* e *ostentabilidade*[7]). A alteração é de tal ordem que, com isso, a afetividade passa a integrar a própria estrutura da família contemporânea, posicionamento ao qual se adere.

Houve também uma alteração funcional, visto que se reduziram as funções econômicas, religiosas, procracionais e institucionais da família, passando a ser a viabilização da realização afetiva de cada um dos seus integrantes sua função principal na atualidade.

Essa nova realidade acabou por apresentar demandas imprevistas e cada vez mais complexas, para muitas das quais o Direito de Família não tinha previsão legislada. Tomem-se como exemplo as uniões estáveis (homo e heteroafetivas), os parentescos socioafetivos, os casos de multiparentalidade, inseminações artificiais (até mesmo *post mortem*), as famílias simultâneas, as famílias solidárias, as demandas poliafetivas, entre diversos outros casos no mínimo instigantes a um ordenamento que não os regula previamente.

Como é a sociedade quem perfila na frente do Direito, coube a este se adaptar às alterações dela, o que tornou perceptível a necessidade de revisão da noção clássica dos institutos de Direito de Família para que melhor correspondessem aos conflitos contemporâneos. O fato de a matriz jurídica brasileira estar enraizada em uma proposta moderna de estatuto jurídico (com forte prevalência

---

[7] LÔBO, Paulo Luiz Netto. *Direito Civil:* Famílias. *Op. cit.*, p. 58.

da lei), somado aos resquícios da sua leitura positivista (apegada ao formalismo), acabou por dificultar esta tarefa.

O descompasso entre as relações sociais e os institutos jurídicos na sua concepção clássica acabou por distanciá-los gradativamente, o que resultou em uma clivagem que dificultava a necessária interlocução. O quadro de dissonâncias foi de tal ordem que chegou a ser denominado por muitos como um período de crise do próprio Direito (que se fez sentir intensamente no Direito de Família brasileiro).

Corroborado por diversos outros fatores (e em especial atenção às alterações e demandas relevantes da própria sociedade) o Direito foi objeto de várias transformações no decorrer do século passado. O *fenômeno da constitucionalização do Direito* foi significativo nesse processo.[8] As Constituições assumiram um novo e relevante papel, adquirindo força normativa própria e dispondo sobre diversas matérias. Imperou a percepção de que suas disposições conformam os demais ramos (inclusive o Direito Civil e, consequentemente, o próprio Direito de Família).

O reconhecimento de eficácia direta aos direitos fundamentais nas relações interprivadas também sinalizou um outro momento da teoria do direito. Nessa questão parece correta a argumentação que assevera que a busca deve ser sempre pela concretização dos *jusfundamentais*, até mesmo quando do envolvimento de particulares, o que indica uma superação do debate travado entre os defensores das correntes da *eficácia direta* e os da *eficácia indireta*, com a busca constante pela materialização desses direitos, o que deve envolver a técnica que se mostrar necessária e adequada em cada caso concreto.

Vivenciou-se um momento de rediscussão sobre os métodos interpretativos do próprio Direito, com diversas propostas sobre a forma de sua realização. Reflexo disso o alargamento das formas de expressão admitidas, que não se limitam à lei, que é apenas uma delas (embora efetivamente uma das mais relevantes). A *teoria dos princípios*[9] também contribuiu com outras concepções sobre o

---

[8] TEPEDINO, Gustavo. Premissas Metodológicas para a Constitucionalização do Direito Civil. In: TEPEDINO, Gustavo. *Temas de direito civil*. 4. ed. rev. e atual. Rio de Janeiro: Renovar, 2008.
[9] DWORKIN, Ronald. *Levando os direitos a sério*. Trad. Nelson Boeira. São Paulo: Martins Fontes, 2002.

conteúdo e papel dos princípios nesta nova roupagem que lhe foi conferida. Dentre as diversas propostas hermenêuticas surgidas a *tópico-sistemática* parece apropriada a enfrentar o fluido quadro apresentado na atualidade. Com a adoção desses aportes, restou possível constatar que se tratava de um outro Direito, claramente em uma *perspectiva pós-positivista*.

O movimento de *repersonalização do Direito Civil* trouxe questionamentos e voltou a atenção para a tutela da pessoa concreta, com defesa da superação das noções abstratas de *sujeito de direito* e de *relação jurídica*. Outra corrente que indicou um necessário percurso metodológico foi a *doutrina do Direito Civil-Constitucional*, ao sustentar a leitura dos institutos de Direito Civil sempre a partir da Constituição, eis que é ela quem figura no vértice do ordenamento.[10]

A Constituição de 1988 impulsionou a doutrina brasileira a participar desses debates, permitindo a construção de um Direito de Família a partir dos princípios e das disposições constitucionais, lido na unidade axiológica do sistema. A 'família constitucional',[11] difundida desde então, refletiu esses postulados, restando mais próxima das relações concretas vivenciadas na sociedade.

Antes mesmo da edição da Constituição de 1988, parte da doutrina brasileira sustentava a distinção das figuras de genitor e pai, destacando a culturalidade da relação paterno/materno filial, que seria marcada muito mais pela afetividade do que meramente pelo biologicismo. Retomou-se, com vigor, o conceito de *posse de estado* (caracterizado pela presença de *nomen, tractatus, fama*). Reconhecia a doutrina, com isso, a afetividade que se mostrava imanente aos relacionamentos familiares – e que assumia um papel cada vez mais relevante.

A partir dessa percepção a afetividade se espraiou por todo o Direito de Família, com o reconhecimento de diversas situações precipuamente afetivas. As relações familiares passaram ser caracterizadas pelo vetor da afetividade, que encontrava amplo acolhimento na sociedade. Restou possível perceber que a força

---

[10] PERLINGIERI, Pietro. *O direito civil na legalidade constitucional*. Trad. Maria Cristina de Cicco. Rio de Janeiro: Renovar, 2008.
[11] MORAES, Maria Celina Bodin de. A Família Democrática. In: PEREIRA, Rodrigo da Cunha (Org.). *Anais do V Congresso Brasileiro do Direito de Família*. São Paulo: IOB Thomson, 2006.

dos fatos a impulsionou para o núcleo das relações familiares, o que exigiu que o Direito assimilasse – de algum modo – estas relevantes mutações.

A literatura jurídica brasileira foi profícua em contribuir no avanço dos contornos jurídicos da afetividade, exercendo papel de vanguarda nesta relevante temática.[12] A nossa doutrina de Direito de Família assimila juridicamente a afetividade.[13] O conceito de afeto constante do Dicionário de Rodrigo da Cunha Pereira é esclarecedor do que se está a afirmar

> Afeto – Do latim *affectus*. Para a Psicanálise é a expressão que designa a quantidade de energia pulsional e exprime qualquer estado afetivo, agradável ou desagradável. Para a Filosofia é o que diz respeito aos sentimentos, às emoções, aos estados de alma e, sobretudo, ao amor. Espinosa diz que somos construídos por nossos afetos e pelos laços que nos unem a outros seres. (...) Desde que a família deixou de ser, preponderantemente, um núcleo econômico e de reprodução, e as uniões conjugais passaram a se constituir, principalmente em razão do amor, a família tornou-se menos hierarquizada e menos patrimonializada. O afeto tornou-se, então, um valor jurídico e passou a ser o grande vetor e catalisador de toda a organização jurídica da família. (...) O afeto ganhou tamanha importância no ordenamento jurídico brasileiro que recebeu força normativa, tornando-se o princípio da afetividade o balizador de todas as relações jurídicas da família.[14]

As alterações no ordenamento brasileiro acompanharam, ainda que com atraso e a passos lentos, o movimento de transição paradigmática vivenciado na família. Como o Código de 1916 não previa espaço para a valoração das relações afetivas, foi a partir da Constituição Federal de 1988 que restou possível sustentar o reconhecimento da afetividade no sistema jurídico brasileiro (de forma implícita). O Código de 2002 tratou pontualmente da afetividade, expressando isso em algumas disposições. As recentes alterações legislativas implementadas trouxeram a afetividade de forma expressa em vários dispositivos, indicando uma tendência de seu maior acolhimento.

---

[12] LÔBO, Paulo Luiz Netto. *A Socioafetividade no Direito de Família*: a Persistente Trajetória de um Conceito Fundamental. *Op. cit.*

[13] VELOSO, Zeno. *Direito Brasileiro da Filiação e Paternidade. Op. cit.*

[14] PEREIRA, Rodrigo da Cunha. *Dicionário de Direito de Família e Sucessões*: ilustrado. São Paulo: Saraiva, 2015. p. 69.

Ampla construção jurisprudencial acabou por reconhecer a afetividade em variadas situações existenciais afetivas. A importância desta contribuição é de tal ordem que é possível sustentar que o papel da jurisprudência foi vital para a consolidação da leitura jurídica da afetividade.

Por sua vez, a doutrina do Direito de Família vem tratando da afetividade de forma crescente, podendo-se afirmar que a afetividade é o novo paradigma dos relacionamentos contemporâneos e princípio do Direito de Família brasileiro. A qualificação da afetividade na categoria de princípio jurídico conta com o respaldo, dentre outros, de Heloisa Helena Barbosa, que afirma "parece razoável, diante de tais considerações, entender que a afetividade, nos termos que têm sido colocados pela doutrina e pela jurisprudência, configura um princípio jurídico, que tutela o afeto como valor jurídico".[15]

Em vista disso, importa conferir um tratamento jurídico escorreito para a temática da afetividade, de modo a evitar equívocos e superar as já conhecidas objeções.

Importa destacar que a subjetividade da expressão e a existência de conceitos diversos sobre a afetividade não são óbices ao seu recorte jurídico, visto que isso foi constante em diversos outros institutos reconhecidos pelo Direito com certa tranquilidade (por exemplo, vide o percurso da leitura da boa-fé). O discurso que sustenta a valoração jurídica da afetividade não implica averiguar sentimentos, pois o Direito deverá ater-se a fatos que possam indicar a presença ou não de uma manifestação afetiva, de modo que não procurará investigar a presença subjetiva do afeto anímico, mas sim se preocupará com fatos que elege como relevantes, representativos de uma dada relação afetiva. Em outras palavras, o Direito irá laborar com a afetividade de forma objetiva, restando sempre presumida a sua dimensão subjetiva.

Atualmente, a afetividade se tornou o novo vetor dos relacionamentos familiares,[16] o que exigiu do Direito a sua consequente

---

[15] BARBOZA, Heloisa Helena. Perfil Jurídico do Cuidado e da Afetividade nas Relações Familiares. In: PEREIRA, Tânia da Silva; OLIVEIRA, Guilherme; COLTRO, Antonio Carlos Mathias (Org.) *Cuidado e Afetividade*: projeto Brasil/Portugal – 2016-2017. São Paulo: Atlas, 2017.

[16] HIRONAKA, Giselda Maria Fernandes Novaes. Sobre Peixes e Afetos – Um Devaneio Acerca da Ética no Direito. In: PEREIRA, Rodrigo da Cunha (Org.). *Anais do V Congresso Brasileiro de Direito de Família*. São Paulo: IOB Thompson, 2006.

tradução jurídica. Uma das exigências que decorrem desse novo contexto é a busca por uma apuração escorreita do sentido jurídico da afetividade, de modo a viabilizar a sua aplicação no acertamento de casos concretos.

Nessa perspectiva, parece possível sustentar que o Direito deve laborar com a afetividade e que sua atual consistência indica que se constitui em princípio no sistema jurídico brasileiro. A solidificação da afetividade nas relações sociais é forte indicativo de que a análise jurídica não pode restar alheia a este relevante aspecto dos relacionamentos.

A afetividade é um dos princípios do Direito de Família brasileiro, implícito na Constituição, explícito e implícito no Código Civil e nas diversas outras regras do ordenamento. Oriundo da força construtiva dos fatos sociais, o princípio possui densidade legislativa, doutrinária e jurisprudencial que permite sua atual sustentação como novo paradigma das relações familiares.

Como verdadeiro *mandamento de otimização* o princípio da afetividade não possui um sentido rígido ou definitivo, pois será sempre apurado em uma situação concreta específica, embora seja possível pormenorizar seus contornos e aspectos centrais. Tanto as características das relações contemporâneas como as peculiaridades inerentes à própria afetividade indicam que resta melhor tutelada pela categoria de princípio jurídico.

Para uma melhor análise do conteúdo da afetividade, desde logo cabe alertar que se tratará sempre de um sentido eminentemente jurídico, ou seja, quando se falar dela sob o prisma do Direito, estar-se-á tratando dos contornos jurídicos conferidos à afetividade.

As manifestações exteriorizadas de afeto podem ser captadas pelos filtros do Direito, pois fatos jurídicos representativos de uma relação afetiva são assimiláveis no curso de um processo judicial. Por outro lado, é inegável que o afeto em si é efetivamente um sentimento anímico, inapreensível de forma direta pelo atual sistema jurídico, o que desaconselha que os juristas se aventurem na sua apuração. Consequentemente, resta tratar juridicamente apenas das atividades exteriorizadoras de afeto (afetividade), um conjunto de atos concretos representativos de um dado sentimento afetivo por outrem (esses atos concretos são captáveis pelo Direito, por intermédio dos seus meios usuais de prova). Finalmente, resta possível sustentar que a socioafetividade se constitui no reconhecimento no meio social de uma dada manifestação de afetividade, percepção por uma dada coletividade de uma relação afetiva (repercussão também captável pelo Direito, pelos seus meios usuais de prova).[17]

Stefano Rodotà descreveu, com clareza ímpar, como o Direito paulatinamente criou barreiras para o reconhecimento jurídico das relações amorosas, afetivas e sentimentais, e como elas o afastaram da realidade dos relacionamentos humanos. Um equívoco que merece ser revisto. Para o mestre italiano, ao ignorar e restringir esse aspecto subjetivo das pessoas, o Direito suprime um traço relevantíssimo do ser humano, o que é inapropriado.[18]

Ainda que se parta de uma análise transdisciplinar, é inarredável aportar em uma tradução *jurídica* da afetividade, que não deve restar atrelada a aspectos subjetivos ou inapreensíveis concretamente. Face o Direito laborar com fatos jurídicos concretos, estes devem ser os alicerces que demarcarão a significação jurídica da afetividade.

A leitura jurídica da afetividade deve ser realizada sempre com uma lente objetiva, a partir da persecução de fatos concretos que permitam sua averiguação no plano fático: uma *afetividade jurídica objetiva*. Corolária disso, a percepção que o princípio da afetividade jurídica possui duas dimensões: a *objetiva*, que é retratada pela presença de eventos representativos de uma expressão de afetividade, ou seja, fatos sociais que indiquem a presença de uma manifestação afetiva; e a *subjetiva*, que refere ao afeto anímico em si, o sentimento propriamente dito. A verificação dessa dimensão subjetiva certamente foge ao Direito e, portanto, será sempre presumida, o que permite dizer que constatada a presença da *dimensão objetiva* da afetividade, restará desde logo presumida a sua *dimensão subjetiva*. Em outras palavras, "nessas situações, é possível até presumir a presença do sentimento de afeto. Sendo ação,

---

[17] Conforme sustentamos com mais vagar em: CALDERÓN, Ricardo. *Princípio da Afetividade no Direito de Família*. 2. ed. rev. atual. e ampl. Rio de Janeiro: Forense, 2017.
[18] RODOTÀ, Stefano. *Diritto D'amore*. Bari: Laterza, 2015. p. 7.

a conduta afetiva é um dever e pode ser imposta pelo Judiciário, presente ou não o sentimento".[19]

A obra clássica de Caio Mário da Silva Pereira adere a essa proposição de leitura objetiva da afetividade jurídica,

> O princípio jurídico da afetividade, em que pese não estar positivado no texto constitucional, pode ser considerado um princípio jurídico, à medida que seu conceito é construído por meio de uma interpretação sistemática da Constituição Federal (art. 5º, §2º, CF) princípio é uma das grandes conquistas advindas da família contemporânea, receptáculo de reciprocidade de sentimentos e responsabilidades. (...) o princípio da afetividade possui duas dimensões: uma objetiva e outra subjetiva.[20]

A partir destes pressupostos é possível sustentar que a socioafetividade representa o reconhecimento no meio social de manifestações afetivas concretas. Em que pese inicialmente possa parecer árduo ao Direito lidar com um tema tão subjetivo, não raro alguns institutos jurídicos igualmente subjetivos são apurados de maneira similar (*v.g.* a boa-fé). Eventos que podem evidenciar a afetividade são manifestações especiais de cuidado, entreajuda, afeição explícita, carinho, comunhão de vida, convivência mútua, mantença alheia, coabitação, projeto de vida em conjunto, existência ou planejamento de prole comum, proteção recíproca, acumulação patrimonial compartilhada, dentre outros.

O STJ foi um dos precursores na edificação do sentido de socioafetividade para o Direito de Família brasileiro, visto que acolhe essa categoria há quase mais de duas décadas, mesmo quando inexistia qualquer lei expressa a respeito dessa temática. Esta categoria foi consolidada em um profícuo diálogo travado entre a *literatura jurídica de direito de família* (dentre outros: João Baptista Vilella,[21] Luiz Edson Fachin,[22] Zeno Veloso[23] e Paulo Luiz

---

[19] PEREIRA, Rodrigo da Cunha. *Dicionário de Direito de Família e Sucessões*: ilustrado. São Paulo: Saraiva, 2015. p. 70.

[20] PEREIRA, Caio Mário da Silva. *Instituições de Direito Civil. Família*. v. 5. 22. ed. rev. atual. e ampl. Rio de Janeiro: Forense, 2014. p. 65-66.

[21] VILLELA, João Baptista. A Desbiologização da Paternidade. *Revista da Faculdade de Direito da Universidade Federal de Minas Gerais*, Belo Horizonte, UFMG, ano XXVII, n. 21, maio 1979.

[22] Fachin, Luiz Edson. *Da paternidade*: relação biológica e afetiva. Belo Horizonte: Del Rey, 1996.

[23] VELOSO, Zeno. *Direito Brasileiro da Filiação e Paternidade*. São Paulo: Malheiros, 1997.

Netto Lôbo[24]) e a *jurisprudência* (em particular, do próprio Superior Tribunal de Justiça).[25]

O avanço da afetividade na definição das questões familiares também foi percebido no Direito Comparado, a partir do pioneiro trabalho de Guilherme de Oliveira[26] e, também, como se percebe nas palavras de Pietro Perlingieri

> O sangue e o afeto são razões autônomas de justificação para o momento constitutivo da família, mas o perfil consensual e a *affectio* constante e espontânea exercem cada vez mais o papel de denominador comum de qualquer núcleo familiar. O merecimento de tutela da família não diz respeito exclusivamente às relações de sangue, mas, sobretudo, àquelas afetivas que se traduzem em comunhão espiritual e de vida.[27]

Outra distinção que merece destaque é a que há entre os fatos indicativos da presença da afetividade e o regramento jurídico da afetividade. Os fatos se desenvolvem no meio social (na experiência concreta) e a partir da incidência do princípio da afetividade (previsto no ordenamento jurídico) é que serão, portanto, reconhecidos pelo Direito.

Uma particularidade do princípio da afetividade que merece destaque é que ele possui duas dimensões: uma objetiva e outra subjetiva. A *dimensão objetiva* envolve a presença de fatos tidos como representativos de uma expressão de afetividade, ou seja, fatos sociais que indiquem a presença de uma manifestação afetiva. A *dimensão subjetiva* trata do afeto anímico em si, do sentimento de afeto propriamente dito. Esta dimensão subjetiva do princípio certamente escapa ao Direito, de modo que é sempre presumida, sendo que constatada a *dimensão objetiva* da afetividade restará desde logo presumida a presença da sua *dimensão subjetiva*. Dito de outro modo,

---

[24] LÔBO, Paulo Luiz Netto. *Direito Civil – Famílias*. São Paulo: Saraiva, 2008.
[25] LÔBO, Paulo Luiz Netto. Socioafetividade no Direito de Família: a Persistente Trajetória de um Conceito Fundamental. *Revista Brasileira de Direito das Famílias e Sucessões*. Porto Alegre, Magister; Belo Horizonte, IBDFAM, v. 5, ago./set. 2008.
[26] OLIVEIRA, Guilherme de. *Critério Jurídico da Paternidade*. Reimp. Coimbra: Almedina, 2003. p. 445.
[27] PERLINGIERI, Pietro. *Perfis do Direito Civil*: introdução ao direito civil-constitucional. Trad. Maria Cristina de Cicco. 3. ed. Rio de Janeiro: Renovar, 2002. p. 244.

é possível designá-lo como *princípio da afetividade jurídica objetiva*, o que ressalta o aspecto fático que é objeto da apreensão jurídica.

A *objetivação do princípio da afetividade* torna clara que sua leitura jurídica não irá se imiscuir no sentimento das pessoas ou em searas que são estranhas ao Direito. A presença da afetividade será apurada a partir da análise de atos/fatos concretos – tal como se dá com diversos outros institutos de acepção igualmente subjetiva.

O princípio da afetividade possui ainda uma *dupla face* cuja compreensão auxilia na exata percepção do seu sentido. A primeira delas é a *face de dever jurídico*, voltada para as pessoas que possuam algum vínculo de *parentalidade* ou de *conjugalidade* (aqui incluídas não só as relações matrimoniais, mas todas as uniões estáveis de alguma forma reconhecidas pelo sistema). Essa face do princípio vincula tais pessoas a condutas recíprocas representativas da afetividade inerente a tal relação.

A segunda faceta do princípio é a *face geradora de vínculo familiar*, voltada para as pessoas que ainda não possuam um vínculo reconhecido pelo sistema (seja de *parentalidade*, seja de *conjugalidade*), pela qual a incidência do princípio da afetividade consubstanciará um vínculo familiar entre os envolvidos. Nesta particularidade resta abarcada a noção da *posse de estado*. Ou seja, a presença de um dado conjunto fático fará incidir o princípio da afetividade de modo a configurar, a partir de então, um vínculo familiar decorrente daquela relação.

Obviamente que as duas faces do princípio não se confundem, mas também não se excluem, de modo que a partir de um reconhecimento de vínculo familiar decorrente da incidência da face *geradora de vínculos* do princípio automaticamente incidirá sua outra face, a *de dever jurídico*. Apesar de se relacionarem, constituem duas facetas distintas, com características e consequências próprias que devem ser observadas.

O substrato do princípio não é exaustivo, haja vista que cabe à doutrina e à jurisprudência a fixação destes contornos, sendo que não é possível dizer que esta seja uma tarefa concluída. Ainda assim, é possível vislumbrar que a afetividade jurídica envolve atos de cuidado, de subsistência, de carinho, de educação, de suporte psíquico e emocional, de entreajuda, de comunhão de vida, entre outros. Apenas em uma dada situação fática se poderá apurar a presença ou não da afetividade, de modo que tais características podem variar de acordo com cada *fattispecie*.

A apuração da afetividade se dará pela verificação da presença de *fatos signo-presuntivos* desta manifestação afetiva, de modo que, ante a constatação de determinados fatos (dimensão objetiva), estes significarão desde logo a presença da afetividade, restando presumida então a sua dimensão subjetiva. A percepção da possibilidade de apuração da afetividade pela análise de *fatos signo-presuntivos* pode permitir uma maior eficácia ao princípio, superando dificuldades que poderiam se apresentar na sua verificação concreta.

Há que se destacar, ainda, que tal conjunto fático indicativo da afetividade deverá estar corroborado pela presença dos elementos da estabilidade e da ostentabilidade, de modo que apenas a presença concomitante destes elementos poderá indicar a constatação desta *afetividade familiar* geradora de efeitos jurídicos (o que permitirá afastar casos de manifestações afetivas eventuais ou fugazes, que não mereçam tal configuração).

Não se pode olvidar que o reconhecimento jurídico da afetividade deve se dar com equilíbrio e razoabilidade, em conformidade com os demais elementos do sistema jurídico, sempre de modo a evitar excessos. Uma correta fundamentação do que se entende por afetividade, bem como o esclarecimento de quais elementos foram considerados para sua averiguação em dado caso concreto, auxilia nessa tarefa.

Essas elucidações parecem contribuir para a defesa da viabilidade de utilização do princípio jurídico da afetividade no atual Direito de Família brasileiro, haja vista que para muitas das situações existenciais afetivas que se apresentam a legislação não traz respostas apriorísticas ou bem-definidas.

3 Projeções da leitura jurídica da afetividade

A presença da afetividade no sistema, ao lado dos demais institutos e princípios de Direito de Família, poderá facilitar as diversas outras construções teórico-práticas que ainda terão de ser enfrentadas. Esta complexa, fragmentada e instável sociedade do presente está a apresentar a cada dia problemas mais difíceis e imprevistos, para os quais não se consegue extrair uma decisão apenas com a análise das regras postas no ordenamento. Mais do que nunca é necessária uma hermenêutica civil-constitucional, que considere tanto as regras como os princípios, o que poderá permitir a edificação das soluções que se farão necessárias.

Um exemplo foi a histórica decisão do Supremo Tribunal Federal que reconheceu as uniões homoafetivas[28] (proferida em 2011), na qual houve clara contribuição do reconhecimento jurídico da afetividade para o resultado final obtido.[29] A decisão fez uma análise civil-constitucional, recheada de princípios que permitiram descortinar a referida conclusão final. Ao lado de outros princípios constitucionais, a afetividade figurou no voto de quase todos os ministros, mostrando a sua contribuição em tema tão sensível.

Outro exemplo da centralidade que atualmente é conferida à afetividade pelos tribunais foi a alvissareira decisão do STJ de 2012, que permitiu a reparação por abandono afetivo (REsp 1.159.242/SP), anunciadora de um outro momento na análise da responsabilidade civil em questões de Direito de Família. Em que pese algumas observações pontuais serem feitas à sua fundamentação e decorrerem deste posicionamento novas questões aos juristas, a decisão é clara demonstração de uma das projeções possíveis da leitura jurídica da afetividade. Muito mais do que entregar uma resposta pronta e completa, esse precursor julgado pode exercer o papel de importante pergunta que nos leve a atentar com mais vagar para alguns aspectos da realidade, por vezes esquecidos pelos operadores jurídicos.

Ao assim decidir, o Superior Tribunal de Justiça iluminou um tema que há muito restava à sombra do Direito brasileiro: os casos concretos de abandono afetivo. O simples fato de colocar a temática na ordem do dia dos civilistas já é merecedor de aplausos, não se ignorando que, ao assim proceder, traz desafios e alguma inquietação.

---

[28] Supremo Tribunal Federal. STF. ADIN 4.277/DF e ADPF 132/RJ.
[29] O que fica evidente com a simples leitura dos referidos votos dos Ministros neste caso específico, nos quais são constantes as remissões à afetividade.

O princípio da afetividade reverbera em diversas searas jusfamiliares, inclusive nas definições de parentalidade. No Brasil, a doutrina e a jurisprudência foram as precursoras no reconhecimento da socioafetividade como suficiente vínculo parental.[30] Ao lado da vinculação biológica figura o liame socioafetivo, lastreado na força construtiva dos fatos sociais.[31]

A Constituição Federal traz relevantes diretrizes sobre a filiação, o que deve ser observado no acertamento dos casos concretos.[32] Por sua vez, o Código Civil de 2002 também traz uma regulação que acolhe a socioafetividade nas relações de parentalidade.[33] A posse de estado de filiação é acolhida pelo Direito brasileiro, estando prevista na parte final do art. 1.593 do Código Civil. O conceito de filiação de Paulo Lôbo envolve o vínculo decorrente da socioafetividade, expresso mediante a noção da *posse de estado*

> Filiação é conceito relacional; é a relação de parentesco que se estabelece entre duas pessoas, uma das quais nascida da outra, ou adotada,

---

[30] MADALENO, Rolf. *Curso de Direito de Família*. 5. ed., rev. atual. ampl. Rio de Janeiro: Forense, 2013.

[31] GAMA, Guilherme Calmon Nogueira da. *A nova filiação, o biodireito e as relações parentais, de acordo com o novo Código Civil*. Rio de Janeiro: Renovar, 2003.

[32] CF – art. 226 – "§5º – Os direitos e deveres referentes à sociedade conjugal são exercidos igualmente pelo homem e pela mulher".
CF – art. 226 – "§7º – Fundado nos princípios da dignidade da pessoa humana e da paternidade responsável, o planejamento familiar é livre decisão do casal, competindo ao Estado propiciar recursos educacionais e científicos para o exercício desse direito, vedada qualquer forma coercitiva por parte de instituições oficiais ou privadas".
CF – art. 227 – "§6º – Os filhos, havidos ou não da relação do casamento, ou por adoção, terão os mesmos direitos e qualificações, proibidas quaisquer designações discriminatórias relativas à filiação".

[33] CC – "Art. 1.593 – O parentesco é natural ou civil, conforme resulte de consanguinidade ou outra origem".
CC – "Art. 1.596 – Os filhos, havidos ou não da relação de casamento, ou por adoção, terão os mesmos direitos e qualificações, proibidas quaisquer designações discriminatórias relativas à filiação".
CC – "Art. 1.597 – Presumem-se concebidos na constância do casamento os filhos:
I – nascidos cento e oitenta dias, pelo menos, depois de estabelecida a convivência conjugal;
II – nascidos nos trezentos dias subsequentes à dissolução da sociedade conjugal, por morte, separação judicial, nulidade e anulação do casamento;
III – havidos por fecundação artificial homóloga, mesmo que falecido o marido;
IV – havidos, a qualquer tempo, quando se tratar de embriões excedentários, decorrentes de concepção artificial homóloga;
V – havidos por inseminação artificial heteróloga, desde que tenha prévia autorização do marido".

ou vinculada mediante posse de estado de filiação ou por concepção derivada de inseminação artificial heteróloga.[34]

A paternidade socioafetiva espontânea e higidamente registrada é apta a produzir efeitos jurídicos, na esteira que há muito vem decidindo o Superior Tribunal de Justiça. No decorrer de 2017, o STJ confirmou a manutenção de uma paternidade com base eminentemente no vínculo socioafetivo, visto que restou comprovada a ausência de descendência biológica entre pai e filho.[35] Neste caso, o pai (ao se separar da mãe) postulou judicialmente a desconstituição da paternidade da criança que havia registrado e criado. No decorrer do processo a ausência de vínculo biológico restou comprovada por exame em DNA. Tendo em vista o registro da filiação, aliada a uma convivência socioafetiva de 14 anos, o STJ negou o pleito paterno de negatória da paternidade e manteve a filiação. Mais um exemplo da força da afetividade.

A partir deste representativo julgado é possível perceber que o STJ consolidou a leitura objetiva da categoria da socioafetividade, o que se mostra adequado.[36] O referido acórdão acolhe essas premissas, visto que levou em conta diversos fatos concretos que evidenciavam claramente a existência de uma relação paterno-filial socioafetiva. Na situação fática que era apreciada, a *posse de estado de filho* foi percebida e destacada em diversos eventos, que transcorreram em fases distintas da vida da referida filha (atestados inclusive em laudo da assistente social judicial).

Nesta deliberação, percebe-se que o acórdão traz elementos civis e constitucionais que fundamentam a categoria da socioafetividade, o Ministro Relator inclusive relaciona a paternidade socioafetiva ao macroprincípio da dignidade da pessoa humana. A manutenção da filiação socioafetiva mesmo com a comprovação da ausência do vínculo biológico está de acordo com o sentido civil-constitucional de filiação apurado pelo Direito de Família contemporâneo, que

---

[34] LÔBO, Paulo Luiz Netto. *Direito Civil* – Famílias. São Paulo: Saraiva, 2008. p. 192.
[35] STJ, RESP 1.613.641/MG, 3ª Turma, Rel. Min. Ricardo Villas Bôas Cueva, j. 23.5.2017, unânime.
[36] CARDOSO, Simone Tassinari. *Notas sobre parentalidade socioafetiva*. Trabalho aprovado e apresentado no II Congresso Brasileiro de Direito Civil, do Instituto Brasileiro de Direito Civil – IBDCivil. Evento realizado em Curitiba, em 2014.

é uníssono em afirmar que a paternidade não decorre apenas da descendência genética.[37]

Na esteira disso, outra decisão paradigmática do Supremo Tribunal Federal tratando de temas afeitos à afetividade: a tese que acolheu a multiparentalidade, julgada na Repercussão Geral 622, em 2016.[38] Este é outro representativo exemplo de uma repercussão da leitura jurídica da socioafetividade. Isto porque, a partir da aceitação tranquila da parentalidade socioafetiva em nosso sistema jurídico, desaguou no dilema de analisar se seria possível, então, manter duas paternidades em uma dada situação concreta (por exemplo, uma paternidade socioafetiva e outra paternidade biológica). Esta temática da *pluripaternidade* é exemplo do caminhar contínuo do direito e da sua riqueza, no qual figura de forma ímpar a afetividade quando do trato das relações familiares.

Após apreciar o caso, o pleno do STF aprovou uma tese com o seguinte teor: "A paternidade socioafetiva, declarada ou não em registro público, não impede o reconhecimento do vínculo de filiação concomitante baseado na origem biológica, com os efeitos jurídicos próprios".[39]

A tese é explícita em afirmar a possibilidade de cumulação de uma paternidade socioafetiva concomitantemente com uma paternidade biológica, mantendo-se ambas em determinado caso concreto, admitindo, com isso, a possibilidade da existência jurídica de dois pais. Ao prever expressamente a possibilidade jurídica da pluralidade de vínculos familiares, nossa Corte Suprema consagra um importante avanço: o reconhecimento da multiparentalidade, um dos novíssimos temas do Direito de Família.

---

[37] "A paternidade socioafetiva é a relação paterno-filial que se forma a partir do afeto, do cuidado, do carinho, da atenção e do amor que, ao longo dos anos, se constrói em convivência familiar, em assistência moral e compromisso patrimonial. O sólido relacionamento afetivo paterno-filial vai formando responsabilidades e referenciais, inculcando, pelo exercício da paternagem, elementos fundamentais e preponderantes na formação, construção e definição da identidade da pessoa. E assim, a relação paterno-filial vai sendo reconhecida não só entre os parentes do grupo familiar, mas também entre terceiros (padrinhos, vizinhos e colegas)" PORTANOVA, Rui. *Ações de Filiação e paternidade socioafetiva*. Porto Alegre: Livraria do Advogado, 2016. p. 19.

[38] Sobre o tema: CALDERÓN, Ricardo. *Reflexos da decisão do STF de acolher a socioafetividade e multiparentalidade*. Artigo Publicado no Portal Consultor Jurídico, em 25.09.2016, na Coluna Processo Familiar. Disponível em: http://www.conjur.com.br/2016-set-25/processo-familiar-reflexos-decisao-stfacolher-socioafetividade-multiparentalidade.

[39] STF, tese aprovada na Repercussão Geral 622, que teve como base o REXT 898060/SC, Rel. Min. Luiz Fux, do qual o IBDFAM participou como *Amicus Curiae*.

É patente a contribuição da leitura jurídica da afetividade para a edificação da tese que assentou o acolhimento jurídico da multiparentalidade pelo STF, o que resta cristalino na análise dos diversos votos dos ministros ao julgar esse emblemático caso.

No balanço entre os limites e as possibilidades advindos da leitura principiológica da afetividade é possível afirmar que as suas projeções jurídicas podem contribuir para um renovado porvir do Direito de Família brasileiro, como objeto de construção e reconstrução constante.

Referências

BARBOZA, Heloísa Helena. Efeitos Jurídicos do Parentesco Socioafetivo. *Revista Brasileira de Direito das Famílias e Sucessões*, Porto Alegre, Magister; Belo Horizonte: IBDFAM, v. 9, abr./maio 2009.

BARBOZA, Heloísa Helena. Perfil Jurídico do Cuidado e da Afetividade nas Relações Familiares. *In:* PEREIRA, Tânia da Silva; OLIVEIRA, Guilherme; COLTRO, Antonio Carlos Mathias (Org.) *Cuidado e Afetividade*: projeto Brasil/Portugal – 2016-2017. São Paulo: Atlas, 2017.

BAUMAN, Zygmunt. *Amor Líquido*: sobre a Fragilidade dos Laços Humanos. Trad. Carlos Alberto Medeiros. Rio de Janeiro: Zahar, 2004.

CALDERÓN, Ricardo. *Princípio da Afetividade no Direito de Família*. 2. ed. rev. atual. e amp. Rio de Janeiro: Forense, 2017.

CALDERÓN, Ricardo. *Reflexos da decisão do STF de acolher a socioafetividade e multiparentalidade*. Artigo Publicado no Portal Consultor Jurídico, em 25.09.2016, na Coluna Processo Familiar.

CARDOSO, Simone Tassinari. *Notas sobre parentalidade socioafetiva*. Trabalho aprovado e apresentado no II Congresso Brasileiro de Direito Civil, do Instituto Brasileiro de Direito Civil – IBDCivil. Evento realizado em Curitiba, em 2014.

DWORKIN, Ronald. *Levando os direitos a sério*. Trad. Nelson Boeira. São Paulo: Martins Fontes, 2002.

FACHIN, Luiz Edson. *Da Paternidade*: Relação Biológica e Afetiva. Belo Horizonte: Del Rey, 1996.

FACHIN, Luiz Edson. *Direito de família*: Elementos críticos à luz do novo Código Civil brasileiro. 2. ed. Rio de Janeiro: Renovar, 2003.

FACHIN, Luiz Edson. Do Direito de Família. Do Direito Pessoal. Das Relações de Parentesco. Arts. 1.591 a 1.638. *In:* TEIXEIRA, Sálvio de Figueiredo (Coord.). *Comentários ao Novo Código Civil*. Rio de Janeiro: Forense, 2008. v. XVIII.

FACHIN, Luiz Edson. Paternidade e Ascendência Genética. *In:* LEITE, Eduardo de Oliveira (Coord.) *Grandes Temas da Atualidade*: DNA Como Meio de Prova da Filiação. Rio de Janeiro: Forense, 2002.

GAMA, Guilherme Calmon Nogueira da. *A nova filiação, o biodireito e as relações parentais, de acordo com o novo Código Civil*. Rio de Janeiro: Renovar, 2003.

HIRONAKA, Giselda Maria Fernandes Novaes. Sobre Peixes e Afetos – Um Devaneio Acerca da Ética no Direito. *In*: PEREIRA, Rodrigo da Cunha (Org.). *Anais do V Congresso Brasileiro de Direito de Família*. São Paulo: IOB Thompson, 2006.

LÔBO, Paulo Luiz Netto. *Direito Civil – Famílias*. São Paulo: Saraiva, 2008.

LÔBO, Paulo Luiz Netto. Direito ao estado de filiação e direito à origem genética: uma distinção necessária. *In*: PEREIRA, Rodrigo da Cunha (Org.). *Anais do IV Congresso Brasileiro de Direito de Família*. Belo Horizonte: Del Rey, 2004.

LÔBO, Paulo Luiz Netto. Socioafetividade no Direito de Família: a Persistente Trajetória de um Conceito Fundamental. *Revista Brasileira de Direito das Famílias e Sucessões*, Porto Alegre, Magister; Belo Horizonte, IBDFAM, v. 5, ago./set. 2008.

LÔBO, Paulo Luiz Netto. Socioafetividade em Família e a Orientação do Superior Tribunal de Justiça. *In*: FRAZÃO, Ana; TEPEDINO, Gustavo (Coord.). *O Superior Tribunal de Justiça e a Reconstrução do Direito Privado*. São Paulo: Revista dos Tribunais, 2011.

MADALENO, Rolf. *Curso de Direito de Família*. 5. ed., rev., atual. e ampl. Rio de Janeiro: Forense, 2013.

MORAES, Maria Celina Bodin de. A Família Democrática. *In*: PEREIRA, Rodrigo da Cunha (Org.). *Anais do V Congresso Brasileiro do Direito de Família*. São Paulo: IOB Thomson, 2006.

OLIVEIRA, Guilherme de. *Critério Jurídico da Paternidade*. Reimp. Coimbra: Almedina, 2003.

PEREIRA, Caio Mário da Silva. *Instituições de Direito Civil. Família*. v. 5. 22. ed. rev., atual. e ampl. Rio de Janeiro: Forense, 2014.

PEREIRA, Rodrigo da Cunha. *Dicionário de Direito de Família e Sucessões*: ilustrado. São Paulo: Saraiva, 2015.

PERLINGIERI, Pietro. *Perfis do Direito Civil*: introdução ao direito civil-constitucional. Trad. Maria Cristina de Cicco. 3. ed. Rio de Janeiro: Renovar, 2002.

PERLINGIERI, Pietro. *O direito civil na legalidade constitucional*. Trad. Maria Cristina de Cicco. Rio de Janeiro: Renovar, 2008.

PORTANOVA, Rui. *Ações de Filiação e paternidade socioafetiva*. Porto Alegre: Livraria do Advogado, 2016.

RODOTÀ, Stefano. *Diritto D'amore*. Bari: Laterza, 2015.

RODRIGUES, Renata de Lima; TEIXEIRA, Ana Carolina Brochado. Multiparentalidade como Fenômeno Jurídico Contemporâneo. *Revista Brasileira de Direito das Famílias e Sucessões*, Porto Alegre, Magister/Belo Horizonte, IBDFAM, v. 14, p. 89-106, fev./mar. 2010.

TEPEDINO, Gustavo. A disciplina civil-constitucional das relações familiares. *In*: COMAILLE, Jacques *et al. A Nova Família*: problemas e perspectivas. Rio de Janeiro: Renovar, 1997.

TEPEDINO, Gustavo. Premissas Metodológicas para a Constitucionalização do Direito Civil. *In*: TEPEDINO, Gustavo. *Temas de direito civil*. 4. ed. rev. e atual. Rio de Janeiro: Renovar, 2008.

VILLELA, João Baptista. A Desbiologização da Paternidade. *Revista da Faculdade de Direito da Universidade Federal de Minas Gerais*, Belo Horizonte, UFMG, ano XXVII, n. 21, maio 1979.

VELOSO, Zeno. *Direito Brasileiro da Filiação e Paternidade*. São Paulo: Malheiros, 1997.

Informação bibliográfica deste texto, conforme a NBR 6023:2018 da Associação Brasileira de Normas Técnicas (ABNT):

CALDERÓN, Ricardo. Princípio da afetividade no Direito de Família. *In*: EHRHARDT JÚNIOR, Marcos; LOBO, Fabíola Albuquerque; ANDRADE, Gustavo (Coord.). *Direito das relações familiares contemporâneas:* estudos em homenagem a Paulo Luiz Netto Lôbo. Belo Horizonte: Fórum, 2019. p. 49-71. ISBN 978-85-450-0700-5.

A TÉCNICA DA PONDERAÇÃO E SUAS APLICAÇÕES AO DIREITO DE FAMÍLIA E DAS SUCESSÕES

FLÁVIO TARTUCE

1 O Novo Código de Processo Civil. Panorama geral. A inclusão da técnica da ponderação no texto legal

Temos um Novo Código de Processo Civil. Após cerca de seis anos de elaboração, tramitação e *vacatio legis*, entra em vigor a Lei nº 13.105/2015, que institui o Estatuto Instrumental emergente. Como se retira da sua exposição de motivos, escrita pela Comissão de Juristas que elaborou o seu texto no Senado Federal, "um sistema processual civil que não proporcione à sociedade o reconhecimento e a realização dos direitos, ameaçados ou violados, que tem cada um dos jurisdicionados, não se harmoniza com as garantias constitucionais de um Estado Democrático de Direito. Sendo ineficiente o sistema processual, todo o ordenamento jurídico passa a carecer de real efetividade. De fato, as normas de direito material se transformam em pura ilusão, sem a garantia de sua correlata realização, no mundo empírico, por meio do processo".[1]

Realmente, o Código de Processo Civil de 1973 estava distante da realidade constitucional brasileira, especialmente da tutela dos direitos fundamentais e de mecanismos elencados pelo Texto Maior para uma maior eficiência na resolução das contendas. Muito ao contrário da norma anterior, o Novo CPC traz um dispositivo inaugural de grande relevo, a proporcionar uma *ponte* com a

---

[1] Conforme se retira de: FUX, Luiz; ASSUMPÇÃO NEVES, Daniel Amorim. *Novo CPC comparado*. São Paulo: GEN/Método, 2015. p. 305.

Constituição Federal de 1988, segundo o qual "o processo civil será ordenado, disciplinado e interpretado conforme os valores e as normas fundamentais estabelecidos na Constituição da República Federativa do Brasil, observando-se as disposições deste Código". Inaugura-se, assim e expressamente na lei, a *constitucionalização do processo*, que, segundo Zulmar Duarte de Oliveira Jr., é "fato conhecido e reconhecido aqui e acolá, tendo sido de grande relevo para o próprio fortalecimento e democratização do país, haja vista que 'a passagem dos direitos e liberdades às constituições representa uma das maiores conquistas políticas da invenção da democracia' (MIRANDA, 1954. p. 37)".[2]

A concretizar essa *constitucionalização do Direito Processual Civil*, com relação umbilical com a *constitucionalização do Direito Civil*, visão de sistema que há muito tempo tem especial destaque na dogmática brasileira, merece relevo o teor do art. 8º do Novo CPC, que coloca o princípio da dignidade da pessoa humana como *fio condutor prioritário* das decisões judiciais. Enuncia a norma emergente que, "ao aplicar o ordenamento jurídico, o juiz atenderá aos fins sociais e às exigências do bem comum, resguardando e promovendo a dignidade da pessoa humana e observando a proporcionalidade, a razoabilidade, a legalidade, a publicidade e a eficiência". Acreditamos que tal norma é dirigida não só ao Direito Processual, mas a todo o Direito brasileiro, como verdadeira regra hermenêutica global que completa o antigo art. 5º da Lei de Introdução às Normas do Direito Brasileiro.[3]

Feitas tais considerações preliminares, constata-se ainda que estava o Código de Processo Civil anterior desassociado da realidade de nossas principais leis materiais, especialmente do Código Civil de 2002 e do Código de Defesa do Consumidor. Como é notório, essas duas normas adotaram um *sistema aberto*, baseado em cláusulas gerais e em conceitos legais indeterminados. Por seu turno, a norma processual antecedente trazia em seu conteúdo uma essência positivista, hermética e fechada. Ao contrário do seu antecessor, o Novo Código

---

[2] DUARTE DE OLIVEIRA JR., Zulmar. *Teoria geral do processo*: comentários ao CPC de 2015 – Parte geral. São Paulo: GEN/Método, 2015. p. 1-2.

[3] Com teor mais singelo, e – por que não dizer? – *superado*, estabelece o art. 5º da Lei de Introdução que, "na aplicação da lei, o juiz atenderá aos fins sociais a que ela se dirige e às exigências do bem comum".

de Processo Civil está recheado de conceitos normativos sem definição imediata, assim como as duas leis subjetivas citadas.

Nesse contexto de abertura semântica, além dos conceitos retirados do seu art. 8º, ora transcrito, merecem ser destacados a boa-fé objetiva processual e o dever de cooperação processual, abstraídos dos arts. 5º e 6º do CPC/2015. Nos termos do primeiro comando, "aquele que de qualquer forma participa do processo deve comportar-se de acordo com a boa-fé". Em complemento, prescreve o preceito seguinte que "todos os sujeitos do processo devem cooperar entre si para que se obtenha, em tempo razoável, decisão de mérito justa e efetiva". Conforme bem leciona Alexandre Freitas Câmara, "não se trata, pois, apenas de se exigir dos sujeitos do processo que atuem com boa-fé subjetiva (assim entendida a ausência de má-fé), mas com boa-fé objetiva, comportando-se de maneira como geralmente se espera que tais sujeitos se conduzam. A vedação do comportamento contraditório (*nemo venire contra factum proprium*), a segurança resultante de comportamentos duradouros (*supressio e surrectio*), entre outros corolários da boa-fé objetiva, são expressamente reconhecidos como fundamentais para o desenvolvimento do processo civil. A boa-fé objetiva processual orienta a interpretação da postulação e da sentença, permite a imposição de sanção ao abuso de direitos processuais e às condutas dolosas de todos os sujeitos do processo e veda seus comportamentos contraditórios".[4] Em resumo, assim como ocorreu com o Código Civil de 2002, o Código de Processo Civil de 2015 traz em seu conteúdo a transposição da *boa-fé subjetiva* – intencional, psicológica – para a *boa-fé objetiva* – comportamental e concretizada na atuação das partes.

Vale dizer que os conceitos legais indeterminados e as cláusulas gerais mereceram especial atenção pelo art. 489 do Novo *Codex*, o dispositivo mais comentado e criticado da legislação instrumental emergente e que constitui o seu *coração*. Esse é o comando que elenca os elementos essenciais da sentença, exigindo a fundamentação e a motivação profunda das decisões judiciais, sempre na linha das súmulas e precedentes consolidados pelos Tribunais Superiores.

Nos termos do seu §1º, não se considera fundamentada qualquer decisão judicial, seja ela interlocutória, sentença ou acórdão, que: *a)* se

---

[4] CÂMARA, Alexandre Freitas. *O novo processo civil brasileiro*. São Paulo: Atlas, 2015. p. 7.

limitar à indicação, à reprodução ou à paráfrase de ato normativo, sem explicar sua relação com a causa ou a questão decidida; *b)* empregar conceitos jurídicos indeterminados, sem explicar o motivo concreto de sua incidência no caso, o que aqui merece destaque; *c)* invocar motivos que se prestariam a justificar qualquer outra decisão; *d)* não enfrentar todos os argumentos deduzidos no processo capazes de, em tese, infirmar a conclusão adotada pelo julgador; *e)* se limitar a invocar precedente ou enunciado de súmula, sem identificar seus fundamentos determinantes nem demonstrar que o caso sob julgamento se ajusta àqueles fundamentos; e *f)* deixar de seguir enunciado de súmula, jurisprudência ou precedente invocado pela parte, sem demonstrar a existência de distinção no caso em julgamento ou a superação do entendimento. Como consequência, a sentença que não contiver tais requisitos será considerada nula, pois todos os julgamentos dos órgãos do Poder Judiciário serão públicos, e fundamentadas todas as decisões, sob pena de sua nulidade, na expressão do art. 11 do próprio CPC/2015.

A propósito, pontue-se que a preocupação com a boa-fé objetiva processual volta a surgir nesse mesmo art. 489 do CPC/2015, sendo esta um elemento integrador da decisão, pois "a decisão judicial deve ser interpretada a partir da conjugação de todos os seus elementos e em conformidade com o princípio da boa-fé" (§3º). Como comentam com precisão Fredie Didier Jr., Rafael Alexandria de Oliveira e Paula Sarno Braga, "os signos (palavras, números e outros símbolos) utilizados pelo órgão julgador na decisão devem ser interpretados conforme a boa-fé e com os usos do lugar da celebração. Se uma determinada palavra vinha sendo utilizada, ao longo de todo o processo, em uma determinada acepção, a interpretação da decisão em que esta palavra aparece não pode, por exemplo, dar a ela um sentido diverso. Se, em outro exemplo, em determinada comunidade, uma expressão consagrou-se, pelo uso, em um sentido, não pode, ao interpretá-la posteriormente, dar a ela um sentido incompatível com aquele que a ela sempre se atribuiu".[5] Em complemento às ilustrações citadas pelos doutrinadores, acreditamos que a última regra pode conduzir o julgador a decidir em desfavor daquele que se comporta mal no curso

---

[5] DIDIER JR., Fredie; OLIVEIRA, Rafael Alexandria de; BRAGA, Paula Sarno. *In*: CABRAL, Antonio do Passo; CRAMER, Ronaldo (Coord.). *Comentários ao novo Código de Processo Civil*. Rio de Janeiro: GEN/Forense, 2015. p. 725.

do processo, especialmente nos casos em que seu convencimento não esteja totalmente formado, pela existência de teses conflitantes com argumentos fortes e convincentes de ambas as partes.

Além de todas essas inovações, e sem prejuízo de outras, o Novo Código de Processo Civil consagrou expressamente outro mecanismo importante para efetivar a constitucionalização do Direito, qual seja, a *técnica de ponderação de princípios, valores e normas*. O mesmo art. 489 do CPC/2015, ao tratar dos elementos da sentença, estabelece em seu §2º que, "no caso de colisão entre normas, o juiz deve justificar o objeto e os critérios gerais da ponderação efetuada, enunciando as razões que autorizam a interferência na norma afastada e as premissas fáticas que fundamentam a conclusão". Essa técnica passa a ser estudada a partir do presente momento, com a análise de sua essência e de casos práticos em que é viável a sua incidência, especialmente para o Direito de Família e das Sucessões.

2 A técnica da ponderação segundo Robert Alexy. Confrontação com a regra do art. 489, §2º, do novo CPC

A técnica de ponderação é um mecanismo argumentativo de grande relevo para a solução das problemáticas atuais mais complexas. Não restam dúvidas de que esse relevante artifício de lógica jurídica é associado à visão civil-constitucional do sistema, pois, *a priori*, é a partir da Constituição Federal que são resolvidos problemas essencialmente privados.

A sistematização da ideia de *pesagem* ou *sopesamento* remonta ao estudo de Robert Alexy, professor da Universidade de Kiel, Alemanha, traduzido no Brasil por Virgílio Afonso da Silva, professor titular da Faculdade de Direito da Universidade de São Paulo.[6] Parece-nos que foram as lições do jurista tedesco que influenciaram a elaboração do dispositivo inserido no Código de Processo Civil de 2015. De toda

---

[6] ALEXY, Robert. *Teoria dos direitos fundamentais*. Tradução de Virgílio Afonso da Silva. São Paulo: Malheiros, 2008.

sorte, vale lembrar que Alexy trata em sua obra da ponderação de direitos fundamentais. A ponderação constante do Novo CPC é mais ampla, tratando de normas. Essa é a diferença essencial entre as duas ponderações, a conduzir a existência de uma *ponderação à brasileira*.

Tratando da inserção da norma no Novo Código de Processo Civil, demonstram Fredie Didier Jr., Rafael Alexandria de Oliveira e Paula Sarno Braga a insuficiência de a ponderação ser utilizada apenas para resolver conflitos de direitos fundamentais. Segundo os autores, citando a posição de Humberto Ávila, "a ponderação não é exclusividade dos princípios: as regras também podem conviver abstratamente, mas colidir concretamente; as regras podem ter seu conteúdo preliminar no sentido superado por razões contrárias; as regras podem conter hipóteses normativas semanticamente abertas (conceitos legais indeterminados); as regras admitem formas argumentativas como a analogia. Em todas essas hipóteses, entende Ávila, é necessário lançar mão da ponderação. (...). Por outro lado, Ávila entende que nem mesmo o sopesamento é exclusivo dos princípios; as regras também possuem uma dimensão de peso. Prova disso seriam os métodos de aplicação que relacionam, ampliam ou restringem o seu sentido em função dos valores e fins a que elas visavam resguardar. A dimensão de peso não é algo inato à norma, mas uma qualidade das razões e dos fins a que ela se refere e que é atribuída a partir de um juízo valorativo do aplicador".[7] Vale lembrar que o Professor Fredie Didier Jr. teve atuação destacada na elaboração do então projeto do novo CPC quando da sua tramitação na Câmara dos Deputados, sendo ele um dos entusiastas e incentivadores da introdução desse mecanismo no Estatuto Processual emergente.

Ao demonstrar a importância da construção da ponderação, Luís Roberto Barroso compara a *subsunção* – incidência direta da norma – a um quadro geométrico com três cores distintas e bem nítidas. A *ponderação*, nessa mesma simbologia, será uma pintura moderna, "com inúmeras cores sobrepostas, algumas se destacando mais do que as outras, mas formando uma unidade estética".[8]

---

[7] DIDIER JR., Fredie; OLIVEIRA, Rafael Alexandria de; BRAGA, Paula Sarno. *Curso de direito processual civil*. 10. ed. Salvador: Juspodivm, 2015. v. 2, p. 325.

[8] BARROSO, Luís Roberto. *Curso de direito constitucional contemporâneo*: os conceitos fundamentais e a construção do novo modelo. Rio de Janeiro: Renovar, 2009. p. 334.

Entretanto, o jurista faz um alerta: "Ah, sim: a ponderação malfeita pode ser tão ruim quanto algumas peças de arte moderna".[9] Cabe esclarecer que o Ministro Barroso tem se revelado um entusiasta da ponderação, fazendo uso desta técnica em seus julgamentos no Supremo Tribunal Federal, como ocorreu no julgamento da ADIN que tratou das biografias não autorizadas, como se verá a seguir.

Em sua obra, visando à ponderação, Alexy parte de algumas premissas que são tidas como básicas para que a pesagem ou o sopesamento entre os princípios seja possível e que, repise-se, parecem ter sido adotadas pela Nova Norma Instrumental Brasileira.

Como *primeira premissa*, o doutrinador alemão traz o entendimento de que os direitos fundamentais têm, na maioria das vezes, a estrutura de princípios, sendo *mandamentos de otimização* "caracterizados por poderem ser satisfeitos em graus variados e pelo fato de que a medida devida de sua satisfação não depende somente das possibilidades fáticas, mas também das possibilidades jurídicas".[10]

Em seguida, como *segunda premissa*, é reconhecido que, em um sistema em que há o comprometimento com valores constitucionais, pode ser frequente a ocorrência de colisões entre os princípios, o que, invariavelmente, acarretará restrições recíprocas entre os valores tutelados. Consigne-se que, de acordo com o jurista germânico, a colisão entre regras e princípios é distinta, uma vez que, no primeiro caso, uma das regras deve ser retirada obrigatoriamente do sistema, o que não ocorre no segundo.[11] Por isso, nas últimas hipóteses pode-se falar em relativização de princípios ou mesmo em direitos fundamentais, uma vez que *princípios com peso maior devem prevalecer sobre princípios com peso menor*.

Presente o conflito entre princípios, sem que qualquer um deles seja retirado do sistema, como *terceira premissa* o aplicador do Direito deve fazer uso da *técnica de ponderação*. Em tal sopesamento, na presença da lei de colisão, os princípios são numerados por *P1*

---

[9] BARROSO, Luís Roberto. *Curso de direito constitucional contemporâneo*: os conceitos fundamentais e a construção do novo modelo. Rio de Janeiro: Renovar, 2009. p. 334.

[10] ALEXY, Robert. *Teoria dos direitos fundamentais*. Tradução de Virgílio Afonso da Silva. São Paulo: Malheiros, 2008. p. 91.

[11] ALEXY, Robert. *Teoria dos direitos fundamentais*. Tradução de Virgílio Afonso da Silva. São Paulo: Malheiros, 2008. p. 92-93.

e *P2*; *C* são as condições de procedência de um princípio sobre o outro, enquanto *T1*, *T2*, *T3* são os fatores fáticos que influenciam a colisão e a conclusão.[12] A aplicação da ponderação nada mais é do que a solução do caso concreto de acordo com a *máxima da proporcionalidade*.[13] De toda sorte, esclareça-se que a técnica da ponderação parece significar uma *proporcionalidade ou razoabilidade formatada*, baseada na fórmula apresentada pelo jurista.

Encerrando, a *quarta e última premissa* é a de que a pesagem deve ser fundamentada, calcada em uma argumentação jurídica com solidez e objetividade, para não ser arbitrária e irracional. Para tanto, deve ser bem clara e definida a fundamentação de *enunciados de preferências* em relação a determinado valor constitucional.[14]

Para explicar a ponderação, Alexy relata o *caso Lebach*. A emissora alemã ZDF tinha a intenção de exibir documentário intitulado *O assassinato de soldados em Lebach*, que contava a história do assassinato de quatro soldados alemães que faziam sentinela em um depósito, o que culminou com o roubo de munição do exército alemão, incidente ocorrido em 1969. Um dos condenados pelo crime estava prestes a ser solto às vésperas da veiculação do programa televisivo, no qual era citado nominalmente. Então, ingressou ele com uma medida cautelar para que o programa não fosse exibido, pois haveria uma clara afronta ao seu direito fundamental à imagem. O Tribunal Estadual na Alemanha rejeitou o pedido do autor da demanda para a não exibição do documentário, o que foi confirmado pelo Tribunal Superior Estadual, diante da liberdade de informar e do interesse coletivo quanto ao conteúdo do documentário.[15]

A questão chegou até a Suprema Corte alemã, que a resolveu a partir da ponderação de princípios constitucionais. A argumentação do julgamento foi dividida em três etapas.

---

[12] ALEXY, Robert. *Teoria dos direitos fundamentais*. Tradução de Virgílio Afonso da Silva. São Paulo: Malheiros, 2008. p. 94-99.

[13] ALEXY, Robert. *Teoria dos direitos fundamentais*. Tradução de Virgílio Afonso da Silva. São Paulo: Malheiros, 2008. p. 117.

[14] ALEXY, Robert. *Teoria dos direitos fundamentais*. Tradução de Virgílio Afonso da Silva. São Paulo: Malheiros, 2008. p. 166-176.

[15] ALEXY, Robert. *Teoria dos direitos fundamentais*. Tradução de Virgílio Afonso da Silva. São Paulo: Malheiros, 2008. p. 100.

Na primeira delas, foi demonstrada a colisão entre o direito à imagem ou à personalidade (P1) e a liberdade de informar (P2), dois valores constitucionalmente tutelados e de mesmo nível. A prevalência de P1 levaria à proibição do programa, enquanto a prevalência de P2, à sua exibição. Na segunda etapa, o julgamento conclui inicialmente pela prevalência de P2 sobre P1, em uma relação de procedência, diante dos interesses coletivos à solução de crimes.

Contudo, na terceira etapa, houve a conclusão pela prevalência de P1, no sentido de que o documentário não deveria ser exibido. Dois fatores fáticos substanciais acabaram por influenciar o sopesamento ou a ponderação efetuada. A primeira delas é que não haveria mais um interesse atual pela notícia do crime. Além disso, o Tribunal Constitucional alemão entendeu que haveria um risco para a ressocialização do autor da demanda, o que acabou por representar, na opinião deste autor, uma prevalência do chamado *direito ao esquecimento*.[16]

Em suma, como se pode perceber, no caso concreto que levou Alexy a desenvolver a técnica da ponderação, houve a prevalência da proteção da intimidade em relação ao direito de informação e à liberdade de imprensa. De modo bem diferente têm julgado os Tribunais Superiores Brasileiros em casos de colisão de direitos como o exposto, como será desenvolvido no próximo tópico deste estudo.

3 Algumas aplicações concretas da técnica da ponderação no Brasil

Partindo para os casos brasileiros, especialmente para aqueles em que há a colisão entre a tutela da imagem (art. 5º, incisos V e X,

---

[16] ALEXY, Robert. *Teoria dos direitos fundamentais*. Tradução de Virgílio Afonso da Silva. São Paulo: Malheiros, 2008. p. 101-102. A respeito do tema do direito ao esquecimento, no Brasil, destaque-se o Enunciado nº 531, aprovado na *VI Jornada de Direito Civil*, evento promovido pelo Conselho da Justiça Federal em 2013, segundo o qual "A tutela da dignidade da pessoa humana na sociedade da informação inclui o direito ao esquecimento". Conforme as suas justificativas, "os danos provocados pelas novas tecnologias de informação vêm-se acumulando nos dias atuais. O direito ao esquecimento tem sua origem histórica no campo das condenações criminais. Surge como parcela importante do direito do ex-detento à ressocialização. Não atribui a ninguém o direito de apagar fatos ou reescrever a própria história, mas apenas assegura a possibilidade de discutir o uso que é dado aos fatos pretéritos, mais especificamente o modo e a finalidade com que são lembrados".

da Constituição) e a tutela da informação (art. 5º, incisos IV, IX e XIV), ponderação similar à descrita no *caso Lebach* foi realizada pelo Tribunal de Justiça de São Paulo, em caso que envolvia a apresentadora de televisão Daniella Cicarelli, que foi flagrada em relações íntimas com o namorado em uma praia da Espanha, tendo as imagens reproduzidas no Youtube, *site* especializado em vídeos mantido pela Google.

O Tribunal Bandeirante, em demanda inibitória de tutela da personalidade proposta por ambos, acabou concluindo pela não exibição das imagens, de forma definitiva. Conforme consta da ementa do aresto, a esfera íntima da pessoa goza de proteção absoluta, "ainda que um dos personagens tenha alguma notoriedade, por não se tolerar invasão de intimidades [cenas de sexo] de artista ou apresentadora de TV". Julgou-se que não haveria interesse público para se manter a ofensa aos direitos individuais fundamentais, decidindo-se, ao final, pela manutenção da tutela antecipada concedida em outros recursos. Por fim, deu-se provimento ao recurso para fazer cessar a divulgação dos filmes e fotografias em *websites*, por não ter ocorrido consentimento para a publicação, sendo preservada a multa diária de R$ 250.000,00 (duzentos e cinquenta mil reais), "para inibir transgressão ao comando de abstenção" (TJSP, Apelação Cível 556.090.4/4-00/SP, Quarta Câmara de Direito Privado, Rel. Enio Zuliani, julgado em 12.06.2008, Data de Registro: 17.07.2008).

Obviamente, outras questões, inclusive aquelas relacionadas às reparações dos danos, ainda estão sendo discutidas judicialmente, nesse caso concreto. A situação fática do caso coloca em xeque o tão criticado art. 20 do Código Civil, dispositivo este que não pode deixar de lado os valores constitucionais, caso do direito à informação e à liberdade de imprensa.[17] A redação desse polêmico comando material é a seguinte: "Salvo se autorizadas, ou se necessárias à administração da justiça ou à manutenção da ordem pública, a divulgação de escritos, a transmissão da palavra, ou a publicação,

---

[17] Críticas contundentes quanto ao comando legal podem ser observadas em: TEPEDINO, Gustavo; BARBOZA, Heloísa Helena; MORAES, Maria Celina Bodin de. *Código Civil interpretado*. Rio de Janeiro: Renovar, 2004. v. I, p. 49-58.

a exposição ou a utilização da imagem de uma pessoa poderão ser proibidas, a seu requerimento e sem prejuízo da indenização que couber, se lhe atingirem a honra, a boa fama ou a respeitabilidade, ou se se destinarem a fins comerciais. Parágrafo único. Em se tratando de morto ou de ausente, são partes legítimas para requerer essa proteção o cônjuge, os ascendentes ou os descendentes".

Como se percebe, o art. 20 do CC/2002 traz apenas duas exceções expressas para a utilização da imagem alheia, sem autorização: *a)* quando a pessoa ou o fato interessar à administração da justiça, como no caso de solução de crimes; *b)* quando a pessoa ou o fato interessar à ordem pública, expressão genérica e aberta que merece preenchimento casuístico. E nada mais. Como salienta a atenta doutrina, deve-se fazer a devida ponderação dos valores envolvendo as demandas fundadas em tal comando, não se olvidando da função social do uso de imagem, ou seja, o fato de que a informação pode ter uma finalidade coletiva.

A propósito, no âmbito doutrinário, tentando *iluminar as trevas* relativas à tutela da imagem, na *IV Jornada de Direito Civil* do Conselho da Justiça Federal e do Superior Tribunal de Justiça foi aprovado o Enunciado nº 279, com a seguinte redação:

> Art. 20. A proteção à imagem deve ser ponderada com outros interesses constitucionalmente tutelados, especialmente em face do direito de amplo acesso à informação e da liberdade de imprensa. Em caso de colisão, levar-se-á em conta a notoriedade do retratado e dos fatos abordados, bem como a veracidade destes e, ainda, as características de sua utilização (comercial, informativa, biográfica), privilegiando-se medidas que não restrinjam a divulgação de informações.

Como antes demonstrado, a técnica da ponderação não é simples e demanda a análise de vários critérios, dependendo das circunstâncias fáticas e dos direitos e normas envolvidos, como realmente deve ser. Vários julgados superiores enfrentam esse problema de ponderar a *tutela da imagem e da intimidade x o direito à liberdade de imprensa e à informação*. Ao presente autor parece não existir um caminho para encontrar a solução melhor em tais dilemas que não seja a ponderação. Como temos afirmado em vários ambientes, a ponderação deve entrar em cena em casos excepcionais, quando a lei é insuficiente ou ausente para resolver os casos concretos.

Para ilustrar, em um primeiro aresto, concluiu o Superior Tribunal de Justiça, em decisão publicada no seu *Informativo* nº 396, que "há, na questão, um conflito de direitos constitucionalmente assegurados. A Constituição Federal assegura a todos a liberdade de pensamento (art. 5º, IV), bem como a livre manifestação desse pensamento (art. 5º, IX) e o acesso à informação (art. 5º, XIV). Esses direitos salvaguardam a atividade da recorrente. No entanto, são invocados pelo recorrido os direitos à reputação, à honra e à imagem, assim como o direito à indenização pelos danos morais e materiais que lhe sejam causados (art. 5º, X). Para a solução do conflito, cabe ao legislador e ao aplicador da lei buscar o ponto de equilíbrio no qual os dois princípios mencionados possam conviver, exercendo verdadeira função harmonizadora. (...) Na hipótese, constata-se que a reportagem da recorrente, para sustentar essa sua afirmação, trouxe ao ar elementos importantes, como o depoimento de fontes fidedignas, a saber: a prova testemunhal de quem foi à autoridade policial formalizar notícia-crime e a opinião de um procurador da República. Ademais, os autos revelam que o próprio repórter fez-se passar por agente interessado nos benefícios da atividade ilícita, obtendo gravações que efetivamente demonstravam a existência de engenho fraudatório. Não se tratava, portanto, de um mexerico, fofoca ou boato que, negligentemente, divulgava-se em cadeia nacional. Acresça-se a isso que o próprio recorrido revela que uma de suas empresas foi objeto de busca e apreensão. Ao público, foram dadas as duas versões do fato: a do acusador e a do suspeito. Os elementos que cercaram a reportagem também mostravam que havia fatos a serem investigados. O processo de divulgação de informações satisfaz o verdadeiro interesse público, devendo ser célere e eficaz, razão pela qual não se coaduna com rigorismos próprios de um procedimento judicial. Desse modo, vê-se claramente que a recorrente atuou com a diligência devida, não extrapolando os limites impostos à liberdade de informação. A suspeita que recaía sobre o recorrido, por mais dolorosa que lhe seja, de fato, existia e era, à época, fidedigna. Se hoje já não pesam sobre o recorrido essas suspeitas, isso não faz com que o passado altere-se. Pensar de modo contrário seria impor indenização a todo veículo de imprensa que divulgue investigação ou ação penal que, ao final, mostre-se improcedente. Por esses motivos, deve-se concluir que a conduta da recorrente foi lícita, havendo violação dos arts. 186 e 927 do CC/2002. (...)" (STJ, REsp 984.803/ES, Rel. Min. Nancy Andrighi, j. 26.05.2009).

Reafirme-se que, a propósito desse problema e de outros que possam surgir, tem-se colocado em dúvida a incidência do art. 20 do Código Civil nos últimos anos, pois o conteúdo da norma tem implicado verdadeira censura, notadamente de obras biográficas de figuras históricas e que despertam o interesse coletivo. Nessa realidade, foi proposta uma ação direta de inconstitucionalidade perante o Supremo Tribunal Federal contra o referido dispositivo, pela Associação Nacional dos Editores de Livros (ADIn 4.815, intentada em julho de 2012). O pedido da ação era no sentido de ser reconhecida a inconstitucionalidade parcial dos arts. 20 e 21 do CC/2002, sem redução de texto, "para que, mediante interpretação conforme a Constituição, seja afastada do ordenamento jurídico brasileiro a necessidade do consentimento da pessoa biografada e, *a fortiori*, das pessoas retratadas como coadjuvantes (ou de seus familiares, em caso de pessoas falecidas) para a publicação ou veiculação de obras biográficas, literárias ou audiovisuais, elaboradas a respeito de pessoas públicas ou envolvidas em acontecimentos de interesse coletivo". A petição inicial foi acompanhada de parecer muito bem construído pelo professor Gustavo Tepedino.

Corretamente, no início de junho de 2015, o Supremo Tribunal Federal, com unanimidade, julgou procedente a referida ação, prestigiando a liberdade de expressão e afastando a censura prévia das biografias não autorizadas no Brasil. Conforme a decisão final da Relatora, Ministra Cármen Lúcia: "Pelo exposto, julgo procedente a presente ação direta de inconstitucionalidade para dar interpretação conforme à Constituição aos arts. 20 e 21 do Código Civil, sem redução de texto, para, *a)* em consonância com os direitos fundamentais à liberdade de pensamento e de sua expressão, de criação artística, produção científica, declarar inexigível o consentimento de pessoa biografada relativamente a obras biográficas literárias ou audiovisuais, sendo por igual desnecessária autorização de pessoas retratadas como coadjuvantes (ou de seus familiares, em caso de pessoas falecidas); *b)* reafirmar o direito à inviolabilidade da intimidade, da privacidade, da honra e da imagem da pessoa, nos termos do inc. X do art. 5º da Constituição da República, cuja transgressão haverá de se reparar mediante indenização". Em suma, julgou-se pela impossibilidade da censura prévia das obras, devendo os abusos e excessos serem resolvidos a partir do abuso de direito e da correspondente responsabilização civil do agente causador do dano.

Além da precisa relatoria, merecem destaquem as anotações do Ministro Luís Roberto Barroso, amparando suas conclusões na técnica de ponderação. Conforme suas lições, "a ponderação é uma forma de estruturar o raciocínio jurídico. Há diferentes modos de trabalhar com ela. Do modo como eu opero a ponderação, ela se desenvolve em três etapas: *a)* na primeira, verificam-se as normas que postulam incidência ao caso; *b)* na segunda, selecionam-se os fatos relevantes; *c)* e, por fim, testam-se as soluções possíveis para verificar, em concreto, qual delas melhor realiza a vontade constitucional. Idealmente, a ponderação deve procurar fazer concessões recíprocas, preservando o máximo possível dos direitos em disputa".

Em complemento, ao tratar dos arts. 20 e 21 do Código Civil, leciona o próprio Ministro Barroso que afirmar a liberdade de expressão como preponderante em relação à intimidade decorre de três razões. A primeira razão é que "o passado condena. A história da liberdade de expressão no Brasil é uma história acidentada. A censura vem de longe: ao divulgar a Carta de Pero Vaz de Caminha, certidão de nascimento do país, o Padre Manuel Aires do Casal cortou vários trechos que considerou 'indecorosos'". Como segunda razão, destaca o jurista que "a liberdade de expressão é pressuposto para o exercício dos outros direitos fundamentais. Os direitos políticos, a possibilidade de participar no debate público, reunir-se, associar-se e o próprio desenvolvimento da personalidade humana dependem da livre circulação de fatos, informações e opiniões. Sem liberdade de expressão e de informação não há cidadania plena, não há autonomia privada nem autonomia pública". Por fim, a terceira razão apontada pelo Ministro Barroso em sua decisão está relacionada ao fato de ser a liberdade de expressão "indispensável para o conhecimento da história, para o progresso social e para o aprendizado das novas gerações". Com isso, felizmente, as biografias não autorizadas passam a ser possíveis no Brasil, não se admitindo mais a censura prévia.

Feitas tais considerações, e partindo para outra hipótese fática, no tocante à responsabilidade civil, a ponderação também serve para solucionar a hipótese fática envolvendo o paciente médico baleado e que se nega à intervenção cirúrgica por convicções religiosas. A questão coloca em jogo, de um lado, o direito à vida (art. 1º, inciso III, da

CF/1988) e, de outro, o direito às convicções religiosas, diante da proteção da liberdade de crença prevista no Texto Maior (art. 5º, inciso VI). Conforme alguns julgados, de *correta ponderação*, deve prevalecer o primeiro sobre o segundo, com a rejeição da demanda indenizatória proposta pelo paciente que sobreviveu graças ao médico que o salvou e ao hospital. Concluindo por esse caminho, no sentido de que a proteção da vida prevalece sobre as convicções religiosas.[18]

De qualquer maneira, a questão não é pacífica, eis que alguns doutrinadores concluem de maneira diversa pela prevalência das convicções religiosas sobre o direito à vida. Nessa linha, entende Anderson Schreiber que é "intolerável, portanto, que uma Testemunha de Jeová seja compelida, contra a sua livre manifestação de vontade, a receber transfusão de sangue, com base na pretensa superioridade do direito à vida sobre a liberdade de crença. Note-se que a priorização da vida representa, ela própria, uma 'crença', apenas que da parte do médico, guiado, em sua conduta, por um entendimento que não deriva das normas jurídicas, mas das suas próprias convicções científicas e filosóficas. (...). A vontade do paciente deve ser respeitada, porque assim determina a tutela da dignidade humana, valor fundamental do ordenamento jurídico brasileiro".[19]

Também adotando o entendimento pela prevalência da vontade do paciente por convicções religiosas, na *V Jornada de Direito Civil* foi aprovado o seguinte enunciado doutrinário (Enunciado nº 403):

> O direito à inviolabilidade de consciência e de crença, previsto no art. 5º, VI da Constituição Federal, aplica-se também à pessoa que se nega a tratamento médico, inclusive transfusão de sangue, com ou sem risco de morte, em razão do tratamento ou da falta dele, desde que observados os seguintes critérios: *a)* capacidade civil plena, excluído o suprimento

---

[18] Veja-se, nessa linha: "Indenizatória. Reparação de danos. Testemunha de Jeová. Recebimento de transfusão de sangue quando de sua internação. Convicções religiosas que não podem prevalecer perante o bem maior tutelado pela Constituição Federal que é a vida. Conduta dos médicos, por outro lado, que se pautou dentro da Lei e ética profissional, posto que somente efetuaram as transfusões sanguíneas após esgotados todos os tratamentos alternativos. Inexistência, ademais, de recusa expressa a receber transfusão de sangue quando da internação da autora. Ressarcimento, por outro lado, de despesas efetuadas com exames médicos, entre outras, que não merece acolhido, posto não terem sido os valores despendidos pela apelante. Recurso não provido" (TJSP, Acórdão 123.430-4/Sorocaba, Terceira Câmara de Direito Privado, Rel. Des. Flavio Pinheiro, j. 07.05.2002).

[19] SCHREIBER, Anderson. *Direitos da personalidade*. São Paulo: Atlas, 2011. p. 52.

pelo representante ou assistente; *b)* manifestação de vontade livre, consciente e informada; e *c)* oposição que diga respeito exclusivamente à própria pessoa do declarante.

Em suma, como se pode perceber, a questão é polêmica, sendo totalmente insuficiente, para resolver esse dilema, o art. 15 do Código Civil. Entendemos que tal dispositivo parece desconsiderar a proteção da vida como valor supremo, em prol da conveniência pessoal do paciente, ao preceituar que "ninguém pode ser constrangido a submeter-se, com risco de vida, a tratamento médico ou a intervenção cirúrgica". Ora, presente o risco de vida (ou melhor, de morte), no caso de não submissão ao tratamento, em regra, deve a vontade prevalecer? Acreditamos que não, ponderando-se pela vida, devendo ser feita a ressalva, como exceção, aos casos de paciente terminal, com impossibilidade de reversão de quadro clínico, que pretende a prevalência de sua vontade naquilo que se convencionou denominar como *testamento vital* ou *biológico*.

Nessa seara, alterando-se substancialmente os fatos, modifica-se a conclusão do sopesamento. Assim, o presente autor é filiado ao teor do que consta do art. 41 do Código de Ética Médica do Conselho Federal de Medicina, segundo o qual é vedado ao médico abreviar a vida do paciente, ainda que a pedido deste ou de seu representante legal. Como única ressalva, estabelece o parágrafo único da norma ética que, nos casos de doença incurável e terminal, deve o médico oferecer todos os cuidados paliativos disponíveis, sem empreender ações diagnósticas ou terapêuticas inúteis ou obstinadas, levando sempre em consideração a vontade expressa do paciente ou, na sua impossibilidade, a de seu representante legal.

Partindo para outro caso concreto, como resolver a situação fática, que não seja pela ponderação, do sujeito que demandou laboratório de análises clínicas que lhe apresentou exame positivo de HIV sem que houvesse pedido seu e de médico? *In casu,* o exame solicitado era de hepatite, e não de aids, sustentando o autor da ação a existência de um *direito fundamental de não saber.* Conforme publicação do *decisum*,

> trata-se, na origem, de ação de reparação por danos materiais e compensação por danos morais contra hospital no qual o autor, recorrente, alegou que preposto do recorrido, de forma negligente, realizou exame não solicitado, qual seja, anti-HIV, com resultado positivo, o que causou enorme dano, tanto material quanto moral, com manifesta violação da sua

intimidade. A Turma, ao prosseguir o julgamento, por maioria, entendeu que, sob o prisma individual, o direito de o indivíduo não saber que é portador de HIV (caso se entenda que este seja um direito seu, decorrente da sua intimidade) sucumbe, é suplantado por um direito maior, qual seja, o direito à vida longeva e saudável. Esse direito somente se revelou possível ao autor da ação com a informação, involuntária é verdade, sobre o seu real estado de saúde. Logo, mesmo que o indivíduo não queira ter conhecimento da enfermidade que o acomete, a informação correta e sigilosa sobre o seu estado de saúde dada pelo hospital ou laboratório, ainda que de forma involuntária, tal como no caso, não tem o condão de afrontar sua intimidade, na medida em que lhe proporciona a proteção de um direito maior. Assim, a Turma, por maioria, negou provimento ao recurso" (REsp 1.195.995/SP, Rel. originária Min. Nancy Andrighi, Rel. para acórdão Min. Massami Uyeda, j. 22.03.2011).

Comentando o aresto, leciona Lucas Miotto Lopes que "o direito de não saber é um direito distinto do direito à privacidade e só tem efeitos caso haja a manifestação expressa de preferência. Tem limites na probabilidade da violação de direitos de outras pessoas".[20] Esse limite foi aplicado ao caso exposto, pois o fato de o demandante não saber ser portador do vírus HIV poderia trazer prejuízos a terceiros. Por isso, o seu pedido reparatório em face do laboratório que fez o exame de sangue de maneira equivocada foi corretamente rejeitado, com o uso da técnica de ponderação.

Muito além desses casos, em que a técnica da ponderação se mostrou eficiente, é possível a sua utilização em contendas relativas ao Direito de Família e das Sucessões. Antes de sua exposição, é preciso enfrentar as críticas que são feitas ao seu uso.

4 Críticas ao uso da técnica da ponderação no Brasil e premissas para o seu afastamento

Não se olvide que técnica da ponderação é criticada por alguns doutrinadores brasileiros, e com contundência. Por todos, cite-se a

---

[20] LOPES, Lucas Miotto. EU não quero saber! Uma defesa do direito de não saber como independente do direito à privacidade. *Revista Direito, Estado e Sociedade*, Rio de Janeiro: PUCRJ, Departamento de Direito, n. 45, p. 82-97, jul./dez. 2014.

posição de Lenio Luiz Streck, jurista de grande destaque no País, conforme suas colunas publicadas no informativo *Consultor Jurídico*. Em um de seus mais recentes textos, argumenta o respeitado professor: "surpreende, portanto, que o novo CPC incorpore algo que não deu certo. Pior: não satisfeito em falar da ponderação, foi mais longe na tropelia epistêmica: fala em colisão entre normas (seria um abalroamento hermenêutico?), o que vai trazer maiores problemas ainda, pela simples razão de que, na linguagem jurídica, regras e princípios são... normas. E são. Já ninguém duvida disso. Logo, o que vai haver de 'ponderação de regras' não tem limite. Ou seja, sem exageros, penso que o legislador cometeu um equívoco. Ou as tais 'normas-que-entram-em-colisão' seriam os tais 'postulados', 'metanormas' pelas quais se faz qualquer coisa com o direito? Isso tem nome: risco de estado de natureza hermenêutico, eis o espectro que ronda, no mau sentido, o direito brasileiro".[21] E arremata, propondo o veto ao comando pela Presidente da República, o que não ocorreu: "quem disse que a ponderação (seja lá o que o legislador quis dizer com essa expressão) é necessária? Por exemplo, é possível demonstrar que essa história de colisão não passa de um álibi retórico para exercer a escolha arbitrária. Posso demonstrar que onde se diz existir uma 'tal' colisão, na verdade o que existe é apenas um artifício para exercitar uma 'livre escolha'. Jusfilósofos como Juan Garcia Amado ironizam essa 'manobra pseudoargumentativa' que é lançar mão da ponderação. O caso Elwanger é um bom exemplo, em que nada havia a 'ponderar' (o melhor texto sobre isso é de Marcelo Cattoni): bastava aplicar a lei que dizia que racismo é crime hediondo. Na verdade, posso demonstrar que o argumento da 'colisão' sempre chega atrasado. Sempre".[22]

Na opinião do presente autor, em tais aspectos, a crítica não se sustenta, sendo pertinente expor nossas razões. Começando pelo final

---

[21] STRECK, Lenio Luiz. Ponderação de normas no novo CPC? É o caos. Presidente Dilma, por favor, veta! Coluna Senso Incomum. *Consultor Jurídico*. Publicada em 8 de janeiro de 2015. Disponível em: http://www.conjur.com.br/2015-jan-08/senso-incomum-ponderacao-normas-cpc-caos-dilma-favor-veta. Acesso em: 24 jan. 2015.

[22] STRECK, Lenio Luiz. Ponderação de normas no novo CPC? É o caos. Presidente Dilma, por favor, veta! Coluna Senso Incomum. *Consultor Jurídico*. Publicada em 8 de janeiro de 2015. Disponível em: http://www.conjur.com.br/2015-jan-08/senso-incomum-ponderacao-normas-cpc-caos-dilma-favor-veta. Acesso em: 24 jan. 2015.

do texto de Lenio Streck, a ponderação é sim necessária para resolver os casos de difícil solução, como os que aqui foram mencionados. Como solucionar o dilema entre a liberdade de imprensa e a imagem? Aplicando pura e simplesmente o art. 20 do Código Civil? Ora, isso conduziria à censura, a uma solução inconstitucional. E como resolver o caso antes descrito, relativo ao direito de não saber e os interesses coletivos relativos ao exame de HIV positivo?

Em reforço, não acreditamos que a ponderação seja um ato de livre escolha, totalmente sem critérios. Essa é a *má ponderação*, conforme o alerta do Ministro Luís Roberto Barroso, aqui antes exposto. Nos termos do que consta do novo CPC, seguindo as lições de Alexy, a *boa ponderação* sempre deve ser fundamentada e utilizada em casos excepcionais, quando a lei não traz a correta solução.

Seguindo nos rebates aos argumentos de Streck, o aumento de poder do julgador nos parece saudável. Isso tem sido incrementado pelas legislações contemporâneas não só no Brasil como na Europa, baseadas em conceitos abertos, construções legais indeterminadas e cláusulas gerais. O próprio Código de Processo Civil de 2015 confirma essa tendência, conforme antes desenvolvido.

Acrescente-se que, quando da iminência da entrada em vigor do Código Civil de 2002, criticava-se o fato de essa legislação material trazer um sistema aberto, que criaria a *ditadura dos juízes*. Em mais de dez anos de sua vigência, isso não se concretizou. Muito ao contrário, verificou-se que a codificação material se tornou uma lei de toda a comunidade jurídica e, em um sistema democrático, as cláusulas gerais têm sido corretamente preenchidas. Acreditamos que o mesmo caminho será trilhado pelo Novo Código de Processo Civil nos próximos anos.

Pelo sistema de cláusulas gerais, o legislador reconhece que não pode prever tudo, resolver tudo, e atribui um pouco de seu poder aos julgadores. Qual sistema jurídico seria melhor do que esse? Aquele pautado na estrita legalidade? Ora, o *legalismo* não vingou, está superado. É o momento de abrir os sistemas jurídicos. Por que não confiar nos julgadores, deixando a fé somente no legislador?

Em complemento, reafirme-se que para os casos antes expostos não parece haver outra maneira para resolver os problemas que não seja pela técnica da ponderação. Há tempos a ponderação é utilizada pelos civilistas para resolver os problemas que lhe são levados a conhecimento, especialmente por aqueles que seguem a visão civil-constitucional do sistema jurídico brasileiro. Na seara doutrinária, resumindo a posição de muitos autores de Direito Civil, vale citar o teor do Enunciado nº 274, da *IV Jornada de Direito Civil*, evento promovido pelo Conselho da Justiça Federal e pelo Superior Tribunal de Justiça no ano de 2006: "Os direitos da personalidade, regulados de maneira não exaustiva pelo Código Civil, são expressões da cláusula geral de tutela da pessoa humana, contida no art. 1º, III, da Constituição (princípio da dignidade da pessoa humana). Em caso de colisão entre eles, como nenhum pode sobrelevar os demais, deve-se aplicar a técnica da ponderação".

O mesmo deve ser dito nas hipóteses fáticas a seguir analisadas, específicas do âmbito do Direito de Família e das Sucessões.

5 Aplicações da técnica da ponderação para resolver problemas de Direito de Família e das Sucessões no Brasil

Quando do *X Congresso Brasileiro de Direito de Família e das Sucessões*, realizado pelo IBDFAM em outubro de 2015, aprovou-se enunciado programático reconhecendo a viabilidade do uso da técnica da ponderação para resolver os problemas relativos ao Direito de Família e das Sucessões. Nos termos literais do Enunciado nº 17 do IBDFAM, seguindo proposta deste autor, "a técnica de ponderação, adotada expressamente pelo art. 489, §2º, do Novo CPC, é meio adequado para a solução de problemas práticos atinentes ao Direito das Famílias e das Sucessões". Nesse contexto, podemos citar pelo menos três hipóteses em que a ponderação é eficiente para resolver as contendas, sem prejuízo de outras situações.

A primeira situação diz respeito à obrigatoriedade de realização do exame de DNA em ação de investigação de paternidade. Sobre o tema, sempre discorreram muito bem Pablo Stolze Gagliano e Rodolfo Pamplona Filho, frequentemente citados em nossos textos. Lembram esses doutrinadores contemporâneos que: "Em artigo publicado no site do Conselho da Justiça Federal, o Ministro Moreira Alves ponderou: 'No Supremo Tribunal Federal, não há muito, tivemos uma vasta discussão em *habeas corpus*, em que uma juíza havia determinado, debaixo de vara, a condução de um investigando de paternidade que se recusava a extrair sangue para efeito do exame de DNA. A juíza não teve dúvida e disse: conduza-se, ainda que à força. Ele alegava: tenho terror e pânico até de injeção, quanto mais de tirar sangue. Depois de uma vasta discussão no Plenário do Supremo Tribunal Federal, por 6 votos a 5, considerou-se que isso atingia um direito de personalidade dele de não querer tirar sangue, mas corria contra ele, obviamente, a presunção de que realmente fosse o pai'".[23]

Na situação descrita, percebe-se um claro choque entre direitos fundamentais ou de personalidade. De um lado está o direito ao reconhecimento do vínculo de paternidade, o direito à verdade biológica que envolve a dignidade do suposto filho. Do outro, há o direito à integridade física e intimidade do suposto pai, que também diz respeito à sua dignidade. Qual desses direitos deve prevalecer? Mais uma vez, ao presente autor parece não existir outra saída para solucionar o dilema que não seja pela adoção da técnica de ponderação.

Como é notório, o Supremo Tribunal Federal ponderou, por maioria e com grande divergência, a favor do direito do suposto pai, entendendo pela não obrigatoriedade da realização do exame de DNA. Vejamos o teor da ementa do julgamento:

> Investigação de paternidade. Exame DNA. Condução do réu 'debaixo de vara'. Discrepa, a mais não poder, de garantias constitucionais implícitas e explícitas – preservação da dignidade humana, da intimidade, da intangibilidade do corpo humano, do império da lei e da inexecução específica e direta de obrigação de fazer – provimento judicial que, em ação civil de investigação de paternidade, implique determinação no sentido de o réu ser conduzido ao laboratório, 'debaixo de vara', para coleta do material indispensável à feitura do Exame DNA. A recusa resolve-se no plano jurídico-instrumental, consideradas a dogmática, a doutrina e a jurisprudência, no que voltadas ao deslinde das questões ligadas à prova dos fatos (STF, HC 71.373/RS, Tribunal Pleno, Rel. Min. Francisco Rezek, Rel. p/ o acórdão Min. Marco Aurélio, julgado 10.11.1994, *DJ* 22.11.1996, p. 45.686).

---

[23] GAGLIANO, Pablo Stolze; PAMPLONA FILHO, Rodolfo. *Novo curso de direito civil*. 4. ed. São Paulo: Saraiva, 2003. v. I, p. 455.

Desse modo, entendeu-se pela proteção dos direitos de quarta geração ou dimensão, aqueles relacionados com o patrimônio genético da pessoa humana, valorizada a sua dignidade à luz do Texto Maior. Como bem aponta Mônica Aguiar, professora da Universidade Federal da Bahia, o julgado acaba representando a tutela do *Habeas Genoma*. Suas palavras merecem destaque, propondo uma nova medida processual para a proteção dos dados biológicos, que não foi adotada pelo Novo CPC, infelizmente: "Outrossim, há que ressaltar que a informação genética é única, singular, haja vista que todo indivíduo é geneticamente irrepetível. Os dados dos genótipos são inalteráveis. (...) A proteção desse direito há de ser garantida pela construção de um instrumento processual próprio intitulado *Habeas Genoma*, que deve ser preferencialmente preventivo para assegurar que não ocorra o acesso ilícito aos dados pessoais do genoma humano".[24]

De toda sorte, nota-se que, apesar de o Supremo Tribunal Federal ter entendido pela prevalência dos direitos do suposto pai, diante da não obrigatoriedade do exame, a solução dada foi no sentido da incidência de uma presunção relativa ou *iuris tantum* da paternidade. Como se percebe, acabou por prevalecer o direito do pai em não se submeter ao exame, mas a solução final foi contra os seus interesses, pela existência da citada presunção. Tal tipo de solução é perfeitamente possível nos casos envolvendo a ponderação, ou seja, na expressão machadiana, "ao vencedor, as batatas"!

Consigne-se que essa decisão superior acabou por influenciar a redação dos arts. 231 e 232 do Código Civil de 2002, segundo os quais, respectivamente, "aquele que se nega a submeter-se a exame médico necessário não poderá aproveitar-se de sua recusa" e "a recusa à perícia médica ordenada pelo juiz poderá suprir a prova que se pretendia obter com o exame". Influenciou, ainda, a Súmula nº 301 do Superior Tribunal de Justiça, do ano de 2004, *in verbis*: "em ação investigatória, a recusa do suposto pai a submeter-se ao exame de DNA induz presunção *juris tantum* de paternidade". Por fim,

---

[24] AGUIAR, Mônica. Direito à intimidade genética em face do art. 232 do Código Civil e sua defesa pela criação de um *habeas genoma*. In: DIDIER JR., Fredie; MAZZEI, Rodrigo (Coord.). *Prova, exame médico e presunção*: o art. 232 do Código Civil. Salvador: Juspodivm, 2006. p. 203.

cite-se a ainda mais recente, e até dispensável, Lei nº 12.004/2009, que introduziu o art. 2º-A na Lei nº 8.560/1992, com o seguinte teor: "Na ação de investigação de paternidade, todos os meios legais, bem como os moralmente legítimos, serão hábeis para provar a verdade dos fatos. Parágrafo único. A recusa do réu em se submeter ao exame de código genético – DNA gerará a presunção da paternidade, a ser apreciada em conjunto com o contexto probatório". Como se nota, a ponderação efetuada pelo Supremo Tribunal Federal acabou por ser positivada na lei, outro efeito salutar que pode advir da técnica.

Ademais, a *decisum* analisada concretizou na prática a máxima constitucional segundo a qual *ninguém pode ser obrigado a fazer prova contra si mesmo*, com amplas consequências não só para o Direito Civil, mas também para outras searas, como no caso da impossibilidade de se obrigar fisicamente os motoristas a se submeterem ao teste do bafômetro.

Exposta essa primeira ilustração, como outro exemplo a respeito da ponderação há uma forte tendência material e processual em apontar a relativização da coisa julgada, particularmente nos casos envolvendo as ações de investigação de paternidade julgadas improcedentes por ausência de provas, em momento em que não existia o exame de DNA. Nesse sentido, prevê o Enunciado nº 109 do CJF/STJ, da *I Jornada de Direito Civil*, que: "A restrição da coisa julgada oriunda de demandas reputadas improcedentes por insuficiência de prova não deve prevalecer para inibir a busca da identidade genética pelo investigando".

No âmbito da doutrina, muitos juristas são favoráveis a tal relativização.[25] Nessa linha, entre os civilistas, Maria Helena Diniz sustenta que, "sem embargo, diante da quase certeza do DNA, dever-se-ia, ainda, admitir a revisão da coisa julgada (*RT*, 802:213) para fins de investigação de paternidade, em casos de provas insuficientes, produzidas na ocasião da prolação da sentença, para garantir o direito ao respeito à dignidade humana (CF, art. 1º, III), à identidade genética e à filiação, sanando qualquer injustiça que

---

[25] Vejam-se, a esse propósito, os já *clássicos* textos de Humberto Theodoro Júnior, José Augusto Delgado e Cândido Rangel Dinamarco em obra coordenada por Carlos Valder do Nascimento (NASCIMENTO, Carlos Valder do. *Coisa julgada inconstitucional*. Rio de Janeiro: América Jurídica, 2002).

tenha ocorrido em razão de insuficiência probatória e, além disso, o registro público deve conter a verdade real".[26]

Todavia, alguns processualistas criticam veemente essa tendência de mitigação, como é o caso, por exemplo, de Nelson Nery Jr.[27] Em suas aulas e exposições, o jurista continua a apontar que algo próximo da relativização da coisa julgada foi utilizado na Alemanha nacional-socialista, para que Adolf Hitler impusesse o seu poder. Em outras palavras, para o renomado jurista, a referida relativização traria um precedente perigosíssimo, que poderia até ser utilizado por pessoas com pretensões totalitárias.

Porém, apesar de tais resistências, pela relativização, em casos excepcionais várias são as manifestações favoráveis entre os civilistas. Em seu primeiro precedente sobre o tema, entendeu o Superior Tribunal de Justiça pela possibilidade de relativização da coisa julgada material em situações tais, em caso envolvendo ação de investigação julgada improcedente em momento anterior, em que não existia o exame de DNA no Brasil.

Conforme se retira desse notório acórdão, que teve como relator o saudoso Ministro Sálvio de Figueiredo Teixeira, "não excluída expressamente a paternidade do investigado na primitiva ação de investigação de paternidade, diante da precariedade da prova e da ausência de indícios suficientes a caracterizar tanto a paternidade como a sua negativa, e considerando que, quando do ajuizamento da primeira ação, o exame pelo DNA ainda não era disponível e nem havia notoriedade a seu respeito, admite-se o ajuizamento de ação investigatória, ainda que tenha sido aforada uma anterior com sentença julgando improcedente o pedido. Nos termos da orientação da Turma, 'sempre recomendável a realização de perícia para investigação genética (HLA e DNA), porque permite ao julgador um juízo de fortíssima probabilidade, senão de certeza' na composição do conflito. Ademais, o progresso da ciência jurídica, em matéria de prova, está na substituição da verdade ficta pela

---

[26] DINIZ, Maria Helena. *Curso de direito civil brasileiro*. 28. ed. São Paulo: Saraiva, 2013. v. 5: Direito de família, p. 555-556.

[27] "A supremacia da Constituição é a própria coisa julgada, enquanto manifestação do Estado Democrático de Direito" (NERY JR., Nélson; NERY, Rosa Maria de Andrade. *Código de Processo Civil comentado*. 9. ed. São Paulo: RT, 2006. p. 598).

verdade real. A coisa julgada, em se tratando de ações de estado, como no caso de investigação de paternidade, deve ser interpretada *modus in rebus*. Nas palavras de respeitável e avançada doutrina, quando estudiosos hoje se aprofundam no reestudo do instituto, na busca, sobretudo, da realização do processo justo, 'a coisa julgada existe como criação necessária à segurança prática das relações jurídicas e as dificuldades que se opõem à sua ruptura se explicam pela mesmíssima razão. Não se pode olvidar, todavia, que numa sociedade de homens livres, a Justiça tem de estar acima da segurança, porque sem Justiça não há liberdade'" (STJ, REsp 226.436/PR, Quarta Turma, Rel. Min. Sálvio de Figueiredo Teixeira, julgado em 28.06.2001, *DJ* 04.02.2002, p. 370).

Reafirme-se que, pelo que consta da ementa do julgado, é possível uma nova ação para a prova da paternidade, se a ação anterior foi julgada improcedente, por insuficiência de provas, em momento em que não existia o exame de DNA. O que se percebeu, na realidade, foi uma solução do caso concreto a partir da utilização da técnica de ponderação, adotada expressamente pelo Novo CPC.

Nota-se que, na hipótese em questão, estão em conflito a proteção da coisa julgada (art. 5º, XXXVI, da CF/1988) e a dignidade do suposto filho de saber quem é o seu pai (art. 1º, III, da CF/1988). Nessa colisão entre direitos fundamentais, o Superior Tribunal de Justiça posicionou-se favoravelmente ao segundo, de maneira correta.

Pontue-se que, da mesma forma e em 2011, decidiu o Supremo Tribunal Federal de maneira similar, conforme julgado publicado no seu *Informativo* nº 622. Merece destaque o seguinte trecho do voto do Ministro Dias Toffoli: "Reconheceu-se a repercussão geral da questão discutida, haja vista o conflito entre o princípio da segurança jurídica, consubstanciado na coisa julgada (CF, art. 5º, XXXVI), de um lado; e a dignidade humana, concretizada no direito à assistência jurídica gratuita (CF, art. 5º, LXXIV) e no dever de paternidade responsável (CF, art. 226, §7º), de outro. (...). A seguir, destacou a paternidade responsável como elemento a pautar a tomada de decisões em matérias envolvendo relações familiares. Nesse sentido, salientou o caráter personalíssimo, indisponível e imprescritível do reconhecimento do estado de filiação, considerada a preeminência do direito geral da personalidade. Aduziu existir um paralelo entre esse direito e o direito fundamental à informação genética, garantido por meio do exame de DNA. No ponto, asseverou haver precedentes da Corte no sentido de caber ao Estado providenciar aos necessitados acesso a esse meio de prova, em ações de investigação de paternidade. Reputou necessária a superação da coisa julgada em casos tais, cuja decisão terminativa se dera por insuficiência de provas (...). Afirmou que o princípio da segurança jurídica não seria, portanto, absoluto, e que não poderia prevalecer em detrimento da dignidade da pessoa humana, sob o prisma do acesso à informação genética e da personalidade do indivíduo. Assinalou não se poder mais tolerar a prevalência, em relações de vínculo paterno-filial, do fictício critério da verdade legal, calcado em presunção absoluta, tampouco a negativa de respostas acerca da origem biológica do ser humano, uma vez constatada a evolução nos meios de prova voltados para esse fim" (STF, RE 363.889/DF, Rel. Min. Dias Toffoli, 07.04.2011). Mais uma vez, a questão foi claramente resolvida pela técnica da ponderação.

Expostas essas duas concreções relativas ao âmbito do Direito de Família, também na seara do Direito das Sucessões a ponderação tem múltiplas incidências. Entre tantas, podemos aqui destacar algumas interpretações relativas ao direito real de habitação do cônjuge e do companheiro.

No que diz respeito ao cônjuge, tal direito está expressamente tratado pelo art. 1.831 do Código Civil, segundo o qual ao cônjuge sobrevivente, independentemente do regime de bens do casamento, é reconhecido o direito real de habitação relativamente ao imóvel destinado à residência da família, desde que seja o único daquela natureza a inventariar. Consigne-se que, no sistema do Código Civil de 1916, tal direito somente era reconhecido ao cônjuge casado pelo regime da comunhão universal de bens (art. 1.611).

A respeito do companheiro, não há norma específica sobre o mesmo direito real. Todavia, prevalece o entendimento pela sua incidência, diante da não revogação do art. 7º, parágrafo único, da Lei nº 9.278/1996, *in verbis*: "Dissolvida a união estável por morte de um dos conviventes, o sobrevivente terá direito real de habitação, enquanto viver ou não constituir nova união ou casamento, relativamente ao imóvel destinado à residência da família". Como se pode perceber, existem diferenças textuais entre as duas categorias, uma vez que o direito real de habitação do cônjuge é restrito ao único imóvel de residência do casal; o que não está previsto na última norma, que apenas estabelece a condição de sua persistência no caso de o companheiro não se casar ou constituir nova união.

Pois bem, apesar de uma grande controvérsia inicial sobre a persistência ou não do direito real de habitação do companheiro, diante da ausência de previsão legislativa, a questão acabou por encontrar certo grau de pacificação. No âmbito da doutrina, resumindo a posição amplamente majoritária, merece destaque o Enunciado nº 117 do CJF/STJ, *da I Jornada de Direito Civil*, com o seguinte texto: "o direito real de habitação deve ser estendido ao companheiro, seja por não ter sido revogada a previsão da Lei nº 9.278/1996, seja em razão da interpretação analógica do art. 1.831, informado pelo art. 6º, *caput*, da CF/1988". A menção ao dispositivo constitucional já demonstra uma *ponderação doutrinária em* favor da tutela da moradia.

Na jurisprudência, por todos, merece destaque o seguinte aresto do Superior Tribunal de Justiça, que não deixa qualquer dúvida: "é entendimento pacífico no âmbito do STJ que a companheira supérstite tem direito real de habitação sobre o imóvel de propriedade do falecido onde residia o casal, mesmo na vigência do atual Código Civil. Precedentes" (REsp 1.203.144/RS, Rel. Ministro Luis Felipe Salomão, Quarta Turma, julgado em 27.05.2014, *DJe* 15.08.2014). Para afastar qualquer dúvida, talvez seja o momento de o Tribunal da Cidadania editar uma sumular com essa afirmação.

Deve ser esclarecido que esse direito real recai sobre a coisa, conforme o art. 1.225, inc. VI, da codificação material, dando ao habitante, seu beneficiado, o direito de residir no bem, sem a necessidade de pagamento de qualquer valor aos demais herdeiros, caso de eventuais aluguéis. A propriedade do bem é atribuída a quem de direito, caso do herdeiro legítimo ou testamentário, mantendo-se a restrição real, que não impede a venda do imóvel para terceiros. A propriedade do bem clausulado pode ser vendida, mas não o direito real de habitação, que é inalienável, como o é o usufruto, por combinação dos arts. 1.393 e 1.416 do Código Civil.

Trata-se do mais restrito dos direitos reais sobre coisa alheia, pois, em tese, autoriza o seu uso apenas com os fins de residência, não concedendo a utilização para outras finalidades, ou a retirada de frutos, caso da locação, como ocorre no usufruto. Em sua literalidade, enuncia o art. 1.414 do CC/2002 que, "quando o uso consistir no direito de habitar gratuitamente casa alheia, o titular deste direito não a pode alugar, nem emprestar, mas simplesmente ocupá-la com sua família". De toda sorte, entendemos que essa regra pode ser quebrada, diante da proteção constitucional da moradia, ponderando-se a favor desse direito.

De início, imagine-se que o cônjuge loque esse imóvel por questão de necessidade mínima, utilizando o aluguel da coisa para a locação de outro bem, destinado para a sua moradia. Nessas situações, entende o presente autor que o direito pode ser mantido, conforme decidiu, analisando socialmente a questão, o Tribunal de Justiça do Rio Grande do Sul: "Agravo interno. Agravo de instrumento. Decisão monocrática. Inventário. Bem locado. Direito real de aquisição do cônjuge sobrevivente. Ainda que o cônjuge não resida no imóvel, sendo este o único bem, possui direito real de habitação. Estando o imóvel locado, e sendo o valor dos aluguéis utilizados na subsistência do cônjuge, o valor deve ser auferido integralmente pelo cônjuge. Deram parcial provimento" (TJRS, Agravo 70027892637, 8ª Câmara Cível, Caxias do Sul, Rel. Des. Rui Portanova, j. 12.03.2009, DOERS 20.03.2009, p. 40).

Em complemento e acompanhando em parte essa forma de julgar, cite-se ementa do Tribunal Paulista, que confirmou a existência do direito real de habitação mesmo estando parte do imóvel locado a terceiros. Nos termos da correta e justa decisão: "*de cujus* que era casado com a apelante em regime de separação de bens. Direito do cônjuge supérstite a permanecer no imóvel de residência comum do casal. Locação da edícula localizada nos fundos da casa principal que não impede o direito real de habitação. Sentença reformada. Recurso provido" (TJSP, Apelação Cível 0331626-38.2007.8.26.0577, Acórdão 6388912, 8ª Câmara de Direito Privado, São José dos Campos, Rel. Des. Helio Faria, j. 05.12.2012, *DJESP* 14.01.2013).

Cabe pontuar que a proteção desse direito real de habitação *ex vi lege* é muito próxima da tutela do bem de família legal, constante da Lei nº 8.009/90. Essa importante lei especial considera como impenhorável, de forma automática, o imóvel destinado para a residência da entidade familiar, proteção ampliada pela jurisprudência também ao imóvel onde reside a pessoa solteira, como consta da Súmula 364 do Superior Tribunal de Justiça.

Igualmente, em um sentido de necessária ampliação para a tutela da moradia, entende há tempos o Superior Tribunal de Justiça que também é bem de família, e portanto impenhorável, o único imóvel locado a terceiro, cujo produto da locação é utilizado para alugar outro imóvel, esse sim destinado à moradia (entre os mais antigos precedentes: STJ, REsp 159.213/ES, 4ª Turma, Rel. Min. Sálvio de Figueiredo Teixeira, j. 20.04.1999, *DJ* 21.06.1999, p. 162). A questão se consolidou de tal forma que, em 2012, a Corte Superior editou a Súmula 486, *in verbis*: "Único imóvel residencial alugado a terceiros é impenhorável, desde que a renda obtida com o aluguel seja para subsistência do proprietário". O presente autor denomina tal situação como do *bem de família indireto*. De forma similar, aqui, pode-se falar em *direito real de habitação indireto*, raciocínio que de forma equânime serve para a tutela do direito real de habitação do companheiro.

No que toca à constituição de uma nova família pelo habitante, vislumbra-se a hipótese em que o cônjuge sobrevivente não tem boas condições econômicas e financeiras, ao contrário dos outros herdeiros, descendentes, que são inclusive proprietários de outros imóveis. Seria justo desalojar o cônjuge pelo simples fato de constituir nova família? Este autor entende que não, sendo necessário ponderar a favor da moradia e da família, a partir dos valores constantes dos arts. 6º e 1º, inciso III, do Texto Maior. Cite-se, ainda, o art. 226, *caput*, da Constituição Federal, segundo o qual a família é a base da sociedade.

Em suma, é o caso concreto que vai determinar se o direito real de habitação do cônjuge ou do companheiro persiste ou não. A propósito de outra situação fática, em que o cônjuge já é proprietário de outro imóvel, a solução deve ser a mesma. Assim, se o falecido, casado por separação obrigatória, deixou dois filhos que não possuem casa própria e a esposa, que já tem um imóvel anterior, o direito real de habitação pode não ser atribuído à última, para a efetiva tutela da moradia dos filhos.

Nota-se que, tratando-se de proteção da moradia, direito social e fundamental reconhecido pela Constituição Federal de 1988, não é possível trabalhar com ideias fechadas e imutáveis, sendo viável sempre buscar socorro na técnica da ponderação.

6 Conclusão

Pelo presente artigo, chegou-se às seguintes conclusões:

a) A técnica de ponderação foi adotada expressamente de forma salutar pelo art. 489, §2º, do Novo Código de Processo Civil, sendo uma de suas elogiáveis inovações. Trata-se de mecanismo argumentativo há tempos utilizado pelos civilistas brasileiros, para a resolução de casos concretos, conforme o Enunciado nº 274, da *IV Jornada de Direito Civil*, de 2006.

b) O Novo CPC adotou apenas em parte as lições de Robert Alexy sobre a técnica da ponderação, desenvolvida para solucionar conflitos entre direitos fundamentais. A *ponderação à brasileira*, em tom mais amplo, diz respeito não só a esses direitos, mas também a normas e regras.

c) A ponderação tem se mostrado como técnica eficiente no Brasil para resolver os dilemas e conflitos entre o direito à imagem e o direito à informação. Cite-se, a esse propósito, a sua utilização pelo Supremo Tribunal Federal no julgamento relativo às biografias não autorizadas. O seu uso deve ser apenas em casos excepcionais, quando a lei foi ausente ou insuficiente para a solução do caso concreto.

d) Este artigo demonstrou que não se sustentam as críticas feitas ao uso da ponderação, especialmente aquelas desenvolvidas pelo jurista Lenio Streck, que alega a sua inconstitucionalidade. Muito ao contrário, trata-se de um artifício constitucional, que deve ser incrementado nos próximos anos, para apresentar caminho de resolução às hipóteses fáticas complicadas ou de difícil solução.

e) No âmbito do Direito de Família, a técnica da ponderação é meio eficiente para resolver os dilemas e as contendas. Este estudo demonstra, nesse contexto, a inviabilidade da obrigatoriedade do exame de DNA, acarretando a sua negativa à presunção relativa da paternidade. Expõe também que a relativização da coisa julgada nas ações de investigação de paternidade tem sido a solução adequada para resolver contendas pelos Tribunais Superiores, a partir da ponderação.

f) Na seara do Direito das Sucessões, a ponderação a favor da moradia, prevista no art. 6º da Constituição da República, deve entrar em cena para a proteção do direito real de habitação do cônjuge e do companheiro.

g) Sintetizando as linhas mestras deste estudo, pontue-se a aprovação, no *X Congresso de Direito de Família*, realizado pelo IBDFAM (Instituto Brasileiro de Direito de Família) em 2015, de enunciado programático, no sentido de ser a técnica da ponderação meio eficiente para resolver os problemas relativos ao Direito de Família e das Sucessões.

Referências

AGUIAR, Mônica. Direito à intimidade genética em face do art. 232 do Código Civil e sua defesa pela criação de um *habeas genoma*. *In*: DIDIER JR., Fredie; MAZZEI, Rodrigo (Coord.). *Prova, exame médico e presunção*: o art. 232 do Código Civil. Salvador: Juspodivm, 2006.

ALEXY, Robert. *Teoria dos direitos fundamentais*. Tradução de Virgílio Afonso da Silva. São Paulo: Malheiros, 2008.

BARROSO, Luís Roberto. *Curso de direito constitucional contemporâneo*: os conceitos fundamentais e a construção do novo modelo. Rio de Janeiro: Renovar, 2009.

CÂMARA, Alexandre Freitas. *O novo processo civil brasileiro*. São Paulo: Atlas, 2015.

DIDIER JR., Fredie; OLIVEIRA, Rafael Alexandria de; BRAGA, Paula Sarno. *In*: CABRAL, Antonio do Passo; CRAMER, Ronaldo (Coord.). *Comentários ao novo Código de Processo Civil*. Rio de Janeiro: GEN/Forense, 2015.

DIDIER JR., Fredie; OLIVEIRA, Rafael Alexandria de; BRAGA, Paula Sarno. *Curso de direito processual civil*. 10. ed. Salvador: Juspodivm, 2015. v. 2.

DINIZ, Maria Helena. *Curso de direito civil brasileiro*. 28. ed. São Paulo: Saraiva, 2013. v. 5: Direito de família.

DUARTE DE OLIVEIRA JR., Zulmar. *Teoria geral do processo*: comentários ao CPC de 2015 – Parte geral. São Paulo: GEN/Método, 2015.

FUX, Luiz; ASSUMPÇÃO NEVES, Daniel Amorim. *Novo CPC comparado*. São Paulo: GEN/Método, 2015.

GAGLIANO, Pablo Stolze; PAMPLONA FILHO, Rodolfo. *Novo curso de direito civil*. 4. ed. São Paulo: Saraiva, 2003. v. I.

LOPES, Lucas Miotto. EU não quero saber! Uma defesa do direito de não saber como independente do direito à privacidade. *Revista Direito, Estado e Sociedade*, Rio de Janeiro: PUCRJ, Departamento de Direito, n 45, p. 82-97, jul./dez. 2014.

NASCIMENTO, Carlos Valder do. *Coisa julgada inconstitucional*. Rio de Janeiro: América Jurídica, 2002.

NERY JR., Nélson; NERY, Rosa Maria de Andrade. *Código de Processo Civil comentado*. 9. ed. São Paulo: RT, 2006.

SCHREIBER, Anderson. *Direitos da personalidade*. São Paulo: Atlas, 2011.

STRECK, Lenio Luiz. Ponderação de normas no novo CPC? É o caos. Presidente Dilma, por favor, veta! Coluna Senso Incomum. *Consultor Jurídico*. Publicada em 8 de janeiro de 2015. Disponível em: http://www.conjur.com.br/2015-jan-08/senso-incomum-ponderacao-normas-cpc-caos-dilma-favor-veta. Acesso em: 24 jan. 2015.

TARTUCE, Flávio. *O Novo CPC e o direito civil*. São Paulo: GEN/Método, 2015.

TEPEDINO, Gustavo; BARBOZA, Heloísa Helena; MORAES, Maria Celina Bodin de. *Código Civil interpretado*. Rio de Janeiro: Renovar, 2004. v. I.

Informação bibliográfica deste texto, conforme a NBR 6023:2018 da Associação Brasileira de Normas Técnicas (ABNT):

TARTUCE, Flávio. A técnica da ponderação e suas aplicações ao Direito de Família e das Sucessões *In*: EHRHARDT JÚNIOR, Marcos; LOBO, Fabíola Albuquerque; ANDRADE, Gustavo (Coord.). *Direito das relações familiares contemporâneas:* estudos em homenagem a Paulo Luiz Netto Lôbo. Belo Horizonte: Fórum, 2019. p. 73-104. ISBN 978-85-450-0700-5.

LIBERDADE E FAMÍLIA: UMA PROPOSTA PARA A PRIVATIZAÇÃO DAS RELAÇÕES CONJUGAIS E CONVIVENCIAIS*

RENATA VILELA MULTEDO

1 Introdução

O Direito existe sempre "em sociedade", isto é, as soluções jurídicas são contingentes a determinado ambiente.[1] A tradição de leitura e de reutilização sucessiva dos textos, dos conceitos e das construções dogmáticas cria novos conteúdos ou sentidos, em virtude da interação entre as figuras do texto e os sucessivos contextos.[2] Por isso, as normas jurídicas apenas podem ser entendidas se estão integradas aos complexos normativos que organizam a vida social, pois a própria produção do Direito é, ela mesma, um processo social.[3]

É na tomada de consciência pelo jurista que reside a importância dessa contextualização, sendo um grave erro pensar "que, para todas as épocas e para todos os tempos, haverá sempre os mesmos instrumentos jurídicos. É justamente o oposto: cada lugar, em cada época, terá os seus próprios mecanismos".[4] Conceitos como "liberdade", "democracia", "contrato" e "família" são conhecidos como construções jurídicas há séculos, mas, por detrás

---

* As ideias deste artigo já foram desenvolvidas por esta autora no livro *Liberdade e Família*: limites para intervenção do Estado nas relações conjugais e parentais. 1. ed. Rio de Janeiro: Editora Processo, 2017.
[1] HESPANHA. *A cultura jurídica europeia*: síntese de um milênio. Coimbra: Almedina, 2012, p. 13.
[2] HESPANHA. *A cultura jurídica europeia*, 2012. p. 51.
[3] HESPANHA. *A cultura jurídica europeia,* 2012. p. 25-27.
[4] PERLINGIERI, Pietro. Normas constitucionais nas relações privadas. *Revista da Faculdade de Direito da UERJ*, n. 6 e 7, p. 63-64, 1998/1999.

da continuidade aparente na superfície das palavras, esconde-se uma descontinuidade radical na profundidade de sentido. É certo que, desde o Direito romano, já se tinha o instituto jurídico da família. Entretanto, cabe indagar: o que continua na família desde os tempos dos romanos?[5]

Naquele contexto histórico, a perspectiva era fulcrada no patrimônio privado, isto é, a família era juridicamente regulada para assegurar a manutenção da propriedade nas famílias romanas.[6] Depois, com a difusão do cristianismo, foi introduzida a moralidade, sem se perder a essência de salvaguarda do patrimônio. A religião pode não ter criado a família, mas, sem dúvida, criou as regras familiares,[7] baseadas na indissolubilidade, na castidade, na virgindade e na procriação. São paradigmas que, ainda no século passado, pautavam o Direito de Família até mesmo nos Estados, em teoria, laicos.

Na perspectiva contemporânea do Direito Civil, todas as situações jurídicas subjetivas submetem-se a controle de merecimento de tutela, com base no projeto constitucional.[8] Uma concepção moderna da família requer, portanto, uma funcionalização do instituto que responda às escolhas de fundo da sociedade contemporânea,[9] operadas pela Constituição.

Essa concepção implica a rejeição do paradigma, que por muito tempo perdurou, do direito de família como um sistema hermético, que tinha no casamento o centro gravitacional. O fenômeno familiar não é mais unitário, tendo deixado o casamento de servir como referência única.[10] Na passagem da estrutura

---

[5] HESPANHA. *A cultura jurídica europeia*, 2012. p. 59.
[6] "[...] *patrimonium* era a missão do pai: gerar e manter os bens de Roma no *ager romanus* (campo romano) sem desvio algum. E *matrimonium* era a missão da mãe: gerar e criar na *domus romana* (casa romana), também sem desvio algum, os futuros cidadãos e chefes das famílias e gentes romanas, herdeiros das coisas romanas, a dar continuidade à *civitas romana*" (BARROS, Sérgio Resende de. Matrimônio e patrimônio. *Revista Brasileira de Direito de Família*, Porto Alegre, v. 2, n. 8, p. 6-7, 2001).
[7] COULANGES, Fustel de. *A cidade antiga*. São Paulo: Martin Claret, 2002, p. 45-46.
[8] MONTEIRO FILHO, Carlos Edison do Rêgo. Rumos cruzados do direito civil pós 1988 e do constitucionalismo de hoje. *In*: TEPEDINO, Gustavo (Org.). *Direito civil contemporâneo*: novos problemas à luz da legalidade constitucional. Anais do Congresso Internacional de Direito Civil-Constitucional da cidade do Rio de Janeiro. São Paulo: Atlas, 2008, p. 263, v. 1.
[9] PERLINGIERI, Pietro. *O direito civil na legalidade constitucional*. Rio de Janeiro: Renovar, 2008, p. 138.
[10] BODIN DE MORAES, Maria Celina. A nova família, de novo: estruturas e funções das famílias contemporâneas. *Revista Pensar*, Fortaleza, v. 18, n. 2, p. 587-628, maio/ago. 2013, p. 593.

à função[11], a família deixou de ser unidade institucional para tornar-se núcleo de companheirismo,[12] sendo hoje lugar de desenvolvimento da pessoa no qual se permitem modalidades de organização diversas, desde que estejam finalizadas à *promoção* daqueles que a ela pertencem.[13]

A referida função promocional assumida pelo direito nas constituições pós-liberais[14] possibilitou, no âmbito da família, o reconhecimento de novas entidades familiares, plurais, porque deixadas à livre escolha de seus membros e, como dito, tuteladas como instrumento de promoção da dignidade daqueles que a compõem. A axiologia constitucional tornou possível a propositura de uma configuração democrática de família, na qual não há direitos sem responsabilidades, nem autoridade sem democracia.[15]

Uma das principais questões que protagoniza a arena política-jurídica mundial hoje é a garantia da liberdade individual para proteger o livre desenvolvimento da personalidade, principalmente em respeito às escolhas pessoais no âmbito das relações familiares. Com a expansão do conceito de privacidade – e, principalmente, com seu reconhecimento como um direito fundamental[16] –, faz-se sempre mais necessário estender os espaços para o exercício da autonomia existencial como um dos aspectos da tutela da dignidade da pessoa humana.

Todos os institutos de direito privado – a exemplo da família, do contrato e da propriedade privada – passam a só ser tutelados na medida em que funcionalizados à promoção da dignidade da pessoa humana, princípio regedor das mencionadas constituições do pós-guerra. Juridicamente, percebe-se com nitidez que o reconhecimento da normatividade e a incidência

---

[11] Ver, por todos, BOBBIO, Norberto. *Da estrutura à função*: novos estudos de teoria do direito. São Paulo: Manole, 2007. Na definição de Luiz Edson Fachin (2015, p. 49), "a travessia é a da preocupação sobre *como o direito é feito* para a investigação *a quem serve o direito*".

[12] VILLELA, João Baptista. *Repensando o direito de família*. Disponível em: http://jfgontijo.com.br/2008/artigos_pdf/Joao_Baptista_Villela/RepensandoDireito.pdf. Acesso em: 3 fev. 2016.

[13] PERLINGIERI. *O direito civil na legalidade constitucional*, 2008. p. 972.

[14] BOBBIO, Norberto. *Da estrutura à função*: novos estudos de teoria do direito. São Paulo: Manole, 2007, p. 13.

[15] BODIN DE MORAES, *A nova família, de novo*, 2013. p. 591-593.

[16] Art. 5º, X, da Constituição Federal de 1988.

direta dos princípios constitucionais nas relações privadas acarretaram a superação das fronteiras entre o público e o privado, fazendo aflorar novos debates em torno do cotejo entre autonomia privada e intervenção do Estado.

Não por acaso, a família é uma das searas em que se percebe de forma mais explícita essa constante tensão. No Brasil, mantida por mais de 300 anos como uma instituição à margem de qualquer interferência externa, a família, reduto exclusivamente privado, foi alvo, nas últimas décadas, de substanciosa regulamentação. Foi a Constituição de 1988 que iniciou essas transformações na família brasileira, modificando o paradigma sobre o qual se assentava o conceito jurídico em tela. A família estava, até o advento do texto constitucional, fundada exclusivamente no casamento e preservada a qualquer custo como instituição acima dos interesses de seus integrantes.

Como é evidente, também no Direito de Família um novo cenário axiológico foi delineado pelo texto constitucional. O processo de transformação foi seguido de perto pela jurisprudência, que teve um papel atuante na construção de um novo padrão familiar, ora chamado de 'democrático'.[17] Com efeito, os órgãos judicantes, como os primeiros a serem sempre chamados a se manifestar frente às novas demandas sociais, são instados a tutelar interesses de uma realidade que se encontra à margem da legislação infraconstitucional.

São tantos novos arranjos familiares quanto são os novos problemas concretos, que reclamam da doutrina um devido aprofundamento teórico diante de inúmeros debates sobre o tema, inclusive entre Legislativo e Judiciário. Ressalta-se o valor substancial dos sentimentos em detrimento das formalidades dos vínculos como a forte característica das relações familiares, em

---

[17] V., por todos, GIDDENS, Anthony. *A terceira via*: reflexões sobre o impasse político atual e o futuro da social-democracia. Rio de Janeiro: Record, 2000 e *A transformação da intimidade*: sexualidade, amor e erotismo nas sociedades modernas. São Paulo: UNESP, 1992. A expressão "família democrática" de Anthony Giddens foi analisada no Brasil por Maria Celina Bodin de Moraes (A família democrática. *In*: BODIN DE MORAES, Maria Celina. *Na medida da pessoa humana*: estudos de direito civil constitucional. Rio de Janeiro: Renovar, 2010. p. 207-234).

contraponto, destaca-se a difícil "autogestão da liberdade",[18] na medida em que se abre mão do esteio de normas heterônomas, como o maior desafio da comunidade familiar.

A título de exemplo, a recente decisão do Supremo Tribunal Federal que igualou, em sede incidental, a sucessão do cônjuge ao do companheiro abriu um campo a novas discussões sobre a heteronomia estatal, tanto na esfera do Direito das Sucessões como na seara do Direito de Família. A doutrina mais atenta logo se manifestou para chamar a atenção para o "paradoxo da equiparação",[19] lembrando que a distinção seria, ela mesma, constitucionalmente garantida e que "se as pessoas não se casam no civil é porque não querem fazê-lo",[20] trazendo à lembrança a advertência mais antiga de outro autor,[21] o qual, aparentemente, conseguira antever esse percurso jurisprudencial. Com efeito, enfaticamente, afirmou que parecia "um delírio do Estado casar *ex officio* aqueles que não quiseram casar *motu proprio*",[22] argumento que justificaria por que seria inconcebível aplicar a normativa do casamento a pessoas que deliberadamente optaram por uma união livre, cabendo a elas o direito de viverem segundo as próprias regras, e não segundo aquelas que deliberadamente rejeitaram.[23]

E aqui é o caso de indagar-se: estaria mesmo a jurisprudência "sepultando" a união estável, como normalmente se pensa? Não seria o caso de pesquisar se o que vem sendo atingido é o casamento? Parece que a segunda formulação possa corresponder melhor à visão prospectiva dos fenômenos, considerando, especialmente, o enorme número de regras a serem cumpridas para o casar e o descasar e a ausência completa delas para viver

---

[18] TEPEDINO, Gustavo. Dilemas do afeto. *Jota*, 31 dez. 2015. Disponível em: https://jota.info/especiais/dilemas-do-afeto-31122015. Data de acesso: 18 jul. 2017.
[19] PEREIRA, Rodrigo da Cunha. *União estável e casamento*: o paradoxo da equiparação. Disponível em: www.rodrigodacunha.adv.br. Acesso em: 15 dez. 2016.
[20] PEREIRA, *União estável e casamento*: o paradoxo da equiparação, 2016.
[21] VILLELA, João Baptista. Repensando o direito de família. *Nova realidade do direito de família*. Coord. Cient. de Sérgio Couto, Rio de Janeiro: COAD, Tomo 2, SC Editora Jurídica, 1999. p. 52-59. Ora tb. Em: jfgontijo.com.br/2008/artigos_pdf/Joao_Baptista_Villela/RepensandoDireito.pdf. Acesso em: 03 dez. 2016.
[22] VILLELA, *Repensando o direito de família*, 1999. p. 52-59.
[23] VILLELA, *Repensando o direito de família*, 1999. p. 52-59.

em união estável, obtendo-se em ambos os casos, como vimos, praticamente os mesmos efeitos.[24]

Nesse contexto é que se propõe uma reflexão crítica sobre o exercício da autonomia existencial nas relações conjugais e convivenciais, considerando a contextualização e a compatibilização entre a liberdade de escolha para a constituição do projeto familiar e as justificativas para a heteronomia estatal na regulamentação dessas relações.

Para tanto, é preciso afastar propostas calcadas em argumentos moralistas, etnocentristas e intolerantes, que afrontam a axiologia constitucional. Emerge, ainda, a importância de concretizar-se a laicidade no atual contexto sociocultural brasileiro e, ao mesmo tempo, respeitarem-se as convicções religiosas de cada pessoa dentro do seu projeto existencial, desde que não conflitem com os princípios constitucionais.[25]

Já se afirmou que o casamento civil tem a função principal, no Direito contemporâneo, de servir como uma prova pré-constituída da união estável.[26] Juridicamente, porém, tem ele ainda funções específicas, que não possam ser alcançadas pela união estável? Surgem, assim, duas observações de ordens distintas: as numerosíssimas regras que dizem respeito ao casamento devem permanecer incólumes? Ou, ao contrário, será preciso estender mais algumas à união estável (como os impedimentos, por exemplo) – lembrando que, em relação a esta, tudo sempre se verifica *a posteriori*, relativamente às consequências –[27] e esperar que o casamento volte a ser, um dia, um acontecimento eminentemente religioso, como ocorria até o início da era contemporânea? Em outras palavras: para que serve hoje o casamento?[28]

---

[24] VILELA MULTEDO, Renata; BODIN DE MORAES, Maria Celina. A privatização do casamento. *Civilistica.com*, Rio de Janeiro, ano 5, n. 2, 2016. Disponível em: http://civilistica.com/a-privatizacaodo-casamento/. Data de acesso: 05 jul. 2017.

[25] LÔBO, Paulo. Estado laico é conquista de todos e das famílias. *Revista Consultor Jurídico*, 06, dez. 2015. Disponível em: http://www.conjur.com.br/ 2015-dez-06/processo-familiar-estado-laico-conquista-todos-familias. Acesso em: 13 jul. 2016.

[26] BODIN DE MORAES, Maria Celina. A nova família, de novo: estruturas e função das famílias contemporâneas. *Revista Pensar*, v. 18, n. 2, p. 587-628, maio/ago. 2013.

[27] De modo que, por exemplo, a união estável entre irmãos é de ser considerada nula e não geradora de efeitos jurídicos para o casal.

[28] VILELA MULTEDO, Renata; BODIN DE MORAES, Maria Celina. A privatização do casamento. *Civilistica.com*, Rio de Janeiro, ano 5, n. 2, 2016. Disponível em: http://civilistica.com/a-privatizacaodo-casamento/. Data de acesso: 5 jul. 2017.

2 Liberdade e família

O Direito de Família positivado fotografa instantes de uma realidade mutante.[29] Se é assim, só é possível ver as entidades familiares previstas em lei como exemplificativas, admitindo-se a liberdade das pessoas de constituírem o modelo de família que melhor corresponde a seus anseios. Uma vez engajados por ato de autonomia, um se torna responsável pela construção do outro: conviver e escolher permanecer juntos, em expressão da liberdade, origina a solidariedade, pois faz do outro algo especial a ser cuidado.[30]

A família recuperou sua função e rompeu com os obstáculos em sua vasta casuística, por meio da solidariedade que emerge nas relações familiares. É grupo unido por desejos e laços afetivos, em comunhão de vida, e passa a exigir uma "tutela jurídica mínima, que respeite a liberdade de constituição, convivência e dissolução; a autorresponsabilidade; a igualdade irrestrita de direitos, embora com reconhecimento das diferenças naturais e culturais entre os gêneros";[31] a igualdade entre cônjuges e conviventes; igualdade entre irmãos biológicos, socioafetivos e adotivos; com respeito aos direitos fundamentais, fundada na solidariedade recíproca, que deve ser protegida acima de quaisquer interesses patrimoniais.

Com a Constituição de 1988, o Estado inimigo das minorias, protagonista da repressão e da imposição da moral dominante, como se fosse a única legítima, cedeu passo ao Estado solidário, agente da tolerância e da inclusão social.[32] Inaugurou-se uma nova fase do Direito de Família, baseado na adoção de um pluralismo familiar em que arranjos multifacetados são igualmente aptos a constituir família, recebendo todos eles a especial proteção do Estado. Por isso, não

---

[29] FACHIN, Luiz Edson. *Direito de família*: elementos críticos à luz do novo Código Civil brasileiro. Rio de Janeiro: Renovar, 2003. p. 55.

[30] TEIXEIRA, Ana Carolina Brochado; RODRIGUES, Renata de Lima. *O direito das famílias entre a norma e a realidade*. São Paulo: Atlas, 2010. p. 97.

[31] LÔBO, Paulo Luiz Netto. Constitucionalização do direito civil. *Revista de Informação Legislativa*, Brasília, v. 36, n. 141, p. 99-100, jan./mar. 1999.

[32] BARROSO, Luís Roberto. Diferentes, mas iguais: o reconhecimento jurídico das relações homoafetivas no Brasil. *Revista Brasileira de Direito Constitucional – RBDC*, n. 17, p. 105-138, jan./jun. 2011. p. 113.

há que se negar o casamento para as famílias que por ele quiserem optar, se esta recusa for baseada em razões discriminatórias, tal qual foi durante tanto tempo com as homoafetivas.

A família transcendeu do modelo de uma rígida organização autoritária para tornar-se uma forma de convivência solidária na qual se desenvolve, de modo livre, a personalidade humana.[33] Desse modo, a liberdade de casar convive, é claro, com o espelho invertido da mesma liberdade, a de não permanecer casado.[34] O advento da Lei nº 11.441/07 representa, no âmbito das relações conjugais, um marco legislativo extremamente relevante. O diploma em referência foi responsável, entre outras alterações, por acrescer o art. 1.124-A ao Código de Processo Civil de 1973. O artigo específico passou a permitir o processamento extrajudicial das separações e dos divórcios consensuais, em não havendo filho menor ou incapaz do casal, independentemente de homologação judicial. O conteúdo do art. 1.124-A foi reproduzido pelo novo Código de Processo Civil (Lei nº 13.105/2015), em seu art. 733, que, além de excepcionar os interesses de filhos menores ou incapazes, faz menção também aos direitos de eventual nascituro.

Considerada por si só, a alteração levada a cabo em 2007 parece indicar uma (tardia) tendência no sentido da desjudicialização das relações conjugais e, consequentemente, de um menor intervencionismo do Estado em relação ao exercício da autonomia existencial nas relações conjugais. Ao mesmo tempo, oportuniza uma alternativa significantemente mais célere, mais informal e menos custosa, tanto financeira como emocionalmente, para formalizar o fim da vida conjugal.

De fato, a vida familiar contemporânea evoluiu de tal forma que a imposição de empecilhos pelo Estado no sentido de dificultar a separação do casal, sob o suposto pretexto de preservar a família, não faz mais nenhum sentido. Como se sabe, no passado, a certidão de casamento revestia as relações sexuais sob o manto da legalidade, além de assegurar aos envolvidos a conformação a

---

[33] BIANCA, Cesare Massimo. *Famiglia*: Diritto. Disponível em: http://www.treccani.it/enciclopedia/famiglia_%28Enciclopedia_delle_scienze_sociali%29/. Acesso em: 13 de jan. 2016.
[34] FACHIN, *Direito de família*, 2003. p. 169.

certas expectativas sociais.[35] Este, no entanto, não é mais o papel desempenhado pelo instituto que, inclusive, deixou de ser a única modalidade de união legitimada pelo Direito.

Na estrutura hierarquizada da família, se a liberdade regia as situações patrimoniais, o arbítrio era o traço marcante das relações existenciais. Sob a égide do Estado liberal, a autonomia privada no âmbito familiar só cabia ser pensada a partir de uma ótica patrimonialista, exclusivamente patriarcal e matrimonializada. A liberdade, vista do ponto de vista existencial, restringia-se a um perfil negativo, sendo transportada, sem nenhuma adequação, da lógica patrimonial para a existencial.

Algo bastante diverso é a ideia de liberdade plural disposta no texto constitucional, que não parte da mera transposição da ótica patrimonial para a existencial, "mas antes visa a superlativizar este último ante o primeiro, por meio de ressignificações possíveis de um conceito outrora cativo a um lugar patrimonial que, contemporaneamente, não pode ser visto sequer como seu lócus privilegiado".[36]

A passagem da família instituição, que se sobrepunha a seus componentes, para a família instrumento, "que coloca as aspirações coexistenciais dos seus membros acima do 'todo' institucional",[37] apreendida, sobretudo, pelo tratamento constitucionalmente oferecido a essas relações, modifica o destino das próprias prestações funcionais que se espera da família. E isso ocorre não de tentativa de recondução a um conceito contratualista de família, mas "de uma liberdade que se manifesta e se constrói no viver – e não,

---

[35] Em tradução livre: "A licença conferida pelo Estado era uma forma de garantir que a atividade sexual não seria um crime; além do que era difícil adotar crianças fora da relação conjugal. Mas o casamento oficial já não tem essa função. Na verdade, as pessoas agora têm o direito constitucionalmente garantido de ter relações sexuais mesmo se não forem casadas – e de se tornarem pais, inclusive pais adotivos, sem o auxílio do casamento. Agora que o casamento não é uma condição jurídica, nem para se fazer sexo nem para se ter filhos, o papel de licenciamento do Estado parece menos importante" (*Nudge*, Cap. Privatizing Marriage. SUNSTEIN, Cass R.; THALER, Richard H. *Nudge*: improving decisions about health, wealth and happiness. New Haven, CT: Yale University Press, New Haven, 2008. p. 219).

[36] RUZYK, Carlos Eduardo Pianovski. *Institutos fundamentais do direito civil e liberdade(s)*: repensando a dimensão funcional do contrato, da propriedade e da família. Rio de Janeiro: GZ, 2011. p. 318.

[37] RUZYK, *Institutos fundamentais do direito civil e liberdade(s)*, 2011. p. 322.

simplesmente, na gênese formal de um modelo unitário de família por meio da categoria abstrata do negócio jurídico".[38]

Se a expressão jurídica da família tem, entre suas funções, o exercício, a proteção e a promoção de liberdade(s), admitir uma interpretação restritiva que elimine, em termos concretos, a proteção jurídica de opções de constituição familiar livres na normatividade que esse (con)viver enseja, pode ser encarada como uma violação dessa dimensão funcional. Na medida em que a família é um espaço de autoconstituição coexistencial, não cabe nem ao Estado, nem à comunidade a definição de como essa autoconstituição será desenvolvida.

A repercussão do casamento como o único modelo jurídico de família e lugar de não liberdade pode ser percebida no Direito brasileiro até os dias de hoje. A ausência de proteção jurídica da liberdade de quem opta por um modelo de família não expresso na lei ou no texto constitucional é, a rigor, a afirmação de que o Direito não reconhece como passível de tutela aquela forma de autoconstituição, o que viola a dignidade da pessoa humana.

Com efeito, no que tange à constituição da família, a doutrina tem apontado três requisitos ditos imprescindíveis para sua caracterização, quais sejam, a afetividade, a estabilidade e a ostensibilidade da convivência.[39] São parâmetros doutrinários que podem auxiliar a identificação de uma entidade familiar, embora se defenda não serem requisitos cumulativos essenciais.[40] A recusa, *a priori*, de reconhecimento de efeitos jurídicos às relações familiares que prescindam de um ou mais dos requisitos aludidos fere o desenvolvimento da personalidade da pessoa, privando-a de realizar seu projeto familiar, que é "uma das dimensões que dão sentido à sua própria existência".[41] Ao mesmo tempo em que se deve tutelar

---

[38] RUZYK, *Institutos fundamentais do direito civil e liberdade(s)*, 2011. p. 325.
[39] LÔBO, Paulo Luiz Netto. *Direito civil*: famílias. 4. ed. São Paulo: Saraiva, 2011. p. 172.
[40] Da mesma forma entendem: SCHREIBER, Anderson. Famílias simultâneas e redes familiares. *In*: SCHREIBER, Anderson. *Direito civil e Constituição*. São Paulo: Atlas, 2013. p. 300; NAMUR, Samir. *Autonomia privada para a constituição da família*. Rio de Janeiro: Lumen Juris, 2014. p. 164-166.
[41] FACHIN, Luiz Edson. Famílias: entre o Público e o Privado. *In*: PEREIRA, Rodrigo da Cunha (Org.). *Família*: entre o Público e o Privado. Porto Alegre: Magister/IBDFAM, 2012. p. 162.

e reconhecer as diversas famílias constituídas de forma plural e não taxativa, mostra-se necessária a reflexão acerca de como a regulamentação deva ocorrer a fim de que não afete a liberdade de escolha dos indivíduos.

Nesse sentido, o ambiente do Direito de Família é singular porque, mesmo as questões patrimoniais, intuitivamente disponíveis, podem produzir uma "reverberação existencial, onde afloram as manifestações conditas da personalidade".[42] As relações familiares frequentemente abarcam situações extremamente complexas, cujos efeitos transitam pela zona mais cinzenta entre a patrimonialidade e a extrapatrimonialidade. Assim, o estudo de ambos os aspectos e da função que as relações patrimoniais de família podem gerar merece especial atenção, "mormente no que se refere ao pacto antenupcial, aos alimentos e à autoridade parental".[43]

Os pactos antenupciais celebrados antes do casamento ou, no caso da união estável, os contratos de convivência, visam, no Direito brasileiro, a regular as relações patrimoniais entre cônjuges ou companheiros, da forma coerente com seu projeto de vida. Assim, "não obstante estejamos a falar de questões de natureza eminentemente patrimonial, não se pode descurar que elas servem a um projeto existencial, de construção de uma família".[44]

O legislador brasileiro, no que tange à opção pelo regime de bens, prestigiou a autonomia conjugal, não sendo os regimes constantes no Código Civil restritas opções *numerus clausus*. Os direitos de livre pactuação e alteração são coerentes com as diretrizes de um Direito de Família constitucionalizado, que tem como premissa que a união conjugal é uma comunhão plena de vida. Para que isso ocorra, nada melhor do que as próprias partes escolherem as regras que regerão sua relação. No entanto, qual seria o limite da autonomia das partes na escolha das normas que regerão

---

[42] TEPEDINO, Gustavo. Contratos em direito de família. *In:* PEREIRA, Rodrigo da Cunha (Org.). *Tratado de direito das famílias*. Belo Horizonte: IBDFAM, 2015. p. 476.

[43] TEIXEIRA, Ana Carolina Brochado; KONDER, Carlos Nelson. Situações jurídicas dúplices: controvérsias na nebulosa fronteira entre patrimonialidade e extrapatrimonialidade. *In:* TEPEDINO, Gustavo; FACHIN, Luiz Edson (Org.). *Diálogos sobre direito civil*. Rio de Janeiro: Renovar, 2012, v. 3, p. 14-15.

[44] TEIXEIRA; KONDER, *Situações jurídicas dúplices*, 2012. p. 15.

a conjugalidade: essa liberdade se restringe ao aspecto patrimonial ou deveria englobar, também, a seara existencial?[45]

No âmbito de um Estado Democrático de Direito – em que se renova o conceito de ordem pública de modo a atrelá-lo à realização da dignidade humana –, vem sendo discutida a possibilidade de o próprio casal construir a sua ordem familiar. Isso se dá pela viabilidade de os cônjuges ou companheiros pactuarem – e recombinarem no curso do casamento – as regras que regerão sua relação conjugal, independentemente de essas disposições coincidirem ou não com as disposições legais. O pacto antenupcial e o contrato de convivência, portanto, são bons exemplos de situações jurídicas patrimoniais que podem ter também função existencial.

Em doutrina, fala-se hoje de um "Direito de Família Mínimo", que propaga a menor intervenção possível do Estado nas relações familiares, ressalvadas hipóteses excepcionais.[46] Com efeito, um dos aspectos que reforçam a principiologia minimalista do Direito de Família é a excessiva judicialização dos conflitos existentes nessa seara.[47] Em atenção a essa questão, se argumenta em doutrina que o Código Civil prevê no seu art. 1.513 o que se poderia denominar de uma cláusula geral de reserva de intimidade,[48] que tem como norte as diretivas gerais

---

[45] TEIXEIRA; KONDER, *Situações jurídicas dúplices*, 2012. p. 15.

[46] "A expressão direito de família mínimo é colhida do direito penal, seara na qual se presencia fenômeno semelhante, propugnando-se um direito penal mínimo, uma vez que o Estado somente deve utilizar o direito penal para tutelar os bens mais caros à sociedade (fragmentaridade) e como extrema ou última *ratio* (intervenção mínima propriamente dita), quando insuficiente a tutela promovida por outros instrumentos sociais, como a família, a coletividade, o direito administrativo, o direito civil etc." (ALVES, Leonardo Barreto Moreira. *Direito de família mínimo*: a possibilidade de aplicação e o campo de incidência da autonomia privada no direito de família. Rio de Janeiro: Lumen Juris, 2010. p. 144).

[47] Assinala Marília Xavier que as questões ligadas à família figuram como a terceira causa que motiva o cidadão brasileiro a buscar o Poder Judiciário. Lamentavelmente, destaca que ainda há em nosso país uma cultura de submeter ao crivo do Poder Judiciário o deslinde desses casos, embora a vivência dos profissionais militantes na área revele que a eleição dessa via nem sempre será o melhor caminho. (Disponível em: http://virtualbib.fgv.br/dspace/bitstream/handle/ 10438/7727/RelICJBrasil3tri2010%. Acesso em: 15 dez. 2015). (XAVIER, Marília Pedroso. *Contrato de namoro*: amor líquido e direito de família mínimo. 2011. 128 f. Dissertação (Mestrado em Direito) – Faculdade de Direito, Universidade Federal do Paraná, Curitiba, 2011. p. 60).

[48] "Código Civil, art. 1.513. É defeso a qualquer pessoa, de direito público ou privado, interferir na comunhão de vida instituída pela família".

constitucionais, com o objetivo de implementar condições para o desenvolvimento das personalidades e da dignidade de cada um dos cônjuges e conviventes num espaço relacional.[49]

3 Uma proposta para a privatização das relações conjugais e convivenciais

Nas relações conjugais e convivenciais, ganha relevância a tendência hoje já ressaltada por estudiosos americanos que defendem a desregulamentação legal das relações conjugais por meio da "privatização do casamento".[50] Sustenta-se que o Estado não deveria mais tutelar essas relações através de normas imperativas, mas tão somente mediante regras supletivas (*standards*), em caso de não manifestação expressa do casal.[51]

A intervenção heterônoma justificada pela proteção dos interesses do próprio sujeito sobre quem se intervém precisa de questionamentos a respeito de seu cabimento. Essas indagações não são só quanto à necessidade de se exercer uma intervenção sobre determinado sujeito, mas também em relação ao tipo de intervenção que se justifica fazer.[52] A análise da legitimidade das intervenções jurídicas de acordo com a legalidade constitucional passa, necessariamente, por considerações acerca do caráter paternalista que uma restrição à autonomia pode apresentar.[53]

---

[49] CARBONERA, Silvana Maria. *Reserva de intimidade*: uma possível tutela da dignidade no espaço relacional da conjugalidade. Rio de Janeiro: Renovar, 2008. p. 268-269.

[50] Nesse sentido é artigo de opinião de Stephanie Coontz, publicado no New York Times, intitulado *Taking Marriage Private* (Disponível em: http://www.nytimes.com/2007/11/26/opinion/26coontz.html?_r=3 &em&ex=1196226000&en=5e70532fce256fe0&ei=5087%0A&oref=slogin &. Acesso em: 20 set. 2015).

[51] SUNSTEIN, Cass R.; THALER, Richard H. Privatizing Marriage. *The Monist*, v. 91, n. 3 & 4, p. 377-387, July/Oct. 2008. Disponível em: http://secure.pdcnet.org/monist/content/monist_2008_0091_0003m_0377_0387. Acesso em: 20 set. 2016.

[52] SÊCO, Thaís. *A autonomia da criança e do adolescente e suas fronteiras*: capacidade, família e direitos da personalidade. 2013. Dissertação (Mestrado em Direito) – Universidade do Estado do Rio de Janeiro, Rio de Janeiro, 2013. p. 76.

[53] DALSENTER, Thamis. *Autonomia existencial na legalidade constitucional*: critérios para interpretação da cláusula geral de bons costumes no Código Civil brasileiro. 2015. Tese (Doutorado) – Universidade do Estado do Rio de Janeiro, UERJ, Rio de Janeiro, 2015. p. 64-65.

De fato, o paternalismo[54] é exercido não só em relação a um indivíduo que dele necessite, mas também em relação às circunstâncias objetivas da situação em que um indivíduo pode se colocar, e que podem ser prejudiciais a si mesmo, caso não seja feita a intervenção.[55] A depender das esferas jurídicas envolvidas no exercício da autonomia, as intervenções jurídicas nos espaços de liberdade existencial poderão ser consideradas como paternalistas ou não paternalistas e classificadas em variados tipos e graus de intensidade.[56] Para análise da heteronomia estatal na família, interessante proposta é encontrada na corrente doutrinária denominada *paternalismo libertário*.

Os libertários[57] advogam que o exercício da liberdade se faz quando não há qualquer interferência estatal em suas escolhas. Já os paternalistas encaram a suposta liberdade de escolhas irrestrita com ceticismo, isto é, entendem que, em maior ou menor grau, sempre haverá algum tipo de intervenção heterônoma nas escolhas individuais.

Em meio a esse debate, surge na doutrina americana o denominado paternalismo libertário, o qual pode, à primeira vista,

---

[54] Macario Alemany define que haverá uma intervenção paternalista quando dois requisitos estiverem presentes: (i) A exerce poder sobre B; (ii) esse poder de A é exercido com o propósito de evitar que B pratique ações (ou deixe de praticar) que causem danos a si mesmo ou representem um aumento de risco de dano. Por esse raciocínio, seria possível afirmar a intervenção como decorrente do paternalismo jurídico se o exercício de poder de A sobre B for respaldado pelo Direito, ou seja, se A tem poderes jurídicos para determinar, por si, modificações na situação jurídica de B (mesmo que B não queira). (ALEMANY, Macario Garcia. *El paternalismo jurídico*. Madrid: Iustel, 2006). Nesse sentido, ver também SILVA, Denis Franco. O princípio da autonomia: da invenção à reconstrução. *In*: BODIN DE MORAES, Maria Celina (Coord.). *Princípios do direito civil contemporâneo*. Rio de Janeiro: Renovar, 2006. p. 152.

[55] SÊCO, *A autonomia da criança e do adolescente e suas fronteiras*, 2013. p. 76.

[56] Os conceitos de "*soft paternalism*" e de "*hard paternalism*" foram desenvolvidos pelo filósofo Joel Feinberg no livro *Harm to Self* (FEINBERG, Joel. *Harm to Self*. Oxford: Oxford University Press, 1986). Para uma didática classificação das modalidades de paternalismo, v. SCHRAMM, Fermim. A autonomia difícil. *Bioética*, Brasília, v. 6, n. 1, p. 27-37. Gerald DWORKIN classifica o paternalismo em "pure" and "impure": "*In 'pure' paternalism the class of persons whose freedom is restricted is identical with the class of persons whose benefit is intended to be promoted by such restrictions. In the case of 'impure' paternalism in trying to protect the welfare of a class of persons we find that the only way to do so will involve restricting the freedom of other persons besides those who are benefited*" (DWORKIN, Gerald. Paternalism. *In*: SARTORIUS, Rolf. *Paternalism*. Minneapolis: University of Minnesota Press, 1983. p. 22).

[57] A concepção de John Stuart Mill sobre a liberdade estabelece que é legítimo instituir obrigatoriedade de comportamentos somente para a proteção de terceiros, nunca para a proteção do próprio indivíduo. V. MILL, John Stuart. *A liberdade*: utilitarismo. São Paulo: Martins Fontes, 2000. p. 17-18.

parecer uma contradição terminológica,[58] porque paternalistas e libertários sempre se apresentaram como opostos. No entanto, a corrente encerra uma forma singular de paternalismo, que afirma ser possível e legítimo que instituições públicas e/ou privadas afetem o comportamento das pessoas ao mesmo tempo em que respeitam sua liberdade. O paternalismo libertário é paternalista na medida em que tenta influenciar os indivíduos a optar pelo arranjo que os interventores julgam ser a melhor opção do ponto de vista do bem-estar, e é libertário porque concede a esses mesmos indivíduos a possibilidade de recusa ao arranjo se assim desejarem, preservando assim a liberdade de escolha.

Essa doutrina pretendeu demonstrar que a presença de alguma espécie de paternalismo é inevitável no momento em que o legislador (ou qualquer outro planejador de regras) cria normas padronizadas dispositivas e (ou) supletivas, denominadas "regras padrão" (*default rules*). Isso porque a própria forma de apresentação das regras jurídicas já tem o condão de influenciar as escolhas feitas pelas pessoas.

Uma das razões dessa influência é o fato dos indivíduos, em muitas hipóteses, não terem preferências definidas sobre determinados assuntos. Outras vezes, tendem a ficar inertes, postergando a tomada de decisões que possam ter efeitos muito sérios.[59] Defende-se que, uma vez inafastável a influência dessas regras sobre o comportamento das pessoas, elas devem ser escolhidas com o objetivo explícito de melhorar o bem-estar dos seus destinatários.[60] Contudo, o aspecto libertário é assegurado, pois há a possibilidade de não adesão a essas "regras padrão" pré-estipuladas (o que a doutrina norte-americana chama de "*opt-out*"), garantindo-se a liberdade de escolha.[61]

---

[58] Ver por todos SUNSTEIN, Cass R.; THALER, Richard H. Libertarian Paternalism is not an Oxymoron. *Civilistica.com – Revista eletrônica de direito civil*, Rio de Janeiro, v. 4, n. 2, 2015. Disponível em: http://civilistica.com/libertarian-paternalism-is-not-an-oxymoron/. Acesso em: 5 jan. 2017.

[59] SUNSTEIN; THALER, *Libertarian Paternalism is not an Oxymoron*, 2015.

[60] SUNSTEIN; THALER, *Libertarian Paternalism is not an Oxymoron*, 2015, p. 3-4.

[61] Por meio de um sistema denominado *opt-out*, através do qual se presume que todas as pessoas estão incluídas naquela regra, a não ser que se manifestem expressamente em contrário (SUNSTEIN; THALER, *Libertarian Paternalism is not an Oxymoron*, 2015. p. 4).

Essa proposta se torna ainda mais atraente quando se nota que nem sempre as pessoas tomam boas decisões para si mesmas. Isso ocorre por diversos motivos, sendo um deles o fato de que muitas são inexperientes em relação à tomada decisões. De fato, os indivíduos escolhem melhor em contextos em que dominam o tema, porém suas decisões tendem a ser falhas quando tomadas com pouca frequência naquela seara. Assim, parece uma boa alternativa que exista um direcionamento por parte de 'planejadores' que, em tese, dominem melhor o assunto e que já se debruçaram sobre ele.[62]

Note-se que grande parte das decisões no Direito de Família se enquadra perfeitamente nesse contexto, especialmente no começo da vida das pessoas, quando são inexperientes em relação tanto a aspectos conjugais como a aspectos parentais. É por esse motivo que a determinação de "regras padrão" pelo Estado pode ser bem-vinda em diversos momentos, contanto que tais *standards* de conduta sejam contornáveis sem excessivo ônus para aqueles que deles desejarem se desviar.

Os momentos em que o Estado deveria direcionar as pessoas em decisões visando seu bem-estar, por meio de "regras padrão" e de outros mecanismos, quando estas optem por não decidir, são bem identificados por Sunstein e Thaler.[63] Um dos pontos mais interessantes de sua proposta refere-se à privatização do casamento, que abrange uma reflexão interessante acerca da tutela da autonomia existencial nas relações conjugais e convivenciais.[64] Neste ponto, sustenta-se que as uniões deveriam ser completamente privatizadas, não cabendo ao Estado distribuir licenças de casamento, validando as pessoas casadas em detrimento daquelas que optam por outro tipo de projeto de vida familiar.[65] Desta forma, afirma-se que o Estado deveria sair de cena, garantindo apenas uniões civis, cujas regras e normas seriam muito mais flexíveis e em maior parte supletivas.

---

[62] SUNSTEIN; THALER, *Libertarian Paternalism is not an Oxymoron*, 2015. p. 5.
[63] SUNSTEIN; THALER, *Libertarian Paternalism is not an Oxymoron*, 2015. p. 5.
[64] "Em suma: quando as pessoas se casam, elas recebem não apenas benefícios materiais, mas também uma espécie de legitimidade oficial, um selo de aprovação por parte do Estado". (SUNSTEIN; THALER. *Nudge*, 2008. p. 220).
[65] SUNSTEIN; THALER. *Nudge,* 2008. p. 215-224.

Assim, organizações religiosas ou outras formas de associações privadas estariam absolutamente livres para celebrar casamentos e praticar suas crenças, podendo aplicá-las livremente. Aqueles que quisessem aderir a elas poderiam fazê-lo por meio de pactos celebrados diante destas instituições, independentemente das uniões civis reconhecidas para todos perante a lei. Nessa concepção, a solução para o casamento homoafetivo, por exemplo, seria bem menos conflituosa. Além disso, esses entes privados poderiam manter suas regras sobre o casamento, o divórcio e a monogamia, sem nenhum prejuízo, sendo desnecessária qualquer licença oficial para que as pessoas cumpram com seus deveres para com os outros. Isso porque aqueles que celebrarem casamentos privatizados segundo suas crenças provavelmente serão as pessoas bastante envolvidas com essas organizações, que por isso acreditam suficientemente nos termos daquele compromisso a ponto de desejarem contraí-lo e respeitá-lo.[66]

Ao mesmo tempo, se o Estado apenas concedesse uniões civis no lugar de casamentos, esses indivíduos cujas práticas e crenças são inaceitáveis para muitas entidades privadas teriam o mesmo *status* civil dos demais. O regramento padrão trataria de constituir uma união civil para a produção de efeitos jurídicos para todos aqueles que desejassem constituir uma família, sem nenhuma hierarquia entre as diferentes entidades familiares, mas com igual reconhecimento jurídico. Além disso, poderiam ser previstas regras supletivas patrimoniais e existenciais para proteção dos vulneráveis e para aqueles que não quiserem fazer nenhuma escolha nesse sentido, como um regime de bens padrão, a guarda de filhos caso não haja acordo entre as partes, a questão dos alimentos, entre outras, é claro, sempre respeitando a principiologia constitucional. Todavia, é necessário que as pessoas possam contornar essas regras quando conhecerem uma alternativa que julgam como melhor para atingir a realização dos próprios anseios. É nesses casos que os contratos do Direito de Família podem mostrar-se bastante eficazes.

Ao propor a eliminação do casamento como uma instituição estatal, estariam protegidos a liberdade religiosa, os valores culturais

---

[66] SUNSTEIN; THALER. *Nudge*, 2008. p. 215-226.

e as liberdades individuais, já que o único *status* conferido pelo Estado seria o das uniões civis.[67] De fato, reconhece-se que a fixação de regras padrão apropriadas para todos os tipos de pessoas que desejam firmar um compromisso no Direito de Família deve ter em comum a proteção daqueles que são mais vulneráveis, o que se identifica em doutrina como as minorias, especialmente as mulheres e os filhos menores, preservando-se o máximo possível a liberdade dos envolvidos.

Nessa direção, em se tratando de relações conjugais, torna-se mais provável a aplicação dos ideais do paternalismo libertário, visto que os envolvidos estão no mesmo patamar jurídico. Um exemplo brasileiro que se encaixa nas ideias aqui expostas diz respeito ao regime de bens de um casal. Os artigos 1.639 e 1.940 do Código Civil determinam que os nubentes podem estipular o que lhes aprouver sobre seus bens; no entanto, no silêncio, a regra padrão é a do regime de comunhão parcial. Às vezes, as pessoas não querem tomar decisões ativas e preferem que seja oferecido um padrão no qual possam confiar. Essa também é uma forma de se respeitar as liberdades.

Em linhas gerais, pode-se dizer que o paternalismo libertário é uma excelente ideia no que tange à liberdade dos indivíduos em busca da realização de sua dignidade, que é, afinal, o objetivo da proteção à família. No entanto, a unidade do sistema jurídico jamais poderá permitir essa liberdade irrestrita, uma vez que essa só merecerá tutela se for condizente com a tábua de valores disposta no texto constitucional que rege todas as relações jurídicas.

É importante frisar que nem sempre a liberdade de escolha deve prevalecer. Evidentemente que não deve na hipótese de leis protetivas em favor de vulneráveis e contra situações de agressão, como nos casos de violência no âmbito da família.[68] As normas da Lei Maria da Penha, por exemplo, não são meras regras padrão que possam ser afastadas pelas partes. Para essas hipóteses, tão importante quanto o papel do legislador é o papel do Judiciário, ator essencial na manutenção da compatibilidade do Direito de Família com a realidade social.

---

[67] Os autores fazem uma ressalva expressa de que não pretendem adentrar na questão do poliamor.
[68] Como é o caso da Lei Maria da Penha ou dos estatutos protetivos, como o Estatuto da Criança e do Adolescente e o Estatuto do Idoso.

4 Limites e justificativas para e intervenção estatal

É preciso destacar que não se procura aqui defender um Estado ausente, mas sim garantidor de espaços de autodeterminação para realizar a autonomia existencial. Para tanto, mostra-se fundamental a privatização das relações conjugais e convivenciais, salvaguardando-se as situações de vulnerabilidade e desigualdade material[69] em que, diante do princípio da solidariedade e da dignidade da pessoa humana, se faz necessária a ação positiva do Estado.[70]

A fim de que se defenda a "ausente presença"[71] do Estado, mostra-se necessário o questionamento acerca do cabimento e dos limites da atuação estatal no âmbito da vida íntima das relações conjugais por meio da imposição de direitos e deveres recíprocos. Reconhecida a família como um instrumento para a realização de seus membros, mostra-se questionável que a pretensa manutenção do vínculo conjugal se sobreponha às necessidades dos cônjuges de se relacionarem conforme melhor lhes aprouver. Os cônjuges e conviventes, ressalvados os direitos de terceiros, devem ser livres para planejar, deliberar, constituir e desconstituir a forma de se relacionarem e de estruturarem suas relações familiares e suas aspirações para a vida conjugal.[72]

Nessa linha, propõe-se a concepção de um regramento[73] que permita conjugar a tutela estatal, necessária para conferir segurança e efeitos jurídicos aos arranjos familiares e aos espaços de autonomia existencial do indivíduo. É sob esse prisma que a proposta do

---

[69] TEIXEIRA, Ana Carolina Brochado; RODRIGUES, Renata de Lima. *O direito das famílias*: entre a norma e a realidade. São Paulo: Atlas, 2010. p. 91.

[70] "Mas, ao mesmo tempo em que é necessária a configuração de um 'Estado ausente', permitindo que as pessoas constituam suas relações segundo uma *liberdade vivida*, é igualmente necessário que determinados direitos sejam tutelados pela *presente* intervenção do ente estatal, mormente em face daqueles que se encontram mais vulneráveis e desamparados" (FACHIN, *Famílias*: entre o Público e o Privado, 2012. p. 164).

[71] FACHIN, *Famílias*: entre o Público e o Privado, 2012. p. 162.

[72] "Esta ideia de igualdade dos dois parceiros da relação aliada com a privatização do amor e com o enfraquecimento das referências externas dadas ao casal por outros ordenamentos tradicionais – a religião, os costumes, a vizinhança – têm produzido a diminuição do conteúdo imperativo do casamento, do conjunto dos chamados efeitos pessoais do casamento, tal como estávamos habituados a entendê-los" (OLIVEIRA, Guilherme de. *Temas de direito de família*. 2. ed. Coimbra: Coimbra Editora, 2001. p. 338).

[73] SUNSTEIN; THALER, *Nudge*, 2008. p. 215-226.

paternalismo libertário se torna valiosa na medida em que concilia a liberdade de escolha com a preocupação estatal em relação a pontos de partida mínimos de intervenção. Isso porque, ao mesmo tempo em que muitas pessoas desejam fazer uso de sua autonomia existencial da forma mais ampla possível para decidirem os rumos de suas vidas, outras não possuem decisões claras ou ordenadas em relação às diversas formas de entidades e regimes familiares e seus diferentes efeitos jurídicos. Nesse ponto, as "regras padrão" devem ser escolhidas com o escopo de nortear as pessoas, de forma a esclarecer e melhorar o seu bem-estar, tutelando as situações patológicas e os interesses dos vulneráveis.

Trata-se apenas de um regramento previamente estipulado, que não impede que as pessoas optem de forma diversa, se assim preferirem. As formas de família mais frequentemente adotadas no Brasil são o casamento e a união estável e é importante, nesse ponto, que se entendam esses modelos como essencialmente distintos, embora, muitas vezes, se pretenda aproximar os dois institutos. Importante atentar que ao se afirmar que não há hierarquia entre os modelos familiares não se quer dizer que devem ser regulados de forma idêntica.

A atribuição de uma maior liberdade, principalmente no que se refere às formalidades e aos deveres entre conviventes e, portanto, a uma menor segurança jurídica, ocorre, justamente, diante da informalidade optada por aqueles que buscam o modelo familiar da união estável. Isso não significa que haja prevalência do casamento como forma de família perante o Estado, pois ambos os modelos são merecedores da mesma tutela estatal, embora preservem aspectos distintos em sua essência. Ou seja, "o tratamento jurídico das entidades familiares será diversificado na medida em que estas se diferenciem". Por outro lado, "onde houver identificação de situações, especialmente em virtude do amor, respeito e solidariedade que informam os laços familiares, o tratamento deve ser equiparado".[74]

Interpretação diversa não estaria em consonância com uma análise sistemática do ordenamento jurídico, nem de acordo com os ditames constitucionais. Na época da família cristalizada e singular, aqueles

---

[74] NEVARES, Ana Luiza Maia. *A tutela sucessória do cônjuge do companheiro na legalidade constitucional*. 2. ed. São Paulo: Atlas, 2015. p. 161-162.

que viviam em uniões estáveis eram os que predominantemente não podiam se casar, em razão dos impedimentos matrimoniais. Hoje, com as uniões estáveis igualmente legitimadas perante a sociedade e o Direito, muitas pessoas optam por esse modelo para, justamente, ter mais liberdade na criação das regras que regem seu projeto familiar. As pessoas, em muitos casos, simplesmente não querem casar por opção.

Estudos mostram que as uniões consensuais (como opção preferencial de forma de vida conjugal) vêm atraindo cada vez mais as camadas médias da população. Isso significa uma ruptura com os valores e normas tradicionais. Desde 1995, há registros de uma significativa queda das uniões formalizadas religiosas no Brasil,[75] a comprovar a forma anacrônica dos dispositivos infraconstitucionais que regulam as entidades familiares no Direito brasileiro. Mesmo no âmbito da Constituição, foi preciso uma hermenêutica em consonância com a sistemática do ordenamento para dirimir a controvérsia com relação à taxatividade do rol de entidades familiares disposto no art. 226 e seus parágrafos.[76] De modo diverso, mesmo que não se sustente a hierarquia entre as entidades familiares, não se pode ignorar a valorização cultural do casamento dentro da sociedade brasileira, bastando lembrar que a separação entre Igreja e Estado, historicamente considerada, é bastante recente.[77]

É neste ponto que a proposta do paternalismo libertário se coaduna muito mais com um Estado laico e com a principiologia

---

[75] Conforme registrado no censo realizado em 2010, "o tipo de união conjugal que mais cresceu no período intercensitário foram as uniões consensuais. Esse crescimento se deu em todas as Unidades da Federação com diferentes intensidades, evidenciando uma mudança de valores culturais" (INSTITUTO BRASILEIRO DE GEOGRAFIA E ESTATÍSTICA (IBGE). *Censo Demográfico 2010*: nupcialidade, fecundidade e migração – resultados da amostra. Disponível em: http://biblioteca.ibge.gov.br/visualizacao/periodicos/98/cd_2010_nupcialidade_fecundidade_migracao_amostra.pdf. Acesso em: 12 jan. 2017).

[76] LÔBO, Paulo Luiz Netto. Entidades familiares constitucionalizadas. In: *Anais do III Congresso Brasileiro de Direito de Família. Família e cidadania: o novo CCB e a vacatio legis*. Belo Horizonte: Del Rey/ IBDFAM, 2002.

[77] "O Brasil era oficialmente católico até a proclamação da República em 1890, quando Estado e Igreja foram oficialmente separados, o que foi expressamente reforçado com a Constituição de 1891. Todas as constituições seguintes se pronunciaram como uma república laica, embora sob a proteção de Deus. De fato, uma república laica não significa a ausência de religião, mas apenas que nenhuma delas será privilegiada, uma vez que a liberdade de crença é uma questão de foro íntimo de cada pessoa" (LÔBO, Paulo Luiz Netto. Estado laico é conquista de todos e das famílias. *Revista Consultor Jurídico*, 06, dez. 2015. Disponível em: http://www.conjur.com.br/ 2015-dez-06/processo-familiar-estado-laico-conquista--todos-familias. Acesso em: 13 dez. 2016).

constitucional, que tutela o pluralismo familiar com fulcro nos princípios da dignidade, da igualdade e da solidariedade familiar. Com efeito, ao Estado só caberia regular as uniões civis, uma vez que vai contra a própria hermenêutica constitucional uma norma que venha a privilegiar as pessoas casadas em detrimento daquelas que optem por se unirem em modelos familiares diversos do casamento.[78] As justificativas patrimonialistas e individualistas para privilegiar o matrimônio não mais se sustentam frente à axiologia constitucional, que só tutela a família como forma de promoção da dignidade de seus membros e não como um instituto que visa à procriação, à manutenção do patrimônio, à estabilidade social, à paz doméstica e ao controle estatal.

Essa é a razão porque se afirma que o termo 'casamento' e a maneira como esta forma de entidade familiar é tutelada pelo Estado ainda trazem em si certa ambiguidade, já que o termo remete tanto à forma de união civil quanto à religiosa. Não à toa, a proposta do paternalismo libertário sugere a privatização do casamento, passando o Estado a tutelar apenas as uniões civis, de maneira a afastar de sua regulamentação quaisquer regras com traços religiosos, culturais e morais. Dessa forma, a regulação das relações conjugais e convivenciais traria um arcabouço mínimo de direitos e deveres, com a finalidade de traçar regras supletivas para aqueles que decidam formalizar sua união civil perante o Estado, de maneira a deixar as pessoas livres para estabelecerem suas formações familiares, incrementando-as pela via privada, segundo suas crenças individuais, caso desejem, ou, paralelamente ao reconhecimento da união civil estatal, desde que não violem a legalidade constitucional.

É nesse cenário que Sunstein e Thaler propõem que o casamento religioso não seja regulamentado mais pelo Estado, mas somente pelas instituições privadas, que podem reconhecer e excluir delas os que optem por nela se casarem caso descumpram suas regras. Nessa direção, em termos de relações conjugais, torna-se factível a aplicação

---

[78] Ao se referirem sobre o tema Sunstein e Thaler frisam que: "Para dizer o mínimo, há um imenso e diversificado conjunto de benefícios e nós, de forma alguma, listamos todos eles. Os benefícios também tendem a ser relativamente estáveis ao longo do tempo; recorde-se que o *status quo* é poderoso, e existem sérias restrições políticas a qualquer esforço de se repensar isso" (SUNSTEIN; THALER, *Nudge*, 2008. p. 217. Tradução livre).

dos ideais do paternalismo libertário, visto que os envolvidos estão em igualdade de posição, do ponto de vista jurídico.

5 Conclusão

O que legitima uma relação amorosa? A resposta jurídica não está ligada somente a preferências morais e éticas pessoais, mas insere-se num quadro de princípios dentro do qual pode ser colocado um *direito ao amor*.[79] Tais princípios são a igualdade e a liberdade, a solidariedade e a integridade psicofísica, os quais, juntos, concorrem para definir a dignidade e, portanto, o limite da autodeterminação, ao mesmo tempo em que reclamam a necessidade do respeito recíproco fazendo emergir, assim, seu nítido caráter relacional.

Como relata Stefano Rodotà, na experiência histórica o direito se apoderou do amor. Fechou-o em apenas um perímetro, considerado como o único juridicamente legítimo: o casamento, um contrato de direito público vigiado pelo Estado; baseado na estabilidade social, na procriação e na educação dos filhos; e portador de uma moral considerada como prevalente, a católica. Era a obediência e a subordinação para as mulheres, uma lógica autoritária e patrimonial, um bloco compacto no qual o amor conseguia, com esforço, abrir alguma brecha. Hoje, conclui o autor, encontramos um futuro declinado em modo bem diferente do passado e parecemos despedir-nos de um direito hostil ao amor.[80]

Para tanto, nas relações conjugais e convivenciais, o Estado deve cumprir papel promocional por meio de uma tutela que não implique necessariamente intervenção, sem restringir sua constituição e dificultar sua dissolução. Essas relações são essencialmente volitivas, isto é, a família só existe se e enquanto representa a vontade dos cônjuges. A descoberta do caminho de realização do próprio projeto de vida pertence, de forma exclusiva, ao casal. Quando se trata de pessoas livres e iguais, soa ilegítima a heteronomia em matéria tão

---

[79] RODOTÀ, Stefano. *Diritto d'amore*. Bari: Laterza, 2015. Disponível em: https://tolinoreader.ibs.it/library/library.html#!/epub?id=DT0245.9788858123645. Acesso em: 3 fev. 2017.
[80] RODOTÀ, *Diritto d'amore*, cit., 2015.

íntima, sendo a interferência estatal válida tão somente para garantir o exercício da liberdade em condições de igualdade material.

Vale sublinhar que a desejada redução da intervenção estatal não significa recusar hipóteses em que o Estado deva desempenhar um papel ativo de ingerência na seara da família. Tais casos, como se viu, são os que envolvem sujeitos vulneráveis, como idosos e crianças, violência doméstica no âmbito familiar, dentre outros. Nessas hipóteses, justifica-se plenamente que a liberdade consubstanciada na autonomia privada ceda espaço à incidência de imposições próprias da solidariedade familiar.[81]

Com uma atuação não interventora, mas atenta e vigilante, o sistema jurídico poderá assegurar a implementação do respeito à dignidade da pessoa humana na dimensão familiar, na medida em que reconhece aos sujeitos liberdade e autonomia, não intervindo em aspectos pessoais que impliquem restrição injustificada, sem respaldo constitucional.[82] Sob esse prisma, destaca-se que, se antes as soluções repousavam na lei, cabe agora à doutrina traçar critérios para nortear o Judiciário em sua fundamentação, observando sempre a legalidade constitucional.[83]

Com efeito, uma relação de solidariedade pessoal, existencial, decorrente da escolha do projeto de vida conjugal ou parental não pode ser considerada como ilícita apenas por ser contrária ao que é tido como aceitável pela maioria, uma vez que os conceitos de ordem pública, de moral e de bons costumes[84] são demasiadamente amplos e variáveis, diante do pluralismo da sociedade contemporânea e da laicidade que dão o contorno do Estado Democrático de Direito.

Logo, é por força dessa solidariedade que se propaga pelo ordenamento jurídico, presente nas normas constitucionais e, portanto,

---

[81] Para um exemplo, v. BODIN DE MORAES, Maria Celina. Danos morais em família? conjugalidade, parentalidade e responsabilidade, ora em *Na medida da pessoa humana*. Rio de Janeiro: Editora Processo, 2016, p. 423-455.

[82] CARBONERA, *Reserva de intimidade*, cit., p. 271.

[83] BODIN DE MORAES, Maria Celina. Do juiz boca-da-lei à lei boca-de-juiz: reflexões sobre a aplicação-interpretação do direito no início do século XXI. *Revista de Direito Privado*, São Paulo, v. 56, p. 11-30, 2013, segundo a qual: "o deslocamento foi radical e parece imprescindível sua rápida identificação, para que se comece, doutrinariamente, a sugerir limites e a indicar possibilidades".

[84] Sobre os bons costumes v. DALSENTER, *Autonomia existencial na legalidade constitucional*, 2015.

em todas as demais regras e princípios, que não mais se sustenta um ordenamento que dê espaço à discriminação.[85] Cabe ao legislador não se descuidar dessas diversas configurações no sistema jurídico, pois só por meio da necessária coligação entre dignidade e solidariedade estará garantido o quadro dos direitos fundamentais, estendendo-o às relações privadas e, em particular, às relações conjugais.

A ideia de que os conteúdos da relação íntima são assunto exclusivo dos nela envolvidos e de que cada casal é seu próprio legislador supõe que os sistemas jurídicos eliminem progressivamente os conteúdos que outrora infligiam a todos, mas hoje estão sujeitos à negociação. Isso porque cônjuges e conviventes, ao espontaneamente escolherem entrar para uma comunhão de vida, assumem compromissos próprios. E mais, não são apenas os compromissos de natureza existencial de que se está falando, é importante também que se possa dispor de seu patrimônio da forma que lhes pareça mais aceitável, especialmente considerando o impacto que essas questões têm na vida de uma família.

"O deslocamento foi radical e parece imprescindível sua rápida identificação, para que se comece, doutrinariamente, a sugerir limites e a indicar possibilidades".[86] Cabe também ao legislador ordinário não se descuidar dessa diversa configuração do sistema jurídico, pois é só pela necessária ligação entre solidariedade, igualdade e liberdade que não se coloca em risco todo o quadro de princípios fundadores da ordem constitucional, em prol da promoção do valor maior: a dignidade da pessoa humana.

O sistema constitucional de liberdade e direitos fundamentais hoje constitui uma sólida, ainda que muitas vezes negada, referência. É justamente isso que nos permite demandar respeito pleno à pessoa humana e instituir, sobre novas bases, a relação entre o amor e o direito. Só a família fundada na aptidão para responder ao mistério do amor e da comunicação que habita cada ser humano pode livrar o mesmo ser humano do vazio e da solidão.[87]

---

[85] RODOTÀ, Stefano. *Solidarietà*: un'utopia necessaria. Bari: Laterza, 2014, p. 54-56.
[86] BODIN DE MORAES, Maria Celina. Do juiz boca-da-lei à lei boca-de-juiz: reflexões sobre a aplicação-interpretação do direito no início do século XXI. *Revista de Direito Privado*, São Paulo, v. 56, p. 11-30, 2013.
[87] RODOTÀ, Stefano. Amore 'a bassa istituzionalizzazione'. In: *Diritto d'amore*. Bari: Laterza, 2015. Disponível em: https://tolinoreader.ibs.it/library/library.html#!/epub?id=DT0245.9788858123645. Acesso em: 3 fev. 2017.

Referências

ALEMANY, Macario Garcia. *El paternalismo jurídico*. Madrid: Iustel, 2006.

ALVES, Leonardo Barreto Moreira. *Direito de família mínimo*: a possibilidade de aplicação e o campo de incidência da autonomia privada no direito de família. Rio de Janeiro: Lumen Juris, 2010.

BARROSO, Luís Roberto. Diferentes, mas iguais: o reconhecimento jurídico das relações homoafetivas no Brasil. *Revista Brasileira de Direito Constitucional – RBDC*, n. 17, p. 105-138, jan./jun. 2011.

BIANCA, Cesare Massimo. *Famiglia*: Diritto. Disponível em: http://www.treccani.it/enciclopedia/famiglia_%28Enciclopedia_delle_scienze_sociali%29/. Acesso em: 13 de jan. 2016.

BODIN DE MORAES, Maria Celina. A nova família, de novo: estruturas e funções das famílias contemporâneas. *Revista Pensar*, Fortaleza, v. 18, n. 2, p. 587-628, maio/ago. 2013.

BODIN DE MORAES, Maria Celina. Do juiz boca-da-lei à lei boca-de-juiz: reflexões sobre a aplicação-interpretação do direito no início do século XXI. *Revista de Direito Privado*, São Paulo, v. 56, 2013.

BODIN DE MORAES, Maria Celina. *Na medida da pessoa humana*: estudos de direito civil-constitucional. Rio de Janeiro: Renovar, 2010.

CARBONERA, Silvana Maria. Laicidade e família: um diálogo necessário a partir do olhar de Stefano Rodotà. In: TEPEDINO, Gustavo; FACHIN, Luiz Edson (Org.). *Diálogos sobre direito civil*. Rio de Janeiro: Renovar, 2012. v. 3.

CARBONERA, Silvana Maria. *Reserva de intimidade*: uma possível tutela da dignidade no espaço relacional da conjugalidade. Rio de Janeiro: Renovar, 2008.

COULANGES, Fustel de. *A cidade antiga*. São Paulo: Martin Claret, 2002.

DALSENTER, Thamis. *Autonomia existencial na legalidade constitucional*: critérios para interpretação da cláusula geral de bons costumes no Código Civil brasileiro. 2015. Tese (Doutorado) – Universidade do Estado do Rio de Janeiro, UERJ, Rio de Janeiro, 2015.

DWORKIN, Gerald. Paternalism. In: SARTORIUS, Rolf. *Paternalism*. Minneapolis: University of Minnesota Press, 1983.

FACHIN, Luiz Edson. *Direito de família*: elementos críticos à luz do novo Código Civil brasileiro. Rio de Janeiro: Renovar, 2003.

FACHIN, Luiz Edson. Famílias: entre o Público e o Privado. In: PEREIRA, Rodrigo da Cunha (Org.). *Família*: entre o Público e o Privado. Porto Alegre: Magister/IBDFAM, 2012.

FEINBERG, Joel. *Harm to Self*. Oxford: Oxford University Press, 1986.

GIDDENS, Anthony. *A terceira via*: reflexões sobre o impasse político atual e o futuro da social-democracia. Rio de Janeiro: Record, 2000.

GIDDENS, Anthony. *A transformação da intimidade*: sexualidade, amor e erotismo nas sociedades modernas. São Paulo: UNESP, 1992.

HESPANHA, António Manuel. *A cultura jurídica europeia*: síntese de um milênio. Coimbra: Almedina, 2012.

INSTITUTO BRASILEIRO DE GEOGRAFIA E ESTATÍSTICA (IBGE). *Censo Demográfico 2010*: nupcialidade, fecundidade e migração – resultados da amostra. Disponível em: http://biblioteca.ibge.gov.br/visualizacao/periodicos/98/cd_2010_nupcialidade_fecundidade_migracao_amostra.pdf. Acesso em: 12 jan. 2015.

LÔBO, Paulo Luiz Netto. Constitucionalização do direito civil. *Revista de Informação Legislativa*, Brasília, v. 36, n. 141, p. 99-100, jan./mar. 1999.

LÔBO, Paulo Luiz Netto. *Direito civil*: famílias. 4. ed. São Paulo: Saraiva, 2011.

LÔBO, Paulo Luiz Netto. Entidades familiares constitucionalizadas. *In*: *Anais do III Congresso Brasileiro de Direito de Família. Família e cidadania: o novo CCB e a vacatio legis*. Belo Horizonte: Del Rey/ IBDFAM, 2002.

LÔBO, Paulo Luiz Netto. Estado laico é conquista de todos e das famílias. *Revista Consultor Jurídico*, 06, dez. 2015. Disponível em: http://www.conjur.com.br/ 2015-dez-06/processo-familiar-estado-laico-conquista-todos-familias. Acesso em: 13 jul. 2016.

MILL, John Stuart. *A liberdade*: utilitarismo. São Paulo: Martins Fontes, 2000.

NAMUR, Samir. *Autonomia privada para a constituição da família*. Rio de Janeiro: Lumen Juris, 2014.

NEVARES, Ana Luiza Maia. *A tutela sucessória do cônjuge do companheiro na legalidade constitucional*. 2. ed. São Paulo: Atlas, 2015.

OLIVEIRA, Guilherme de. *Temas de direito de família*. 2. ed. Coimbra: Coimbra Editora, 2001.

PEREIRA, Rodrigo da Cunha. União estável e casamento: o paradoxo da equiparação. Disponível em: www.rodrigodacunha.adv.br.

RODOTÀ, Stefano. *Dal soggetto alla persona*. Napoli: Editoriale Scientifica, 2011.

RODOTÀ, Stefano. *Diritto d'amore*. Bari: Laterza, 2015. Disponível em: https://tolinoreader.ibs.it/library/library.html#!/epub?id=DT0245.9788858123645. Acesso em: 03 fev. 2016.

RUZYK, Carlos Eduardo Pianovski. *Institutos fundamentais do direito civil e liberdade(s)*: repensando a dimensão funcional do contrato, da propriedade e da família. Rio de Janeiro: GZ, 2011.

SCHRAMM, Fermim. A autonomia difícil. *Bioética*, Brasília, v. 6, n. 1, p. 27- 37.

SCHREIBER, Anderson. Famílias simultâneas e redes familiares. *In*: SCHREIBER, Anderson. *Direito civil e Constituição*. São Paulo: Atlas, 2013.

SÊCO, Thaís. *A autonomia da criança e do adolescente e suas fronteiras*: capacidade, família e direitos da personalidade. 2013. Dissertação (Mestrado em Direito) – Universidade do Estado do Rio de Janeiro, Rio de Janeiro, 2013.

SENNETT, Richard. *O declínio do homem público*: as tiranias da intimidade. Tradução de Lygia Araújo Watanabe. São Paulo: Companhia das Letras, 2001.

SILVA, Denis Franco. O princípio da autonomia: da invenção à reconstrução. *In*: BODIN DE MORAES, Maria Celina (Coord.). *Princípios do direito civil contemporâneo*. Rio de Janeiro: Renovar, 2006.

SUNSTEIN, Cass R.; THALER, Richard H. Libertarian Paternalism is not an Oxymoron. *Civilistica.com – Revista eletrônica de direito civil*, Rio de Janeiro, v. 4, n. 2, 2015. Disponível em: http://civilistica.com/libertarian-paternalism-is-not-an-oxymoron. Acesso em: 05 jan. 2016.

SUNSTEIN, Cass R.; THALER, Richard H. *Nudge*: improving decisions about health, wealth and happiness. New Haven, CT: Yale University Press, New Haven, 2008.

SUNSTEIN, Cass R.; THALER, Richard H. Privatizing Marriage. *The Monist*, v. 91, n. 3 & 4, p. 377-387, July/Oct. 2008. Disponível em: http://secure.pdcnet.org/monist/content/monist_2008_0091_0003m_0377_0387. Acesso em: 20 set. 2015.

TEIXEIRA, Ana Carolina Brochado; KONDER, Carlos Nelson. Situações jurídicas dúplices: controvérsias na nebulosa fronteira entre patrimonialidade e extrapatrimonialidade. *In*: TEPEDINO, Gustavo; FACHIN, Luiz Edson (Org.). *Diálogos sobre direito civil*. Rio de Janeiro: Renovar, 2012. v. 3.

TEIXEIRA, Ana Carolina Brochado; RODRIGUES, Renata de Lima. *O direito das famílias entre a norma e a realidade*. São Paulo: Atlas, 2010.

TEPEDINO, Gustavo. Contratos em direito de família. *In*: PEREIRA, Rodrigo da Cunha (Org.). *Tratado de direito das famílias*. Belo Horizonte: IBDFAM, 2015.

TEPEDINO, Gustavo. Dilemas do afeto. *Jota*, 31 dez. 2015. Disponível em: https://jota.info/especiais/dilemas-do-afeto-31122015. Data de acesso: 18 ago. 2017.

VILELA MULTEDO, Renata. *Liberdade e Família*: Limites para a intervenção do Estado nas relações conjugais e parentais. 1. ed. Rio de Janeiro: Editora Processo, 2017.

VILELA MULTEDO, Renata; BODIN DE MORAES, Maria Celina. A privatização do casamento. *Civilistica.com*, Rio de Janeiro, ano 5, n. 2, 2016. Disponível em: http://civilistica.com/a-privatizacaodo-casamento/. Data de acesso: 5 jul. 2017.

VILLELA, João Baptista. Liberdade e família. *O direito de família no senado*: emendas ao projeto de Código Civil. Belo Horizonte, UFMG, 1985.

VILLELA, João Baptista. *Repensando o direito de família*. Disponível em: http://jfgontijo.com.br/2008/ artigos_pdf/Joao_Baptista_Villela/RepensandoDireito.pdf. Acesso em: 3 fev. 2016. p. 3.

XAVIER, Marília Pedroso. *Contrato de namoro*: amor líquido e direito de família mínimo. 2011. 128 f. Dissertação (Mestrado em Direito) – Faculdade de Direito, Universidade Federal do Paraná, Curitiba, 2011.

Informação bibliográfica deste texto, conforme a NBR 6023:2018 da Associação Brasileira de Normas Técnicas (ABNT):

VILELA MULTEDO, Renata. Liberdade e família: uma proposta para a privatização das relações conjugais e convivenciais. *In*: EHRHARDT JÚNIOR, Marcos; LOBO, Fabíola Albuquerque; ANDRADE, Gustavo (Coord.). *Direito das relações familiares contemporâneas:* estudos em homenagem a Paulo Luiz Netto Lôbo. Belo Horizonte: Fórum, 2019. p. 105-132. ISBN 978-85-450-0700-5.

PATRIMÔNIO MÍNIMO EXISTENCIAL: BENS PARA ALÉM DAS FAMÍLIAS

JOSÉ BARROS CORREIA JUNIOR

Um dos maiores problemas do último século na ciência jurídica está na falta de evolução ou na lenta evolução do Direito positivado, gerando um verdadeiro divórcio entre ele e a realidade social. Tal divórcio acabou com o decorrer dos anos levando à falta de efetividade de inúmeros direitos e garantias de ordem constitucional e infraconstitucional. Como defende Rudolf Von Ihering, em *A Luta pelo Direito*, o direito existe para ter uma carga coercitiva e tornar-se efetivo, direito que não é efetivo é o mesmo que fogo que não queima e o mesmo que luz que não ilumina,[1] portanto, sem a utilidade a que se propõe.

É o que se observou com o bem de família. A despeito de tal instituto estar realizando nas últimas décadas um bom trabalho no que diz respeito às entidades familiares, tem deixado a desejar com parcela razoável da sociedade. A doutrina, a jurisprudência e, especialmente, o legislador, com a devida vênia, vinha mantendo uma definição equivocada do instituto, relacionando-o direta e obrigatoriamente com o instituto das famílias e inserindo-o erroneamente em nossa legislação civil no título das famílias.

Antes de adentrar no ponto nevrálgico deste texto, deve se observar que o conceito de família não mais se restringe como antes a apenas aquela formada pela união do homem e mulher através do tradicional casamento. Como muito bem destacado pela doutrina contemporânea, a família hodiernamente vai muito além dos *numerus clausus*,[2] concluindo que a listagem da própria Constituição Federal é verdadeiramente exemplificativa (*numerus apertus*), daí o uso hoje já corriqueiro da expressão famílias (no plural) para destacar

---

[1] JHERING, Rudolf Von. *A luta pelo Direito*. São Paulo: RT, 2004, *passim*.
[2] LÔBO, Paulo Luiz Netto. *Entidades familiares constitucionalizadas*: para além do *numerus clausus*. Disponível em: http://jus2.uol.com.br/doutrina/texto.asp?id=2552. Acesso em: 22 nov. 2008.

a possibilidade de formas infindáveis de família e não apenas a tradicional família formada pelo matrimônio.

Não se pode confundir a ideia de Direito de Família com as famílias, pois estas surgiram muito antes daquele. A família teria surgido com a própria sociedade e, ao contrário da moderna família baseada em princípios de igualdade e dignidade, teria se iniciado com uma relação desigual e unilateral, sendo patriarcal na maior parte da sua história.[3]

Durante séculos isto se manteve até que a mulher passou a galgar seus direitos de igualdade profissional, eleitoral, social e também familiar. Com isto, a mulher submissa e incapaz que ficava em casa criando a prole passou a ocupar postos de trabalho lado a lado com o homem, mesmo fáticas com as desigualdades que se mantêm até hoje. Com a crise do antigo modelo familiar pela própria necessidade da economia mundial, deixou o homem de ser o líder, o mantenedor, o sacerdote do lar. Estado e igreja se separam em definitivo. O casamento deixou de ser indissolúvel. Tanto a relação marido e mulher como a entre os filhos passaram a ser igualitárias.

No Brasil a família teria o mesmo tratamento, sendo eminentemente patriarcal. Isto se ressaltava nos direitos (leia-se poderes) do esposo e na ausência destes para a esposa. As Ordenações Filipinas, desde o início do século XVII, destacavam em seu Livro 4, Título 61, §9º, que a esposa deveria ser tutelada pelo marido dada a sua "fraqueza de entendimento" (Título 107 do mesmo Livro) e clara incapacidade, chegando ao ponto de autorizar o marido a matar a própria esposa em caso de adultério, bastando "fama pública" e independente de "prova austera" (Títulos 28, §6º e 38 do Livro 5). O marido traído poderia ainda matar o amante de sua esposa, desde que este não fosse fidalgo e o traído peão. O mesmo não poderia fazer a esposa traída.[4]

---

[3] Conforme se verifica do próprio *famulus* romano, entidade que tinha como chefe o *pater*, o pai e esposo que controlava de forma econômica, política e religiosa toda aquela unidade social. Era uma entidade bem diversa da atual, especialmente pela integração dos escravos à unidade. Segundo o Digesto de Justiniano (50.16.195.2), *jure proprio familiam dicimus plures personas, quae sunt unius potestate aut natura aut jure subiectae* (chamamos família a um conjunto de pessoas que se encontram sujeitas ao poder de um só).

[4] Achando o homem casado sua mulher em adultério, licitamente poderá matar assim a ela como o adúltero, salvo se o marido for peão, e o adúltero Fidalgo, ou nosso Desembargador, ou pessoa de maior qualidade.

Mais adiante, o Código Civil de 1916, elaborado por Clóvis Beviláqua, considerava ainda a família matrimonial e patriarcal como única entidade possível, colocando a esposa como relativamente incapaz (art. 6º, inciso II), *in casu* necessitando da autorização do esposo para o exercício de atos da sua vida civil.

> Art. 6º. São *incapazes, relativamente* a certos atos (art. 147, I), ou à maneira de os exercer: (...)
> II- As *mulheres casadas*, enquanto subsistir a sociedade conjugal.
> Art. 233. O marido é o chefe da sociedade conjugal. Compete-lhe: (...)
> IV- O direito de autorizar a profissão da mulher e a sua residência fora do teto conjugal.

Destarte, até este período a família era formada unicamente pela consanguinidade ou pelo matrimônio, tendo base eminentemente patriarcal e assimétrica, comandando o pai esposa e filhos. A primeira Constituição Federal a dar maior importância à família, por mais que de forma conservadora aos olhos atuais, foi a de 1934, que em seu art. 144 definiu família como a união indissolúvel e oriunda única e exclusivamente do casamento.[5]

O mesmo se deu com as Constituições seguintes, 1937 (art. 124), 1946 (art. 163), 1967 (art. 167) e 1969 (art. 175) ao definirem com alterações somente na redação que a família é formada pela união indissolúvel do casamento.

Somente com a Lei nº 4.212/62 (estatuto da mulher casada) e pela Lei nº 6.515/77 é que a mulher alcançou a capacidade civil plena no casamento e possibilitou-se o divórcio, separando no casamento de uma vez por todas Estado e Igreja, dando início a um processo de gradual igualdade do casal no seio familiar. Ademais, baseado nas teorias de Augusto Conte, Clóvis Beviláqua considerava que o divórcio permitiria uma inadmissível poligamia sucessiva.[6] Até então, a mulher separada e desquitada era extremamente discriminada, porém, com a possibilidade de um novo casamento e do aumento de divórcios, esta desigualdade foi sendo arrefecida com o tempo.

---

[5] Art. 144. A família, *constituída pelo casamento* indissolúvel, está sob proteção especial do Estado.
[6] GOMES, Orlando. *Raízes históricas e sociológicas do Código Civil brasileiro*. São Paulo: Martins Fontes, 2003, p. 16.

Para Giselda Hironaka, a família é

> uma entidade histórica, ancestral como a história, interligada com os rumos e desvios da história ela mesma, mutável na exata medida em que mudam as estruturas e a arquitetura da própria história através dos tempos (...) a história da família se confunde com a história da própria humanidade.[7]

Com o tempo, por necessidades sociais e principalmente econômicas, a mulher chegou mais próxima da tão galgada igualdade de gênero, conquistou o direito de voto, de trabalhar à revelia dos interesses do esposo, transformando definitivamente o conceito de família matrimonial e biológica para a família socioafetiva.

É exatamente assim que se define modernamente família, como uma relação socioafetiva estável e notória, baseada em uma multiplicidade de fatores que não mais apenas a relação de paternidade e maternidade biológicas ou em uma relação econômico-sexual apenas. Para Paulo Lôbo, não existirá família sem a caracterização de três elementos básicos: a) afetividade; b) estabilidade e c) ostentabilidade.[8]

Antes de qualquer outra característica, para se definir família, é necessário que se tenha afetividade entre seus integrantes. Com o advento dos ideais do Estado Social em substituição aos ideais liberais, o Direito passou a proteger na família não mais os interesses patrimoniais apenas, mas muito mais do que eles, o próprio ser humano.

Com isso, as famílias, mais do que em meros laços biológicos e civis, passaram a depender de valores verdadeiramente afetivos, de mútuo respeito e amor entre seus integrantes. Não é o sexo, não é a dependência econômica, muito menos uma norma jurídica que define a existência de uma entidade familiar, mas o mútuo afeto. Segundo José Oliveira, "a afetividade, traduzida no respeito de cada um por si e por todos os membros – a fim de que a família seja respeitada em sua dignidade e honorabilidade perante o corpo social – é, sem

---

[7] HIRONAKA, Giselda Maria Fernandes Novaes. Família e casamento em evolução. In: Revista Brasileira de Direito de Família, Porto Alegre: Síntese, n. 1, p. 7, abr./jun. 1999.
[8] LÔBO, Paulo Luiz Netto. Entidades familiares constitucionalizadas: para além do numerus clausus. Disponível em: http://jus2.uol.com.br/doutrina/texto.asp?id=2552. Acesso em: 22 nov. 2008.

dúvida nenhuma, uma das maiores características da família atual".[9]
É a noção atual de família eudemonista.

Porém, não basta apenas afeto para definir família, mas também a estabilidade e a notoriedade, diferenciando sentimentos frívolos e passageiros do verdadeiro afeto. Para que exista o verdadeiro afeto, a relação deve ter objetivo duradouro e ser conhecida de todos os que com os familiares se relacionem.

É baseado nesta ideia que Paulo Lôbo define a família "para além do *numerus clausus*",[10] ou seja, a lei traz apenas uma lista exemplificativa, somando-se tantas quantas forem as relações afetivas, duradouras e notórias entre seres humanos. Diante disto, não haveria apenas a tradicional família matrimonial formada pelo casamento, mas também tantas quantas famílias a sociedade desejar.

Considera-se entidade familiar aos olhos da legislação constitucional e infraconstitucional vigentes: família biparental, formada pelo casamento, pela união estável e pelo concubinato, e família monoparental. Entretanto, a doutrina e os tribunais ainda preveem a existência de outras espécies além das ditas constitucionalizadas, a saber: a família homoafetiva, família anaparental, a família sociológica e a poliafetiva.

As famílias biparentais legalmente previstas seriam formadas pela união de um homem com uma mulher com ou sem filhos biológicos ou não biológicos. Dentre as famílias legalmente previstas que se enquadrem neste perfil estariam a mais tradicional de todas, a matrimonial, formada pelo casamento, pela união civil ou religiosa com efeitos civis entre homem e mulher com ou sem filhos, conforme disposto na Constituição Federal, no seu art. 226, e pelo Código Civil no seu art. 1.517.

A família matrimonial é então formada pela união oficial ou oficializada entre um homem e uma mulher perante autoridade civil (juiz) ou autoridade eclesiástica, com interdependência afetiva, sexual e econômica, com ou sem filhos, biológicos ou não biológicos.

---

[9] OLIVEIRA, José Sebastião. *Fundamentos constitucionais do direito de família*. São Paulo: RT, 2002, p. 233.
[10] LÔBO, Paulo Luiz Netto. *Entidades familiares constitucionalizadas:* para além do *numerus clausus*. Disponível em: http://jus2.uol.com.br/doutrina/texto.asp?id=2552. Acesso em: 22 nov. 2008.

Constituindo com a matrimonial o maior número de famílias existentes no Brasil, soma-se a família biparental estável formada pela união de fato estável, notória e duradoura entre um homem e uma mulher não impedidos de casar, com interdependência afetiva, sexual e econômica, com ou sem filhos, biológicos ou não biológicos. Reconhecida pela Constituição Federal ganhou forma e força definitiva no Direito Civil brasileiro, por meio do art. 226 da Carta Magna e arts. 1.723 e ss. do Código Civil vigente.

Em paralelo às famílias matrimoniais e estáveis, está a família simultânea ou concubinária. Menos tradicional que a biparental matrimonial e estável e mais polêmica em alguns pontos é a família concubinária, formada pela união de um homem e uma mulher impedidos de casar pelo fato de um ou dos dois já serem casados e não serem separados, conforme se depreende do art. 1.727 do Código Civil. Antigamente denominada de união espúria em comparação à união estável e legítima.

A família monoparental, por sua vez, seria a relação de um homem ou de mulher que, independentemente do seu estado civil, com filho(s) biológico(s) ou não biológico(s), formando dependência afetiva e econômica. É a família formada pelo pai solteiro ou pela mãe solteira, protegida pelo art. 226, §4º, da Constituição federal de 1988. Além das famílias já legalmente previstas, existiriam ainda tantas quantas a sociedade assim desejasse, dentre elas já reconhecidas pela doutrina e pelos tribunais a família homoafetiva.

Mais atual, a família homoafetiva é a formada pela união entre duas pessoas do mesmo sexo por relação, com interdependência afetiva, sexual e econômica, tal qual ocorre no casamento ou na união estável, com ou sem filhos biológicos ou não biológicos. Através da ADI nº 4.277 o STF em 2011 passou a reconhecer a existência das uniões homoafetivas, que passaram a ser encaradas como união estável e, posteriormente, com o STJ autorizando os casamentos por meio do Resp nº 1.183.348/RS.

A família anaparental seria a família formada pela união de pessoas sem relação direta de parentesco da espécie pais e filhos ou mesmo relação sexual, mas uma relação entre irmãos, tios e sobrinhos, avós e netos entre outros.

Os sociólogos afirmam que, sendo a família hodierna um modelo eudemonista, qualquer relação socioafetiva, mesmo sem parentesco biológico ou civil, seria uma entidade familiar, podendo, portanto, considerar-se família até mesmo uma união entre amigos, sem dependência financeira ou sexual, mas com comunhão duradoura de esforços.

Há ainda os que defendem a existência da família recomposta, que seria a entidade formada pela dissolução de uma entidade familiar com a constituição de nova entidade com a mescla de filhos de uma e de outra. Particularmente, não vimos diferença entre esta entidade com as demais para fins conceituais, porém, para fins sucessórios destaca-se sua importância. Mesmo assim, não seria nova forma de família.

Grande destaque que tem tomado nos últimos anos fica para a família poliafetiva, que vai além do concubinato, pois um homem ou uma mulher mantém relacionamento afetivo, duradouro e notório com várias outras pessoas, de sexo diverso ou não. Na família poliafetiva haveria uma união entre pessoas de sexo diverso ou não com o objetivo de constituir entre si uma unidade familiar. A despeito de ter isoladamente reconhecimento doutrinário, se baseia de fato nos mesmos elementos e princípios das demais entidades, os mesmos que levaram o STF a reconhecer as entidades homoafetivas, daí a necessidade da sua proteção também.

O Estatuto das Famílias do IBDFAM,[11] sem restringir qualquer outra forma de família, prevê a família matrimonial, estável, homoafetiva e a parental (monoparental e pluriparental). Neste ponto, a principal inovação seria a regulamentação das famílias homoafetivas e das pluriparentais. As pluriparentais são aquelas constituídas "pela convivência entre irmãos, bem como as comunhões afetivas estáveis existentes entre parentes colaterais" (Projeto do IBDFAM para o Estatuto das Famílias).

Isso leva ao mais novo "embate" no direito das famílias, que é a família poliafetiva, em que se flexibiliza a ideia do dever de fidelidade para se admitir relações mais abertas e poligâmicas, podendo qualquer um manter relações paralelas públicas (especialmente em relação aos integrantes) e pacíficas. Recentemente o Conselho Nacional de Justiça baixou proibição para que Cartórios registrassem

---

[11] Projeto de Lei do Senado nº 430, de 2013.

pedidos de reconhecimento dessas entidades, motivado por um pedido formulado pela Associação de Direito de Família e Sucessões.[12]

Tal decisão foi fortemente criticada por limitar as ações de Cartórios que, em primeiro lugar, não estavam avocando para si competência do Judiciário, pois apenas escrituravam as afirmações dos declarantes; e, em segundo lugar, ao contrário do caminho de ter um rol sem fim de entidades familiares, acabou indo na contramão da evolução do Direito das Famílias.

Conclui-se, portanto, que família não pode ser definida por regras e modelos únicos. Para Paulo Lôbo, o "que as unifica é a função de *locus* de afetividade e da tutela da realização da personalidade das pessoas que as integram; em outras palavras, o lugar dos afetos, da formação social onde se pode nascer, ser, amadurecer e desenvolver os valores da pessoa".[13]

Não restam dúvidas quanto ao valor do afeto na definição das famílias. Seria ele o valor jurídico primordial e sempre presente em todas as entidades familiares. Como ressalta Luiz Edson Fachin,[14] a verdade afetiva não é menos importante que a verdade biológica, pelo contrário, em algumas entidades familiares, o que se vê é que a relação biológica fica aquém do próprio afeto.

Mas o que é afeto? Quando ele se relaciona com a família? O afeto é um sentimento que se deve nutrir para si ou para outrem, contudo, quando se fala de família, o afeto, o amor, surge com um sentimento de mútuo auxílio não só material como também espiritual entre os seus integrantes. Assim, se afastaria o sentimento próprio na definição familiar, pois não haveria *in casu* uma relação social. Na família, o afeto é o amor mútuo.

A despeito disto, há ainda os que defendem a existência de uma família unipessoal, formada por apenas um sujeito. O conceito de família, como visto, prevê a existência de uma relação sociojurídica que pressupõe a existência de ao menos

---

[12] BRASIL. Conselho Nacional de Justiça. Cartórios são proibidos de fazer escrituras públicas de relações poliafetivas. Disponível em: https://www.cnj.jus.br/noticias/cnj/87073-cartorios-sao-proibidos-de-fazer-escrituras-publicas-de-relacoes-poliafetivas. Acesso em: 30 jul. 2019.

[13] LÔBO, Paulo Luiz Netto. *Entidades familiares constitucionalizadas*: para além do *numerus clausus*. Disponível em: http://jus2.uol.com.br/doutrina/texto.asp?id=2552. Acesso em: 29 nov. 2008.

[14] FACHIN, Luiz Edson. *Comentários ao novo código civil*: do direito de família; do direito pessoal; das relações de parentesco. Rio de Janeiro: Forense, 2003. v. 18, p. 29.

dois sujeitos, nutrindo um para com o outro o sentimento mais importante, o amor, não configurando o amor próprio com o sentimento formador da família.

Os que defendem a sua existência o fazem para a proteção de solteiros e solitários quanto ao bem de família, sendo, no entanto, desnecessária tal elucubração para esta proteção, como se verá oportunamente. A família unipessoal é um contrassenso ao próprio conceito de família, sendo, portanto, inexistente e teratológica.

Ampliou-se o conceito de família para além do matrimônio. Esta modificação conceitual da família já trouxe ao instituto do "bem de família" uma grande evolução conceitual com a incorporação de entidades que outrora não eram sequer consideradas células familiares e, assim, protegidas em seu patrimônio mínimo.

Tal evolução que ampliou consideravelmente o conceito e alcance do instituto do bem de família ainda estaria deixando de fora uma série de inúmeras situações jurídicas que deveriam estar diretamente protegidas pelo Direito, constitucional e infraconstitucionalmente. Assim, o bem de família teria encontrado o seu limite no próprio texto legal e em interpretações equivocadas, negando a várias pessoas a sua proteção.

Toma-se como exemplo a seguinte situação: um casal durante o início da vida comum sem dúvida alguma formaria uma entidade familiar, tendo, com isso, a proteção do bem de família e sua impenhorabilidade. Durante toda a vida comum, com ou sem filhos, a proteção é indubitável, contudo, provavelmente, quando alcançarem idade avançada, os seus filhos se casarem e não conviverem na mesma residência, no óbito de um dos cônjuges ou companheiros, estaria o sobrevivente desprotegido na interpretação textual da legislação vigente.

Uma pessoa viúva, vivendo em plena solidão, não teria na sua residência uma entidade familiar legalmente protegida. Enquanto casado e com filhos, seria indubitável a proteção do bem e da família, porém, afastado dos filhos, ou mesmo sem eles, e falecido o cônjuge ou companheiro, não haveria mais família e inexistiria a proteção da impenhorabilidade do bem.

Segundo dados recentemente levantados e divulgados pelo IBGE na Pesquisa Nacional por Amostragem de Domicílios –

PNAD[15] correspondem aos lares brasileiros 19,9% de casais sem filhos, 42,8% de casais com filhos, 16,2% de famílias monoparentais femininas e 6,3% de outras formas de família com parentesco. Porém, existe um considerável percentual de 14,4% dos lares não formados por famílias, mas por pessoas sozinhas e celibatárias. Praticamente 15% dos lares brasileiros ocupados por pessoas solteiras, viúvas e celibatárias representariam um número considerável de indivíduos que durante longo período estariam à margem da proteção legal. Tal dado ganha destaque quando se verifica, do PNAD de 2006 para o de 2015, que houve um aumento de 4% nas unidades unipessoais.

Para se entender o bem de família e a sua proteção, necessita-se uma análise mais profunda do tema, retornando à sua criação. O bem de família surgiu nos Estados Unidos, mais precisamente na república do Texas em 26 de janeiro de 1839 através do *Homestead exemption act*. No início da independência americana, o país era eminentemente agrário e pobre, necessitando de investimentos na sua maioria de bancos europeus. Graças ao descontrole econômico pela emissão de dinheiro sem lastro e os gastos desmedidos, surge a crise econômica entre 1837 e 1839, forçando os bancos a exigirem o pagamento de seus créditos ou a constrição dos bens pertencentes aos devedores como forma de quitar ou diminuir seus prejuízos, sob pena de irem à falência verdadeiramente.

Criou-se um impasse, de um lado as instituições financeiras que garantiam o crescimento do país com seus investimentos, mas indo à falência, e de outro lado cidadãos de todo o país que arriscavam perder tudo e engrossar uma massa de desempregados e famintos. Surge como medida protetiva destes o *Homestead exemption act*, que disporia do assunto da seguinte forma:

> De e após a passagem desta lei, será reservado *a todo cidadão ou chefe de uma família*, nesta República, livre e independente do poder de um mandado de *fieri facias* ou outra execução, emitido por qualquer Corte de jurisdição competente, 50 acres de terra, ou um terreno na cidade, incluindo o bem de família dele ou dela, e melhorias que não excedam a 500 dólares, em valor, todo mobiliário e utensílios domésticos,

---

[15] BRASIL, IBGE. *Pesquisa Nacional por Amostragem de Domicílios – PNAD*. Disponível em: http://www.ibge.gov.br/home/estatistica/populacao/condicaodevida/indicadoresminimos/sinteseindicsociais2015/default.shtm. Acesso em: 10 jul. 2017.

provendo para que não excedam o valor de 200 dólares, todos os instrumentos (utensílios, ferramentas) de lavoura (providenciando para que não excedam a 50 dólares), todas as ferramentas, aparatos e livros pertencentes ao comércio ou profissão de qualquer cidadão, cinco vacas de leite, uma junta de bois para o trabalho ou um cavalo, vinte porcos e provisões para um ano; e todas as leis ou partes delas que contradigam ou se oponham aos preceitos deste ato, são ineficazes perante ele. Que seja providenciado que a edição deste ato não interfira com os contratos entre as partes, feitos até agora (Digest of the Laws of Texas, §3.798).[16]

Observe-se que o intuito foi justamente garantir um patrimônio mínimo às necessidades vitais básicas do povo texano. Com a unificação ao território americano em 1845, o *homestead act* espalhou-se pelos demais estados e, logo após, pelos demais países, na França como *bien de famille*, na Itália como *patrimonio familiare*, em Portugal como *casal de família*.

No Brasil o bem de família foi introduzido pelo Código Civil de 1916 em seu art. 70, na sua parte geral. Aquele bem de família era ligado à entidade familiar e definido de forma voluntária pelo seu chefe por registro de escritura pública. A impenhorabilidade caberia sempre que o débito fosse superveniente à sua instituição, sendo, com isso, inalienável sem o consentimento de interessados.

Esta ideia perdurou até que em 1990 foi aprovada a Lei nº 8.009, que regulou o bem de família legal ou involuntário ampliando a ideia do instituto. Em 2003, com a vigência do novo Código Civil de 2002 foi modificado o bem de família voluntário e respeitando-se as determinações do bem de família legal de 1990. Destarte, atualmente no Brasil existem duas espécies de bem de família: o voluntário e o legal ou involuntário.

Para o Código Civil em vigor, especificamente o art. 1.711, pode o casal ou a entidade familiar voluntariamente definir por escritura pública ou por testamento até um terço do seu patrimônio líquido como bem de família. Definido tal bem, ele passará a ser impenhorável e inalienável.[17]

---

[16] AZEVEDO, Álvaro Vilaça. *Bem de Família internacional (necessidade de unificação)*. Disponível em: http://www.sisnet.aduaneiras.com.br/lex/doutrinas/arquivos/200407.pdf. Acesso em: 25 nov. 2008.

[17] Art. 1.711. Podem os *cônjuges*, ou a *entidade familiar*, mediante escritura pública ou testamento, destinar parte de seu patrimônio para instituir bem de família, desde que não ultrapasse um

Observe-se que tal espécie de bem de família é claramente reservada àqueles que tenham um patrimônio próprio e normalmente vasto, pois aqueles que fazem parte da grande maioria do país não têm imóvel residencial próprio ou, quando têm, é o único. Ademais, merece outras críticas esta forma de bem de família. O Estatuto das Famílias do IBDFAM assevera de forma clara e hialina que tal categoria de bem de família é usada normalmente para fraudar credores, devendo manter apenas a vitoriosa experiência do bem de família legal. Deve-se concordar com tal postura, por ambos os motivos, primeiro por ser o instituto sujeito a fraudes, devendo ser revogado do Código Civil, depois porque a Lei nº 8.009/90 de forma efetiva já protege aqueles que possam ser privados do mínimo existencial.

A Lei nº 8.009/90, por sua vez, entende como bem de família o bem imóvel e os móveis que o guarneçam pertencentes ao casal ou à entidade familiar, sendo, portanto, impenhoráveis, à exceção das próprias previsões legais.[18]

Aqui não é necessária a existência de um registro, muito menos de limites mínimos para a sua proteção. O bem de família legal deve ser protegido independentemente da vontade ou do tamanho do patrimônio de quem nele habite ou dele se utilize.

Uma coisa, porém, se destaca na definição do bem de família voluntário e do bem de família legal, o imóvel residencial, urbano ou rural, deve pertencer a um casal ou a uma entidade familiar. Diante disto é que surge o problema já aqui levantado, como ficariam os solteiros celibatários? Como ficariam os solteiros, viúvos, separados e divorciados que vivam na mais profunda solidão? Certamente não haverá entidade familiar a ser protegida, mas a proteção do bem de família se dá quanto à família ou a outros direitos e garantias?

Para Cristiano Chaves "a família é *locus* privilegiado para garantir a dignidade humana e permitir a realização plena do ser

---

terço do patrimônio líquido existente ao tempo da instituição, mantidas as regras sobre a impenhorabilidade do imóvel residencial estabelecida em lei especial.

[18] Art. 1º. O imóvel residencial próprio do *casal*, ou da *entidade familiar*, é impenhorável e não responderá por qualquer tipo de dívida civil, comercial, fiscal, previdenciária ou de outra natureza, contraída pelos cônjuges ou pelos pais ou filhos que sejam seus proprietários e nele residam, salvo nas hipóteses previstas nesta Lei.

humano".[19] Realmente a família é o *locus* precípuo para a garantia da dignidade humana, porém, não o único. Como mencionado, a dignidade como direito geral é afeita aos indivíduos que convivam em entidades familiares, mas também ao ser humano sozinho.

Para entender os motivos determinantes deste texto, se deve analisar o bem de família em seus fundamentos. E quais seriam estes fundamentos? A despeito do que se pode entender e ao erro induzido pelo próprio legislador, o bem de família não tem como fundamento precípuo a proteção da família. O fundamento do bem de família seria então a dignidade da pessoa humana e, sendo a dignidade um direito genérico, não só os que vivam em família devem ter a sua garantia, mas até mesmo quem viva na solidão. O grande problema sempre foi entender e definir o que é dignidade humana.

Immanuel Kant, de forma genial em sua obra *Fundamentação da Metafísica dos Costumes*, conceituou dignidade como tudo aquilo que não tenha um valor econômico. Para ele, as coisas ou são disponíveis e fungíveis ou não. Ou têm um preço, ou têm dignidade. Tudo aquilo que não tenha preço será dignidade.

> No reino dos fins tudo tem ou um preço ou uma dignidade. Quando uma coisa tem um preço, pode-se pôr em vez dela qualquer outra como equivalente; mas quando uma coisa está cima de todo o preço, e, portanto, não permite equivalente, então tem ela dignidade. O direito à vida, à honra, à integridade física, à integridade psíquica, à privacidade, dentre outros, são especialmente tais, pois, sem eles, não se concretiza a dignidade humana.[20]

Desta forma, poder-se-ia definir dignidade humana como as necessidades vitais básicas do ser humano sem mensuração econômica direta. O mínimo, não para uma mera sobrevivência, mas para uma vida digna e plena. Com isto não se quer dizer que este ser humano acabe tendo acesso a todos os bens da vida, mas ao menos aos bens da vida básicos.

---

[19] FARIAS, Cristiano Chaves de. *A família da pós-modernidade: em busca da dignidade perdida*. Disponível em: http://www.revistapersona.com.ar/Persona09/9farias.htm. Acesso em: 10 nov. 2008.
[20] KANT, Immanuel. *Fundamentos da metafísica dos costumes e outros escritos*. Tradução de Paulo Quintela. Lisboa: Edições 70, 1986, p. 77.

Mesmo sendo uma das mais desrespeitadas, a dignidade humana é uma das garantias e um dos princípios de maior importância da Constituição Federal, em especial a de 1988, construindo-se sobre ela a própria República Federativa (art. 1º, inciso III).

Alguns poderiam dizer neste momento que exigir certos e determinados direitos ao brasileiro seria um exagero, pois vivemos em um país em desenvolvimento e, por que não dizer, na sua maior parte pobre. Realmente, falar em proteção à constrição judicial de quem não tem sequer moradia própria poderia parecer um acinte, mas se deve lembrar que o bem de família vai além do imóvel, atingindo neste momento cada cidadão brasileiro. O bem de família é o imóvel residencial, mas também os móveis que o guarneçam.

Ademais, poderiam dizer que a proteção das necessidades vitais básicas em um país como o Brasil seria diferente de um país de primeiro mundo, devendo nivelá-las por baixo. Ousamos discordar. Como Kant definiu, dignidade é tudo aquilo que não tem preço, a saber, moradia, lazer, educação, alimentação, saúde, entre outros direitos. Como mencionado, é o mínimo a uma vida plena.

É justamente o que Ingo Sarlet entende por dignidade humana

> (...) a qualidade intrínseca e distintiva de cada ser humano que o faz merecedor do mesmo respeito e consideração por parte do Estado e da comunidade, implicando, neste sentido, um complexo de direitos e deveres fundamentais que assegurem a pessoa tanto contra todo e qualquer ato de cunho degradante e desumano, como venham a lhe garantir as condições existenciais mínimas para uma vida saudável, além de propiciar e promover sua participação ativa e corresponsável nos destinos da própria existência e da vida em comunhão com os demais seres humanos.[21]

Disto, passa-se a entender que o dito bem de família como patrimônio mereceria a proteção da impenhorabilidade graças à dignidade dos que lá convivam e dele se utilizem, mas não porque pertençam a uma entidade familiar. Esta proteção, não sendo absoluta, como se verá adiante, tem exceções trazidas pelo próprio

---

[21] SARLET, Ingo Wolfgang. *Dignidade da Pessoa Humana e Direitos Fundamentais*. Porto Alegre: Livraria do Advogado, 2002, p. 62.

legislador, exceções estas que usam como parâmetro uma relação de valores baseados, por que não dizer, no próprio princípio da função social da propriedade (CF, art. 5º, inciso XXIII).

A função social da propriedade deve ser encarada de forma híbrida. Para muitos ela aparece tão somente como conjunto de deveres do proprietário, porém, ela vai além. A função social da propriedade rege os deveres de conduta do proprietário no seu uso, mas também deve orientar o Estado em suas políticas públicas para garantir ao proprietário que cumpra com seus deveres a sua utilização regular quando os valores a serem protegidos forem menores do que o direito de moradia, de lazer, de alimentação etc.

A própria Constituição Federal garante que tais direitos seriam mínimos à existência do cidadão e, em alguns casos, verdadeiros direitos fundamentais. É o que se vislumbra com o direito de moradia, trazido pela Emenda Constitucional nº 26 à Carta Federal de 1988 como direitos sociais fundamentais, devendo ser protegida até que valor maior seja ofendido.[22]

Como muito bem destacam Paulo Luiz Netto Lôbo, Luiz Edson Fachin e Gustavo Tepedino, o Direito Privado moderno passou no final do século passado por uma verdadeira reformulação principiológica, repersonalizando-se, uma verdadeira virada de Copérnico. O novo Código de Direito Privado modificou de forma precisa os paradigmas do Direito Privado brasileiro, em especial com a aplicação de princípios do Estado Social, tais como: socialidade, eticidade e operabilidade.[23] Tais princípios tiveram a função de humanizar o Direito Privado brasileiro e repersonificar as relações desta natureza.[24]

O Código Civil de 1916 foi redigido sob a égide do Estado Liberal, sob influências sociais, políticas e econômicas vigentes ao final do século XIX, contudo, desde o início do século XX, deu-se início na Europa e no mundo ao Estado Social, fazendo com que

---

[22] Art. 6º. *São direitos sociais* a educação, a saúde, o trabalho, a *moradia*, o *lazer*, a segurança, a previdência social, a proteção à maternidade e à infância, a assistência aos desamparados, na forma desta Constituição.

[23] FERREIRA, Aparecido Hernani (Org.). *O novo Código Civil discutido por juristas brasileiros*. Campinas: Bookseller, 2003, *passim*.

[24] LÔBO, Paulo Luiz Netto. *Constitucionalização do Direito Civil*. Disponível em: http://jus2.uol.com.br/doutrina/texto.asp?id=507. Acesso em: 28 ago. 2007.

a legislação constitucional e infraconstitucional de todo o mundo fosse drasticamente reformulada.

Enquanto o Estado Liberal se caracterizava pela ascensão do poder econômico e político da burguesia, fazendo com que o absolutismo monárquico do Estado anterior fosse substituído por um primeiro estágio de conquista de liberdades e posteriormente pela sua exploração, o Estado Social surge com a ideia central de que seria a busca da justiça social. É a substituição do *laissez-faire* do Estado Liberal, que primava basicamente pela manutenção da ordem e da segurança, pelo *Welfare State* do Estado Social, que procurava "a progressiva eliminação das desigualdades sociais".[25]

Por isso, a adoção do princípio da socialidade no novo Código Civil. Entende-se, portanto, por socialidade a mudança de paradigmas do Direito Privado brasileiro de um Direito que privilegiava única e exclusivamente os interesses individuais e a propriedade privada para assumir uma postura de prevalência de interesses coletivos e a valorização da dignidade da pessoa humana, constitucionalizando e repersonalizando o Direito Privado brasileiro.

Antes as regras de hermenêutica constitucional eram baseadas em regras civis infraconstitucionais, conflitando com toda a ideia de hierarquia e controle constitucional existente desde John Marshall. Hodiernamente, interpreta-se a legislação infraconstitucional em consonância com a legislação constitucional, respeitando-se, assim, hierarquia das normas jurídicas.

A Constituição Federal de 1988 determina o respeito à dignidade humana, que se baseia, entre outros fundamentos, no princípio do mínimo existencial.

> O mínimo existencial seria, nesse contexto, o conjunto de condições e circunstâncias materiais mínimas a que tem direito todo ser humano, revelando-se como o núcleo irredutível da dignidade humana, cuja concretização, como dito, fora eleita no Estado de Direito, agora Estado Democrático de Direito, como principal objetivo dos poderes estatais.[26]

---

[25] COMPARATO, Fábio Konder. *A afirmação histórica dos direitos humanos*. São Paulo: Saraiva, 2007, p. 339.

[26] SANTOS, Joyce Araújo dos. Aspectos fundamentais do princípio da dignidade da humana e sua relação com a evolução do estado de direito: a dignidade como vetor na ponderação de interesses. *In*: *Revista PalavraMundo Direito*, Maceió: FRM, ano 1, n. 1, jun./dez. 2008.

Tal garantia passa das relações públicas às relações de Direito Privado, servindo o Estado como verdadeiro árbitro e guardião daqueles que sejam privados desta garantia, mesmo que contra o próprio Estado, discordando daqueles que defendem que contra o Estado não se pode alegar o princípio do mínimo existencial.[27] Se assim fosse, a proteção da impenhorabilidade do patrimônio mínimo seria exercitada apenas contra particulares, mas em verdade se faz contra estes, mas também contra o próprio Estado.

Urge ressaltar, entretanto, que o mínimo existencial não importa dizer que o Estado fique restrito às defesas e garantias mínimas do indivíduo, muito menos que seja restrito aos pobres, como defendem alguns autores.[28] Sem a dignidade, direito geral de todo e qualquer indivíduo, não interessando a raça, credor ou condição social, a proteção do mínimo existencial deve ser estendida e entendida para todos. Não se está pregando o retorno do *laissez-faire*, muito pelo contrário.

Os extremamente legalistas neste ponto questionariam quais seriam, porém, os parâmetros legais para a definição de um mínimo existencial no Direito brasileiro? Seria garantir a sobrevivência do cidadão? Vimos que não. A dignidade vai além da mera sobrevivência. Um dos parâmetros legais possivelmente utilizados para a definição deste mínimo seria encontrado no art. 7º do texto constitucional, que, apesar de destacar direitos do trabalhador, por analogia, poderia nos ajudar a definir parâmetros básicos ao princípio do mínimo existencial. Vale ressaltar que tal dispositivo serve como mero parâmetro e não fator determinante e exaustivo do mínimo existencial.[29]

À revelia de todos estes direitos e garantias baseados na Constituição Federal vigente, houve quem entendesse que o bem

---

[27] BARCELLOS, Ana Paula de. O mínimo existencial e algumas fundamentações: John Rawls, Michael Walzer e Robert Alexy. In: *Legitimação dos Direitos Humanos*. Rio de Janeiro/São Paulo: Renovar, 2002.

[28] RIBEIRO, Ricardo Silveira. Críticas à perspectiva do mínimo existencial a partir de uma Teoria das necessidades humanas fundamentais. In: *Revista Ideia Nova*, Recife: UFPE, ano 2, n. 2, jun./jul. 2004.

[29] Art. 7º. São direitos dos trabalhadores urbanos e rurais, além de outros que visem à melhoria de sua condição social: (...) IV – salário mínimo, fixado em lei, nacionalmente unificado, capaz de atender a suas *necessidades vitais básicas* e às de sua família com *moradia, alimentação,* educação, saúde, *lazer*, vestuário, higiene, transporte e previdência social (...).

de família deveria ser interpretado e relacionado tão somente às entidades familiares, deixando à margem da proteção legal e, por que não dizer, da dignidade humana, aqueles que vivessem na solidão. Cortes como o Tribunal de Justiça do Distrito Federal, Tribunal de Justiça do Rio Grande do Sul e o próprio Superior Tribunal de Justiça interpretavam a legislação de forma exclusivamente gramatical e divorciada do texto constitucional e de seus princípios mais comezinhos.

> AGRAVO DE INSTRUMENTO – PENHORA – BEM DE FAMÍLIA – EXECUTADO SOLTEIRO – O bem que a Lei nº 8.009/90 protege *é o da família e não o do devedor*. Por isso, é penhorável o bem do executado solteiro.[30]
> DIREITO CIVIL – DIREITO PROCESSUAL CIVIL – BEM DE FAMÍLIA – ANÁLISE DA PROVA – NÃO COMPROVAÇÃO DE QUE O IMÓVEL SE DESTINA À RESIDÊNCIA DA FAMÍLIA – Mesmo que tenha o executado se mudado para o imóvel após efetivada a citação, não pode o mesmo ser considerado bem de família, isto porque a *citada lei protege o imóvel que abriga o casal ou entidade familiar e não o devedor solteiro que mora sozinho*.[31]
> IMPENHORABILIDADE. LEI Nº 8.009, DE 29.3.90. EXECUTADO SOLTEIRO QUE MORA SOZINHO. *A Lei nº 8.009/90 destina-se a proteger, não o devedor, mas a sua família*. Assim, a impenhorabilidade nela prevista abrange o imóvel residencial do casal ou da entidade familiar, não alcançando o devedor solteiro, que reside solitário. Recurso especial conhecido e provido parcialmente.[32]

Divorciado de qualquer hermenêutica constitucional, as Cortes brasileiras protegiam o bem de família pela existência de entidade familiar e não pelos seus reais fundamentos. Evoluindo esta visão ultrapassada os Tribunais passaram a decidir sob o fundamento da dignidade da pessoa humana, do mínimo existencial e das necessidades vitais básicas, considerando a proteção da impenhorabilidade para além das entidades familiares, protegendo também os indivíduos solitários.

> PROCESSUAL – EXECUÇÃO – IMPENHORABILIDADE – IMÓVEL – RESIDÊNCIA – DEVEDOR SOLTEIRO E SOLITÁRIO – LEI 8.009/90. A

---

[30] RIO GRANDE DO SUL, TJ – 9ª C. Cív. *AI 598305761*, Rel. Des. Tupinambá P. de Azevedo, J. 23.02.1999.
[31] DISTRITO FEDERAL, TJ – 2ª C. Cív. *EI 4018797*, Relª. Desª. Carmelita Brasil, DJU 16.09.1998.
[32] BRASIL, STJ – 4ª Turma. *RESP 169239/SP*, Rel. Min. Barros Monteiro, DJU de 19.03.2004.

interpretação teleológica do art. 1º, da Lei 8.009/90, revela que a norma não se limita ao resguardo da família. *Seu escopo definitivo é a proteção de um direito fundamental da pessoa humana*: o direito à moradia. Se assim ocorre, não faz sentido proteger quem vive em grupo e abandonar o indivíduo que sofre o mais doloroso dos sentimentos: a solidão. É impenhorável, por efeito do preceito contido no art. 1º da Lei 8.009/90, o imóvel em que reside, sozinho, o devedor celibatário.[33]

Mesmo assim, até outubro de 2008, as decisões eram extremamente divergentes quando o Superior Tribunal de Justiça editou a Súmula nº 364, trazendo luz à matéria e resolvendo uma das maiores injustiças do Direito nos últimos séculos, fazendo com que a proteção do denominado bem de família fosse além das entidades familiares, a saber:

> O conceito de impenhorabilidade de bem de família abrange também o imóvel pertencente a pessoas solteiras, separadas e viúvas.[34]
> Destaque-se a discordância deste texto com a posição de alguns autores que têm insistido na insubsistente "família unipessoal". Euclides de Oliveira, com a devida vênia, destaca que a Súmula trata da "proteção à 'família unipessoal', em resguardo ao seu sagrado direito de moradia".[35] Como dito aqui, família pressupõe uma relação jurídica socioafetiva e, consequentemente, pluripessoalidade, não existindo a família unipessoal, mas uma modificação hermenêutica do bem de família, interpretando a legislação infraconstitucional conforme a constituição em suas regras e princípios.
> A "criação" de uma família unipessoal teve cunho único e exclusivo de proteger pessoas solteiras, viúvas, divorciadas e celibatárias em seu direito de moradia diante de credores em geral. O grande problema é que este tipo de desvirtuamento de categorias basilares do Direito, de longa data, mais tem atrapalhado do que ajudado o desenvolvimento dos institutos jurídicos. É o que ocorreu com a criação da figura da "sociedade conjugal", dando caráter econômico a entidades familiares que têm caráter eminentemente afetivo.
> Na realidade, o que se constata disto tudo, é que o instituto do "bem de família" é tema erroneamente deslocado para o direito de família, devendo estar disposto nas regras gerais do Código Civil, devendo ser denominado como "patrimônio mínimo existencial", tal qual

---

[33] BRASIL, STJ – 3ª Turma. *RESP 450989/RJ*, Rel. Min. Humberto Gomes de Barros, DJU de 07.06.2004.
[34] BRASIL, STJ. *Súmula nº 364*, Rel. Min. Eliana Calmon, DJU de 10.2008.
[35] OLIVEIRA, Euclides de. *Agora é Súmula: Bem de Família abrange Imóvel de Pessoa Solteira*. Disponível em: http://www.ibdfam.org.br/?artigos&artigo=459. Acesso em: 30 nov. 2008.

denominado por Luiz Edson Fachin em sua obra "Estatuto jurídico do patrimônio mínimo".[36]

Na Itália hoje é denominado de *fondo patrimoniale*, não mais relacionado à família, muito mais apropriado do que o antigo *patrimonio familiare*. O próprio *Homestead Exemption Act* previa não só a proteção à família, mas também a qualquer cidadão texano, mesmo que solteiro e celibatário. Tal qual no direito italiano e de outros países, bem como vem fazendo a própria jurisprudência nacional, o direito brasileiro deveria reformular a ideia de bem de família, evoluindo-a para a de patrimônio mínimo existencial. A legislação que regulasse o patrimônio mínimo existencial poderia, de forma exemplificativa, enumerar os possíveis bens impenhoráveis que correspondessem às necessidades vitais básicas de cada indivíduo, não se restringindo ao imóvel residencial urbano ou a propriedade rural com os móveis que o guarnecem, mas também outros que o legislador considere impenhoráveis sem um estudo profundo dos seus motivos, como ocorre com os instrumentos de trabalho. É patrimônio mínimo existencial o automóvel do taxista. Também o é o único imóvel que a pessoa loque para o seu sustento.

Como dito, exceções, porém, existem à proteção do patrimônio mínimo existencial e seriam aquelas atual e legalmente previstas para o bem de família com pequenas restrições. Como mencionado também, deve se interpretar o assunto, de acordo com uma escala de valores jurídicos. Sempre que os valores jurídicos relacionados ao patrimônio mínimo existencial forem inferiores a outros, se afastará a impenhorabilidade dos bens.

Robert Alexy,[37] utilizando-se de critérios de proporcionalidade, entende que havendo conflito entre valores protegidos pelo direito, deveriam tais valores ser avaliados numa relação de custo-benefício, pendendo a proteção para o lado que existir a maximização do benefício com a minimização do custo, não em sentido econômico, mas jurídico-valorativo. Pela aplicação deste princípio de ponderação de valores, as exceções à impenhorabilidade seriam, a grosso modo, aquelas já previstas pela legislação em vigor, a saber: I) pelo titular do crédito decorrente do financiamento destinado à construção ou à aquisição do imóvel, no limite dos créditos e acréscimos constituídos em função do respectivo contrato; II) pelo credor da pensão alimentícia, resguardados os direitos, sobre o bem, do seu coproprietário que, com o devedor, integre união estável ou conjugal, observadas as hipóteses em que ambos responderão pela dívida; III) para cobrança de impostos, predial ou territorial, taxas e contribuições devidas em função do imóvel familiar; IV) para execução de hipoteca sobre o imóvel oferecido como garantia real pelo casal ou pela entidade familiar; V) por ter sido adquirido com produto de crime

---

[36] FACHIN, Luiz Edson. *Estatuto jurídico do patrimônio mínimo*. Rio de Janeiro: Renovar, 2006.
[37] ALEXY, Robert. *Teoría de los Derechos Fundamentales*. Madrid: Centro de Estudios Políticos y Constitucionales, 2002, *passim*.

ou para execução de sentença penal condenatória a ressarcimento, indenização ou perdimento de bens; VI) por obrigação decorrente de fiança concedida em contrato de locação.

Observe-se que alguns valores superam em uma escala de custo-benefício aquele protegido pelo patrimônio mínimo existencial, como ocorre nos itens II, III e V. Em outros casos, o afastamento da proteção se dá por mera liberalidade da parte que abre mão dela em prol de interesses pessoais, como ocorre nos itens I e IV.

Há ainda na legislação vigente a possibilidade de penhora do bem de família por obrigação decorrente de fiança concedida em contrato de locação, o que, particularmente, entendemos ser inconstitucional, pois na ponderação de valores, a proteção do crédito está aquém da do patrimônio mínimo, ofendendo o princípio da dignidade da pessoa humana e o direito de moradia, alimentação e lazer por valores menores como seria um direito de crédito acessório como a fiança. Não foi este, todavia, o entendimento do STF que decidiu pela constitucionalidade da penhora do único bem do fiador em caso de contrato de locação, optando claramente pela aplicação da teoria da análise econômica do Direito ao considerar, data vênia, uma proteção ao direito de moradia o permissivo da constrição judicial.[38] Isso levou o STJ a criar em 2015 a Súmula nº 549 que confirmou o entendimento do Supremo Tribunal Federal.[39] Destarte, a despeito de violar direitos de isonomia e moradia, além de ser um efeito verdadeiramente desproporcional entre locatário e fiador, há uma possibilidade de penhora do patrimônio mínimo existencial do fiador em contrato de locação.

Como visto, dentro da ideia de ponderação de valores, acaba se decidindo em regra pela impenhorabilidade dado o valor de proteção à dignidade do ser humano que conviva ou não em entidade familiar ser infinitamente superior a própria proteção do crédito e da segurança jurídico-contratual. O crédito deve ser protegido para que não desapareça. O contrato ainda deve ser cumprido como pactuado, porém, existem valores que superam o patamar econômico e, por isto, merecem proteção maior do Estado.

Destarte, a proposta seria de que fosse o termo bem de família substituído por patrimônio mínimo existencial, modificando-se não só a nomenclatura, mas a sua própria definição, passando a proteger não as famílias, mas toda e qualquer pessoa que pudesse ter constrito judicialmente o patrimônio usado para as suas necessidades vitais básicas. Não só a residência e os móveis que a guarnecem, mas também todo e qualquer bem que corresponda a uma necessidade vital básica.

---

[38] Pelo RE nº 407688/SP, o STF por maioria de votos decidiu pela constitucionalidade da penhora do bem de família do fiador em contrato de locação.

[39] É válida a penhora de bem de família pertencente a fiador de contrato de locação (REsp 1.363.368).

Para tanto, sairia do título do Direito de Família, passando para a Parte Geral do Código Civil brasileiro ou constaria de legislação especial com a reforma da Lei nº 8.009/90. Passaria ser definido não mais como bem de família, mas sim patrimônio mínimo existencial, não tendo como fundamento uma unidade familiar, mas sim a dignidade da pessoa humana. Não ficaria mais restrito ao imóvel da unidade familiar, mas a qualquer bem necessário à dignidade de qualquer sujeito. Bens móveis que guarneçam a residência de qualquer sujeito e não apenas do casal ou entidade familiar, também seriam protegidos. Bens usados para o sustento também. Finalmente, seria possível reunir neste conceito, todos os bens necessários à sobrevivência de um sujeito e que, portanto, seriam, em regra geral, impenhoráveis.

Vê-se, portanto, que a postura do STF em considerar constitucional a penhora do bem de família do fiador em contrato de locação foi abertamente criticada, até mesmo por ministros da Corte, que mais recentemente emitiu nova posição considerando a lei inconstitucional, abrindo mais uma divergência sem fim sobre a matéria.[40] O debate ainda está aberto.

Referências

ALEXY, Robert. *Teoría de los Derechos Fundamentales*. Madrid: Centro de Estudios Políticos y Constitucionales, 2002.

AZEVEDO, Álvaro Vilaça. *Bem de Família internacional (necessidade de unificação)*. Disponível em: http://www.sisnet.aduaneiras.com.br/lex/doutrinas/arquivos/200407.pdf. Acesso em: 25 nov. 2008.

BARCELLOS, Ana Paula de. O mínimo existencial e algumas fundamentações: John Rawls, Michael Walzer e Robert Alexy. *In*: TORRES, Ricardo Lobo (Org.). *Legitimação dos Direitos Humanos*. Rio de Janeiro/São Paulo: Renovar, 2002.

BRASIL. Conselho Nacional de Justiça. Cartórios são proibidos de fazer escrituras públicas de relações poliafetivas. Disponível em: https://www.cnj.jus.br/noticias/cnj/87073-cartorios-sao-proibidos-de-fazer-escrituras-publicas-de-relacoes-poliafetivas. Acesso em: 30 jul. 2019.

COMPARATO, Fábio Konder. *A afirmação histórica dos direitos humanos*. São Paulo: Saraiva, 2007.

FACHIN, Luiz Edson. *Comentários ao novo código civil*: do direito de família; do direito pessoal; das relações de parentesco. Rio de Janeiro: Forense, 2003.

---

[40] BRASIL, Supremo Tribunal Federal. RE 605.709, Rel. Min. Dias Tofoli. 1ª Turma. Disponível em: http://portal.stf.jus.br/processos/detalhe.asp?incidente=3793360. Acesso em: 30 jul. 2019.

FACHIN, Luiz Edson. *Estatuto jurídico do patrimônio mínimo*. Rio de Janeiro: Renovar, 2006.

FARIAS, Cristiano Chaves de. *A família da pós-modernidade: em busca da dignidade perdida*. Disponível em: http://www.revistapersona.com.ar/Persona09/9farias.htm. Acesso em: 10 nov. 2008.

FERREIRA, Aparecido Hernani (Org.). *O novo Código Civil discutido por juristas brasileiros*. Campinas: Bookseller, 2003.

GOMES, Orlando. *Raízes históricas e sociológicas do Código Civil brasileiro*. São Paulo: Martins Fontes, 2003.

HIRONAKA, Giselda Maria Fernandes Novaes. Família e casamento em evolução. *In: Revista Brasileira de Direito de Família*, Porto Alegre: Síntese, n. 1, abr./jun. 1999.

JHERING, Rudolf Von. *A luta pelo Direito*. São Paulo: RT, 2004.

KANT, Immanuel. *Fundamentos da metafísica dos costumes e outros escritos*. Tradução de Paulo Quintela. Lisboa: Edições 70, 1986.

LÔBO, Paulo Luiz Netto. *Constitucionalização do Direito Civil*. Disponível em: http://jus2.uol.com.br/doutrina/texto.asp?id=507. Acesso em: 28 ago. 2007.

LÔBO, Paulo Luiz Netto. *Entidades familiares constitucionalizadas*: para além do *numerus clausus*. Disponível em: http://jus2.uol.com.br/doutrina/texto.asp?id=2552. Acesso em: 22 nov. 2008.

OLIVEIRA, Euclides de. *Agora é Súmula*: Bem de Família abrange Imóvel de Pessoa Solteira. Disponível em: http://www.ibdfam.org.br/?artigos&artigo=459. Acesso em: 30 nov. 2008.

OLIVEIRA, José Sebastião. *Fundamentos constitucionais do direito de família*. São Paulo: RT, 2002.

RIBEIRO, Ricardo Silveira. Críticas à perspectiva do mínimo existencial a partir de uma teoria das necessidades humanas fundamentais. *In: Revista Ideia Nova*, Recife: UFPE, ano 2, n. 2, jun./jul. 2004.

SANTOS, Joyce Araújo dos. Aspectos fundamentais do princípio da dignidade da humana e sua relação com a evolução do estado de direito: a dignidade como vetor na ponderação de interesses. *In: Revista PalavraMundo Direito*, Maceió: FRM, ano 1, n. 1, jun./dez. 2008.

SARLET, Ingo Wolfgang. *Dignidade da Pessoa Humana e Direitos Fundamentais*. Porto Alegre: Livraria do Advogado, 2002.

# NOVOS DESAFIOS NAS RELAÇÕES CONJUGAIS E PARENTAIS

PAULO NOSSO DE CADA DIA

Colho da memória o que retive para verter num livro recordar e de associação de fatos, o que descrevo aqui brevemente.

Era uma das memoráveis Conferências Nacionais da Ordem dos Advogados do Brasil e o mundo jurídico havia aportado em Salvador. Numa das mesas de palestras estava o Professor Doutor Paulo Luiz Netto Lôbo e ali pontuou, em voz serena e firma, o intimorato pensamento que já então lhe vocacionava a admiração e o respeito de estudantes e de estudiosos.

Emergiu na apresentação oral que durou cerca de 30 minutos toda a formação humanística daquele que houvera se graduado em Alagoas, para obter título de mestre em Pernambuco e mais tarde o doutoramento pela Universidade de São Paulo; o Direito Civil brasileiro contemporâneo, nas suas palavras, se ressignificou pela constitucionalização e pela socioafetividade; submeter o direito positivo aos fundamentos de validade constitucionalmente estabelecidos, defendeu o palestrante, dando coro ao esteio da dignidade humana, da liberdade, e da igualdade bem como a função social dos contratos em geral.

Não muitos dos presentes sabiam, no entanto, que em trágico infortúnio anterior à Conferência, o mestre e educador, defensor pioneiro de ensino jurídico de qualidade no Brasil, conselheiro brioso do Conselho Nacional de Justiça, membro do Conselho Federal da Ordem dos Advogados do Brasil, do Instituto dos Advogados Brasileiros, do IBDCivil, do IBDFAM, orientador de incontáveis dissertações e teses em inúmeras instituições no Brasil inteiro e no exterior, tivera o coração de pai dilacerado por perda irreparável.

Aqueles como nós que o sabíamos ouvíamos na fortaleza da voz dita pelo professor palestrante o som indizível da dor paterna da perda guardada como preito, luto e têmpera.

O conhecedor de Kant, Pontes de Miranda, Kelsen, Hannah Arendt e Habermas, entre clássicos e contemporâneos, dava a todos mais uma suave lição de serenidade e ousio. Envelopava seu coração na discrição e expedia, numa resiliência tomada de força argumentativa, de lucidez teórica e de empiria legitimadora, os conhecimentos alvissareiros que dialogaram com a plateia que em pé o cumprimentava com justa salva de palmas.

Vertiam suas palavras as gerações futuras, transformando a perda em generosidade; assim é Paulo, que ainda mais conheci ali, na ternura que fortalece, na humildade que eleva, na abertura que põe combustível de ânimo diante das injustiças e das tragédias.

Fez da lição de Francisco, o papa, a exultação para que "as nossas lutas e a nossa preocupação por este planeta não nos tirem a alegria da esperança".

Nos dias atuais, nesse tempo de manhãs breves e notícias alongadas, poderíamos exercitar esse exemplo de Paulo todos os dias, tomando-o como paradigma para sorvermos, todos os dias, doses de paz e bem, de justiça, de respeito, de fraternidade e de tudo aquilo que, sendo humanos, nos faz, como em Paulo, merecer a própria humanidade.

Ao Paulo, *ex corde*.

Luiz Edson Fachin
Ministro do STF

PARENTALIDADE SOCIOAFETIVA: O ATO FATO QUE SE TORNA RELAÇÃO JURÍDICA

RODRIGO DA CUNHA PEREIRA

1 Da mudança de paradigmas nas relações de parentesco

O clássico tripé que sempre foi o esteio do Direito de Família, sexo, casamento e reprodução, já não se sustenta mais. O casamento não é mais o legitimador das relações sexuais e não é mais necessário sexo para haver reprodução. Com isso, as famílias, conjugal e parental, vêm evoluindo de uma forma não acompanhada pelos textos legislativos. A filiação, por exemplo, não está necessariamente atrelada ao ato reprodutivo, assim como o ato reprodutivo não mais está atrelado à sexualidade. As inseminações artificiais, a gestação em útero de substituição e a revelação do vínculo genético pelo DNA, proporcionados pela evolução da ciência médica e engenharia genética, têm alterado essas relações e obrigado a um constante repensar dos laços de parentesco. Não há mais filhos ilegítimos, como se dizia antes da Constituição da República de 1988. Todos os filhos são legítimos, independentemente de sua origem ou da relação conjugal de seus pais. Assim, os paradigmas norteadores das relações de parentesco não estão mais aprisionados à matrimonialidade, à genética ou a qualquer conteúdo moralizante. O parentesco e, em especial, a filiação têm hoje sua principal determinação nos laços de afetividade. E é isso que o artigo 1.593 do Código Civil brasileiro de 2002 traduziu: "O parentesco é natural ou civil, conforme resulte de consanguinidade ou *outra origem*" (grifamos).

Desde que a família deixou de ser essencialmente um núcleo econômico e reprodutivo, e passou a ser muito mais o espaço do amor e do afeto, as relações conjugais e parentais ficaram mais verdadeiras, mais livres e mais autênticas. E, assim, o afeto tornou-se um valor jurídico. E é ele o grande vetor e catalisador das relações familiares. É ele que determina e impulsiona o novo Direito de Família. Afinal, o Direito deve proteger muito mais a essência do que a formalidade que o cerca.

2 O afeto como valor e princípio jurídico

Mais que um valor jurídico, o afeto tornou-se um princípio jurídico fundamental e norteador das relações familiares, conjugais e parentais. Sem a consideração do afeto teríamos um Direito de Família sem alma, apenas materializado e patrimonializado. O afeto e o amor estão para o Direito de Família assim como a vontade está para o Direito das Obrigações, como disse o jurista mineiro João Baptista Villela.

Princípios são normas jurídicas, assim como são as leis em seu sentido técnico. Portanto, trata-se de espécies do gênero norma jurídica. São os princípios, expressos ou tácitos (implícitos), que libertam o Direito das amarras da norma positivada autoritária, injusta ou em desuso. Diferentemente da lei, eles não são "na base do tudo ou nada". Eles podem ser relativizados e ponderados com outros princípios para se chegar mais próximo do ideal de justiça e da essência do Direito, mesmo em detrimento da lei em seu sentido técnico.

O princípio da afetividade está implícito na Constituição da República de 1988, ao tratar da igualdade dos filhos independentemente da origem (art. 227, §6º), da adoção como escolha afetiva e colocada no plano da igualdade de direitos (art. 227, §§5º e 6º), da pluralidade das formas de família (art. 226) e do amparo ao idoso (art. 230). Na CR/1988, ele também está contido e se desdobra nos Princípios do Melhor Interesse da Criança e do Adolescente (art. 227), da Paternidade Responsável (art. 227, §7º) etc.

Da mesma forma, está contido nos artigos 1.511, 1.593, 1.597, V, 1.605, 1.614[1] do CCB 2002 e no artigo 25, parágrafo único, do

---

[1] Art. 1.511. O casamento estabelece comunhão plena de vida, com base na igualdade de direitos e deveres dos cônjuges.

Estatuto da Criança e do Adolescente (Lei nº 8.069/1990), modificado pela Lei nº 12.010/2009, quando estabelece que se compreende por família extensa os parentes com os quais a criança ou adolescente convive e mantém vínculos de afinidade e afetividade, bem como na Lei Maria da Penha (nº 11.340/2006), ao caracterizar a violência doméstica, que consolidou o afeto como valor e princípio jurídico, traduzindo em seu artigo 5º, incisos II e III, as novas concepções do Direito de Família:

> Art. 5º (...)
> II – no âmbito de família, compreendida como a comunidade formada por indivíduos que são ou se *considerem aparentado, unidos por laços naturais, por afinidade ou por vontade expressa;*
> III – em qualquer relação íntima *de afeto,* no qual o agressor conviva ou tenha convivido com a ofendida (...) (grifamos).

O afeto, para o Direito, não é apenas um sentimento e uma manifestação subjetiva. Ele se exterioriza e é alcançável pelo mundo jurídico nas condutas objetivas de cuidado, solidariedade, responsabilidade, exercício dos deveres de educar, assistir etc., demonstradas nos relacionamentos e convivência familiar. E, assim, o princípio da afetividade se desdobra e contém vários outros; são autorizadores do liame jurídico da parentalidade socioafetiva. Apesar de não haver regramento específico acerca da possibilidade de registrar a paternidade socioafetiva diretamente em cartório, as corregedorias do TJAM (Provimento nº 234/2014), TJCE (Provimento 15/2013), TJMA (Provimento 21/2013), TJPE (Provimento 09/2013) e TJSC (Provimento 11/2014) já emitiram provimentos regulamentando a matéria.

Art. 1.593. O parentesco é natural ou civil, conforme resulte de consanguinidade ou outra origem.
Art. 1.597. Presumem-se concebidos na constância do casamento os filhos: (...) V – havidos por inseminação artificial heteróloga, desde que tenha prévia autorização do marido.
Art. 1.605. Na falta, ou defeito, do termo de nascimento, poderá provar-se a filiação por qualquer modo admissível em direito: I – quando houver começo de prova por escrito, proveniente dos pais, conjunta ou separadamente; II – quando existirem veementes presunções resultantes de fatos já certos.
Art. 1.614. O filho maior não pode ser reconhecido sem o seu consentimento, e o menor pode impugnar o reconhecimento, nos quatro anos que se seguirem à maioridade, ou à emancipação.

3 A família como estruturação psíquica

Foi o princípio da afetividade que autorizou e deu sustentação à criação e construção da teoria da parentalidade socioafetiva, e que nos fez compreender e considerar a família para muito além dos laços jurídicos e de consanguinidade.[2]

A família não é um fato da natureza, mas da cultura. Por isso, ela transcende sua própria historicidade e vem sofrendo variações. E, hoje, desenha-se em diversas representações sociais, tanto nas relações conjugais quanto parentais. A antropologia estruturalista de Lévi Strauss[3] e a psicanálise lacaniana já demonstraram isso na década de 1930.[4] A família não se constitui apenas por homem, mulher e filhos. Ela é, antes, uma estruturação psíquica, em que cada um de seus membros ocupa um lugar, uma função. Lugar de pai, lugar de mãe, lugar de filho, sem, entretanto, estarem necessariamente ligados biologicamente. E, assim, um indivíduo pode ocupar o lugar de pai sem que seja pai biológico. E é exatamente por ser uma questão de lugar, de função, que é possível, no Direito, que se faça e que exista o instituto da adoção. Da mesma forma, o pai ou a mãe biológica podem ter dificuldades, ou até mesmo não ocupar o lugar de pai ou de mãe, essenciais à nossa estruturação psíquica e formação como seres humanos. A felicidade e a boa formação psíquica dos sujeitos e membros de uma família estão diretamente relacionadas a dar e receber amor, ao cuidado, à colocação de limites aos filhos e ao respeito dos espaços da autonomia privada de cada um.

Um bom exemplo para se compreender que família é uma estruturação psíquica é pensar, imaginar, alguém que, após décadas de convivência com seus pais registrais, descobre que eles

---

[2] "(...) o que deve balizar o conceito de família é, sobretudo, o princípio da afetividade, que fundamenta o direito de família na estabilidade das relações socioafetivas e na comunhão de vida, com primazia sobre a consideração de caráter patrimonial ou biológico" (RESP. 945283/RN Rel. Min. Luiz Felipe Salomão. 4 T. STJ. 28.09.2009).

[3] STRAUSS, Claude Lévi. *Estruturas elementares do parentesco*. Trad. Mariano Ferreira. Petrópolis: Vozes, 1982, *passim*.

[4] LACAN, Jaques. *Os complexos familiares*. Trad. Marco Antônio Coutinho Jorge e Potiguara Mendes da Silveira Júnior. Rio de Janeiro: Jorge Zahar, 1990, p.13.

não são seus pais biológicos. O que esta descoberta mudaria na vida desta pessoa além de saber que ela tem um outro genitor? Do ponto de vista psíquico, não alteraria a relação de paternidade, ou seja, o pai registral, embora revelado não ser o genitor, continuaria sendo o pai em seu verdadeiro sentido. Daí a ideia da paternidade socioafetiva. Afinal, quem criou, educou e proporcionou a formação psíquica desta pessoa foram esses pais que a registraram (ou apenas um deles) e passaram a vida toda tendo-a como filha. Para uma boa estruturação psíquica, o pai biológico não é essencial, ou tem um papel secundário ou subsidiário, pois quem proporcionou toda a estrutura psíquica (ao lado da mãe) e impinge-lhe a "lei do pai", ou seja, coloca limites, cuida, educa, enfim, é o verdadeiro pai. Se a biologia tivesse importância primeira não seria possível o milenar instituto da adoção.

4 Da posse de estado de filho

Os laços de sangue não são suficientes para garantir uma verdadeira parentalidade. Paternidade e maternidade podem estar muito além, ou muito aquém, do vínculo genético. A verdadeira paternidade pode ser também uma construção socioafetiva que nasce na "posse de estado de filho" ou "posse de estado de pai".

O ordenamento jurídico brasileiro reconhece, desde sempre, a posse de estado de casado para demonstrar a existência do casamento, na falta de certidão,[5] e, portanto, apta a gerar todos os efeitos do casamento válido.[6] Da mesma forma em relação à família parental. Prova disso consta no CCB/2002, que repetiu os artigos do CCB/1916 sobre a presunção da paternidade para os filhos nascidos no casamento (art. 1.597 do CCB 2002). Da mesma forma, não se pode desconstituir uma paternidade com a simples declaração da

---

[5] Art. 1.547 – Na dúvida entre as provas favoráveis e contrárias, julgar-se-á pelo casamento, se os cônjuges cujo casamento se impugna viverem ou tiverem vivido na *posse de estado de casados* (grifamos).
[6] PEREIRA, Rodrigo da Cunha. *Dicionário de direito de família e sucessões ilustrado*. São Paulo: Saraiva, 2014, p. 54.

mãe de que o marido não é o pai (art. 1.602 CCB/2002). E o artigo 1.605 do CCB/2002, também repetindo o espírito do CCB/1916, consagrou a posse de estado de filho: "Na falta, ou defeito, do termo de nascimento, poderá provar-se a filiação por qualquer modo admissível em direito: (...) II – quando existirem veementes presunções resultantes de fato já certos". Obviamente, incluem-se no gênero posse de estado de filho as espécies filho de criação, e a adoção de fato, mais conhecida como "adoção à brasileira".

Os elementos da posse de estado se exteriorizam para instituir o vínculo de parentesco, tradicionalmente em três situações: o nome (*nomen* ou *nominatio*), o trato (*tractus*) e a fama (*reputatio*).

O *nomem*, embora não seja essencial, é a utilização do nome, ou melhor, do sobrenome daquele a quem se imputa cônjuge ou pai/mãe, ainda que apenas socialmente.

O *tractus*, ou seja, o trato, é a relação interna entre os integrantes da família, traduzindo-se em afetividade e solidariedade, consolidando o vínculo de parentesco. Quem se trata como pai e filho, filho e pai o são. A posse de estado de pai e filho se apresenta e se revela no dia a dia, na convivência e na participação ativa na vida um do outro, na alegria e na dor, na saúde e na doença, em uma relação desinteressada que se alicerça apenas no afeto de um ao outro.

O terceiro elemento da posse de estado, a *reputatio*, é uma extensão do segundo, ou seja, o *tractus* se estende à família e ao meio social, numa visualização externa da relação de filiação, complementando as características da parentalidade socioafetiva. É a aparência e a reputação como aquele vínculo se apresenta no meio social. Como se demonstra ou deixa transparecer no meio social como pai e filho, aparentando a verdadeira realidade interna do vínculo parental, de fato são parentes e podem, também, sê-lo de direito.

E assim, a posse e estado de filho e a posse de estado de pai vão além da dimensão interna e subjetiva da relação. Posse de estado é quando a vida privada transcende a intimidade do lar e se manifesta publicamente, recebendo um reconhecimento público e notório, recebe um tratamento social ostensivo. E é essa relação identificada como socioafetiva que traduz a vida como ela é, e pode ser objeto de reconhecimento judicial, para ensejar efeitos jurídicos de ordem pessoal e patrimonial.

5 Paternidade e filiação desbiologizada – uma das primeiras e mais conhecidas parentalidades socioafetivas: a família de Nazaré

A verdadeira paternidade é adotiva, isto é, se não se adotar o filho, mesmo o biológico, jamais haverá paternidade em seu verdadeiro sentido. É nesta perspectiva, e dimensão mais profunda, que o Direito de Família contemporâneo busca sua orientação para aproximar-se do ideal de justiça.

É a compreensão da paternidade desbiologizada que nos faz distinguir as categorias de pai registral, pai biológico e pai socioafetivo. O ideal é que essas três dimensões estejam sempre reunidas. Contudo, nem sempre isso acontece. Muitas vezes, quem registra não é o ascendente genético; o genitor não é a mesma pessoa que consta do registro de nascimento; e tanto quem registra assim como o genitor não exercem a sua função e, consequentemente, não são pais. A compreensão da verdadeira paternidade, que vai muito além dos laços genéticos, redirecionou as investigações de paternidade, assim como o DNA deslocou o eixo da discussão moral contida nos processos judiciais de busca da paternidade em que se investiga muito mais a vida moral-sexual da mãe. É possível a investigação de origem genética, sem que isso implique, necessariamente, a paternidade registral.[7] Acontece, com frequência, de o nome do verdadeiro pai, *que é quem cria*, como na adoção, por exemplo, constar na certidão de nascimento do filho, mas este deseja saber sua origem genética, seja apenas para buscar informações genéticas por razões de saúde ou para saber sua ancestralidade, uma vez que a identidade genética da pessoa humana (correspondente ao

---

[7] "(...) Mesmo havendo pai registral, o filho tem o direito constitucional de buscar sua filiação biológica (CR, §6º, do art. 227). Pelo principio da dignidade da pessoa humana. O estado de filiação é a qualificação jurídica da relação de parentesco entre pai e filho que estabelece um complexo de direitos e deveres reciprocamente considerados. Constitui-se em decorrência da Lei (Arts. 1.593, 1.596 e 1.597 do Código Civil, e 227 da Constituição Federal), ou em razão da posse do estado de filho advinda da convivência familiar. Nem a paternidade socioafetiva e nem a paternidade biológica podem se sobrepor uma a outra. Ambas as paternidades são iguais, não havendo prevalência de nenhuma delas porque fazem parte da condição humana tridimensional, que é genética, afetiva e ontológica. Apelo provido" (Ap. Cível nº 70029363918, Rel. Des. Claudir Fidelis Faccenda, 8ª CC – TJRS. J. 07.05.2009).

genoma de cada ser humano, as bases biológicas de sua identidade) é um direito de personalidade, sendo juridicamente tutelado.

Ambas as paternidades, biológica e socioafetiva, são importantes e devem sempre ser sopesadas e ponderadas. É possível paternidade socioafetiva sem o vínculo genético, mas o vínculo genético, por si, não garante a paternidade. Pode-se até estabelecê-la juridicamente, mas sem o exercício das funções paternas, sem a posse de estado de pai, não há paternidade. Qual seria, pois esse *quid* específico que faz de alguém um pai, independentemente da geração biológica? "Se se prestar atenta escuta às pulsações mais profundas da longa tradução cultural da humanidade, não será difícil identificar uma persistente intuição que associa a paternidade antes com o serviço que com a procriação. Ou seja, ser pai ou ser mãe não está tanto no fato de gerar quanto na circunstância de amar e servir".[8]

Embora as nomeações jurídicas sejam recentes, o fenômeno da paternidade socioafetiva não é novo. O instituto da adoção, uma categoria da paternidade socioafetiva, é milenar, assim como a posse de estado. E nesse sentido não se pode deixar de lembrar uma das primeiras e mais conhecidas parentalidades socioafetivas, que é a família de Nazaré: José não era o pai biológico de Jesus, mas o criou como se pai fosse e, no exercício da "posse de estado de pai", tornou-se o pai socioafetivo mais conhecido da história da humanidade. Quando adulto, seu filho Jesus, reconhecendo seu pai socioafetivo e traduzindo esse conceito da família judaica, proclamou a socioafetividade, pregando que onde está a família deve estar o amor e o serviço, e também reciprocamente, isto é, onde está o amor e o serviço aí sim é que está a verdadeira família.

6 O costume como principal fonte do direito: a força dos fatos

Para que o Direito de Família se aproxime da ideia de justiça, sem a qual ele seria vazio e despido de sentido, é fundamental que

---

[8] VILLELA, João Baptista. Desbiologização da paternidade. *Revista da Faculdade de Direito da UFMG*, Belo Horizonte, ano XXVIII, n. 21, p. 408-409, 1979.

o ordenamento jurídico se aproprie de todas as fontes do Direito, especialmente porque a mais comum delas, a lei, em seu sentido técnico legislativo, não consegue acompanhar e traduzir a realidade jurídica, que muitas vezes funciona como as rodas enferrujadas de uma máquina, que mais atrapalham do que ajudam. E é por isso que a lei não tem importância superior às outras fontes do Direito. Daí a necessidade dos princípios, que são aplicáveis não apenas para suprir a lacuna da lei, mas, principalmente, para suprir e contornar suas deficiências e engrenagem enferrujada.

O Direito existe para organizar as relações sociais, estabelecer segurança nas relações jurídicas e negociações, garantir autonomia privada etc., guiado pelos princípios norteadores e fundamentais e que, atualmente, tem em seu cerne e base de sustentação o macroprincípio da dignidade humana, que se desdobra em vários outros e que traduz valores morais e éticos que são determinados ou sofrem relevante interferência dos costumes. Daí, pode-se dizer que ele é a principal fonte de Direito, como já afirmavam os mais lúcidos doutrinadores: "Com maravilhosa intuição divinatória, já Vico advertia, em uma época em que poucos os podiam compreender, que o Direito nasce das fundezas da consciência popular, da sabedoria vulgar, sendo obra anônima e coletiva as nações".[9]

7 A boa-fé objetiva e o *venire contra factum proprium*

A paternidade socioafetiva exercida durante um longo período se incorpora à personalidade das partes envolvidas, especialmente daquele que ocupou o lugar de filho nesta estruturação psíquica. Assim, seria injusto, desrespeitoso e indigno deixar de ser filho(a) de uma hora para outra ou pela simples vontade de outrem. Excluir ou deixar de considerar alguém como filho(a) socioafetivo(a) é o que se denomina de *venire contra factum proprium*. É a vedação do comportamento contraditório, que se traduz nesse brocardo jurídico para expressar as modalidades de abuso de direito, que por sua vez advém da violação

---

[9] DEL VECCHIO, Giorgio. *Lições de filosofia do direito*. Trad. Antônio José Brandão. Coimbra: Armênio Amado, 1959, v. VII, p. 140.

do princípio da confiança e se relaciona diretamente à boa-fé. Foi exatamente nesse sentido que o STJ, em um de seus julgados, concluiu:

> (...) A filiação socioafetiva, por seu turno, ainda que despida de ascendência genética, constitui uma relação de fato que deve ser reconhecida e amparada juridicamente. Isso porque a parentalidade que nasce de uma decisão espontânea, frise-se, arrimada em boa-fé, deve ter guarida no Direito de Família. 4. Nas relações familiares, o princípio da boa-fé objetiva deve ser observado e visto sob suas funções integrativas e limitadoras, traduzidas pela figura do 'venire contra factum proprium' (proibição de comportamento contraditório), que exige coerência comportamental daqueles que buscam a tutela jurisdicional para a solução de conflitos no âmbito do Direito de Família. 5. Na hipótese, a evidente má-fé da genitora e a incúria do recorrido, que conscientemente deixou de agir para tornar pública sua condição de pai biológico e, quiçá, buscar a construção da necessária paternidade socioafetiva, toma-lhes o direito de se insurgirem contra os fatos consolidados. 6. A omissão do recorrido, que contribuiu decisivamente para a perpetuação do engodo urdido pela mãe, atrai o entendimento de que a ninguém é dado alegrar a própria torpeza em seu proveito ('nemo auditur propriam turpitudinem allegans') e faz fenecer a sua legitimidade para pleitear o direito de buscar a alteração no registro de nascimento de sua filha biológica. (STJ, REsp 1087163 / RJ, Rel. Min. Nancy Andrighi, 3ª Turma, pub. 31.08.2011)

O *venire contra factum proprium* visa manter a coerência para dar maior segurança jurídica ao estabelecer atos, fatos e negócios jurídicos com mais confiança. É a vedação de inesperada e incoerente mudança de comportamento, contradizendo ou contrariando um comportamento ou conduta anteriormente esperado. Um outro exemplo de violação deste princípio é o de um proprietário de um bem de família que dá como garantia seu imóvel residencial e, ao ser executado, invoca a impenhorabilidade. Nesse caso, ele quebrou o princípio da confiança e teve um comportamento contraditório que violou a boa-fé objetiva.

Os tribunais já incorporaram o princípio do *venire contra factum proprium* para aplicá-lo nas relações de família, que pressupõem sempre a confiança, a boa-fé, enfim, a ética que preserva a dignidade dos sujeitos ali envolvidos. Portanto, a vedação de comportamento contraditório ou contrário a um outro anterior deve ser repelida.

> (...) A boa-fé objetiva, aqui, é vista sob suas funções integrativas e limitadoras, traduzidas pela figura do 'venire contra factum proprium' (proibição de comportamento contraditório, perfeitamente aplicável às

relações familiares.(...) (...) A paternidade socioafetiva, incorporada à personalidade da recorrida, não pode ficar à deriva, em face das incertezas, instabilidades ou interesses de terceiros (...).[10]

8 Socioafetividade e multiparentalidade

A expressão socioafetividade é uma criação do Direito brasileiro. Advém da necessidade de se traduzir uma realidade vivenciada entre pessoas que estabelecem vínculos de parentesco sem que estejam, necessariamente, ligadas pelos laços biológicos. Inicialmente denominada de paternidade socioafetiva, ampliou-se para parentalidade socioafetiva, pois, pode decorrer, também, do exercício da maternidade, irmandade ou outro vínculo parental que se constrói e se consolida ao longo do tempo. A parentalidade socioafetiva pode-se apresentar por meio da adoção, inseminação artificial heteróloga ou posse de estado de filho.

São as relações afetivas, solidificadas no tempo, e que na intimidade e vida privada proporcionam uma estruturação psíquica em que os sujeitos ali envolvidos ocupam lugares de filho e pai, e que se projetam no ambiente social, que estão suscetíveis da incidência da norma jurídica. O afeto, para o Direito, vai além do sentimento e do amor. Ele é um ato-fato *continuum* que pode ter consequências jurídicas. O afeto projetado e reconhecido no meio social é o que fez nascer a expressão e a teoria da socioafetividade, repita-se. "O termo 'socioafetividade' conquistou as mentes dos juristas brasileiros, justamente porque propicia enlaçar o fenômeno social com o fenômeno normativo. De um lado, há o fato social e, de outro, o fato jurídico, no qual o primeiro se converteu após a incidência da norma jurídica. A norma é o princípio jurídico da afetividade. As relações familiares e de parentesco são socioafetivas, porque congregam o fato social (sócio) e a incidência do princípio normativo (afetividade)".[11]

---

[10] REsp. nº 1.259.460 SP, Rel. Min. Nancy Andrighi, 3ª T. pub. 29.06.2012.
[11] LÔBO, Paulo. Socioafetividade: o estado da arte no direito de família brasileiro. *Revista IBDFAM* – Família e Sucessões, Belo Horizonte: IBDFAM, v. 5, p. 13-14, 2014.

A jurisprudência já consolidou a socioafetividade como fenômeno jurídico. As primeiras decisões se dividiam entre verdade biológica e verdade socioafetiva, até que o Superior Tribunal de Justiça absorveu totalmente a concepção da paternidade desbiologizada e deu prevalência para o princípio da afetividade quando a relação fosse constituída na convivência duradoura com os pais socioafetivos. E, assim, a posse de estado de filho consolidou-se definitivamente na jurisprudência do STJ.[12]

Todavia, a evolução do pensamento jurídico sobre a paternidade socioafetiva começou a esbarrar em uma contradição. Como conciliar o interesse do pai biológico e o do pai socioafetivo? Essas situações fáticas e jurídicas podem se somar ou são excludentes?

Em alguns casos elas se excluem. Por exemplo, quando o pai biológico é apenas o genitor e nunca foi pai registral, ou mesmo quando registrou o filho, mas nunca foi presente na vida dele e não exerceu qualquer atividade paterna ou influência na vida desse filho. Nesse caso, com a declaração da paternidade socioafetiva basta excluir o nome do pai registral, como comumente acontecia quando em investigação de paternidade descobria-se que o pai biológico era outro.

Em outras situações, duas paternidades podem coexistir ou mesmo se somar. É o que temos denominado de multiparentalidade. Esta é mais uma solução encontrada pelo Direito de Família brasileiro para adequar o fato à norma jurídica. Na vida como ela é, é possível que alguém tenha dois pais e/ou duas mães. A primeira decisão de multiparentalidade no Brasil foi proferida pelo TJRO,[13]

---

[12] "(...) A maternidade/paternidade socioafetiva tem seu reconhecimento jurídico decorrente da relação jurídica de afeto, marcadamente nos casos em que, sem nenhum vínculo biológico, os pais criam uma criança por escolha própria, destinando-lhe todo o amor, ternura e cuidados inerentes à relação pai-filho." 5. "A prevalência da paternidade/maternidade socioafetiva frente à biológica tem como principal fundamento o interesse do próprio menor, ou seja, visa garantir direitos aos filhos face às pretensões negatórias de paternidade, quando é inequívoco (i) o conhecimento da verdade biológica pelos pais que assim o declararam no registro de nascimento e (ii) a existência de uma relação de afeto, cuidado, assistência moral, patrimonial e respeito, construída ao longo dos anos. (...)" (STJ, REsp 1401719 / MG, Rel. Min. Nancy Andrighi, 3ª Turma, pub. 15.10.2013).

[13] "(...) a discussão da existência de dois pais no assento de nascimento da criança tem tomado corpo nos últimos anos. A relevância da relação socioafetiva, que em certos casos, se sobrepõe à biológica, tem autorizado o reconhecimento de ambos os vínculos. Em caso como o presente, em que o pai registral resolveu reconhecer a paternidade da criança, mesmo sabedor da inexistência do vínculo sanguíneo, e durante longos anos de sua

que determinou o acréscimo, na certidão de nascimento do filho, do nome do pai de criação, que naquele caso era o padrasto, e cujo pai biológico havia falecido quando este filho tinha tenra idade. Desta forma, este filho, hoje, com mais de 20 anos de idade, tem em sua certidão de nascimento e, consequentemente, em sua carteira de identidade, passaporte e demais documentos, o nome de uma mãe e dois pais, o biológico (já falecido) e o socioafetivo. Nesse caso, o filho escolheu incluir, e não excluir, já que ele considerou importantes ambos os pais.

O fenômeno da multiparentalidade começou a ser desenvolvido a partir da nova realidade da família e de suas diversas representações sociais. E foi assim que a Lei nº 11.924/2009 modificou a Lei de Registros Públicos (nº 6015/1973) para autorizar o enteado a adotar o nome da família do padrasto/madrasta.[14] É a força dos fatos e dos costumes como uma das mais importantes fontes do Direito que autoriza esta nova categoria jurídica.

Na evolução do conceito de multiparentalidade, a jurisprudência[15] teve que se adaptar à realidade da dinâmica da vida para não ser um Direito desvitalizado. E, assim, também se inclui na possibilidade multiparental, por exemplo, um homem que forneceu material genético para um casal de mulheres e não quer ser um simples doador anônimo, cujo filho foi gerado no útero de uma com o material genético de outra. O filho nascido dessa relação triangular, portanto, tem um pai e duas mães. O Tribunal

---

vida lhe prestou toda a assistência material e afetiva, não abandonando-a, mesmo após a separação da genitora, merece respeito e reconhecimento pelo Estado. (...)" (TJRO, Processo 001253095.2010.8.22.0002, Juíza Deisy Cristhian Lorena de Oliveira Ferraz, 1ª Vara Cível, j. 13.03.2012).

[14] Art. 57 §8º: O enteado ou a enteada, havendo motivo ponderável e na forma dos §§2º e 7º deste artigo, poderá requerer ao juiz competente que, no registro de nascimento, seja averbado o nome de família de seu padrasto ou de sua madrasta, desde que haja expressa concordância destes, sem prejuízo de seus apelidos de família.

[15] "(...) Preservação da Maternidade Biológica. Respeito à memória da mãe biológica, falecida em decorrência do parto, e de sua família – Enteado criado como filho desde dois anos de idade Filiação socioafetiva que tem amparo no art. 1.593 do Código Civil e decorre da posse do estado de filho, fruto de longa e estável convivência, aliado ao afeto e considerações mútuos, e sua manifestação pública, de forma a não deixar dúvida, a quem não conhece, de que se trata de parentes – A formação da família moderna não consanguínea tem sua base na afetividade e nos princípios da dignidade da pessoa humana e da solidariedade (...)" (TJSP, Apelação Cível nº 0006422-26.2011.8.26.0286, Rel. Des. Alcides Leopoldo e Silva Junior, 1ª Câmara de Direito Privado, j. 14.08.2012).

de Justiça do Estado do Rio Grande do Sul, diante dessa nova hermenêutica, decidiu acertadamente:

> (...) A ausência de lei para regência de novos – e cada vez mais ocorrentes – fatos sociais decorrentes das instituições familiares, não é indicador necessário de impossibilidade jurídica do pedido. É que "quando a lei for omissa, o juiz decidirá o caso de acordo com a analogia, os costumes e os princípios gerais de direito (artigo 4º da Lei de Introdução ao Código Civil). Caso em que se desconstitui a sentença que indeferiu a petição inicial por impossibilidade jurídica do pedido e desde logo se enfrenta o mérito, fulcro no artigo 515, §3º do CPC. Dito isso, a aplicação dos princípios da "legalidade", "tipicidade" e "especialidade", que norteiam os "Registros Públicos", com legislação originária pré-constitucional, deve ser relativizada, naquilo que não se compatibiliza com os princípios constitucionais vigentes, notadamente a promoção do bem de todos, sem preconceitos de sexo ou qualquer outra forma de discriminação (artigo 3, IV da CF/88), bem como a proibição de designações discriminatórias relativas à filiação (artigo 227, §6º, CF), "objetivos e princípios fundamentais" decorrentes do princípio fundamental da dignidade da pessoa humana. Da mesma forma, há que se julgar a pretensão da parte, a partir da interpretação sistemática conjunta com demais princípios infraconstitucionais, tal como a doutrina da proteção integral o do princípio do melhor interesse do menor, informadores do Estatuto da Criança e do Adolescente (Lei 8.069/90), bem como, e especialmente, em atenção do fenômeno da afetividade, como formador de relações familiares e objeto de proteção Estatal, não sendo o caráter biológico o critério exclusivo na formação de vínculo familiar. Caso em que no plano fático, é flagrante o ânimo de paternidade e maternidade, em conjunto, entre o casal formado pelas mães e do pai, em relação à menor, sendo de rigor o reconhecimento judicial da "multiparentalidade", com a publicidade decorrente do registro público de nascimento. (...)(TJRS, Apelação Cível nº 70062692876, Rel. Des: José Pedro de Oliveira Eckert, 8ª Câmara Cível, Julgado em 12.02.2015).

A possibilidade de inclusão de mais de um pai e mais de uma mãe na certidão de nascimento de uma pessoa, fenômeno que se consolidou como pluriparentalidade, ou multiparentalidade, ficou fortalecida com a decisão do STF em 2017, ao apreciar o tema 622, com repercussão geral reconhecida, que fixou a tese: "A paternidade socioafetiva, declarada ou não em registro público, não impede o reconhecimento do vínculo de filiação concomitante baseado na origem biológica, com os efeitos jurídicos próprios".[16]

---

[16] (...) A pluriparentalidade, no Direito Comparado, pode ser exemplificada pelo conceito de "dupla paternidade" (*dual paternity*), construído pela Suprema Corte do Estado da

9 Conclusão

A família parental contemporânea já não é apenas aquela que tem em comum características biológicas, mas, principalmente, aquela que o amor aproxima e une seus integrantes em um projeto comum de vida e estabelece entre eles profundas relações de intimidade, respeito, responsabilidade e solidariedade recíprocas.

O desafio constante do Direito é compatibilizar o justo e o legal, nem sempre coincidentes. Os verdadeiros pais, mesmo depois de mortos, continuam vivos, não apenas em nossa memória, mas, principalmente, em nossa *psiqué*. O verdadeiro pai/mãe integra uma estrutura psíquica e, por isso, quando morrem, uma parte de nós vai junto com eles, e ao mesmo tempo eles continuam vivos dentro de nós. Esta é a medida e a força da família como estrutura psíquica.

A força dos fatos e dos costumes é, sem dúvida, uma das principais fontes do Direito. São os costumes e os fatos que fazem nascer o Direito, e, portanto, a ele antecedem. A posse de estado de filho é autorizadora para transformar essa realidade fática em realidade jurídica. Aliás, não transformar em direito este comportamento espontâneo de filho/pai seria violar o princípio da afetividade, confiança, boa-fé e do *venire contra factum proprium*.

O fenômeno da paternidade socioafetiva traduz a sintonia que a lei deve ter com a vida. Em outras palavras é o Direito se realizando na vida e a vida se reconhecendo no Direito. Sem essa fidelidade à justiça, o Direito não se realiza e torna-se um Direito sem alma, sem vida e sem sentido.

Louisiana, EUA, desde a década de 1980 para atender, ao mesmo tempo, ao melhor interesse da criança e ao direito do genitor à declaração da paternidade. Doutrina. 15. Os arranjos familiares alheios à regulação estatal, por omissão, não podem restar ao desabrigo da proteção a situações de pluriparentalidade, por isso que merecem tutela jurídica concomitante, para todos os fins de direito, os vínculos parentais de origem afetiva e biológica, a fim de prover a mais completa e adequada tutela aos sujeitos envolvidos, ante os princípios constitucionais da dignidade da pessoa humana (art. 1º, III) e da paternidade responsável (art. 226, §7º). 16. Recurso Extraordinário a que se nega provimento, fixando-se a seguinte tese jurídica para aplicação a casos semelhantes: "A paternidade socioafetiva, declarada ou não em registro público, não impede o reconhecimento do vínculo de filiação concomitante baseado na origem biológica, com os efeitos jurídicos próprios". (STF, REx nº 898.060, Rel. Min. Luiz Fux, Plenário, pub. 24.08.2017).

Referências

DEL VECCHIO, Giorgio. *Lições de filosofia do direito*. Trad. Antônio José Brandão. Coimbra: Armênio Amado, 1959, v. VII.

DIAS, Maria Berenice. *Manual de direito das famílias*. 9. ed. rev., atual. e ampl. São Paulo: Revista dos Tribunais, 2013.

FACHIN, Luiz Edson. *Direito de família*: elementos críticos à luz do novo Código Civil brasileiro. 2. ed. Rio de Janeiro: Renovar, 2003.

FARIAS, Cristiano Chaves de; ROSENVALD, Nelson. *Curso de direito civil*. 7. ed. São Paulo: Atlas, 2015, v. 6.

FREUD, Sigmund. *Luto e melancolia*. Obras psicológicas completas. Trad. Themira O. Brito, Paulo H. Brito e Cristiano Ort. Rio de Janeiro: Imago, 1974, v. XIV.

LACAN, Jaques. *Os complexos familiares*. Trad. Marco Antônio Coutinho Jorge e Potiguara Mendes da Silveira Júnior. Rio de Janeiro: Jorge Zahar, 1990.

LÔBO, Paulo. *Direito civil*: famílias. 3. ed. São Paulo: Saraiva, 2010.

LÔBO, Paulo. Socioafetividade: o estado da arte no direito de família brasileiro. *Revista IBDFAM* – Família e Sucessões, Belo Horizonte, v. 5, p. 13-14, 2014.

MADALENO, Rolf. *Curso de direito de família*. 4. ed. Rio de Janeiro: Forense, 2011.

PEREIRA, Rodrigo da Cunha. *Princípios fundamentais norteadores do direito de família*. 2. ed. São Paulo: Saraiva, 2012.

PEREIRA, Rodrigo da Cunha. *Direito de família:* uma abordagem psicanalítica. 4. ed. São Paulo: Saraiva, 2012.

PEREIRA, Rodrigo da Cunha. *Dicionário de direito de família e sucessões ilustrado*. São Paulo: Saraiva, 2015.

STRAUSS, Claude Lévi. *Estruturas elementares do parentesco*. Trad. Mariano Ferreira. Petrópolis: Vozes, 1982.

VILLELA, João Baptista. Desbiologização da paternidade. *Revista da Faculdade de Direito da UFMG*, Belo Horizonte, ano XXVIII, n. 21, p. 408-409, 1979.

Informação bibliográfica deste texto, conforme a NBR 6023:2018 da Associação Brasileira de Normas Técnicas (ABNT):

PEREIRA, Rodrigo da Cunha Parentalidade socioafetiva: o ato fato que se torna relação jurídica. *In*: EHRHARDT JÚNIOR, Marcos; LOBO, Fabíola Albuquerque; ANDRADE, Gustavo (Coord.). *Direito das relações familiares contemporâneas*: estudos em homenagem a Paulo Luiz Netto Lôbo. Belo Horizonte: Fórum, 2019. p. 157-176. ISBN 978-85-450-0700-5.

REFLEXÕES SOBRE A MULTIPARENTALIDADE E A REPERCUSSÃO GERAL Nº 622 DO STF

JOÃO RICARDO BRANDÃO AGUIRRE

1 Introdução

Na mitologia grega, como em belo trabalho ensina Durval Luiz de Faria,[1] a primeira imagem de pai é Urano, parceiro de Geia, e que, com ela, gera alguns dos principais deuses, dentre eles Crono, que mais tarde o destronará. Após o nascimento de seus filhos, Urano devolve-os ao seio materno. A mãe, porém, cansada de ter de contê-los e da fertilização do amante, pede aos filhos que a libertem e Crono, atendendo aos seus anseios, castra o pai. A sexualidade desenfreada de Urano sugere um pai puramente biológico e inconsciente de sua função paterna e das consequências de seus atos, manifestando características do pai gerador, "preso a uma sexualidade arrebatadora, mas que não pensa a criança como objeto de seu cuidado".[2] Outro deus, Zeus – o deus maior de quem dependiam o céu, a terra e a pólis –, possui muitos filhos, com diversas deusas e com as mortais. Porém, sua atitude para com a prole se revela bastante diversa daquela levada a efeito por Urano, seu predecessor, pois Zeus não devolve os filhos para a mãe, mas os acolhe de forma exigente e amorosa. E, apesar de revelar preferência por alguns de seus rebentos – como é o caso de Apolo –, não rejeita os demais, mantendo com todos sua ligação paterna e permitindo

---

[1] FARIA, Durval Luiz de. Imagens do pai na mitologia. *Psic. Rev.* São Paulo, n. 15(1): 45-58, maio 2006. Disponível em: http://revistas.pucsp.br/index.php/psicorevista/article/download/ 18095/13451, acesso em: 2 mar. 2017.
[2] *Idem*, p. 47.

que cada um exista e se desenvolva de acordo com sua própria natureza e originalidade, tudo isso a demonstrar a preocupação e o cuidado do pai para com os filhos.

Como se vê, os arquétipos do pai meramente genitor, fornecedor do material biológico e pouco preocupado com a prole, e do pai cuidadoso, afetivo, ainda que exigente, mas protetor, povoam nosso imaginário desde tempos imemoriais. Essa clivagem entre os laços meramente consanguíneos e a afetividade pode ser estendida para todas as relações de parentesco e ganhou relevo ainda maior com a descoberta das impressões genéticas (impressões digitais de DNA) em 1985, através das pesquisas realizadas na Universidade de Leicester pelo geneticista inglês Alec Jeffreys.

Isso porque, diante dos altos índices de confiabilidade dos exames de DNA, o milenar dilema teria encontrado seu fim, com os arautos da consanguinidade a defender que as qualidades da identificação genética e a precisão das conclusões nela obtidas permitiriam alcançar a certeza da filiação biológica, com a descoberta do pai genético pondo termo à busca da verdadeira paternidade, ou seja, àquela que decorre das relações de sangue.

Contudo, a paternidade não se resume a um código genético, mas se protrai para muito além da descendência, concretizando-se em uma relação de afeto, cuidado, sustento, guarda e solidariedade. A imposição da solução biológica como resposta definitiva às recorrentes questões impostas pela dinâmica das relações parentais demonstra-se tíbia e incapaz de responder aos anseios de uma sociedade em constante transformação, em que "os relacionamentos talvez sejam os representantes mais comuns, agudos, perturbadores e profundamente sentidos da ambivalência, encontrando-se tão firmemente no cerne das atenções dos modernos e líquidos indivíduos-por-decreto, e no topo de sua agenda existencial".[3]

A própria dicotomia paternidade biológica x afetiva parece encontrar-se à deriva, tragada pela torrente de relacionamentos, cuja vazão escoa através dos mais variados arranjos, desde aqueles tradicionalmente formados pelos laços nupciais, passando

---

[3] ZYGMUNT BAUMAN. *Amor líquido: Sobre a fragilidade dos laços humanos.* Zahar. Edição do Kindle, 2017 (Locais do Kindle 37-39).

pelas relações convivenciais, até desembocar na foz das famílias recompostas, das uniões plúrimas e dos múltiplos afetos,[4] demonstrando que as respostas jurídicas tradicionais, apresentadas por sistemas que ainda se encontram ancorados em vetusta codificação, revelam-se inscientes a acompanhar a evolução das relações interpessoais, impondo obstinada intervenção da doutrina e dos tribunais em busca de adequar os anseios de uma sociedade em constante transformação a uma ordem jurídica formal e cartesiana.

Nesse contexto, o Supremo Tribunal Federal, em sede da Repercussão Geral nº 622, com a relatoria do ministro Luiz Fux, firmou, por maioria de votos, a seguinte tese: "A paternidade socioafetiva, declarada ou não em registro público, não impede o reconhecimento do vínculo de filiação concomitante baseado na origem biológica, com os efeitos jurídicos próprios". A discussão acerca do impacto dessa emblemática decisão e a amplitude de seus efeitos constitui o cerne do presente artigo.

A escolha de referido julgado se justifica i) pela relevância do tema para o sistema jurídico constitucional e para o Direito de Família; e ii) pela importância de se discutir os efeitos jurídicos decorrentes do reconhecimento da multiparentalidade em nosso ordenamento. O método escolhido para proceder à presente investigação é o do estudo de casos, em "que se pressupõe certa autonomia na construção da narrativa e na estrutura da exposição do problema",[5] a fim de que se adquira "compreensão mais acurada sobre as circunstâncias que

---

[4] Como bem observa Marcos Catalan, "hodiernamente, as preocupações do Direito devem dirigir-se, também, ao fenômeno da multiparentalidade, que tangencia: (a) o movimento incessante de construção e de destruição dos laços afetivos nas famílias recompostas (TEIXEIRA; RODRIGUES, 2010, p. 97); (b) a utilização de material genético de alguém como matéria-prima na fecundação de um novo ser (GIORGIS, 2007, p. 58-60); (c) a adoção não destruidora do passado; (d) a gestação de substituição ou, ainda, (e) a história dos núcleos de poliamor. Transitam, ainda, considerando a complexidade do problema e o fato de que as famílias se reinventam a todo o tempo, assumindo conformações nas quais poderá haver (a) apenas duas mães (TJRS. Ap. Cív. 70013801592) ou (b) dois pais, (c) duas mães e um pai, (d) dois pais e uma mãe, (e) duas mães e dois pais, (f) três mães e dois pais (FONTELES, 1987, p. 13) etc., vivendo (ou não) em harmonia". (*In*: Um ensaio sobre a Multiparentalidade: Explorando no ontem pegadas que levarão ao amanhã. *Revista da Faculdade de Direito – UFPR*, Curitiba, n. 47, p. 145, 2008. Disponível em: http://revistas.ufpr.br/direito/article/viewFile/31491/20093, acesso em: 7 mar. 2017).

[5] FREITAS FILHO, Roberto; LIMA, Thalita Moraes. *Metodologia de Análise de Decisões* – MAD. Univ. JUS, Brasília. n. 21, p. 1-17, jul./dez. 2010, p. 2. Disponível em: file:///C:/Users/joao/Downloads/1206-6606-1-PB.pdf, acesso em: 27 mar. 2017.

determinaram a ocorrência de determinado resultado, apreendendo as complexidades envolvidas na situação".[6]

As hipóteses a serem cotejadas em nossa investigação consistem i) na perquirição acerca da possibilidade de se albergar a multiparentalidade no sistema jurídico constitucional brasileiro; e ii) na verificação da relevância do reconhecimento da multiparentalidade para o Direito de Família.

Para tanto, o presente artigo foi dividido em tópicos, além da introdução, das considerações finais e das referências, em que serão abordados: i) a presunção *pater is est* e o sistema patriarcal do Código Civil de 1916; ii) o novo paradigma constitucional e a tutela das relações socioafetivas; e iii) a Repercussão Geral nº 622 do STF e o reconhecimento da multiparentalidade.

2 A presunção *pater is est* e o sistema patriarcal do Código Civil de 1916

No antigo Direito romano, parentes eram só aqueles que provinham de um tronco ancestral comum, na linha masculina (*agnatio*). Era a família patriarcal que, em dissonância com o matriarcado reinante nos primórdios de nossa civilização, determinava "a hereditariedade, o parentesco, a posição e o nome dos filhos, a partir do tronco paterno",[7] o que explica a importância da filiação na cultura romana. Assim, para que um cidadão romano reconhecesse o filho como seu, era necessário que, à época do nascimento, tomasse a criança em seus braços, levantando-a do chão (*tollere*). Caso contrário, estaria a enjeitá-la. Dessa forma, a admissão do filho na família romana decorria de um ato de vontade.

No entanto, em virtude da importância da paternidade na cultura romana, era imperioso que o *pater* tivesse certeza de sua filiação, o que fez com que o gênio legislativo romano criasse a

---

[6] FREITAS FILHO, Roberto; LIMA, Thalita Moraes. *Idem*, p. 2.
[7] LEITE, Eduardo de Oliveira. O exame de DNA: reflexões sobre a prova científica de filiação. *In*: WAMBIER Teresa Arruda Alvim; LEITE, Eduardo de Oliveira (Coord.). *Repertório de Doutrina sobre Direito de Família* – Aspectos constitucionais, civis e processuais, Vol. 4. São Paulo: RT, 1999, p. 189.

presunção *pater is est quem nuptiae demonstrant*, para garantir o direito do *pater familia* sobre os filhos de sua mulher, preservando a estrutura patriarcal da sociedade romana e a autoridade do *pater*, que aceita ou rejeita o filho de acordo com suas exclusivas razões.[8] A chamada *presunção pater is est* resistiu aos séculos e ainda hoje persiste em nosso ordenamento, o que se verifica na redação dos incisos I e II do artigo 1.597 do Código Civil de 2002.

No Direito Canônico, com a rígida moral da Igreja e o inequívoco objetivo de assegurar a paz das famílias, fortalecendo e perpetuando as bases de um de seus sacramentos, o sistema adotado foi similar ao que restou definido pelos juristas romanos, consagrando a presunção *pater is est* e dando especial relevo e primazia aos filhos havidos dos sagrados laços do matrimônio, consoante se infere da leitura dos cânones 1.137 a 1.140, do Livro IV – Do Múnus Santificador da Igreja, Parte I — Dos Sacramentos.[9] Por conseguinte, filho legítimo é o que provém de pais casados e merecedor de toda a tutela, ao passo que os chamados filhos naturais eram tratados de forma discriminatória, a fim de se elevar a concepção do casamento indissolúvel e abençoado pela Igreja Católica.

O Código Civil Francês de 1804, agudamente influenciado pelo Direito Canônico e tendo por princípio fundamental a superior defesa da instituição do matrimônio, consagra a diferença entre filiação legítima e ilegítima, com o claro e definido objetivo de "assegurar a paz das famílias".[10] Para os civilistas franceses do século XIX a concepção de família merecedora da proteção do Estado consistia naquela comunidade de sangue fundada no matrimônio. Dessa forma, orientado por uma visão protetiva da família matrimonializada, o legislador francês, aclamando a presunção *pater is est*, confirma a autoridade paternal, conferindo legitimidade

---

[8] FACHIN, Luiz Edson. *Estabelecimento da Filiação e Paternidade Presumida*. Porto Alegre: Sérgio Antônio Fabris Editor, 1992, p. 29.
[9] Cân. 1137 – São legítimos os filhos concebidos ou nascidos de matrimônio válido ou putativo. Cân. 1138 – §1. O pai é aquele que o matrimônio legal demonstra, a não ser que se prove o contrário com argumentos evidentes. §2. Presumem-se legítimos os filhos nascidos ao menos 180 dias depois de celebrado o matrimônio, ou até 300 dias a partir da dissolução da vida conjugal. Cân. 1139 – Os filhos ilegítimos legitimam-se por matrimônio subsequente dos pais, tanto válido como putativo, ou ainda por rescrito da Santa Sé. Cân. 1140 – Os filhos legitimados, no concernente aos efeitos canônicos, equiparam-se em tudo aos legítimos, a não ser que expressamente outra coisa se determine no direito.
[10] FACHIN, Luiz Edson. *Op. cit.*, p. 31.

exclusiva ao marido para contestar a paternidade e estabelecendo um sistema de causas determinadas baseado na enunciação taxativa de motivos capazes de ensejar a sua negação.

Neste contexto, reconhece-se a presunção de paternidade do marido da mãe, protegendo-se a figura do chefe da família matrimonializada, impedindo-se a negação do vínculo de paternidade ocorrida no seio do casamento. Além disso, consagra-se a indivisibilidade do período de concepção, o que significa dizer que, uma vez existente a coabitação conjugal dentro do período legal, efetiva-se a presunção, sem que se permita perquirir sobre o momento exato da verdadeira fecundação, vedando-se a prova de sua data real para a exclusão da paternidade do marido da mãe, em consequente apartamento da verdade biológica e da jurídica, em defesa da família originada sobre as bênçãos do sacramento do matrimônio.

No Brasil, em virtude de as Constituições Federais de 1824 e de 1891 terem, de maneira geral, silenciado sobre a família,[11] encontramos no Código Civil de 1916 o verdadeiro sistema jurídico acerca do direito da filiação até o advento da Constituição Federal de 1988. Ancorado no sistema clássico, o vetusto diploma civil consagrava o princípio da superior defesa da família matrimonializada, com o objetivo de conceder amparo privilegiado à honra e à paz familiar. Seguindo a concepção "nupcialista" de família, o antigo Código estabelecia que o grupo social decorrente do casamento (família matrimonializada) era merecedor da proteção do Estado, em detrimento da filiação havida fora do matrimônio. Refletindo os conceitos da conservadora sociedade brasileira do início do século XX, o anoso Código distinguia a filiação legítima da ilegítima, a primeira formada por filhos concebidos na constância do casamento e a segunda constituída por filhos havidos de uma relação extramatrimonial.[12] Esses últimos poderiam ser classificados

---

[11] Nossa primeira Constituição Federal cuidou apenas "Da Família Imperial, e sua Dotação" "(arts. 105 a 115), enquanto que a Constituição Federal de 1891 tratou da família somente para estabelecer no §4º do art. 72 que "a República só reconhece o casamento civil, cuja celebração será gratuita".

[12] No escólio de Clóvis Beviláqua: "Filiação é a relação que existe entre uma pessôa (o filho) e as que a geraram (o pae e a mãe). É o vínculo que a geração cria entre o filho e os progenitores. É legitima, quando os paes se acham casados no momento da concepção; illegitima, se a união dos genitores não tem consagração na lei. É a concepção na constância do casamento que

como *a) naturais: filhos de pessoas que, não estando ligadas por vínculo matrimonial, na época da concepção, não estavam impedidas de se casar;* e *b) espúrios: filhos de pais impedidos de casar, que poderiam ser b1) adulterinos: filhos de pessoas que estavam impedidas de se casar, em virtude da existência de vínculo matrimonial, de um dos genitores ou de ambos com terceiro; ou b2) incestuosos: filhos de pessoas que estavam impedidas de se casar, em virtude da existência de parentesco.* Havia, ainda, os filhos legitimados, ou seja, aqueles concebidos ou nascidos antes do casamento de seus pais, mas que, por força do ulterior matrimônio de seus progenitores, tornar-se-iam legítimos, pois "o efeito da legitimação é dar aos filhos concebidos extramatrimonialmente a mesma situação jurídica dos legítimos, como se estivessem sido concebidos na constância do casamento".[13]

Outrossim, em congruência com o sistema clássico, o Código de 1916 salvaguardava profundamente a autoridade paternal, consagrando a presunção *pater is est*, presumindo que o marido da mãe é o pai do filho havido na constância do matrimônio (art. 337), além de estabelecer o período legal da concepção (art. 338) e firmar a regra de sua indivisibilidade (art. 341), nos moldes do Código Napoleônico. Além disso, estabeleceu sistema de causas determinadas para a contestação da paternidade, conferindo ao pai, chefe da família, legitimidade exclusiva para a propositura da ação negatória de paternidade (arts. 339, 340 e 344).[14] Além disso, esse sistema patriarcal, rígido em defesa da família matrimonial,

---

determina a legitimidade da filiação. (...)". (*Código Civil dos Estados Unidos do Brasil*, vol. II, 7. ed. atualizada por Achilles Bevilaqua. Rio de Janeiro: Francisco Alves 1943, p. 299).

[13] BEVILÁQUA, Clóvis. *Op. cit.*, p. 319.

[14] "Os factos, que autorizam a contestação da paternidade do filho nascido na constancia do casamento, ou dentro dos prazos legaes da gestação, ou nas condições previstas pelo art. 339, I e II, são: a) A impossibilidade physica da cohabitação dos cônjuges, que se determina pela differença entre o máximo de trezentos dias da gestação e o mínimo de cento e oitenta dias. Se o filho nasceu nesse periodo, é que a sua concepção se deu durante a impossibilidade physica da cohabitação. Essa impossibilidade physica pode resultar: 1º de apartamento se os conjuges se acham em logares distantes, e o espaço intermediario não foi transposto, interrompendo a separação, ou se um dos conjuges estava detido em logar, de onde não pudesse sahir, ou onde não pudesse receber o outro, como uma cellula de prisão publica; 2º de molestia grave, impotencia ou algum accidente (mutilação, operação cirúrgica, etc.), que afaste a possibilidade de geração por parte do marido. b) A impossibilidade moral resultante da separação legal dos conjuges. Por separação legal comprehende-se o desquite e a separação provisória, que o artigo 223 autoriza, como preliminar da acção de annullação do casamento ou de desquite." (BEVILÁQUA, Clóvis. *Op. cit.*, p. 304/305).

estabelecia prazo bastante exíguo para a propositura da ação negatória de paternidade[15] e causas determinadas para a sua investigação (art. 363).

No que se refere à prova da filiação legítima, o antigo Código centrava-se na proteção da família formada pelo casamento, ao dispor que "ninguém poderá vindicar estado contrário ao que resulta do registro de nascimento, salvo provando-se erro ou falsidade de registro" (art. 348). Na sua falta, qualquer modo admissível em Direito, quando houver começo de prova por escrito proveniente dos pais ou quando existirem veementes presunções resultantes de fatos já certos, servirá para provar a legítima filiação, cuja ação compete ao filho.

Por outro lado, pelo sistema do antigo código, o conceito de *posse de estado de filho*[16] não constituía, *de per si*, prova suficiente da filiação legítima, mas uma presunção que deveria estar relacionada a fatos anteriormente estabelecidos para que pudesse ser invocada como prova suficiente da filiação. Dessa forma, para que fosse considerada como prova, era necessário ser *i) certa*, não deixando dúvida sobre sua existência (podendo ser provada por testemunhas ou por qualquer escrito); *ii) constante*, seguida sem lacunas e interrupções, a partir do nascimento do filho até o momento em que se procura prová-la; e *iii) simultaneamente existente*, com relação ao pai como à mãe.[17]

Contudo, ao afastar a verdade legal da verdade biológica, o sistema do Código originou inúmeros problemas, cujas soluções foram sendo alcançadas pela atuação de nossos tribunais, o que acabou por refletir em morosa evolução legislativa. De fato, com o

---

[15] Dois meses, se presente o marido (art. 178, parágrafo 3º), ou três meses, se ausente (art. 178, parágrafo 4º, I).

[16] "A posse de estado é um conjuncto de factos que estabelecem, por presumpção, o reconhecimento da filiação do filho pela família a qual pretende pertencer. Os factos que constituem a posse de estado são em numero de tres: nomem, tractatus, reputatio. Nomem, isto é, o facto do filho ter sempre usado o nome daquelle que elle designa como pae. Tratactus, isto é, o facto de ter sido elle sempre tratado por seus pretendidos paes como seu filho, educando-o e tratando-o como tal. Reputatio, isto é, o facto de ser elle considerado como filho dos paes que elle pretende ter na sociedade e na familia" (SANTOS, J. M. Carvalho. *Código Civil Brasileiro Interpretado*, vol. V. 2. ed. Rio de Janeiro: Freitas Bastos, 1937, p. 381.

[17] SANTOS, J. M. Carvalho. *Op. cit.*, p. 382.

Decreto-Lei nº 3.200, de 1941, é possível verificar um movimento em prol da filiação ilegítima, por força da redação de seu art. 14, ao dispor que não se faça menção aos filhos ilegítimos salvo a requerimento do interessado ou em virtude de decisão judicial. Já pelo Decreto-Lei nº 4.737, de 1942, o filho havido pelo cônjuge fora do matrimônio podia, depois do desquite, ser reconhecido ou demandar que se declarasse a sua filiação. A Lei nº 883, de 1949, a seu turno, propiciou o abrandamento do rigor do art. 358 do Código Civil de 1916, ao permitir a qualquer dos cônjuges o reconhecimento do filho havido fora do matrimônio e, ao filho, a ação para que se lhe declare a filiação, depois de dissolvida a sociedade conjugal. E com a Lei do Divórcio (Lei nº 6.515, de 1977), outra significativa conquista foi alcançada, pelo disposto em seu artigo 51, que introduziu o parágrafo 1º na Lei nº 883/1949 para determinar que, "ainda na vigência do casamento, qualquer dos cônjuges poderá reconhecer o filho havido fora do matrimônio, em testamento cerrado, aprovado antes ou depois do nascimento do filho, e, nessa parte, irrevogável". Posteriormente, um segundo parágrafo foi introduzido no artigo 1º da Lei nº 883/1949, pelo disposto na Lei nº 7.250, de 1984, para estabelecer que, "mediante sentença transitada em julgado, o filho havido fora do matrimônio poderá ser reconhecido pelo cônjuge separado de fato há mais de 5 (cinco) anos contínuos".

Porém, foi apenas com a Constituição Federal de 1988 que ocorreu a ruptura com o sistema clássico e a adoção de uma nova concepção de família, baseada na relação afetiva de seus membros e no desenvolvimento de sua personalidade,[18] pondo fim à longa história de discriminações.

---

[18] Neste sentido, preciosas as palavras de Gustavo Tepedino: "A grande novidade em termos hermenêuticos, cristalizada na Constituição, embora já enunciada pelo revogado Código do Menor de 1979, conforme adiante melhor se colocará em destaque, constitui-se no deslocamento do objeto da tutela jurídica no âmbito do direito de família. A disciplina jurídica da família e da filiação antes se voltava para a máxima proteção da paz doméstica, considerando-se a família como um bem em si mesmo, enaltecida como instituição essencial. Hoje, ao revés, não se pode ter dúvida quanto à funcionalização da família para o desenvolvimento da personalidade de seus membros, devendo a comunidade familiar ser preservada (apenas) como instrumento de tutela da dignidade da pessoa humana e, em particular, da criança e do adolescente. Assim dispõem os princípios constitucionais, bem como o revogado artigo 5º do Código de Menores e o art. 6º da atual Lei nº 8.069/90" (TEPEDINO, Gustavo. A Disciplina Jurídica da Filiação. *In:* TEIXEIRA, Sálvio de Figueiredo (Coord.). *Direitos de Família e do Menor.* Belo Horizonte: Del Rey, 1993, p. 231).

3 O novo paradigma constitucional e a tutela das relações socioafetivas: da consolidação da afetividade como princípio fundamental das relações familiares ao reconhecimento da multiparentalidade

Ao romper com a concepção matrimonializada de família e a deliberada intenção de proteger os filhos havidos do casamento, a Constituição Federal de 1988 estendeu a proteção do Estado a todas as entidades familiares – qualquer que seja a sua origem –, consoante se infere da redação do *caput* de seu artigo 226. Esta família, objeto de especial proteção do Estado, pode ter sua origem no matrimônio ou fora dele, eis que estruturada nas relações afetivas e na dignidade de seus integrantes e não apenas no vínculo matrimonial. Consagra-se, deste modo, a trajetória de uma estrutura institucionalista para um regime solto, voltado para o bem-estar e para a dignidade do indivíduo que integra o núcleo familiar, consolidando-se a "passagem de um organismo preordenado a fins externos para um núcleo de companheirismo a serviço das próprias pessoas que a constituem".[19] Assim, opera-se a ruptura com o sistema patrimonialista de antanho para se adotar novo paradigma, existencialista, cujo princípio fundamental consiste na tutela da dignidade humana.

Neste contexto, a família deixa de possuir valor e significado *de per si*, enquanto "estrutura em que os indivíduos estejam submetidos a fins do entorno social que os envolvia, particularmente o Estado e a Igreja",[20] para constituir o *locus* privilegiado para o desenvolvimento da dignidade de seus integrantes, através da solidificação de seus laços afetivos e da liberdade para desenvolver projetos pessoais,[21]

---

[19] VILLELA, João Baptista. "Família Hoje", entrevista concedida a Leonardo de Andrade Mattietto. *In:* BARRETTO, Vicente (Org.). *A Nova Família*: Problemas e Perspectivas. Rio de Janeiro: Renovar, 1997, p. 71.
[20] VILLELA, João Baptista. "Família Hoje", *Op. cit.*, p. 71.
[21] LÔBO, Paulo. Entidades Familiares Constitucionalizadas: Para além do *numerus clausulus*. *In:* Anais do III Congresso Brasileiro de Direito de Família – Família e Cidadania – O Novo CCB e a Vacatio Legis, Belo Horizonte, União OAB/MG – Instituto Brasileiro de Direito de Família – IBDFAM, 2000, p. 96.

cabendo ao Estado promover a sua proteção e criar condições que permitam a realização pessoal dos componentes do núcleo familiar.[22]

O cerne dessa família concentra-se nas relações pessoais e afetivas de seus integrantes,[23] em uma convivência livre de preconceitos e de restrições legais, com vistas ao fortalecimento dos vínculos de solidariedade, afetividade, amor, companheirismo e igualdade. Ao Estado cabe a preservação dos valores que fundamentam a família, a fim de assegurar sua proteção e assistência, sem que isso signifique interferir na liberdade individual dos membros componentes do núcleo familiar.[24] Cumpre-lhe, pois, garantir a assistência à família, assim como zelar pelas relações familiares, preservando as estruturas que compõem o núcleo central da sociedade[25] e tutelando a pessoa humana e a sua dignidade,[26] tornando-se descabidas normas de exclusão ou

---

[22] Sobre a realização dos integrantes da entidade familiar, ensina Ricardo Lucas Calderón que a pedra de toque dos relacionamentos interpessoais "foi o novo papel conferido à *subjetividade*, pelo qual se permitiu à pessoa amplas possibilidades de busca pela sua realização, valor que passou a prevalecer sobre outros interesses. Reduziram-se as funções econômicas, políticas, religiosas e sociais e, paralelamente, emergiu o respeito pela busca da realização individual de cada um, em que assume relevo a função eudemonista". *Princípio da Afetividade no Direito de Família*. Rio de Janeiro: Renovar, 2013, p. 9/10.

[23] "Ao contrário do que foi no passado, a família expressa, por assim dizer, um espaço em que cada um busca a realização de si mesmo, através do outro ou de outros" (VILLELA, João Baptista. "Família Hoje", *Op. cit.*, p. 71).

[24] "A delineada função serviente da familia, assim como de qualquer outra formação social, explica o papel da intervenção do Estado na comunidade familiar. Ela se traduz, em geral, na necessidade de que seja respeitado o valor da pessoa na vida interna da comunidade familiar" (PERLINGIERI, Pietro. *Perfis do Direito Civil* – Introdução ao Direito Civil Constitucional. Rio de Janeiro: Renovar, trad. Maria Cristina De Cicco, 1999, p. 246).

[25] Para Álvaro Villaça Azevedo "a maior função do Estado é de preservar o organismo familial sobre que repousam suas bases. Cada família que se desprotege, cada família que se vê despojada, a ponto de inseguar-se quanto a sua própria preservação, causa, ou pelo menos deve causar, ao Estado um sentimento de responsabilidade fazendo-o despertar a uma realidade, que clama por uma recuperação. O dever de proteção geral aos indivíduos cabe ao mesmo Estado que deve intervir; sempre, para coibir os excessos, para impedir a colisão de interesses, acentuando a salvaguarda dos coletivos mais do que dos particulares, para limitar uma liberdade de ação, para que ela não fira a alheia, ainda mais quando for letal esse ferimento de quebra de uma estrutura de que dependem todos (*Estatuto da Família de Fato*. 1. ed. São Paulo: Jurídica Brasileira, 2001, p. 267).

[26] "As pessoas são tuteladas pelo Direito, dentro da família, porque esta é um organismo destinado a promover e garantir a dignidade da pessoa e o pleno desenvolvimento de todas as suas virtualidades, ou seja, *lugar de tutela da vida e da pessoa humana*" (PELUSO, Antonio Cezar. A Culpa na Separação e no Divórcio (Contribuição para uma revisão legislativa). *In:* NAZARETH, Eliana Riberti; MOTTA, Maria Antonieta Pisano (Coord.). Direito de Família e Ciências Humanas. *Caderno de Estudos nº 2*, São Paulo, Jurídica Brasileira, 1998, p. 49).

que visem a dirigir a família, posto afrontarem o Direito de Família em sua concepção eudemonista.[27]

Como se vê, o sistema constitucional afastou-se do dirigismo estatal para determinar a tutela das entidades familiares em suas variadas concepções, reconhecendo-se uma família pluralizada, democrática e igualitária, independentemente da opção sexual de seus componentes, em que se prestigia o afeto, o amor, o companheirismo e a solidariedade,[28] consagrando-se outra concepção de família, bastante diversa daquela sancionada pelo Código Civil Francês de 1804 e pelo nosso Código Civil de 1916.

Neste contexto, o art. 227 da Constituição Federal, em seu §6º, consagra o princípio da igualdade de filiação, sepultando o sistema patriarcal e a inclemente distinção entre filiação legítima e ilegítima, proibindo expressamente qualquer forma de discriminação entre filhos e sancionando o estatuto unitário da filiação, o princípio da paternidade responsável e a tutela do superior interesse da criança e do adolescente, em razão de sua condição peculiar de pessoa em desenvolvimento.[29] Além disso, ampliou-se a legitimação para a propositura da ação investigatória de paternidade, permitindo-se ao filho havido fora do casamento ser reconhecido ou demandar o reconhecimento ainda durante a vigência da sociedade conjugal.

O sistema constitucional também impõe aos pais o dever de sustento, guarda e educação dos filhos menores, cabendo-lhes ainda, no interesse destes, a obrigação de cumprir e fazer cumprir

---

[27] "Não são, portanto, os interesses supremos e orgânicos do Estado, que devam predeterminar a visão e a ordenação jurídica da família, senão os interesses concretos das pessoas em busca da realização pessoal, na situação de família" (PELUSO, Antonio Cezar. "A Culpa na Separação e no Divórcio (Contribuição para uma revisão legislativa)", *Op. cit.*, p. 49).

[28] "A antiga concepção jurídica do instituto, exclusivamente calcada no matrimônio, foi progressivamente substituída pelas chamadas "entidades familiares", expressão plúrima que pretende conjugar situações tão distintas quanto variadas, incluindo, em listagem sempre crescente, as famílias monoparentais, as uniões homoafetivas, a família matrimonial, as uniões estáveis, as famílias recompostas, as famílias anaparentais, e assim por diante" (SCHREIBER, Anderson. *Direito Civil e Constituição*. São Paulo: Atlas, 2013, p. 298).

[29] "O artigo 227, §6º, da Constituição Federal veio para terminar com o odioso período da completa discriminação da filiação no Direito brasileiro, por cuja síndrome viveu toda a sociedade brasileira, e sua história legislativa construiu patamares discriminando os filhos pela união legítima ou ilegítima dos pais, conforma a prole fosse constituída pelo casamento ou fora dele" (MADALENO, Rolf. *Curso de Direito de Família*. 5. ed. Rio de Janeiro: Forense, 2013, p. 485).

as determinações judiciais, assentando-se o dever de cuidado,[30] o dever de zelar pela plena formação de seus filhos, velando por sua integridade física e psíquica e contribuindo para o seu sadio desenvolvimento,[31] com vistas à promoção de sua proteção integral, escopo fundamental de sua tutela.

A Constituição de 1988 promoveu profunda reforma no Direito Infantojuvenil ao incorporar ao nosso ordenamento a doutrina sociojurídica da proteção integral proposta pela Organização das Nações Unidas, em que a tutela conferida ao menor de 18 anos deve se fundar no respeito à individualidade, na consideração recíproca e na equidade, de forma a possibilitar a consecução do bem-estar social e da plenitude da vida da criança e do adolescente. Sob essa ótica, busca-se a realização pessoal do infante e do adolescente, respeitando-se sua condição peculiar de pessoa em desenvolvimento, através da tutela de sua dignidade, em observância aos princípios da proteção integral, afetividade, solidariedade, igualdade e liberdade.

---

[30] Sobre o dever de cuidado, merece destaque a decisão proferida no REsp 1159242/SP: CIVIL E PROCESSUAL CIVIL. FAMÍLIA. ABANDONO AFETIVO. COMPENSAÇÃO POR DANO MORAL. POSSIBILIDADE. 1. Inexistem restrições legais à aplicação das regras concernentes à responsabilidade civil e o consequente dever de indenizar/compensar no Direito de Família. 2. O cuidado como valor jurídico objetivo está incorporado no ordenamento jurídico brasileiro não com essa expressão, mas com locuções e termos que manifestam suas diversas desinências, como se observa do art. 227 da CF/88. 3. Comprovar que a imposição legal de cuidar da prole foi descumprida implica em se reconhecer a ocorrência de ilicitude civil, sob a forma de omissão. Isso porque o *non facere*, que atinge um bem juridicamente tutelado, leia-se, o necessário dever de criação, educação e companhia – de cuidado – importa em vulneração da imposição legal, exsurgindo, daí, a possibilidade de se pleitear compensação por danos morais por abandono psicológico. 4. Apesar das inúmeras hipóteses que minimizam a possibilidade de pleno cuidado de um dos genitores em relação à sua prole, existe um núcleo mínimo de cuidados parentais que, para além do mero cumprimento da lei, garantam aos filhos, ao menos quanto à afetividade, condições para uma adequada formação psicológica e inserção social. 5. A caracterização do abandono afetivo, a existência de excludentes ou, ainda, fatores atenuantes – por demandarem revolvimento de matéria fática – não podem ser objeto de reavaliação na estreita via do recurso especial. 6. A alteração do valor fixado a título de compensação por danos morais é possível, em recurso especial, nas hipóteses em que a quantia estipulada pelo Tribunal de origem revela-se irrisória ou exagerada. 7. Recurso especial parcialmente provido. (REsp 1159242/SP, Rel. Ministra NANCY ANDRIGHI, TERCEIRA TURMA, julgado em 24.04.2012, DJe 10.05.2012).

[31] Nesse sentido, ressalva Luiz Edson Fachin que a família não consiste apenas na "liberdade de encetar um projeto parental. Sob a ótica dos filhos, consiste, isso sim, num direito básico de ter família e crescer num ambiente digno e sadio, ao menos o atendimento de suas necessidades fundamentais: habitação, saúde e educação" (LIRA, Ricardo Pereira (Coord.). *Elementos Críticos do Direito de Família*: Curso de Direito Civil. Rio de Janeiro: Renovar, 1999, p. 42/43).

Em consonância com o sistema instituído pela Constituição Federal de 1988, a Lei nº 7.841, de 1989, revogou expressamente o artigo 358 do Código Civil de 1916.

A Lei nº 8.069, de 1990 – Estatuto da Criança e do Adolescente, por seu turno, veio confirmar os princípios consagrados por nossa Lei Maior, estabelecendo a tutela incondicionada da formação da personalidade da criança e do adolescente, e assegurando-lhes todas as oportunidades e facilidades, a fim de lhes facultar o desenvolvimento físico, mental, moral, espiritual e social, em condições de liberdade e de dignidade. O melhor interesse da criança e do adolescente reside primordialmente na sua manutenção no seio da família nuclear, "num direito básico de ter família e crescer num ambiente digno e sadio, ao menos com o atendimento de suas necessidades fundamentais: habitação, saúde e educação".[32] Por essa razão, o sistema jurídico brasileiro ampara o direito fundamental à convivência familiar e comunitária, seja na expressa disposição do *caput* do art. 227 da norma constitucional, seja nas diretrizes dos artigos 19 a 52 do Estatuto da Criança e do Adolescente, que institui regras acerca da a) família natural, b) família extensa ou ampliada[33] e c) família substituta.

Em conformidade com a doutrina da proteção integral, dispõe o ECA que a manutenção ou a reintegração de criança ou adolescente à sua família terá preferência em relação a qualquer outra providência, além de garantir a convivência com a mãe ou o pai privado de liberdade. Reconhece-se, ainda, que o poder familiar será exercido, em igualdade de condições, pelo pai e pela mãe, na forma do que dispuser a legislação civil, assegurado a qualquer deles o direito de, em caso de discordância, recorrer à autoridade judiciária competente para a solução da divergência.

No que se refere à filiação, verifica-se estreita conformação com o sistema constitucional, consubstanciada pela irrestrita legitimação processual do filho para a investigação de paternidade. Ademais, o Estatuto da Criança e do Adolescente autoriza o reconhecimento dos filhos havidos fora do casamento, no próprio

---

[32] FACHIN, Luiz Edson. *Elementos Críticos do Direito de Família*: Curso de Direito Civil. *Op. cit.*, p. 42/43.
[33] Incluída pela Lei nº 12.010/09.

termo de nascimento, por testamento, mediante escritura ou outro documento público, qualquer que seja a origem da filiação, determinando expressamente, em seu art. 27, que o reconhecimento do estado de filiação "é direito personalíssimo, indisponível e imprescritível, podendo ser exercitado contra os pais ou seus herdeiros, sem qualquer restrição".

Posteriormente, a Lei nº 8.560, de 1992, introduziu a averiguação oficiosa da paternidade, estabelecendo que o escrito particular é válido para a perfilhação, bem como manifestação expressa e direta perante o juiz (art. 1º, incisos II e IV), determinando que no registro de nascimento em que somente a maternidade esteja estabelecida caberá ao oficial remeter ao juiz certidão integral do registro e a qualificação do suposto pai para que se promova a devida averiguação, além de conferir legitimidade ao Ministério Público para a propositura de ação de investigação de paternidade (parágrafo 4º, art. 1º).

O Código Civil de 2002, todavia, manteve a base do sistema relacionado à filiação fundada na proteção da autoridade paternal, insistindo na manutenção de um sistema de causas determinadas (art. 1.597),[34] conjugado com a exclusiva legitimação do marido para a contestação da paternidade, sedo tal ação imprescritível (art. 1.601),[35] afirmando expressamente que a confissão materna não é suficiente para exclui-la (art. 1.602), além de fazer menção à vetusta expressão "adultério da mulher" (art. 1.600), dispondo que a sua efetivação por si só não constitui motivo suficiente para ilidir a presunção de paternidade.

Neste diapasão, verifica-se que o Código ainda se encontra atrelado à presunção *pater is est*,[36] remetendo ao antigo sistema pautado

---

[34] "O Código atual insiste em manter presunções de paternidade. Além de repetir o elenco da legislação pretérita, foram criadas novas formas de presunções nas hipóteses de inseminação artificial. Presumem-se concebidos na constância do casamento os filhos havidos por fecundação artificial homóloga, mesmo que falecido o marido, e ainda que se trate de embriões excedentários (CC 1.597 III e IV). Igualmente, é ficta a filiação nas hipóteses de inseminação artificial heteróloga, desde que tenha havido prévia autorização do marido" (CC 1.597 V). (DIAS, Maria Berenice. *Manual de Direito das Famílias*. 10. ed. revista e atualizada. São Paulo: RT, 2015, p. 388).

[35] "O art. 1601 do Código Civil é um dos dispositivos mais criticados da legislação emergente" (TARTUCE, Flávio. *Direito Civil*: Direito de Família. V. 5. 12. ed. Rio de Janeiro: Forense, 2017, p. 442).

[36] "A presunção *pater is est* não resolve o problema mais comum, que é o da atribuição da paternidade, quando não houve e nem há coabitação. Por outro lado, e por sua própria

pela máxima *mater semper certa est*, afastado da realidade de nossos dias,[37] em que os avanços da tecnologia e da medicina permitem situações como a denominada *gestação de substituição*[38] ou outras técnicas de reprodução assistida que afastam a certeza da maternidade.[39]

Outrossim, o atual diploma civil mantém a presunção de paternidade apenas para os filhos de pais casados, em disposição apartada da diretriz constitucional de tutela das distintas entidades familiares.[40] Na verdade, ainda persistem no Código referências à família matrimonial e à extramatrimonial, como se verifica, por exemplo, em seu art. 1.596 ou na disposição do art. 1.607, em reminiscência ao antigo sistema clássico. Ademais, os filhos havidos de uma relação entre pais não casados dependem do comparecimento do pai no ato do registro, o que não ocorre com aqueles cujos pais sejam casados, o que evidencia inequívoca diferenciação entre filhos havidos do casamento ou fora dele.[41]

---

natureza, a presunção parte da exigência da fidelidade da mulher, pois a do marido não é a necessária para que ela ocorra, circunstância que, para muitos, a incompatibiliza com o §5º do art. 226 da Constituição, para o qual "os direitos e deveres referentes à sociedade conjugal são exercidos igualmente pelo homem e pela mulher" (LÔBO, Paulo. *Direito Civil*: Famílias. 7. ed. São Paulo: Saraiva, 2017, p. 215).

[37] Sobre o tema, Flávio Tartuce ressalva que o artigo 1.597 está amparado na velha máxima latina *mater semper certa est et pater is est quem nuptiae demonstrant*, que pode ser resumida da seguinte forma: *a maternidade sempre é certa, a paternidade é presunção que decorre da situação de casados*. É fundamental ressaltar que essa máxima perdeu relevância prática. Ora, a maternidade nem sempre é certa, pois pode ocorrer a troca ou subtração de recém-nascidos em maternidades, a motivar eventual ação de investigação de maternidade (*Direito Civil*: Direito de Família. *Op. cit.*, p. 418).

[38] Técnica de reprodução assistida prevista pela Resolução CFM nº 2.121/2015, que também faz referência (a nosso ver equivocada) à doação temporária de útero.

[39] No ano passado diversos veículos noticiaram o nascimento de um bebê que possuía o material genético de três pessoas distintas, conforme se verifica por trecho de notícia veiculada na versão digital do jornal A Folha de São Paulo: "Nasceu há cinco meses no México o primeiro bebê gerado por uma técnica que pode permitir que mães com doenças genéticas nas mitocôndrias (usinas energéticas das células) tenham filhos. O feito, conduzido por médicos dos Estados Unidos, se aproveitou da ausência de legislação específica no país ao sul de sua fronteira. No ano passado, o Reino Unido foi o primeiro país a regulamentar a prática, exatamente para esse tipo de situação". (Disponível em: http://www1.folha.uol.com.br/equilibrioesaude/2016/09/1817262-nasce-primeiro-bebe-que-incorpora-o-dna-de-tres-pais.shtml, acesso em: 26 mar. 2017).

[40] "Todavia, de modo inexplicável, o legislador-codificador manteve uma presunção de paternidade (art. 1.597) somente para os filhos nascidos de pessoas casadas, ignorando a existência da pluralidade de núcleos familiares, protegida, de forma expressa, pela Constituição Federal" (FARIAS, Cristiano Chaves de; ROSENVALD, Nelson. *Curso de Direito Civil*: Direito das Famílias. V. 6. 7. ed. São Paulo: Atlas, 2015, p. 540).

[41] "Portanto, segue existindo uma clara distinção entre filhos conjugais e extraconjugais, cujas qualificações diferenciadas subsistem no texto legal e estão longe de apenas balizar

Neste sentido, ensina Rolf Madaleno que "a presunção de paternidade do marido satisfaz exclusivamente um interesse social de proteção da família constituída pelo casamento, em detrimento inconciliável da família extramatrimonial", pressupondo ausente a sinceridade da gestante que vive em união estável com o pai da criança e por essa razão está impedida de registrar seu filho e no cartório indicar o nome do genitor.[42] Isso porque, nos casos em que a mãe é casada, admite-se a indicação do nome do pai, em razão da presunção de paternidade do art. 1.597 do Código Civil. Porém, nas situações em que a genitora não é casada com o pai da criança, impõe-se que o genitor expressamente a reconheça como filho ou que seja intentada a competente ação de investigação de paternidade.

Por outro lado, a leitura do art. 1.600 do Código Civil demonstra evidente desequilíbrio no tratamento dado ao dever de fidelidade por parte do marido e da mulher, a despeito do princípio constitucional da igualdade entre os cônjuges (art. 226, §5º), fato este objeto de críticas por parte da doutrina,[43] com as quais conjugamos, eis que o dispositivo em comento se refere ao adultério da mulher casada, remetendo ao tipo penal do já revogado artigo 240 do Código Penal brasileiro,[44] além de afastar a confissão da mulher

---

diferentes realidades fáticas, pois até hoje continuam sendo privilegiados pela presunção de paternidade os filhos do casamento, cujo benefício do registro materno não gozam os filhos das relações extramatrimoniais, pois estes ainda dependem do comparecimento do pai no ato registral, ou de seu expresso reconhecimento parental, nos termos do artigo 1.609 do Código Civil" (MADALENO, Rolf. Curso de Direito de Família. 5. ed. Rio de Janeiro: Forense, 2013, p. 485).

[42] MADALENO, Rolf. *Curso de Direito de Família. Op. cit.*, p. 520.

[43] "Mas o que a lei presume, de fato, nem é o estado de filiação, é a fidelidade da esposa ao seu marido. Com base no 'dever' de fidelidade da mulher, e não na sua fidelidade 'efetiva', é que se formou a regra *pater is est*. Presumida a fidelidade da mulher a paternidade torna-se certa. Com isso regula-se a geração de sucessores. Há justificativas históricas para essa certeza. A mulher era obrigada a casar virgem, não podia trabalhar, ficava confinada no lar cuidando do marido, a quem devia respeito e obediência. Claro que seus filhos só podiam ser do marido!" (DIAS, Maria Berenice. *Manual de Direito das Famílias. Op. cit.*, p. 388). "Sob o ponto de vista da família socioafetiva prezada pela Constituição, que relativiza a origem biológica, essa presunção não é determinante da paternidade ou da filiação, pois independentemente da fidelidade da mulher, pai é o marido ou o companheiro que aceita a paternidade do filho, ainda que nascido antes do prazo de cento e oitenta dias do início da convivência, sem questionar a origem genética, consolidando-se o estado de filiação. Não se deve esquecer que a origem dessa presunção, e sua própria razão de ser, antes da Constituição, era a atribuição da legitimidade ou ilegitimidade da filiação" (LÔBO, Paulo. *Direito Civil*: Famílias. *Op. cit.*, p. 217).

[44] Revogado pela Lei nº 11.106, de 2005.

pelo simples fato da condição feminina, em descabida violação ao princípio constitucional da isonomia.[45]

Ainda no que tange à disciplina da filiação, o Código Civil dispõe em seu art. 1.596 que os havidos ou não da relação de casamento, ou por adoção, terão os mesmos direitos e qualificações, proibindo quaisquer designações discriminatórias relativas à filiação, nos exatos termos do art. 227, §6º, da Constituição de 1988. Por conseguinte, afasta-se a distinção entre filhos, estabelecendo que todos possuem os mesmos direitos e proibindo qualquer forma discriminatória de designação e impondo que sejam designados apenas como *filhos*, sem adjetivos ou qualquer outra forma de identificação. Assim, "não há mais filho adotivo, mas adoção, entendida como meio para filiação, que é única. A partir do momento em que a adoção se conclui com a sentença judicial e o registro de nascimento, o adotado se converte integralmente em filho".[46]

No entanto, apesar de a adoção ser plena e, consequentemente, o adotado adquirir a condição de filho em sua completude, o atual Código mantém alguns resquícios do Código de 1916, ao ressalvar a diferença entre adotado e filho, especialmente ao disciplinar os impedimentos matrimoniais. Isso porque, pela redação do inciso III do art. 1.521, proíbe-se o casamento "do adotante com quem foi cônjuge do adotado e do adotado com quem o foi do adotante", desconsiderando-se o fato de que a condição de filho acarreta o parentesco por afinidade previsto no inciso II, além da vedação constitucional a distintas qualificações entre filhos. O mesmo se diga da regra do inciso V, do mesmo artigo, que veda o casamento "do adotado com o filho do adotante", como se eles não fossem irmãos, também proibidos de casar pela regra do inciso IV.

Como se vê, o Código Civil possui dispositivos ainda atrelados ao sistema anterior ao advento da Constituição Federal de 1988 e

---

[45] Em comentário ao art. 1.600 do Código Civil, Maria Berenice Dias salienta que "não pode deixar de reconhecer que se trata de regra de flagrante inconstitucionalidade, pois desatende ao princípio da isonomia, além de revelar injustificável conservadorismo e preconceito: simplesmente ignora a confissão de alguém pela sua condição de mulher" (DIAS, Maria Berenice. *Manual de Direito das Famílias. Op cit.*, p. 396).
[46] LÔBO, Paulo. *Código Civil Comentado*: Direito de Família, Relações de Parentesco. Direito Patrimonial: Artigos 1.591 a 1.693 (coord. Álvaro Villaça Azevedo). v. XVI, São Paulo: Atlas, 2003, p. 143.

incapazes de responder às demandas decorrentes da dinâmica das relações afetivas de nossos tempos.[47] Não se pretende com isso afirmar que nosso diploma civil contenha somente disposições ultrapassadas e inaptas a permitir o reconhecimento da afetividade como fundamento da parentalidade. Pelo contrário, encontram-se na codificação civil dispositivos que permitem a tutela das relações de parentesco para além dos vínculos jurídicos ou meramente sanguíneos. Nesse sentido, ensina Paulo Lôbo que, ao definir o parentesco como natural ou civil, o art. 1.593 remete o parentesco civil a *outra origem*, "cujas espécies se enquadram na genérica expressão da socioafetividade, além do parentesco por afinidade".[48] Essa também é a opinião de Maria Berenice Dias, ao afirmar que "a filiação que resulta da posse de estado de filho constitui modalidade de parentesco civil de 'outra origem', isto é, de origem afetiva (art. 1.593)".[49] Impõe-se que a norma codificada seja interpretada de acordo com o sistema jurídico constitucional, com vistas a se promover sua leitura em consonância com a base axiológica de nosso ordenamento.[50]

Nesse contexto, pode-se afirmar que a paternidade se constrói através da relação continuada estabelecida entre o filho e aquele que representa a figura paterna. Essa conclusão leva à ideia da posse do estado de filho, cujo conceito está intrinsecamente ligado à socioafetividade, não se limitando, unicamente, à consanguinidade. Como ensina Luiz Edson Fachin, as qualidades que devem estar presentes na posse de estado são a publicidade, a continuidade e a

---

[47] Nesse sentido, Marcos Catalan ressalva que "as dicotomias impregnadas ao pensamento científico e o reducionismo cartesiano, amalgamado à arquitetura jurídica das codificações civis da Europa e da América do Sul – tanto as do ontem, como as de hoje –, certamente, estão entre os pilares de sustentação de um Direito disseminador de "uma tutela genérica e ineficaz" que ora ignora a existência de realidades jurídicas merecedoras de atenção e ora interfere em contextos nos quais não teria por que se imiscuir (FACHIN, 2011, p. 6)". (*In: Um ensaio sobre a Multiparentalidade*: Explorando no ontem pegadas que levarão ao amanhã. *Op. cit.*, p. 144).
[48] LÔBO, Paulo. *Direito Civil*: Famílias. *Op. cit.*, p. 202.
[49] DIAS, Maria Berenice. *Manual de Direito das Famílias*. *Op. cit.*, p. 406.
[50] Ricardo Lucas Calderón ressalva que a interpretação da norma codificada "deve conciliar as categorias privadas ao projeto constitucional vigente, bem como adaptá-las às peculiaridades histórico-sociais do presente. Um leitura sistemático-axiológico-constitucional na apreciação dos institutos do direito civil adotados em 2002 pode permitir que eles cumpram a sua função constitucional emancipatória e solidária" (*Princípio da Afetividade no Direito de Família. Op. cit.*, p. 245).

ausência de equívoco. A primeira reside na objetiva visibilidade da posse de estado no ambiente social, fato esse que também deve ser contínuo e apresentar uma certa duração que revele estabilidade, consubstanciando-se a segunda qualificação necessária à sua comprovação. Enfim, esses fatos, dos quais se extrai a existência da posse de estado, não devem causar dúvida ou equívoco.[51]

Dessa forma, a posse de estado de filho não deve sofrer interrupção e a sua prova pode se dar por todos os meios admitidos em Direito, posto buscar-se adequar a realidade jurídica à verdade social, partindo-se do princípio de que a paternidade se molda por uma relação fundada em amor, afeto, respeito, amparo e solidariedade. Isso significa dizer que a posse de estado de filho não deve se restringir a meio de prova da filiação na falta ou defeito do termo de nascimento, mas deve servir para confirmar o vínculo da filiação, que tem sua origem em uma relação sociológico-afetiva entre pai e filho. "A filiação socioafetiva assenta-se no reconhecimento da posse de estado de filho: a crença na condição de filho fundada em laços de afeto".[52]

As relações de parentalidade não devem estar condicionadas ao vínculo biológico, eis que apresentam amplitude muito maior do que a verdade estabelecida pelos códigos genéticos. Apesar de o exame de DNA permitir determinar a existência do vínculo biológico com extremado grau de confiabilidade, cabe indagar se essa elevada fiabilidade responde aos problemas relacionados à filiação? Resume-se a paternidade a um liame exclusivamente biológico? O sangue deve prevalecer sobre as relações socioafetivas? Se chegarmos a uma resposta afirmativa, ou seja, a da tirania do exame de DNA, certamente encontraremos situações em que o pai genético não mantém quaisquer relações com seu filho e, às vezes, sequer o conhece. Como exemplo dessa situação, podemos citar hipóteses em que o casal recorre às técnicas de reprodução assistida, como aquela em que a mulher, com o objetivo de concretizar o sonho da maternidade e em virtude de ter esposado um marido estéril, submete-se à inseminação heteróloga (sêmen de terceiro), sem o consentimento de seu consorte. Este, uma vez ciente do fato,

---

[51] FACHIN, Luiz Edson. *Estabelecimento da Filiação e Paternidade Presumida. Op. cit.*, p. 157/158.
[52] DIAS, Maria Berenice. *Manual de Direito das Famílias. Op. cit.*, p. 405.

abandona a esposa, antes do nascimento do filho, por não haver consentido com sua atitude. Separada de fato e não de direito, a mulher une-se a outro homem, que recebe o filho como se fosse seu, amparando-o e amando-o como o verdadeiro pai. Encontramo-nos, agora, diante de uma situação ímpar, pois pelo sistema legal vigente, o pai da criança é o marido da mãe (presunção *pater is est*). Já o pai genético (verdade biológica) é aquele que doou o sêmen para a inseminação *in vitro*. No entanto, aos olhos da criança, o verdadeiro pai é o novo companheiro da mãe, pessoa que estabeleceu uma relação afetiva, responsável e duradoura.

Sobre o tema, Rolf Madaleno ressalva a importância de se distinguir o direito de se conhecer a origem genética[53] da socioafetividade, a fim de permitir ao filho conhecer sua ascendência consanguínea, sem, contudo, desconstituir a paternidade ou a maternidade socioafetiva, pois o investigante "vai apenas investigar o doador do material genético que lhe deu origem e existência, vai conhecer sua identidade estática ao exercer o direito ao conhecimento de sua vida íntima", mas não modificará a sua relação familiar, "porque família ele já tem e neste núcleo construiu sua identidade dinâmica".[54] Paulo Lôbo, por sua vez, salienta que "o direito ao conhecimento da origem genética não está coligado necessária ou exclusivamente à presunção de filiação e paternidade", eis que sua sede encontra-se no direito da personalidade, na espécie direito à vida, do qual é titular toda pessoa humana, posto "as ciências biológicas ressaltarem a relação entre medidas preventivas de saúde e ocorrências de doenças em parentes próximos, além de integrar o núcleo da identidade pessoal, que não se resume ao nome". Entretanto, segundo seus ensinamentos, não há que se confundir

---

[53] "O direito ao conhecimento das origens genéticas teve seu nascedouro nos tribunais alemães que o reconhecem como um direito fundamental à personalidade da pessoa, como sucedeu na sentença *Landsgerichts Münster*, de 21 de fevereiro de 1990, onde uma filha exigiu que a mãe revelasse a identidade de seu pai biológico. (...) A Justiça alemã acolheu o pedido da filha, que estaria dentro de seu legítimo direito de conhecer a sua origem e, embora considerasse relevante o direito da mãe querer preservar sua intimidade e a identidade dos protagonistas de seus relacionamentos sexuais, não podia haver dúvida de que o direito da criança antecede os direitos de seus pais e, portanto, a mãe tem a obrigação de informar o nome do pai biológico da filha". (MADALENO, Rolf. *Curso de Direito de Família*. Op. cit., p. 502).

[54] MADALENO, Rolf. *Curso de Direito de Família*. Op. cit., p. 502-506.

a *identidade genética* com a *identidade da filiação*, pois os direitos dos filhos à convivência familiar, assegurado como prioridade absoluta pela norma do §6º da Constituição Federal de 1988 e "construído no dia a dia das relações afetivas, não pode ser prejudicado por razões de origem biológica".[55]

O art. 48 do Estatuto da Criança e do Adolescente estabelece que "o adotado tem direito de conhecer sua origem biológica",[56] o que não significa dizer permitir a desconstituição do vínculo de parentesco estabelecido pela adoção para se promover a reintegração do adotado à sua família biológica, pois o exercício do direito à identidade "inclui a historicidade biológica da pessoa sem haver qualquer possibilidade de retorno à família natural, porquanto a adoção é irrevogável".[57] De igual modo, Maria Berenice Dias adverte para o fato de que o exercício do direito de conhecer a origem genética "não significa inserção em uma relação de família", em virtude de a paternidade resultar do estado de filiação, que constitui um conceito relacional e independente da origem biológica, consistente "na relação de parentesco que se estabelece entre duas pessoas e que atribui reciprocamente direitos e deveres", o que faz com que as demandas em que se busque a desconstituição da filiação adquiram causa de pedir complexa, posto não ser suficiente a prova da verdade genética, mas absolutamente necessária a comprovação da inexistência da filiação afetiva.[58]

Como se vê, não se pode afirmar que a resposta para os problemas relacionados à filiação se encontra única e exclusivamente nos códigos genéticos. Na verdade, deve-se fazer a necessária distinção entre a paternidade e a ascendência genética. A primeira edifica-se através da afetividade e da denominada verdade sociológica, posto demandar a consolidação do afeto, a germinar em solo fertilizado por amor, solidariedade e cuidado, requerendo o transcurso do tempo para que possa maturar e conceber o verdadeiro fruto da parentalidade. A segunda resume-se ao fornecimento

---

[55] LÔBO, Paulo. *Direito Civil*: Famílias. *Op. cit.*, p. 204-205.
[56] Redação dada pela Lei nº 12.010/09.
[57] GAMA, Guilherme Calmon Nogueira da. *A nova filiação, o biodireito e as relações parentais, de acordo com o novo Código Civil*. Rio de Janeiro: Renovar, 2003, p. 907.
[58] DIAS, Maria Berenice. *Manual de Direito das Famílias. Op. cit.*, p. 405-406.

do material biológico e resolve-se no instante da fecundação, a demonstrar que o reconhecimento daquele que forneceu o material biológico não pode prevalecer sobre a paternidade construída na convivência familiar.[59]

A solução codificada, como vimos, mostra-se insuficiente para resolver as inúmeras situações que decorrem das relações afetivas se não analisadas de acordo com a base axiológica de nossa Constituição, impondo laborioso trabalho de interpretação, tarefa enfrentada pela doutrina no sentido de se "equilibrar o encontro entre a verdade jurídica e a verdade sociológica",[60] mister que vem se concretizando, também, através da incessante atuação de nossos tribunais. De fato, desde a entrada em vigor do Código Civil de 1916, nossas cortes têm enfrentado questões relativas à filiação, refletindo, em geral, sua forma de encarar a família. De um começo bastante conservador, restrito à letra da lei e ao sistema patriarcal e protetor da família matrimonializada, os tribunais passaram a se adiantar às reformas legislativas com vistas a responder aos anseios de uma sociedade em constante transformação. Neste passo, após o advento da descoberta das impressões genéticas de DNA é possível observar o direcionamento dos pronunciamentos judiciais em busca da verdade biológica.[61] Porém, com o passar do tempo passou-se a reconhecer a socioafetividade como valor imanente das relações parentais.[62]

Neste diapasão o Superior Tribunal de Justiça já decidiu que o "reconhecimento de paternidade é válido se reflete a existência duradoura do vínculo socioafetivo entre pais e filhos", ao dispor que a simples ausência do vínculo biológico por si só não constitui fato capaz de revelar a falsidade da declaração de vontade

---

[59] LÔBO, Paulo. *Código Civil Comentado*. *Op. cit.*, p. 130-132.
[60] FACHIN, Luiz Edson. Estabelecimento da Filiação e Paternidade Presumida. *Op. cit.*, p. 153.
[61] Neste sentido assim observa Luiz Edson Fachin: "Nesse viés da atribuição positiva de valor a esse tipo de prova, o que em verdade resta consagrado é o liame biológico, chegando-se então até a perícia peremptória da conclusão afirmativa da paternidade. Esse é o traço que passou a informar o comportamento dos tribunais, inclusive do Supremo Tribunal Federal (STF) antes do advento da Constituição de 1988. Em diversas oportunidades, o STF abre as portas da investigação da paternidade, antes confinada aos estreitos limites, para mitigar a força da presunção *pater is est* e chancelar a paternidade biológica. Filho é o filho de sangue, cuja prova de descendência genética é a prova suprema" (*Da Paternidade* – Relação Biológica e Afetiva. *Op. cit.*, p. 74).
[62] Confira-se o entendimento de nossos tribunais acerca da socioafetividade no diligente trabalho de Flávio Tartuce em seu *Direito Civil*: Direito de Família. *Op. cit.*, p. 444-457.

consubstanciada no ato do reconhecimento, posto que "a relação socioafetiva é fato que não pode ser, e não é, desconhecido pelo Direito. Inexistência de nulidade do assento lançado em registro civil" (REsp nº 878.941-DF).

Também já se decidiu pela possibilidade de reconhecimento da origem biológica, fazendo-se a necessária distinção entre a ascendência genética e a parentalidade socioafetiva, para se ressalvar que "o reconhecimento do estado de filiação constitui direito personalíssimo, indisponível e imprescritível, que pode ser exercitado sem qualquer restrição, em face dos pais ou seus herdeiros", afirmando-se a possibilidade de se perquirir acerca da origem genética, não obstante a existência de vínculo socioafetivo consolidado, tutelando-se o direito fundamental à identidade e reconhecendo-se a "a necessidade psicológica de se conhecer a verdade biológica" (REsp 833712/RS). Neste sentido, ressalvou-se a possibilidade de a pessoa adotada "exercer ação de investigação de paternidade para conhecer sua verdade biológica" (AgRg no Ag 942352/SP).

Por outro lado, decidiu-se que o pai não pode desconstituir, por ação negatória de paternidade, o vínculo de socioafetividade já consolidado (REsp 1.298.576/RJ) e que a ação negatória de paternidade, para desconstituir o vínculo de parentesco, deve comprovar, não apenas a inexistência de vínculo biológico, mas, também, a inexistência de socioafetividade (REsp 1.059.214/RS), posto não se desconstituir o vínculo de parentalidade como um negócio jurídico sujeito a distrato (REsp 1.333.360/SP). Neste último acórdão também se reconheceu que o êxito da ação negatória de paternidade depende, a um só tempo, da demonstração da inexistência de origem biológica "e também de que não tenha sido constituído o estado de filiação, fortemente marcado pelas relações socioafetivas e edificado, na maioria das vezes, na convivência familiar".

Outrossim, como bem ressalva Flavio Tartuce, no ano de 2016 o STJ, em acórdão proferido no REsp 1.326.728/RS, decidiu pela possibilidade de reconhecimento da paternidade socioafetiva após a morte daquele que se pretende ver reconhecido como pai, assentando entendimento no sentido de que, em situações excepcionais, nas quais se comprova a inequívoca vontade de adotar, "é possível o deferimento da adoção póstuma, mesmo que o adotante não tenha dado início ao processo formal para tanto",[63] acentuando-se a preponderância da paternidade socioafetiva, o que também se infere da leitura do acórdão proferido no REsp 1.131.076/PR.

Por conseguinte, é possível verificar o assente entendimento do Superior Tribunal de Justiça no sentido de se tutelar a parentalidade socioafetiva, dando-lhe guarida ainda que dissociada da verdade biológica.

No entanto, também se constata a preeminência de um entendimento dicotômico, de matriz binária e excludente, como observa Marcos Catalan, em que a discussão se limita à socioafetividade e à ascendência genética, vedando-se espaços para o reconhecimento de outras perspectivas, trazidas pela ampla concepção de família tutelada pelo sistema constitucional, "impondo-se à comunidade a assunção do desafio de ultrapassar os simplismos contidos na lógica 'os meus, os seus e os nossos filhos'", a fim de se distender a especial proteção do Estado às chamadas famílias pluriparentais, refeitas, reconstituídas, reorganizadas, recompostas, etc.[64] É neste cenário que se enquadra a decisão proferida pelo Supremo Tribunal Federal na Repercussão Geral nº 622, admitindo a possibilidade de reconhecimento de vínculos concomitantes de paternidade socioafetiva e biológica – a multiparentalidade.

4 A Repercussão Geral nº 622 do STF e o reconhecimento da multiparentalidade

No caso concreto decidido no RE 898.060/SP, escolhido como *leading case* da Repercussão Geral nº 622, é possível verificar pela leitura da sentença prolatada pelo Juízo da 2ª Vara da Família da Comarca de Florianópolis, bem como dos acórdãos proferidos pelo Tribunal de Justiça do Estado de Santa Catarina, que a autora, F. G., é filha biológica de A. N., o que restou comprovado pelo resultado dos exames de DNA produzidos no curso do processo. Todavia, a

---
[63] TARTUCE, Flávio. *Direito Civil*: Direito de Família. Op. cit., p. 448.
[64] CATALAN, Marcos. *Um ensaio sobre a Multiparentalidade*: Explorando no ontem pegadas que levarão ao amanhã. Op. cit., p. 146.

autora foi registrada como filha de I. G., quando de seu nascimento, dele recebendo, por mais de 20 anos, os cuidados de pai. O acórdão de origem reconheceu a dupla parentalidade, dispondo acerca dos efeitos jurídicos decorrentes do vínculo genético relativos ao nome, alimentos e herança. Contra essa decisão insurge-se o pai biológico, através da interposição do recurso extraordinário ora em comento, sustentando a preponderância da paternidade socioafetiva em detrimento da biológica, com fundamento nos artigos 226, §§4º e 7º, 227, *caput* e §6º, 229 e 230 da Constituição Federal, posto existir vínculo de parentalidade socioafetiva previamente reconhecido e descoberta posterior da paternidade biológica.

Em seu voto, o relator, Ministro Luiz Fux, ressaltou a importância de não se reduzir o conceito de família a modelos padronizados, além de afirmar a ilicitude da hierarquização entre as diversas formas de filiação, acentuando a necessidade de se contemplar, sob o âmbito jurídico, as variadas formas pelas quais a parentalidade pode se manifestar: "(i) pela presunção decorrente do casamento ou outras hipóteses legais (como a fecundação artificial homóloga ou a inseminação artificial heteróloga – art. 1.597, III a V, do Código Civil de 2002); (ii) pela descendência biológica; ou (iii) pela afetividade". A partir dessa premissa, e afirmada a possibilidade de surgimento da filiação por origens distintas, fundamentou-se seu voto no supraprincípio da dignidade humana, em "sua dimensão de tutela da felicidade e realização pessoal dos indivíduos a partir de suas próprias configurações existenciais", o que impõe o reconhecimento de modelos familiares diversos da concepção tradicional, para se assentar que tanto os vínculos de filiação construídos pela relação afetiva entre os envolvidos como os originados da ascendência biológica devem ser acolhidos em nosso ordenamento, em razão da imposição decorrente do princípio da paternidade responsável, expresso no §7º, do art. 226 da Constituição. Como consequência, é descabido "pretender decidir entre a filiação afetiva e a biológica quando o melhor interesse do descendente é o reconhecimento jurídico de ambos os vínculos", sob pena de se transformar o ser humano "em mero instrumento de aplicação dos esquadros determinados pelos legisladores". Assim sendo, conclui o Ministro Luiz Fux em seu voto que "a omissão do legislador brasileiro quanto ao reconhecimento dos mais diversos arranjos familiares não pode servir de escusa para a negativa de proteção a situações de pluriparentalidade".

Após profundo e acurado debate acerca da possibilidade de coexistência de vínculos concomitantes entre a paternidade socioafetiva e a paternidade biológica, a tese, aprovada por ampla maioria,[65] como dito em nossa introdução, firma o seguinte entendimento, ora repisado para facilitar sua discussão: "a paternidade socioafetiva, declarada ou não em registro público, não impede o reconhecimento do vínculo de filiação concomitante baseado na origem biológica, com os efeitos jurídicos próprios".

Ricardo Calderón, comentando os termos de tão relevante decisão, observa que a tese estabelecida na Repercussão Geral nº 622 permite destacar três aspectos principais: i) o reconhecimento jurídico da afetividade: reafirmado de forma expressa na manifestação de diversos ministros e que restou evidenciada pela redação final da própria tese aprovada pelo Supremo; ii) a equalização entre o vínculo socioafetivo e o vínculo biológico na hierarquia jurídica: levada a efeito através do "reconhecimento da presença no cenário brasileiro de ambas as paternidades, socioafetiva e biológica, em condições de igualdade jurídica", em que ambas as espécies de vínculo parental são "reconhecidas com o mesmo status, sem qualquer hierarquia apriorística (em abstrato)"; e iii) a possibilidade jurídica da multiparentalidade: representada pelo expresso acolhimento da concomitância de dois pais, com o reconhecimento da pluriparentalidade.[66]

Flávio Tartuce, a seu turno, ressalta a existência de três consequências decorrentes desse *decisum* e que, em sua opinião, merecem destaque: i) a primeira consiste no reconhecimento expresso do fato de que a afetividade constitui valor jurídico e princípio inerente à

---

[65] O julgamento foi presidido pela Ministra Cármen Lúcia aos 22 de setembro de 2016 e a tese em questão foi aprovada por maioria, vencidos, em parte, os Ministros Dias Toffoli e Marco Aurélio e ausente, justificadamente, o Ministro Roberto Barroso, participando do encontro de juízes de Supremas Cortes, denominado *Global Constitutionalism Seminar*, na Universidade de Yale, nos Estados Unidos.

[66] CALDERÓN, Ricardo. Reflexos da decisão do STF de acolher socioafetividade e multiparentalidade. *Consultor jurídico - CONJUR*, publicado em 25.09.2016. Disponível em: http://www.conjur.com.br/2016-set-25/processo-familiar-reflexos-decisao-stf-acolher-socioafetividade-multiparentalidade, acesso em: 30 mar. 2107.

ordem civil-constitucional brasileira; ii) a segunda reside no reconhecimento da paternidade socioafetiva como forma de parentesco civil "em igualdade de condições com a paternidade biológica"; e iii) a terceira consequência traduz-se no que denominou de "vitória da multiparentalidade", admitida pelo Direito brasileiro, ainda que contra a vontade do pai biológico.[67]

Nessa mesma esteira, Anderson Schreiber destaca a decisão do Supremo Tribunal Federal em tese "que assume caráter histórico e, pode-se mesmo dizer, revolucionário", com (a) o reconhecimento do instituto da paternidade socioafetiva, ainda que à falta de registro; (b) a afirmação de que a paternidade socioafetiva não representa segunda categoria diante da paternidade biológica; e (c) a abertura das portas do sistema jurídico brasileiro à multiparentalidade.[68]

Contudo, em aguda crítica à tese aprovada por nossa Suprema Corte, José Fernando Simão afirma que "em uma leitura ideal" é possível concluir "que efetivamente o afeto resta valorizado já que o vínculo biológico, por si só, não exclui o vínculo afetivo, mas a ele se soma". No entanto, "em uma leitura possível", o fundamento que toma por base o voto do Ministro Luiz Fux significa que "o DNA é tido como relevante para a formação do parentesco e, ao ser equiparado ao afeto, gera a multiparentalidade, desconsiderando-se a diferença entre ascendente genético e pai". Por conseguinte, através dessa leitura é possível se extrair "consequências nefastas", a preocupar o estudioso do Direito de Família, posto que, "se descabe pretender decidir entre a filiação afetiva e a biológica, temos": a) na adoção, o pai biológico que deixou de ser pai em razão do rompimento do vínculo decorrente da sentença no processo de adoção – e que, na opinião do autor, não é pai, mas apenas ascendente genético – poderia pleitear o reconhecimento da dupla paternidade; b) o doador de material genético, nos casos de técnica heteróloga, "pode ser demandado para ser pai, ao lado do socioafetivo", pois "é o direito que deve servir à pessoa e não

---

[67] TARTUCE, Flávio. *Direito Civil*: Direito de Família. Op. cit., p. 449.
[68] SCHREIBER, Anderson. STF, Repercussão Geral 622: a Multiparentalidade e seus Efeitos. *Jornal Carta Forense* (versão digital), publicado em 26.09.2016. Disponível em: http://www.cartaforense.com.br/conteudo/artigos/stf-repercussao-geral-622-a-multiparentalidade-e-seus-efeitos/16982, acesso em: 30 mar. 2017.

o contrário"; e c) a paternidade passa a ser decisão do filho, que, sabendo-se filho socioafetivo, tem o direito de ter também como pai seu ascendente genético, o que abre as portas para ações argentárias em que se visa a obtenção da herança de outrem (ascendente genético) e não um pai.[69] Em outro artigo, anteriormente publicado, Simão já havia feito a ressalva de que "a ascendência genética não se confunde com paternidade" e que, para ele, "sempre prevalece o afeto. Pai é quem cria, independentemente de vínculos genéticos, biológicos. A presença dos traços biológicos é irrelevante".[70]

Nessa esteira, Flávio Tartuce também externou sua preocupação com a possibilidade de a tese firmada servir de instrumento para que "os filhos acionem os pais biológicos para obter o vínculo de filiação com intuitos alimentares e sucessórios, em claras *demandas frívolas*, com finalidade patrimonial pura".[71] Anderson Schreiber demonstra o mesmo receio, mas ressalva que, aos juízes e tribunais, caberá separar o joio do trigo, "empregando os mecanismos disponíveis na ordem jurídica brasileira para se evitar o exercício de uma situação jurídica subjetiva em descompasso com seu fim axiológico-normativo".[72]

Em nosso entendimento, o reconhecimento da multiparentalidade representa considerável avanço em nosso ordenamento jurídico, posto traduzir o fim da lógica binária e excludente representada pelo confronto entre a *parentalidade biológica x parentalidade socioafetiva* e alargar a acepção dos vínculos de parentesco em nosso sistema, permitindo-se o reconhecimento de novas estruturas familiares e parentais, desde que estejam assentadas no afeto e não na busca por benefícios patrimoniais ou, tão somente, na verdade dos códigos genéticos.

---

[69] SIMÃO, José Fernando. A multiparentalidade está admitida e com repercussão geral. Vitória ou derrota do afeto? Parte 2: a leitura ideal e a possível. *Jornal Carta Forense* (versão digital), publicado em 03.01.2017. Disponível em: http://www.cartaforense.com.br/conteudo/colunas/a-multiparentalidade-esta-admitida-e-com-repercussao-geral-vitoria-ou-derrota-do-afeto/17235, acesso em: 30 mar. 2017.

[70] SIMÃO, José Fernando. A multiparentalidade está admitida e... com repercussão geral. Vitória ou derrota do afeto? Jornal Carta Forense (versão digital), publicado em 02.12.2016. Disponível em: http://www.cartaforense.com.br/conteudo/colunas/a-multiparentalidade-esta-admitida-e-com-repercussao-geral-vitoria-ou-derrota-do-afeto/17172, acesso em: 29 mar. 2017.

[71] TARTUCE, Flávio. *Direito Civil*: Direito de Família. *Op. cit.*, p. 449.

[72] SCHREIBER, Anderson. STF, Repercussão Geral 622: a Multiparentalidade e seus Efeitos. *Op. cit.*

Isso significa dizer que, no nosso entender, a admissão da multiparentalidade constitui uma nova porta, aberta para permitir a entrada em nosso sistema de outras relações afetivas merecedoras da especial proteção do Estado e que outrora não encontravam guarida em nosso ordenamento, posto que, antes da decisão do Supremo Tribunal Federal, exigia-se a escolha entre o vínculo biológico ou o socioafetivo, sem se permitir que ambos coexistissem em determinadas situações. Não se pretende afirmar que a parentalidade socioafetiva deva coexistir em todos os casos com a biológica ou que a multiparentalidade constitua a regra em nossa ordem jurídica após a Repercussão Geral nº 622. Porém, as relações afetivas podem decorrer de situações em que a socioafetividade esteja presente nas relações com o genitor (quem forneceu o material genético), mas também com outro sujeito que exerça o papel de pai. Como exemplo, podemos citar a hipótese em que o pai biológico mantém estreita relação afetiva com seu filho, o qual, por sua vez, também possui vínculo de afeto com o novo companheiro de sua mãe, externando uma relação de filiação-paternidade, ainda que não seja registral. Ou os casos em que o pai registral possui relação socioafetiva com seu filho, que agora vive com o pai biológico, novo companheiro de sua mãe, em uma convivência pautada pela afetividade.

Na verdade, como bem salienta Marcos Catalan, as chamadas famílias recompostas, reconstituídas ou mosaico tendem a se reinventar a partir:

> (a) da assunção de papéis mais densos – e mais dinâmicos – pela mãe que vive um novo amor; (b) da manutenção do diálogo com aquele que tende a ser extirpado do convívio cotidiano; (c) da ampliação da complexidade dos roteiros individuais e coletivos no novo grupo familiar; (d) da percepção de que novas uniões são boas para os genitores; e) da boa relação, normalmente havida, entre os filhos da relação anterior e os novos parceiros de seus pais e, enfim, mas não exaustivamente, (f) da identificação de que cada pessoa é única e que, por isso, não precisa corporificar uma personagem marcada pela atuação daquele que não mais irá exercê-la.[73]

Esse novo modelo de família, plural e de conteúdo multifacetado, permite o reconhecimento de vínculos concomitantes de

---

[73] CATALAN, Marcos. *Um ensaio sobre a Multiparentalidade*: Explorando no ontem pegadas que levarão ao amanhã. *Op. cit.*, p. 145/146.

parentesco, pautados preeminentemente pelo afeto e que não se enquadram numa ordem excludente regrada pela máxima "ou é um ou é outro". E por que não ambos? Ou mais do que isso?

É importante frisar que, assim como José Fernando Simão, entendemos que o parentesco provém do afeto e não da ascendência genética e fazemos a necessária distinção entre o direito de se reconhecer a origem biológica e a parentalidade socioafetiva. E será a partir do afeto que traçaremos o caminho para a assunção da multiparentalidade em alguns casos e para o reconhecimento tão somente da origem biológica em outros. Isso porque entendemos que o limite para a assunção da primeira, a multiparentalidade, encontra-se exatamente na existência ou não da afetividade, eis que o reconhecimento de vínculos concomitantes só será possível quando existente a socioafetividade em todas as relações a serem consideradas. Assim, uma vez configurada a parentalidade socioafetiva entre o pai biológico e o filho, e também comprovada a socioafetividade com outra pessoa que exerça concomitantemente o papel paterno, será possível o reconhecimento de vínculos simultâneos. O mesmo se diga se duas pessoas representarem concorrentemente a figura materna, em relações afetivas com o filho. Porém, se o objetivo for eminentemente patrimonial, com vistas somente à obtenção de benefícios econômicos, tais como um pleito sucessório ou de alimentos em que não tenha existido o vínculo afetivo e represente apenas as busca pelo ganho fácil, a multiparentalidade não se consolidará, eis que o código genético por si só não é capaz de concretizá-la, sob pena de se retornar ao vetusto paradigma patrimonialista característico do sistema jurídico de Direito Privado anterior à Constituição de 1988.

A partir dessa fundamental premissa, é possível se responder às questões relacionadas à adoção e às técnicas de reprodução assistida, posto que pleitos pautados apenas pela intenção de se obter vantagens patrimoniais ou econômicas não devem prosperar. Deste modo, o adotado que pretende desconstituir o vínculo de parentesco estabelecido com a nova família em virtude da adoção, apenas para pleitear a herança de um parente natural ou para dele requerer alimentos, não deve ter seu pedido conhecido, pois que a ausência da socioafetividade afasta a possibilidade de reconhecimento da multiparentalidade, ressalvando-se o direito de o adotado conhecer a sua origem biológica, consoante disposto pelo art. 48 do ECA. Isso significa dizer que o vínculo meramente biológico não é capaz de produzir os efeitos decorrentes das relações de parentesco, em razão da ausência da afetividade, mas será capaz de garantir o exercício do direito à identidade. O mesmo se diga daqueles que pretendem o reconhecimento da multiparentalidade com os doadores de sêmen ou de qualquer outro material genético para clínicas de reprodução assistida, eis que a eles está garantido o direito de conhecerem a origem genética, mas não os efeitos decorrentes da multiparentalidade, posto não existir a relação socioafetiva.

Assim sendo, é possível se afirmar, forte no escólio de José Fernando Simão, que "o doador de esperma, na hipótese de técnica de reprodução assistida heteróloga, não é pai, mas apenas ascendente genético". Também no caso de adoção "há rompimento dos vínculos de filiação com a família genética, ou seja, o filho terá apenas o pai adotivo, sendo que aquele que um dia foi seu pai assume o status apenas de ascendente genético". E, por fim, aquele que desconhece o fato de possuir um filho biológico, pois sua namorada não contou da gravidez, por exemplo, "e um dia descobre que esse filho foi criado por outro homem, a quem chama de pai, não é pai, mas apenas ascendente genético".[74] Isso porque não há, em nenhum desses casos, relação socioafetiva capaz de dar fundamento à multiparentalidade.

No entanto, em situações em que a socioafetividade coexista entre vários sujeitos, é possível o reconhecimento da multiparentalidade, como no caso decidido pelo Tribunal de Justiça do Rio Grande do Sul, em acórdão prolatado pela Oitava Câmara Cível, na Apelação Cível 70062692876, que reconheceu a multiparentalidade entre duas mães, companheiras e que depois se casaram, e o pai biológico, amigo de ambas, em que ficou comprovado "o ânimo de paternidade e maternidade, em conjunto, entre o casal formado pelas mães e o pai, em relação à menor, sendo de rigor o reconhecimento judicial da multiparentalidade".[75]

---

[74] SIMÃO, José Fernando. A multiparentalidade está admitida e... com repercussão geral. Vitória ou derrota do afeto? *Jornal Carta Forense* (versão digital), publicado em 02.12.2016. *Op. cit.*

[75] TARTUCE, Flávio. *Direito Civil*: Direito de Família. *Op. cit.*, p. 455.

Pode-se concluir, destarte, que a socioafetividade deve ser o fundamento a justificar o reconhecimento da multiparentalidade, adequando-se sua tutela ao sistema jurídico-constitucional que, como dito, encontra-se pautado por um paradigma existencialista, em que a proteção estatal à família sustém-se na dignidade humana e na solidariedade, bastante afastada daquele viés patrimonialista característico do sistema clássico. Por essa razão, demandas cúpidas, pautadas apenas pela cobiça material, devem ser afastadas de plano, posto contrariarem a base axiológica de nosso ordenamento e representarem clara involução, em evidente descompasso com as diretrizes eudemonista de nosso Direito de Família.

5 Considerações finais: caminho aberto para um terceira via, não excludente

Como vimos, a Constituição Federal de 1988 estendeu a proteção do Estado a todas as entidades familiares, em suas mais variadas concepções, consagrando a passagem de uma estrutura patriarcal, institucionalizada e patrimonialista, para um regime solto, pautado prioritariamente pela dignidade humana e solidariedade, bem como pela liberdade para planejarem os seus arranjos familiares e desenvolverem plenamente a personalidade dos componentes do núcleo familiar, permitindo-se a concretização dos laços de afeto e a formação de condições capazes de permitir a realização pessoal dos componentes do núcleo familiar.

Essa família, múltipla e compósita, firma seus alicerces na socioafetividade e é nela que se encontram os fundamentos para a assunção da multiparentalidade em nosso ordenamento. Por conseguinte, a tese trazida a lume pela emblemática decisão proferida pelo Supremo Tribunal Federal, na Repercussão Geral nº 622, inova ao possibilitar o acolhimento de novos modelos de parentalidade, abrindo outra via, não excludente e plúrima, em contraposição àquela senda binária que forçosamente levava a escolha entre o parentesco biológico ou o socioafetivo. Além disso, ao acolher a multiparentalidade, o STF consagrou a socioafetividade e firmou o entendimento de que não existe hierarquia entre as mais distintas formas de famílias merecedoras da proteção estatal.

Nesse contexto, a elevação da relevância da socioafetividade para a consolidação das relações de parentalidade apresenta-se em consonância com a diretriz constitucional de tutela da pessoa humana e de sua dignidade e, em nossa opinião, representa o norte a ser seguido na decisão de questões controvertidas relacionadas ao reconhecimento da multiparentalidade, pois a existência de vínculos concomitantes passa necessariamente pela verificação da afetividade em todas as relações a serem consideradas. Ao nosso ver, a assunção da multiparentalidade não concede abrigo a demandas que tenham por objeto fins meramente patrimoniais ou egoístas em razão da inexistência do vínculo de socioafetividade, requisito essencial para a constituição da parentalidade. Assim, entendemos que a decisão proferida pelo Supremo Tribunal Federal na Repercussão Federal nº 622 abriu caminho para o reconhecimento de novas formas de relações parentais, sempre alicerçadas no afeto, que germina e floresce no solo fértil do convívio humano e não no árido terreno da cobiça.

Desse modo, respondendo à hipótese lançada no início do presente trabalho, vemos a multiparentalidade como outra via, não excludente, capaz de permitir as várias formas de família decorrentes do convívio humano, bastante apartadas das molduras de secessão características de vetustos sistemas, posto que, como dizia Bauman, "parentesco, afinidade, elos causais são traços da individualidade e/ou do convívio humanos" e não de modelos previamente estabelecidos.[76]

Referências

AZEVEDO, Álvaro Villaça. *Estatuto da Família de Fato*. 1. ed. São Paulo: Jurídica Brasileira, 2001.

BAUMAN, Zygmunt. *Amor líquido*: sobre a fragilidade dos laços humanos. Zahar. Edição do Kindle, 2017.

BEVILÁQUA, Clóvis. *Código Civil dos Estados Unidos do Brasil*. vol. II. 7. ed. atualizada por Achilles Bevilaqua. Rio de Janeiro: Francisco Alves, 1943.

CALDERÓN, Ricardo Lucas. *Princípio da Afetividade no Direito de Família*. Rio de Janeiro: Renovar, 2013.

---

[76] ZYGMUNT BAUMAN. Amor líquido: Sobre a fragilidade dos laços humanos (Locais do Kindle 155). Zahar. Edição do Kindle.

CALDERÓN, Ricardo Lucas. Reflexos da decisão do STF de acolher socioafetividade e multiparentalidade. *Consultor jurídico – CONJUR*, publicado em 25.09.2016. Disponível em: http://www.conjur.com.br/2016-set-25/processo-familiar-reflexos-decisao-stf-acolher-socioafetividade-multiparentalidade, acesso em: 30 mar. 2107.

CARVALHO SANTOS, J. M. de. *Código Civil Brasileiro Interpretado*. vol. V. 2. ed. Rio de Janeiro: Freitas Bastos 1937.

CATALAN, Marcos. Um ensaio sobre a Multiparentalidade: Explorando no ontem pegadas que levarão ao amanhã. *Revista da Faculdade de Direito – UFPR*, Curitiba, n. 47, p. 145, 2008. Disponível em: http://revistas.ufpr.br/direito/article/viewFile/31491/20093, acesso em: 7 mar. 2017.

DIAS, Maria Berenice. *Manual de Direito das Famílias*. 10. ed. revista e atualizada. São Paulo: RT, 2015.

FACHIN, Luiz Edson. *Estabelecimento da Filiação e Paternidade Presumida*. Porto Alegre: Sérgio Antônio Fabris Editor, 1992.

FACHIN, Luiz Edson. *Da Paternidade* – Relação Biológica e Afetiva. Belo Horizonte: Del Rey, 1996.

FACHIN, Luiz Edson. *Elementos Críticos do Direito de Família*, Rio de Janeiro Renovar, 1999.

FARIA, Durval Luiz de. Imagens do pai na mitologia. *Psicologia Revista*, São Paulo, n. 15(1): p. 45-58, maio 2006. Disponível em: http://revistas.pucsp.br/index.php/psicorevista/article/download/18095/13451, acesso em: 02 mar. 2017.

FARIAS, Cristiano Chaves de; ROSENVALD, Nelson. *Curso de Direito Civil*: Direito das Famílias. v. 6. 7. ed. São Paulo: Atlas, 2015.

FREITAS FILHO, Roberto; MORAES LIMA, Thalita. Metodologia de Análise de Decisões – MAD. *Univ. JUS*, Brasília, n. 21, p. 1-17, jul./dez. 2010, p. 2. Disponível em: file:///C:/Users/joao/Downloads/1206-6606-1-PB.pdf, acesso em: 27 mar. 2017.

LEITE, Eduardo de Oliveira. O exame de DNA: reflexões sobre a prova científica de filiação. In: WAMBIER Teresa Arruda Alvim; LEITE, Eduardo de Oliveira (Coord.). *Repertório de Doutrina sobre Direito de Família* – Aspectos constitucionais, civis e processuais. Vol. 4. São Paulo: RT, 1999.

LÔBO, Paulo. Entidades Familiares Constitucionalizadas: Para além do *numerus clausulus*. In: Anais do III Congresso Brasileiro de Direito de Família – Família e Cidadania – O Novo CCB e a *Vacatio Legis*, Belo Horizonte, União OAB/MG – Instituto Brasileiro de Direito de Família – IBDFAM, 2000.

LÔBO, Paulo. *Código Civil Comentado*: Direito de Família, Relações de Parentesco. Direito Patrimonial: Artigos 1.591 a 1.693 (coord. Álvaro Villaça Azevedo). v. XVI, São Paulo: Atlas, 2003.

LÔBO, Paulo. *Direito Civil*: Famílias. 7. ed. São Paulo: Saraiva, 2017.

MADALENO, Rolf. *Curso de Direito de Família*. 5. ed. Rio de Janeiro: Forense, 2013.

NOGUEIRA DA GAMA, Guilherme Calmon. *A nova filiação, o biodireito e as relações parentais, de acordo com o novo Código Civil*. Rio de Janeiro: Renovar, 2003.

PELUSO, Antonio Cezar. A Culpa na Separação e no Divórcio (Contribuição para uma revisão legislativa). In: NAZARETH, Eliana Riberti; MOTTA, Maria Antonieta Pisano (Coord.). Direito de Família e Ciências Humanas. *Caderno de Estudos nº 2*, São Paulo: Jurídica Brasileira, 1998.

PERLINGIERI, Pietro. *Perfis do Direito Civil* – Introdução ao Direito Civil Constitucional. Rio de Janeiro: Renovar, trad. Maria Cristina De Cicco, 1999.

SCHREIBER, Anderson. *Direito Civil e Constituição*. São Paulo: Atlas, 2013.

SCHREIBER, Anderson. STF, Repercussão Geral 622: a Multiparentalidade e seus Efeitos. *Jornal Carta Forense* (versão digital), publicado em 26.09.2016. Disponível em: http://www.cartaforense.com.br/conteudo/artigos/stf-repercussao-geral-622-a-multiparentalidade-e-seus-efeitos/16982, acesso em: 30 mar. 2017.

SIMÃO, José Fernando. A multiparentalidade está admitida e... com repercussão geral. Vitória ou derrota do afeto? Jornal Carta Forense (versão digital), publicado em 02.12.2016. Disponível em: http://www.cartaforense.com.br/conteudo/colunas/a-multiparentalidade-esta-admitida-e-com-repercussao-geral-vitoria-ou-derrota-do-afeto/17172. Acesso em: 29 mar. 2017.

SIMÃO, José Fernando. A multiparentalidade está admitida e com repercussão geral. Vitória ou derrota do afeto? Parte 2: a leitura ideal e a possível. Jornal Carta Forense (versão digital), publicado em 03.01.2017. Disponível em: http://www.cartaforense.com.br/conteudo/colunas/a-multiparentalidade-esta-admitida-e-com-repercussao-geral-vitoria-ou-derrota-do-afeto/17235, acesso em: 30 mar. 2017.

TARTUCE, Flávio. *Direito Civil*: Direito de Família. V. 5. 12. ed. Rio de Janeiro: Forense, 2017.

TEPEDINO, Gustavo. A Disciplina Jurídica da Filiação. *In:* TEIXEIRA, Sálvio de Figueiredo (Coord.). *Direitos de Família e do Menor*. Belo Horizonte: Del Rey, 1993.

VILLELA, João Baptista. "Família Hoje", entrevista concedida a Leonardo de Andrade Mattietto. *In:* BARRETTO, Vicente (Org.). *A Nova Família*: Problemas e Perspectivas. Rio de Janeiro: Renovar, 1997.

Informação bibliográfica deste texto, conforme a NBR 6023:2018 da Associação Brasileira de Normas Técnicas (ABNT):

AGUIRRE, João Ricardo Brandão. Reflexões sobre a multiparentalidade e a Repercussão Geral nº 622 do STF. In: EHRHARDT JÚNIOR, Marcos; LOBO, Fabíola Albuquerque; ANDRADE, Gustavo (Coord.). *Direito das relações familiares contemporâneas*: estudos em homenagem a Paulo Luiz Netto Lôbo. Belo Horizonte: Fórum, 2019. p. 177-212. ISBN 978-85-450-0700-5.

A DESJUDICIALIZAÇÃO DA MULTIPARENTALIDADE VOLUNTÁRIA

PATRICIA FERREIRA ROCHA

Introdução

O estado de filiação, liame jurídico decorrente do parentesco, estabelece uma série de direitos e deveres recíprocos em relação aos descendentes de 1º grau e seus ascendentes imediatos, aos quais se imputa, por consequência, os estados de paternidade e de maternidade.

Esta relação parental se comprova por meio de um título público, o registro civil da pessoa natural, e sua origem pode estar atrelada a um critério presuntivo, decorrente da relação matrimonial dos pais, a aspectos biológicos advindos da transmissão da carga genética por meio da procriação, natural ou artificial, e ainda a um vínculo socioafetivo, pelo qual o(s) pai(s) assume(m) as funções parentais por um ato de vontade.

A despeito de ser vedado qualquer tipo de tratamento discriminatório entre as formas de constituição da filiação, por muito tempo a doutrina e a jurisprudência pátrias se inclinaram, nos conflitos de paternidade/maternidade, pela preponderância de um critério em detrimento do outro, tendo em vista que não era admitida a cumulação de vínculos parentais por uma mesma pessoa.

Esta realidade somente veio a ser alterada em setembro de 2016, quando o Supremo Tribunal Federal julgou o RE898.060/SC, pelo qual reconheceu de maneira definitiva o valor jurídico do afeto, a inexistência de hierarquização entre as formas de constituição de vínculos familiares entre pais e filhos e a possibilidade jurídica da multiparentalidade. Dessa forma, a Corte Superior passou a admitir, em tese de repercussão geral (622), o arranjo familiar formado por mais de um pai e/ou mais de uma mãe, confirmando uma nova concepção da família mais plural, igualitária e aberta.

Se um filho pode ter mais de um pai e/ou mais de uma mãe, na medida em que o ordenamento reconhece mais de uma forma de parentalidade, questiona-se acerca da necessidade de decisão judicial prévia para o reconhecimento jurídico desse múltiplo arranjo parental quando há interesse convergente de todos os envolvidos no projeto familiar. Em outras palavras, será possível o reconhecimento voluntário da parentalidade múltipla por declaração direta ao Ofício do Registro Civil?

Com o escopo de chegar ao resultado esperado, que reflita a temática abordada, a metodologia adotada será, quanto à natureza, básica, pois objetiva gerar conhecimentos novos e úteis para o avanço da ciência jurídica. Quanto à abordagem do problema, será qualitativa, já que preocupada com aspectos da realidade que não podem ser quantificados. Com relação ao procedimento técnico, a pesquisa será bibliográfica, utilizando livros e artigos jurídicos publicados em meios convencionais e eletrônicos, além dos dispositivos legais em vigor sobre a matéria.

1 Filiação: legitimação, desbiologização e multiparentalidade

O conceito de família é constantemente alterado, na medida em que é um reflexo do contexto histórico e social de cada época, sofrendo influências da cultura local.[1] As adaptações dos arranjos familiares à realidade social acabaram por implicar na reconstrução das estruturas parentais, ou seja, numa nova delimitação da paternidade, da maternidade e da filiação.

A filiação é compreendida como o elo jurídico decorrente do parentesco, estabelecida especificamente entre pais e filhos, a partir da qual o filho passa a ser titular do estado de filiação, ao tempo que

---

[1] GROENINGA, Giselle Câmara. Família: um caleidoscópio de relações. In: GROENINGA, Giselle Câmara; PEREIRA, Rodrigo da Cunha (Coord.). *Direito de família e psicanálise:* rumo a uma nova epistemologia. Rio de Janeiro: Imago, 2003.

o pai e a mãe são titulares dos estados de paternidade e maternidade, respectivamente, em relação àquele.[2] Em outras palavras, a filiação é o vínculo jurídico que une os parentes da linha reta em primeiro grau, pelo qual se atribui reciprocamente direitos e deveres entre o ascendente e seu descendente imediato, tanto de caráter pessoal como de cunho patrimonial.

De início, cumpre salientar que o Direito Civil Clássico construiu a noção de família a partir do instituto do casamento, fonte da legalização dos filhos que desta união viessem a nascer. A ideia da legitimação dos filhos, portanto, fazia com que toda criança nascida de uma relação matrimonial fosse considerada, mediante presunção, como sendo filho do marido da mãe.[3] Desta forma, a filiação era regulamentada de acordo com a relação jurídica estabelecida entre os pais, distinguindo-se os filhos em legítimos, quando oriundos do casamento, e filhos ilegítimos, que se dividiam em naturais, quando nascidos de pais não casados, mas desimpedidos ao matrimônio; adulterinos, quando havidos de relacionamento concubinário; ou incestuosos, quando advindos de um relacionamento entre parentes impedidos de casar. Tal segregação somente veio a ser extirpada de nosso ordenamento jurídico com a Constituição Federal de 1988, que vedou qualquer tratamento discriminatório, independentemente da procedência da filiação, nos termos do §6º do artigo 227.[4]

Os avanços médicos-científicos acabaram por permitir o estabelecimento da certeza da relação parental através do exame de DNA, fazendo com que o critério consanguíneo fosse desatrelado das presunções matrimoniais. Sob o ponto de vista biológico, pois, a paternidade e a maternidade constituem um vínculo estabelecido entre genitores e o fruto da concepção de seus materiais genéticos, compreendendo, ao mesmo tempo, o fato da procriação, seja ela natural ou assistida, e uma relação de direito daí advinda.[5]

---

[2] LÔBO, Paulo Luiz Netto. Direito ao estado de filiação e direito à origem genética: uma distinção necessária. *In*: FARIAS, Cristiano Chaves de (Coord.). *Temas atuais de direito e processo de família*. Rio de Janeiro: Lumen Juris, 2004. p. 325.
[3] SZANIAWSKI, Elimar. *Diálogos com o direito de filiação*. 2019, p. 27.
[4] BRASIL. *Constituição Federal de 1988*. Disponível em: http://www.planalto.gov.br/ccivil_03/constituicao/constituicaocompilado.htm.
[5] FUJITA, Jorge. *Filiação*, 2009, p. 62.

Não obstante a exatidão desse critério, percebeu-se que a identidade genética, apesar de estabelecer o vínculo da filiação, não garantia o exercício de uma parentalidade responsável, já que "a complexidade da vida familiar é insuscetível de ser apreendida em um exame laboratorial".[6] Nesse sentido, João Baptista Villela publicou artigo precursor, cuja abordagem tratava justamente da desbiologização da paternidade a partir do reconhecimento da afetividade, afirmando que "a paternidade em si mesma não é um fato da natureza, mas um fato cultural",[7] dissociando, assim, as figuras do pai e do genitor. O alargamento do conceito de família acabou por permitir também o estabelecimento da filiação com base num critério psicoafetivo.

O reconhecimento do afeto como valor jurídico fez com que o vínculo de filiação deixasse de ser tão somente um ato físico, para se tornar igualmente um ato de vontade, na medida em que pode ser pai e/ou mãe aquele que assume esse papel, que exerce uma função parental. Neste critério de estabelecimento da filiação, denominado socioafetivo, as pessoas se comportam em suas relações familiares privadas e se apresentam socialmente como se pai/mãe e filho fossem, independentemente de qualquer vínculo biológico ou presuntivo.

É preciso destacar, contudo, que o valor do biologismo ou das presunções matrimoniais não se perdeu em nosso ordenamento jurídico, apenas passou a concorrer com o afeto como critério de vinculação parental, o que levou Marianna Chaves a questionar: "Será sempre necessário ver o tema da filiação numa lógica de mono ou biparentalidade? Não será possível que alguém tenha mais de duas pessoas que exerçam efetivamente e afetivamente as funções parentais?".[8]

Por muito tempo, os Tribunais pátrios foram resistentes ao tema da multiparentalidade, sempre optando por uma ou outra forma de constituição do vínculo parental, inicialmente dando

---

[6] LÔBO, Paulo. *Direito Civil:* Famílias. 2019, p. 27, v. 5.
[7] VILLELA, João Baptista. *Desbiologização da paternidade.* Disponível em: https://www.direito.ufmg.br/revista/index.php/revista/article/view/1156/1089.
[8] CHAVES, Marianna. Famílias mosaico, socioafetividade e multiparentalidade: breve ensaio sobre as relações parentais na pós-modernidade. In: *Anais do IX Congresso Brasileiro de Direito de Família:* Famílias: Pluralidade e Felicidade. 2014, p. 151.

primazia ao liame biológico e, posteriormente, fazendo prevalecer a parentalidade socioafetiva.[9]

Em setembro de 2016, todavia, o capítulo da filiação no Direito brasileiro ganhou novos contornos, quando o Supremo Tribunal Federal, nos autos do RE 898.060/SC, consagrou o entendimento acerca da possibilidade de coexistência da filiação biológica e da socioafetiva, reconhecendo expressamente a possibilidade de multiparentalidade, quando então duas pessoas podem exercer simultaneamente a função de pai e/ou de mãe, situação esta devidamente consignada no assento no registro de nascimento do filho.

Segundo Maria Goreth Valadares,

> A multiparentalidade pode ser conceituada como a existência de mais de um vínculo na linha ascendente de primeiro grau, do lado materno ou paterno, desde que acompanhado de um terceiro elo. Assim, para que ocorra tal fenômeno, necessário pelo menos três pessoas no registro de nascimento de um filho. Exemplificando, duas mães e um pai ou dois pais e uma mãe.[10]

A multiparentalidade, assim, admite a formação de mais de dois vínculos de parentalidade em relação a um filho, fugindo ao paradigma imposto no modelo biparental de um único pai e uma única mãe. Oportuno ressaltar que, inicialmente, a multiparentalidade foi admitida para fins de reconhecimento registral das famílias homoafetivas, ao se permitir que uma pessoa tivesse mais de um vínculo parental paterno ou mais de um vínculo parental materno em seu assento de nascimento. Esta acepção, todavia, não se mostra adequada à abrangência do conceito, posto que, não obstante admitir ausência de distinção de gênero no registro civil, a família homoafetiva não deixa de ser um núcleo biparental, formado por dois pais ou por duas mães. É o que também defende Anderson Schreiber, para quem os prefixos das expressões *multi*parentalidade e *pluri*parentalidade "exprimem noção de muitos, em contraposição à *biparentalidade*".[11]

---

[9] MATOS, Ana Carla Harmatiuk; HAPNER, Paula Aranha. *Multiparentalidade*: uma abordagem a partir das decisões nacionais, 2016, p. 07.

[10] VALADARES, Maria Goreth Macedo. *Multiparentalidade e as novas relações de parentesco*. 2016, p. 55.

[11] SCHREIBER, Anderson; LUSTOSA, Paulo Franco. *Efeitos jurídicos da multiparentalidade*. 2016, p. 851.

Acrescente-se que a multiparentalidade pode ser simultânea ou sucessiva. No primeiro caso, o exercício conjunto das funções parentais por mais de um pai e/ou de uma mãe se dará ao mesmo tempo, enquanto na segunda hipótese ela ocorre em momentos distintos, um após o outro, mas sem desconstituir o vínculo previamente estabelecido.

Do exposto até aqui, podemos concluir que a filiação não cabe mais numa moldura, a ser identificada de maneira objetiva, na medida em que, como assinala Maria Goreth Valadares, "a parentalidade deixa de ser una para se tornar múltipla".[12] A multiparentalidade garante aos filhos que, de fato, convivem com múltiplas figuras parentais a tutela jurídica de todos os efeitos, pessoais e patrimoniais, que emanam tanto da vinculação biológica como da socioafetiva. Acontece que, para que ela se concretize no universo jurídico, é necessário que seja exteriorizada através de alterações no registro de nascimento, o que não pode constituir um óbice para sua efetivação, considerando que sua função é refletir a verdade real.[13]

Por esta razão cabe questionar: Se não é preciso mais escolher entre dois (ou mais) pais quando as funções parentais são sobrepostas, por que somente admitir a formação de múltiplos vínculos em relação a um mesmo filho através da judicialização da demanda, especialmente quando há interesse comum no reconhecimento voluntário dessa realidade familiar plural?

2 O reconhecimento voluntário da filiação e o provimento nº 63/2017 do CNJ

O nascimento de um filho impõe uma série de direitos e deveres em relação aos pais, dentre os quais o de proceder ao seu registro através de um título público, o assento civil. Sobre o assunto, leciona Cassetari[14] que

---

[12] VALADARES, Maria Goreth Macedo. *Multiparentalidade e as novas relações de parentesco*. 2016, p. 03.
[13] TEIXEIRA, Ana Carolina Brochado; RODRIGUES, Renata de Lima. Multiparentalidade como nova estrutura de parentesco na contemporaneidade. In: E-Civitas, 2013.
[14] CASSETARI, Christiano. *Multiparentalidade e parentalidade socioafetiva*: efeitos jurídicos. 2014, p. 121.

O sistema de registro civil constitui matéria de ordem pública e, no que diz respeito precisamente ao nascimento, representa o reconhecimento do *status civitatis* do indivíduo, o qual somente se encerra com sua morte, conferindo-lhe a identidade que o distingue dos demais integrantes da sociedade.

O registro civil é obrigatório e gratuito, conferindo efeitos declaratórios e dando publicidade ao nascimento de uma pessoa, não podendo, para fins de comprovação da filiação, ser substituído por nenhum outro documento. Nesse sentido, a Lei nº 12.662/2012, em seu art. 3º, §2º, estabelece que "A Declaração de Nascido Vivo não substitui ou dispensa, em qualquer hipótese, o registro civil de nascimento".[15]

Quanto à efetivação desse registro, é preciso distinguir se o filho nasceu de uma relação matrimonial ou não, pois, para a primeira hipótese, o reconhecimento da filiação ocorre *ipso iuri*, em decorrência das presunções estabelecidas no art. 1.597 do Código Civil.[16] Não ocorrendo o nascimento dentro das hipóteses presuntivas, caberá aos pais proceder ao reconhecimento do filho, que poderá se dar de forma voluntária ou mediante provocação judicial, o qual, em qualquer caso, deverá ser averbado no livro de nascimento, conforme o art. 102 da Lei nº 6.015/1973 (Lei de Registros Públicos).[17]

O reconhecimento voluntário da filiação se dá quando ambos os genitores, ou apenas um deles, declara espontaneamente a existência de relação de paternidade ou de maternidade em relação a determinada pessoa, o que poderá ser realizado por meio do registro do nascimento, mas também através de escritura pública, escrito particular, por testamento ou por manifestação direta e expressa perante o juiz, ainda que o reconhecimento não haja sido o objeto único e principal do ato que o contém.[18] Em razão da adoção do modelo biparental, o reconhecimento espontâneo parecia ser possível somente em relação ao pai/mãe ausente do registro de

---

[15] *Lei nº 12.662/2012*. Disponível em: http://www.planalto.gov.br/ccivil_03/_Ato2011-2014/2012/Lei/L12662.htm.

[16] BRASIL. *Código Civil Brasileiro de 2002*. Disponível em: http://www.planalto.gov.br/ccivil_03/leis/2002/L10406.htm.

[17] *Lei nº 6.015/1973 (Lei de Registros Públicos)*. Disponível em: http://www.planalto.gov.br/ccivil_03/leis/L6015compilada.htm. Acesso em: 20 nov. 2018.

[18] Art. 1.609. *Código Civil brasileiro de 2002*. Disponível em: http://www.planalto.gov.br/ccivil_03/LEIS/2002/L10406.htm.

nascimento, com vistas a integralizá-lo, ou seja, a atribuir um pai e uma mãe a quem era "filho das estrelas".[19] A legislação, contudo, não fornece nenhuma diretriz acerca da permissão (ou impedimento) concernente à cumulação de parentalidades por mera declaração de vontade, assunto que voltaremos a abordar no tópico seguinte.

Pode acontecer, no entanto, de o pai e/ou a mãe deixar de reconhecer a pessoa como seu filho, situação em que poderá este proceder ao reconhecimento involuntário da paternidade e/ou maternidade, por meio de uma investigação de parentalidade que se desenvolve judicialmente, o que implicará, em caso de procedência, a imputação da relação parental independente de qualquer consentimento ou aceitação.

Ainda com relação ao reconhecimento de filho, dispõe o art. 1.614 do Código Civil que, caso ele seja maior de 18 anos, o reconhecimento depende de seu consentimento e, se reconhecido ainda menor, poderá ele impugnar o reconhecimento no prazo de até quatro anos após atingir a maioridade ou vier a ser emancipado.[20]

É por meio da certidão de nascimento que se faz prova da filiação, conforme estabelece o art. 1.603 do Código Civil. Como ensinam Ana Carolina Trindade Soares Cohen e Jessica Mendonça Felix, "Tal prova tem, por si só, presunção de validade, veracidade e eficácia, pois, salvo comprovado erro ou falsidade, ninguém pode se opor contra o que está registrado na certidão de nascimento (artigo 1.604/CC)".[21] Assim, a filiação, uma vez estabelecida, ainda que por ato de disposição de última vontade, torna-se, em regra, irrevogável, razão pela qual afirma Paulo Lôbo que "o registro de nascimento é definitivo, pouco importando se a origem da filiação declarada é biológica ou socioafetiva".[22]

---

[19] Expressão utilizada por Luiz Edson Fachin para criticar os asteriscos que eram colocados na certidão de nascimento quando alguém não tinha pai, em razão da existência desse campo específico, que hoje não existe mais, em razão da padronização das certidões em todo o país.

[20] BRASIL. *Código Civil brasileiro de 2002*. Disponível em: http://www.planalto.gov.br/ccivil_03/LEIS/2002/L10406.htm.

[21] COHEN, Ana Carolina Trindade Soares; Felix, Jessica Mendonça. Multiparentalidade e entidade familiar: fundamento constitucional e reflexos jurídicos. In: *Cadernos de graduação*: Ciências humanas e sociais FITS, p. 28, 2013.

[22] LÔBO, Paulo. *Direito Civil*: volume 5: Famílias. 2019, p. 237.

Destaque-se, por oportuno, que a formalização do assento de nascimento por ato voluntário ficava restrita à declaração do vínculo biológico – em que pese não ser exigido teste de DNA para o estabelecimento da parentalidade, ou de matrimônio entre os genitores da criança a ser registrada, o que relegava o vínculo socioafetivo para a via judicial ou para a ilicitude (art. 242 do Código Penal[23]). Dessa forma, para o reconhecimento jurídico de uma relação parental socioafetiva era imprescindível demandar em juízo tal pedido para só então, julgada procedente a ação, poder ser viabilizado o registro desse vínculo através da respectiva ordem judicial que determinava a averbação no assento daquele que foi cuidado e tomado como se filho fosse.

Não obstante, na I Jornada de Direito Civil promovida pelo Conselho da Justiça Federal, com a chancela do Superior Tribunal de Justiça, fora aprovado o Enunciado 108, que preceitua: "No fato jurídico do nascimento, mencionado no art. 1.603, compreende-se, à luz do disposto no art. 1.593, a filiação consanguínea e também a socioafetiva".[24]

Com a edição do Provimento nº 63/2017,[25] o Conselho Nacional de Justiça estabeleceu de forma uniforme, em todo o território nacional, o procedimento para que os Oficiais de Registro Civil possam realizar o reconhecimento voluntário de paternidade ou maternidade socioafetiva, por declaração direta, sem necessidade de provocação do Poder Judiciário. Sobre o assunto, o Corregedor Nacional de Justiça, Ministro João Otávio Noronha, afirmou que "se o vínculo biológico pode ser reconhecido extrajudicialmente diretamente em cartório, o mesmo deve ser facultado ao vínculo socioafetivo", não havendo justificativa plausível para remeter os casos consensuais de registro de filiações socioafetivas para a via judicial.[26]

Segundo o referido Provimento, qualquer pessoa maior de 18 anos, independentemente do estado civil, poderá reconhecer a

---

[23] BRASIL. *Código Penal brasileiro*. Disponível em: http://www.planalto.gov.br/ccivil_03/decreto-lei/Del2848.htm.
[24] *Jornadas de Direito Civil:* Enunciados aprovados. Disponível em: https://www.cjf.jus.br/cjf/corregedoria-da-justica-federal/centro-de-estudos-judiciarios-1/publicacoes-1/jornadas-cej.
[25] *Provimento nº 63/2017 do CNJ*. Disponível em: http://www.cnj.jus.br/busca-atos-adm?documento=3380.
[26] *Pedido de providências nº 0002653-77.2015.2.00.0000 CNJ*. Disponível em: http://ibdfam.org.br/assets/img/upload/files/Decisao%20socioafetividade.pdf.

paternidade e a maternidade socioafetiva, desde que não seja irmão e ascendente e que seja, pelo menos, 16 anos mais velha do que o filho a ser reconhecido. Para tanto, basta que o interessado em promover o reconhecimento se dirija a qualquer cartório de registro de pessoas naturais, mesmo que diverso daquele em que foi lavrada a certidão de nascimento, na posse de seus documentos pessoais e da certidão de nascimento do filho, sendo ainda necessária a anuência dos genitores registrais e o consentimento do filho, se maior de 12 anos de idade. Será possível, ainda, o reconhecimento da parentalidade socioafetiva por meio de disposição de última vontade. Obstaculizará, todavia, o reconhecimento eventual discussão judicial sobre este ou a existência de procedimento de adoção em trâmite, motivo pelo qual o requerente deverá declarar o desconhecimento de causa nesse sentido.

O art. 14 do aludido provimento, entretanto, vem suscitando muitos questionamentos quanto à sua interpretação, estando assim redigido: "O reconhecimento da paternidade ou maternidade socioafetiva somente poderá ser realizado de forma unilateral e não implicará o registro de mais de dois pais e de duas mães no campo *filiação* no assento de nascimento".[27] A dúvida que se coloca é a seguinte: será que este dispositivo estaria abrindo as portas para a possibilidade do reconhecimento voluntário e extrajudicial também da multiparentalidade?

3 A desjudicialização da multiparentalidade voluntária

Como visto, por muito tempo em nossa história, o modelo de parentalidade reconhecido pelo ordenamento jurídico somente permitia que uma pessoa fosse registrada por um homem e uma mulher, que assumiam, respectivamente, as funções de pai e mãe. Tal realidade começou a ser alterada com a admissão doutrinária e jurisprudencial da família homoafetiva, situação em que a criança passou a ter em seu registro dois pais ou duas mães, mas que

---

[27] *Provimento nº 63/2017 do CNJ*. Disponível em: http://www.cnj.jus.br/busca-atos-adm?documento=3380.

fazia, ainda assim, persistir o modelo biparental. O ápice dessa transformação se deu com o reconhecimento do estado de filiação plural, após o julgamento do RE 898.060/SC pelo Supremo Tribunal Federal, o que fez com que a identidade familiar constante do registro civil precisasse se adequar a este novo formato de múltiplos vínculos parentais, fazendo constar no assento de nascimento mais de um pai e/ou mais de uma mãe para uma mesma pessoa.

Sobre esta migração do modelo biparental para o pluriparental, ensina Maurício Bunazar que

> a razão de os polos filiais, materno e paterno, sempre terem sido ocupados por apenas uma pessoa de cada lado prende-se ao fato biológico de uma pessoa só poder descender geneticamente de duas pessoas ao mesmo tempo, ou seja, de um único homem e de uma única mulher. Ora, no momento em que Villela demonstrou a absoluta separação entre descendência biológica e paternidade, cessou a possibilidade de confusão entre as duas categorias, vale dizer, se é verdade que só um homem e só uma mulher podem fornecer material genético a alguém, é igualmente verdadeiro que mais de um homem ou mais de uma mulher podem, concomitantemente, comportar-se perante este alguém e por ele ser encarado(a) como pai ou mãe, afinal o comportar-se é ato de liberdade individual, de autonomia privada que é infenso ao determinismo biológico.[28]

O reconhecimento documental da parentalidade proporciona a identidade familiar e o reconhecimento social da pessoa, elementos caracterizadores da sua personalidade e representativos da dignidade humana, motivo pelo qual a sua concretização deve ser desburocratizada e, por consequência, desjudicializada, na medida em que, conforme afirmam Mauro Cappelletti e Garth Bryant, o efetivo acesso à justiça, para a maioria da população, é apenas aparente em razão das barreiras – financeiras, burocráticas e sociais – impostas aos que procuram as portas do Judiciário.[29]

O estabelecimento da filiação múltipla pela via administrativa é uma forma de desjudicialização, já que dispensa a manifestação do Estado para a constituição do vínculo parental plural. Ao dispensar a atuação jurisdicional para validar a vontade das partes, acaba-se por

---

[28] BUNAZAR, Maurício. Pelas portas de Villela: um ensaio sobre a pluriparentalidade como realidade sociojurídica. *In*: *RDF*, n. 59, p. 70, abr./maio 2010.
[29] CAPPELLETTI, Mauro; BRYANT, Garth. *Acesso à justiça*. 1988.

reduzir o número de demandas judiciais e também facilitar o acesso a um direito através da livre composição dos interesses dos envolvidos, de maneira rápida e eficaz. Nesse sentido, defende Conrado Paulino da Rosa que a opção pela via extrajudicial "tem preciosa resposta: solucionar questões sem conflito e sem a intervenção do Poder Judiciário, prestigiando a função social e a autonomia das partes". Para este autor, a intervenção do Estado nas relações familiares deve buscar apenas tutelar a família e dar-lhe garantias, "inclusive de ampla manifestação de vontade de que seus membros vivam em condições propícias à manutenção do vínculo afetivo".[30]

A edição do Provimento nº 63/2017, do Conselho Nacional de Justiça, veio referendar essa tendência de desjudicialização das relações familiares, abrindo espaço ao exercício da autonomia privada, ao remeter à atividade cartorária a competência para a realização do registro ou averbação do registro de nascimento referente à paternidade ou à maternidade socioafetiva, dentre outras providências. Muito se discute, todavia, se o referido provimento passou a também admitir, expressamente, o estabelecimento da multiparentalidade pela via cartorária, em face da confusa redação de seu art. 14, segundo o qual: "O reconhecimento da paternidade ou maternidade socioafetiva somente poderá ser realizado de forma unilateral e não implicará o registro de mais de dois pais e de duas mães no campo *filiação* no assento de nascimento".[31]

Se assim for interpretado, o ato normativo estaria reiterando e consolidando a decisão do Supremo Tribunal Federal proferida no julgamento do RE 898.060/SC, que fixou a tese de repercussão geral sob o nº 622: "A paternidade socioafetiva, declarada ou não em registro público, não impede o reconhecimento do vínculo de filiação concomitante baseado na origem biológica, com os efeitos jurídicos próprios",[32] entendimento que aqui defendemos.

Observe-se que nos "considerandos" deste Provimento há expressa menção ao RE 898.060/SC, que inseriu a multiparentalidade em

---

[30] ROSA, Conrado Paulino da. *Curso de direito de família contemporâneo*. 2018, p. 58-61.
[31] *Provimento nº 63/2017 do CNJ*. Disponível em: http://www.cnj.jus.br/busca-atos-adm?documento=3380.
[32] BRASIL. Supremo Tribunal Federal. *Recurso Extraordinário nº 898.060/SC*. Disponível em: http://www.stf.jus.br/arquivo/cms/noticiaNoticiaStf/anexo/RE898060.pdf.

definitivo no ordenamento jurídico brasileiro e vedou qualquer tipo de hierarquização, *a priori*, entre as formas de constituição da filiação. Ainda em seus trechos iniciais, o Provimento também assinala "a possibilidade de reconhecimento voluntário da paternidade perante o oficial de registro civil das pessoas naturais e, ante o princípio da igualdade jurídica e de filiação, de reconhecimento voluntário da paternidade ou maternidade socioafetiva".[33] Ora, se não há categorização da filiação e sendo vedado qualquer tipo de tratamento discriminatório entre os filhos, qualquer que seja sua origem, a simples presença de um vínculo biparental registral não deveria excluir, por si só, a possibilidade do reconhecimento extrajudicial de outro vínculo paterno e/ou materno concomitante ou posterior.

O art. 14 do provimento exige apenas o respeito ao limite registral de até dois pais e de duas mães no campo da filiação, adotando modelo pluriparental, mas adstrito à quantidade de até quatro pais no total. Assim, o registro não poderá conter, por exemplo, três pais e uma mãe e nem um pai e três mães, já que o limite foi distribuído de maneira equivalente entre os gêneros. Frise-se, ademais, que tal restrição é imposta para fins de reconhecimento extrajudicial da multiparentalidade, não se estendendo essa regra para o reconhecimento feito no âmbito judicial.

Quando o mesmo dispositivo trata da unilateralidade do reconhecimento voluntário, pretende estabelecer tão somente que este não pode ser realizado de forma simultânea pelo pai e pela mãe, mas individualmente por cada um. Neste caso, havendo pai e mãe registral e intenção de incluir novo pai e mãe socioafetivo no assento, o registrador deve praticar dois atos isoladamente, um para o pai socioafetivo e outro para a mãe socioafetiva, sempre dentro do limite de até dois pais e/ou mães no registro. Este foi o posicionamento adotado pela Associação Nacional dos Registradores de Pessoas Naturais – ARPEN/Brasil, em pronunciamento favorável ao estabelecimento da multiparentalidade diretamente no cartório de Registro Civil das Pessoas Naturais.[34]

---

[33] *Provimento nº 63/2017 do CNJ*. Disponível em: http://www.cnj.jus.br/busca-atos-adm?documento=3380.

[34] *Nota de esclarecimento sobre o Provimento nº 63/2017 do CNJ*. Disponível em: http://ibdfam.org.br/assets/img/upload/files/2%20NOTA%20DE%20ESCLARECIMENTO%20PROVIMENTO%20CNJ%20N%C2%BA%2063%20(1).pdf.

Acrescente-se que o art. 11 do Provimento, em seu §3º, impõe como requisito à efetivação do reconhecimento da paternidade ou maternidade socioafetiva a coleta da "assinatura do pai e da mãe do reconhecido, caso este seja menor" e, em seu §5º, a necessidade da "coleta da anuência tanto do pai quanto da mãe e do filho maior de doze anos" pessoalmente perante o oficial de registro civil das pessoas naturais ou escrevente autorizado.[35] Os citados parágrafos não determinam a coleta da anuência do pai "OU" da mãe registral, mas de ambos quando utiliza a conjunção "E". Desta forma, havendo pai "e" mãe registral e sendo pleiteado o reconhecimento de uma nova parentalidade socioafetiva, esta paternidade e/ou maternidade configurar-se-á em um segundo vínculo parental, que será acrescido ao registral preexistente. Além da anuência dos pais registrais, o §4º ainda determina a necessidade do consentimento do filho a ser reconhecido, se maior de 12 anos.

Havendo oposição de algum dos pais registrais ou do filho maior de 12 anos, ainda restará a via judicial ao interessado em ter a multiparentalidade e seus efeitos reconhecidos, posto que no reconhecimento judicial, comprovada a posse no estado de filho com outra pessoa ou o vínculo biológico, a vontade dos pais registrais é irrelevante.

Não obstante o Provimento tratar do reconhecimento da paternidade/maternidade socioafetiva, é preciso sublinhar que o reconhecimento voluntário e extrajudicial da multiparentalidade aqui defendido pode se dar tanto em decorrência de um vínculo socioafetivo concomitante/posterior a uma parentalidade biológica previamente registrada como também na hipótese de se buscar o reconhecimento de um vínculo biológico concomitante/posterior a um socioafetivo registral.

A primeira situação fática, mais comum e mais polêmica, diz respeito ao reconhecimento posterior de uma filiação afetiva quando já estabelecido o vínculo biológico parental no assento de nascimento, pois, ao contrário do vínculo consanguíneo, que pode ser aferido objetivamente, por um dado da biologia, o critério socioafetivo tem contornos mais nebulosos, sendo traduzido no comportamento

---

[35] *Provimento nº 63/2017 do CNJ*. Disponível em: http://www.cnj.jus.br/busca-atos-adm?documento=3380.

daquele que considera como filho uma pessoa que desfruta de uma situação equivalente a esta,[36] na família e no ambiente social, a despeito da inexistência de identidade genética entre eles.

Quanto aos pressupostos para a configuração da socioafetividade, preciosa a lição do prof. Paulo Lôbo, que aqui transcrevemos:

> A filiação socioafetiva em sentido estrito, no direito brasileiro, realiza-se quando são observados os seguintes requisitos: a) *comportamento social típico de pais e filhos*. (...) *No Brasil a doutrina tradicionalmente desdobra esse requisito em três outros, segundo antiga lição: a) nome, quando um dos pais ou ambos atribuem seus sobrenomes ao perfilhado, mediante registro civil*; b) trato, quando um ou ambos os pais tratam socialmente o perfilhado como seu filho; c) fama, quando a comunidade onde vivem os pretensos pais e filhos os reconhece assim, segundo as circunstâncias. *Porém, esses requisitos não são somativos e basta um deles ou outras circunstâncias distintas para gerar o convencimento judicial de existência de comportamento social típico entre pais e filhos.* b) Convivência familiar duradoura (...). O direito brasileiro não impõe um tempo determinado para que se caracterize a convivência familiar, mas há de ser suficiente para que se identifiquem laços familiares efetivos e não apenas relações afetivas. c) *Relação de afetividade familiar. As relações entre as pessoas devem ser de natureza afetiva e com escopo de constituição de família, para que se constitua estado de parentalidade e filiação* (grifo nosso).[37]

Como destacado, os requisitos do "nome, trato e fama", apesar de comumente identificados como caracterizadores da posse de estado de filho, não precisam estar, necessariamente, presentes para a configuração da socioafetividade, bastando a constatação de um deles ou de outras circunstâncias que demonstrem a assunção das funções de pai e/ou de mãe com pessoa com a qual não há liame genético.

A atribuição do nome de família, um dos elementos citados, derivada da espontânea modificação do registro civil, mediante consentimento dos pais registrais e, a depender da idade, também do filho a ser reconhecido, deveria constituir elemento suficiente a demonstrar a intenção de constituir uma família socioafetiva, na medida em que a indicação da parentalidade no assento de nascimento implica o reconhecimento de uma identidade familiar e a atribuição de direitos e deveres ao novo pai e/ou mãe em relação ao

---

[36] PEREIRA, Caio Mário da Silva. *Instituições de direito civil*, 2016, p. 426, v. 5.
[37] LÔBO, Paulo. *Direito Civil*: Famílias. 2019, p. 231-232, v. 5.

filho socioafetivo, sem eximir a responsabilidade dos pais biológicos, acarretando o compartilhamento de um projeto parental.

Não obstante, a Lei nº 6.015/1973, em seu art. 57, autoriza que enteados adotem o nome de família do padrasto ou da madrasta, sem, contudo, constituir o vínculo de filiação com estes, na medida em que tal prerrogativa é reconhecida no âmbito dos direitos da personalidade. Perceba-se, outrossim, que as situações não se confundem, pois para a referida alteração do nome não se exige que o pai ou mãe registrais concordem com tal acréscimo, o que não acontece com o registro voluntário de multiparentalidade.

É preciso realçar, de outro norte, que a posse de estado de filho é meio hábil à comprovação subsidiária do vínculo afetivo da filiação, mas não é capaz de constituir o próprio vínculo, pois "não é ela a definir a substância desse novo tipo de parentesco.[38] Tanto que o próprio prof. Paulo Lôbo admite a multiparentalidade no caso de reprodução humana assistida em que o dador do material genético o fornece conscientemente e sem anonimato, atendendo a um pedido de pessoa amiga ou parente, sem que, nesta situação, se faça necessária a configuração de uma "convivência familiar duradoura", pois há um nítido projeto parental compartilhado.[39] Sobre essa situação em que não há realidade fática de múltiplo exercício prévio da paternidade socioafetiva, mas onde existe um evidente projeto de desenvolvimento da relação parental fruto de um planejamento familiar, é possível o estabelecimento da multiparentalidade, como exceção, diante da manifesta vontade de todos os pais da criança de assim se estabelecerem como entidade familiar.[40]

Em trecho do REsp nº 1.330.404/RS, o Ministro Marco Aurélio Bellize destacou que, para efeito da abordagem da filiação socioafetiva, para além da posse de estado, é imposta a necessidade da presença do unívoco propósito de o pretenso pai assim ser reconhecido, "porque nem todo aquele que trata alguém como se filho

---

[38] DOMITH, Laira Carone Rachid; ASSIS, Ana Cristina Koch Torres de. O risco de desnaturação do conceito de socioafetividade pelo provimento 63 do CNJ. In: *Revista de Direito de Família e Sucessões*, p. 02-03, jan./jun. 2018.

[39] LÔBO, Paulo. *Direito Civil*: Famílias, 2019, p. 231-232, v. 5.

[40] MATOS, Ana Carla Harmatiuk; HAPNER, Paula Aranha. *Multiparentalidade*: uma abordagem a partir das decisões nacionais, 2016, p. 15-18.

fosse quer torná-lo juridicamente seu filho".[41] Ora, aquele que dá ao filho socioafetivo o seu nome de família, fazendo com que este crie/fortaleça um sentimento de pertencimento a um núcleo familiar diverso do seu natural, com a concordância daqueles que já possuem este vínculo parental, estará notoriamente buscando ser reconhecido como seu pai e/ou sua mãe. Na esteira desse entendimento, Maria Goreth Valadares afirma que tanto uma relação sexual como o ato de registro civil "são fontes criadoras do Direito, ou seja, podem levar à responsabilidade de um pai em face do filho".[42]

Para Marcos Costa Salomão,[43] "o reconhecimento de paternidade é um ato de afeto, uma decisão de tornar-se pai de alguém, uma decisão de assumir e exercer a função paterna na vida de outra pessoa", o que não deveria estar subordinado à inexistência de pessoa vinculada formalmente a tal função, em face de ausência de anotação pretérita no registro civil. A existência de parentalidade registral não deveria, por si só, ser empecilho ao reconhecimento voluntário da multiparentalidade, na medida em que a dicotomia entre biologia e afetividade pode não ser a solução mais benéfica para pais e filhos. Todos os pais podem ser, a um só tempo, responsáveis por um filho, desde que haja consenso quanto à formação desse arranjo familiar plural.

Quanto à segunda hipótese, correspondente à formação do vínculo multiparental a partir de uma parentalidade biológica sobreposta a uma socioafetiva previamente registrada, parece que a resposta se encontra no próprio RE 898.060/SC, sob fundamento da aplicação do princípio da parentalidade responsável. Em que pese as críticas de José Fernando Simão[44] acerca da diferença entre paternidade e ancestralidade biológica, buscando prestigiar o afeto

---

[41] BRASIL. Superior Tribunal de Justiça. *Recurso Especial nº 1.330.404/RS*. Disponível em: https://stj.jusbrasil.com.br/jurisprudencia/461031220/recurso-especial-resp-1521926-mg-2015-0059739-7.

[42] VALADARES, Maria Goreth Macedo. *Multiparentalidade e as novas relações de parentesco*. 2016, p. 106.

[43] SALOMÃO, Marcos Costa. *A filiação socioafetiva pela posse de estado de filho e a multiparentalidade no provimento 63 do CNJ*. Disponível em: https://professorsalomao.com/2017/12/07/a-filiacao-socioafetiva-pela-posse-de-estado-de-filho-e-a-multiparentalidade-no-provimento-63-do-cnj/.

[44] SIMÃO, José Fernando. Que 2016 venha com as decisões do STF necessárias ao Direito de Família. *In: Consultor Jurídico*. 2015. Disponível em: https://www.conjur.com.br/2015-dez-13/2016-venha-decisoes-necessarias-direito-familia.

na relação entre pais e filhos, o caso paradigma do referido julgado da Suprema Corte se ateve a identificar exclusivamente o elo consanguíneo e a responsabilidade parental daí advinda, na medida em que a filha e o pai biológico demandado nunca mantiveram qualquer convívio familiar anterior e, segundo as declarações deste, mesmo com o reconhecimento forçado, não pretendia constituir com aquela qualquer elo afetivo.[45]

A multiparentalidade, neste caso, fora reconhecida exclusivamente com base num liame consanguíneo derivado da procriação natural, o que implicaria, por consequência, que no seu reconhecimento voluntário por declaração direta em cartório bastaria apresentar exame médico que comprovasse a identidade genética entre as partes, mas sempre condicionada à anuência dos pais registrais e do filho a ser reconhecido, se maior de 12 anos. Não obstante, em oposição ao caso paradigma, no reconhecimento voluntário extrajudicial, o biologismo estaria implicitamente aliado à afetividade daquele que, além de ter vínculos consanguíneos com o filho a ser reconhecido, pretende com o reconhecimento assumir espontaneamente a responsabilidade parental, o que demonstra, por consequência, a intenção de com ele construir elos de cuidado e afeto.

De toda sorte, o controle jurisdicional não restaria afastado, devendo o registrador solicitar a intervenção do Poder Judiciário sempre que tiver dúvida sobre a veracidade das declarações dos interessados no reconhecimento voluntário. Nesse sentido, o art. 12 do Provimento nº 63/2017 do Conselho Nacional de Justiça prevê que, "suspeitando de fraude, falsidade, má-fé, vício de vontade, simulação ou dúvida sobre a configuração do estado de posse de filho, o registrador fundamentará a recusa, não praticará o ato e encaminhará o pedido ao juiz competente nos termos da legislação local".[46]

Sobre o Provimento nº 63/2017, o Corregedor Nacional de Justiça, Ministro João Otávio de Noronha, afirmou que "se o vínculo biológico pode ser reconhecido extrajudicialmente diretamente em cartório, o mesmo deve ser facultado ao vínculo socioafetivo", não

---

[45] BRASIL. Supremo Tribunal Federal. *RE 898.060/SC*. Disponível em: http://www.stf.jus.br/arquivo/cms/noticiaNoticiaStf/anexo/RE898060.pdf. Acesso em: 27 dez. 2018.

[46] *Provimento nº 63/2017 do CNJ*. Disponível em: http://www.cnj.jus.br/busca-atos-adm?documento=3380.

havendo justificativa plausível para remeter os casos consensuais de registro de filiações socioafetivas para a via judicial. Entretanto, em outro trecho da referida decisão, apesar de o Ministro Noronha fazer expressa referência ao RE 898.060/SC, manifestou ser melhor "deixar esse reconhecimento das relações plúrimas ainda para a via judicial",[47] posicionamento com o qual não concordamos, na medida em que é necessária a adoção de medidas que concretizem o direito à filiação, seja ela bi ou pluriparental.

Por fim, acerca de eventual risco de desnaturação da multiparentalidade e da ocorrência de fraudes no procedimento voluntário, já se manifestou o Instituto Brasileiro de Direito das Famílias e Sucessões – IBDFAM, ao responder solicitação do Conselho Nacional de Justiça acerca do Provimento nº 63/2017, para o qual "a justiça não pode se pautar pelos ilícitos. A possibilidade de má-fé existe de toda forma. Se as regras não forem feitas pautando-se na boa-fé, todo e qualquer ato jurídico teria que ser judicializado".[48]

Por todo o exposto, conclui-se que, se uma pessoa possui múltiplos vínculos parentais, independente de qual deles conste em seu registro civil, deverá ser-lhe assegurado o direito de ver modificado extrajudicialmente e mediante simples declaração direta dos pretensos pais, biológicos ou socioafetivos, nos limites do Provimento nº 63/2017 do Conselho Nacional de Justiça, pois o assento de nascimento deve retratar a sua realidade familiar. Na esteira desse entendimento, aduz Conrado Paulino da Rosa

> existente a realidade multiparental, imperioso é o seu reconhecimento com foco na modificação registral, vez que seria um atentado a dignidade do indivíduo que seus documentos não demonstrassem aquilo que está marcado em sua alma: uma rede de afetos, cuidado e calor.[49]

Por esta razão, o desafio atual das relações familiares consiste em ultrapassar o legado reducionista biparental e redimensionar

---

[47] *Pedido de providências nº 0002653-77.2015.2.00.0000 CNJ.* Disponível em: http://ibdfam.org.br/assets/img/upload/files/Decisao%20socioafetividade.pdf.
[48] *Nota de esclarecimento sobre o Provimento nº 63/2017 do CNJ.* Disponível em: http://ibdfam.org.br/assets/img/upload/files/2%20NOTA%20DE%20ESCLARECIMENTO%20PROVIMENTO%20CNJ%20N%C2%BA%2063%20(1).pdf.
[49] ROSA, Conrado Paulino da. *Curso de direito de família contemporâneo.* 2018, p. 354.

as relações pluriparentais, "fortalecendo as realidades familiares e estimulando a assunção de responsabilidades",[50] notadamente na esfera extrajudicial, como medida necessária e que atende aos anseios sociais no sentido de realização da família em todas as suas nuances.

Conclusão

A família é uma estrutura variante, sendo constantemente reconstruída a partir das transformações sociais. Seu perfil contemporâneo democrático, plural e igualitário não permite qualquer tipo de hierarquização entre as entidades familiares ou entre as formas de constituição de parentesco, seja ele presuntivo, biológico ou socioafetivo.

Com o reconhecimento do exercício da parentalidade em conjunto por mais de um pai e/ou mais de uma mãe, a partir do julgamento do RE 898.060/SC pelo Supremo Tribunal Federal, a multiparentalidade deixa de ser apenas uma realidade fática para se tornar jurídica, o que implica a necessidade de certificação registral desse fenômeno como forma de garantir sua efetividade e a produção de todos os efeitos advindos do vínculo paterno/materno-filial.

Após a edição do Provimento nº 63/2017 do Conselho Nacional de Justiça, especialmente a partir da leitura de seu art. 14, vozes começaram a ecoar mais fortemente na defesa da desjudicialização da multiparentalidade, ou seja, da possibilidade da constituição de múltiplos vínculos parentais por mera declaração de vontade perante o Oficial do Registro Civil, afastando a necessidade de submeter tal pretensão à apreciação judicial.

É preciso, para tanto, compreender que a parentalidade decorre de um projeto parental, que transcende um conteúdo meramente registral, mas que deve ser refletido neste, razão pela qual defendemos neste artigo a ruptura do paradigma da biparentalidade no reconhecimento espontâneo da filiação, sendo

---

[50] CATALAN, Marcos. Um ensaio sobre a multiparentalidade: explorando no ontem pegadas que levarão ao amanhã. *In: Revista da Faculdade de Direito – UFPR*, n. 55, p. 153, 2012.

permitido, por declaração direta em cartório, que o assento de nascimento revele a realidade e identidade familiar de uma pessoa que está vinculada, de fato, a mais de um pai e/ou mais de uma mãe. Em outras palavras, presentes a parentalidade biológica e socioafetiva, concomitante ou sucessivamente na vida do filho, imperiosa a harmonização destes vínculos por meio da facilitação do reconhecimento da sua coexistência, dentro dos limites estabelecidos no Provimento nº 63/2017 do Conselho Nacional de Justiça.

A partir dessa compreensão não buscamos defender que a multiparentalidade se torne regra nos arranjos familiares, mas apenas garantir a flexibilização da biparentalidade, especialmente quando as partes envolvidas pretendem, através de mútuo consenso, o reconhecimento de uma estrutura plural familiar.

Referências

BRASIL. *Código Civil Brasileiro de 2002*. Disponível em: http://www.planalto.gov.br/ccivil_03/leis/2002/L10406.htm. Acesso em: 7 maio 2017.

BRASIL. *Código Penal brasileiro*. Disponível em: http://www.planalto.gov.br/ccivil_03/decreto-lei/Del2848.htm. Acesso em: 27 dez. 2018.

BRASIL. Conselho Nacional de Justiça. *Pedido de providências nº 0002653-77.2015.2.00.0000*. Disponível em: http://ibdfam.org.br/assets/img/upload/files/Decisao%20socioafetividade.pdf.

BRASIL. Conselho Nacional de Justiça. *Provimento nº 63/2017*. Disponível em: http://www.cnj.jus.br/busca-atos-adm?documento=3380. Acesso em: 27 dez. 2018.

BRASIL. *Constituição da República Federativa do Brasil de 1988*. Disponível em: http://www.planalto.gov.br/ccivil_03/constituicao/constituicaocompilado.htm. Acesso em: 27 dez. 2018.

BRASIL. *Jornadas de Direito Civil: Enunciados aprovados*. Disponível em: https://www.cjf.jus.br/cjf/corregedoria-da-justica-federal/centro-de-estudos-judiciarios-1/publicacoes-1/jornadas-cej. Acesso em: 27 dez. 2018.

BRASIL. *Lei nº 6.015/1973 (Lei de Registros Públicos)*. Disponível em: http://www.planalto.gov.br/ccivil_03/leis/L6015compilada.htm. Acesso em: 27 dez. 2018.

BRASIL. *Lei nº 12.662/2012*. Disponível em: http://www.planalto.gov.br/ccivil_03/_Ato2011-2014/2012/Lei/L12662.htm. Acesso em: 27 dez. 2018.

BRASIL. *Pedido de providências nº 0002653-77.2015.2.00.0000 CNJ*. Disponível em: http://ibdfam.org.br/assets/img/upload/files/Decisao%20socioafetividade.pdf. Acesso em: 27 dez. 2018.

BRASIL. *Superior Tribunal de Justiça*. REsp nº 1.330.404/RS. Disponível em: https://stj.jusbrasil.com.br/jurisprudencia/461031220/recurso-especial-resp-1521926-mg-2015-0059739-7. Acesso em: 27 dez. 2018.

BRASIL. *Supremo Tribunal Federal. RE 898.060/SC*. Disponível em: http://www.stf.jus.br/arquivo/cms/noticiaNoticiaStf/anexo/RE898060.pdf. Acesso em: 27 dez. 2018.

BUNAZAR, Maurício. Pelas portas de Villela: um ensaio sobre a pluriparentalidade como realidade sociojurídica. *In: RDF*, n. 59, abr./maio 2010.

CALDERÓN, Ricardo. *Princípio da afetividade no direito de família*. 2. ed. Rio de Janeiro: Forense, 2017.

CAPPELLETTI, Mauro; BRYANT, Garth. *Acesso à justiça*. Tradução Ellen Gracie Northfleet. Porto Alegre: Fabris, 1988.

CASSETARI, Christiano. *Multiparentalidade e parentalidade socioafetiva*: efeitos jurídicos. São Paulo: Atlas, 2014.

CATALAN, Marcos. Um ensaio sobre a multiparentalidade: explorando no ontem pegadas que levarão ao amanhã. *In: Revista da Faculdade de Direito – UFPR*, Curitiba, n. 55, p. 143-163, 2012.

CHAVES, Marianna. Famílias mosaico, socioafetividade e multiparentalidade: breve ensaio sobre as relações parentais na pós-modernidade. *In: Anais do IX Congresso Brasileiro de Direito de Família: Famílias: Pluralidade e Felicidade*, 2014. Disponível em: http://www.academia.edu/27361988/FAM%C3%8DLIAS_MOSAICO_SOCIOAFETIVIDADE_E_MULTIPARENTALIDADE_BREVE_ENSAIO_SOBRE_AS_RELA%C3%87%C3%95ES_PARENTAIS_NA_P%C3%93S-MODERNIDADE. Acesso em: 27 dez. 2018.

COHEN, Ana Carolina Trindade Soares; Felix, Jessica Mendonça. Multiparentalidade e entidade familiar: fundamento constitucional e reflexos jurídicos. *In: Cadernos de graduação: Ciências humanas e sociais FITS*, Maceió, v. 1, n. 3, p. 23-38, nov. 2013. Disponível em: https://periodicos.set.edu.br/index.php/fitshumanas/article/view/1215. Acesso em: 27 dez. 2018.

DOMITH, Laira Carone Rachid; ASSIS, Ana Cristina Koch Torres de. O risco de desnaturação do conceito de socioafetividade pelo provimento 63 do CNJ. *In: Revista de Direito de Família e Sucessões*, Salvador, v. 4, n. 1, p. 01-20, jan./jun. 2018.

FUJITA, Jorge. *Filiação*. São Paulo: Atlas, 2009.

GROENINGA, Giselle Câmara. Família: um caleidoscópio de relações. *In:* GROENINGA, Giselle Câmara; PEREIRA, Rodrigo da Cunha (Coord.). *Direito de família e psicanálise*: rumo a uma nova epistemologia. Rio de Janeiro: Imago, 2003.

IBDFAM. *Nota de esclarecimento sobre o Provimento nº 63/2017 do CNJ*. Disponível em: http://ibdfam.org.br/assets/img/upload/files/2%20NOTA%20DE%20ESCLARECIMENTO%20PROVIMENTO%20CNJ%20N%C2%BA%2063%20(1).pdf. Acesso em: 27 dez. 2018.

LÔBO, Paulo Luiz Netto. Direito ao estado de filiação e direito à origem genética: uma distinção necessária. *In:* FARIAS, Cristiano Chaves de (Coord.). *Temas atuais de direito e processo de família*. Rio de Janeiro: Lumen Juris, 2004.

LÔBO, Paulo Luiz Netto. *Direito Civil: Famílias*. São Paulo: Saraiva Educação, 2019, v. 5.

MATOS, Ana Carla Harmatiuk; HAPNER, Paula Aranha. Multiparentalidade: uma abordagem a partir das decisões nacionais. *Civilistica.com*, Rio de Janeiro, ano 5, n. 1, 2016. Disponível em: http://civilistica.com/multiparentalidade-uma-abordagem-a-partir-das-decisoes-nacionais. Acesso em: 27 dez. 2018.

PEREIRA, Caio Mário da Silva. *Instituições de direito civil*. 7. ed. Rio de Janeiro: Forense, 2016, v. 5.

ROSA, Conrado Paulino da. *Curso de direito de família contemporâneo*. 4. ed. Salvador: Juspodivm, 2018.

SALOMÃO, Marcos Costa. *A filiação socioafetiva pela posse de estado de filho e a multiparentalidade no provimento 63 do CNJ*. Disponível em: https://professorsalomao.com/2017/12/07/a-filiacao-socioafetiva-pela-posse-de-estado-de-filho-e-a-multiparentalidade-no-provimento-63-do-cnj/. Acesso em: 27 dez. 2018.

SCHREIBER, Anderson; LUSTOSA, Paulo Franco. Efeitos jurídicos da multiparentalidade. *In: Pensar*, Fortaleza, v. 21, n. 3, p. 847-873, set./dez. 2016. Disponível em: http://periodicos.unifor.br/rpen/article/view/5824. Acesso em: 27 dez. 2018.

SIMÃO, José Fernando. Que 2016 venha com as decisões do STF necessárias ao Direito de Família. *In: Consultor Jurídico*. 2015. Disponível em: https://www.conjur.com.br/2015-dez-13/2016-venha-decisoes-necessarias-direito-familia. Acesso em: 27 dez. 2018.

SZANIAWSKI, Elimar. *Diálogos com o direito de filiação*. Belo Horizonte: Fórum, 2019.

TEIXEIRA, Ana Carolina Brochado; RODRIGUES, Renata de Lima. Multiparentalidade como nova estrutura de parentesco na contemporaneidade. *In: E-Civitas*, Belo Horizonte, v. VI, n. 2, dez. 2013.

VALADARES, Maria Goreth Macedo. *Multiparentalidade e as novas relações de parentesco*. Rio de Janeiro: Lumen Juris, 2016.

VILLELA, João Baptista. Desbiologização da paternidade. *Revista da Faculdade de Direito da UFMG*, n. 21, p. 415, 1979. Disponível em: https://www.direito.ufmg.br/revista/index.php/revista/article/view/1156/1089. Acesso em: 27 dez. 2018.

Informação bibliográfica deste texto, conforme a NBR 6023:2018 da Associação Brasileira de Normas Técnicas (ABNT):

ROCHA, Patricia Ferreira. A desjudicialização da multiparentalidade voluntária. *In*: EHRHARDT JÚNIOR, Marcos; LOBO, Fabíola Albuquerque; ANDRADE, Gustavo (Coord.). *Direito das relações familiares contemporâneas*: estudos em homenagem a Paulo Luiz Netto Lôbo. Belo Horizonte: Fórum, 2019. p. 213-235. ISBN 978-85-450-0700-5.

A MULTIPARENTALIDADE NA PERSPECTIVA CIVIL-CONSTITUCIONAL E SEUS REFLEXOS SUCESSÓRIOS

KARINA BARBOSA FRANCO

Introdução

Assim como grande parte dos institutos do Direito de Família, o direito de filiação passou por profundas transformações com o advento da Constituição Federal de 1988, sob a égide da igualdade entre os filhos e da primazia do afeto nas relações parentais. A nossa Lei Fundamental, como marco paradigmático, iniciou o reconhecimento da afetividade no trato das relações familiares, tornando-se o vetor e eixo nas suas formações e na filiação, ressignificando o modelo tradicional da família.

Em recente decisão, com repercussão geral reconhecida (Tema 622), o Supremo Tribunal Federal (STF), nos autos do Recurso Extraordinário (RE) 898.060/SC, ampliando os conceitos e as nuances dos vínculos parentais, reconheceu juridicamente a parentalidade socioafetiva, a inexistência de hierarquia entre as filiações biológica e socioafetiva e admitiu a sua coexistência para todos os fins de direito, reconhecendo expressamente a possibilidade da multiparentalidade.

Este artigo se propõe a analisar o efeito jurídico sucessório decorrente do reconhecimento da multiparentalidade, cuja problemática está centrada na seguinte indagação: é possível ou não uma pessoa herdar mais de uma vez de pais e mães diferentes como efeito jurídico no âmbito sucessório? Mas que acomoda outras indagações: se uma pessoa pode receber herança de dois pais, o que ocorre caso o filho venha a falecer antes dos pais, sem deixar descendentes? Como será feita a distribuição nessa hipótese? Para tanto, objetiva-se promover um estudo do instituto da multiparentalidade sob o enfoque da decisão proferida pelo STF, que reconheceu juridicamente a parentalidade socioafetiva, a inexistência de hierarquia entre as filiações biológica e socioafetiva e a multiparentalidade, fixando tese geral, em decisão plenária de 22.09.16, tendo como caso paradigma o RE 898.060, trazendo à baila as discussões atuais suscitadas na doutrina brasileira.

A partir de pesquisa bibliográfica e jurisprudencial, serão abordados o instituto da multiparentalidade e a mencionada decisão paradigmática do STF, buscando compreender os fundamentos que balizaram os julgadores, apontando as críticas e ilações decorrentes do novel posicionamento da Suprema Corte, e, em seguida, analisar-se-á o efeito jurídico sucessório decorrente do reconhecimento da multiparentalidade, dirimindo os questionamentos iniciais propostos.

1 O instituto da multiparentalidade na perspectiva civil-constitucional

1.1 Origem e sua conceituação

Devido às barbáries promovidas pelos regimes autoritários do nazismo e o do fascismo, além das decorrentes da Segunda Guerra, perpetradas sob o império da lei, houve a necessidade da incorporação de uma nova concepção constitucionalista fundada nos direitos humanos/fundamentais que gravitam em torno da pessoa humana.

Destes fatos, surgiu a consagração da dignidade da pessoa humana como fundamento da República, inserto no art. 1º, III, da Constituição Federal de 1988, mostrando-se uma conquista decisiva, que revolucionou a ordem jurídica privada.[1]

O novo constitucionalismo, baseado na dignidade humana, consolida-se na nova ordem constitucional em detrimento da superação do Positivismo, ensejando um movimento jurídico-social de repersonalização do Direito Civil, que sustentou que a pessoa

---

[1] BARROSO, Luis Roberto. *Apud*: MORAES, Maria Celina Bodin de. A Nova Família, de novo – Estruturas e Função das Famílias Contemporâneas. *In:* TEIXEIRA, Ana Carolina Brochado; RIBEIRO, Gustavo Pereira Leite. *Manual de Direito das Famílias e das Sucessões*. 3. ed. Rio de Janeiro: Processo, 2017.

concreta devia ser o centro das suas preocupações, afastando o patrimônio como o centro das relações tuteladas pelo Código Civil de 1916, emergindo a doutrina do Direito Civil-Constitucional,[2] que influenciou fortemente a cultura jurídica das últimas décadas, no sentido de que os institutos de Direito Civil deveriam ser vistos sempre sob o prisma da Constituição, que está no vértice do ordenamento.

A promulgação da Constituição foi importante porque o sistema já convivia com muitas normas esparsas, além do fato de que os códigos e a própria Constituição anterior já tinham se tornado colchas de retalho sem harmonia sistemática. Desta forma, a Carta teve o mérito de reunificar o sistema, além de ter elegido um rol de novos valores, que são aplicáveis diretamente às relações privadas, inclusive as familiares.[3]

Com esta constitucionalização, surge uma nova compreensão do Direito Civil e, especificamente, um novo Direito das Famílias, delineando-se uma nova função social: realizar plenamente seus membros, respaldada na dignidade da pessoa, haja vista, nessa nova perspectiva, ser um fim em si mesma e não um meio para a consecução de um fim, assumindo um papel de protagonista no ordenamento jurídico e dentro da família. Portanto, a família deve existir em função dos seus membros, passando a ser compreendida não como instituição, mas como:

> formação social, lugar-comunidade tendente à formação e ao desenvolvimento da personalidade de seus participantes; de maneira que exprime uma função instrumental para a melhor realização dos interesses afetivos e existenciais dos seus componentes.[4]

Eis a função social da família sob o matiz constitucional.

Mudando-se a concepção de família, modifica-se, igualmente, a forma de proteção dos filhos e o exercício da parentalidade, que se

---

[2] Este movimento surgiu na Itália a partir da doutrina de Pietro Perlingieri, e no Brasil, foram expoentes Gustavo Tepedino, Maria Celina Bodin de Moraes, Heloísa Helena Barboza, Luiz Edson Fachin, Paulo Lôbo, Giselda Hironaka, segundo TARTUCE, Flávio. *Direito Civil*. 13. ed. Rio de Janeiro: Forense, 2018, v. 5.

[3] HIRONAKA, Giselda Maria Fernandes Novaes. Do Código Civil de 1916 ao de 2002 e além. *In:* HIRONAKA, Giselda Maria Fernandes Novaes; SANTOS, Romualdo Baptista dos. (Coord.) *Direito Civil:* Estudos. Coletânea do XV Encontro dos Grupos de Pesquisa – IBDCIVIL. São Paulo: Blucher, 2018.

[4] PERLINGIERI, Pietro. *Perfis do direito civil*. 2. ed. Rio de Janeiro: Renovar, 2002, p. 178.

desvincula de uma estrutura rígida e preconcebida, ordenada pelo vínculo biológico, ou concebida pelo emprego das presunções legais, partindo-se para a identificação dos vínculos afetivos.

O esteio da nova filiação se edifica sobre três pilares constitucionalmente fixados: plena igualdade entre os filhos, desvinculação do estado de filho do estado civil dos pais e a doutrina da proteção integral.[5]

Neste novo estatuto de filiação, parte-se da Constituição Federal de 1988 como marco definitivo, em que o vínculo jurídico cede seu espaço para a verdade socioafetiva. Assim, não se pode ignorar que as verdades jurídica e biológica ligaram-se ao modelo codificado no século XVIII apto a manter o estatuto da legitimidade existente, mas a verdade socioafetiva, por seu turno, aproxima-se da família eudemonista, pautada no afeto, construído quotidianamente, revelando a valorização dos sujeitos.

A essência da filiação ganhou espaço na doutrina, que consolidou o afeto como elemento de maior importância no estabelecimento da paternidade, configurando a verdade socioafetiva não menos importante que a verdade biológica, cuja realidade jurídica da filiação não está apenas fincada nos laços biológicos.

Diante das modificações vivenciadas nos parâmetros da filiação com o fenômeno da constitucionalização das relações privadas, sobretudo com o advento da Constituição hodierna, resta evidenciado que o instituto tem suas balizas fincadas, irremediavelmente, nas normas constitucionais, com relevância nos princípios constitucionais, ressaltando os da isonomia, solidariedade e afetividade, que delinearam a formação das novas relações filiais.

Como principal repercussão da igualdade na filiação, destaca-se a impossibilidade de interpretarem-se as normas, atinentes à matéria, de modo a revelar qualquer resquício de tratamento discriminatório entre os filhos. Os regramentos aplicados à filiação deverão sempre ser lidos e aplicados com vista a garantir a isonomia e a não discriminação dos filhos, independentemente de suas origens.

Assim, em um sentido civil-constitucional de filiação apurado pelo Direito das Famílias contemporâneo, paralelamente à cons-

---

[5] BARBOZA, Heloísa Helena. Novas relações de filiação e paternidade. In: CUNHA PEREIRA, Rodrigo (Coord.) Repensando o Direito de Família. Anais do I Congresso Brasileiro de Direito de Família. Belo Horizonte: Del Rey, 1999.

trução da socioafetividade, a doutrina e a jurisprudência pátrias comportaram a possibilidade de coexistência das parentalidades biológica e socioafetiva em uma quebra ao paradigma da biparentalidade, a qual "está hoje consolidada e enraizada tanto cultural como juridicamente", dando guarida à multiparentalidade.

Como visto, partindo da premissa de que a família é uma estruturação psíquica em que a parentalidade se consubstancia no exercício das funções de paternidade e maternidade por pessoas que não sejam, necessariamente, os pais biológicos, e que exercitem, faticamente, a autoridade parental por meio de condutas aferíveis objetivamente, correspondendo às funções de educar, assistir e criar os filhos, conforme o art. 229 da Constituição Federal, a realidade pode demonstrar que uma pessoa pode ter mais de dois pais (em um sentido lato) exercendo estas funções parentais.

Desta forma, há uma quebra ao paradigma da biparentalidade para configurar um paradigma plural, tratando-se da multiplicidade de papéis que o nosso ordenamento abarcou nas relações filiais diante da realidade vivenciada por muitas famílias e que merece tutela jurídica de todos os efeitos que decorrem desta vinculação, fundamentando-se na isonomia entre as parentalidades biológica e socioafetiva e permitindo a sua coexistência em determinados casos concretos.

Diante do mais novo paradigma, a multiparentalidade configura um fato jurídico com fundamento nas concepções da socioafetividade, representando uma realidade jurídica impulsionada pela dinâmica das novas relações parentais, quando a mera substituição da parentalidade não atende ao caso concreto "e as expectativas jurídicas de uma sociedade multifacetária",[6] na medida em que é uma forma de garantir a promoção da pessoa humana ao admitir que ela tenha uma família que retrate sua realidade.

Para uma melhor compreensão do instituto da multiparentalidade no ordenamento jurídico, faz-se necessária a sua conceituação. Há doutrinadores que utilizam um conceito *lato* e outro mais restrito. Segundo Teixeira e Rodrigues, o conceito *lato* abrangeria mais de um vínculo paterno ou materno, como, por exemplo, o filho que tem dois

---

[6] VALADARES, Maria Goreth Macedo. *Multiparentalidade e as novas relações parentais*. Rio de Janeiro: Lumen Juris, 2016, p. 93-99.

pais ou duas mães homoafetivos.[7] Neste sentido, lecionam Matos e Hapner que a multiparentalidade iniciou-se como uma conquista implícita do casamento homoafetivo, rompendo a noção "triangular de filiação (um único pai e uma única mãe em relação ao filho"),[8] ao passo que Cassetari propõe nomenclaturas para as várias hipóteses, como multiparentalidade paterna (três ou mais pessoas como genitores, sendo dois ou mais pais do sexo masculino), multiparentalidade materna (três ou mais pessoas como genitores, com duas ou mais mães do sexo feminino), biparentalidade, que se constitui de um pai e uma mãe de sexos distintos, bipaternidade (ou biparentalidade paterna (dois pais do sexo masculino apenas) e bimaternidade (biparentalidade materna), sendo duas mães do sexo feminino apenas.[9]

Mas o conceito estrito abrange, no mínimo, a existência de três laços parentais, caracterizando-se pelo viés quantitativo e não tendo intrínseca relação com o gênero ou orientação sexual dos pais, pressupondo-se, apenas, a presença de mais de dois vínculos parentais.[10] Quando existe uma filiação homoafetiva – dois pais ou duas mães – é uma espécie de biparentalidade, e não de multiparentalidade, e neste sentido a pesquisa se posiciona.

Nesta linha de pensamento, seguem os seguintes doutrinadores. Matos e Pereira adotam a compreensão estrita da multiparentalidade, alinhando-se ao entendimento das doutrinadoras citadas, não se perquirindo a existência de conjugalidade entre os pais ou mães,[11] se verificados os elementos da parentalidade socioafetiva.

---

[7] TEIXEIRA, Ana Carolina Brochado; RODRIGUES, Renata de Lima. Quais devem ser os parâmetros para o reconhecimento jurídico da multiparentalidade? *In*: MATOS, Ana Carla Harmatiuk; TEIXEIRA, Ana Carolina Brochado; TEPEDINO, Gustavo. Direito Civil, Constituição e Unidade do Sistema. *Anais do Congresso de Direito Civil Constitucional* – V Congresso IBDCivil. Belo Horizonte: Fórum, 2019.

[8] MATOS, Ana Carla Harmatiuk; HAPNER, Paula Aranha. Multiparentalidade: uma abordagem a partir das decisões nacionais. *Civilistica.com*, Rio de Janeiro, ano 5, n. 1, 2016. Disponível em: http://www.civilistica.com. Acesso em: 20 out. 2018.

[9] CASSETARI, Christiano. CASSETARI, Christiano. *Multiparentalidade e Parentalidade Socioafetiva*. 3. ed. São Paulo: Atlas, 2017.

[10] TEIXEIRA, Ana Carolina Brochado; RODRIGUES, Renata de Lima. Quais devem ser os parâmetros para o reconhecimento jurídico da multiparentalidade? *In*: MATOS, Ana Carla Harmatiuk; TEIXEIRA, Ana Carolina Brochado; TEPEDINO, Gustavo. Direito Civil, Constituição e Unidade do Sistema. *Anais do Congresso de Direito Civil Constitucional* – V Congresso IBDCivil. Belo Horizonte: Fórum, 2019.

[11] MATOS, Ana Carla Harmatiuk; PEREIRA, Jacqueline Lopes. Filiação no direito brasileiro: da paternidade presumida à repercussão geral nº 622 do Supremo Tribunal Federal. *In*: EHRHARDT JUNIOR, Marcos; CORTIANO JUNIOR, Eroulths (Coord.). *Transformações*

Cunha Pereira conceitua família multiparental como aquela que tem múltiplos pais/mães, isto é, mais de um pai e/ou mais de uma mãe, coexistindo as filiações biológica e socioafetiva.[12]

Schreiber elenca a conceituação ampla no sentido de que "uma pessoa tenha mais de um vínculo parental paterno ou mais de um vínculo parental materno. Para a sua configuração, é suficiente que alguém tenha dois pais ou duas mães", abarcando também os casos de simples biparentalidade homoafetiva. E em relação à acepção restrita, seria definida "como o reconhecimento jurídico de mais de dois vínculos de parentalidade à mesma pessoa", ou seja, a expressão reserva às hipóteses em que alguém tenha "três ou mais laços parentais, não abrangendo, portanto, a mera dupla paternidade ou dupla maternidade".[13]

Valadares entende a multiparentalidade como a existência de, pelo menos, três pessoas no registro de nascimento de um filho, não existindo mais um critério exclusivo de definição da figura parental, podendo se configurar de forma simultânea ou sucessiva. E exemplifica: poderá ser simultânea no caso das famílias recompostas, em que a criança tem um padrasto (e pai socioafetivo) e um pai biológico, presentes em sua vida, além da figura da mãe, ou quando o filho fica órfão de um dos pais,[14] como se deu no caso da AC nº 0006422-26.2011.8.26.0286,[15] nos autos da ação declaratória de maternidade socioafetiva cumulada com pedido de retificação de assento de nascimento ajuizada pela madrasta da criança, que

---

no Direito Privado nos 30 anos da Constituição. Estudos em homenagem a Luiz Edson Fachin. Belo Horizonte: Fórum, 2019.

[12] CUNHA PEREIRA, Rodrigo da. *Dicionário de Direito de Família e Sucessões*. São Paulo: Saraiva, 2015.

[13] SCHREIBER, Anderson. Efeitos jurídicos da multiparentalidade. *Revista Pensar*, v. 21, n. 3, p. 847-873, set./dez. 2016.

[14] VALADARES, Maria Goreth Macedo. *Multiparentalidade e as novas relações parentais*. Rio de Janeiro: Lumen Juris, 2016.

[15] TJSP. AC 0006422-26.2011.8.26.0286, Des. Relator Dr. Alcides Leopoldo e Silva Junior, j. 14.08.12, cuja ementa é a seguinte: "Maternidade socioafetiva. Preservação da Maternidade Biológica. Respeito à memória da mãe biológica, falecida em decorrência do parto, e de sua família – Enteado criado como filho desde dois anos de idade. Filiação socioafetiva que tem amparo no art. 1.593 do Código Civil e decorre da posse do estado de filho, fruto de longa e estável convivência, forma a não deixar dúvida, a quem não conhece, de que se trata de parentes – A formação da família moderna não consanguínea tem sua base na afetividade e nos princípios da dignidade da pessoa humana e da solidariedade. Recurso provido".

a criou desde quando tinha dois anos de idade e era órfã aos três dias depois do parto, quando sua mãe biológica faleceu decorrente de um acidente vascular cerebral.[16]

Entendendo que paternidade e maternidade são atividades realizadas em prol do desenvolvimento dos filhos menores, essas funções podem ser exercidas por mais de um pai ou mais de uma mãe, simultaneamente, na concepção de Teixeira e Rodrigues, defendendo a multiparentalidade como alternativa de tutela jurídica para um fenômeno já existente em nossa sociedade, fruto da liberdade de (des)constituição familiar.[17]

O requisito primordial, portanto, para Valadares, "é a presença de mais de um pai ou mãe em relação a um determinado filho. Considerando a existência de três formas de parentalidade, não há como menosprezar a possibilidade de uma múltipla maternidade/paternidade",[18] haja vista retratar a realidade social em muitas famílias.

Sintetizando, a multiparentalidade implica vinculação jurídica de um indivíduo com mais de um pai e/ou com mais de uma mãe, simultâneas ou não, mas que vivenciadas no decorrer da vida.

Cunha Pereira informa que os casos mais comuns de multiparentalidade são nas relações entre padrastos, madrastas e enteados, que se tornam pais/mães pelo exercício das funções paternas e maternas e nas reproduções medicamente assistidas, que contam com a participação de mais de duas pessoas no processo reprodutivo.[19]

---

[16] No mesmo sentido: RIO GRANDE DO SUL. Processo nº 0003264-62.2012.8.21.0125, j. 07.08.13: "Dois menores e sua madrasta ajuizaram Ação Declaratória de Maternidade Socioafetiva sem exclusão da maternidade biológica, aduzindo que, quando do falecimento da mãe biológica, as crianças possuíam 7 e 2 anos de idade, respectivamente, e que após algum tempo o pai dos menores iniciou o namoro com a autora, tendo os filhos espontaneamente manifestado o desejo de morar com ela, formando-se forte vínculo afetivo, razão do ajuizamento da presente demanda. Os autores almejam a declaração de maternidade socioafetiva da madrasta em relação aos seus dois enteados, sem exclusão da mãe biológica". In: CASSETARI, Christiano. Multiparentalidade e Parentalidade Socioafetiva. 3. ed. São Paulo: Atlas, 2017, p. 215-216.

[17] TEIXEIRA, Ana Carolina Brochado; RODRIGUES, Renata de Lima. O direito das famílias entre a norma e a realidade. São Paulo: Atlas, 2010.

[18] VALADARES, Maria Goreth Macedo. Multiparentalidade e as novas relações parentais. Rio de Janeiro: Lumen Juris, 2016, p. 105.

[19] CUNHA PEREIRA, Rodrigo da. Dicionário de Direito de Família e Sucessões. São Paulo: Saraiva, 2015.

Teixeira e Rodrigues também entendem que a multiparentalidade

> é facilmente perceptível no âmbito de muitas famílias reconstituídas, nas quais tanto o pai/mãe biológico quanto o padrasto/madrasta – que acabam por funcionar como pais socioafetivos na vida dos enteados – exercem a autoridade parental, gerando a cumulação de papéis de pai/mãe, não de modo excludente, mas inclusivo e até mesmo complementar.[20]

Em contraponto, Lôbo entende que na relação de padrasto ou madrasta e enteado há dois vínculos de parentalidade que se entrecruzam em relação ao filho do cônjuge ou do companheiro: "um, do genitor originário separado, assegurado o direito de contato ou de visita com o filho; outro, do padrasto ou madrasta, de convivência com o enteado". Para o autor, por mais intensa e duradoura que seja esta relação, não nasce paternidade ou maternidade socioafetiva em desfavor do pai ou mãe legais ou registrais "porque não se caracteriza posse de estado de filiação, o que igualmente afasta a multiparentalidade", a não ser que haja a perda do poder familiar dos pais.[21]

Mas a multiparentalidade não se configura apenas nas famílias reconstituídas e uma das reflexões de Teixeira e Rodrigues é a delimitação das situações jurídicas abarcadas, em potencial, na multiparentalidade, como a situação que envolve os filhos de criação, tratados como filhos; nas relações poliafetivas, na adoção à brasileira e reprodução humana assistida heteróloga, cujo doador do material genético é conhecido, e exemplifica com um caso concreto a configuração do instituto diante deste procedimento realizado por um casal homoafetivo feminino e o doador do gameta, que era pessoa conhecida e pretendia o reconhecimento voluntário da paternidade do nascituro, cuja decisão foi no sentido de reconhecer a multipa-

---

[20] TEIXEIRA, Ana Carolina Brochado; RODRIGUES, Renata de Lima. Quais devem ser os parâmetros para o reconhecimento jurídico da multiparentalidade? In: MATOS, Ana Carla Harmatiuk; TEIXEIRA, Ana Carolina Brochado; TEPEDINO, Gustavo. Direito Civil, Constituição e Unidade do Sistema. Anais do Congresso de Direito Civil Constitucional – V Congresso IBDCivil. Belo Horizonte: Fórum, 2019, p. 252.

[21] LÔBO, Paulo. Quais os limites e a extensão da tese de repercussão geral do STF sobre socioafetividade e multiparentalidade? In: Revista IBDFAM, Belo Horizonte, v. 22, jul./ago. 2017.

rentalidade entre os três pais que participaram do planejamento familiar, com registro no assento de nascimento para a produção dos efeitos jurídicos.[22]

Dentre as hipóteses de configuração da multiparentalidade, Multedo discrimina a que envolve as "trisais"[23] – três pessoas que se relacionam, ou de casais amigos ou até grupos de amigos sem relacionamento entre si.[24] Por outro lado, para Matos e Pereira, o reconhecimento de vínculos de paternidade com origem biológica e socioafetiva em pessoas diferentes deságua nas chamadas famílias recompostas, famílias homoparentais e em casos de o projeto parental envolver técnicas heterólogas de reprodução humana assistida.[25] [26]

Pianovski *et al.* reconhecem a possibilidade jurídica da pluralidade de vínculos em três hipóteses de concretização: quando há existência de pai biológico e registral que constrói vínculos de socioafetividade com a criança; nas famílias recompostas e diante do planejamento familiar de casais homoafetivos, cujos filhos poderão

---

[22] TEIXEIRA, Ana Carolina Brochado; RODRIGUES, Renata de Lima. Quais devem ser os parâmetros para o reconhecimento jurídico da multiparentalidade? In: MATOS, Ana Carla Harmatiuk; TEIXEIRA, Ana Carolina Brochado; TEPEDINO, Gustavo. Direito Civil, Constituição e Unidade do Sistema. *Anais do Congresso de Direito Civil Constitucional – V Congresso IBDCivil*. Belo Horizonte: Fórum, 2019, p. 256. Autos nº 1007915-90.2016.8.26.0562, 4ª vara cível de Santos/SP, j. 19.05.2016.

[23] TRISAL de mulheres registra primeira união estável. Disponível em: http://www.plox.com.br/mulher/trisal-de-mulheres-registra-primeira-uniao-estavel-nos-tres-nos-amamos. In: MULTEDO, Renata Vilela. *Liberdade e Família*. Rio de Janeiro: Processo, 2017.

[24] SANTA CATARINA. TJSC. Processo nº 0318249-86.2015.8.24.0023, 2ª Vara de Família da capital de Santa Catarina, publicado em: 07.08.15. Trata-se da possibilidade de gestão compartilhada em união homoafetiva feminina, atualmente reconhecida pela Resolução nº 2.121/2015 do Conselho Federal de Medicina.

[25] MATOS, Ana Carla Harmatiuk; PEREIRA, Jacqueline Lopes. Filiação no direito brasileiro: da paternidade presumida à repercussão geral nº 622 do Supremo Tribunal Federal. In: EHRHARDT JUNIOR, Marcos; CORTIANO JUNIOR, Eroulths (Coord.). *Transformações no Direito Privado nos 30 anos da Constituição*. Estudos em homenagem a Luiz Edson Fachin. Belo Horizonte: Fórum, 2019.

[26] Multiparentalidade reconhecida nos autos nº 201501585660, da 1ª vara de família e sucessões da comarca de Goiânia/GO, que trata de ação declaratória de multiparentalidade com pedido de reconhecimento da maternidade socioafetiva sem exclusão da maternidade biológica em uma união homoafetiva feminina, onde o pai biológico, além de ter fornecido o material genético, também participa ativamente da vida da filha. Da mesma forma: TJRS. AC 70062692876, Des. Rel. José Pedro de Oliveira Eckert, j. 12.02.15. As pessoas envolvidas no projeto parental (duas mulheres em união homoafetiva) e um homem (amigo das mulheres) obtiveram o reconhecimento da multiparentalidade com registro no assento de nascimento da criança.

ter vínculo socioafetivo com o genitor ou genitora biológico, a depender do planejamento familiar erigido.[27]

Dentro das hipóteses para sua configuração, é importante estabelecer que o fundamento da multiparentalidade reside na isonomia entre os filhos e por decorrência a inexistência de prevalência entre as parentalidades socioafetiva e biológica.

Teixeira e Rodrigues[28] entendem que, em relação aos filhos menores, a base da multiparentalidade é o exercício da autoridade parental, consubstanciada na posse de estado de pai/mãe e filho, lastreada no exercício fático da autoridade parental, conforme declinado no primeiro capítulo, e em se tratando de filhos maiores a *ratio* é o princípio da dignidade da pessoa humana, "que preconiza que cada um pode se realizar segundo o próprio projeto de vida".[29] Para Aguirre a socioafetividade, relevante para a consolidação das relações parentais, apresenta-se em consonância com a diretriz constitucional de tutela da pessoa humana e sua dignidade.[30]

Desta forma, ao longo da vida, uma pessoa pode estabelecer uma parentalidade socioafetiva, seja em razão do princípio do melhor interesse da criança e adolescente, seja em razão do princípio da dignidade da pessoa humana, podendo coexistir com a parentalidade biológica, retratando a realidade social brasileira que demonstra os múltiplos vínculos parentais, não sendo necessariamente excludentes.

Portanto, existem várias hipóteses que podem abarcar a configuração do instituto, que, apesar de incipiente, passou a ter maior destaque com a decisão do Supremo Tribunal Federal nos

---

[27] RUZYK PIANOVSKI, Carlos Eduardo; OLIVEIRA, Ligia Ziggiotti de; PEREIRA, Jacqueline Lopes. A multiparentalidade e seus efeitos segundo três princípios fundamentais do direito de família. *Revista Quaestio Iuris*, Rio de Janeiro, vol. 11, n. 2, p. 1268-1286, 2018.

[28] TEIXEIRA, Ana Carolina Brochado; RODRIGUES, Renata de Lima. Quais devem ser os parâmetros para o reconhecimento jurídico da multiparentalidade? *In*: MATOS, Ana Carla Harmatiuk; TEIXEIRA, Ana Carolina Brochado; TEPEDINO, Gustavo. Direito Civil, Constituição e Unidade do Sistema. *Anais do Congresso de Direito Civil Constitucional – V Congresso IBDCivil*. Belo Horizonte: Fórum, 2019.

[29] TEIXEIRA, Ana Carolina Brochado; RODRIGUES, Renata de Lima. Quais devem ser os parâmetros para o reconhecimento jurídico da multiparentalidade? *In*: MATOS, Ana Carla Harmatiuk; TEIXEIRA, Ana Carolina Brochado; TEPEDINO, Gustavo. Direito Civil, Constituição e Unidade do Sistema. *Anais do Congresso de Direito Civil Constitucional – V Congresso IBDCivil*. Belo Horizonte: Fórum, 2019, p. 252.

[30] AGUIRRE, João. Reflexos sobre a Multiparentalidade e a Repercussão Geral 622 do STF, publicado na *Revista Eletrônica Direito e Sociedade*, Canoas, v. 5, n. 1, 2017. Disponível em: http://dx.doi.org/10.18316/REDES, ISSN 2318-8081. Acesso em: 16 abr. 2017.

autos do RE 898.060/SC, com repercussão geral reconhecida (Tema 622), como será abordado adiante.

1.2 A decisão do STF no RE nº 898.060, a tese fixada em repercussão geral e suas consequências

Até a questão chegar ao STF, havia duas correntes jurisprudenciais: a primeira corrente indicava no sentido da prevalência da relação parental afetiva, vivenciada pelas partes, sobre o vínculo biológico, e a segunda sustentava que, mesmo diante de uma relação socioafetiva consolidada, deveria predominar o vínculo parental biológico sobre o socioafetivo.

Neste sentido, o panorama delineado pelo STJ[31] para a prevalência de uma ou outra paternidade (biológica e socioafetiva) dependia, no caso concreto, de quem ajuizava a respectiva ação.

Frota e Calderón delimitam a solução proposta pelo STJ no seguinte sentido:

> se o filho manejasse uma ação de investigação de paternidade para ver reconhecida uma paternidade biológica, mesmo diante da existência de uma socioafetividade consolidada, essa filiação biológica deveria ser declarada, prevalecendo inclusive de modo a excluir a paternidade socioafetiva (visto ser esse o interesse do filho). Por outro lado, se o pai pretendesse rever uma paternidade socioafetiva por ausência de vínculo biológico, o pedido poderia ser negado, prevalecendo, nessa hipótese, a paternidade socioafetiva (visto ser a demanda proposta pelo pai).[32]

O STJ considerou a prevalência do vínculo biológico sobre o socioafetivo nos casos de pedido judicial de reconhecimento da paternidade formulado pelo filho, ao passo que se o pedido fosse apresentado pelo pai registral e socioafetivo para desconstituir a

---

[31] BRASIL. STJ. REsp. 1.274.240/SC, Min. Rel. Nancy Andrighi, Terceira Turma, j. 08.10.13.
[32] FROTA, Pablo Malheiros da Cunha; CALDERÓN, Ricardo. Multiparentalidade a partir da tese aprovada pelo Supremo Tribunal Federal. In: TEPEDINO, Gustavo; TEIXEIRA, Ana Carolina Brochado; ALMEIDA, Vitor (Coord.). Da dogmática à efetividade do Direito Civil. *Anais do Congresso Internacional de Direito Civil Constitucional* – IV Congresso do IBDCIVIL. Belo Horizonte: Fórum, 2017, p. 229.

paternidade constituída por meio da "adoção à brasileira", com base na ausência do vínculo biológico, a prevalência seria do vínculo socioafetivo em atenção ao princípio do superior interesse da criança e do adolescente e do princípio da afetividade.

O STF, diante da temática em repercussão, adotou um posicionamento diferente do STJ, e em 21.09.2016, nos autos do RE 898.060/SC,[33] com repercussão geral reconhecida (Tema 622), no *leading case* escolhido, cujo caso envolvia uma discussão sobre a prevalência da paternidade socioafetiva devidamente consolidada em detrimento da biológica não vivenciada, o Tribunal Superior, surpreendentemente, avançou, provocando um verdadeiro giro de Copérnico, nas palavras de Lôbo,[34] no sentido de reconhecer a possibilidade jurídica da multiparentalidade, delineando e consolidando um cenário que se avançava no campo da filiação, como foi visto no primeiro capítulo.

O caso concreto que norteou a referida decisão foi oriundo do Estado de Santa Catarina e envolveu o pedido de uma filha ao reconhecimento jurídico de sua filiação biológica, com todos os seus efeitos decorrentes, ao descobrir que seu pai registral e socioafetivo consolidado não era seu ascendente genético, mas que dele recebeu, por mais de 20 anos, os cuidados de pai.

A autora ajuizou ação de reconhecimento de paternidade em face do seu "pai biológico", ao tempo em que postulou a exclusão do pai socioafetivo do seu assento de nascimento.

O "pai biológico", por sua vez, refutou a pretensão sustentando a prevalência da paternidade socioafetiva, que há muitos anos estava consolidada, inclusive com assento no registro de nascimento, de maneira que isso impediria a procedência do pedido.

Ao longo do processo, restou comprovado pelo resultado dos exames de DNA a ascendência biológica com o demandado.

Em primeira instância, o feito foi julgado procedente, em 2003, com a declaração de reconhecimento da paternidade biológica, com todos os seus efeitos em substituição à paternidade socioafetiva,

---

[33] No RE 898.060/SC, Rel. Min. Luiz Fux, j. 21.09.16, publicado no Informativo nº 840.
[34] LÔBO, Paulo. Quais os limites e a extensão da tese de repercussão geral do STF sobre socioafetividade e multiparentalidade? In: *Revista IBDFAM*, Belo Horizonte, v. 22, jul./ago. 2017.

inclusive com determinação de alteração do registro de nascimento, motivo pelo qual o "pai biológico" recorreu ao Tribunal de Justiça de Santa Catarina, cujo acórdão, em um primeiro momento, deu provimento à apelação para reformar a decisão de primeiro grau, negando o pedido da autora sob a alegação da existência de uma paternidade socioafetiva consolidada, admitindo-se, apenas, o reconhecimento à ascendência genética, comprovada por meio do DNA, mas sem reconhecer a filiação com o "pai biológico".[35]

Ante a divergência, foram opostos embargos infringentes pela filha e, em 2013, o Tribunal os acolheu para reformar o acórdão anterior, mantendo-se a decisão de primeiro grau, que foi no sentido da prevalência da paternidade biológica.

Contra essa decisão, insurgiu-se o "pai biológico", por meio da interposição do recurso extraordinário ora em comento, sustentando a preponderância da paternidade socioafetiva em detrimento da biológica, com fundamento nos artigos 226, §§4º e 7º; 227, *caput*, e §6º; 229 e 230 da Constituição Federal, posto existir vínculo de parentalidade socioafetiva previamente reconhecido e descoberta posterior da paternidade biológica.

Em seu voto, o relator, ministro Luiz Fux, ressaltou a importância de não se reduzir o conceito de família a modelos padronizados, além de afirmar a ilicitude da hierarquização entre as diversas formas de filiação, acentuando a necessidade de se contemplar, sob o âmbito jurídico, as variadas formas pelas quais a parentalidade pode se manifestar: "(i) pela presunção decorrente do casamento ou outras hipóteses legais (como a fecundação artificial homóloga ou a inseminação artificial heteróloga – art. 1.597, III a V, do Código Civil de 2002); (ii) pela descendência biológica; ou (iii) pela afetividade".

A partir dessa premissa, e afirmada a possibilidade de surgimento da filiação por origens distintas, fundamentou seu voto no princípio da dignidade humana, em "sua dimensão de tutela da felicidade e realização pessoal dos indivíduos a partir de suas próprias configurações existenciais", o que impõe o reconhecimento de modelos familiares diversos da concepção tradicional, para se assentar que tanto os vínculos de filiação, construídos pela relação afetiva entre os envolvidos,

---

[35] CALDERÓN, Ricardo. Multiparentalidade acolhida pelo STF: Análise da decisão proferida no RE 898060/SC. *In: Revista IBDFAM*, Belo Horizonte, v. 22, jul./ago. 2017.

como os originados da ascendência biológica devem ser acolhidos em nosso ordenamento, em razão da imposição decorrente do princípio da paternidade responsável, expresso no §7º, do art. 226, da Constituição. Assim sendo, conclui o ministro Luiz Fux em seu voto que:

> A omissão do legislador brasileiro quanto ao reconhecimento dos mais diversos arranjos familiares não pode servir de escusa para a negativa da proteção a situações de pluriparentalidade. É imperioso o reconhecimento, para todos os fins de direito, dos vínculos parentais de origem biológica e afetiva, a fim de prover a mais completa e adequada tutela aos sujeitos envolvidos.

Ademais, o IBDFAM atuou como *amicus curiae*, sustentando o reconhecimento jurídico de ambas as paternidades, "em condição de igualdade material, sem hierarquia, nos casos em que ambas apresentem vínculos socioafetivos relevantes",[36] ao passo que a ADFAS, ao ingressar no RE 898.060 também como *amicus curiae*, defendeu que o tema de repercussão geral limitava-se à prevalência de uma ou outra espécie de paternidade e não envolvia a multiparentalidade – mesmo posicionamento acolhido por Tavares da Silva.[37]

O Procurador-geral da República se manifestou no sentido de não ser possível fixar a prevalência de uma paternidade em detrimento da outra aprioristicamente, sendo relevante analisar o caso concreto para verificar a configuração da multiparentalidade.

De fato, a discussão girava em torno da prevalência da paternidade socioafetiva, no caso concreto, já devidamente consolidada na convivência e no afeto, em detrimento da paternidade biológica, mas no parecer o Ministério Público acolheu a multiparentalidade, sendo possível o reconhecimento jurídico da existência de mais de um vínculo parental em relação a um mesmo sujeito, haja vista a inexistência, na Constituição, de restrições injustificadas à proteção dos diversos modelos familiares, cabendo a análise de cada caso concreto.[38]

---

[36] IBDFAM. Notícia – O que prevalece: a paternidade biológica ou a socioafetiva? STF vai decidir. Disponível em: http://www.ibdfam.org.br. Acesso em: 31 out. 2016.
[37] TAVARES DA SILVA, Regina Beatriz. Multiparentalidade: muitos pais e muitas mães para uma única criança. Publicado em 07 jul. 2016. Disponível em: http://www.reginabeatriz.com.br. Acesso em: 18 jul. 2016.
[38] CALDERÓN, Ricardo. Multiparentalidade acolhida pelo STF: Análise da decisão proferida no RE 898060/SC. In: *Revista IBDFAM*, Belo Horizonte, v. 22, jul./ago. 2017.

Acompanhando o posicionamento ministerial, a doutrina e as decisões de 1ª e 2ª instâncias, o voto do ministro Fux foi firme ao reconhecer que nos tempos atuais "descabe pretender decidir entre a filiação afetiva e a biológica quando o melhor interesse do descendente é o reconhecimento jurídico de ambos os vínculos",[39] declarando a possibilidade de manutenção de ambas as paternidades, ampliando os vínculos parentais e configurando a multiparentalidade.

Desta forma, a decisão foi extraída a partir de uma hermenêutica civil-constitucional, fundamentada, explicitamente, no princípio constitucional da dignidade da pessoa humana, denominado pelo relator de "sobreprincípio", na tutela da busca pela felicidade e realização individual de cada membro da família, em uma concepção eudemonista, ao sustentar que "o direito à busca da felicidade funciona como um escudo do ser humano em face de tentativas do Estado de enquadrar a sua realidade familiar em modelos preconcebidos pela lei. É o direito que deve se curvar às vontades e necessidades das pessoas, não o contrário (...)".[40]

Ademais, baseou-se, também, no princípio da paternidade responsável,[41] como assentado pelo ministro Fux, cuja responsabilidade de ambos os pais (biológico e socioafetivo), sem qualquer distinção, está inserta no art. 229 da Constituição Federal, ou seja, o pai, qualquer que seja ele, tem que prestar a devida assistência inerente ao dever de cuidado insculpido no dispositivo.

Não pairam dúvidas de que a decisão do STF deliberou no sentido da prevalência da paternidade responsável do "pai biológico", mesmo que este não tenha convivido com o filho e mesmo diante do pai socioafetivo que tenha assumido a criança em outro momento.[42]

Neste aspecto, faz-se necessária a distinção entre o direito ao conhecimento à origem genética e o direito à filiação, sob a abordagem feita pelo ministro Luiz Edson Fachin no seu voto, que reforça o posicionamento aqui defendido.

---

[39] No RE 898.060/SC, Rel. Min. Luiz Fux, j. 21.09.16, publicado no Informativo nº 840.
[40] No RE 898.060/SC, Rel. Min. Luiz Fux, j. 21.09.16, publicado no Informativo nº 840.
[41] Art. 226, §7º: "Fundado nos princípios da dignidade da pessoa humana e da paternidade responsável, o planejamento familiar é livre decisão do casal, competindo ao Estado propiciar recursos educacionais e científicos para o exercício desse direito, vedada qualquer forma coercitiva por parte de instituições oficiais ou privadas".
[42] CALDERÓN, Ricardo. Multiparentalidade acolhida pelo STF: Análise da decisão proferida no RE 898060/SC. In: Revista IBDFAM, Belo Horizonte, v. 22, jul./ago. 2017.

No voto,[43] apesar de comungar das várias premissas contidas no voto lançado do ministro relator, dentre elas o valor jurídico à socioafetividade e a ausência de hierarquia entre as diversas espécies de filiação, o ministro diverge da conclusão ao entender que inexiste conflito de paternidade no caso concreto, haja vista restar comprovado o vínculo socioafetivo com um pai (no caso, o pai registral), estando sobejamente presentes todos os requisitos da posse de estado de filho, ao passo que a prova técnica evidencia o ascendente genético da autora da demanda.

O ministro entende que a realidade do parentesco não se confunde exclusivamente com o liame biológico. De um lado, tem-se o parentesco socioafetivo, que se forma na conjugação dos elementos da posse de estado de filho, como um verdadeiro critério constitutivo da parentalidade, decorrente do direito constitucional à filiação, e, por outro, não se confunde com o direito fundamental à identidade pessoal previsto no art. 48 do ECA.[44]

Na visão de Fachin, no *leading case*, o parentesco socioafetivo estava delimitado, impondo-se diante de um vínculo biológico da autora com o genitor, sustentando que a multiparentalidade só pode ser reconhecida quando se expressa na realidade da socioafetividade – o pai biológico quer ser pai, o pai socioafetivo não quer deixar de sê-lo, e isso atende ao superior interesse da criança e do adolescente, não devendo se admitir a multiparentalidade para acomodar ao mesmo tempo um vínculo biológico – decorrente do direito da personalidade ao conhecimento à origem genética, e um socioafetivo decorrente do estado de filiação; e propôs, no voto divergente, o reconhecimento, de um lado, do direito subjetivo personalíssimo de identificar o ascendente genético e, de outro, a chancela dos efeitos jurídicos atinentes somente à paternidade socioafetiva. Este é o entendimento adotado no presente trabalho.

Portanto, não há que se confundir o direito de personalidade ao conhecimento à origem genética a que todos têm direito, com o direito à filiação.

No caso que ensejou a fixação da tese, havia, claramente, uma paternidade socioafetiva já solidificada na convivência e no

---

[43] Não disponibilizado no RE 898.060.
[44] Art. 48 – "O adotado tem direito de conhecer sua origem biológica, bem como de obter acesso irrestrito ao processo no qual a medida foi aplicada e seus eventuais incidentes, após completar 18 (dezoito) anos".

afeto entre pai e filha, que, apesar da realidade registral e social, o tribunal entendeu pelo reconhecimento de uma "paternidade biológica" não vivenciada, nem quista, quando se tratava do direito da autora ao conhecimento à sua origem genética, mantendo-se a filiação socioafetiva sedimentada.

Defende-se que diante de uma paternidade socioafetiva, o filho tem direito ao conhecimento à sua origem genética sem implicar, necessariamente, uma relação parental e direitos dela decorrentes.

A crítica, portanto, é no sentido de que a construção da tese do STF não exige que o filho tenha convivência com o seu ascendente biológico para que seja configurada a multiparentalidade, bastando, apenas, ser o "pai biológico", sem necessidade de estabelecimento de convivência, contato e afetividade entre eles ou de demonstração de que, no caso concreto, a impossibilidade de desenvolvimento de vínculo entre eles foi involuntária, *v.g.*, frustrada pela conduta de terceiros.

Bueno de Godoy também critica a multiparentalidade como consequência imediata e automática do reconhecimento pericial do vínculo genético que o filho mantenha com outrem quando já possua pai ou mãe socioafetivos e pondera que o reconhecimento deve se dar pelas circunstâncias que em concreto se verifiquem.[45]

Neste sentido, o Supremo, no *leading case*, deliberou pela responsabilidade do "pai biológico", mesmo nunca tendo exercido qualquer convivência familiar com a autora, diante de uma paternidade não vivenciada e de uma solidificada paternidade socioafetiva, reconheceu a multiparentalidade de forma indistinta, declarando o vínculo biológico em coexistência com o vínculo socioafetivo consolidado.

Ao recurso extraordinário foi negado provimento, mas com a declaração de que era possível a manutenção de ambas as paternidades de forma concomitante em coexistência,[46] fixando-se a seguinte tese: "A paternidade socioafetiva, declarada ou não em registro público, não

---

[45] BUENO DE CODOY, Claudio Luiz. Atualidades sobre a parentalidade socioafetiva e a multiparentalidade. *In:* SALOMÃO, Luis Felipe; TARTUCE, Flávio (Coord.). *Direito Civil. Diálogos entre a doutrina e a jurisprudência.* São Paulo: Atlas, 2018.

[46] FROTA, Pablo Malheiros da Cunha; CALDERÓN, Ricardo. Multiparentalidade a partir da tese aprovada pelo Supremo Tribunal Federal. *In:* TEPEDINO, Gustavo; TEIXEIRA, Ana Carolina Brochado; ALMEIDA, Vitor (Coord.) Da dogmática à efetividade do Direito Civil. *Anais do Congresso Internacional de Direito Civil Constitucional* – IV Congresso do IBDCivil. Belo Horizonte: Fórum, 2017.

impede o reconhecimento do vínculo de filiação concomitante baseado na origem biológica, com os efeitos jurídicos próprios".[47]

A partir desta tese, são extraídas ilações, já aqui delineadas: a) o reconhecimento jurídico da afetividade e da parentalidade socioafetiva como suficiente vínculo parental e b) a isonomia jurídica entre as filiações biológica e socioafetiva, mudando o paradigma até então existente, a despeito da posição do Superior Tribunal de Justiça.

Esta equiparação denota que não deve haver uma solução aprioristicamente delimitada, mas cada caso concreto deve ser analisado para se verificar se efetivamente se trata da prevalência de uma parentalidade em detrimento da outra ou o caso da coexistência entre elas, considerando a isonomia entre os filhos, nos termos do art. 227, §6º, da CF/88 e do art. 1.596 do Código Civil/02.

E o último destaque, não menos importante: c) a admissão da possibilidade de coexistência das filiações biológica e socioafetiva, para todos os fins de direito, ampliando os vínculos parentais e reconhecendo a configuração da multiparentalidade.

A despeito destas consequências que vêm sendo abordadas pela doutrina, surgiram vários questionamentos em relação aos efeitos patrimoniais decorrentes da multiparentalidade, que serão abordados com maior acuidade no tópico seguinte.

2 O exercício da multiparentalidade e seus efeitos jurídicos patrimoniais

Na esteira do que fora abordado, o reconhecimento da multiparentalidade vem equiparar o vínculo familiar, seja ele derivado da consanguinidade ou da afetividade, cumulando-os,

---

[47] Para Lôbo, "o Tribunal fundou-se explicitamente no princípio constitucional da dignidade da pessoa humana, que inclui a tutela da felicidade e da realização pessoal dos indivíduos, impondo-se o reconhecimento jurídico de modelos familiares diversos da concepção tradicional. Igualmente, no princípio constitucional da paternidade responsável, que não permite decidir entre a filiação socioafetiva e a biológica, devendo todos os pais assumir os encargos decorrentes do poder familiar e permitindo ao filho desfrutar dos direitos em relação a eles sem restrição". LÔBO, Paulo. Quais os limites e a extensão da tese de repercussão geral do STF sobre socioafetividade e multiparentalidade? *In: Revista IBDFAM,* Belo Horizonte, v. 22, jul./ago. 2017.

ensejando o exercício simultâneo dos direitos e deveres parentais por mais de um pai e/ou de uma mãe.

Como decorrência legal, são produzidos efeitos jurídicos, como lançado na tese firmada pelo STF: a partir da declaração na sentença e de seu lançamento no registro do nascimento, refletindo a verdade real; "e se a verdade real concretiza-se no fato de várias pessoas exercerem funções parentais na vida dos filhos, o registro deve refletir esta realidade".[48]

Este entendimento foi adotado pelo Instituto Brasileiro de Direito das Famílias – IBDFAM, que aprovou, no IX Congresso Brasileiro de Direito de Família, os "Enunciados Programáticos do IBDFAM", em que consta no número 9: "A multiparentalidade gera efeitos jurídicos", o que foi motivado pelas várias decisões[49] que reconheceram o instituto.

Para Teixeira e Rodrigues, os efeitos da múltipla vinculação operam da mesma forma e extensão como ocorre nas tradicionais famílias biparentais, por força do princípio da isonomia e corroboram:

> Com o estabelecimento do múltiplo vínculo parental, serão emanados todos os efeitos de filiação e de parentesco com a família estendida, pois, independentemente da forma como esse vínculo é estabelecido, sua eficácia é exatamente igual, principalmente porque irradia do princípio da solidariedade, de modo que instrumentaliza a impossibilidade de diferença entre suas consequências.[50]

Este posicionamento das autoras também é aliado ao de Welter, que, ao elaborar a teoria tridimensional do direito de família,[51] sustenta a possibilidade de cumulação das parentalidades

---

[48] TEIXEIRA, Ana Carolina Brochado; RODRIGUES, Renata de Lima. A multiparentalidade como nova estrutura de parentesco na contemporaneidade. *Revista Brasileira de Direito Civil* – RBDCivil, v. 4, p. 33, abr./jun. 2015.

[49] TJPR, Processo nº 0038958-54.2012.8.16.0021; TJAM, Processo nº 0201548-37.2013.8.04.0001; TJDF, Processo nº 2013.06.1.001874-5; TJRS, Processo nº 0003264-62.2012.8.21.0125; TJRS, Processo nº 025/110.0004112-0; TJCE, Proc. 955-31.2010.8.06.0145/0; TJRS, AC 70064909864; TJRS, AC 70062692876. O STJ já sinalizou que não pode passar despercebida pelo direito a coexistência de relações filiais ou a denominada multiplicidade parental, compreendida como expressão da realidade social – Resp 1.328.380/MS, 3ª Turma, Min. Rel. Marco Aurélio, j. 21.10.2014. No REsp 440394/RS, publicado em 10.02.2003, o STJ demonstrou a aceitação daquela Corte acerca da paternidade socioafetiva.

[50] TEIXEIRA, Ana Carolina Brochado; RODRIGUES, Renata de Lima. *O Direito das Famílias entre a Norma e a Realidade*. São Paulo: Atlas, 2010, p. 207.

[51] WELTER, Belmiro Pedro. *Teoria Tridimensional do Direito de Família*. Porto Alegre: Livraria do Advogado, 2009, p. 20: O autor explica que "O humano habita, ao mesmo tempo, os

com fundamento na complexa ontologia do ser humano, "no sentido de que todos os efeitos jurídicos das duas paternidades devem ser outorgados ao ser humano, na medida em que a condição humana é tridimensional, genética e afetiva e ontológica", e conclui que:

> Não reconhecer as paternidades genética e socioafetiva, ao mesmo tempo, com a concessão de todos os efeitos jurídicos, é negar a existência tridimensional do ser humano, que é reflexo da condição e da dignidade humana, na medida em que a filiação socioafetiva é tão irrevogável quanto a biológica, pelo que se deve manter incólumes as duas paternidades, com o acréscimo de todos os direitos, já que ambas fazem parte da trajetória da vida humana.[52]

A pesquisa não tem o intuito de abordar todos os efeitos,[53] mas os reflexos sucessórios decorrentes do reconhecimento da multiparentalidade e algumas preocupações sobre as quais a doutrina já vem se debruçando, haja vista os questionamentos que pululam: se uma pessoa pode receber herança de dois pais, o que ocorre caso o filho venha a falecer antes dos pais, sem deixar descendentes? Indaga-se como será feita a distribuição nessa hipótese?[54] São algumas questões que merecem reflexão a seguir.

---

mundos genético, (des) afetivo e ontológico, porque: a) é um ser humano como todos os outros seres vivos (mundo biológico); b) é um ser humano que convive e compartilha no mundo familiar e social (mundo des-afetivo); c) é um ser humano que se relaciona em seu próprio mundo da vida, um ser-em-si-mesmo (mundo ontológico). É dizer, o ser humano não é apenas 'ele e suas circunstâncias pessoais', mas, sim, ele e suas circunstâncias genéticas (mundo das necessidades biológicas dos seres vivos em geral), (des) afetivas (mundo da convivência em família e em sociedade) e ontológicas (mundo pessoal, endógeno, o seu próprio mundo)".

[52] WELTER, Belmiro Pedro. Teoria tridimensional no direito de família: reconhecimento de todos os direitos das filiações genética e socioafetiva. Disponível em: http://www.mprs.mp.br/noticias/17076/ Publicado em 13.04.2009. Acesso em: 9 dez. 2018.

[53] Além dos efeitos no campo do Direito das Famílias, Schreiber elenca outros: "o vínculo de parentalidade repercute também no Direito das Obrigações (por exemplo, na responsabilidade civil dos pais por atos dos filhos menores e no regime aplicável aos contratos de doação ou compra e venda entre pais e filhos), bem como em diversos outros ramos jurídicos, tais como o Direito Administrativo (vedação ao nepotismo), Eleitoral (regras de inelegibilidade). Processual (regras de suspeição do juiz e de produção de prova testemunhal), Penal (circunstância agravante da pena) e Previdenciário (benefícios para dependentes)". SCHREIBER, Anderson; LUSTOSA, Paulo Franco. Efeitos jurídicos da multiparentalidade. *Pensar Revista de Ciências Jurídicas*, Fortaleza, v. 21, n. 3, 2016.

[54] SCHREIBER, Anderson. STF, Repercussão Geral 622: a multiparentalidade e seus efeitos. Disponível em: http://www.cartaforense.com.br Publicado em 26.09.2016. Acesso em: 23 fev. 2017.

2.1 Em relação aos direitos sucessórios

O que vem suscitando indagações e causando discussões na doutrina diz respeito ao direito sucessório nas famílias múltiplas. Isto porque o paradigma até então era uma pessoa ter dois ascendentes, herdando, portanto, de duas pessoas. Diante do novel paradigma, o questionamento que vem à baila é a possibilidade ou não de uma pessoa herdar mais de uma vez de pais e mães diferentes como efeito jurídico no âmbito sucessório.

O direito constitucional à herança (art. 5º, XXX) decorre diretamente da filiação, não sendo diferente no caso da filiação múltipla, cujos filhos biológicos e não biológicos detêm os mesmos direitos, inclusive sucessórios, não podendo haver qualquer discriminação ou tratamento desigual entre eles.

Segundo Calderón, não se pode cogitar filho sem direito à herança no atual sistema civil-constitucional, como também não existe limitação constitucional ao número de vezes que esse direito pode ser exercido.[55]

Neste sentido, o recente Enunciado nº 632, aprovado na VIII Jornada de Direito Civil, preconiza: "Art. 1.596: Nos casos de reconhecimento de multiparentalidade paterna ou materna, o filho terá direito à participação na herança de todos os ascendentes reconhecidos".[56]

A justificativa é no sentido de aclarar que o filho terá direito à dupla herança perante esses ascendentes reconhecidos, isso porque, independentemente da forma de reconhecimento dos filhos, possuem os mesmos direitos, inclusive sucessórios, com espeque no art. 227, §6º, da CF/88 e art. 1.596 do CC/02.

Em que pese tenha o legislador do Código Civil tomado como referência a família nuclear para disciplinar a transmissão patrimonial *causa mortis*, com o advento da multiparentalidade, a discussão na doutrina envolve os parâmetros a serem observados quanto à legitimidade sucessória e à delimitação dos quinhões hereditários.

---

[55] CALDERÓN, Ricardo. *Princípio da Afetividade no direito de família*. 2. ed. Rio de Janeiro: Forense, 2017.
[56] BRASÍLIA. Conselho da Justiça Federal. VIII Jornada de Direito Civil, 26 e 27.04.2018.

É que o chamamento à sucessão legítima ocorre em decorrência dos vínculos familiares constituídos pelo *de cujus* e seus sucessores, qualquer que seja sua origem. Por essa razão, a ordem da vocação hereditária deverá ser seguida sem fazer qualquer distinção entre o parentesco, seja ele biológico ou socioafetivo, ou ambos ao mesmo tempo.

O art. 1.829 do Código Civil, que serve de norte ao chamamento dos sucessores à sucessão legítima, estabelece que:

> Art. 1.829. A sucessão legítima defere-se na ordem seguinte:
> I – aos descendentes, em concorrência com o cônjuge sobrevivente, salvo se casado este com o falecido no regime da comunhão universal, ou no da separação obrigatória de bens (art. 1.640, parágrafo único); ou se, no regime da comunhão parcial, o autor da herança não houver deixado bens particulares;
> II – aos ascendentes, em concorrência com o cônjuge;
> III – ao cônjuge sobrevivente;
> IV – aos colaterais.[57]

Em primeiro lugar na ordem de vocação hereditária encontram-se os descendentes, que poderão concorrer com o cônjuge ou companheiro[58] sobrevivente, a depender do regime de bens adotado no relacionamento e, quanto ao regime de comunhão parcial de bens, à origem dos bens da herança.

Considerando exclusivamente a sucessão dos descendentes, é preciso atentar que no primeiro grau dessa classe de sucessores estão os filhos do *de cujus* aos quais, em vista da igualdade trazida pela Constituição Federal de 1988, em seu art. 227, §6º, e, no mesmo sentido, pelo art. 1.596 do Código Civil de 2002, fica proibido qualquer tratamento discriminatório. Na medida em que nenhuma

---

[57] BRASIL. *Código Civil Brasileiro de 2002*. Disponível em: http://www.planalto.gov.br/ccivil_03/leis/2002/L10406.htm.

[58] Não obstante não figurar entre os herdeiros elencados no art. 1.829 do Código Civil, por força do julgamento do RE 878.694, o Supremo Tribunal Federal equiparou os direitos sucessórios de quem vive em união estável àqueles decorrentes do matrimônio, e, para fins de repercussão geral, aprovou a seguinte tese: "No sistema constitucional vigente é inconstitucional a diferenciação de regime sucessório entre cônjuges e companheiros devendo ser aplicado em ambos os casos o regime estabelecido no artigo 1829 do Código Civil". Disponível em: https://stf.jusbrasil.com.br/jurisprudencia/311628824/repercussao-geral-no-recurso-extraordinario-rg-re-878694-mg-minas-gerais-1037481-7220098130439/inteiro-teor-311628833.

filiação deve ser diferenciada das demais, a atribuição do *status* de filho independe do vínculo de filiação constituído, não podendo acarretar a privação de quaisquer efeitos decorrentes dessa relação de parentesco, razão pela qual não deve haver impedimento à sucessão na multiparentalidade, ao contrário, realiza-se a plena igualdade entre os filhos assegurada na Constituição Federal.

Em consonância com a nova realidade das organizações familiares, o filho multiparental deverá figurar como sucessor de todos os pais/mães que possuir, reflexão que se estende aos demais descendentes de graus mais remotos. Assim, havendo relações parentais biológicas e afetivas concomitantes, será totalmente plausível a concessão de mais de duas heranças a uma mesma pessoa, em razão dos vínculos que a unem a seus diversos ascendentes.[59] Isto é ponto pacífico na doutrina.

Para Lôbo, "a sucessão hereditária legítima é assegurada ao filho de pais concomitantemente biológicos e socioafetivos em igualdade de condições", onde os limites dizem respeito às legítimas dos herdeiros necessários de cada sucessão e não em relação ao número de pais autores das heranças.[60]

Quintana e Brandt concluem que pelo fato de não haver distinção jurídica sobre a forma de relação pai/filho ser biológica ou afetiva, estando reconhecida a multiparentalidade, no momento da transmissão da herança estaria criada a linha de chamamento sucessório de cada pai ou mãe que o filho tiver. Desse modo, o filho multiparental figura como herdeiro necessário de todos os pais que tiver.[61]

Nesse mesmo sentido, assinala Schreiber que:

> Ainda que possa soar inusitado, o fato de uma pessoa ter direitos sobre heranças de diversos ascendentes em primeiro grau não encontra obstáculo na ordem constitucional vigente. Assim, independentemente da origem do vínculo, o filho será herdeiro necessário e terá direito à legítima. Ter direitos sucessórios em relação aos pais biológicos e, ao mesmo tempo, em relação aos pais socioafetivos não ofende qualquer

---

[59] CASSETTARI, Christiano. *Multiparentalidade e parentalidade socioafetiva:* efeitos jurídicos. 3. ed. São Paulo: Atlas, 2017, p. 254.
[60] LÔBO, Paulo. *Direito Civil.* 5. ed. São Paulo: Saraiva, 2019, p. 92, v, 6.
[61] QUINTANA, Julia Gonçalves; BRANDT, Fernanda. Os desafios da sucessão na multiparentalidade. *In:* NARDI, Norberto Luiz; NARDI, Marília Possenatto; NARDI, Vinícius Possenatto (Org.). *Direito acontecendo na união estável.* São Paulo: Ledriprint, 2017, v. 9, p. 313.

norma jurídica, ao contrário, apenas realiza a plena igualdade entre os filhos assegurada pela Constituição. Ter um, dois, três ou até mais vínculos parentais decorre de contingências da vida, de modo que não há problema em haver irmãos legitimados a suceder em heranças distintas de seus respectivos ascendentes.[62]

Por outro lado, há críticas quanto ao manejo de ações investigatórias de paternidade *post mortem* movidas por interesse exclusivamente patrimonial, postulando-se a participação na herança.

Schreiber cita como hipótese emblemática a situação de filho que, mesmo conhecedor por longos anos do vínculo com o pai biológico, deixa de procurá-lo e assisti-lo na velhice, mas uma vez ocorrido o falecimento, pretende ver reconhecida a parentalidade, habilitando-se ao recebimento do seu quinhão hereditário.[63]

Após a repercussão geral, o julgamento do REsp. 1.618.230/RS retrata esta preocupação com possíveis lides mercenárias. Na origem, o autor ingressou com ação de investigação de paternidade em face do suposto pai biológico 27 anos após ter conhecimento do vínculo biológico, embora tenha tido relação socioafetiva com seu pai registral. O juiz julgou procedente o pedido para declarar o vínculo biológico pleiteado, afastando, contudo, a alteração no registro civil do autor e qualquer repercussão patrimonial diante da consolidação por mais de 60 anos da posse de estado de filho. O Tribunal de Justiça do Rio Grande do Sul manteve a sentença firmando entendimento que a pretensão da demanda é exclusivamente patrimonial, não merecendo chancela judicial, cujo acórdão foi assim ementado:

> APELAÇÃO CÍVEL. INVESTIGAÇÃO DE PATERNIDADE. PATERNIDADE SOCIOAFETIVA COM O PAI REGISTRAL RCONHECIDA. PRETENSÃO QUE VISA EXCLUSIVAMENTE OS EFEITOS PATRIMONIAIS DECORRENTES DA FILIAÇÃO BIOLÓGICA. Caso concreto em que a vinculação socioafetiva entre o demandante e seu pai registral, que perdurou por anos, exercendo, o autor, os direitos decorrentes dessa filiação, com o recebimento da herança deixada pelo de cujus. Pertinente, apenas, o reconhecimento da origem genética, que restou irrefutável diante da conclusão da prova

---

[62] SCHREIBER, Anderson; LUSTOSA, Paulo Franco. Efeitos jurídicos da multiparentalidade. *Pensar Revista de Ciências Jurídicas*, Fortaleza, v. 21, n. 3, p. 859, 2016.
[63] SCHREIBER, Anderson; LUSTOSA, Paulo Franco. Efeitos jurídicos da multiparentalidade. *Pensar Revista de Ciências Jurídicas*, Fortaleza, v. 21, n. 3, 2016.

técnica – exame de DNA, sem reconhecer os direitos patrimoniais e, tampouco, alterar o registro civil do demandante, sob pena de se desfigurar os princípios basilares do Direito de Família. Sentença confirmada – APELO DESPROVIDO.[64]

Entretanto, a terceira turma do STJ, citando expressamente a tese do STF no RE 898.060, concedeu a dupla herança sob o entendimento de que o reconhecimento da filiação biológica confere todos os direitos patrimoniais correlatos, inclusive o de receber herança. Para o relator, "a pessoa criada e registrada por pai socioafetivo não precisa, portanto, negar sua paternidade biológica, e muito menos abdicar de direitos inerentes ao seu novo *status familiae*, tais como os direitos hereditários",[65] consoante se verifica:

RECURSO ESPECIAL. DIREITO DE FAMÍLIA. FILIAÇÃO. IGUALDADE ENTRE FILHOS. ART. 227, §6º, DA CF/1988. AÇÃO DE INVESTIGAÇÃO DE PATERNIDADE. PATERNIDADE SOCIOAFETIVA. VÍNCULO BIOLÓGICO. COEXISTÊNCIA. DESCOBERTA POSTERIOR. EXAME DE DNA. ANCESTRALIDADE. DIREITOS SUCESSÓRIOS. GARANTIA. REPERCUSSÃO GERAL. STF. 1. No que se refere ao Direito de Família, a Carta Constitucional de 1988 inovou ao permitir a igualdade de filiação, afastando a odiosa distinção até então existente entre filhos legítimos, legitimados e ilegítimos (art. 227, §6º, da Constituição Federal). 2. O Supremo Tribunal Federal, ao julgar o Recurso Extraordinário nº 898.060, com repercussão geral reconhecida, admitiu a coexistência entre as paternidades biológica e a socioafetiva, afastando qualquer interpretação apta a ensejar a hierarquização dos vínculos. 3. A existência de vínculo com o pai registral não é obstáculo ao exercício do direito de busca da origem genética ou de reconhecimento de paternidade biológica. Os direitos à ancestralidade, à origem genética e ao afeto são, portanto, compatíveis. 4. O reconhecimento do estado de filiação configura direito personalíssimo, indisponível e imprescritível, que pode ser exercitado, portanto, sem nenhuma restrição, contra os pais ou seus herdeiros. 5. Diversas responsabilidades, de ordem moral ou patrimonial, são inerentes à paternidade, devendo ser assegurados os direitos hereditários decorrentes da comprovação do estado de filiação. 6. Recurso especial provido.[66]

---

[64] RIO GRANDE DO SUL. TJRS. AC 70064975774, rel. Des. Sandra Brisolara Medeiros, j. 24.02.2016.

[65] BRASIL. STJ. Recurso Especial 1.618.230/RS, rel. Min. Ricardo Villas Bôas Cuevas, j. 28.03.2017.

[66] BRASIL. STJ. Recurso Especial 1.618.230/RS, rel. Min. Ricardo Villas Bôas Cuevas, j. 28.03.2017.

Este caso é um exemplo da preocupação que também é demonstrada por Farias e Rosenvald diante da possibilidade dos vínculos para fins hereditários diante da relação multiparental. Eles defendem a vedação da possibilidade de um filho socioafetivo buscar a determinação da filiação biológica apenas para fins sucessórios, reclamando a herança do seu genitor, sem que tenha qualquer aproximação,[67] como também sustentamos.

Quanto à divisão da herança, aplicar-se-ão as regras do art. 1.835 do Código Civil de 2002, segundo o qual "Na linha descendente, os filhos sucedem por cabeça, e os outros descendentes, por cabeça ou por estirpe, conforme se achem ou não no mesmo grau",[68] ou seja, a herança será dividida entre os descendentes sem qualquer distinção entre os biológicos, os socioafetivos ou os multiparentais.

Quanto à concorrência sucessória entre os descendentes e o cônjuge ou companheiro sobrevivente, esclarece Barros que a multiparentalidade em nada a afetará, sejam os descendentes comuns ou exclusivos do falecido, "na medida em que os vínculos parentais decorrem apenas da relação afetiva entre pais e filhos".[69]

Assim, segundo o art. 1.832 do Código Civil, "caberá ao cônjuge quinhão igual ao dos que sucederem por cabeça, não podendo a sua quota ser inferior à quarta parte da herança, se for ascendente dos herdeiros com que concorrer".[70] Em outras palavras, ao cônjuge ou companheiro sobrevivente será atribuído o mesmo quinhão dos descendentes do mesmo grau, mas, sendo todos os descendentes do falecido seus descendentes também, é garantido um quinhão mínimo referente a um quarto da herança, tenham ou não esses descendentes comuns múltiplos vínculos parentais.

Dando sequência ao chamamento sucessório, na falta de descendentes, a herança do *de cujus* será destinada aos seus ascendentes e em concorrência com o cônjuge ou companheiro sobrevivente.

---

[67] FARIAS, Cristiano Chaves; ROSENVALD, Nelson. *Curso de Direito Civil*. 9. ed. Salvador: Juspodivm, 2016, v. 6.

[68] BRASIL. *Código Civil Brasileiro de 2002*. Disponível em: http://www.planalto.gov.br/ccivil_03/leis/2002/L10406.htm. Acesso: 12 mar. 2018.

[69] BARROS, André Borges de Carvalho. Multiparentalidade e sucessão: aplicabilidade das regras sucessórias do código civil em face do reconhecimento da multiparentalidade pelo Supremo Tribunal Federal. *Revista Nacional de Direito de Família e Sucessões*, n. 23, p. 113, mar./abr. 2018.

[70] BRASIL. *Código Civil Brasileiro de 2002*. Disponível em: http://www.planalto.gov.br/ccivil_03/leis/2002/L10406.htm. Acesso: 12 mar. 2018.

A sucessão na classe dos ascendentes determina que a herança deverá ser partilhada em duas linhas,[71] a paterna e a materna, segundo a proximidade do parentesco desses familiares com o falecido. Caberá, nos termos do §2º[72] do art. 1.836 do Código Civil de 2002, 50% do monte hereditário para cada uma das linhas, dividindo-se o total entre os parentes ascendentes que a integrarem.

Simão exemplifica: "se o falecido deixou dois avós maternos e um avô paterno, a herança não se divide em três partes (por cabeça), mas sim por linhas (*in linea*): 50% para o avô paterno (linha paterna) e 50% para a linha materna: 25% para o avô e 25% para a avó".[73]

Acontece que se ao filho de múltiplos pais caberá o direito à herança de quantos pais ou mães tiver, deverá ser recíproco tal direito aos pais. Neste sentido, Schreiber leciona que o direito à herança é do filho em relação aos múltiplos pais, mas também direito dos múltiplos pais em relação ao filho.[74]

Neste ponto, consagrada a possibilidade da multiparentalidade, a indagação que se propõe é: qual a solução aplicada na hipótese de o filho falecer antes dos pais biológico ou socioafetivo? E se houver concorrência com o cônjuge supérstite?[75]

Schreiber também indaga neste sentido:

> O que ocorre caso o filho venha a falecer antes dos pais, sem deixar descendentes? A resposta da lei brasileira sempre foi a de que 'os ascendentes da linha paterna herdam a metade, cabendo a outra metade aos da linha materna' (Código Civil, art. 1.836). Em primeiro grau, isso

---

[71] Segundo Gramstrup e Queiroz, "a sucessão dos ascendentes foi concebida sob a premissa de existir *uma* linha paterna e *uma* linha materna. É conhecida sob a designação 'sucessão por linhas', admitindo-se que há apenas duas delas". GRAMSTRUP Erick Frederico; QUEIROZ, Odete Novais Carneiro. A socioafetividade e a multiparentalidade. *Revista Nacional de Direito de Família e Sucessões*, Porto Alegre, v. 11, mar./abr. 2016.

[72] Art. 1.836, parágrafo segundo: Havendo igualdade em grau e diversidade em linha, os ascendentes da linha paterna herdam a metade, cabendo a outra aos da linha materna.

[73] SIMÃO, José Fernando. Multiparentalidade e a sucessão legítima: divisão da herança em linhas (art. 1836 do CC). Disponível em: http://www.cartaforense.com.br, publicado em 02.12.16. Acesso em: 17 dez. 2018.

[74] SCHREIBER, Anderson. STF, Repercussão geral 622: a multiparentalidade e seus efeitos. Disponível em: http://www.cartaforense.com.br. Acesso em: 15 dez. 2016.

[75] GOZZO, Débora. Dupla parentalidade e direito sucessório: a orientação dos tribunais superiores brasileiros. *Civilística.com*, ano 6, n. 2, 2017, p. 18. Disponível em: http://civilistica.com/wp-content/uploads/2017/12/Gozzo-civilistica.com-a.6.n.1.2017.pdf. Acesso em: 20 out. 2018.

significava que o pai recebia a metade dos bens, e a mãe, a outra metade. Agora, indaga-se como será feita a distribuição nessa hipótese: a mãe recebe metade e cada pai recebe um quarto da herança? Ou se divide a herança igualmente entre os três, para que a posição de pai não seja 'diminuída" em relação à posição de mãe (ou vice-versa)?[76]

Sob o ponto de vista, de *lege data*, defende Carvalho, considerando a solução contida na norma cogente do art. 1.836 do CC, que a herança seja sempre dividida primeiramente em duas linhas, considerando-se o gênero dos ascendentes: metade da herança seria destinada à linha materna e a outra metade à linha paterna. Em seguida, a divisão levaria em consideração o número de pais ou mães, ou seja, o patrimônio seria partilhado igualmente entre os integrantes de cada linha, ainda que houvesse mais de um ascendente do 1º grau em cada uma delas. Nas palavras do citado autor:

> Em existindo dois pais, estes recolherão a metade da quota cabível aos ascendentes, na proporção de metade para cada um, e a mãe, integralmente, a outra metade; em existindo duas mães estas dividirão entre si a metade da parte cabível aos ascendentes, e o pai receberá a outra metade por inteiro, sem que se possa arguir qualquer inconstitucionalidade, pois a eventual discrepância de valores, só não pode ser permitida em se tratando de diferenciação entre filhos do falecido (art. 227, §6º, da CRFB).[77]

Do mesmo modo, Lôbo leciona que, "se o autor da herança não deixar descendentes, seus ascendentes biológicos e socioafetivos herdarão concorrentemente, de acordo com suas linhas (maternas e paternas), por força do CC, art. 1.836" e exemplifica: "se deixar dois pais (um socioafetivo e outro biológico) e uma mãe, esta herda a metade da herança e os pais a outra metade".[78]

Sob outra perspectiva, entretanto, se por ocasião da edição do Código Civil de 1916 e 2002, não era crível a admissão da multiparentalidade, como o legislador infraconstitucional se refere

---

[76] SCHREIBER, Anderson. STF, Repercussão geral 622: a multiparentalidade e seus efeitos. Disponível em: http://www.cartaforense.com.br. Acesso em: 15 dez. 2016.
[77] CARVALHO, Luiz Paulo Vieira de; COELHO, Luiz Cláudio Guimarães. Multiparentalidade e herança: alguns apontamentos. *Revista IBDFAM*: Famílias e Sucessões, Belo Horizonte, v. 19, jan./fev. 2017.
[78] LÔBO, Paulo. *Direito Civil*. 5. ed. São Paulo: Saraiva, 2019, p. 93, v, 6.

à divisão hereditária na linha ascendente, será feita por linhas (materna e paterna), diante do "novo horizonte sucessório", impõe-se a igualdade pretendida da *mens legislatoris* quanto aos quinhões dos sucessíveis seja calculada e atribuída de acordo com o número de efetivos beneficiados e o autor sugere um acréscimo legislativo ao §2º do art. 1.836 nos seguintes termos:

> Art. 1.836 (...)
> Parágrafo único. Em caso de multiparentalidade, falecido o descendente sem deixar prole, o quinhão correspondente aos ascendentes, será dividido na mesma proporção do número de pais ou mães sobreviventes.[79]

Desta forma, diante da referida alteração legislativa, em caso de multiparentalidade, falecido o filho sem deixar prole, o quinhão hereditário correspondente aos ascendentes será dividido na mesma proporção do número de pais e mães sobreviventes.

Gozzo segue entendimento defendendo que:

> Em se tratando de pais, o ideal parece ser que se divida a herança entre todos os aqueles que constarem da certidão de nascimento do filho, garantindo-se assim uma solução baseada na equidade. Isto porque, quando houver lacuna legal, uma forma de preenchê-la, é por meio do julgamento por equidade, ao lado da analogia, os costumes e os princípios gerais de direito (LINDB, art. 4º). Não parece que seja justo dividir a herança em linhas, uma vez que isto causaria um desequilíbrio, se em um dos lados houver mais de um pai ou mais de uma mãe. E assim por diante.[80]

O Enunciado nº 642 da VIII Jornada de Direito Civil traduz esta corrente:

> Art. 1.836 – Nas hipóteses de multiparentalidade, havendo o falecimento do descendente com o chamamento de seus ascendentes à sucessão legítima, se houver igualdade em grau e diversidade em linha entre

---

[79] CARVALHO, Luiz Paulo Vieira de; COELHO, Luiz Cláudio Guimarães. Multiparentalidade e herança: alguns apontamentos. *Revista IBDFAM*: Famílias e Sucessões, Belo Horizonte, v. 19, jan./fev. 2017.
[80] GOZZO, Débora. Dupla parentalidade e direito sucessório: a orientação dos tribunais superiores brasileiros. *Civilística.com*, ano 6, n. 2, 2017, p. 18. Disponível em: http://civilistica.com/wp-content/uploads/2017/12/Gozzo-civilistica.com-a.6.n.1.2017.pdf. Acesso em: 20 out. 2018.

os ascendentes convocados a herdar, a herança deverá ser dividida em tantas linhas quantos sejam os genitores.[81]

A justificativa se baseia na *mens legis* do §2º do art. 1.836 do CC, cuja divisão se dá conforme os troncos familiares e, por conseguinte, para atingir o objetivo do legislador, nas hipóteses de multiparentalidade, a herança deverá ser dividida em tantas linhas quantos sejam os genitores.[82]

Por esse entendimento, ao qual nos filiamos, sendo reconhecidos efeitos sucessórios à multiparentalidade, a herança será dividida por tantas linhas quantos forem os pais ou mães do falecido, independentemente do gênero dos ascendentes de 1º grau e do número de sucessores em cada linha. Sendo assim, a lei não deve permitir distinção entre os pais, sejam eles biológicos, socioafetivos ou múltiplos.[83,84]

Este também é o posicionamento de Simão, que defende a divisão da herança entre a família paterna e a materna em partes iguais. Se são duas famílias paternas, têm-se duas linhas paternas e uma materna, constando a divisão da herança em terços. Como o Código Civil não poderia prever a multiparentalidade como realidade jurídica, lança uma leitura atual do parágrafo segundo do art. 1.836: "Havendo igualdade em grau e diversidade em linha quanto aos ascendentes, a herança se divide igualmente entre tantas quantas forem as linhas maternas e paternas".[85]

---

[81] BRASÍLIA. Conselho da Justiça Federal. VIII Jornada de Direito Civil, 26 e 27.04.2018.
[82] BRASÍLIA. Conselho da Justiça Federal. VIII Jornada de Direito Civil, 26 e 27.04.2018.
[83] SCHREIBER, Anderson. STF, Repercussão Geral 622: a multiparentalidade e seus efeitos. http://www.cartaforense.com.br/conteudo/artigos/stf-repercussao-geral-622-a-multiparentalidade-e-seus-efeitos/16982. Acesso: 15 dez. 2016.
[84] No mesmo entendimento: SHIKICIMA, Nelson Sussumu. Sucessão dos ascendentes na multiparentalidade. Uma lacuna da lei para ser preenchida. *Revista Científica Virtual da Escola Superior da Advocacia da OAB/SP*, n. 18. São Paulo: OAB/SP, 2014, p. 75: "Observem que o §2º do artigo 1.836 menciona que, se houver igualdade em graus e diversidade de linhas, ou seja, linha paterna e materna, dividiria pela metade a herança. Ocorre que, se houver pais multiparentais, como por exemplo, dois pais e uma mãe, significa que a linha materna ficaria com a metade e a linha paterna (que neste caso são dois) ficaria com a outra metade, dividindo esta metade entre os dois pais. Não seria injusto? Pressuponho que o legislador naquela época, quando da elaboração do Código Civil de 2002 havia somente em sua mente dois pais, e inclusive de modo tradicional, um pai e uma mãe, entendemos que deveria ser preenchida esta lacuna para partes iguais, em caso de disputa em primeiro grau".
[85] SIMÃO, José Fernando. Multiparentalidade e a sucessão legítima: divisão da herança em linhas (art. 1836 do CC). Disponível em: http://www.cartaforense.com.br, publicado em 02.12.16. Acesso em: 17 dez. 2018.

Outra questão diz respeito à admissão da multiparentalidade quanto à sucessão dos ascendentes, esta diz respeito à concorrência sucessória com o cônjuge ou companheiro sobrevivente, haja vista o Código Civil delimitar determinadas regras distantes da nova realidade jurídica.

O art. 1.837 estabelece que, se o cônjuge concorrer com ascendentes em primeiro grau, terá direito a um terço da herança; se concorrer com apenas um ascendente de primeiro grau ou ascendente de segundo grau ou mais, terá direito à metade da herança. Mas como serão aplicadas estas regras diante da multiparentalidade?

Enquanto Schreiber defende que a melhor solução consiste em "repartir a herança em partes iguais, ficando o cônjuge, assim como os três ascendentes em primeiro grau, com um quarto cada",[86] Tartuce acredita que deve ser preservada a quota do cônjuge ou companheiro, dividindo-se o restante, de forma igualitária, entre todos os ascendentes.[87]

Na linha do segundo entendimento, Gozzo afirma que:

> A interpretação mais justa parece ser a que resguardaria a quota do cônjuge, que foi fixada pelo legislador de 2002 em um terço do patrimônio do *de cujus*. Os outros dois terços poderão ser partilhados da forma sugerida acima. O importante é que o cônjuge supérstite não seja prejudicado, em razão de o morto ter mais de um pai e/ou de uma mãe.[88]

Barros, na esteira da pretensão do legislador em privilegiar o cônjuge, entende que caracterizada a multiparentalidade, deverão

---

[86] SCHREIBER, Anderson; LUSTOSA, Paulo Franco. Efeitos jurídicos da multiparentalidade. *Pensar Revista de Ciências Jurídicas*, Fortaleza, v. 21, n. 3, p. 847-873, set./dez. 2016, p. 862. No mesmo sentido: Paiano propõe uma alteração legislativa para solucionar o problema: "Art. 1.837, §1º – Concorrendo com ascendentes em primeiro grau, ao cônjuge casado com pessoa que tenha três genitores multiparentais, a divisão da herança será feita em quinhões iguais". Logo, defende a autora que quando os ascendentes concorrerem com o cônjuge sobrevivente, "a divisão deverá ser feita por cabeça, em quatro partes". Por outro lado, em se tratando da parte final do dispositivo, defende "a manutenção do dispositivo que, na concorrência com ascendentes de grau mais remoto, o cônjuge receba a metade da herança". PAIANO, Daniela Braga. *A família atual e as espécies de filiação*. Rio de Janeiro: Lumen Juris, 2017, p. 194.

[87] TARTUCE, Flávio. *Direito civil*. Sucessões. Rio de Janeiro: Forense, 2018, p 219, v. 6.

[88] GOZZO, Débora. Dupla parentalidade e direito sucessório: a orientação dos tribunais superiores brasileiros, Civilística.com, a. 6, nº 2, 2017, p. 18. Disponível em: http://civilistica.com/wp-content/uploads/2017/12/Gozzo-civilistica-com-a.6.n.1.2017.pdf. Acesso em: 20 out. 2018.

ser mantidas as proporções legais. Assim, "havendo multiparentalidade no primeiro grau da linha ascendente (três ou mais pais), o cônjuge terá direito a um terço da herança e os dois terços restantes serão divididos entre os pais", sendo proporcional esta divisão à quantidade de pais; e exemplifica: se uma pessoa falecer (F) deixando uma mãe (M1), dois pais (P1 e P2) e um cônjuge ou companheiro (C), caberá um terço ao cônjuge ou companheiro (C) e os dois terços restantes serão divididos entre os três pais (M1, P1 e P2) em três partes iguais.[89]

E em se tratando da concorrência entre cônjuge e companheiro com os ascendentes em segundo grau ou mais, incidirá, segundo Barros, a segunda parte do art. 1.837 do Código Civil, devendo ser atribuída ao cônjuge metade da herança e a outra metade deverá ser dividida entre os ascendentes.[90]

Nesse sentido, defendemos que ao cônjuge ou companheiro sobrevivente deve ser mantida a quota diferenciada prevista no art. 1.837 do Código Civil, o que, mesmo restando caracterizada a multiparentalidade, deverão ser mantidas as proporções legais estabelecidas naquele dispositivo.

Assim, havendo multiparentalidade no primeiro grau da linha ascendente (três ou mais pais/mães), o cônjuge terá direito a 1/3 (um terço) da herança e os 2/3 (dois terços) restantes serão rateados entre tantos quantos forem os pais e/ou mães. Presente a concorrência sucessória com ascendentes de grau superior ao primeiro, caberá ao cônjuge ou companheiro sobrevivente a 1/2 (metade) da herança e a outra 1/2 (metade) deverá ser dividida entre estes ascendentes, de acordo com as linhas formadas a partir do múltiplo vínculo parental.

Por outro lado, Gozzo sustenta que na hipótese de os ascendentes serem os avós, ou se for maior esse grau, "sugere-se que a partilha mantenha o montante de um terço para o cônjuge sobrevivente, dividindo-se o restante do patrimônio em duas linhas:

---

[89] BARROS, André Borges de Carvalho. Multiparentalidade e sucessão: aplicabilidade das regras sucessórias do código civil em face do reconhecimento da multiparentalidade pelo Supremo Tribunal Federal. *Revista Nacional de Direito de Família e Sucessões*, n. 23, p. 116, mar./abr. 2018.

[90] BARROS, André Borges de Carvalho. Multiparentalidade e sucessão: aplicabilidade das regras sucessórias do código civil em face do reconhecimento da multiparentalidade pelo Supremo Tribunal Federal. *Revista Nacional de Direito de Família e Sucessões*, n. 23, mar./abr. 2018.

a materna e a paterna, ainda que haja mais de um avô e/ou uma avó materno ou paterno no grau".[91]

Por fim, na falta de descendentes, ascendentes, cônjuge ou companheiro sobrevivente, a sucessão será deferida aos colaterais até o 4º grau, onde os mais próximos excluem os mais remotos.[92]

Neste caso, é preciso relembrar que, uma vez reconhecida a multiparentalidade, a parentalidade se estende a toda a árvore genealógica do indivíduo, o que também inclui o parentesco na linha colateral.

Acontece que, em matéria sucessória, o legislador atribuiu tratamento diferenciado aos irmãos, conforme sejam eles bilaterais ou unilaterais, prescrevendo o art. 1.841 do Código Civil de 2002 que "concorrendo à herança do falecido irmãos bilaterais com irmãos unilaterais, cada um destes herdará metade do que cada um daqueles herdar".[93]

Em sede de multiparentalidade, contudo, é aberta a possibilidade da configuração de uma "irmandade múltipla", ou seja, além de irmãos unilaterais e bilaterais, os trilaterais, quadrilaterais e outros.[94]

A respeito dessa situação, ensina Barros que:

> Com a redação atual do Código Civil são defensáveis, ao menos, três orientações: a primeira no sentido de que os plurilaterais e os bilaterais devem ser equiparados, por não haver previsão legal para a hipótese. (...) Uma segunda orientação pode ser proposta no sentido de não aplicação das regras presentes nos §§2º e 3º do art. 1.843 do Código Civil, quando verificada a multiparentalidade na sucessão de irmãos e sobrinhos. Dessa forma, as quotas dos irmãos e sobrinhos unilaterais, bilaterais e plurilaterais passariam a ser idêntica em todas as ocasiões possíveis. Como terceira orientação, pode ser defendida a manutenção do espírito da norma, criando-se um escalonamento entre todos conforme a quantidade

---

[91] GOZZO, Débora. Dupla parentalidade e direito sucessório: a orientação dos tribunais superiores brasileiros. *Civilística.com*, ano 6, n. 2, 2017, p. 18. Disponível em: http://civilistica.com/wp-content/uploads/2017/12/Gozzo-civilistica.com-a.6.n.1.2017.pdf. Acesso em: 20 out. 2018.
[92] Art. 1.840 – "Na classe dos colaterais, os mais próximos excluem os mais remotos, salvo o direito de representação concedido aos filhos de irmãos".
[93] BRASIL. *Código Civil Brasileiro de 2002*. Disponível em: http://www.planalto.gov.br/ccivil_03/leis/2002/L10406.htm.
[94] BARROS, André Borges de Carvalho. Multiparentalidade e sucessão: aplicabilidade das regras sucessórias do código civil em face do reconhecimento da multiparentalidade pelo Supremo Tribunal Federal. *Revista Nacional de Direito de Família e Sucessões*, n. 23, mar./abr. 2018, p. 117.

de pais em comum. Deste modo, havendo irmãos ou sobrinhos trilaterais, bilaterais e unilaterais, cada um dos trilaterais terá direito a uma quota cheia, cada um dos bilaterais terá direito a uma quota equivalente à 2/3 daquela atribuída aos trilaterais, e cada um dos unilaterais terá direito a uma quota equivalente a 1/3 daquela atribuída aos trilaterais.[95]

Sobre a sucessão dos irmãos, extensível aos sobrinhos, aderimos à primeira orientação, no sentido de que a existência de dois ou mais vínculos parentais não deve acarretar em atribuição diferenciada de quinhão hereditário aos irmãos, equiparando-se o irmão multiparental ao bilateral na sucessão.

Diante dos questionamentos e posicionamentos aqui lançados, fica evidente a necessidade de reforma ou, no mínimo, de uma releitura dos dispositivos do código civil que disciplinam a transmissão patrimonial em razão da sucessão *causa mortis*, a partir do novo suporte fático trazido pela multiparentalidade dentro das relações familiares, sempre buscando uma aplicação uniforme e equânime da norma jurídica para as mesmas situações.

Não se pode olvidar sobre a efetiva pretensão que pode envolver a multiparentalidade. A denominada "multi-hereditariedade" é uma preocupação, conforme demonstrado, haja vista ser possível ao filho reclamar herança de todos os seus pais e mães com intuito de atender somente aos interesses meramente patrimoniais,[96] mas longe de esgotar o tema, o exame do efeito jurídico sucessório decorrente da multiparentalidade foi feito à luz dos valores constitucionais, sobretudo diante do primado da isonomia entre os filhos e pais, biológicos e socioafetivos, cujas soluções para o caso concreto devem ser lançadas por meio da aplicação direta dos princípios constitucionais, refutando as demandas que tenham, exclusivamente, interesse patrimonial.

Conclusão

A evolução da família e do Direito expressam, na filiação, a passagem do fato natural da consanguinidade, que era indispensável para a família patriarcal e exclusivamente matrimonial, para o fato cultural da afetividade, baseada na convivência duradoura com pais

---

[95] BARROS, André Borges de Carvalho. Multiparentalidade e sucessão: aplicabilidade das regras sucessórias do código civil em face do reconhecimento da multiparentalidade pelo Supremo Tribunal Federal. *Revista Nacional de Direito de Família e Sucessões*, n. 23, p. 117, mar./abr. 2018.

[96] FARIAS, Cristiano Chaves; ROSENVALD, Nelson. *Curso de Direito Civil*. 9. ed. Salvador: Juspodivm, 2016, v. 6.

socioafetivos, revelando-se, nas palavras de Fachin, que a paternidade se constrói, não configurando apenas um dado e conduzindo à distinção entre pai e genitor ou procriador, pois segundo o brocardo *pai é aquele que cria, e genitor, o que gera*, haja vista que a verdade sociológica não se explica apenas na descendência genética.[97]

Na travessia da Constituição Federal de 1988 para o Código Civil de 2002, no âmbito do Direito das Famílias constitucionalizado, a doutrina e a jurisprudência debruçaram-se sobre a parentalidade socioafetiva e, uma vez consolidada, perquiriu-se a possibilidade da sua coexistência com a parentalidade biológica, configurando a multiparentalidade.

Assim, a parentalidade deixa de ser una para ser múltipla. O reconhecimento do novel instituto rompe o paradigma da filiação biparental, com a incidência de todos os efeitos jurídicos para fazer valer os princípios da dignidade da pessoa humana, do superior interesse da criança e adolescente e o da afetividade na nova ordem familiar – não discriminatória, inclusiva e buscando a realização pessoal dos seus membros.

A decisão do STF que reconheceu a multiparentalidade redesenhou um novo marco para o direito à filiação, redefinindo os seus contornos com o reconhecimento jurídico da filiação socioafetiva e da isonomia jurídica entre as filiações socioafetiva e biológica, não sendo possível afirmar, *a priori*, que uma modalidade de vínculo deva sempre prevalecer em detrimento da outra.

Não há dúvidas de que, na quadra destas modificações, houve um significativo avanço, mas que também deixou inquietações e questionamentos que giram em torno da temática quanto à possibilidade da incidência da sucessão nas relações multiparentais, principalmente diante da preocupação de serem ajuizadas ações com o intuito meramente patrimonial, que envolvem a busca por alimentos e sucessão.

Defende-se que a socioafetividade é o fundamento para justificar o reconhecimento da multiparentalidade, refutando-se demandas cúpidas, pautadas apenas pela cobiça material por

---

[97] FACHIN, Luiz Edson. *Da Paternidade*. Relação biológica e afetiva. Belo Horizonte: Del Rey, 1996.

contrariarem a base axiológica do ordenamento jurídico, e a medida para a incidência dos efeitos patrimoniais é a do primado da isonomia entre as filiações e entre os filhos.

Referências

AGUIRRE, João. Reflexos sobre a Multiparentalidade e a Repercussão Geral 622 do STF, publicado na *Revista Eletrônica Direito e Sociedade*. Canoas, v. 5, n. 1, 2017. Disponível em: http://dx.doi.org/10.18316/REDES. Acesso em: 16 abr. 2017.

BARBOZA, Heloísa Helena. Novas relações de filiação e paternidade. In: CUNHA PEREIRA, Rodrigo (Coord.). Repensando o Direito de Família. *Anais do I Congresso Brasileiro de Direito de Família*. Belo Horizonte: Del Rey, 1999.

BARROS, André Borges de Carvalho. Multiparentalidade e sucessão: aplicabilidade das regras sucessórias do código civil em face do reconhecimento da multiparentalidade pelo Supremo Tribunal Federal. *Revista Nacional de Direito de Família e Sucessões*, n. 23, mar./abr. 2018.

BRASIL. Superior Tribunal de Justiça. Recurso Especial nº 1.274.240/SC, Min. Rel. Nancy Andrighi, Terceira Turma, j. 08.10.13.

BRASIL. Supremo Tribunal Federal. Recurso Extraordinário nº 898.060/SC, Rel. Min. Luiz Fux, j. 21.09.16.

BRASIL. Superior Tribunal de Justiça. Recurso Especial nº 1.715.438/RS, rel. Min. Nancy Andrighi, j. 13.11.18.

BRASIL. Superior Tribunal de Justiça. Recurso Especial nº 1.618.230/RS, rel. Min. Ricardo Villas Bôas Cuevas, j. 28.03.2017.

BRASÍLIA. Conselho da Justiça Federal. VIII Jornada de Direito Civil, 26 e 27.04.2018.

BUENO DE CODOY, Claudio Luiz. Atualidades sobre a parentalidade socioafetiva e a multiparentalidade. In: SALOMÃO, Luis Felipe; TARTUCE, Flávio (Coord.). *Direito Civil*. Diálogos entre a doutrina e a jurisprudência. São Paulo: Atlas, 2018.

CALDERÓN, Ricardo. Multiparentalidade acolhida pelo STF: Análise da decisão proferida no RE 898060/SC. In: *Revista IBDFAM*, Belo Horizonte, v. 22, jul./ago. 2017.

CALDERÓN, Ricardo. *Princípio da Afetividade no direito de família*. 2. ed. Rio de Janeiro: Forense, 2017.

CARVALHO, Luiz Paulo Vieira de; COELHO, Luiz Cláudio Guimarães. Multiparentalidade e herança: alguns apontamentos. *Revista IBDFAM*: Famílias e Sucessões, Belo Horizonte v. 19, jan./fev. 2017.

CASSETARI, Christiano; CASSETARI, Christiano. *Multiparentalidade e Parentalidade Socioafetiva*. 3. ed. São Paulo: Atlas, 2017.

CUNHA PEREIRA, Rodrigo da. *Dicionário de Direito de Família e Sucessões*. São Paulo: Saraiva, 2015.

DISTRITO FEDERAL. Processo nº 2013.06.1.001874-5, 1ª vara de família, órfãos e sucessões da comarca de Sobradinho/DF, j. 06.06.14.

FACHIN, Luiz Edson. *Da Paternidade*. Relação biológica e afetiva. Belo Horizonte: Del Rey, 1996.

FARIAS, Cristiano Chaves; ROSENVALD, Nelson. *Curso de Direito Civil*. 9. ed. Salvador: Juspodivm, 2016, v. 6.

FROTA, Pablo Malheiros da Cunha; CALDERÓN, Ricardo. Multiparentalidade a partir da tese aprovada pelo Supremo Tribunal Federal. *In:* TEPEDINO, Gustavo; TEIXEIRA, Ana Carolina Brochado; ALMEIDA, Vitor (Coord.). Da dogmática à efetividade do Direito Civil. *Anais do Congresso Internacional de Direito Civil Constitucional – IV Congresso do IBDCivil*. Belo Horizonte: Fórum, 2017.

GOZZO, Débora. Dupla parentalidade e direito sucessório: a orientação dos tribunais superiores brasileiros. *Civilística.com*, ano 6, n. 2, p. 18, 2017. Disponível em: http://civilistica.com/wp-content/uploads/2017/12/Gozzo-civilistica.com-a.6.n.1.2017.pdf. Acesso em: 20 out. 2018.

GRAMSTRUP Erick Frederico; QUEIROZ, Odete Novais Carneiro. A socioafetividade e a multiparentalidade. *Revista Nacional de Direito de Família e Sucessões*, Porto Alegre: Magister, v. 11, mar./abr. 2016.

HIRONAKA, Giselda Maria Fernandes Novaes. Do código civil de 1916 ao de 2002 e além. *In:* HIRONAKA, Giselda Maria Fernandes Novaes; SANTOS, Romualdo Baptista dos (Coord.). *Direito Civil:* Estudos. Coletânea do XV Encontro dos Grupos de Pesquisa – IBDCivil. São Paulo: Blucher, 2018.

IBDFAM. Notícia – O que prevalece: a paternidade biológica ou a socioafetiva? STF vai decidir. Disponível em: http://www.ibdfam.org.br. Acesso em: 31 out. 2016.

LÔBO, Paulo. Quais os limites e a extensão da tese de repercussão geral do STF sobre socioafetividade e multiparentalidade? *In: Revista IBDFAM*, Belo Horizonte v. 22, jul./ago. 2017.

LÔBO, Paulo. *Direito Civil*. 8. ed. São Paulo: Saraiva, 2018, v. 5.

LÔBO, Paulo. *Direito Civil*. 9. ed. São Paulo: Saraiva, 2019, v. 5.

LÔBO, Paulo. *Direito Civil*. 5. ed. São Paulo: Saraiva, 2019, v, 6.

MALUF, Carlos Alberto Dabus; MALUF, Adriana Caldas do Rego Freitas Dabus. *Curso de Direito de Família*. 2. ed. São Paulo: Saraiva. 2016.

MATOS, Ana Carla Harmatiuk; HAPNER, Paula Aranha. Multiparentalidade: uma abordagem a partir das decisões nacionais. *Civilistica.com*, Rio de Janeiro, ano 5, n. 1, 2016. Disponível em: http://www.civilistica.com. Acesso em: 20 out. 2018.

MATOS, Ana Carla Harmatiuk; PEREIRA, Jacqueline Lopes. Filiação no direito brasileiro: da paternidade presumida à repercussão geral n° 622 do Supremo Tribunal Federal. *In:* EHRHARDT JUNIOR, Marcos; CORTIANO JUNIOR, Eroulths (Coord.). *Transformações no Direito Privado nos 30 anos da Constituição*. Estudos em homenagem a Luiz Edson Fachin. Belo Horizonte: Fórum, 2019.

MORAES, Maria Celina Bodin de. A Nova Família, de novo – Estruturas e Função das Famílias Contemporâneas. *In:* TEIXEIRA, Ana Carolina Brochado; RIBEIRO, Gustavo Pereira Leite. *Manual de Direito das Famílias e das Sucessões*. 3. ed. Rio de Janeiro: Processo, 2017.

MULTEDO, Renata Vilela. *Liberdade e Família*. Rio de Janeiro: Processo, 2017.

PAIANO, Daniela Braga. *A família atual e as espécies de filiação*. Rio de Janeiro: Lumen Juris, 2017.

PARANÁ. Processo nº 0038958-54.2012.8.16.0021, juiz Sérgio Luiz Kreuz da Vara da Infância e Juventude da comarca de Cascavel, j. 20.02.13.

PERLINGIERI, Pietro. *Perfis do direito civil*. 2. ed. Rio de Janeiro: Renovar, 2002.

QUINTANA, Julia Gonçalves; BRANDT, Fernanda. Os desafios da sucessão na multiparentalidade. *In*: NARDI, Norberto Luiz; NARDI, Marília Possenatto; NARDI, Vinícius Possenatto (Org.). *Direito acontecendo na união estável*. São Paulo: Ledriprint, 2017, v. 9.

RORAIMA. Processo nº 0012530-95.2010.8.22.0002, 1ª vara cível da comarca de Ariquemes, j. 12.03.2012.

RUZYK PIANOVSKI, Carlos Eduardo; OLIVEIRA, Ligia Ziggiotti de; PEREIRA, Jacqueline Lopes. A multiparentalidade e seus efeitos segundo três princípios fundamentais do direito de família. *Revista Quaestio Iuris*, Rio de Janeiro, vol. 11, n. 02, 2018.

SANTA CATARINA. TJSC. Agravo de Instrumento nº 2012.073749-3, j. 14.02.13.

SÃO PAULO. TJSP. AC 0006422-26.2011.8.26.0286, Des. Relator Dr. Alcides Leopoldo e Silva Junior, j. 14.08.12.

SCHREIBER, Anderson; LUSTOSA, Paulo Franco. Efeitos jurídicos da multiparentalidade. *Pensar Revista de Ciências Jurídicas*, Fortaleza, v. 21, n. 3, 2016.

SCHREIBER, Anderson. STF, Repercussão Geral 622: a multiparentalidade e seus efeitos. Disponível em: http://www.cartaforense.com.br. Publicado em 26.09.16. Acesso em: 23 fev. 2017.

SHIKICIMA, Nelson Sussumu. Sucessão dos ascendentes na multiparentalidade. Uma lacuna da lei para ser preenchida. *Revista Científica Virtual da Escola Superior da Advocacia da OAB/SP*, São Paulo, n. 18, 2014.

SIMÃO, José Fernando. Multiparentalidade e a sucessão legítima: divisão da herança em linhas (art. 1836 do CC). Disponível em: http://www.cartaforense.com.br, publicado em 02.12.16. Acesso em: 17 dez. 2018.

TARTUCE, Flávio. *Direito Civil*. 13. ed. Rio de Janeiro: Forense, 2018, v. 5.

TARTUCE, Flávio. *Direito Civil*. Rio de Janeiro: Forense, 2018, v. 6.

TAVARES DA SILVA, Regina Beatriz. Multiparentalidade: muitos pais e muitas mães para uma única criança. Publicado em 07 jul. 2016. Disponível em: http://www.reginabeatriz.com.br. Acesso em: 18 jul. 2016.

TAVARES DA SILVA, Regina Beatriz. Multiparentalidade não poderia ter sido examinada pelo STF. Disponível em: http://www.adfas.org.br. Acesso em: 25 maio 2017.

TEIXEIRA, Ana Carolina Brochado; RODRIGUES, Renata de Lima. Quais devem ser os parâmetros para o reconhecimento jurídico da multiparentalidade? *In*: MATOS, Ana Carla Harmatiuk; TEIXEIRA, Ana Carolina Brochado; TEPEDINO, Gustavo. Direito Civil, Constituição e Unidade do Sistema. *Anais do Congresso de Direito Civil Constitucional* – V Congresso IBDCivil. Belo Horizonte: Fórum, 2019.

TEIXEIRA, Ana Carolina Brochado; RODRIGUES, Renata de Lima. A multiparentalidade como nova estrutura de parentesco na contemporaneidade. *Revista Brasileira de Direito Civil* – RBDCivil, v. 4, abr./jun. 2015.

TEIXEIRA, Ana Carolina Brochado; RODRIGUES, Renata de Lima. *O Direito das Famílias entre a Norma e a Realidade*. São Paulo: Atlas, 2010.

VALADARES, Maria Goreth Macedo. *Multiparentalidade e as novas relações parentais.* Rio de Janeiro: Lumen Juris, 2016.

WELTER, Belmiro Pedro. *Teoria Tridimensional do Direito de Família.* Porto Alegre: Livraria do Advogado, 2009.

WELTER, Belmiro Pedro. Teoria tridimensional no direito de família: reconhecimento de todos os direitos das filiações genética e socioafetiva. Disponível em: http://www.mprs.mp.br/noticias/17076/. Publicado em 13.04.2009. Acesso em: 09 dez. 2018.

Informação bibliográfica deste texto, conforme a NBR 6023:2018 da Associação Brasileira de Normas Técnicas (ABNT):

FRANCO, Karina Barbosa. A multiparentalidade na perspectiva civil-constitucional e seus reflexos sucessórios. *In:* EHRHARDT JÚNIOR, Marcos; LOBO, Fabíola Albuquerque; ANDRADE, Gustavo (Coord.). *Direito das relações familiares contemporâneas:* estudos em homenagem a Paulo Luiz Netto Lôbo. Belo Horizonte: Fórum, 2019. p. 237-276. ISBN 978-85-450-0700-5.

AS CAUSAS LEGAIS DA SEPARAÇÃO E A REALIDADE SOCIAL: RELEITURA DE UM ESTUDO SOCIOJURÍDICO

MARIA RITA DE HOLANDA SILVA OLIVEIRA

1 Introdução

Baseada nas convenções da própria sociedade brasileira, que em seu contexto liberal clássico adotou valores religiosos, a legislação familiar foi pautada pela exclusão, e, não obstante a realidade se portasse diferentemente, a proteção estatal apenas era conferida a uma única forma de constituição familiar, definida pelo casamento.

A família, em seu modelo institucional, também carregava uma história de desigualdade entre os membros que a compunham, estabelecendo-se uma hierarquia entre o *pater* família e a sua esposa, bem como com relação aos seus filhos.

A influência adveio também das Ordenações Filipinas, de Portugal, que, mesmo durante o início do período republicano, manteve-se vigente aqui no Brasil, até mais que em seu país de origem, retardando a evolução de novas interpretações, advindas da renovação legislativa da maioria das nações ocidentais.[1] A sociedade colonial, à época, foi de grande influência para a manutenção dos valores patriarcais.

Assim, embora independente o Brasil regeu-se até 1917 pelas Ordenações Filipinas e por essa razão Pontes de Miranda assevera que o nosso Direito não nasceu de uma semente, mas de um galho que se plantou e cuja origem precisa ser conhecida para a compreensão do Brasil-Colônia.[2]

A liberdade individual nas relações subjetivas, portanto, era um valor que deveria ser esquecido em nome da tradição da sociedade

---

[1] GOMES, Orlando. *Raízes históricas e sociológicas do Código Civil brasileiro*. São Paulo: Martins Fontes, 2006, p. 4.

[2] PONTES DE MIRANDA, Francisco Cavalcanti. *Fontes e evolução do Direito Civil Brasileiro*. Rio de Janeiro: Forense, 1981, p. 28.

da época, fortemente influenciada também pelos valores religiosos da Igreja Católica, que penitenciava e punia os fiéis pecadores que infringissem os mandamentos da fidelidade, deixando de reconhecer quaisquer efeitos benéficos para os frutos advindos das relações extramatrimoniais, e mesmo sobre tais relações.

O indivíduo tornava-se invisível quando inserido em um seio familiar e apenas a instituição era valorizada, desde que houvesse sido composta dentro dos critérios preestabelecidos pela ordem social, com forte influência da moral religiosa.

Com o contexto político e social do Estado Democrático de Direito, embora o valor da liberdade humana tenha sido alçado a um mandamento constitucional imperativo, o fato é que tal conceito na esfera existencial sofreu várias adaptações, máxime nas relações privadas como um todo, a ela incorporando-se denominações como a da autonomia privada, moldada pelo cuidado no equilíbrio e na igualdade das partes na relação, considerando-se a sua desigualdade material.

Nessa esfera, portanto, os modelos perdem a importância diante da própria condição humana, passando a família a ser um *locus* ao desenvolvimento da personalidade e construção da felicidade de cada um de seus membros.[3]

A base valorativa da liberdade existencial vem distinguindo-se do exercício de outras esferas de liberdade privada, principalmente em razão de sua peculiaridade íntima com os valores da própria existência humana, voltada à primazia do bem-estar das pessoas e não dos grupos que estas compõem, dentre eles a própria família, mas nas interpretações configuradas na realidade social por vezes confunde-se com a possibilidade de um individualismo exacerbado. É preciso reconhecer que a base da liberdade existencial se distingue dos conceitos atribuídos no passado, a partir da justificativa histórica da dinâmica dos valores e a necessidade de sua consideração para que haja a adequada solução dos conflitos na atualidade.

Em entrevista concedida ao Instituto Brasileiro de Direito de Família, Luiz Edson Fachin[4] alertou sobre o importante papel da jurisprudência na atualidade, de ressignificação e atualização das leis, sem que haja minimização do papel do legislador de seu tempo,

---

[3] LÔBO, Paulo Luiz Netto. A repersonalização das relações de família. *In:* BITTAR, Carlos A. (Coord.). *O direito de família e a Constituição de 1988.* São Paulo: Saraiva, 1989.
[4] FACHIN, Luiz Edson. Um país sem jurisprudência *In: IBDFAM Revista*, n. 11, p. 5, 2014.

possibilitando a regulação pela força construtiva dos fatos a partir da realidade social. Contudo, no Brasil, falta-nos coesão quando da captação pelo Direito, que possa trazer uma unidade desejável para uma segurança jurídica substancial.

Assim, a atualização concreta das normas jurídicas não pode deixar de buscar a sua fundamentação normativa legal por meio de técnicas que sejam razoáveis à solução do conflito familiar, que por sua vez pode envolver a colisão de direitos fundamentais ou não.

Nesse sentido, há um grande dilema na consideração da autonomia em um contexto de Estado Democrático de Direito, em que o valor da liberdade se encontra ressaltado.

Ressaltada a autonomia nas relações existenciais no atual contexto, há que se distinguir a dimensão dessa autonomia, conforme esteja se tratando de relação conjugal ou de relação parental. Aqui far-se-á uma releitura de dados colhidos na realidade social na análise das causas da separação conjugal litigiosa, estudo este realizado com o objetivo de verificar a eficácia ou não do regramento sobre a culpa e seus efeitos para fins de condenação do cônjuge culpado, aspecto supervalorizado pela sociedade patriarcal.

A coleta foi realizada no ano de 2004, quando foi apresentado um estudo sociojurídico a respeito da conjugalidade no casamento e as causas de sua dissolução. À época discutia-se na doutrina e jurisprudência brasileiras o princípio da culpa na separação e o referido estudo contribuiu com uma análise de dados colhidos em processos litigiosos de família, pesquisados com relação às suas causas.

Foi no contexto liberal mencionado que a culpa, em seu sentido jurídico, teve base relevante na sociedade brasileira, uma vez que a família estava restrita ao ato solene do casamento indissolúvel, permeada pela desigualdade e com finalidade procracional e econômica.

A abolição da cláusula de exclusão de outras entidades familiares trazida pela Constituição Federal de 1988 abriu um leque de possibilidades familiares, que não comportam tal discussão. Os padrões rígidos e excludentes contribuíam para o delineamento de condutas que importassem violação dos deveres impostos pelo Estado aos cônjuges. Por essa razão as normas brasileiras de Direito de Família são de ordem pública.

Revisitar-se-ão nesta oportunidade os marcos teóricos que historicamente justificavam a perquirição da culpa no processo judicial de separação, assim como os dados coletados da realidade social no período de 1996 a 2000, em Varas de Família e Registro Civil da comarca do Recife/PE, até os efeitos trazidos pela Emenda Constitucional nº 66/2010 e pelo Código de Processo Civil de 2015, buscando atualizar a leitura e contribuir com as novas perspectivas com relação à dissolução da conjugalidade.

A retomada da temática é relevante para contribuir com novas interpretações que possam advir em razão da reinserção do termo da separação judicial no texto processual civil, em que pese a sua eliminação pela Emenda Constitucional nº 66/2010.

Embora sejam raras as pesquisas empíricas no Direito, quando realizadas, trazem a cabal demonstração do que se quer comprovar, no caso, a total ineficácia social da separação conjugal, seja judicial ou extrajudicial, como meio intermediário para a obtenção do divórcio, com ênfase à derrocada da separação judicial litigiosa com base na infração dos deveres do casamento.

Não seria razoável admitir qualquer possibilidade de retrocesso com relação à apuração da culpa, uma vez que não existem em nossa realidade social atual os valores e vicissitudes históricas que um dia justificaram a sua implantação. Por consequência, questiona-se também a possibilidade de reparação de dano decorrente da infração dos deveres conjugais ou fim da sociedade conjugal, conforme pensamento reinsurgente da doutrina, máxime após a edição da EC nº 66/2010 e da edição da legislação processual civil no ano de 2015.

A releitura se dá por meio da metodologia civil-constitucional, a fim de que a interpretação das regras infraconstitucionais tenham por base as dimensões dos respectivos princípios, na atual configuração de um Estado Social e Democrático de Direito.[5]

A base Constitucional para se observar a adequada aplicação das regras jurídicas atinentes às relações familiares é informada pelos princípios da dignidade da pessoa humana (estruturante); solidariedade familiar; afetividade (responsabilidade); liberdade (escolha e desconstituição da entidade familiar conjugal); e igualdade (paridade de direitos).

Cumpre informar, que a pesquisa empírica foi realizada sob a orientação acadêmica do Prof. Dr. Paulo Luiz Netto Lôbo e apoio

---

[5] LÔBO, Paulo Luiz Netto. A constitucionalização do direito civil In: *Revista de Informação legislativa*, Brasília: Senado Federal, n. 141, p. 99-109, jan./mar. 1999.

técnico para a coleta de dados e referenciais da Profa. Dra. Cristina Raposo, à época, Chefe do Departamento de Estatística da Universidade Federal de Pernambuco.

2 As causas legais da separação judicial litigiosa

O legislador de 1916 estabelecia em seu artigo 317 as causas culposas do desquite, em caráter casuístico. Dispunha o referido artigo:

> Art. 317. A ação de desquite só se pode fundar em algum dos seguintes motivos:
> I. Adultério.
> II. Tentativa de morte.
> III. Sevicia, ou injuria grave.
> IV. Abandono voluntário do lar conjugal, durante dois anos contínuos.

Tais "causas", refletidas nas condutas descritas, poderiam trazer "sanções" familiares ao cônjuge reconhecido como culpado, como a perda do direito de alimentos, da guarda dos filhos e do uso do nome de casada para a mulher, conforme descrito nos dispositivos:

> Art. 320. No desquite judicial, sendo a mulher inocente e pobre, prestar-lhe-á o marido a pensão alimentícia, que o juiz fixar.
> Art. 326. Sendo o desquite judicial, ficarão os filhos menores com o conjugue inocente.
> §1º Se ambos forem culpados, a mãe terá direito de conservar em sua companhia as filhas, enquanto menores, e os filhos até a idade de seis anos.
> §2º Os filhos maiores de seis anos serão entregues à guarda do pai.
> Art. 326. Sendo desquite judicial, ficarão os filhos menores com o cônjuge inocente.
> §1º Se ambos os cônjuges forem culpados ficarão em poder da mãe os filhos menores, salvo se o juiz verificar que de tal solução possa advir prejuízo de ordem moral para êles.

Importante ressaltar que nessa condição ainda estava presente o caráter de indissolubilidade do casamento e na ficção do ato jurídico do casamento apenas o vínculo da sociedade conjugal poderia ser rompido, mantendo-se o vínculo matrimonial.

O estatuto da mulher casada em 1962 e a Lei nº 6.515/77 foram responsáveis pela alteração de muitos dos dispositivos citados, seja pela derrogação, seja pela revogação.

A Lei nº 6.515/1977 inaugurou uma outra forma de relato de tais condutas, pautando-se em causas de conceito mais genérico, sistema este que foi mantido pelo Código Civil de 2002 em seus artigos 1.572 e 1.573.

> Art. 5º – A separação judicial pode ser pedida por um só dos cônjuges quando imputar ao outro conduta desonrosa ou qualquer ato que importe em grave violação dos deveres do casamento e tornem insuportável a vida em comum.
> §1º – A separação judicial pode, também, ser pedida se um dos cônjuges provar a ruptura da vida em comum *há mais de 5 (cinco) anos consecutivos, e a impossibilidade de sua reconstituição*.
> §2º – O cônjuge pode ainda pedir a separação judicial quando o outro estiver acometido de grave doença mental, manifestada após o casamento, que torne impossível a continuação da vida em comum, desde que, após uma duração de 5 (cinco) anos, a enfermidade tenha sido reconhecida de cura improvável.
> §3º – Nos casos dos parágrafos anteriores, reverterão, ao cônjuge que não houver pedido a separação judicial, os remanescentes dos bens que levou para o casamento, e, se o regime de bens adotado o permitir, também a meação nos adquiridos na constância da sociedade conjugal.
> Art. 6º – Nos casos dos §§1º e 2º do artigo anterior, a separação judicial poderá ser negada, se constituir respectivamente, causa de agravamento das condições pessoais ou da doença do outro cônjuge, ou determinar, em qualquer caso, consequências morais de excepcional gravidade para os filhos menores.

Essa fórmula oferece uma contemplação mais ampla dos fatos que podem ser submetidos à apreciação do juiz para o fim de fundamentar a separação litigiosa, deixando-se ao prudente arbítrio do Judiciário o exercício da crítica dos fatos.

Maria Helena Diniz[6] criticou a expressão genérica da chamada "conduta desonrosa" por ser expressão indeterminada e nada objetiva, cabendo aos juízes determinar a sua dimensão caso a caso. Essa evolução, contudo, foi importante, posto que os conceitos genéricos permitem a extensão revalorização da conduta no tempo e no espaço.

---

[6] DINIZ, Maria Helena. *Curso de direito civil brasileiro*. São Paulo: Saraiva, 1999, p. 238.

De sorte, da análise do texto legal citado, percebe-se que a autonomia conjugal era extremamente relativizada, na medida em que poderia ser negada pelo Estado-juiz, inclusive, na hipótese de doença de um dos cônjuges e no perigo de seu agravamento caso fosse admitida a separação.

A descrição mais genérica das condutas, no entanto, permitiu que a realidade social dinâmica fosse ser apreendida pelo intérprete pelos valores da sua época.

Em sequência, a redação da Lei nº 6.515/77 foi modificada e se tornou menos rígida com relação à autonomia, a exemplo da alteração do §1º do então art. 5º, que passou a ter a seguinte redação, pela Lei nº 8.408/1992:

> §1º A separação judicial pode, também, ser pedida se um dos cônjuges provar a ruptura da vida em comum *há mais de um ano consecutivo, e a impossibilidade de sua reconstituição*. (Grifo nosso)

No Código Civil de 2002, qualquer ato que importe em grave violação dos deveres do casamento e torne insuportável a vida em comum é causa de separação, além das causas meramente *exemplificativas*, constantes no artigo 1.573, que ressuscita, apenas aparentemente, a especificidade das causas/condutas previstas em 1916, uma vez que, em seu parágrafo único, admite que o juiz considere outros fatos além dos elencados na lei.

3 Principais resultados da pesquisa realizada no período de 1996 a 2000 na cidade do Recife – uma releitura

3.1 Método utilizado

No ano de 2004, para a demonstração da hipótese, com base no referencial teórico, foi procedida uma pesquisa documental em processos judiciais e realização de entrevistas. Foram relatados apenas os resultados obtidos nos processos acessados.

Até à época, a matéria havia sido trabalhada e refletida por diversos autores, apenas de forma teórica, sem a cabal demonstração proveniente de uma pesquisa em determinado contexto da realidade social.

A pesquisa foi realizada nas quatro Varas de Família existentes à época na comarca do Recife, o que hoje corresponderia apenas a uma amostra de 1/3 das atuais 12 Varas de Família.

A informação de que se tratava à época da totalidade das Varas de Família no Recife é importante, porque garante uma conclusão uniformizada na capital de Pernambuco.

Os dados coletados permitiram uma análise quantitativa e qualitativa, sendo que os dados quantitativos foram retirados dos relatórios oficiais dos processos distribuídos, fornecidos pelo sistema de informática do Tribunal de Justiça de Pernambuco, vigente à época. Qualitativamente, a pesquisa restringiu-se aos processos incluídos na relação do respectivo relatório, enquanto procedimento ordinário, e especificamente às ações de separação judicial litigiosas, onde foi invocado o princípio da culpa.

3.2 Dados quantitativos dos processos distribuídos nas Varas de Família do Recife

Com os dados obtidos dos processos consultados, foi construído um banco de dados usando o *software* SPSS, versão 10, a partir do qual foram construídas as tabelas a seguir descritas.

3.2.1 Processos por ano de distribuição, segundo o procedimento

No período de 1996 a 2000 foram registrados 15 tipos de processos de família em geral, e alguns específicos, como os de dissolução do casamento, os ligados à parentalidade e também retificações de registros.

A análise qualitativa ficou restrita à dissolução conjugal decorrente de procedimento ordinário litigioso, em número equivalente a 3.825 processos.

3.2.2 Processos de dissolução da sociedade conjugal, por ano de distribuição segundo o tipo de ação

Dos tipos de dissolução litigiosos, 871 processos foram de separação judicial litigiosa. Qualitativamente só houve acesso a 795 processos em face de dificuldades estruturais e formais.

Quadro 1: Processos de dissolução da sociedade conjugal distribuídos segundo o tipo – Recife – 1996/2000

Procedimentos ordinários		Processos especiais	
Tipo	Nº/processos	Tipo	Nº/processos
Divórcio litigioso	997	Divórcio consensual	3.191
Conversão litigiosa	993	Conversão consensual	306
Separação litigiosa	871	Separação consensual	1.311
Outros	964	Outros	4.465
Total	3.825	Total	9.273

Na análise do Quadro 1, constatou-se que 41,6% dos processos de dissolução conjugal foram de divórcio consensual, seguido da separação consensual com 17,1%, totalizando 58,7% dos processos. Dos processos litigiosos, 13% foram de divórcio litigioso, 4% de conversão litigiosa e 11,4% de separação litigiosa, totalizando 28,4%.

Ou seja, a separação litigiosa correspondia a apenas 11,4% dos processos de dissolução de casamento.

3.2.3 Processos de separação litigiosa

Na análise qualitativa foi necessário preestabelecer os indicativos a serem pesquisados para o alcance do resultado pretendido. Assim, para consulta direta dos processos foi elaborado um formulário de coleta de dados, por ano e vara pesquisada, com a identificação do número do processo; sexo do requerente; atividades profissionais exercidas pelas partes; ano de casamento; a(s) causa(s) invocada(s) na petição inicial com o mês/ano do início do processo; a causa decidida na sentença com a data da decretação ou homologação do acordo e a indicação de conversão ou não em consensual.

Coletados os dados, foram estabelecidas as seguintes unidades de observação: a) identificação da quantidade de requerentes, a partir do sexo; b) atividade profissional das partes; c) duração do casamento até o início do processo; d) duração do processo; e) causas invocadas pelos requerentes; e f) causas decididas.

3.2.3.1 Características socioeconômicas dos requerentes

Dos processos consultados, mais da metade, 63,1%, foi requerida por mulheres, que em sua maioria (32,6%) estavam sem atividade profissional e foram qualificadas como "do lar".

Na comparação dos percentuais de acordo com o sexo, relativo à atividade profissional com nível superior, a mulher se apresenta em número maior, com 24,1%, enquanto o homem com 19,5% dos processos.

Assim, embora a maioria que requereu tenha sido mulheres sem atividade profissional (do lar), nos demais processos em que exercia atividade profissional a sua qualificação era superior à dos homens.

Um indicativo de que a igualdade de gênero não era material, como ainda não o é hoje, mas também um indicativo de causa de separação em decorrência da inserção profissional da mulher.

3.2.3.2 A duração do casamento

O maior percentual de dissolução conjugal ocorreu entre pessoas que estavam casadas entre 10 e 20 anos, tendo acompanhado uma linha progressiva com relação aos anos pesquisados de 1996 a 2000.

A duração média do casamento nesse período foi de, aproximadamente, 13 anos.

3.2.3.3 As causas invocadas

Para identificação das causas invocadas, adotou-se a classificação majoritária na doutrina à época, de acordo com as seguintes categorias:
 a) Causas incluídas no conceito de separação-sanção
  a.1. Grave violação dos deveres de casamento (agressões físicas e morais, abandono moral e material, adultério, expulsão, injúria, ameaça e tentativa de morte, extravio de bens).
  a.2. Conduta desonrosa (alcoolismo e ciúme desmedido).
 b) Causas incluídas no conceito de separação-falência e de separação-remédio (incompatibilidade, desavença, dívidas/descontrole financeiro; forte temperamento, falta de afeto e de diálogo, desgaste na relação, imaturidade, dedicação excessiva ao trabalho e desequilíbrio emocional).

Os exemplos indicados não excluem outras causas ou mesmo a cumulação destas, mas tão somente se estabelecem pelas causas apontadas nos processos pesquisados.

Dos processos analisados, 539 invocaram causas de grave violação do casamento. Com uma ênfase maior nas agressões físicas e morais, com 41,9% dos casos, e abandono moral ou material, com 32,3%, segundo o quadro:

Quadro 2: Processos de separação judicial litigiosa consultados segundo as causas de grave violação dos deveres do casamento invocadas – Recife 1996/2000

Tipo de violação	Quantidade	Porcentagem[7]
Agressões físicas e morais	226	41,9
Abandono moral ou material	174	32,3
Adultério	95	17,6
Abandono e adultério	82	15,2
Injúria	15	2,8
Expulsão	14	2,6
Ameaça ou tentativa de morte	9	1,7
Extravio de bens	3	0,6
Total	539	-

---

[7] A soma das porcentagens é maior que 100% porque o percentual foi calculado sobre o total de processos onde foi invocada pelo menos uma das causas de violação dos deveres do casamento.

Importante registrar que à época não possuíamos a legislação especial para a violência doméstica, a Lei nº 11.340 de 2006. Aliás, podemos até deduzir que a vigência posterior dessa lei atendeu ao que foi identificado na pesquisa: maior número de processos ajuizados por mulheres, sem atividade profissional e com invocação de agressões físicas e morais.

Falência do casamento (42%) e incompatibilidade (30,3%) foram as causas mais identificadas e invocadas na categoria de "outras causas", além da violação de deveres e da conduta desonrosa.

3.2.3.4 As causas decididas

As sentenças condenatórias e homologatórias foram categorizadas de acordo com a forma de extinção do processo da então lei processual.

De acordo com o quadro a seguir, dos 795 processos analisados, 486 foram extintos com julgamento do mérito, tendo as separações chegado a termo. Destes, 481 foram extintos por sentença homologatória em razão de suas conversões em processo consensual; cinco foram extintos por sentença condenatória, dos quais em apenas um processo houve aplicação de uma das sanções previstas em lei para o cônjuge culpado pela separação; quatro das sentenças condenatórias reconheceram a culpa recíproca das partes, sem aplicação de sanções.

O quadro demonstra ainda que 147 processos não foram finalizados até o final da pesquisa e 162 processos foram extintos sem julgamento do mérito (litispendência, inépcia, desinteresse das partes, ausência de condições e pressupostos e desistência pela reconciliação).

Quadro 3: Processos de separação litigiosa consultados
segundo as causas decididas – Recife – 1996/2000

Causa decidida	Quant.	Porcentagem
1. Extinção com julgamento de mérito	**	**
Separação litigiosa ➪ Separação consensual	443	55,8
Separação litigiosa ➪ Divórcio consensual	38	4,8
Sentença condenatória sem aplicação de sanção	4	0,5
Sentença condenatória com aplicação de sanção	1	0,1
Subtotal	486	61,2
2. Extinção sem julgamento de mérito	162	20,3
3. Processos não julgados/finalizados	147	18,5
Total	795	100

Conforme se pode observar do quadro, já em 2000, dos processos analisados, apenas um trouxe aplicação da sanção e foi com relação à perda do uso do nome pela mulher, quando, ainda que se considerando a análise da culpa, esta não deve incidir sobre a perda do nome, cuja ótica deve ser apenas a dos direitos de personalidade – direito à identidade, visão a ser enfrentada pelas partes e pelo julgador.[8] Por essa razão, os incisos do artigo 1.578 do CCB/2002 admitem a possibilidade de manutenção do nome, garantindo o direito de personalidade, na hipótese de evidente

---

[8] ALMEIDA, Silmara Juny de A. Chinelato e. *Do nome da mulher casada*: Direito de Família e Direitos da Personalidade. Rio de Janeiro: Forense Universitária, 2001, p. 129.

prejuízo na identificação, distinção do nome com relação aos filhos e dano grave reconhecido em decisão judicial.

O IBGE[9] registrou 9.878 casamentos na cidade do Recife/PE, 1.554 divórcios judiciais e 615 divórcios extrajudiciais, no último levantamento do PNAD, no ano de 2015.

São dados que atualizam a pesquisa sociojurídica empreendida, na medida em que a entidade familiar do casamento continua sendo muito mais demandada e mantida, considerando-se o número de divórcios.

O dado mais relevante da pesquisa do IBGE é a ausência da contabilização da figura da separação judicial e da separação extrajudicial. Sequer faz mais parte do argumento de pesquisa do IBGE para fins de dissolução da sociedade conjugal.

4 Reflexão dos resultados da pesquisa – do sistema híbrido (culpa e ruptura) ao sistema unitário (ruptura) nas formas de dissolução da conjugalidade

Na linha do tempo podemos identificar o movimento de absorção e de admissão de um sistema unitário de dissolução do casamento no Brasil, através do divórcio.

Quando da EC nº 09/77, o Brasil ensaiou a introdução do divórcio no Brasil, mas o seu conteúdo restritivo inicial, baseado em prazos para o seu alcance, demonstrava que o instituto do divórcio foi introjetado não como forma de solução de conflitos familiares, mas tolerado no reconhecimento de uma realidade social que já se impunha. Na tradição da sociedade, a medida não era desejável.

Em razão disso, a partir de um sistema unitário parcial do então desquite, na vigência do CCB/1916, passamos no ano de 1977 a um sistema binário de dissolução, com as figuras do divórcio e da separação judicial substituindo o antigo desquite.

---

[9] IBGE. Estatísticas do Registro Civil de 2015. Disponível em: http://cidades.ibge.gov.br/xtras/temas.php?lang=&codmun=261160&idtema=161&search=pernambuco|recife|estatisticas-do-registro-civil-2015, acesso em: 10 set. 2017.

É importante registrar também que em 2007, através da Lei nº 11.441, o Brasil deu um passo para uma maior autonomia na relação conjugal, uma vez que admitiu, ainda que sob condições, a separação e o divórcio extrajudiciais.

Um sistema híbrido como o estabelecido (separação e divórcio) atenderia a um ritual de passagem e transição para a plena aceitação do divórcio no Brasil, que ocorreu em 2010 com a EC nº 66.

A partir da alteração do parágrafo 6º do art. 226 da CF/88, duas interpretações surgiram: teria a alteração eliminado o prazo e o instituto da separação ou apenas o prazo? A corrente que defendeu a extinção de ambos se consolidou mais na jurisprudência, inclusive, com a definição de que os processos de separação em andamento seriam convertidos em divórcio ou sofreriam extinção do processo sem julgamento do mérito pela impossibilidade jurídica do pedido. Tal doutrina é a mais fortalecida também pela extinção do princípio da culpa na separação e a impossibilidade de aplicabilidade de sanções familiares ao cônjuge considerado culpado na separação, como ocorria no passado, com a possibilidade da perda do uso do nome, da perda da guarda e das vantagens patrimoniais advindas do regime.

Atualmente na vigência do CCB/2002 só há uma aparente sanção para o cônjuge culpado, que é a aplicabilidade do direito de alimentos restritos à subsistência, havendo a sua necessidade e considerando a ausência de parentes legitimados para tal.

Se caminharmos para uma naturalização do fim do casamento, teremos que eliminar o grau de litigiosidade e seus efeitos e consequentemente do conceito jurídico de "culpa", posto que a perquirição com relação à possível conduta já se enquadra de forma geral na possibilidade de violação de direitos de personalidade, devendo se analisar por meio da doutrina da responsabilidade civil.

Mas não se pode também desconhecer o conteúdo da doutrina que continua reconhecendo a possibilidade de apuração da conduta enquanto ato ilícito e passível de responsabilização civil.

Regina Beatriz[10] resiste à abolição da culpa porque entende que esta é a observância consciente da norma de conduta com

---

[10] TAVARES DA SILVA, Regina Beatriz. *Divórcio e separação após a EC nº 66/2010*. São Paulo: Saraiva, 2012, p. 39.

resultado danoso a outrem, objetivado pelo agente – dolo – ou não desejado por ele, mas previsível – culpa em sentido estrito.

A autora indaga:

> Como eliminar um conceito que trata do descumprimento das normas de conduta? Isso importaria na transformação dos deveres familiares em meras recomendações, na transmutação das regras jurídicas de Direito de Família em regras de cunho puramente moral, cuja violação não geraria qualquer consequência.[11]

Tal análise, contudo, é descontextualizada e estritamente técnica, posto que a conjugalidade, muito mais que um contrato que estabelece direitos e deveres, é uma relação existencial sujeita a uma constante valoração pela sociedade quanto aos seus efeitos.

Operadores jurídicos não estão obrigados, tampouco capacitados, a descobrirem as motivações inconscientes da ação humana. Em verdade, quando surge a crise conjugal que desemboca na dissolução, a ruptura já fora promovida muito antes com a perda do afeto. Assim, dentro da nova concepção de família, a dissolução pode não extinguir mas apenas transformar as relações familiares e, com base nos elementos expostos, entende-se que a regra jurídica deve se ater à objetividade da crise, adotando, exclusivamente o princípio da ruptura, como aliás já se estabelece no divórcio e na atuação jurisprudencial majoritária.

Na visão interdisciplinar de Maria Antonieta Pisano,[12] cada um quer ser indenizado pelo prejuízo sofrido em nome do amor que acabou e assim o dinheiro torna-se apelo de significações simbólicas. Transforma-se em prêmio e castigo que as pessoas feridas não hesitam em usar para dar vazão às suas mais inconfessáveis emoções.

O Brasil vem pontualmente demonstrando uma consolidação de tal relação na feição mais contratualista e autônoma e um dos grandes passos para isso recentemente foi a possibilidade de dissolução sem prazos e por meio extrajudicial. Além disso, a própria descriminalização do "adultério" traduz o reconhecimento

---

[11] Idem. Ibidem, p. 41.
[12] MOTA, Maria Antonieta Pisano. Além dos fatos e dos relatos: uma visão psicanalítica do direito de família In: *Responsabilidade civil* – temas atuais. Recife: Bagaço, 2000, p. 23-38.

de razões estritamente privadas na dissolução do casamento pelo descumprimento do dever de fidelidade. Sem falar que o sistema, ainda que admitisse tal perquirição, não permitiria a ampliação de meios de provas, que certamente envolveriam a necessidade de violação de outros direitos fundamentais, como o da privacidade e intimidade.

Nesse sentido, Paulo Lôbo alerta:

> Quando o Pode Judiciário, mobilizado pelo cônjuge que se apresentava como demandado e ofendido pelo outro, investigava a ocorrência ou não da causa alegada e da culpa do indigitado ofensor, ingressava na intimidade e na vida privada da sociedade conjugal e da entidade familiar. A Constituição (art.5º, X) estabelece que "são invioláveis a intimidade, a vida privada, a honra e a imagem das pessoas", sem qualquer exceção ou restrição. Ora, nada é mais íntimo e privado que as relações entretecidas na convivência familiar. Sob esse importante ângulo, não poderia a lei ordinária excepcionar, de modo tão amplo, a garantia constitucional da inviolabilidade, justamente no espaço privado e existencial onde ela mais se realiza.[13]

Não há dúvidas de que o movimento de intervenção do Estado na conjugalidade foi de recuo, valorizando a autonomia e a liberdade, sem excluir a possibilidade de proteção das pessoas que se encontram na conjugalidade quanto aos seus respectivos direitos de personalidade, mas tão somente através da doutrina e apuração da responsabilidade civil, que por sua vez é autônoma e transversaliza todas as relações civis.

5 O fenômeno da emancipação da mulher como fator determinante dos conflitos conjugais

Da análise dos processos na pesquisa, percebe-se que o número maior dos requerentes é do sexo feminino.

Várias conclusões podemos apreender daí. A ideia de individualidade e autonomia crescentes para a mulher é determinante

---

[13] LÔBO, Paulo Luiz Netto. *Direito Civil*. Famílias. 7. ed. São Paulo: Saraiva, 2017, p. 142.

para esse resultado. Ao libertar-se da condição de dependente, a mulher vem alcançando mais projeção na profissionalização, em que pese sabermos que a retribuição remuneratória se distingue em razão do sexo e não da competência.

Muitos dos conflitos conjugais são advindos dessa proposta de isonomia na relação conjugal, que não são bem absorvidos pelo histórico provedor: o homem.

Agregando-se aos dados colhidos, a pesquisa sociopsicológica realizada através do Instituto Joaquim Nabuco de Pesquisas Sociais, no ano de 1969, sobre a participação da mulher no mercado de trabalho é relevante. A pesquisa indicou o "status" de transição da mulher, com a inserção no mercado de trabalho.

Foram as causas econômicas da família que impulsionaram a mulher ao mercado de trabalho fora do âmbito doméstico. Por essa razão a mulher trabalhadora era vista com preconceito, posto que o era por necessidade e não por realização pessoal.

As profissões competitivas eram as que requeriam uma qualificação elementar ou uma formação universitária. Neste âmbito, havia inclusive um descrédito quanto à eficiência desta mulher capacitada, que aos olhos da sociedade exercia "profissão de homem", posto que cumulava a sua função a condição de esposa e mãe de família. Algumas profissões, como a de professora e enfermeira, por exemplo, eram vistas como ajustadas à natureza da mulher, que chegava por vezes a atingir o seu marido no seu *status*, uma vez que passava a ser chamado de 'marido da professora". Ao permitir que a mulher trabalhasse fora do lar, sofria o marido uma espécie de *"capitis diminutio"*.

Tinha-se como certo que a emancipação para o trabalho incitava a mulher a uma emancipação completa, inclusive a sexual. Daí o dogma de que a educação da mulher vem dissolver a família e, dissolvendo a família, provocaria o desmoronamento na sociedade.

A pesquisa incidiu sobre uma amostragem de mil mulheres empregadas à época como bancárias, comerciárias, industriárias e funcionárias públicas, tendo concluído o pesquisador que foram realmente causas econômicas as preponderantes para a inserção da mulher no mercado de trabalho. Um percentual de 61,4% das mulheres declarou ter profissão de doméstica, demonstrando também os vestígios do tradicional sistema familiar, que confirma a observação de Gilberto Freyre em sua obra *Sobrados e Mucambos*,[14] quanto ao padrão duplo de moralidade da época, que dava ao homem todas as liberdades e oportunidades de iniciativa, de ação social, de contatos diversos, limitando as oportunidades da mulher ao serviço e às artes domésticas e o contato com os filhos. É bem verdade que esse modelo do autor reflete a realidade da família rural da área canavieira do Nordeste, de classe alta, se distinguindo a organização da família fazendeira da família na plebe rural.[15]

Os dados estatísticos confirmaram ainda que, entre os anos de 1940 e 1950, houve uma crescente participação da mulher na vida ativa do Recife. A pressão econômica que já sofria a classe média levou 77% dos maridos a permitirem que suas mulheres trabalhassem.

Atualmente, poderíamos observar através dos dados de pesquisa do IBGE, como se encontra a repercussão na igualdade conjugal:

> Mesmo tendo passado por mudanças importantes em suas características ao longo dos últimos anos, as famílias brasileiras ainda convivem com desigualdades que refletem questões estruturais que se mantêm presentes no mercado de trabalho. A razão entre os rendimentos de todos os trabalhos do cônjuge e da pessoa de referência revelam desigualdades de gênero mesmo com a mulher em posição de destaque no âmbito familiar. Tomando como base os arranjos de casal onde a mulher é a pessoa de referência, estes são subdivididos em faixas que representam os percentuais nos quais o rendimento do cônjuge (homem) está abaixo de 50% do rendimento da mulher; é de 50% a menos de 100% do rendimento da mulher; e igual ou maior do que 100% do rendimento da mulher. Assim, em 2013, em 76,3% dos arranjos de casal onde a mulher era a pessoa de referência, os cônjuges tinham rendimento igual ou superior a elas. Em 2004 essa proporção era de 70,6%.[16]

Assim, não se pode desconsiderar esse contexto cultural em torno da igualdade ou desigualdade conjugal, pois ele foi e pode ser determinante para justificar qualquer manutenção de apuração de culpa, que certamente resultará em encargos morais muito maiores para a mulher.

---

[14] FREYRE, Gilberto. *Sobrados e mucambos*. 12. ed. Rio de Janeiro: Record, 2000, p. 124.
[15] SAMARA, Eni de Mesquita. *A família brasileira*. São Paulo: Brasiliense, 1983, p. 8.
[16] IBGE. Síntese dos indicadores sociais. Uma análise das condições de vida da população Brasileira – 2014. Disponível em: https://cidades.ibge.gov.br/v4/brasil/pe/recife/pesquisa/20/29767, acesso em: 10 set. 2017.

Tepedino[17] já afirmava que na ideia da indissolubilidade do casamento no passado era inegável o estigma da culpa atribuído, inclusive não apenas a quem teria praticado conduta dita violadora dos deveres, mas também a quem pretendesse se separar, sendo certo que, do ponto de vista cultural, o então cônjuge desquitado, sobretudo o cônjuge mulher, era visto com forte preconceito, como pessoa posta à margem das relações familiares.

6 Conclusão

Constataram-se as causas decididas à época e o desuso na aplicação da regra jurídica então vigente com relação ao princípio da culpa, com reflexão extensiva aos preceitos da EC nº 66/2010 e da legislação processual civil de 2015.

Dos dados estatísticos expostos constatou-se que a incidência dos acordos homologados atingiu um percentual superior a 60%.

Dos processos de separação litigiosa consultados, 18,5% ainda não haviam sido finalizados, 20,3% foram extintos sem julgamento do mérito, 60,6% dos processos de separações litigiosas foram convertidos em processos consensuais, dos quais 4,8% foram convertidos diretamente em divórcio pelo decurso do então prazo legal durante a tramitação do processo de separação e apenas 0,6% teve sentença com reconhecimento de culpa a uma das partes.

E ainda dos 795 processos consultados 648 chegaram a termo e 90 ou 11,3% foram extintos pela desistência, ou seja, a dissolução não se operou ou porque houve conciliação, ou porque os cônjuges separandos diante da dúvida adiaram o seu propósito de ruptura.

Por fim, dentre os 648 processos finalizados, apenas cinco obtiveram sentença por decretação, dos quais apenas em um processo houve aplicação de uma sanção correspondente à perda do uso do nome por parte da mulher, o que demonstra a total ineficácia social da regra jurídica, que prevê a separação judicial litigiosa com base na culpa, e a tendência na adoção exclusiva do princípio da ruptura, com resolução das questões de ordem objetiva do casal.

---

[17] TEPEDINO, Gustavo. O papel da culpa na separação e no divórcio In: *Temas de Direito Civil.* Rio de Janeiro: Renovar, 1999, p. 367-388.

Em que pese a data de realização da pesquisa e do período de análise dos processos, o fato é que os resultados seguem para além das disposições jurisprudenciais, na medida em que quantitativa e qualitativamente se demonstrou empiricamente o desuso das regras da separação, e mesmo de sua desconsideração (judicial ou extrajudicial) como referencial pelo IBGE – Instituto Brasileiro de Geografia e Estatística – para fins de análise de domicílio.

Todo o percurso da lei brasileira aponta para a mudança do sistema de ruptura a partir de um sistema unitário parcial (desquite), passando por um sistema binário parcial e total (separação e divórcio), chegando, finalmente, a um sistema unitário total (divórcio).

O retorno da expressão separação enquanto procedimento, na legislação processual civil de 2015, tenta valorizar a doutrina da necessidade de perquirição da culpa e apuração da responsabilidade civil decorrente da violação dos deveres do casamento, bem como a manutenção de um sistema binário, contrariando toda a perspectiva histórica visitada e dados da própria realidade. E diante disso, sob pena de se revelar um retrocesso, a figura da separação conjugal enquanto procedimento só poderá se estabelecer enquanto faculdade de ambos os cônjuges e portanto consensual, e certamente manterá a sua linha crescente de ineficácia pelo desuso.

Referências

ALMEIDA, Silmara Juny de A. Chinelato e. *Do nome da mulher casada*: Direito de Família e Direitos da Personalidade. Rio de Janeiro: Forense Universitária, 2001.

BRASIL. Constituição (1988). *Constituição da República Federativa do Brasil*. 31. ed. São Paulo: Saraiva, 2003.

BRASIL. IBGE. *Síntese dos indicadores sociais. Uma análise das condições de vida da população Brasileira* – 2014. Disponível em: https://cidades.ibge.gov.br/v4/brasil/pe/recife/pesquisa/20/29767, acesso em: 10 set. 2017.

BRASIL. IBGE. *Estatísticas do Registro Civil de 2015*. Disponível em: http://cidades.ibge.gov.br/xtras/temas.php?lang=&codmun=261160&idtema=161&search=pernambuco|recife|estatisticas-do-registro-civil-2015, acesso em: 10 set. 2017.

COLLIER, Maria Elisa *et al*. A estrutura familiar da mulher que trabalha. *In: Participação da mulher no mercado de trabalho*. Recife: Instituto Joaquim Nabuco de pesquisas sociais, 1969.

DINIZ, Maria Helena. *Curso de direito civil brasileiro*. São Paulo: Saraiva, 1999.

FACHIN, Luiz Edson. Um país sem jurisprudência *In: IBDFAM Revista*, n. 11, 2014.

FREYRE, Gilberto. *Sobrados e mucambos*. 12. ed. Rio de Janeiro: Record, 2000.

GOMES, Orlando. *Raízes históricas e sociológicas do código civil brasileiro*. São Paulo: Martins Fontes, 2006.

LÔBO, Paulo Luiz Netto. *Direito Civil*. Famílias. 7. ed. São Paulo: Saraiva, 2017.

LÔBO, Paulo Luiz Netto. A constitucionalização do direito civil In: *Revista de Informação legislativa*, Brasília: Senado Federal, n. 141, p. 99-109, jan./mar. 1999.

MOTA, Maria Antonieta Pisano. Além dos fatos e dos relatos: uma visão psicanalítica do direito de família In: *Responsabilidade civil* – temas atuais. Recife: Bagaço, 2000, p. 23-38.

PONTES DE MIRANDA, Francisco Cavalcanti. *Fontes e evolução do Direito Civil Brasileiro*. Rio de Janeiro: Forense, 1981.

SAMARA, Eni de Mesquita. *A família brasileira*. São Paulo: Brasiliense, 1983.

TAVARES DA SILVA, Regina Beatriz. *Divórcio e separação após a EC 66/2010*. São Paulo: Saraiva, 2012.

TEPEDINO, Gustavo. O papel da culpa na separação e no divórcio In: *Temas de Direito Civil*. Rio de Janeiro: Renovar, 1999, p. 367-388.

Informação bibliográfica deste texto, conforme a NBR 6023:2018 da Associação Brasileira de Normas Técnicas (ABNT):

OLIVEIRA, Maria Rita de Holanda Silva As causas legais da separação e a realidade social: releitura de um estudo sociojurídico. *In*: EHRHARDT JÚNIOR, Marcos; LOBO, Fabíola Albuquerque; ANDRADE, Gustavo (Coord.). *Direito das relações familiares contemporâneas*: estudos em homenagem a Paulo Luiz Netto Lôbo. Belo Horizonte: Fórum, 2019. p. 277-299. ISBN 978-85-450-0700-5.

PODER FAMILIAR NA PERSPECTIVA DO DIREITO CIVIL-CONSTITUCIONAL E A NECESSÁRIA INTERFERÊNCIA DA SOCIEDADE E DO ESTADO PARA O MELHOR INTERESSE DE CRIANÇAS E ADOLESCENTES

CATARINA OLIVEIRA

1 Autonomia da vontade e responsabilidades no Direito de Família constitucionalizado

Os últimos 40 anos trouxeram mudanças significativas para o Direito de Família, como o reconhecimento da igualdade entre homens e mulheres, do dever de solidariedade entre parentes, cônjuges e companheiros, da vulnerabilidade de crianças, adolescentes e idosos, como também do espaço de liberdade para o exercício da autonomia de seus integrantes, sendo tudo essencial para experimentar uma família democrática, afetiva e que reflita, ao mesmo tempo, a sociedade democrática e solidária (portanto justa), que é objetivo fundamental da República Federativa do Brasil, como preceitua nossa Constituição.

A afetividade, como inclinação voluntária de cuidado, é a raiz das famílias contemporâneas, não sendo mais possível considerar como tais as uniões forçadas por razões políticas, religiosas, morais ou quaisquer outras que não estejam acompanhadas pela vontade mútua de compartilhamento de vida.

Ao reconhecer a união estável como entidade familiar, por exemplo, a Constituição Federal fortaleceu a ideia de autonomia da vontade, uma vez que, se um par que preenche os requisitos para casar faz a opção por não fazê-lo, vivendo sua história familiar sem a solenidade do matrimônio, não será por isso excluído da proteção que vai assegurar direitos previdenciários, sucessórios, entre outros, porque a opção pela informalidade não irá afastar o sentido jurídico de família e serão produzidos, portanto, direitos e deveres conforme a lei.

No que diz respeito ao regime de bens, tanto no casamento como na união estável, o casal também terá liberdade para escolher as regras que irão nortear seu patrimônio, sendo a modalidade obrigatória, uma exceção para os casamentos, quando celebrados na incidência de cláusulas suspensivas (artigo 1.523 do Código Civil) ou em razão da idade dos nubentes (artigo 1.641 do Código Civil).

Outra mudança que realçou a natureza negocial do casamento, fortalecendo a ideia de autonomia da vontade nas relações de família, se deu a partir da Lei nº 11.441/2007, que permitiu a separação e o divórcio na modalidade extrajudicial.

Ainda no sentido da autodeterminação, o planejamento familiar é de livre decisão do casal, sendo vedada qualquer forma coercitiva por parte de instituições oficiais ou privadas (artigo 226, §7º, da Constituição Federal).

No entanto, no que pertine às relações de parentalidade, uma vez que a escolha seja pela criação de filhos, a liberdade será menor que a responsabilidade, e esta se destina, principalmente, à realização do melhor interesse da criança e do adolescente que, em razão do momento de vida, ainda se encontra construindo sua personalidade e, para tanto, depende do pai e da mãe para auxiliá-lo a se tornar um adulto capaz de exercer sua própria autonomia, convivendo saudavelmente, em sociedade.

O que a norma constitucional exige, principalmente da família, enquanto é, ainda, a finalidade do poder familiar, está expresso no artigo 227, nos seguintes termos:

> É dever da família, da sociedade e do Estado assegurar à criança e ao adolescente, com absoluta prioridade, o direito à vida, à saúde, à alimentação, à educação, ao lazer, à profissionalização, à cultura, à dignidade, ao respeito, à liberdade e à convivência familiar e comunitária, além de colocá-los a salvo de toda forma de negligência, discriminação, exploração, violência, crueldade e opressão.

O artigo 226 da Constituição Federal reconhece na família a base da sociedade e o artigo transcrito reconhece nas duas a responsabilidade pelos principais interesses de toda criança e adolescente.

A vulnerabilidade das crianças e adolescentes, e o importante momento de suas vidas, confere atribuições aos pais, em primeiro lugar, ressaltando cada vez mais as responsabilidades sobre as liberdades, exatamente porque o poder familiar guarda mais sentido no cuidado para com os filhos ainda menores, salientando que estes não estão na relação com seus pais por escolha própria.

Já nas relações conjugais e de companheirismo, apesar da responsabilidade presente em toda relação jurídica, é o sentido de liberdade e de autodeterminação que conta, sendo o vínculo voluntário, com direitos e deveres recíprocos, para sujeitos em igualdade que fizeram a opção de estarem juntos.

No entanto, quanto aos vínculos no poder familiar, para que se respeite a norma constitucional, é preciso restringir a vontade para emergir as responsabilidades parentais.

A autonomia da vontade antecede as relações parentais, estando no âmbito do planejamento familiar, mas, uma vez que já exista a relação jurídica sobre a qual incidam as normas do poder familiar, o cuidado será obrigatório e a responsabilidade estará presente nas diferentes modalidades de deveres que integrarão a situação jurídica dos pais.

Pode-se afirmar que a solidariedade, como princípio, obriga a assistência e compromete a família e os pais, em primeiro lugar, mas, não exclusivamente, para realizar os interesses de seus filhos e que estão elencados no artigo 227 da Constituição Federal.

Fabíola Albuquerque,[1] ao afirmar que o modelo atual de poder familiar abarca a reciprocidade de direitos, explicita o deslocamento conceitual do instituto clássico do *pátrio poder* e percebe no filho menor não mais um objeto de direito, mas também o sujeito de direito na relação com seus pais.

Como sujeito dos direitos à vida, à saúde, à alimentação, à educação, ao lazer, à profissionalização, à cultura, à dignidade, ao respeito, à liberdade e à convivência familiar e comunitária, tais interesses não podem ser desconsiderados com base no argumento de vontade daqueles que têm o dever de torná-los reais: em primeiro

---

[1] ALBUQUERQUE, Fabíola Santos. Poder Familiar nas Famílias Recompostas e o art. 1.636 de CC/2002. *In*: PEREIRA, Rodrigo da Cunha (Org.). *Afeto, Ética, Família e o Novo Código Civil*. Belo Horizonte: Del Rey, 2004, (p. 161-179), p. 163-164.

lugar, a família (e nela, em primeiro lugar, os pais), depois, a sociedade e o Estado.

Por esse motivo, Paulo Lôbo entende que é no poder familiar que está o centro da solidariedade familiar, assim, na "exigência da pessoa de ser cuidada até atingir a idade adulta, isto é, de ser mantida, instruída e educada para a sua plena formação social".[2]

Alguns civilistas já entendem, inclusive, que o cuidado é valor jurídico, aproximando solidariedade e responsabilidade, na proteção que deve ser dispensada aos vulneráveis.[3]

Pode-se afirmar, a partir do que foi exposto, que as principais mudanças, no poder familiar, a partir da Constituição Federal de 1988, foram: a) o reconhecimento da igualdade entre homens e mulheres, que, por sua vez, conferiu igualdade na participação dos pais no exercício do poder familiar; b) a igualdade entre os filhos, não importando a sua origem; c) o deslocamento do conteúdo de poder, com ênfase nos direitos do pai, para poder como *múnus* do pai e da mãe; e d) o interesse prioritário dos filhos, na formação de suas personalidades.

2 Poder familiar no Direito Civil brasileiro

O Direito Civil não poderia se afastar da norma constitucional, primeiro pela hierarquia que o ordenamento lhe confere e, segundo, pela força principiológica dos direitos fundamentais constitucionais que refletem a sociedade civil.

E a efetividade das normas depende, não apenas da obrigatoriedade que caracteriza as normas jurídicas, mas também da aceitação social quanto a seus conteúdos e objetivos.

Na esteira do conteúdo constitucional do poder familiar, pode-se dizer que, para o Direito Civil contemporâneo, ele consiste no "exercício da autoridade dos pais sobre os filhos no interesse

---

[2] LÔBO, Paulo. *Famílias*. 1. ed. São Paulo: Saraiva, 2008, p. 41.
[3] Para melhor compreender o tema, sugere-se a leitura das seguintes obras: PEREIRA, Tania da Silva; OLIVEIRA, Guilherme de. *O Cuidado como Valor Jurídico*. Rio de Janeiro: Forense, 2008 e PEREIRA, Tania da Silva; OLIVEIRA, Guilherme de. *Cuidado & Vulnerabilidade*. São Paulo: Atlas, 2009.

destes",[4] sendo, obviamente, temporário, enquanto perdurar a menoridade.

Não se deve afirmar, no entanto, que no poder familiar não existam direitos conferidos aos pais. Existem sim, são direitos e deveres em reciprocidade a direitos e deveres dos filhos enquanto crianças e adolescentes. No entanto, e o que caracteriza para os pais, a ideia de *poder-dever* são exatamente os interesses que estão, principalmente, voltados para a pessoa dos filhos.

Um problema que pode ser levantado, na interpretação do poder familiar, encontra-se propriamente na nomenclatura escolhida pelo legislador para apresentá-lo. Muitos autores defendem que o instituto seria melhor compreendido caso tivesse sido nomeado por *autoridade parental*, mas não foi essa a escolha de quem tinha o poder para tanto.

Pode-se dizer, em defesa de seu conteúdo, que a interpretação que o distancie das regras e princípios constitucionais, com base apenas no nome, não será adequada e, portanto, a expressão *poder familiar* deve ser entendida por *autoridade parental*, ainda que literalmente guarde um outro sentido.[5]

No âmbito do Direito Civil, o poder familiar está regulado pelo Código Civil, nos artigos compreendidos entre 1.630 e 1.638.

Como existe outro diploma legal que também regula a matéria, o Estatuto da Criança e do Adolescente (ECA), Lei nº 8.069/90, versando nos arts. 21 a 24, sobre a convivência familiar, bem como nos artigos 155 a 163, nas regras procedimentais sobre perda e suspensão do poder familiar, surge a preocupação a respeito das possíveis antinomias entre as duas leis que poderiam resultar na revogação por incompatibilidade de uma delas. No entanto, deve ficar claro que as duas leis não são excludentes, mas complementares.

Para Paulo Lôbo, é distinta a abrangência do Código Civil em relação ao Estatuto da Criança e do Adolescente, pois, no primeiro, estão as dimensões do exercício dos poderes, enquanto no segundo ressaltam os deveres dos pais.[6]

---
[4] LÔBO, Paulo. *Famílias*. 1. ed. São Paulo: Saraiva, 2008, p. 268.
[5] LÔBO, Paulo. *Famílias*. 1. ed. São Paulo: Saraiva, 2008, p. 269.
[6] LÔBO, Paulo. *Famílias*. 1. ed. São Paulo: Saraiva, 2008, p. 272.

Ainda não é fácil compreender a abrangência do poder familiar, ou melhor, ainda não é fácil pensar em poder familiar em sua definição e conteúdo constitucionais, e o momento em que vivemos contribui para esta dificuldade.

Estamos, ainda, em fase de transição, com a coexistência de valores democráticos e antigas tradições, ressaltando a importância de uma definição normativa do conceito de poder familiar, a exemplo do Código Civil Francês, que é mais explícito ao atribuir a natureza de direitos, deveres e interesses em ambas as esferas jurídicas desse tipo de relação jurídica, em sua redação:

> Art. 371-1. A autoridade parental é um misto de direitos e de deveres dirigidos ao interesse dos menores. Ele pertence ao pai e a mãe até a maioridade ou emancipação dos menores para a proteção de sua segurança, saúde e moralidade; para assegurar sua educação e permitir seu desenvolvimento com o devido respeito à sua pessoa. Os pais assistirão os menores nas decisões que lhes concernem, considerando sua idade e grau de maturidade.[7]

O Código Civil Brasileiro inicia a Seção I, de seu capítulo V, no art. 1.630, enfatizando, mais do que qualquer coisa, a sujeição dos filhos à autoridade dos pais: "os filhos estão sujeitos ao poder familiar, enquanto menores".

A ausência de definição normativa abre espaço para as explicações mais variadas e, exatamente por essa falta de clareza, não se ressaltam, tais como são, os direitos subjetivos dos filhos, levando-se a questionar sua própria existência e, consequentemente, a eficácia de tais direitos.

Maria Helena Diniz,[8] em suas anotações ao Código Civil, interpreta o termo *sujeição* como uma sujeição dos filhos à proteção do poder familiar, considerando que este existe para nada mais do que protegê-los.

---

[7] "Art. 371-1 – (1) L'autorité parentale est um ensemble de droits et de devoirs ayant pour finalité l'intéêt de l'enfant. Ele appartient aux père et mère jusqu'à la majorité ou l'emancipation de l'enfant pour le protéger dans sa sécurité, as santé et as moralité, pour assurer son éducation et permettre son développement, dans le respect dû à sa personne. Les parentes associent l'enfant aux décisions qui le concernent, selon son âge et son degré de maturité". FRANCE. *Code Civil*. Paris: Litec, 2009, p. 251.

[8] DINIZ, Maria Helena. *Código Civil Anotado*. 15. ed. São Paulo: Saraiva, 2010, p. 1.159

É inegável que, diante de tudo o que foi exposto, os artigos do Código Civil, bem como do ECA, devem ser interpretados de maneira a viabilizar a dignidade das pessoas que integram as relações familiares, dirigindo os comportamentos para construção e prática da solidariedade, com base na responsabilidade e no cuidado, que são os aspectos objetivos da afetividade, priorizando os interesses que justificam a existência do instituto, ou seja, os interesses dos filhos enquanto crianças e adolescentes.

3 Para onde apontam os deveres parentais no poder familiar

A responsabilidade pela autoridade dos pais justifica-se na forma como os filhos são encarados pelos valores de uma sociedade laica e consumista.

Crianças e adolescentes vivem um período especial de formação de suas personalidades e a responsabilidade dos pais está, principalmente, no apoio ativo nesse momento, a fim de que seus filhos se tornem adultos saudáveis e capazes de conviver com os outros de forma harmônica e equilibrada.

A pergunta que se faz é: em que consiste um crescimento saudável? Philippe Julien,[9] em sua abordagem psicanalítica sobre o que cada geração deve transmitir à seguinte, termina oferecendo objetivos que, em uma análise jurídica, podem ser apresentados, também, como os fins das prestações parentais.

Para Julien, no século XX, a intimidade familiar foi, aos poucos, invadida pelo social. Não propriamente no âmbito da conjugalidade, mas, principalmente, na parentalidade, no que ele chama de "intimidade conjugal" e "extimidade parental".[10]

A modernidade veio mostrar que a parentalidade não pode ser deixada ao arbítrio da mãe e/ou do pai. "Em nome do bem do

---

[9] JULIEN, Philippe. *Abandonarás teu Pai e tua Mãe*. Tradução: Procópio Abreu. Rio de Janeiro: Companhia de Freud, 2000, *passim*.
[10] JULIEN, Philippe. *Abandonarás teu Pai e tua Mãe*. Tradução: Procópio Abreu. Rio de Janeiro: Companhia de Freud, 2000. p. 17.

filho, vem então tomar lugar, sob figuras diversas, um *terceiro* social: o professor, a pediatra, a psicóloga, a assistente social, o juiz de menores, o juiz de varas de família".[11]

E isso ocorre em nome do bem-estar do filho, enquanto for titular dos principais interesses da relação com seus pais, como expressão da participação da sociedade e do Estado em cumprimento ao artigo 227 da Constituição Federal.

Quanto à participação em família, a história mostra que os filhos já tiveram vários significados distintos, no entanto, hoje, a confusão de seus papéis se dá pela distância entre princípios jurídicos, como solidariedade e afeto, em conflito com uma realidade moderna e líquida, na expressão de Zygmunt Bauman.[12]

Ter filhos, hoje em dia, não significa mais a benção de ser contemplado com a mão de obra que ajudará no sustento da família, nem com a alegria de sentir-se infinito na geração seguinte.

Atualmente e para muitos ter filhos representa uma satisfação consumista com riscos altos e imprevisíveis, originadores de estresse e angústia que "adulteram a alegria" da paternidade/maternidade.[13]

O estresse, tão presente na sociedade contemporânea, e a frequente associação entre filhos e bens de consumo, ao mesmo tempo em que a Constituição Federal impõe dignidade e igualdade para todos os brasileiros, contradizem e desfocam o conjunto de direitos e deveres nas relações paterno/materno-filiais, pois o Direito e a atual cultura se contradizem largamente.

A possibilidade do vínculo jurídico se originar da natureza, da ciência e da cultura também incrementa a existência de várias opiniões e interpretações da norma jurídica do poder familiar.

Seria a escolha por ter filhos a realização de interesses dos pais? No preenchimento das lacunas que a sociedade não admite para pessoas adultas? Ser pai e mãe é obrigatório para uma sociedade que ainda não aceita a escolha por não ter filhos.

---

[11] JULIEN, Philippe. *Abandonarás teu Pai e tua Mãe*. Tradução: Procópio Abreu. Rio de Janeiro: Companhia de Freud, 2000. p. 15.

[12] BAUMAN, Zygmunt. *Amor Líquido*. Sobre a Fragilidade dos Laços Humanos. Rio de Janeiro: Jorge Zahar Editor, 2003.

[13] BAUMAN, Zygmunt. *Amor Líquido*. Sobre a Fragilidade dos Laços Humanos. Rio de Janeiro: Jorge Zahar Editor, 2003, p. 60.

Para o Direito, qual a finalidade da parentalidade?

Na análise do artigo constitucional que aponta os interesses prioritários das crianças e adolescentes, verifica-se que na balança em que estão situados pais e filhos os interesses destes, enquanto vulneráveis pela idade, têm maior peso.

Os objetivos para considerar melhores e prioritários os interesses de crianças e adolescentes podem ser explicados pela psicanálise, em abordagem que considere a saúde plena de um ser que se espera social e autônomo.

Na leitura de Julien,[14] ao abordar o que deve ser transmitido para a geração seguinte, pode-se concluir que os deveres que nascem com a parentalidade são:

1) inicialmente, assegurar ao filho o direito à filiação;

2) nesta condição, promover a integridade psicofísica do filho, em sua formação rumo à plena capacidade, viabilizando as circunstâncias nas quais, normalmente, se é feliz, de acordo com o que a sociedade, naquele momento, reconhece como felicidade.

Não se quer dizer com isso que o dever traga a garantia de felicidade, pois é certo que se trata de um sentimento e, assim, é bem subjetivo e, muitas vezes, involuntário em cada pessoa.

Situações adversas podem originar felicidade, bem como um ambiente considerado saudável pode levar à depressão. No entanto, a "sociedade pretende saber cada vez melhor qual é a felicidade da criança",[15] tanto é que autoriza e impõe a entrada do terceiro social, conforme já foi dito há pouco.

Ainda para o psicanalista francês, segurança, proteção, prevenção e assistência são "palavras-mestras do discurso social sobre a família".[16]

Seguindo a abordagem de Philippe Julien quanto ao que uma geração deve transmitir a outra, tem-se que:

3) pela lei do dever, também compete aos pais posicionar o filho em face do outro como ser responsável, tornando-o social, e, por fim,

---

[14] JULIEN, Philippe. *Abandonarás teu Pai e tua Mãe*. Tradução: Procópio Abreu. Rio de Janeiro: Companhia de Freud, 2000.

[15] JULIEN, Philippe. *Abandonarás teu Pai e tua Mãe*. Tradução: Procópio Abreu. Rio de Janeiro: Companhia de Freud, 2000. p. 19.

[16] JULIEN, Philippe. *Abandonarás teu Pai e tua Mãe*. Tradução: Procópio Abreu. Rio de Janeiro: Companhia de Freud, 2000. p. 23.

4) no exercício do poder familiar cabe aos pais permitir a formação da identidade do filho, através da figura do pai e da mãe, compreendendo-se aí as funções masculina e feminina,[17] vivendo a conjugalidade, para que esse filho se liberte de sua família de origem, estando apto a fundar, publicamente, a sua própria.

4 Interferência estatal e intimidade familiar

A família sempre foi compreendida em seu casulo impermeável e isso acontece por diversas razões, adaptadas em cada contexto histórico, religioso, social, político ou econômico.

A interferência na família, por parte de terceiros, sobretudo quando o terceiro é o Estado, apresenta-se, no senso comum, como uma violência naquilo que de mais íntimo diz respeito à vida das pessoas.

Não se pode negar a lógica da não intervenção, em tempos passados, quando o agrupamento familiar se confundia com a religião e até com o próprio Estado.

Retornando à antiguidade e às lições de Fustel de Coulanges,[18] verifica-se que a religião não seguia a crença que é mais comum nos dias de hoje, de culto a um Deus único e, ainda, um Deus que se volta para todas as gentes, castas, nações, ou seja, uma única divindade para atender a todo o gênero humano.

Na antiguidade, acreditava-se na pluralidade dos deuses, que não eram, simplesmente, alvo de adoração de cada família, mas, antes, se confundiam com a própria família.

Era a religião doméstica, intimamente ligada ao ritual de repasto fúnebre e ao culto à memória dos mortos, que ficava sob a responsabilidade da descendência masculina de cada família,

---

[17] Lembrando que as funções remetem à ideia de gênero e não de sexo, sendo cultural e não biológico. Deixe-se claro, assim, que apesar da lei da conjugalidade, originariamente, exigir a presença de homem e mulher, esta necessidade deve ser entendida a partir da importância e influência dos gêneros na formação da personalidade do menor e, assim, não poderá ser este o obstáculo para impedir o exercício por casais do mesmo sexo, que exerçam funções masculinas e femininas. Ressalte-se, todavia, que este pensamento não é compartilhado por Philippe Julien.

[18] COULANGES, Fustel de. *A Cidade Antiga*. Estudos sobre o culto, o direito e as instituições da Grécia e de Roma. Tradução: Edson Bini. 4. ed. São Paulo: Edipro, 2009, p. 37-38.

passando de pai para filho, e que não admitia a interferência de estranhos, ainda como simples observador.[19]

A proteção da família contra estranhos e até contra o Estado se inicia porque a família não existia por causa do Direito. O Direito regula a família que o precede. A necessidade de agrupamento e de permanência no grupo é da própria natureza humana e, assim, não nasce porque a lei impõe, mas porque é assim que vive o ser humano.

Portanto, se a intromissão, por si só, já é problemática, imagine o que significa um terceiro impondo as condutas familiares? Imagine isso na Roma antiga, que, por sua vez, tanto influenciou a sociedade ocidental contemporânea? Fustel de Coulanges, na sua narrativa, explica a impotência da cidade face a família:

> A família não recebeu suas leis da Cidade. Se fosse a Cidade que tivesse estabelecido o direito privado, é provável que o houvesse feito completamente diferente daquilo que estudamos até este ponto. Teria regulado o direito de propriedade e o direito de sucessão segundo outros princípios, pois não constituía seu interesse a terra ser inalienável e o patrimônio indivisível. A lei que permite ao pai vender e até matar seu filho, lei que encontramos tanto na Grécia quanto em Roma, não foi concebida pela Cidade. A Cidade teria, antes, dito ao pai: "a vida de tua mulher e de teu filho não te pertence mais, tanto quanto não te diz respeito a liberdade deles; eu os protegerei, mesmo de ti; não é tu que os julgarás, que os matarás se falharem nos seus deveres: eu serei o único juiz deles". Se a Cidade não discursa assim, é aparentemente porque não pode fazê-lo. O direito privado existia antes dela.[20]

É possível afirmar que a sociedade atual é um reflexo de sua experiência histórica e, assim, condutas antigas vão se adaptando às novas realidades e necessidades, permanecendo, em muitos aspectos,

---

[19] "O culto não era público. Todas as cerimônias, ao contrário, eram realizadas exclusivamente no seio da família. O fogo doméstico não era jamais colocado nem fora da casa e nem mesmo próximo da porta exterior, de onde qualquer estranho poderia vê-lo. Os gregos o colocavam sempre num recinto que o protegesse contra o contato e mesmo contra o olhar dos profanos. Os romanos o ocultavam no coração de suas casas. A todos esses deuses, Fogo doméstico, Lares, Manes, chamava-se de deuses ocultos ou de deuses do interior. Para todos os atos dessa religião o segredo era mister, *sacrificia occulta*, diz Cícero; se uma cerimônia fosse percebida por um estranho estaria perturbada, conspurcada tão-só por seu olhar. COULANGES, Fustel de. *A Cidade Antiga*. Estudos sobre o culto, o direito e as instituições da Grécia e de Roma. Tradução: Edson Bini. 4. ed. São Paulo: Edipro, 2009, p. 36.

[20] COULANGES, Fustel de. *A Cidade Antiga*. Estudos sobre o culto, o direito e as instituições da Grécia e de Roma. Tradução: Edson Bini. 4. ed. São Paulo: Edipro, 2009, p. 73.

sua essência, ainda que tais costumes sejam reproduzidos sem que a maioria das pessoas tenha noção de que repetem condutas, muito menos perquiram as origens e as razões de seus comportamentos.

Ao longo da história, várias foram as justificativas encontradas para afastar a interferência de quem quer que seja. Ao Estado ou particulares estranhos não cabia interferir na intimidade da vida familiar. Nos momentos em que se experimentou a simbiose entre família/religião; família/Estado, não havia relação de subordinação, devendo existir, antes, uma relação de certo respeito.

Com o advento do Estado Liberal, ainda que as constituições insistissem em considerar a família a célula-base do Estado, ocorreu a separação normativa, própria do espírito liberal e justificada pelo fato de integrar a família, sobretudo a família matrimonializada, ao ramo do Direito Privado.

Assim, com a afirmação do individualismo, típica daquele contexto histórico e político, a família, como lar do indivíduo, ficava a salvo de qualquer interferência. Tudo para preservar a autonomia conquistada nas codificações liberais, enquanto as constituições liberais se prestavam, somente, para limitar o poder do Estado.[21]

Nas palavras de Barroso, as constituições se reduziam a "um documento essencialmente político, um convite à atuação dos Poderes Públicos",[22] que, por sua vez, deveriam intervir minimamente na esfera privada.

Esse modelo liberal foi substituído pelo Estado Social, caracterizado pela regulação constitucional da ordem econômica, como aconteceu a partir da Constituição de 1934.

Tem-se início a superação daquele modelo de ordenamento que separava marcadamente a legislação constitucional da normatização civil, como também se inicia a superação do pensamento jurídico que separava, absolutamente, o interesse público do que seria interesse privado.

---

[21] LÔBO, Paulo. *Entidades Familiares Constitucionalizadas*: Para além do *Numerus Clausus*. Disponível em: http://jus.uol.com.br/revista/texto/2552/entidades-familiares-constitucionalizadas. Acesso em: 8 mar. 2011.

[22] BARROSO, Luís Roberto. A Constitucionalização do Direito e o Direito Civil. *In*: TEPEDINO, Gustavo (Org.) *Direito Civil Contemporâneo*. Novos problemas à luz da legalidade constitucional. São Paulo: Atlas, 2008 (p. 238-261), p. 241.

A Constituição Federal de 1988 abriga valores e positiva, assim, princípios que se voltam diretamente à proteção do ser humano enquanto pessoa, aproximando-se do cidadão enquanto titular de direitos fundamentais que não podem ser negados nas relações que envolverem o particular e o Estado, bem como nas relações chamadas horizontais, inclusive nas relações de família.

Paulo Lôbo[23] reconhece que tanto as normas de Direito Civil como as normas de Direito Constitucional estão presentes, constantemente, no cotidiano de cada pessoa, incidindo diariamente nas relações onde se coloquem, como sujeitos de direitos ou deveres, aqueles que se relacionem também como contratantes, parentes, proprietários, cônjuges, etc.

Para Paulo Lôbo, apesar de superados diversos paradigmas, o antigo dualismo (normas civis e constitucionais) continua seduzindo o senso comum de muitos juristas.

> Tem-se, ainda, a força da tradição, que alimenta o discurso do isolamento do direito civil, pois seria um conhecimento acumulado de mais de dois milênios, desde os antigos romanos, e teria atravessado as vicissitudes históricas, mantendo sua função prático-operacional, notadamente no campo do direito das obrigações.[24]

E, se é assim, existindo, ainda, o espírito da tradição que afasta o Direito Civil de todos os demais ramos, quando se trata de Direito de Família, o conservadorismo parece falar ainda mais alto, dificultando a compreensão de que é possível exigir o respeito aos direitos fundamentais, como também impor o cumprimento de deveres fundamentais, ainda que versem sobre interesses puramente existenciais diretamente vinculados às relações familiares.

Fabíola Albuquerque[25] explica que a resistência se dá pelo fato de que a interferência do legislador constitucional recai sobre o espaço

---

[23] LÔBO, Paulo. A Constitucionalização do Direito Civil Brasileiro. *In*: TEPEDINO, Gustavo (Org.) *Direito Civil Contemporâneo*. Novos problemas à luz da legalidade constitucional. São Paulo: Atlas, 2008. (p. 18-28), p. 19.
[24] LÔBO, Paulo. A Constitucionalização do Direito Civil Brasileiro. *In*: TEPEDINO, Gustavo (Org.). *Direito Civil Contemporâneo*. Novos problemas à luz da legalidade constitucional. São Paulo: Atlas, 2008 (p. 18-28), p. 19.
[25] ALBUQUERQUE, Fabíola Santos. Poder Familiar nas Famílias Recompostas e o art. 1.636 de CC/2002. *In*: PEREIRA, Rodrigo da Cunha (Org.). *Afeto, Ética, Família e o Novo Código Civil*. Belo Horizonte: Del Rey, 2004, (p. 161-179), p. 162.

mais íntimo da pessoa, no entanto, explica que o *leitmotiv* da intervenção estatal está no próprio dever do Estado de proteger a família, tudo para viabilizar a realização e o desenvolvimento de seus integrantes.

O que não se pode negar é que a Constituição, hoje, se encontra no ápice do ordenamento jurídico, exercendo uma função de "filtro, pelo qual se deve ler o direito em geral".[26]

A característica de superioridade da Constituição, o atual papel dos princípios no ordenamento jurídico, a despatrimonialização e a repersonalização das relações civis rompem o tabu da família impenetrável para abrir as portas tanto para o Estado como para a sociedade, quando houver necessidade de proteger seus integrantes vulneráveis, sobretudo as crianças, adolescentes, mulheres e idosos que estejam sendo lesados em seus direitos fundamentais por outros integrantes de sua família.

O argumento que afasta a interferência do Estado, baseado na privacidade e na intimidade familiar, por serem também direitos fundamentais, enfraquece diante da mesma lei em que se alicerça, por expresso dever de perseguir a dignidade humana e proteger os vulneráveis, como se observa, a exemplo, no artigo 227 da Constituição Federal.

Muitos dos direitos fundamentais, presentes da Constituição Federal de 1988, se realizam no seio da família, no entanto não se aprisionam nesse *locus*.

Os direitos fundamentais, ainda que individuais, transcendem as pessoas de seus titulares, interessando a toda a comunidade, pois o atual modelo político do país não considera os indivíduos isolados como acontecia na política liberal.

No que diz respeito às relações parentais do poder familiar, a doutrina portuguesa[27] considera a relação triangular entre pai/mãe-filho, que, por sua vez, também dá forma à relação triangular com o Estado, devendo este exercer controle sobre as famílias, através dos Tribunais, buscando realizar os interesses do menor.

---

[26] BARROSO, Luís Roberto. A Constitucionalização do Direito e o Direito Civil. *In*: TEPEDINO, Gustavo (Org.). *Direito Civil Contemporâneo*. Novos problemas à luz da legalidade constitucional. São Paulo: Atlas, 2008 (p. 238-261), p. 258.

[27] RODRIGUES, Hugo Manuel Leite. *Questões de Particular Importância no Exercício das Responsabilidades Parentais*. Coimbra: Coimbra, 2011, p. 29.

No entanto, a intervenção deve acontecer quando os pais agem (ou deixam de agir) manifestamente contra o menor, ou quando os pais não estiverem de acordo nas questões relevantes de interesse do menor.

Também no Brasil, o Estado assume uma postura semelhante, confirmando a clara mudança de paradigmas no que tange às relações jurídicas do poder familiar, ressaltando os interesses dos menores e expondo ainda o interesse público no bom desenvolvimento da personalidade das crianças e adolescentes brasileiros, que, sendo partes de um todo social, caminham para uma atuação independente, necessária ao equilíbrio da coletividade.

5 Conclusão

Com a normatização constitucional das relações de família, os princípios da dignidade humana, da solidariedade, da igualdade e do melhor interesse da criança e do adolescente passaram a incidir diretamente nas relações de parentesco, casamento e união estável, restando claro que, ao constar da lei maior do país, o interesse em concretizar tais princípios e assim realizar a personalidade de cada um não se limita ao particular, sendo, também, interesse da sociedade e do próprio Estado.

Assim, e ao mesmo tempo em que ainda é tão presente a cultura patriarcal que repele qualquer interferência externa das relações entre pais e filhos, é urgente que se perceba que no poder familiar constam interesses e responsabilidades que dizem mais respeito aos direitos humanos do que exclusivamente ao Direito de Família.

O conteúdo do poder familiar, com os principais interesses das crianças e adolescentes, consta da Constituição Federal, em seu artigo 227, que impõe não somente à família, mas também à sociedade e ao Estado que assegurem, com absoluta prioridade, os direitos à vida, à saúde, à alimentação, à educação, ao lazer, à profissionalização, à cultura, à dignidade, ao respeito, à liberdade e à convivência familiar e comunitária, colocando-os, ainda, a salvo de toda forma de negligência, discriminação, exploração, violência, crueldade e opressão.

Para tanto, muda-se a própria hermenêutica do poder familiar, para ressaltar as responsabilidades de ambos os pais, em igualdade, com o principal objetivo de viabilizar, prioritariamente, os interesses dos filhos que são, essencialmente, direitos humanos e, assim, justificar os correspondentes deveres da sociedade e do Estado, principalmente quando os pais lhes faltarem ou não cumprirem suas atribuições.

A doutrina tem o relevante e difícil papel de sedimentar esse novo paradigma em uma cultura ainda enraizada na ideia tradicional de família como instituição sagrada, para que seja possível efetivar a norma constitucional, enxergando a natureza fundamental dos direitos de crianças e adolescentes que, antes de serem filhos de alguém, são seres humanos construindo suas personalidades.

Referências

ALBUQUERQUE, Fabíola Santos. Poder Familiar nas Famílias Recompostas e o art. 1.636 de CC/2002. In: PEREIRA, Rodrigo da Cunha (Org.). *Afeto, Ética, Família e o Novo Código Civil*. Belo Horizonte: Del Rey, 2004.

BARROSO, Luís Roberto. A Constitucionalização do Direito e o Direito Civil. In: TEPEDINO, Gustavo (Org.). *Direito Civil Contemporâneo*. Novos problemas à luz da legalidade constitucional. São Paulo: Atlas, 2008.

BAUMAN, Zygmunt. *Amor Líquido*. Sobre a Fragilidade dos Laços Humanos. Rio de Janeiro: Jorge Zahar Editor, 2003.

COULANGES, Fustel de. *A Cidade Antiga*. Estudos sobre o culto, o direito e as instituições da Grécia e de Roma. Tradução: Edson Bini. 4. ed. São Paulo: Edipro, 2009.

DINIZ, Maria Helena. *Código Civil Anotado*. 15. ed. São Paulo: Saraiva, 2010.

FRANCE. *Code Civil*. Paris: Litec, 2009.

JULIEN, Philippe. *Abandonarás teu Pai e tua Mãe*. Tradução: Procópio Abreu. Rio de Janeiro: Companhia de Freud, 2000.

LÔBO, Paulo. *Famílias*. 1 ed. São Paulo: Saraiva, 2008.

LÔBO, Paulo. *Entidades Familiares Constitucionalizadas*: Para além do *Numerus Clausus*. Disponível em: http://jus.uol.com.br/revista/texto/2552/entidades-familiares-constitucionalizadas. Acesso em: 8 mar. 2011.

LÔBO, Paulo. A Constitucionalização do Direito Civil Brasileiro. In: TEPEDINO, Gustavo (Org.). *Direito Civil Contemporâneo*. Novos problemas à luz da legalidade constitucional. São Paulo: Atlas, 2008.

PEREIRA, Tania da Silva; OLIVEIRA, Guilherme de. *O Cuidado como Valor Jurídico*. Rio de Janeiro: Forense, 2008.

PEREIRA, Tania da Silva; OLIVEIRA, Guilherme de. *Cuidado & Vulnerabilidade*. São Paulo: Atlas, 2009.

RODRIGUES, Hugo Manuel Leite. *Questões de Particular Importância no Exercício das Responsabilidades Parentais*. Coimbra: Coimbra, 2011.

Informação bibliográfica deste texto, conforme a NBR 6023:2018 da Associação Brasileira de Normas Técnicas (ABNT):

OLIVEIRA, Catarina. Poder familiar na perspectiva do Direito Civil-Constitucional e a necessária interferência da sociedade e do Estado para o melhor interesse de crianças e adolescentes. In: EHRHARDT JÚNIOR, Marcos; LOBO, Fabíola Albuquerque; ANDRADE, Gustavo (Coord.). *Direito das relações familiares contemporâneas*: estudos em homenagem a Paulo Luiz Netto Lôbo. Belo Horizonte: Fórum, 2019. p. 301-317. ISBN 978-85-450-0700-5.

QUESTÕES BIOÉTICAS NAS RELAÇÕES FAMILIARES

PAULO LÔBO – UM EDUCADOR

Talvez tenha ocorrido no ano de 1987, ou um pouco depois. Uma aluna se aproximou de mim na Faculdade de Direito da Universidade Federal do Pará e disse de forma espontânea, graciosa: "venho pedir-lhe socorro! Tenho de escrever dissertação sobre a natureza jurídica dos contratos de massa e queria muito uma orientação, a indicação de obra que trate do assunto". Eu tinha acabado de ler, com imenso proveito, um livro de autor que não conhecia pessoalmente, Paulo Luiz Netto Lôbo: "O Contrato – exigências e concepções atuais" (Saraiva: São Paulo, 1986, com prefácio de Lourival Vilanova). Resolvi, então, reler o precioso trabalho. Minha aluna agradeceu muitíssimo o apoio, os subsídios que transmiti, fez uma exposição brilhante, ganhou a nota máxima. Passados tantos anos, garanto que eu é que devia ter agradecido a ela. Foi meu primeiro contato com Paulo Lôbo, um mestre insuperável, civilista eminentíssimo, humanista, um dos maiores pensadores jurídicos do Brasil.

Em seguida, entrou em vigor a Carta Magna brasileira, que redemocratizou nossas instituições, e o saudoso professor Carlos Alberto Bitar, da USP, convicto de que a reforma constitucional estava a impor nova ordenação civil, foi o coordenador de um livro magnífico, oportuno, em que muitos autores dissertaram sobre os rumos que seriam assumidos pelo Direito de Família, em nosso país. Trata-se de "O Direito de Família e a Constituição de 1988" (São Paulo: Saraiva, 1989) e traz um estudo do professor Paulo Luiz Netto Lôbo, denominado "A Repersonalização das Relações de Família", que é um verdadeiro clássico, um escrito notável, prospectivo, que já tem 30 anos, e quem o lê, hoje, tem a impressão de que acaba de ser redigido.

Vou transcrever algumas passagens do nosso professor, no aludido livro, para que se verifique que não estou exagerando em nada: "A família moderna parte de dois princípios básicos, de conteúdo mutante segundo as vicissitudes históricas, culturais e políticas: a liberdade e a igualdade. Sem eles, é impossível compreendê-la. A família patriarcal, que nossa legislação civil tomou como modelo, entrou em crise". "A excessiva preocupação com os interesses patrimoniais, características do direito de família de corte liberal, não encontra eco na família atual, vincada por outros interesses de cunho pessoal ou humano, tipificados por um elemento aglutinador e nuclear distinto: a afetividade". "As relações de consanguinidade, na prática social, são menos importantes que as oriundas da afetividade. Difunde-se no Brasil a convicção de que pais são os que criam e não os que procriam".

Depois desses encontros com sua inteligência, seus escritos, livros, pensamentos, conheci pessoalmente o grande mestre, visitando-o em seu posto de trabalho – Procuradoria-Geral do Estado, Praia da Avenida, com vista para o verde mar, na linda Maceió, Estado das Alagoas, e do qual, por generosidade da Assembleia Legislativa, sou Cidadão Honorário, o que muito me honra e desvanece. Alagoas é também a terra natal do inexcedível Pontes de Miranda, o Jurisconsulto, de quem Paulo Lôbo é seguidor, estudando sua obra ciclópica com dedicação e carinho.

Daí pra frente, tive o privilégio de estar ao lado de Paulo Lôbo, ouvindo suas aulas, opiniões, conferências, aprendendo sempre. Recentemente, participei de um evento em Caruaru, sob as bênçãos de São João Batista, em que ele deu a aula magna, presente também sua esposa e mãe de Luizinho, a notável Fabíola.

Paulo não é só um dos fundadores, mas um dos inspiradores do Instituto Brasileiro de Direito de Família – IBDFAM, e para não me alongar muito: este Instituto é diretamente responsável pela renovação, democratização, evolução e progresso do Direito das Famílias brasileiro.

Sua obra é vasta e abrangente. Destaco os Comentários ao Código Civil e um Curso Completo de Direito Civil, no qual demonstra que a profundidade pode ser alcançada com uma linguagem singela, acessível. Prestou-me e à querida Giselda Hironaka uma homenagem no volume 6 – "Sucessões". Dizer muito obrigado, ou obrigadíssimo – como nossos irmãos portugueses – é pouco e muito pouco.

Por último – e sem que seja o derradeiro ou menos importante –, vale destacar o papel de nosso homenageado como conselheiro, orientador, preceptor, guia de muitos orientandos, na graduação, no mestrado, no doutorado, enfim, em toda parte.

Paulo Luiz Netto Lôbo é exemplo retilíneo, personalidade marcante, figura imortal da inteligência brasileira, da cultura de nosso povo. Bem-haja! Deus o guarde e proteja!

Zeno Veloso
Professor de Direito Civil e de
Direito Constitucional Aplicado

DIREITOS HUMANOS REPRODUTIVOS E REPRODUÇÃO MEDICAMENTE ASSISTIDA: LIBERDADE DE REPRODUZIR (?)

LUCIANA BRASILEIRO

1 A reprodução humana

A reprodução humana é tema dos mais importantes da vida em sociedade. Não podemos pensar em continuidade da raça humana sem vislumbrar a necessária reprodução e nela refletir o papel feminino em diversos momentos da história, até os dias atuais.

Historicamente, a reprodução humana era vista como um dever da mulher – o que, aliás, Beauvoir,[1] considera que foi o elemento que a colocou numa situação de inferioridade em relação ao homem –, mas hoje é vista como um direito assegurado. Diante dos avanços tecnológicos que, em termos de velocidade, ultrapassam os limites do Direito, nos deparamos com inúmeras mudanças, ao longo dos tempos em relação ao tema.

Autores como Malinowski[2] e Lévi-Strauss[3] registraram a existência de sociedades matriarcais. O primeiro, nas tribos trobriand, onde a reprodução era definida pela mulher, cabendo ao homem se submeter ao ato sexual; o segundo, em tribos indígenas brasileiras, onde a criança passava a primeira infância apenas na companhia materna. Em ambas as situações, os papéis de pai se assemelhavam: lhes cabia divertir os filhos, e tão somente.

---

[1] Beauvoir afirmou que "a maternidade destina a mulher a uma existência sedentária; é natural que ela permaneça no lar enquanto o homem caça, pesca e guerreia". BEAUVOIR, Simone de. *O Segundo Sexo*. 2009, p. 108.

[2] MALINOWSKI, Bronislaw. *Sexo & Repressão na sociedade selvagem*. Petrópolis: Vozes, 1973, p. 39.

[3] LÉVI-STRAUSS, Claude. *Tristes Trópicos*. São Paulo: Companhia das Letras, 1996, p. 268.

Com as sociedades patriarcais, em uma vertente oposta, essa reprodução era imposta à mulher, que reunia consigo o dever de cuidados com a prole. Quanto mais numerosa a família, maior o número de pessoas a trabalhar na propriedade.

A fecundidade era determinante para a manutenção da família, resumida ao casamento. Nos dias atuais, a inserção da mulher no mercado de trabalho, a sua autonomia e o alcance de tratamento isonômico, aliados à tecnologia, lhe permitem não só o controle da fecundidade, mas também a decisão da maternidade, independente, inclusive, de uma figura que exercerá o papel paterno.

Diante de tanta segregação vivida pela mulher durante o período civilizatório, no Brasil, por exemplo, desde a colonização até 1960, pelo menos, diversos movimentos estimularam a busca pelos seus direitos, dentre eles, os direitos humanos reprodutivos.

2 Direitos humanos reprodutivos

Os direitos reprodutivos tiveram seu conceito legitimado a partir de dois importantes documentos: o Plano de Ação da Conferência Internacional sobre a População e Desenvolvimento, no Cairo em 1994, e a Declaração e Plataforma de Ação da IV Conferência Mundial sobre a Mulher, em Pequim, em 1995. A partir de então, o desafio dos países participantes, inclusive o Brasil, foi observar os princípios basilares dos documentos e implementar ações no sentido de assegurar o pleno exercício dos direitos reprodutivos pelos cidadãos.

Os documentos tiveram alcances distintos, sendo o primeiro direcionado a casais, adolescentes, mulheres solteiras, homens e pessoas idosas; e o segundo, à mulher, em específico.

Esses direitos são considerados direitos humanos e assim foram tratados pela primeira vez na Conferência Internacional de Direitos Humanos, celebrada em Teerã, em 1968, quando homem e mulher já eram iguais em dignidade.

O parágrafo 18 da Declaração de Viena de 1993 fez constar, ainda, os direitos humanos das mulheres e das meninas, inseridos nesse contexto, os direitos reprodutivos e sexuais. A intenção de erradicar toda e qualquer forma de discriminação pelo gênero tem por base a dignidade humana. O artigo ainda estimula a adoção de medidas legais e ações nacionais e internacionais nas áreas de desenvolvimento socioeconômico, educação, maternidade, saúde e assistência social.

Com a busca pela erradicação da discriminação baseada no gênero, outras ações surgiram no sentido de reafirmar a necessidade de proteção da mulher, mas foi, como mencionado, o Plano de Cairo que ressaltou no plano internacional o conceito dos direitos reprodutivos enquanto direitos humanos, já que traçou um plano de metas com a finalidade de atingir a igualdade de gênero.

Eles decorrem, primordialmente, do Direito Humano à Saúde, que não se restringe à mera possibilidade de reproduzir, mas sim regula situações que envolvem as relações privadas e públicas:

> Os Direitos Reprodutivos são constituídos por certos direitos humanos fundamentais, reconhecidos nas leis internacionais e nacionais. Além das leis, um conjunto de princípios, normas e institutos jurídicos, e medidas administrativas e judiciais possuem a função instrumental de estabelecer direitos e obrigações, do Estado para o cidadão e de cidadão para cidadão, em relação à reprodução e ao exercício da sexualidade.[4]

Flávia Piovesan acrescenta ainda uma fusão entre esses direitos e os direitos sexuais, assim definidos como "o livre exercício da sexualidade e da reprodução humana, sem discriminação, coerção ou violência".[5]

A saúde reprodutiva foi definida no §7.1 da Plataforma de Cairo e ratificada pela Plataforma de Ação de Pequim (C.94) como sendo:

> A Saúde Reprodutiva é um estado de completo bem-estar físico, mental e social em todas as matérias concernentes ao sistema reprodutivo, suas funções e processos, e não a simples ausência de doença ou enfermidade. A Saúde Reprodutiva implica, por conseguinte, que a pessoa possa ter uma vida sexual segura e satisfatória, tendo a capacidade de reproduzir e a liberdade de decidir sobre quanto e quantas vezes deve fazê-lo. Está

---

[4] VENTURA, Miriam. *Direitos reprodutivos no Brasil*. São Paulo: Câmara Brasileira do Livro, 2004, p. 19.
[5] PIOVESAN, Flávia. *Direitos Reprodutivos como Direitos Humanos*. Disponível em: http://escola.mpu.mp.br/dicionario/tiki-index.php?page=Direitos+reprodutivos. Acesso em: 29 jul. 2019.

implícito nesta última condição o direito de homens e mulheres de serem informados e de terem acesso aos métodos eficientes, seguros, aceitáveis e financeiramente compatíveis de planejamento familiar, assim como a outros métodos de regulação de fecundidade a sua escolha e que não contrariem a Lei, bem como o direito de acesso a serviços apropriados de saúde que propiciem às mulheres as condições de passar em segurança pela gestação e parto, proporcionando aos casais uma chance melhor de ter um filho sadio.[6]

Não é demais ressaltar que essas políticas têm em vista, principalmente, o combate às inúmeras formas de violência sofrida pelas mulheres, bem como a necessidade de erradicação da prática de políticas agressivas de controle de natalidade, como ocorre, por exemplo, na China, onde o governo implantou a política do filho único, chegando inclusive a aplicar multa na hipótese de descumprimento. Mas não se esgotam em um único foco de atuação. Os direitos reprodutivos são amplos e incluem o acesso ao progresso científico para a prevenção e tratamento da esterilidade, como prevê o §7.6 da Plataforma de Cairo,[7] que previu um prazo até 2015 para que os países signatários dispusessem de serviço de assistência à saúde reprodutiva, bem como tratamentos da esterilidade, dentre outros, observando-se, sempre, a paternidade responsável e o planejamento familiar.

Os dois documentos ainda ressaltaram que as medidas a serem tomadas devem considerar a "promoção do exercício responsável desses direitos por todos os indivíduos, e que esse sentido de responsabilidade deve ser a base primordial das políticas e programas estatais e comunitários na área de saúde reprodutiva, inclusive planejamento da família", destacam o §7.3 da Plataforma de Cairo[8] e C.95 da Plataforma de Pequim.[9]

---

[6] PATRIOTA, Tânia. *Relatório da Conferência Internacional sobre população e desenvolvimento – Plataforma de Cairo*. Disponível em: www.spm.gov.br/Articulacao/articulacao-internacional/relatoriocairo.pdf. Acesso em: 29 jul. 2019.

[7] PATRIOTA, Tânia. *Relatório da Conferência Internacional sobre população e desenvolvimento – Plataforma de Cairo*. Disponível em: www.spm.gov.br/Articulacao/articulacao-internacional/relatoriocairo.pdf. Acesso em: 29 jul. 2019.

[8] PATRIOTA, Tânia. *Relatório da Conferência Internacional sobre população e desenvolvimento – Plataforma de Cairo*. Disponível em: www.spm.gov.br/Articulacao/articulacao-internacional/relatoriocairo.pdf. Acesso em: 29 jul. 2019.

[9] VIOTTI, Maria Luiza Ribeiro. *Declaração e Plataforma de Ação da IV Conferência Mundial Sobre a Mulher*. Disponível em: www.spm.gov.br/Articulacao/articulacao-internacional/relatorio-pequim.pdf. Acesso em: 29 jul. 2019.

Como visto anteriormente, o direito em tela está intrinsecamente vinculado à autonomia da vontade, onde apenas a mulher/homem/casal pode definir sobre a liberalidade de procriar. Contudo, deve o Estado possibilitar, através de políticas públicas, o acesso à informação, orientação e tratamento.

Não é demais salientar que as medidas citadas foram tomadas com base no espírito da isonomia, priorizando o alcance da dignidade em ambos os sexos e fomentando, inclusive, uma participação efetiva do homem nas tarefas domésticas e criação dos filhos, através de um ideal de paternidade responsável.

O tema também foi tratado em 1979 pela Convenção sobre a Eliminação de todas as formas de Discriminação contra a Mulher, das Nações Unidas. Pertinente à Convenção, destaque-se o que prevê o art. 12:

> Os Estados-partes adotarão todas as medidas apropriadas para eliminar a discriminação contra a mulher na esfera dos cuidados médicos, a fim de assegurar, em condições de igualdade entre homens e mulheres, o acesso a serviços médicos, inclusive referentes ao planejamento familiar.

Flávia Piovesan indica "os delineamentos iniciais dos direitos reprodutivos":

> a) eliminar a discriminação contra a mulher na esfera da saúde (vertente repressiva/punitiva) e
> b) assegurar o acesso a serviços de saúde, inclusive referentes ao planejamento familiar (vertente promocional).[10]

Ratificando os tratados internacionais, a Constituição Federal de 1988, em seu art. 226, §7º, reconhece o planejamento familiar como direito e institui ao Estado a obrigação de propiciar recursos educacionais e científicos para o exercício desse direito.

Em 1996, a Lei nº 9.263 regulamentou o planejamento familiar. A referida lei trouxe à baila a discussão acerca da

---

[10] PIOVESAN, Flávia. *Direitos Reprodutivos como Direitos Humanos*. Disponível em: Disponível em: http://escola.mpu.mp.br/dicionario/tiki-index.php?page=Direitos+reprodutivos. Acesso em: 29 jul. 2019.

interferência do Estado nas relações privadas, haja vista que sua função supera a esfera educativa e promocional e alcança aquela da fiscalização, pois lhe cabe também verificar se estão sendo atendidos os ditames legais.

Não obstante a lei venha regulamentar o preceito constitucional, a realidade se apresenta distinta da norma. Visualizar os direitos reprodutivos como direitos humanos, é antes de tudo, conforme alerta Flávia Piovesan:

> transpor e implementar, no plano local, os recentes avanços obtidos na esfera internacional, conferindo prevalência aos parâmetros internacionais e constitucionais para a efetiva proteção dos direitos reprodutivos, enquanto direitos nacional e internacionalmente assegurados.[11]

É de palmar importância compreender os direitos reprodutivos como um complexo, haja vista que assegura direitos como concepção e contracepção. Nesse sentido, a Lei do Planejamento Familiar no Brasil é bastante compreensiva, contudo, as políticas públicas não asseguram a aplicação efetiva da norma.

A referida lei decorre do reconhecimento dos direitos reprodutivos como direitos humanos, conferidos, aqui, em especial, à mulher, vítima de violência, de planos, inclusive públicos, de incentivo ou repressão à reprodução, conferindo-lhe a possibilidade de exercício da liberdade de reprodução.

3 Planejamento familiar

3.1 Lei do Planejamento Familiar

O planejamento familiar, garantido pelo art. 226, §7º, da Constituição Federal, impõe ao Estado o dever de propiciar recursos, educacionais e científicos, garantidores de seu exercício. Além do uso de técnicas de contracepção, cabe ainda ao poder público a oferta de

---

[11] PIOVESAN, Flávia. *Direitos Reprodutivos como Direitos Humanos*. Disponível em: http://escola.mpu.mp.br/dicionario/tiki-index.php?page=Direitos+reprodutivos. Acesso em: 29 jul. 2019.

métodos e tratamentos de concepção, ambos regulados atualmente pela Lei nº 9.263/96. Paulo Lôbo esclarece que o planejamento é direito "não apenas do casal, mas de qualquer dos pais, uma vez que a entidade monoparental é constituída por apenas um dos pais e seus filhos"[12] e segue definindo planejamento familiar:

> Para os fins dessa lei, entende-se planejamento familiar como o conjunto de ações de regulação da fecundidade que garanta direitos iguais de constituição, limitação ou aumento da prole pela mulher, pelo homem ou pelo casal.[13]

O governo, através da lei, criou programas de concepção e contracepção que são atualmente ofertados pelo Sistema Único de Saúde – SUS, e todo cidadão pode se valer das técnicas previstas em lei. As técnicas de contracepção envolvem atendimento especializado em clínicas da mulher, cirurgias de laqueadura e vasectomia, bem como a conscientização da população carente de métodos caseiros de contracepção, além da distribuição de anticoncepcionais e preservativos.

No que pertine à infertilidade, o Ministério da Saúde instituiu a Política Nacional de Atenção Integral em Reprodução Humana Assistida, do Ministério da Saúde, que prevê o apoio do SUS para o tratamento das patologias, executadas pelas secretarias estaduais e municipais, através da Portaria nº 426/GM, de 22 de março de 2005, que regula a competência para a implantação das técnicas no sistema público de saúde.

A portaria levou em consideração seis fatores, quais sejam:
a) a necessidade de estruturação dos SUS para aplicação das técnicas de reprodução humana;
b) o disposto na Constituição Federal, em seu art. 226, §7º, e a Lei do Planejamento Familiar, que assegura a utilização de todas as técnicas cientificamente viáveis de concepção e contracepção;
c) a coleta de dados da Organização Mundial de Saúde – OMS e demais sociedades científicas, de que aproximadamente 8% a 15% dos casais apresentam problemas de infertilidade;

---

[12] LÔBO, Paulo. *Direito Civil*: Famílias, 2017, p. 213.
[13] LÔBO, Paulo. *Direito Civil*: Famílias, 2017, p. 214.

d) a contribuição das técnicas de reprodução assistida para a diminuição da transmissão vertical e/ou horizontal de doenças infectocontagiosas, genéticas, entre outras;
e) a necessidade de estabelecimento de mecanismos de regulação, fiscalização, controle e avaliação da assistência prestada aos usuários do SUS; e
f) a necessidade de estabelecimento de critérios mínimos para o credenciamento e a habilitação dos serviços de referência de média e alta complexidade em reprodução humana.[14]

A portaria regula, então, o uso das técnicas de reprodução humana assistida pelo SUS, prevendo que as secretarias estaduais e municipais deverão implantar, executar e fiscalizar o sistema. Contudo, importa salientar que a referida portaria se aplica apenas ao uso de técnicas de reprodução humana medicamente assistida por um casal. No entanto, ela não foi implementada, em razão da necessidade de um estudo de impacto financeiro, já que os tratamentos de fertilidade humana possuem alto custo.

Num outro vértice está a Lei do Planejamento Familiar, que prevê o planejamento à família em seu art. 1º como direito de todo cidadão. Ao contrário daquela, esta não faz menção apenas ao casal, mas sim à mulher, o homem ou o casal, senão vejamos:

> Art. 2º Para fins desta Lei, entende-se planejamento familiar como o conjunto de ações de regulação da fecundidade que garanta direitos iguais de constituição, limitação ou aumento da prole pela mulher, pelo homem ou pelo casal.

A lei dedica um número maior de artigos para a contracepção, uma vez que essa é a maior preocupação, do ponto de vista do interesse social, haja vista a necessidade de controle dos altos índices de gravidez indesejada que, muitas vezes, resulta em abortos clandestinos. No entanto, menciona a possibilidade de constituição de prole pela mulher, pelo homem, ou pelo casal, que estariam, portanto, autorizados a, de forma autônoma, ter um

---

[14] PORTARIA nº 426/GM, de 22 de março de 2005. Disponível em: http://www2.camara.leg.br/legin/marg/portar/2005/portaria-426-22-marco-2005-536515-publicacaooriginal-27145-ms.html. Acesso em: 29 jul. 2019.

projeto parental, ao contrário do que prevê a Constituição Federal, conforme já mencionado.

Muito embora tenha a questão do Planejamento Familiar sido introduzida no ordenamento jurídico pela Constituição, carecendo, destarte, de lei ordinária que a regulasse, o que fez a lei em comento, é necessário que se observe a orientação dada pela norma constitucional ao tema, no sentido de ser o planejamento uma decisão de um casal e não uma opção para um eventual planejamento individual.

3.2 Liberdade de reprodução

A liberdade é princípio garantido constitucionalmente e está vinculada ao tema em análise, promovido pela possibilidade de cada cidadão escolher se pretende ou não ter filhos.

A garantia reside no fato de que ninguém poderá ser coagido a procriar ou, ainda, deixar de fazê-lo. Essa ideia nos remete à noção de liberdade jurídica, qual seja, a autonomia privada.

Antes, contudo, é necessário refletir sobre a liberdade, dotada de forte conteúdo filosófico. A autora Maria Celina Bodin de Moraes, ao buscar o conceito de liberdade, encontra um único ponto para o qual todos os filósofos convergiram em relação à liberdade: a noção de responsabilidade. Segundo a autora, "quando há uma, há outra, e a recíproca também é verdadeira".[15]

Ela aponta ainda, como fundamental para entender a liberdade, compreender o livre-arbítrio, que consiste na possibilidade de o sujeito "querer o que se quer".[16]

Kant definiu o livre-arbítrio como sendo "a escolha que pode ser determinada pela razão pura", ou seja, a liberdade estaria vinculada à independência do ser "determinado por impulsos sensíveis".[17] O filósofo ainda remete à ideia da liberdade às leis

---

[15] MORAES, Maria Celina Bodin de. *Na medida da pessoa humana*: estudos de direito civil-constitucional, 2010, p. 184.
[16] MORAES, Maria Celina Bodin de. *Na medida da pessoa humana*: estudos de direito civil-constitucional, 2010, p. 184.
[17] KANT, Immanuel. *A metafísica dos costumes*, 2008, p. 63.

morais, que poderão ser jurídicas ou éticas, sendo as primeiras aquelas que conformam ações externas às leis e as éticas as que unem as leis jurídicas ao que justifica/determina as ações.

Kant baseia sua ideia de liberdade à ausência de coerção e independente de impulsos, que ele vincula ao arbítrio animal. Assim, embora soframos interferências de diversos estímulos, com frequência, temos na liberdade a possibilidade de escolher.

Bodin associa a liberdade à dignidade humana, esclarecendo a conhecida divisão kantiana sobre os valores: preço e dignidade.[18] Estando a dignidade como intrínseca ao ser humano, a faculdade lhe garantiria a proteção contra a coerção. A nossa Constituição Federal, ao assegurar no inciso II do art. 5º, que "ninguém será obrigado a fazer ou deixar de fazer alguma coisa senão em virtude de lei", está resguardando a liberdade de todos, dentro do sistema legal.

Paulo Lôbo define a liberdade, no Direito, como sendo "o direito de ser livre, desde o nascimento até à morte, o direito de não estar subjugado a outrem, o direito de ir e vir, salvo a restrição em virtude do cometimento de crime". O autor ainda registra que a violação desse direito de personalidade gera o direito de reclamar uma indenização por danos morais.[19]

Atrelado ao conceito de liberdade, está o de autonomia, em especial no que toca ao Direito Privado. A autodeterminação assegura a todo indivíduo o direito de direção nas decisões individuais, cabendo ao Estado a mínima intervenção nessas relações, de sorte que não haja violação de privacidade.

Pietro Perlingieri entende a autonomia privada dentro de qualquer relação, privada ou negocial, inclusive aquelas relações existenciais, senão vejamos:

> Uma definição usual, a ser considerada, no entanto, como mero ponto de partida para em seguida desenvolver as respectivas críticas, entende por *autonomia privada*, em geral, o poder, reconhecido ou concedido

---

[18] MORAES, Maria Celina Bodin de. *Na medida da pessoa humana*: estudos de direito civil-constitucional, 2010, p. 184.
[19] LÔBO, Paulo Luiz Netto. *Danos morais e direitos da personalidade*. Disponível em: https://jus.com.br/artigos/4445/danos-morais-e-direitos-da-personalidade. Acesso em: 29 jul. 2019.

pelo ordenamento estatal a um indivíduo ou a um grupo, de determinar *vicissitudes jurídicas* como consequência de comportamentos – em qualquer medida – livremente adotados.[20]

A liberdade reside no tema em apreço e tem direta vinculação com o planejamento familiar, estando tipificada no art. 9º da Lei nº 9.263/96, que põe à disposição os métodos de concepção e contracepção desde que sejam eles aceitos cientificamente sem colocar em risco a vida e a saúde das pessoas, assegurando-lhes a liberdade de opção.

Planejar ter ou não ter filhos estaria dentro do conceito de liberdade de reprodução. Além disso, o indivíduo é ainda dotado de liberdade na escolha do método de contracepção, mas há polêmica quanto à concepção.

O Conselho Federal de Medicina é o único a regular eticamente no Brasil o uso das técnicas de reprodução assistida e o faz através da Resolução nº 2168/2017, que está vigente após resoluções anteriores de 1992, 2010, 2013 e 2015. O Código Civil Brasileiro só faz referência ao tema ao tratar das presunções de filiação.

Interessante observar as alterações que o texto dessas resoluções sofreu no primeiro dos princípios gerais, porque as duas primeiras, nºs 1.358/1992 e 1.957/2010, previam o uso das técnicas apenas diante da identificação de problemas na reprodução natural, sendo a primeira destinada apenas para mulheres e a segunda se adequando às conformações familiares definidas na Constituição Federal, considerando o contexto de pluralidade de entidades familiares, contemplando que os pacientes das técnicas são *todas as pessoas capazes*. Em seguida, a Resolução nº 2.013/2013 não apresentou mais o requisito de problemas medicamente identificados e as seguintes, mantiveram o texto da anterior.

As duas primeiras resoluções, também, transmitiam a impressão de que a resolução vedaria hipóteses como o projeto individual de maternidade/paternidade, ou ainda, um projeto homoparental, uma vez que restringia o uso das técnicas apenas para pessoas com diagnóstico de problemas de fertilidade.

---

[20] PERLINGIERI, Pietro. *O direito civil na legalidade constitucional.* Rio de janeiro: Renovar, 2008, p. 335.

Não há dúvidas de que a Resolução do CFM foi ponderada no sentido de limitar o uso das práticas médicas apenas em última hipótese. Entrementes, a Lei do Planejamento Familiar não inibe a liberdade do paciente de escolha do método de concepção. Sendo a resolução uma mera orientação ética que visa estabelecer critérios de utilização das referidas técnicas pelos médicos, estaria ela sujeita à lei.

Assim, cabe ao indivíduo, se utilizando de sua liberdade, escolher como pretende planejar a concepção.

Essa liberdade de reprodução, no entanto, pode ter um outro vértice, bastante perigoso, de "mercantilização", haja vista que os tratamentos de reprodução assistida têm um altíssimo custo, o que possibilita que apenas pessoas que gozam de estabilidade financeira possam se submeter aos tratamentos, quando esses não são subsidiados pelo SUS.

Os avanços tecnológicos não são acompanhados pela norma pátria, que quedou engessada perante a progressão científica e, inevitavelmente, não prevê a regulamentação dessas práticas no país. Pior, o Poder Judiciário assiste silente ao patente desrespeito à norma constitucional, que apenas prevê o direito à procriação de forma livre, mas não abre sendas para a prática da sexagem, ou seja, escolha de sexo, ou cor dos olhos, tipo de pele e cabelo. Tais procedimentos, inclusive, fogem da seara da infertilidade, que deveria ser o principal foco do tratamento.

A relação de consumo gerada entre médico e paciente ultrapassa as fronteiras da prestação do serviço médico, na medida em que se oferecem técnicas para a seleção da espécie humana e não há nenhum proibitivo legal específico em vigor, mas tão somente uma regra ética. Partindo do princípio de que o projeto parental está afeto à autonomia privada, caberia ao paciente definir se pretende, ou não, se submeter à prática de sexagem.

Urgente delimitar o que prevê o direito à procriação e quais são suas barreiras limítrofes. José Oliveira Ascensão revela sua preocupação com a garantia do atendimento ao interesse do nascituro:

> Mas nenhum direito é absoluto. Semelhante direito teria pelo menos de se conciliar com os direitos dos outros. No caso, parece muito mais importante acentuar que há que entrar em conta com os direitos do novo ente, que não pode em caso nenhum ser considerado um mero instrumento para a satisfação dos objetivos alheios. (...) Isto implica

que se pressuponha que haja um casal no destino do novo ser. Afastaria, por exemplo, a mulher solteira.[21]

À mesma corrente se filia Eduardo de Oliveira Leite,[22] ao ensinar que a Constituição Federal, em seu artigo 226, §4º, apenas prevê o reconhecimento de entidades familiares formadas pelo pai ou mãe com seus filhos. Porém, não é intenção da norma que seja criada uma nova modalidade de família, que já se constitua, naturalmente, sem um dos genitores, pois ambos são necessários para o desenvolvimento dos filhos. Afasta-se o invocar precipitado e equivocado do art. 226, §4º, do texto constitucional como argumento legitimador da inseminação artificial para um projeto parental individual.

Essa possibilidade é alcançada pelas técnicas de reprodução assistida, sem a necessidade da presença de um par, pois a pessoa está autorizada, sozinha, a se submeter aos métodos de inseminação, já que não há lei que a proíba de fazê-lo.

Paulo Lôbo alerta que o planejamento familiar precisa ter limites:

> impondo-se a primazia dos filhos e não dos pretendidos genitores. Assim, não pode prevalecer o desejo egoístico de realização do projeto parental, com utilização de técnicas de reprodução assistida, sem consideração às condições de realização existencial digna dos que virão, impondo à sociedade e ao Estado os encargos de realização desse desejo.[23]

4 A reprodução medicamente assistida

O problema da fertilidade não é atual e sempre preocupou o homem, qualquer que fosse a sua origem. Não ter filhos representaria uma ameaça à espécie humana, estando o ser humano fadado à extinção. Entender o estágio atual requer uma análise do tempo, para que cheguemos à conclusão de que os tratamentos de

---

[21] ASCENSÃO, José de Oliveira. Problemas Jurídicos da Procriação Assistida. *Arquivos do Ministério da Justiça*. Brasília: Ministério da Justiça, 47(183): p. 95-119, jan./jun. 1994, p. 98.

[22] LEITE, Eduardo de Oliveira. *Procriações artificiais e o direito*. São Paulo: Revista dos Tribunais, 1995.

[23] LÔBO, Paulo. *Direito Civil*: Famílias. São Paulo: Saraiva, 2017, p. 214

reprodução humana medicamente assistida decorrem, em verdade, do culto aos deuses.

A mulher infértil sempre foi motivo de preocupação e muitas vezes de preconceito em sociedades menos desenvolvidas. As deusas da fertilidade, na maioria das vezes representadas por mulheres grávidas, eram cultuadas para trazerem filhos.

Até o momento em que o homem pôde compreender as causas de infertilidade humana, as mulheres sofreram, em diversas culturas, toda sorte de discriminação. A Pesquisadora de Harvard, Debora Spar, registra que:

> De acordo com essa lógica, as mulheres como Raquel não tinham filhos porque, de alguma forma, não mereciam tê-los, porque Deus tinha determinado que eram indignas de conceber. E os homens casados com mulheres indignas eram, em muitas culturas, livres de as matar ou abandonar. Na Índia antiga, um homem podia amarrar a sua mulher estéril e atear-lhe fogo. Na China, uma esposa sem filhos não tinha direito a morrer em casa. Noutros países – em certas regiões da Grécia, da Turquia e do Bali – dependendo do espírito da época e do credo dos governantes, as mulheres estéreis eram forçadas a suicidar-se, 'desonradas, odiadas e maltratadas' por sociedades para as quais infertilidade era sinónimo de impiedade.[24]

A procriação sempre representou um dever social imposto, normalmente à mulher. Simone de Beauvoir, em sua obra "O Segundo Sexo", chegou a afirmar que a repressão sobre a necessidade de procriação, exercida nas mulheres, caracteriza uma espécie de violência, quando menciona que "viola-se mais profundamente a vida de uma mulher exigindo-se dela filhos do que regulamentando as ocupações dos cidadãos; nenhum Estado ousou jamais instituir o coito obrigatório".[25]

A fertilidade já foi relacionada à bruxaria. No séc. XV a publicação dos julgamentos das bruxas (*Hammer of the Witches*) lhes atribuía como pecado as práticas de tornar homens impotentes bem como a prática de esterilização e castração. Em seguida, se acreditou que a prática frequente do sexo poderia levar à infertilidade. A

---

[24] SPAR, Debora, L. *O Negócio de Bebés*: Como o dinheiro, a ciência e a política comandam o comércio da concepção. Coimbra: Almedina, 2007. p. 30.
[25] BEAUVOIR, Simone de. *O Segundo Sexo*. Rio de Janeiro: Nova Fronteira, 2009, p. 93.

conclusão adveio de que os "ventres movediços" podiam evitar a concepção, como ocorria com as meretrizes. Então, a conclusão dos religiosos era de que as mulheres inférteis se equiparavam às prostitutas, o que fomentava o desejo de ter filhos:

> (as mulheres) bebiam poções de urina de mula e sangue de coelho e cobriam-se de ervas que se acreditava induzirem a gravidez. Beijavam árvores, deslizavam por pedras e banhavam-se em água salobra, tida como semelhante ao sangue do parto. Quando tudo o mais falhava, rezavam, adoptavam ou, à semelhança de Raquel, arranjavam outra mulher para gerar o 'seu' filho.[26]

Com o passar do tempo e a incessante busca da fertilidade, a maioria dos tratamentos se mostrou lucrativo e deu margem a uma série de caras invenções. Debora Spar registra o caso do escocês James Graham, criador de uma terapia baseada em impulsos elétricos, que ganhou maior repercussão após, aparentemente, ter curado a Duquesa de Devonshire. Na época, ele montou o Templo da Saúde, onde realizava "tratamentos" em homens e mulheres, todos com estímulos elétricos.[27]

Foi apenas a partir do séc. XIX que teve início a associação entre infertilidade e condição clínica, afastadas as técnicas rústicas de cura desse mal.

A reprodução assistida representou, sem dúvida, um dos maiores avanços da ciência. É oriunda de inúmeras pesquisas, iniciadas no final do século XIX, primeiramente com técnicas rudimentares para contribuir com a reprodução natural, tais como bálsamos, banhos elétricos, entre outros, já mencionados, que já custavam fortunas. Esses dados históricos nos levam a refletir que, durante todo o tempo em que o homem tentou curar a infertilidade, o fez na expectativa de dar filhos a quem não os podia ter naturalmente. Assim, aqueles casais que eram diagnosticados como inférteis precisavam recorrer a técnicas de reprodução e pagar para ter filhos. A título de registro, uma noite na "cama celestial",

---

[26] SPAR, Debora, L. *O Negócio de Bebés*: Como o dinheiro, a ciência e a política comandam o comércio da concepção, 2007, p. 31.
[27] SPAR, Debora, L. *O Negócio de Bebés*: Como o dinheiro, a ciência e a política comandam o comércio da concepção, 2007, p. 33.

também criação de James Graham, custava o equivalente a, nos dias de hoje, U$37.500 dólares.[28]

Muito embora estivesse intrínseco ao ser humano o sentimento de solidariedade àqueles que não podiam procriar, alguém pensou na venda de um bálsamo fertilizador, alguém criou o aluguel da cama celestial, alguém ofereceu ao comércio da medicina a técnica da proveta.

Em 1978, nascia na Inglaterra Louise Brown, o primeiro bebê de proveta do mundo, sendo importante mencionar que a descoberta de uma possível fertilização extracorpórea surgiu em 1944, quando John Rock, especialista em fertilidade, conseguiu fazê-la, *in vitro*.[29]

E os tratamentos são caros. Os nossos tribunais já chegaram a se pronunciar contrariamente à concessão de fertilização *in vitro* pelo Sistema Único de Saúde, alegando que o procedimento "transcende à saúde, para chegar à felicidade da mulher".[30]

As atuais técnicas de reprodução medicamente assistida possibilitam, com recursos sofisticados, inúmeras "opções" àqueles que as utilizarão. Dentre eles, a possibilidade de escolha de sexo, ou cor dos olhos, tipo de pele e cabelo, bem como a "fabricação" de crianças imunes a doenças como diabetes, miopia, resistentes a obesidade e maior capacidade de aprendizado.

Merece destaque a matéria de capa da Revista Super Interessante de fevereiro de 2012, que noticiou: "Como fazer um superbebê: Eles serão projetados por cientistas, terão imunidade contra doenças e a aparência que os pais escolherem. Conheça os bebês de laboratório – porque um dia você vai ter um. E eles já começaram a nascer".[31]

As pesquisas indicam que o procedimento, intitulado Diagnóstico Pré-Implantacional – DPI, "permite escanear o DNA de embriões com poucos dias de vida retirando uma célula deles". A matéria registra pesquisa realizada na Universidade John Hopkins, nos EUA:

> Em 2006, quase metade das clínicas de DPI americanas já oferecia o serviço de escolha do sexo do bebê. Outro levantamento, da

---

[28] SPAR, Debora, L. *O Negócio de Bebés*: Como o dinheiro, a ciência e a política comandam o comércio da concepção, 2007, p. 34.
[29] Disponível em: almanaque.folha.uol.com.br/ciencia_06jul1969.htm. Acesso em: 07 set. 2017.
[30] BRASIL, TJSP, *AC 994.09.234287-2*, Relator: Ribeiro da Silva, DJ: 05.05.2010. Disponível em: esaj. tjsp.jus.br/cjsg/resultadoCompleta.do;jsessionid=9CA13A0DA76E7096 4D3A38638E6E5E50. Acesso em: 29 jul. 2019.
[31] SUPER INTERESSANTE, fev. 2012, n. 301, tiragem 416.153 exemplares, p. 42-51.

Universidade de Nova York, mostrou que 10% dos entrevistados fariam o procedimento para garantir 'melhorias' como habilidade atlética, e 12%, inteligência superior no bebê. Já existe até um nome para essas crianças: são os *designer babies,* ou bebês projetados.[32]

No Brasil, embora a Resolução nº 2.168/2017 do CFM proíba expressamente a prática de sexagem, expressão utilizada para a escolha das características fenotípicas do bebê, um escândalo envolveu o renomado médico Roger Abdelmassih. O Ministério Público de São Paulo, após apurar inúmeras provas, constatou que ele praticava em seu consultório médico a troca de materiais genéticos à revelia dos clientes; venda de material genético. Ele vendia óvulos de doadoras por cerca de R$ 5.000,00 (cinco mil reais) a unidade; criação de óvulos transgênicos, consistente na retirada do citoplasma do óvulo da paciente com mais de 35 anos e preenchia a célula com um citoplasma de óvulo de uma outra mulher, com menos de 30 anos, o que poderia gerar crianças com três DNAs diferentes; bem como a prática da sexagem, que possibilitava aos pais a escolha do sexo do bebê.[33]

O método de reprodução medicamente assistida, por sua vez, é consolidado na solidariedade, uma vez que a infertilidade é considerada por muitos como sinônimo de fracasso. O mesmo médico em obra de sua autoria, ao relatar o caso Pelé,[34] denominou de "frutos sociais" a procura por sua clínica após o sucesso do procedimento empregado ao casal. Ele refere que o fato de o caso ter chegado à mídia fez com que muitas pessoas passassem a acreditar que poderiam também ter filhos, o que fomentou o que hoje é considerado um mercado, no qual o Brasil ocupa o terceiro lugar do turismo reprodutivo, por oferecer o tratamento com menos custo.[35]

---

[32] SUPER INTERESSANTE, 2012, p. 44.
[33] SANCHES, Mariana. *CPI da Reprodução Assistida é criada em São Paulo.* Disponível em: colunas.revistamarieclaire.globo.com/mulheresdomundo/2012/06/12/cpi-dareproducao-assistida-e-criada-em-sao-paulo/. Acesso em: 29 jul. 2019.
[34] O jogador de futebol, após o casamento com a esposa Assíria, queria ter filhos, mas havia se submetido à cirurgia de vasectomia há 14 anos e a tentativa de reversão foi frustrada. O autor do livro, após procedimento de inseminação artificial, conseguiu que o casal tivesse filhos gêmeos. ABDELMASSIH, Roger. *Tudo por um bebê.* Rio de Janeiro: Globo, 1999, p. 18.
[35] FERTILIZAÇÃO entra na rota do turismo brasileiro. Disponível em: delas.ig.com.br/saudedamulher/fertilizacao+entra+na+rota+do+turismo+brasileiro/n1237789424668.html. Acesso em: 29 jul. 2019.

Os fatos revelados chamaram a atenção para o fato de que não há uma fiscalização efetiva das clínicas que oferecem o serviço no Brasil, não obstante seja a ANVISA – Agência Nacional de Vigilância Sanitária o órgão competente para a observância do cumprimento da ordem legal nesses casos.[36]

Num universo completamente alheio a essas circunstâncias, o Direito se submete a uma regulamentação ética, sem força de lei, pois não ultrapassa a fronteira de norma orientadora da conduta do profissional da medicina, quando, em verdade, autoriza que os "frutos" dessa prática sejam crianças "escolhidas" numa vitrine de uma clínica médica.

Referências

ABDELMASSIH, Roger. *Tudo por um bebê*. Rio de Janeiro: Globo, 1999.

BEAUVOIR, Simone de. *O Segundo Sexo*. Rio de Janeiro: Nova Fronteira, 2009.

BRASIL. Portaria 426/GM *de 22 de março de 2005*. http://www2.camara.leg.br/legin/marg/portar/2005/portaria-426-22-marco-2005-536515-publicacaooriginal-27145-ms.html. Acesso em: 29 jul. 2019.

BRASIL. TJSP, *Apelação Cível nº 994.09.234287-2*, Relator: Ribeiro da Silva. Julgado em: 05 maio, 2010. Disponível em: esaj.tjsp.jus.br/cjsg/resultadoCompleta.do;jsessionid=9C A13A0DA76E70964D3A38638E6E5E50. Acesso em: 29 jul. 2019.

COSTA, Camilla; GARATTONI, Bruno. Como fazer superbebês. *SUPER INTERESSANTE*, n. 301 fev. 2012.

FERTILIZAÇÃO entra na rota do turismo brasileiro. Disponível em: delas.ig.com.br/saudedamulher/fertilizacao+entra+na+rota+do+turismo+brasileiro/n1237789424668.html. Acesso em: 29 jul. 2019.

Gerando bebês em tubos de ensaio sem um homem e uma mulher: chegaremos lá? Disponível em: almanaque.folha.uol.com.br/ciencia_06jul1969.htm. Acesso em: 29 jul. 2019.

KANT, Immanuel. *A metafísica dos costumes*. São Paulo: Edipro, 2008.

LÉVI-STRAUSS, Claude. *Tristes Trópicos*. São Paulo: Companhia das Letras, 1996.

LÔBO, Paulo. *Direito Civil*: Famílias. São Paulo: Saraiva, 2017.

LÔBO, Paulo. Danos morais e direitos da personalidade. *Jus Navigandi*. Disponível em: https://jus.com.br/artigos/4445/danos-morais-e-direitos-da-personalidade. Acesso em: 29 jul. 2019.

---

[36] PAGGI, Matheus. *Fiscalização de clínicas de reprodução será intensificada*. Disponível em: revistaepoca.globo.com/Revista/Epoca/0,,EMI234987-15228,00.html. Acesso em: 29 jul. 2019.

MALINOWSKI, Bronislaw. *Sexo & Repressão na sociedade selvagem*. Petrópolis: Vozes, 1973.

MORAES, Maria Celina Bodin de. *Na medida da pessoa humana*: estudos de direito civil-constitucional. Rio de Janeiro: Renovar, 2010.

PAGGI, Matheus. *Fiscalização de clínicas de reprodução será intensificada*. Disponível em: revistaepoca.globo.com/Revista/Epoca/0,,EMI234987-15228,00.html. Acesso em: 29 jul. 2019.

PATRIOTA, Tânia. *Relatório da Conferência Internacional sobre população e desenvolvimento – Plataforma de Cairo*. Disponível em: www.spm.gov.br/Articulacao/articulacao-internacional/relatoriocairo.pdf. Acesso em: 29 jul. 2019.

PERLINGIERI, Pietro. *O direito civil na legalidade constitucional*. Rio de janeiro: Renovar, 2008.

PIOVESAN, Flávia. *Direitos Reprodutivos como Direitos Humanos*. Disponível em: http://escola.mpu.mp.br/dicionario/tiki-index.php?page=Direitos+reprodutivos. Acesso em: 29 jul. 2019.

SANCHES, Mariana. *CPI da Reprodução Assistida é criada em São Paulo*. Disponível em: colunas.revistamarieclaire.globo.com/mulheres domundo/2012/06/12/cpi-da-reproducao-assistida-e-criada-em-sao-paulo/. Acesso em: 29 jul. 2019.

SPAR, Debora, L. *O Negócio de Bebés*: Como o dinheiro, a ciência e a política comandam o comércio da concepção. Coimbra: Almedina, 2007.

VENTURA, Miriam. *Direitos reprodutivos no Brasil*. São Paulo: Câmara Brasileira do Livro, 2004.

VIOTTI, Maria Luiza Ribeiro. *Declaração e Plataforma de Ação da IV Conferência Mundial Sobre a Mulher*. Disponível em: www.spm.gov.br/Articulacao/articulacao-internacional/relatorio-pequim.pdf. Acesso em: 29 jul. 2019.

Informação bibliográfica deste texto, conforme a NBR 6023:2018 da Associação Brasileira de Normas Técnicas (ABNT):

BRASILEIRO, Luciana. Direitos humanos reprodutivos e reprodução medicamente assistida: liberdade de reproduzir (?). *In*: EHRHARDT JÚNIOR, Marcos; LOBO, Fabíola Albuquerque; ANDRADE, Gustavo (Coord.). *Direito das relações familiares contemporâneas*: estudos em homenagem a Paulo Luiz Netto Lôbo. Belo Horizonte: Fórum, 2019. p. 319-343. ISBN 978-85-450-0700-5.

HOMOPARENTALIDADES ECTOGENÉTICAS E A (IM)POSSIBILIDADE DE REPRODUÇÃO ENTRE IGUAIS: UMA ANÁLISE DO EXERCÍCIO DO PLANEJAMENTO FAMILIAR NAS FAMÍLIAS HOMOAFETIVAS

MANUEL CAMELO FERREIRA DA SILVA NETTO

> *Um novo tempo há de vencer*
> *Pra que a gente possa florescer*
> *E, baby, amar, amar, sem temer.*
> (Johnny Hooker, Part. Liniker. *Flutua*, 2017)

Introdução

A família – aqui compreendida como uma instituição sociojurídica – sofreu diversas transformações ao longo da história, tanto no que diz respeito às suas configurações e formatações quanto no tocante à forma pela qual o Direito a concebe como instituto jurídico. Dessa maneira, pode-se observar que o Direito Civil, especificamente o Direito das Famílias, vê-se constantemente impelido a readequar-se à realidade social.

De toda sorte, não se pode olvidar também que as regras, por si só, não dão conta de todas as demandas sociais. Isso, pois, dadas as intensas transformações pelas quais perpassa a sociedade, a rigidez da interpretação normativa nem sempre consegue abarcar tais mudanças. É diante desse contexto de escassez legislativa, portanto, que se faz essencial o trabalho interpretativo da doutrina e também da jurisprudência na tentativa de responder às questões as quais o ordenamento ainda não consegue resolver.

Nessa toada, discute-se a questão do direito fundamental ao exercício da liberdade no planejamento familiar, desempenhada por casais homoafetivos, notadamente no tocante à legitimidade da opção por projetos parentais ectogenéticos, ou seja, aqueles oriundos da aplicação das técnicas de Reprodução Humana Assistida (RHA). Tal exame faz-se necessário, por sua vez, pois o Brasil, apesar da existência de inúmeros projetos de lei sobre a matéria, ainda não possui uma legislação específica que trate das questões pertinentes à RHA.

Além disso, há ainda uma grande dificuldade do Congresso Nacional em lidar com questões relativas à população homossexual. Isso, pois, as bases heteronormativas e o conservadorismo presentes na sociedade custam a ceder espaço para a efetivação dos direitos dessa parcela da população, acarretando uma espécie de dominação simbólica que relega esses indivíduos à invisibilização das suas existências públicas e legítimas.

Sendo assim, a presente proposta de artigo destina-se a analisar a legitimidade dos projetos homoparentais ectogenéticos, desempenhados em um contexto homoconjugal,[1] frente o ordenamento jurídico brasileiro. Para tanto, objetiva-se: a) compreender as diretrizes para o exercício do planejamento familiar, no Brasil, sua relação com os direitos sexuais e reprodutivos e os limites ao seu exercício; b) estudar o direito ao exercício da liberdade no planejamento familiar no contexto familiar homoafetivo e quais seus principais óbices; e c) analisar a legitimidade da opção pelas técnicas de reprodução humana assistida em detrimento da escolha pela adoção.

Dessa forma, o presente trabalho, por meio do método de raciocínio analítico dedutivo, pautado na técnica da revisão bibliográfica, busca discutir a legitimidade do recurso às técnicas reprodutivas humanas por pessoas homossexuais, diante do ordenamento jurídico brasileiro. Para tanto, a pesquisa será dotada

---

[1] Por uma questão de delimitação temática, o presente trabalho irá debruçar-se apenas no estudo dos projetos parentais desempenhados dentro de um contexto conjugal – casamento ou união estável – formado por pessoas de mesmo sexo, daí a opção pela terminologia homoconjugal (Cf. THURLER, Ana Liési. Homoparentalidades e heteroparentalidades: desafios à igualdade. *In*: STEVENS, Cristina; BRASIL, Katia Cristina Tarouquella; ALMEIDA, Tânia Mara Campos de; ZANELLO, Valeska (Org.). *Gênero e Feminismos:* convergências (in)disciplinares. Brasília/DF: Ex Libris, 2010). Diante disso, não serão tratados aspectos relativos às famílias monoparentais e multiparentais.

de um caráter exploratório, qualitativo, fazendo uso de livros, monografias, dissertações, teses e artigos científicos, em meio bibliográfico ou digital, com a intenção de propor um panorama teórico jurídico acerca da construção da homoparentalidade por meio da RHA.

1 Planejamento familiar no Brasil: uma análise da Constituição de 1988 em conjunto com a Lei nº 9.263/96

Antes de adentrar especificamente na abordagem dada pela Constituição Federal de 1988 (CF/88) ao tema do planejamento familiar, cumpre tecer, primeiramente, algumas pequenas considerações históricas as quais levaram à normatização do referido instituto, máxime no que diz respeito a sua previsão como um direito fundamental. Nessa toada, é importante ressaltar que o Brasil sempre se apresentou como um país pró-natalista, fosse para preencher os espaços populacionais vazios, ou por questões de reforço à segurança nacional, ou em razão de guerras, ou em função da abolição da escravatura, ou para fins de promover uma unidade nacional com a proclamação da independência, o fato é que historicamente houve certo incentivo por parte do Estado à procriação.[2]

Nessa continuidade, diz-se que surgiu, no século XIX, uma política populacional[3] incentivadora da natalidade, tendo perdurado até meados de 1960, como bem explica Maria Amélia Belomo Castanho ao afirmar que "nesta fase não havia polêmica acerca do assunto, e todas as ações voltadas às políticas populacionais se

---

[2] CASTANHO, Maria Amélia Belomo. *Planejamento Familiar*: o estado na construção de uma sociedade inclusiva e a participação social para o bem comum. Curitiba: Juruá, 2014, p. 44-45.

[3] "(...) a política populacional volta-se aos mais variados interesses sociais, promovendo a dinâmica dos grupos em detrimento da efetivação das necessidades da coletividade. Consequentemente, modificar o estado da população é o meio por ela empregado para atingir seu objetivo principal que consistirá em avaliar a eficácia dos ganhos obtidos na ampliação dos benefícios sociais" (CASTANHO, Maria Amélia Belomo. *Planejamento Familiar*: o estado na construção de uma sociedade inclusiva e a participação social para o bem comum. Curitiba: Juruá, 2014, p. 43).

amparavam no discurso de que a evolução da sociedade brasileira implicava qualidade e quantidade da população".[4] Sendo assim, até então, pode-se dizer que a preocupação estava no crescimento populacional, sem que houvesse necessariamente um cuidado com o planejamento da família.

Tal pensamento, entretanto, começou a se bifurcar, no período compreendido entre 1964 e 1974, em dois ideais distintos, quais sejam: a) o antinatalista – o qual pretendia evitar um crescimento desenfreado no contingente populacional, especialmente por temer as repercussões desse aumento populacional nas esferas social e política; e b) o anticontrolista – o qual, encabeçado pela Igreja Católica e pelas forças armadas, defendia que o território brasileiro, dada a sua extensão, comportaria uma população ainda maior, sendo necessária tal expansão, mormente para proceder à ocupação do território, bem como para fins de proteção das fronteiras.[5]

A ideia de planejamento familiar, por sua vez, ganhou força apenas na Conferência Mundial de População das Nações Unidas, ocorrida em Bucareste, em 1974, quando o governo brasileiro finalmente admitiu, em âmbito internacional, a responsabilidade do Estado no acesso à informação e no fornecimento de métodos contraceptivos às famílias.[6] Entretanto, foi apenas no final da década de 80, mais precisamente em 1988, com o advento da Constituição Cidadã, que o Estado brasileiro finalmente posicionou-se no sentido de regulamentar o referido instituto. Para tanto, reconheceu seu *status* de direito fundamental constitucionalmente protegido, impondo, inclusive, limites à interferência estatal nesse processo de planejamento das famílias.[7]

Feitas, assim, as devidas considerações acerca do contexto histórico o qual ensejou a normatização do instituto em comento,

---

[4] CASTANHO, Maria Amélia Belomo. *Planejamento Familiar*: o estado na construção de uma sociedade inclusiva e a participação social para o bem comum. Curitiba: Juruá, 2014, p. 47.

[5] CASTANHO, Maria Amélia Belomo. *Planejamento Familiar*: o estado na construção de uma sociedade inclusiva e a participação social para o bem comum. Curitiba: Juruá, 2014, p. 47-49, *passim*.

[6] CASTANHO, Maria Amélia Belomo. *Planejamento Familiar*: o estado na construção de uma sociedade inclusiva e a participação social para o bem comum. Curitiba: Juruá, 2014, p. 52.

[7] CASTANHO, Maria Amélia Belomo. *Op. cit.*, 2014, p. *Planejamento Familiar*: o estado na construção de uma sociedade inclusiva e a participação social para o bem comum. Curitiba: Juruá, 2014, p. 53.

cumpre agora analisar as implicações jurídicas trazidas em matéria de planejamento familiar pela Carta Magna de 1988. Dessa forma, destaca-se primeiramente o art. 226 da Lei Maior, o qual norteia sua aplicabilidade, bem como impões certos limites à sua configuração.[8]

A partir da análise de tal dispositivo, observa-se que, a princípio, o conceito de planejamento familiar trazido pela CF/88 remete a uma ideia de liberdade do casal na opção pelo seu projeto parental. Diante disso, pode-se levar a crer, *a priori*, que esse direito estaria restrito necessariamente à existência de um casal (duas pessoas, sem que haja especificação quanto à diversidade dos sexos). No entanto, cumpre dizer que tal direito, além de previsto na Constituição, encontra-se regulamentado na Lei nº 9.263/1996 (Lei de Planejamento Familiar), a qual atribui o exercício desse planejamento também às pessoas individualmente consideradas.[9] Assim, pode-se perceber que, para além da ideia de casal, a titularidade do exercício desse direito estende-se também ao homem e à mulher ainda que não inseridos em um contexto de conjugalidade,[10] o que gera uma maior amplitude no seu entendimento.[11]

Isso posto, sua concepção não se encerra aí, tal direito também prevê uma abstenção do Estado quanto a sua ingerência na vida privada dos indivíduos, ficando o ente estatal, por sua vez, responsável única e exclusivamente pelo acesso à informação dos titulares da referida garantia, para que o planejamento seja efetivo. Nesse sentido, sustenta Maria Amélia Belomo Castanho que:

> O planejamento familiar constitucional, regulamentado pela Lei 9.263 de 12.01.1996, tem sentido amplo e compreende a escolha livre e consciente do indivíduo para evitar ou constituir prole, o que se deve dar a partir

---

[8] Constituição Federal de 1988: "Art. 226. A família, base da sociedade, tem especial proteção do Estado (...) §7º Fundado nos princípios da dignidade da pessoa humana e da paternidade responsável, o planejamento familiar é livre decisão do casal, competindo ao Estado propiciar recursos educacionais e científicos para o exercício desse direito, vedada qualquer forma coercitiva por parte de instituições oficiais ou privadas. Regulamento".

[9] Lei de Planejamento Familiar: "Art. 2º Para fins desta Lei, entende-se planejamento familiar como o conjunto de ações de regulação da fecundidade que garanta direitos iguais de constituição, limitação ou aumento da prole pela mulher, pelo homem ou pelo casal".

[10] O conceito de conjugalidade aqui mencionado refere-se a uma conjugalidade em sentido amplo, incluindo-se tanto a ideia de casamento quanto a de união estável.

[11] CASTANHO, Maria Amélia Belomo. *Planejamento Familiar*: o estado na construção de uma sociedade inclusiva e a participação social para o bem comum. Curitiba: Juruá, 2014, p. 74.

de um processo sério de esclarecimento e conscientização focado nas propostas de um Estado democrático de direito.[12]

Diante disso, percebe-se que a informação é instrumento essencial para garantir o exercício pleno e efetivo do planejamento familiar. Isso, pois, a autonomia somente será efetiva quando a pessoa ou o casal, titulares da referida garantia, estiverem integralmente cientes do conteúdo, das consequências e dos riscos de suas escolhas. É nesse contexto, portanto, em que se insere a responsabilidade do Estado, atuando como garantidor do acesso a tais informações pela população em geral, sobretudo no que diz respeito aos direitos sexuais e reprodutivos e às suas implicações nas esferas jurídica e social, o que será mais bem abordado no próximo tópico.

1.1 Direitos sexuais e reprodutivos como pressupostos de um planejamento familiar efetivo

Falar de planejamento familiar é também falar de direitos sexuais e reprodutivos. Afinal, como dito anteriormente, o acesso às informações atinentes ao processo de procriação, bem como àquelas referentes ao exercício da sexualidade humana por parte da população representam um ponto-chave para a garantia do pleno exercício dessa garantia constitucional. Diante disso, far-se-á uma análise dos direitos sexuais e reprodutivos, desde a sua conceituação à sua ascensão ao *status* de garantias fundamentais ligadas diretamente ao planejamento familiar e à concretização do projeto parental.

Antes de tudo, é importante frisar que o surgimento desses direitos "(...) foi fruto da contribuição dos movimentos feministas mundiais que introduziram a discussão dos padrões socioculturais vigentes em relação à vida sexual e à reprodução humana".[13] Nesse sentido, os direitos sexuais e reprodutivos, com o auxílio

---

[12] CASTANHO, Maria Amélia Belomo. *Planejamento Familiar*: o estado na construção de uma sociedade inclusiva e a participação social para o bem comum. Curitiba: Juruá, 2014, p. 68.
[13] BRAUNER, Maria Cláudia Crespo. *Direito, sexualidade e reprodução humana*: conquistas médicas e o debate bioético. Rio de Janeiro: Renovar, 2003, p. 8.

principalmente dos movimentos de mulheres, foram lançados às pautas internacionais, sobretudo como uma forma de expansão dos direitos humanos, os quais, consolidados através da Declaração Universal de Direitos Humanos de 1948, passaram a expandir-se, especialmente, no intuito de promover uma especificação dos seus sujeitos de direitos.[14] Nesse sentido, Ricardo Tadeu Fonseca diz que:

> (...) a atenção aos grupos vulneráveis visa dar eficácia aos direitos humanos de forma a fazê-los unos, indivisíveis e interdependentes, de vez que as liberdades individuais e os direitos sociais fazem parte de uma sistematização monolítica e reciprocamente alimentada.[15]

Assim, pautada principalmente por ideais de *igualdade material*,[16] a expansão dos direitos humanos, com relação às mulheres, teve por base, dentre outras questões, também o reconhecimento do direito a uma vida sexual e reprodutiva saudável, garantindo-se o acesso à informação e o exercício da autonomia no tocante a esses aspectos das suas vidas.[17]

É dentro dessa seara histórica, portanto, que se deu a construção e efetivação dos conceitos de direitos sexuais e reprodutivos como direitos humanos em âmbito internacional. Diante disso, pode-se já trabalhar os seus conceitos,

> (...) a formulação do conteúdo dos direitos reprodutivos se diferencia da dos direitos sexuais. Aqueles pretendiam desconstruir a maternidade

---

[14] MOSCHETTA, Sílvia Ozelame Rigo. *Homoparentalidade*: direito à adoção e reprodução humana assistida por casais homoafetivos. 2. ed. Curitiba: Juruá, 2011, p. 75.
[15] FONSECA, Ricardo Tadeu Marques da. *A ONU e o seu conceito revolucionário de pessoa com deficiência*. Disponível em: http://www.inclusive.org.br/arquivos/109. Acesso em: 6 jan. 2016.
[16] Flávia Piovesan explica que ao lado do direito à *igualdade* encontra-se também a ideia de respeito às diferenças, pelo que, em se tratando do *princípio da igualdade*, ele pode ser vislumbrado em três vertentes: a) *igualdade formal* – a qual diz respeito à noção de que todas e todos são iguais perante a lei; b) *igualdade material como justiça social e distributiva* – sendo uma acepção de igualdade orientada pelo critério socioeconômico; e c) *igualdade material como reconhecimento de identidades* – orientado pelos critérios da vulnerabilidade de certas categorias identitárias no meio social, a exemplo do gênero, da expressão afetivo-sexual, a deficiência, a etnia etc. (PIOVESAN, Flávia. Convenção da ONU sobre os direitos das pessoas com deficiência: inovações, alcance e impacto. *In*: FERRAZ, Carolina Valença; LEITE, George Salomão; LEITE, Glauber Salomão; LEITE, Glauco Salomão (Coord.). *Manual dos Direitos da Pessoa com Deficiência*. São Paulo: Saraiva, 2012).
[17] BRAUNER, Maria Cláudia Crespo. Maria Cláudia Crespo. *Direito, sexualidade e reprodução humana*: conquistas médicas e o debate bioético. Rio de Janeiro: Renovar, 2003, p. 9.

como único meio ou fim de realização da mulher casada e introduzir no debate internacional situações como o aborto e os métodos anticoncepcionais, já estes intentavam trazer em pauta a liberdade sexual e a busca do prazer, desvinculados da necessidade de reprodução, com a devida proteção legal.[18]

Percebe-se, então, sua ligação próxima com a concepção de planejamento familiar e também com o direito à saúde, pois dizem respeito justamente às implicações decorrentes das atividades reprodutivas e sexuais na vida das pessoas. Para tanto, primam por uma autodeterminação responsável de cada indivíduo, de forma a exercer suas liberdades individuais com consciência dos efeitos que suas ações e práticas possam vir a causar. Nesse sentido, construiu-se também uma ideia de saúde sexual, definida por um grupo internacional de mulheres, HERA – *Health, Empowerment, Rights and Accountability*, citado por Maria Cláudia Crespo Brauner, o qual lança mão desse conceito nos seguintes termos,

> A saúde sexual é a habilidade de mulheres e homens para desfrutar e expressar sua sexualidade, sem riscos de doenças sexualmente transmissíveis, gestações não desejadas, coerção, violência e discriminação. A saúde sexual possibilita experimentar uma vida sexual informada, agradável e segura, baseada na auto-estima [sic], que implica uma abordagem positiva da sexualidade humana e no respeito mútuo nas relações sexuais. A saúde sexual valoriza a vida, as relações pessoais e a expressão da identidade própria da pessoa. Ela é enriquecedora, inclui o prazer e estimula a determinação pessoal, a comunicação e as relações.[19]

Partindo de tal perspectiva, por sua vez, pode-se sustentar a ideia de que esses direitos, uma vez ligados diretamente a aspectos da saúde, física e psicológica, dos indivíduos, bem como à própria *dignidade humana* de toda e qualquer pessoa, devem ser respeitados, assim como deve ser assegurada a sua efetivação. Desse modo, é dever do Estado, como garantidor e promotor da efetividade dos direitos fundamentais, propiciar a sua concretização no campo

---

[18] MOSCHETTA, Sílvia Ozelame Rigo. *Homoparentalidade*: direito à adoção e reprodução humana assistida por casais homoafetivos. 2. ed. Curitiba: Juruá, 2011, p. 78.
[19] GALVÃO, Loren; DÍAZ, Juan (Org.). Saúde sexual e reprodutiva no Brasil. São Paulo: Hucitec, 1999. p. 174. *Apud* BRAUNER, Maria Cláudia Crespo. *Direito, sexualidade e reprodução humana*: conquistas médicas e o debate bioético. Rio de Janeiro: Renovar, 2003, p. 18.

fático, visto que "devem ser assegurados a todos os cidadãos e, em razão disso, devem ser disponibilizados os meios científicos para possibilitar às pessoas, com autonomia e liberdade, a organização e o planejamento de sua vida sexual e reprodutiva".[20]

É possível observar, portanto, que, uma vez o Estado conseguindo adotar uma política eficiente de promoção dos direitos sexuais e reprodutivos, a qual estimule o exercício da liberdade e da autonomia das pessoas com responsabilidade, estará também atuando na esfera de promoção da concretização de um planejamento familiar pleno e consciente. Ademais, estará auxiliando, consequentemente, as pessoas e os casais, de qualquer tipo, sejam heteroafetivos ou homoafetivos, a realizarem seus projetos parentais de forma eficaz e prudente.

1.2 O planejamento familiar e seus limites: a dignidade da pessoa humana e a parentalidade responsável

Entendida a relação entre os direitos sexuais e reprodutivos com a ideia de planejamento familiar trazido pelo ordenamento jurídico brasileiro, bem como a sua titularidade, é importante destacar também que a Constituição, no próprio art. 226, §7º, estabelece alguns limites ao exercício desse direito, quais sejam as ideias de *dignidade da pessoa humana* e de *parentalidade responsável*.[21] Dessa forma, cumpre tecer alguns comentários acerca dessas disposições

---

[20] MOSCHETTA, Sílvia Ozelame Rigo. *Homoparentalidade*: direito à adoção e reprodução humana assistida por casais homoafetivos. 2. ed. Curitiba: Juruá, 2011, p. 97.

[21] Sabe-se que o termo empregado pelo texto constitucional é "paternidade responsável", mas optou-se aqui por seguir os ensinamentos de Guilherme Calmon Nogueira da Gama, utilizando-se da expressão "parentalidade responsável". Isso, pois, entende-se que sua aplicação abrange melhor tanto a noção de paternidade quanto a de maternidade; sendo, portanto, termo mais genérico e adequado (GAMA, Guilherme Calmon Nogueira da. *A nova filiação*: o biodireito e as relações parentais: o estabelecimento da parentalidade-filiação e os efeitos jurídicos da reprodução humana assistida heteróloga. Rio de Janeiro: Renovar, 2003). No mesmo sentido, importa destacar a reflexão empregada por Silvia Ozelame Rigo Moschetta, ao afirmar que "a justificativa da utilização da expressão parentalidade responsável em vez de paternidade responsável também se refere ao fato de que não só aos pais cabem as responsabilidades perante seus filhos, mas às mães também" (MOSCHETTA, Sílvia Ozelame Rigo. *Homoparentalidade*: direito à adoção e reprodução humana assistida por casais homoafetivos. 2. ed. Curitiba: Juruá, 2011, p. 99).

legais de observância obrigatória para a efetivação do direito ao planejamento familiar.

A *dignidade da pessoa humana*, no ordenamento pátrio, está prevista como um dos fundamentos da República Federativa do Brasil, no art. 1º, III, da CF/88,[22] prescrevendo que os seres humanos não podem ser objetificados, de forma a serem usados como um meio para a consecução de um fim, mas sim tratados como um fim em si mesmos.[23] Em matéria de planejamento familiar, por sua vez, tal direito representa não apenas um limitador, das atuações do Estado e dos demais indivíduos, mas também um garantidor da *liberdade* no seu exercício.[24]

No tocante à *liberdade*, o planejamento familiar funciona de duas maneiras: a) como um direito de defesa em face ao Estado – pois impede que o ente estatal interfira na autonomia do casal, controlando ou dificultando o exercício de suas faculdades reprodutivas e, por outro lado, proporcionando uma proteção desse direito frente a outros indivíduos;[25] e b) como um garantidor de prestações por parte do Estado – pois, uma vez assegurando os direitos de não ter filhos ou de tê-los por meio de recursos biotecnológicos, como a reprodução humana assistida, exige do Estado uma atuação voltada à esfera promocional e de políticas públicas para o acesso a essas técnicas.[26] Corroborando com tal perspectiva, essa garantia fundamental, nas palavras de Luís Roberto Barroso, pode ser enxergada por meio de três planos de aplicabilidade,

> (...) no plano dos direitos individuais, ela se expressa na autonomia privada, que decorre da liberdade e da igualdade das pessoas. Integram

---

[22] Constituição Federal de 1988: "Art. 1º. A República Federativa do Brasil, formada pela união indissolúvel dos Estados e Municípios e do Distrito Federal, constitui-se em Estado Democrático de Direito e tem como fundamentos: (...) III – a dignidade da pessoa humana".

[23] BARROSO, Luís Roberto. Legitimidade da recusa de transfusão de sangue por testemunhas de Jeová. Dignidade humana, liberdade religiosa e escolhas existenciais. *In:* LEITE, George Salomão; SARLET, Ingo Wolfgang; CARBONELL, Miguel. *Direitos, Deveres e Garantias Fundamentais*. Salvador: Juspodivm, 2011, p. 667.

[24] CASTANHO, Maria Amélia Belomo. *Planejamento Familiar*: o estado na construção de uma sociedade inclusiva e a participação social para o bem comum. Curitiba: Juruá, 2014, p. 80.

[25] CASTANHO, Maria Amélia Belomo. *Planejamento Familiar*: o estado na construção de uma sociedade inclusiva e a participação social para o bem comum. Curitiba: Juruá, 2014, p. 80.

[26] CASTANHO, Maria Amélia Belomo. *Planejamento Familiar*: o estado na construção de uma sociedade inclusiva e a participação social para o bem comum. Curitiba: Juruá, 2014, p. 81.

o conteúdo da dignidade a autodeterminação individual e o direito ao igual respeito e consideração. As pessoas tem o direito de eleger seus projetos existenciais e de não sofrer discriminação em razão de sua identidade e de suas escolhas. No plano dos direitos políticos, ela se traduz em autonomia pública, no direito de participação no processo democrático. (...) Por fim, a dignidade está subjacente aos direitos sociais materialmente fundamentais, que corresponde ao mínimo existencial. Todo indivíduo tem direito a prestações e utilidades imprescindíveis à sua existência física e moral, cuja satisfação é pré-condição para o próprio exercício da autonomia privada e pública.[27]

Diante disso, pode-se observar que a *dignidade da pessoa humana*, como balizador do direito ao planejamento familiar, atua justamente para proporcionar um exercício pleno da autonomia de seus titulares, impedindo qualquer interferência do Estado ou de terceiros no seu exercício e exigindo do ente estatal os subsídios para efetivá-lo, pois sua atuação não está "(...) adstrita ao fornecimento de métodos contraceptivos, pois o direito ao planejamento familiar também envolve a concepção".[28]

Por outro lado, a autonomia proporcionada pela *dignidade*, como princípio fundamental e balizador do exercício do planejamento familiar, não é irrestrita, visto que deve respeitar também os interesses do filho.[29] Isso se dá, sobretudo, em razão do *princípio do melhor interesse da criança e do adolescente*, o qual, por enxergar as crianças e os adolescentes como sujeitos de direitos, também dotados de *dignidade*, preceitua que, por estarem numa situação de vulnerabilidade e de desenvolvimento psíquico e físico, merecem a observância da primazia de seus interesses em detrimento dos interesses dos adultos, no caso, os futuros pais. Dessa maneira, tem-se que,

(...) a dignidade da pessoa humana atuará como limitadora ao exercício do planejamento familiar sempre que for necessário resguardar

---

[27] BARROSO, Luís Roberto. Legitimidade da recusa de transfusão de sangue por testemunhas de Jeová. Dignidade humana, liberdade religiosa e escolhas existenciais. *In*: LEITE, George Salomão; SARLET, Ingo Wolfgang; CARBONELL, Miguel. *Direitos, Deveres e Garantias Fundamentais*. Salvador: Juspodivm, 2011, p. 667-668.

[28] CASTANHO, Maria Amélia Belomo. *Planejamento Familiar*: o estado na construção de uma sociedade inclusiva e a participação social para o bem comum. Curitiba: Juruá, 2014, p. 81.

[29] CASTANHO, Maria Amélia Belomo. *Planejamento Familiar*: o estado na construção de uma sociedade inclusiva e a participação social para o bem comum. Curitiba: Juruá, 2014, p. 82.

a dignidade de outrem, especialmente a figura do filho, fruto de uma decisão da qual não participou, mas que definirá os rumos dos acontecimentos de sua vida.[30]

Portanto, quando do exercício do direito ao planejamento familiar, deve-se levar em consideração, também, a *dignidade* daquela futura pessoa, o filho, o qual deverá ter seus interesses privilegiados com relação ao dos adultos, pelo que, quando sua *dignidade* for aviltada, não há que prosperar a autonomia dos pais na efetivação de seus direitos reprodutivos.

Além da *dignidade humana*, serve de alicerce à aplicabilidade do planejamento familiar também o princípio da *parentalidade responsável*. Tal garantia diz respeito à responsabilidade dos pais ao propiciarem um ambiente sadio para o desenvolvimento, físico e psíquico, da criança e do adolescente no meio social. Sendo assim, está diretamente ligado à ideia de *proteção integral da criança e do adolescente*, a qual determina uma responsabilidade tanto do Estado como da sociedade e da família, no cuidado com o desenvolvimento da criança e do adolescente, constando do art. 227, *caput*, da CF/88.[31]

Por essa razão, não pode o referido planejamento familiar encontrar-se dissociado da ideia de uma responsabilidade dos pais no cuidado dessa prole, devendo implicar sempre o respeito dos direitos e garantias fundamentais de seus filhos, bem como a sua concepção, visto que também devem assumir suas responsabilidades decorrentes do exercício pleno e autônomo de suas faculdades sexuais e reprodutivas.[32] Nesse sentido, Maria Amélia Belomo Castanho sustenta que,

> Ao atribuir responsabilidade aos pais, inegável que o Estado esteja exercendo mais uma variável de sua vigilância e controle, de modo que, se estes não atuarem corretamente conforme os seus preceitos e objetivos,

---

[30] CASTANHO, Maria Amélia Belomo. *Planejamento Familiar*: o estado na construção de uma sociedade inclusiva e a participação social para o bem comum. Curitiba: Juruá, 2014, p. 83.
[31] Constituição Federal de 1988: "Art. 227. É dever da família, da sociedade e do Estado assegurar à criança, ao adolescente e ao jovem, com absoluta prioridade, o direito à vida, à saúde, à alimentação, à educação, ao lazer, à profissionalização, à cultura, à dignidade, ao respeito, à liberdade e à convivência familiar e comunitária, além de colocá-los a salvo de toda forma de negligência, discriminação, exploração, violência, crueldade e opressão".
[32] CASTANHO, Maria Amélia Belomo. *Planejamento Familiar*: o estado na construção de uma sociedade inclusiva e a participação social para o bem comum. Curitiba: Juruá, 2014, p. 90.

sofrerão sanções que podem acarretar até mesmo a perda do poder familiar com a colocação da criança em família substituta ou abrigos.[33]

Observa-se, portanto, que as pessoas que desejem desempenhar um projeto parental não estão dotadas de uma autonomia ilimitada no exercício de seu direito fundamental ao planejamento familiar. Afinal, tal garantia não é absoluta, visto que seus beneficiários e também o Estado devem sempre observar o respeito à *dignidade humana* e à *parentalidade responsável*, a fim de atender aos interesses constitucionalmente protegidos, atendo-se também aos direitos daquela futura prole.

2 O planejamento familiar no âmbito da família homoafetiva

Entendidas as questões de caráter jurídico as quais perpassam pelo estudo da efetivação do planejamento familiar para todo e qualquer cidadão, mister faz-se, neste momento, analisar as implicações específicas desse direito na esfera das famílias homoafetivas. Isso, pois, diferentemente de casais heterossexuais, esses indivíduos dependem de outros fatores, que não os exclusivamente biológicos, para concretizarem seus projetos parentais.

Para tanto, partir-se-á do conceito de homoparentalidade, o qual foi criado, na França, aproximadamente na década de 90, pela APGL – *Association des Parents et Futures Parents Gays et Lesbiens*,[34] correspondendo à tradução da palavra *homoparentalité*,[35] a qual pretende significar "(...) a situação na qual, pelo menos, um adulto que se autodesigna homossexual é (ou pretende ser) pai ou mãe de, no mínimo, uma criança".[36] Nesse sentido, pode-se perceber que o referido vocábulo nada mais é do que uma referência ao exercício

---

[33] CASTANHO, Maria Amélia Belomo. *Planejamento Familiar*: o estado na construção de uma sociedade inclusiva e a participação social para o bem comum. Curitiba: Juruá, 2014, p. 90.

[34] Em tradução livre: Associação de Pais e Futuros Pais Gays e Lésbicas – APGL.

[35] MOSCHETTA, Sílvia Ozelame Rigo. *Homoparentalidade*: direito à adoção e reprodução humana assistida por casais homoafetivos. 2. ed. Curitiba: Juruá, 2011, p. 101.

[36] MOSCHETTA, Sílvia Ozelame Rigo. *Homoparentalidade*: direito à adoção e reprodução humana assistida por casais homoafetivos. 2. ed. Curitiba: Juruá, 2011, p. 101.

da parentalidade por parte de pessoas homossexuais, sejam elas solteiras, integrantes de uma união homoafetiva ou casadas.[37]

Ademais, essa análise faz-se pertinente também porque a heteronormatividade[38] e o conservadorismo[39] presentes, no contexto social, criam obstáculos à efetivação dos direitos sexuais e reprodutivos da população homossexual, ocasionando uma espécie de dominação simbólica que, segundo Pierre Bourdieu, põe esses indivíduos frente a uma estrutura de invisibilização das suas existências públicas e legítimas.[40]

---

[37] Em que pese a definição, elaborada pela APGL, remeter apenas à figura de indivíduos autodesignados como *gays* ou lésbicas, importa, aqui, por uma questão de visibilidade, abrir um parêntese a respeito das pessoas autoidentificadas como bissexuais. A bissexualidade diz respeito à categoria identitária na qual o indivíduo (homem ou mulher) possui atração afetivo-sexual tanto por homens quanto por mulheres, não existindo necessariamente uma hierarquia preferencial quanto ao direcionamento desse afeto. Tal esclarecimento, por sua vez, mostra-se pertinente e relevante, pois a bissexualidade sofre um processo de dominação específico que, em muitas vezes assemelha-se ao da homossexualidade, mas que possui seus próprios delineamentos, apresentando, dentre outras razões, as seguintes características: a) a negação da existência da bissexualidade como categoria identitária autônoma; b) a necessidade de classificar as expressões afetivo-sexuais dentro de um binarismo compulsório, em que as pessoas somente podem ser homossexuais ou heterossexuais; e c) a hipersexualização das identidades bissexuais, enxergando-as sempre em contextos de promiscuidade, de poliamor ou de infidelidade. (Nesse sentido, ver LEWIS, Elizabeth Sara. "Eu Quero meu Direito como Bissexual": a marginalização discursiva da diversidade sexual dentro do movimento LGBT e propostas para fomentar a sua aceitação. *In*: III Simpósio Nacional Discurso, Identidade e Sociedade (III SIDIS), 3., 2012, Campinas. *Anais do III Simpósio Nacional Discurso, Identidade e Sociedade (III SIDIS)*: dilemas e desafios na contemporaneidade, Campinas, 2012, p. 1-22. Disponível em: https://www.iel.unicamp.br/sidis/anais/pdf/LEWIS_ELIZABETH_SARA.pdf . Acesso em: 19 nov. 2018). Tais circunstâncias acabam por corroborar com uma maior invisibilidade das identidades bissexuais, seja pela negação da sua existência, seja pela sua não percepção dentro de um contexto familiar, o qual pode ser tanto homoafetivo quanto heteroafetivo. Sendo assim, pessoas que se identificam como bissexuais, enquanto estiverem integrando um contexto familiar homoafetivo, também estarão enquadradas dentro do conceito de homoparentalidade.

[38] A heteronormatividade diz respeito a uma estrutura de dominação social na qual a heterossexualidade representa um comportamento presumido nos espaços sociais. Isto é, pressupõe-se que todas as pessoas são, *a priori*, heterossexuais, a não ser que se declarem integrantes de uma expressão afetivo-sexual diversa da heterossexualidade hegemônica. Tal arranjo, por sua vez, gera uma opressão estrutural, relegando a homossexualidade e a bissexualidade à invisibilidade social, política e jurídica. (No mesmo sentido, ver MIGUEL, Luis Felipe; BIROLI, Flávia. *Feminismo e política*: uma introdução. São Paulo: Boitempo, 2014, p. 18).

[39] Flávia Piovesan e Sandro Gorski elencam três desafios centrais, os quais merecem ser combatidos, a fim de implementar uma efetividade nos direitos da população LGBTI, quais sejam: a) a falta de reconhecimento dos direitos LGBTI como direito humanos; b) o processo de globalização econômico; e c) a emergência dos fundamentalismos religiosos (PIOVESAN, Flávia; SILVA, Sandro Gorski. Diversidade sexual e o contexto global: desafios à plena implementação dos direitos humanos LGBTI. *Revista Quaestio Iuris*, Rio de Janeiro, v. 8, n. 4, p. 2.613-2650, 2015, p. 2.641. Disponível em: file:///C:/Users/Sergio/Downloads/20949-68351-2-PB.pdf. Acesso em: 29 out. 2017).

[40] BOURDIEU, Pierre. *A dominação masculina*. Tradução Maria Helena Kühner. 11. ed. Rio de Janeiro: Bertland Brasil, 2012.

Sendo assim, o presente tópico será subdividido em três partes: a) na primeira, serão analisados os principais argumentos suscitados para impedir o exercício da homoparentalidade; b) na segunda, far-se-á um estudo a respeito da homoparentalidade à luz dos princípios constitucionais; e c) na terceira, serão apresentados argumentos que corroboram com a escolha pelo uso das técnicas de reprodução humana assistida em detrimento da adoção.

2.1 Argumentos contrários à homoparentalidade: o preconceito social como um obstáculo à consecução de direitos civis

É de se notar que, na sociedade, ainda há certa relutância em conferir às pessoas integrantes da diversidade sexual[41] alguns direitos atinentes à esfera civil. Dentre eles, um dos mais polêmicos, senão aquele que desperta mais relutância social, diz respeito à possibilidade do estabelecimento de vínculos paterno-materno-filiais[42] por parte de casais compostos por pessoas do mesmo sexo. Nesse sentido, explica Bianca Alfano que,

> Os temores mais comuns são dos filhos se tornarem homossexuais, de serem estigmatizados ou rejeitados em função de seus pais serem homossexuais, do possível desenvolvimento de patologias e de abuso sexual por parte, principalmente, de pais homossexuais do sexo masculino (...).[43]

---

[41] As pessoas integrantes da diversidade sexual são aquelas que possuem uma expressão afetivo-sexual ou uma identidade de gênero diversa daquelas que são socialmente privilegiadas (a heterossexual e a cisgênera). Isto é,"(...) homossexuais, lésbicas, bissexuais, transexuais, travestis, transgêneros, intersexuais". (No mesmo sentido, ver DIAS, Maria Berenice. Estatuto da diversidade sexual – uma lei por iniciativa popular. *In:* FERRAZ, Carolina Valença; LEITE, George Salomão; LEITE, Glauber Salomão; LEITE, Glauco Salomão (Coord.). *Manual do Direito Homoafetivo*. São Paulo: Saraiva, 2013, p. 522).

[42] GAMA, Guilherme Calmon Nogueira da. *A nova filiação*: o biodireito e as relações parentais: o estabelecimento da parentalidade-filiação e os efeitos jurídicos da reprodução humana assistida heteróloga. Rio de Janeiro: Renovar, 2003. p. 453.

[43] ALFANO, Bianca. Homoparentalidades: gênero e reprodução na contemporaneidade. *In:* XIV Encontro Nacional da Abrapso, 14, 2007, Rio de Janeiro. *Anais do XIV Encontro Nacional da ABRAPSO*: diálogos em psicologia social, Rio de Janeiro, 2007, p. 1-13, 2007, p. 9. Disponível em: http://www.abrapso.org.br/siteprincipal/anexos/AnaisXIVENA/conteudo/pdf/trab_completo_199.pdf. Acesso em: 19 nov. 2018.

Dessa forma, pode-se perceber que a grande polêmica em torno do exercício da parentalidade por esses indivíduos centra-se principalmente em argumentos desarrazoados e sem comprovação científica, os quais se sustentam principalmente na discriminação contra a expressão afetivo-sexual desses indivíduos e não na sua aptidão para o exercício das funções parentais.

Vê-se, portanto, uma tentativa de deslegitimar o exercício dos direitos dessas pessoas em razão de fatores nitidamente discriminatórios, os quais não podem ser tolerados pelo Direito, tampouco usados para tolher a efetivação de garantias constitucionalmente protegidas, como é o caso do exercício da parentalidade. Afinal, a homossexualidade não é uma doença contagiosa, a qual irá ser passada dos pais para os seus filhos, tendo, inclusive, sido retirada da Classificação Internacional de Doenças,[44] desde 1993, quando a Organização Mundial de Saúde editou a sua revisão de número 10, a CID 10.[45] Ademais, como bem lembra Paulo Iotti Vecchiatti,

> (...) inúmeros são os casos de filhos homossexuais criados por casais heteroafetivos e de filhos tanto homossexuais quanto heterossexuais criados por pessoas solteiras e mesmo por casais homoafetivos, donde se percebe claramente que a sexualidade daquele(s) que cria(m) o menor em nada influencia no desenvolvimento sexual deste.[46]

Além do que, a concepção de que se deveria negar a parentalidade a tais pessoas, pois seus filhos também seriam homossexuais, apenas corrobora o pensamento de que a homossexualidade é um comportamento errado e que deveria ser combatido, quando se sabe que ela diz respeito, na verdade, à identidade de cada

---

[44] A revisão de número 9 da Classificação Internacional de Doenças, CID 9, trazia, em seu arcabouço, o Código 302.0, relativo ao "Homossexualismo", o qual era tido como um desvio ou transtorno sexual (MOSCHETTA, Sílvia Ozelame Rigo. *Homoparentalidade*: direito à adoção e reprodução humana assistida por casais homoafetivos. 2. ed. Curitiba: Juruá, 2011, p. 55-56).

[45] Dada a remoção do Cadastro Internacional de Doenças, houve também uma substituição na terminologia, abandonando-se a noção de "homossexualismo", em que o sufixo "-ismo" relaciona-se à ideia de doença, e passa-se a usar a ideia de "homossexualidade", na qual o sufixo "-dade" diz respeito ao modo de ser. VECCHIATTI, Paulo Roberto Iotti. *Manual da homoafetividade:* da possibilidade jurídica do casamento civil, da união estável e da adoção por casais homoafetivos. 2. ed. Rio de Janeiro: Forense; São Paulo: Método, 2012. p. 502.

[46] VECCHIATTI, Paulo Roberto Iotti. *Manual da homoafetividade:* da possibilidade jurídica do casamento civil, da união estável e da adoção por casais homoafetivos. 2. ed. Rio de Janeiro: Forense; São Paulo: Método, 2012. p. 503.

pessoa; devendo, assim, ser protegida e garantida a liberdade de sua expressão.

Nessa continuidade, a ideia de que os filhos de pais *gays* e lésbicas possuem uma dificuldade maior de socialização é argumento falacioso, já que, como sustenta Roger Raupp Rios, "(...) ideias desse tipo já foram utilizadas, por exemplo, para impedir casamentos entre pessoas de raças diferentes, para justificar segregação em escolas de brancos e negros, para impedir a criação e a adoção de crianças de raça, cor ou etnia diversa da dos adotantes",[47] sendo completamente desfundada tal alegação. Por fim, não há que se falar em uma propensão maior desses filhos em sofrer abusos sexuais por parte de seus pais, pois, conforme estudos da *ILGA – International Lesbian and Gay Association*,[48] sabe-se que 95% desses casos são praticados por heterossexuais, o que desmistifica completamente esse argumento.[49]

Dessa forma, percebe-se que não há nenhum argumento plausível capaz de impedir o reconhecimento desse direito por parte da população LGBT. Afinal, como exposto aqui, os argumentos contrários nada mais são do que a manifestação expressa do preconceito social para com a expressão de sexualidade diversa daquela eleita como sendo o padrão na sociedade, a heterossexualidade.

2.2 A homoparentalidade à luz da Constituição Federal de 1988

Dada a escassez normativa na matéria, cumpre destacar os principais aspectos do ordenamento jurídico pátrio, os quais sustentam o exercício da homoparentalidade. Para tanto, utilizar-se-á a metodologia civil-constitucional, fundamentada, sobretudo, no

---

[47] RIOS, Roger Raupp. *A homossexualidade no direito*. Porto Alegre: Livraria do Advogado, 2011, p. 141 a 143. *Apud* VECCHIATTI, Paulo Roberto Iotti. *Manual da homoafetividade:* da possibilidade jurídica do casamento civil, da união estável e da adoção por casais homoafetivos. 2. ed. Rio de Janeiro: Forense; São Paulo: Método, 2012. p. 504.

[48] Em tradução livre: Associação Internacional de Lésbicas e *Gays* – AILG.

[49] VECCHIATTI, Paulo Roberto Iotti. *Manual da homoafetividade:* da possibilidade jurídica do casamento civil, da união estável e da adoção por casais homoafetivos. 2. ed. Rio de Janeiro: Forense; São Paulo: Método, 2012. p. 503.

panorama trazido pela Constituição Federal de 1988, tendo em vista que o direito a ter filhos "deve ser compreendido como um direito personalíssimo, indisponível, inalienável, devendo ser protegido pelo Estado e suas instituições".[50]

Nessa toada, cita-se, *a priori*, a importância da aplicação principiológica, visto que os preceitos constitucionais correspondem a normas de maior amplitude interpretativa, a qual lhes possibilita uma aplicabilidade mais ampla que as normas-regras. Diante disso, é possível destacar, dentro da sistemática constitucional brasileira, quatro princípios fundamentais, os quais autorizam aos casais homossexuais a possibilidade de exercerem seus direitos de parentalidade, quais sejam: a) a *dignidade da pessoa humana*; b) a *liberdade*; c) a *igualdade*; e d) a *vedação à discriminação*. A partir de tal arcabouço axiológico, pode-se realizar os propósitos da Carta Política, valendo lembrar, ainda, que a própria CF/88 autoriza, em seu art. 5º, §1º,[51] a sua aplicabilidade imediata, pelo que se passará à análise de cada um deles em particular.

Em matéria de *dignidade humana*, além de tudo o que já foi defendido no presente trabalho, há duas esferas semânticas, as quais merecem ser enfatizadas: a) a *dignidade* como *autonomia* – a qual, em conjunto com o direito de liberdade, confere aos indivíduos a capacidade de autodeterminação, segundo suas vontades e desejos; e b) a *dignidade como heteronomia* – a qual atua como uma forma de molde da liberdade individual das pessoas, segundo os ditames sociais e as regras civilizatórias.[52] Tais concepções, a seu turno, não são autoexcludentes, com explica Luís Roberto Barroso, pelo contrário, são complementares, funcionando a heteronomia como uma forma de limitar a liberdade das pessoas; sem retirar-lhes, entretanto, sua emancipação individual. Nesse sentido, explica Luís Roberto Barroso que:

> (...) à luz do sistema jurídico brasileiro, é possível afirmar uma certa predominância da dignidade como autonomia, sem que se deslegitime

---

[50] BRAUNER, Maria Cláudia Crespo. *Direito, sexualidade e reprodução humana*: conquistas médicas e o debate bioético. Rio de Janeiro: Renovar, 2003, p. 52.
[51] Constituição Federal de 1988: "(...) §1º As normas definidoras dos direitos e garantias fundamentais têm aplicação imediata".
[52] BARROSO, Luís Roberto. Legitimidade da recusa de transfusão de sangue por testemunhas de Jeová. Dignidade humana, liberdade religiosa e escolhas existenciais. *In*: LEITE, George Salomão; SARLET, Ingo Wolfgang; CARBONELL, Miguel. *Direitos, Deveres e Garantias Fundamentais*. Salvador: Juspodivm, 2011, p. 668-672.

o conceito de dignidade como heteronomia. O que significa dizer que, como regra geral, devem prevalecer as escolhas individuais. Para afastá-las, fora dos casos expressos ou inequívocos, impõe-se um especial ônus argumentativo.[53]

Nesse sentido, a conjunção entre os princípios da *dignidade humana* e da *liberdade* permite que, na ausência de vedação expressa do ordenamento jurídico, seja autorizado aos indivíduos fazerem o uso de sua autonomia privada, a qual encontra na *dignidade heterônoma* um limite ao seu exercício. Dessa forma, é possível admitir, na realidade brasileira, que as pessoas homossexuais exerçam a liberdade de planejar suas famílias, inclusive, no tocante à possibilidade de levarem a cabo um projeto de parentalidade.

Somada a essa perspectiva, tem-se ainda que o princípio da *igualdade* em conjunto com o da *vedação de toda e qualquer forma de discriminação* norteiam a aplicação das normas jurídicas, proibindo qualquer forma de distinção ilegítima e respeitando, inclusive, as subjetividades e peculiaridades de cada pessoa. Assim sendo, ressalta-se que a igualdade constitucional também apresenta duas acepções complementares: a) a *igualdade formal* – representando a ideia de que todos são iguais perante a lei;[54] e b) a *igualdade material ou substancial* – a qual representa o papel do Estado na promoção da justiça social, promovendo um equilíbrio entre as pessoas (redistribuição) e o reconhecimento de suas individualidades (reconhecimento).[55]

Dessa maneira, é importante entender que não basta reconhecer a igualdade de direitos no plano legal (formal), mas que é necessário proporcionar, no plano fático (material), que a isonomia

---

[53] BARROSO, Luís Roberto. Legitimidade da recusa de transfusão de sangue por testemunhas de Jeová. Dignidade humana, liberdade religiosa e escolhas existenciais. *In*: LEITE, George Salomão; SARLET, Ingo Wolfgang; CARBONELL, Miguel. *Direitos, Deveres e Garantias Fundamentais*. Salvador: Juspodivm, 2011, p. 676.

[54] DUARTE, Clarice Seixas. Fundamentos filosóficos da proteção às minorias. *In*: MAGALHÃES, José Quadros de; JUBILUT, Liliana Lyra; BAHIA, Alexandre Gustavo Melo Franco. *Direito à diferença*. Vol. 1. Saraiva: São Paulo, 2014, p. 34.

[55] DUARTE, Clarice Seixas. Fundamentos filosóficos da proteção às minorias. *In*: MAGALHÃES, José Quadros de; JUBILUT, Liliana Lyra; BAHIA, Alexandre Gustavo Melo Franco. *Direito à diferença*. Vol. 1. Saraiva: São Paulo, 2014, p. 36-41.

seja estabelecida de forma plena e efetiva, reconhecendo-se as diferenças e as subjetividades de cada pessoa. Nesse sentido, defende Silvia Ozelame Rigo Moschetta,

> (...) Afirma-se que a igualdade que deve prevalecer é a do teor relativo – a verdadeira igualdade, ou seja, a que garanta tratamento igualitário tendo presentes as diferenças, eis que a igualdade absoluta sempre trará resquícios de desigualdade, já que desigualdade é universal.[56]

Diante disso, no que diz respeito às famílias homoafetivas e ao estabelecimento dos vínculos parentais, de nada adiantaria tal direito ser reconhecido com base na igualdade legal se se ignorar que tais pessoas, por uma razão ligada a sua expressão afetivo-sexual, apenas poderiam estabelecer tais vínculos através de métodos diversos do coito sexual. Tal particularidade, entretanto, não poderia ser utilizada como um impedimento de seu acesso a esses métodos, sob pena de estar-se discriminando as suas identidades, o que representaria uma ofensa direta à ideia de isonomia e de não discriminação.

Percebe-se, portanto, que o elemento volitivo, ou seja, a intenção de ser pai ou mãe por parte de pessoas homossexuais, por si só, já deve ser suficiente para que lhes seja atribuído tal direito, devendo ser garantido pelo Estado, a despeito da existência ou não de lei específica na matéria. Sendo assim, a autonomia e a vontade de constituição de família dessas pessoas devem ser asseguradas, inclusive, no que disser respeito a todos os seus desdobramentos, quais sejam: o exercício da autoridade parental; o dever de cuidado para com os filhos; os vínculos de parentesco; os deveres de guarda, sustento e educação dos filhos; os direitos sucessórios; o direito à prestação alimentícia; o direito-dever de convivência familiar. Afinal, é papel do ente estatal garantir a proteção das garantias fundamentais elencadas no texto constitucional, de forma a proporcionar uma maior segurança jurídica, mesmo para os indivíduos que se encontram desamparados pela legislação.

---

[56] MOSCHETTA, Sílvia Ozelame Rigo. *Homoparentalidade*: direito à adoção e reprodução humana assistida por casais homoafetivos. 2. ed. Curitiba: Juruá, 2011, p. 125.

2.3 Uma escolha legítima: a reprodução humana assistida como uma alternativa para os casais homoafetivos

Entendida a sistemática jurídica a qual autoriza o reconhecimento do direito à homoparentalidade no ordenamento jurídico brasileiro, oportuno faz-se destacar as formas através das quais essa homoparentalidade poderá vir a ser viabilizada. Dessa maneira, pode-se dizer, segundo Maria Consuêlo Passos, que existem basicamente quatro formas de pessoas homossexuais viabilizarem essa parentalidade: a) através da recomposição familiar, em que um dos membros do casal traz para sua relação homoafetiva o(s) filho(s) de uma relação heteroafetiva anterior; b) a coparentalidade, na qual um dos membros do casal homoafetivo gera um filho com um homem ou uma mulher, não necessariamente homossexual, e esse filho passa a integrar o núcleo parental de um dos pais biológicos; c) a adoção; e d) o recurso às técnicas de reprodução humana assistida, mediante a doação de material genético de terceiros ou, ainda, o auxílio de uma gestação por substituição.[57]

Sendo assim, percebe-se que, em tais contextos familiares, a concretização desses projetos parentais sempre irá depender de um terceiro, ou seja, uma pessoa interposta, conhecida ou não, que será crucial para a viabilização dessa homoparentalidade.[58] Diante disso, cabe ao casal em questão decidir qual a forma que melhor atende as suas necessidades e as suas expectativas pessoais com relação a essa filiação.

Em se tratando especificamente dos projetos parentais ectogenéticos[59] – que são o objeto principal deste trabalho –, o acesso das

---

[57] PASSOS, Maria Consuêlo. Homoparentalidade: uma entre outras formas de ser família. *Psicologia Clínica*, Rio de Janeiro, v. 17, n. 2, p. 31-40, 2005. Disponível em: http://www.scielo.br/pdf/pc/v17n2/v17n2a03.pdf. Acesso em: 28 nov. 2018.

[58] PASSOS, Maria Consuêlo. Homoparentalidade: uma entre outras formas de ser família. *Psicologia Clínica*, Rio de Janeiro, v. 17, n. 2, p. 31-40, 2005. Disponível em: http://www.scielo.br/pdf/pc/v17n2/v17n2a03.pdf. Acesso em: 28 nov. 2018.

[59] Os projetos parentais ectogenéticos dizem respeito ao uso das técnicas de reprodução humana assistida para a sua concretização (CHAVES, Marianna. Famílias Ectogenéticas: os limites jurídicos para utilização de técnicas de reprodução assistida. *Anais do Congresso Brasileiro de Direito de Família*, v. 10, p. 309-340, 2016. Disponível em: https://www.academia.edu/27632388/FAMÍLIAS_ECTOGENÉTICAS_OS_LIMITES_JURÍDICOS_PARA_UTILIZAÇÃO_DE_TÉCNICAS_DE_REPRODUÇÃO_ASSISTIDA. Acesso em: 27 jun. 2018).

pessoas homossexuais às TRHA não estaria ligado propriamente a sua esterilidade ou infertilidade biológicas,[60] mas sim na sua infertilidade psicológica[61] em conjunto com a impossibilidade de terem filhos através do método tradicional de concepção, ou seja, através das relações sexuais puramente consideradas.

No entanto, essa opção pelo uso das técnicas reprodutivas pode levantar certa polêmica no meio social. Afinal, muitas vezes, quando comparada com a adoção, essa opção pode ser enxergada como uma escolha egoística do indivíduo ou do casal que opta por ela.

Diante desse contexto, percebe-se que as críticas fundam-se principalmente na ideia de que a adoção seria uma opção mais digna, pois, através dela, estar-se-ia dando um lar para pessoas abandonadas e desamparadas. Sendo assim, resta indagar: será que os homossexuais, em razão da impossibilidade de procriarem por si só, não deveriam ter a oportunidade de escolha acerca da constituição dos seus projetos de parentalidade? Será que, em função disso, teriam o papel primordial de acolher quem foi abandonado, ao invés de optar por dar à luz a novos indivíduos? Será que existiria um direito a uma descendência biológica por parte da pessoa homossexual?

---

[60] Infertilidade seria a dificuldade de gerar filhos, ao passo que a esterilidade seria a total impossibilidade de conceber filhos naturais. (Nesse sentido, ver PINHEIRO NETO, Othoniel. *O direito dos homossexuais biologicamente férteis, mas psicologicamente inférteis, habilita-os como beneficiários da política nacional de reprodução humana assistida.* 2016. 137 f. Dissertação (Mestrado em Direito) – Universidade Federal d Bahia. Salvador, 2016. Disponível em: https://repositorio.ufba.br/ri/bitstream/ri/20172/1/Tese%20Othoniel%20Pinheiro%20Neto. pdf. Acesso em: 28 nov. de 2018).

[61] A infertilidade psicológica diz respeito ao exercício da autonomia daquelas pessoas que não queiram ter relações sexuais com o sexo oposto; impedindo, por conseguinte, a possibilidade procriação natural. (Nesse sentido, ver PINHEIRO NETO, Othoniel. *O direito dos homossexuais biologicamente férteis, mas psicologicamente inférteis, habilita-os como beneficiários da política nacional de reprodução humana assistida.* 2016. 137 f. Dissertação (Mestrado em Direito) – Universidade Federal d Bahia. Salvador, 2016. Disponível em: https://repositorio.ufba.br/ri/bitstream/ri/20172/1/Tese%20Othoniel%20Pinheiro%20Neto. pdf. Acesso em: 28 nov. de 2018). Dentro desse conceito, enquadram-se, por exemplo, as pessoas homossexuais, cuja expressão afetivo-sexual destina-se à pessoas do mesmo sexo, e as pessoas assexuais, compreendendo aquelas pessoas que não experimentam a atração sexual, podendo experimentar interesses de tipo romântico por outras – dissociados de experiências sexuais – bem como aquelas pessoas que não expressam sequer interesse romântico por outrem. (No mesmo sentido, ver BRIGEIRO, Mauro. A emergência da assexualidade: notas sobre política sexual, ethos científico e o desinteresse pelo sexo. *Sexualidad, Salud y Sociedad – Revista Latinoamericana*, Rio de Janeiro, n. 14, p. 253-283, 2013. Disponível em: http://www.scielo.br/pdf/sess/n14/a12n14.pdf. Acesso em: 9 jul. de 2018).

Inúmeros são os questionamentos, mas uma coisa é certa, eles sintetizam-se primordialmente em duas questões: a) a *liberdade* no exercício do planejamento familiar pelo casal[62] que pretende realizar seu projeto parental, o qual poderá dar-se através da procriação medicamente assistida (PMA) ou da adoção; e b) o direito a uma descendência biológica, mesmo os critérios consanguíneos tendo perdido a força, ante a forte construção da doutrina da socioafetividade.

Com relação ao planejamento familiar, apenas corroborando o que já foi dito anteriormente, as suas únicas limitações legais, segundo os próprios ditames do art. 226, §7º, da CF/88, seriam os princípios da *dignidade da pessoa humana* e da *parentalidade responsável*. Nessa hipótese, entretanto, não há como se falar em descumprimento de tais preceitos fundamentais, visto que a homossexualidade dos pais ou das mães não traz qualquer malefício para os filhos, inclusive, estudos da Academia Americana de Pediatria, citados por Sílvia Ozelame Moschetta, apontaram que,

> Um crescente conjunto da literatura científica demonstra que a criança que cresce com 1 ou 2 pais gays ou lésbicas se desenvolve tão bem sob os aspectos emocional, cognitivo, social e do funcionamento sexual quanto a criança cujos pais são heterossexuais. O bom desenvolvimento das crianças parece ser influenciado mais pela natureza dos relacionamentos e interações dentro da unidade familiar do que pela forma estrutural específica que esta possui.[63]

Ademais, a escolha pela concepção com o auxílio dos procedimentos medicamente assistidos de reprodução também não

---

[62] Por casal aqui se entende tal expressão de forma ampla, abrangendo tanto aqueles heteroafetivos como os homoafetivos, tendo em vista que desde o julgamento da ADPF nº 132/RJ e da ADI nº 4.277/DF pelo Supremo Tribunal Federal (STF), em 2011, as uniões homoafetivas são legitimamente reconhecidas como entidades familiares pelo ordenamento jurídico brasileiro.

[63] Texto Original: *"A growing body of scientific literature demonstrates that children who grow up with 1 or 2 gay and/or lesbian parents fare as well in emotional, cognitive, social, and sexual functioning as do children whose parents are heterosexual. Children's optimal development seems to be influenced more by the nature of the relationships and interactions within the family unit than by the particular structural form it takes"* (PERRIN, Ellen C. *Technical Report*: Coparent or Second-Parent Adoption by Same-Sex Parents. Disponível em: http://pediatrics.aappublications.org/content/109/2/34. Acesso em: 2 abr. 2017. *Apud* MOSCHETTA, Sílvia Ozelame Rigo. *Homoparentalidade*: direito à adoção e reprodução humana assistida por casais homoafetivos. 2. ed. Curitiba: Juruá, 2011, p. 155).

gera qualquer violação aos direitos da futura prole. Afinal, o papel de toda e qualquer família, incluída a homoafetiva, é o de proporcionar aos seus membros um ambiente coexistencial sadio e acolhedor, apto à promoção de um desenvolvimento de suas potencialidades individuais e de sua emancipação.[64]

Dessa forma, não há como se vislumbrar a existência de qualquer ofensa aos princípios supramencionados, não havendo motivos para tolher a liberdade dessas pessoas quanto à escolha da forma através da qual pretendem concretizar seus projetos parentais. Afinal, a *liberdade familiar* é um dos princípios gerais que norteiam as relações de família, sendo uma de suas vertentes justamente a autonomia no planejamento familiar, incluídas as escolhas quanto à forma de constituição dessa filiação, como anteriormente discutido.

Em se tratando da aparente contradição existente entre a defesa do direito a uma descendência biológica e a doutrina da socioafetividade, por sua vez, cumpre ressaltar, antes de mais nada, a posição doutrinária de Paulo Luiz Netto Lôbo ao afirmar que "(...) toda paternidade é necessariamente socioafetiva, podendo ter origem biológica ou não biológica; em outras palavras, a paternidade socioafetiva é gênero do qual são espécies a paternidade biológica e a paternidade não biológica".[65]

Ante tal perspectiva, percebe-se que o objetivo da doutrina da socioafetividade não é tolher a autonomia dos indivíduos quanto as suas escolhas existenciais, mas sim valorizar o afeto nas relações sociais e a afetividade nas relações jurídicas, os quais devem ser inerentes a todo e qualquer meio familiar. Dessa forma, tampouco importa o meio de concretização de um projeto parental, não cabendo ao Direito, como instrumento regulador, estabelecer uma primazia abstrata de um vínculo filiatório sobre outro, até porque a própria legislação não o faz, a exemplo do art. 227, §6º, da CF/88[66]

---

[64] RUZYK, Carlos Eduardo Pianovsk. *Liberdade(S) e Função*: contribuição crítica para uma nova fundamentação da dimensão funcional do direito civil brasileiro. 2009. 402 f. Tese (Doutorado em Direito das Relações Sociais) – Universidade Federal do Paraná. Curitiba, 2009. Disponível em: https://acervodigital.ufpr.br/bitstream/handle/1884/19174/?sequence=1. Acesso em: 5 maio 2018.

[65] LÔBO, Paulo. *Direito civil*: famílias. 5. ed. São Paulo: Saraiva, 2014. p. 25.

[66] Constituição Federal de 1988: "§6º Os filhos, havidos ou não da relação do casamento, ou por adoção, terão os mesmos direitos e qualificações, proibidas quaisquer designações discriminatórias relativas à filiação".

e o art. 1.596 do Código Civil de 2002 (CC/02).[67] Sendo assim, independentemente da escolha feita, seja pela filiação biológica, seja pela civil (ou socioafetiva), o que deve importar é, como afirma Ana Paula Peres, "(...) a existência de um desejo verdadeiro de dar e receber amor",[68] o qual culmina, também, numa responsabilidade e num dever de cuidado recíprocos.

Dessa sorte, impende esclarecer que existem diversas formas através das quais as TRHA podem ser utilizadas por casais homoafetivos, sejam eles compostos por mulheres ou por homens, cisgêneros ou transgêneros,[69] para fins de efetivarem seus projetos parentais, sendo os recursos disponíveis extremamente variados (conforme se depreende do quadro 1, ao final do texto). Vale dizer, portanto, que deve ser dada a cada indivíduo a oportunidade de escolha a respeito da constituição dos vínculos parentais os quais pretendem estabelecer com seus filhos. Pois, no final das contas, o que interessará não é o laço existente na filiação, biológico ou não biológico, mas sim o cuidado e o afeto existente naquela relação, a qual deverá ser capaz de dar àquela criança os subsídios necessários para o seu desenvolvimento sadio, tanto na esfera física quanto na esfera psíquica, bem como para sua correta inserção no meio social em que habita.

Considerações finais

Percebe-se que o conceito de planejamento familiar trazido pela Lei Maior – o qual remete, primeiramente, a uma ideia de

---

[67] Código Civil de 2002: "Art. 1.596. Os filhos, havidos ou não da relação de casamento, ou por adoção, terão os mesmos direitos e qualificações, proibidas quaisquer designações discriminatórias relativas à filiação".

[68] PERES, Ana Paula Ariston Barion. A adoção por homossexuais: fronteiras da família na pós-modernidade. Rio de Janeiro: Renovar, 2006, p. 121-122. *Apud* MOSCHETTA, Sílvia Ozelame Rigo. *Homoparentalidade*: direito à adoção e reprodução humana assistida por casais homoafetivos. 2. ed. Curitiba: Juruá, 2011. p. 124.

[69] Diz-se que a pessoa é cisgênera quando sua identidade de gênero – ou seja, sua forma de percepção pessoal ante a sociedade – encontra-se em conformidade com aquela que lhe foi imposta em razão do seu sexo biológico. Por outro lado, diz-se que a pessoa transgênera quando sua identidade de gênero é diversa daquela que lhe foi imposta em razão do seu sexo biológico.

liberdade do casal na opção pelo seu projeto parental – é ampliado pela Lei nº 9.263/1996 (Lei de Planejamento Familiar), a qual atribui o exercício desse planejamento também às pessoas individualmente consideradas. Assim, é perceptível que a compreensão da titularidade desse direito é dotada de certa amplitude, ultrapassando a noção pura e simples de liberdade do casal.

Nessa continuidade, impende também esclarecer que, ainda que fosse direito apenas do casal, desde a decisão do Supremo Tribunal Federal (STF) em 2011, em sede de julgamento da ADPF nº 132/RJ e da ADI nº 4.277/DF, a concepção da palavra "casal" não pode ser restrita apenas à ideia de um par formado por um homem e uma mulher, pelo que deve abranger também os pares formados por pessoas do mesmo sexo. Sendo assim, não há como, juridicamente, impor uma restrição ao exercício desse planejamento familiar por parte de um casal homoafetivo pura e simplesmente em razão da sua expressão afetivo-sexual diversa.

Por outro lado, o desempenho do projeto parental que se alicerça no direito ao livre planejamento familiar encontra também alguns limites. Afinal, o art. 226, §7º, determina que sejam observados, no caso concreto, o respeito aos princípios da *dignidade da pessoa humana* e da *paternidade responsável*. Desse modo, projetos parentais que violem tais preceitos não podem vir a ser concretizados, sejam eles desempenhados por heterossexuais ou por homossexuais. O que não se pode admitir, repita-se, é que seja negado o exercício desse direito às famílias homoafetivas em razão da expressão das suas sexualidades, pois o fator sexualidade não pode ser parâmetro de exclusão, sob pena de discriminação negativa, vedada expressamente pelo art. 3º, IV, da Constituição Federal.

Ademais, observa-se que o Estado não pode interferir na escolha das pessoas quanto à forma de constituição de sua prole, apenas contribuir com o acesso à informação dos indivíduos, a fim de corroborar com o exercício de sua autonomia. Dessa maneira, não foram encontrados óbices no ordenamento jurídico que deslegitimassem a escolha de um indivíduo ou de um casal, especialmente de pessoas homossexuais, na escolha pelo uso das técnicas de RHA. Em contrapartida, tem-se que a liberdade dos indivíduos, desde que observadas às diretrizes estabelecidas para o planejamento familiar, deve ser respeitada. Afinal, cada pessoa tem legitimidade para decidir qual a melhor forma de constituição de sua família, sobretudo de sua prole.

Por conseguinte, entendeu-se que a homoparentalidade deve ser protegida pelo Estado, sob pena de desrespeito aos ditames constitucionais, principalmente da *dignidade,* da *liberdade,* da *igualdade* e da *não discriminação.* Por isso, vislumbra-se que o exercício da autonomia pelas pessoas homossexuais na construção de seus projetos parentais é direito fundamental, pautado pelo exercício do planejamento familiar, e não é passível de limitações que não as trazidas no art. 226, §7º, da Carta Magna.

Quadro 1: Meios de utilização da RHA a depender das subjetividades do casal beneficiário

(continua)

ASPECTOS	USO DE MATERIAL GENÉTICO PRÓPRIO	DOADOR(A) ANÔNIMO(A) DE GAMETAS	GESTAÇÃO SUBROGADA	ATRIBUIÇÃO DA MATERNIDADE OU PATERNIDADE
CASAL FEMINO COMPOSTO POR MULHERES CISGÊNERAS	Uso do próprio material genético (óvulo), podendo ser daquela que irá gestar a criança ou da sua parceira.	Uso de material genético de doador anônimo (espermatozoide).	Não necessária, salvo se ambas forem estéreis.	Critério biológico (gestação) para aquela que gesta a criança, genético (material genético) para aquela que doou o material genético e/ou jurídico (presunção do art. 1.597, V, CC) para a parceira.
CASAL FEMININO COMPOSTO POR MULHERES TRANSGÊNERAS	Uso do próprio material genético (espermatozóide) de uma das duas ou de ambas. Em caso de cirurgia de transgenitalização anterior, necessita que os gametas sejam crioconservados.	Uso de material genético de doadora anônima (óvulo).	Necessária.	Critério genético (uso do gameta sexual) para aquela que doou o material genético e volitivo (deliberação pelo uso das técnicas de RHA) para a outra parceira.

(continua)

ASPECTOS	USO DE MATERIAL GENÉTICO PRÓPRIO	DOADOR(A) ANÔNIMO(A) DE GAMETAS	GESTAÇÃO SUBROGADA	ATRIBUIÇÃO DA MATERNIDADE OU PATERNIDADE
CASAL FEMININO COMPOSTO POR MULHER CISGÊNERA E MULHER TRANSGÊNERA	Uso do próprio material genético de ambas (óvulo e espermatozóide). Em caso de cirurgia de transgenitalização anterior, necessita que os gametas sejam crioconservados.	Não necessário, salvo se uma das duas for estéril ou ambas estéreis.	Não necessária, salvo se a parceira cisgênera for estéril.	Critério biológico (gestação) para aquela que gestar a criança, genético (uso do gameta sexual) para aquela que doou o material genético e/ou jurídico (presunção do art. 1.597, V, CC) para a parceira.
CASAL MASCULINO COMPOSTO POR HOMENS CISGÊNEROS	Uso do próprio material genético (espermatozoide) de um dos dois ou de ambos.	Não necessário, salvo se um dos dois for estéril ou ambos estéreis.	Necessária.	Critério genético (uso do gameta sexual) para aquele que cedeu o material genético e volitivo (deliberação pelo uso das técnicas de RHA) para o seu parceiro.
CASAL MASCULINO COMPOSTO POR HOMENS TRANSGÊNEROS	Uso do próprio material genético (óvulo), podendo ser daquele que irá gestar a criança ou de seu parceiro. Em caso de cirurgia de transgenitalização anterior, necessita que os gametas sejam crioconservados.	Uso de material genético de doador anônimo (espermatozoide).	Não necessária, salvo se nenhum dos dois puder gestar a criança.	Critério biológico (gestação) para aquele que gesta a criança, genético (material genético) para aquela que doou o material genético e/ou jurídico (presunção do art. 1.597, V, CC) para o parceiro.

(conclusão)

ASPECTOS	USO DE MATERIAL GENÉTICO PRÓPRIO	DOADOR(A) ANÔNIMO(A) DE GAMETAS	GESTAÇÃO SUBROGADA	ATRIBUIÇÃO DA MATERNIDADE OU PATERNIDADE
CASAL MASCULINO COMPOSTO POR HOMEM CISGÊNERO E HOMEM TRANSGÊNERO	Uso do próprio material genético de ambos (espermatozóide e óvulo). Em caso de cirurgia de transgenitalização anterior, necessita que os gametas sejam crioconservados.	Não necessário, salvo se um dos dois for estéril ou ambos estéreis.	Não necessária, salvo se o parceiro transgênero não puder ou não quiser gestar.	Critério biológico (gestação) para aquela que gestar a criança, genético (uso do gameta sexual) para aquela que doou o material genético e/ou jurídico (presunção do art. 1.597, V, CC) para o parceiro.

Fonte: Elaboração pelos autores a partir dos dados da pesquisa

Referências

ALFANO, Bianca. Homoparentalidades: gênero e reprodução na contemporaneidade. *In*: XIV Encontro Nacional da Abrapso, 14, 2007, Rio de Janeiro. *Anais do XIV Encontro Nacional da ABRAPSO*: diálogos em psicologia social, Rio de Janeiro, 2007, p. 1-13, 2007, p. 9. Disponível em: http://www.abrapso.org.br/siteprincipal/anexos/AnaisXIVENA/conteudo/pdf/trab_completo_199.pdf. Acesso em: 19 nov. 2018.

BARROSO, Luís Roberto. Legitimidade da recusa de transfusão de sangue por testemunhas de Jeová. Dignidade humana, liberdade religiosa e escolhas existenciais. *In*: LEITE, George Salomão; SARLET, Ingo Wolfgang; CARBONELL, Miguel. *Direitos, Deveres e Garantias Fundamentais*. Salvador: Juspodivm, 2011.

BOURDIEU, Pierre. *A dominação masculina*. Tradução Maria Helena Kühner. 11. ed. Rio de Janeiro: Bertrand Brasil, 2012.

BRASIL. Constituição (1988). *Constituição da República Federativa do Brasil*. Brasília: Senado, 1988. Disponível em: http://www.planalto.gov.br/ccivil_03/Constituicao/Constituicao.htm. Acesso em: 18 nov. 2018.

BRASIL. *Lei nº 9.263, de 12 de janeiro de 1996*. Disponível em: http://www.planalto.gov.br/ccivil_03/leis/L9263.htm. Acesso em: 18 nov. 2018.

BRAUNER, Maria Cláudia Crespo. *Direito, sexualidade e reprodução humana*: conquistas médicas e o debate bioético. Rio de Janeiro: Renovar, 2003.

BRIGEIRO, Mauro. A emergência da assexualidade: notas sobre política sexual, ethos científico e o desinteresse pelo sexo. *Sexualidad, Salud y Sociedad – Revista Latinoamericana*, Rio de Janeiro, n. 14, p. 253-283, 2013. Disponível em: http://www.scielo.br/pdf/sess/n14/a12n14.pdf. Acesso em: 09 jul. de 2018.

CASTANHO, Maria Amélia Belomo. *Planejamento familiar*: o estado na construção de uma sociedade inclusiva e a participação social para o bem comum. Curitiba: Juruá, 2014.

CHAVES, Marianna. Famílias Ectogenéticas: os limites jurídicos para utilização de técnicas de reprodução assistida. *Anais do Congresso Brasileiro de Direito de Família*, v. 10, p. 309-340, 2016. Disponível em: https://www.academia.edu/27632388/FAMÍLIAS_ECTOGENÉTICAS_OS_LIMITES_JURÍDICOS_PARA_UTILIZAÇÃO_DE_TÉCNICAS_DE_REPRODUÇÃO_ASSISTIDA. Acesso em: 27 jun. 2018.

DIAS, Maria Berenice. Estatuto da diversidade sexual – uma lei por inciativa popular. *In*: FERRAZ, Carolina Valença; LEITE, George Salomão; LEITE, Glauber Salomão; LEITE, Glauco Salomão (Coord.). *Manual do Direito Homoafetivo*. São Paulo: Saraiva, 2013.

DUARTE, Clarice Seixas. Fundamentos filosóficos da proteção às minorias. *In*: MAGALHÃES, José Quadros de; JUBILUT, Liliana Lyra; BAHIA, Alexandre Gustavo Melo Franco. *Direito à diferença*. Vol. 1. Saraiva: São Paulo, 2014. p. 34.

FONSECA, Ricardo Tadeu Marques da. *A ONU e o seu conceito revolucionário de pessoa com deficiência*. Disponível em: http://www.inclusive.org.br/arquivos/109. Acesso em: 6 jan. 2016.

GAMA, Guilherme Calmon Nogueira da. *A nova filiação*: o biodireito e as relações parentais: o estabelecimento da parentalidade-filiação e os efeitos jurídicos da reprodução humana assistida heteróloga. Rio de Janeiro: Renovar, 2003.

HOLANDA, Caroline Sátiro. *As Técnicas de Reprodução Assistida e a Necessidade de Parâmetros Jurídicos à Luz da Constituição Federal de 1988*. 2006. 263 f. Dissertação (Mestrado em Direito) – Universidade de Fortaleza. Fortaleza, 2006. Disponível em: http://www.dominiopublico.gov.br/download/teste/arqs/cp041477.pdf. Acesso em: 28 nov. 2018.

LEWIS, Elizabeth Sara. "Eu Quero meu Direito como Bissexual": a marginalização discursiva da diversidade sexual dentro do movimento LGBT e propostas para fomentar a sua aceitação. *In*: III Simpósio Nacional Discurso, Identidade e Sociedade (III SIDIS), 3, 2012, Campinas. *Anais do III Simpósio Nacional Discurso, Identidade e Sociedade (III SIDIS)*: dilemas e desafios na contemporaneidade, Campinas, 2012, p. 1-22. Disponível em: https://www.iel.unicamp.br/sidis/anais/pdf/LEWIS_ELIZABETH_SARA.pdf . Acesso em: 19 nov. 2018.

LÔBO, Paulo. *Direito civil*: famílias. 5. ed. São Paulo: Saraiva, 2014. p. 25.

MIGUEL, Luis Felipe; BIROLI, Flávia. *Feminismo e política*: uma introdução. São Paulo: Boitempo, 2014.

MOSCHETTA, Sílvia Ozelame Rigo. *Homoparentalidade*: direito à adoção e reprodução humana assistida por casais homoafetivos. 2. ed. Curitiba: Juruá, 2011.

PASSOS, Maria Consuêlo. Homoparentalidade: uma entre outras formas de ser família. *Psicologia Clínica*, Rio de Janeiro, v. 17, n. 2, p. 31-40, 2005. Disponível em: http://www.scielo.br/pdf/pc/v17n2/v17n2a03.pdf. Acesso em: 28 nov. 2018.

PINHEIRO NETO, Othoniel. *O direito dos homossexuais biologicamente férteis, mas psicologicamente inférteis, habilita-os como beneficiários da política nacional de reprodução humana assistida*. 2016. 137 f. Dissertação (Mestrado em Direito) – Universidade Federal d Bahia. Salvador, 2016. Disponível em: https://repositorio.ufba.br/ri/bitstream/ri/20172/1/Tese%20Othoniel%20Pinheiro%20Neto.pdf. Acesso em: 28 nov. de 2018

PIOVESAN, Flávia; SILVA, Sandro Gorski. Diversidade sexual e o contexto global: desafios à plena implementação dos direitos humanos LGBTI. *Revista Quaestio Iuris*, Rio de Janeiro, v. 8, n. 4, p. 2.613-2.650, 2015, p. 2.641. Disponível em: file:///C:/Users/Sergio/Downloads/20949-68351-2-PB.pdf. Acesso em: 29 out. 2017.

PIOVESAN, Flávia; SILVA, Sandro Gorski. Convenção da ONU sobre os direitos das pessoas com deficiência: inovações, alcance e impacto. *In:* FERRAZ, Carolina Valença; LEITE, George Salomão; LEITE, Glauber Salomão; LEITE, Glauco Salomão (Coord.). *Manual dos Direitos da Pessoa com Deficiência.* São Paulo: Saraiva, 2012.

RUZYK, Carlos Eduardo Pianovsk. *Liberdade(S) e Função:* contribuição crítica para uma nova fundamentação da dimensão funcional do direito civil brasileiro. 2009. 402 f. Tese (Doutorado em Direito das Relações Sociais) – Universidade Federal do Paraná. Curitiba, 2009. Disponível em: https://acervodigital.ufpr.br/bitstream/handle/1884/19174/?sequence=1. Acesso em: 5 maio 2018.

THURLER, Ana Liési. Homoparentalidades e heteroparentalidades: desafios à igualdade. *In:* STEVENS, Cristina; BRASIL, Katia Cristina Tarouquella; ALMEIDA, Tânia Mara Campos de; ZANELLO, Valeska (Org.). *Gênero e Feminismos:* convergências (in)disciplinares. Brasília/DF: Ex Libris, 2010.

VECCHIATTI, Paulo Roberto Iotti. *Manual da homoafetividade:* da possibilidade jurídica do casamento civil, da união estável e da adoção por casais homoafetivos. 2. ed. Rio de Janeiro: Forense; São Paulo: Método, 2012.

Informação bibliográfica deste texto, conforme a NBR 6023:2018 da Associação Brasileira de Normas Técnicas (ABNT):

SILVA NETTO, Manuel Camelo Ferreira da. Homoparentalidades ectogenéticas e a (im)possibilidade de reprodução entre iguais: uma análise do exercício do planejamento familiar nas famílias homoafetivas. *In:* EHRHARDT JÚNIOR, Marcos; LOBO, Fabíola Albuquerque; ANDRADE, Gustavo (Coord.). *Direito das relações familiares contemporâneas:* estudos em homenagem a Paulo Luiz Netto Lôbo. Belo Horizonte: Fórum, 2019. p. 345-375. ISBN 978-85-450-0700-5.

RESPONSABILIDADE CIVIL
NAS RELAÇÕES FAMILIARES

PAULO LÔBO, MEU AMIGO ANCESTRAL E MEU MESTRE ETERNO

Incumbe-me desenvolver uma tarefa agradabilíssima, que é costurar (ou bordar, melhor!) palavras e lembranças a respeito deste meu querido amigo – quase irmão – o homenageado desta obra, amado Professor Paulo Luiz Netto Lôbo. Não há tarefa melhor e nem mais gratificante que esta. Estou feliz, portanto.

Conheci Paulo no gelado mês de julho de 1986, na cidade de Porto Alegre, ocasião em que nos convidou – a mim e a ele, entre outros, como o hoje Desembargador do TJRS Rui Portanova – a então Professora da UNISSINOS, Raquel Campani Schmiedel, para um evento no IARGS, onde palestramos.

Na mesma ocasião, Paulo fez o primeiro lançamento de seu formidável livro *O contrato – exigências e concepções atuais*, além de ministrar uma disciplina em curso de especialização, naquela universidade gaúcha, sob a coordenação da Professora Raquel.

Quando terminamos nosso compromisso acadêmico, Raquel nos levou – num inesquecível "bate-e-volta"– até a linda cidade serrana de Gramado. A temperatura era muito baixa, como se pode imaginar. Eu mesma, paulistana, devo confessar que sentia muito frio... mas o querido amigo Paulo, alagoano que acabara de conhecer, tiritava verdadeiramente. Logo fomos a uma loja especializada em lindos casacos e, lá, Paulo comprou um belíssimo casaco de lã azul, que lhe caiu muito bem. Agora sim, bem agasalhados, fomos almoçar num excelente restaurante alemão, às margens do Lago Negro. Tomamos vinho branco, alemão, da garrafa azul... Eram pouquíssimas as opções de vinho, no Brasil, naquela época, mesmo no Sul. Foi um dia inesquecível.

Assim foi que conheci Paulo, sem imaginar, naquele dia, como os laços afetivos nos deixariam tão próximos, por toda a vida.

Nessa época, Paulo já era mestre pela FDR/UFPE (1979) e já tinha em vista fazer o seu doutoramento na FD/USP, instituição da qual venho, desde os bancos da graduação, até os dias de hoje, como professora titular de Direito Civil. Lembro-me que o incentivei muito, para que realmente viesse (ele era Procurador do Estado, em Alagoas) para São Paulo e para a nossa USP. E ele chegou à capital paulista em 1988 e aqui viveu por dois anos, na rua Borges Lagoa (Vila Clementino). Estudioso e destacado como é – e sempre foi – Paulo rapidamente conquistou a consideração e o respeito de todos os colegas e professores. Lembro-me de que, quando ele tinha a palavra e se manifestava, todos ficavam muito atentos, porque o raciocínio estruturado a partir da grande doutrina de Pontes de Miranda era absolutamente impecável. Um primor. Sempre.

Nesses dois anos em que viveu em São Paulo, nossa amizade estreitou-se. Quando ele se doutorou, encarregou-me de providenciar um jantar de comemoração, no qual ele recebeu seus mestres, colegas e a família. Fiquei feliz e honrada com o encargo, então. Mas há outra lembrança desse período de doutorado, do qual Paulo não se esquece: foi a promulgação da Constituição, em 5 de outubro de 1988. Ele, que na ocasião era Conselheiro Federal da OAB, esteve presente na celebração nacional desta promulgação tão importante quanto significativa na vida de todos os brasileiros, num Congresso da própria OAB, em Porto Alegre.

Sua vida foi um desfile de sucessos, quer na esfera profissional, quer na esfera acadêmica, quer na esfera da literatura jurídica, quer na esfera pessoal. Tornou-se o grande civilista da contemporaneidade, este que todos tanto conhecem e profundamente admiram pela seriedade de suas reflexões e conclusões.

Em 1997, ao lado de Rodrigo da Cunha Pereira e outros destacadíssimos e nacionalmente reconhecidos juristas, Paulo e eu mais uma vez nos alinhamos em momento historicamente importante: a fundação do Instituto Brasileiro de Direito de Família, o nosso IBDFAM. Lá se vão 22 anos.

Quando Paulo escreveu sua famosa obra *Direito Civil*, em 6 volumes, teve a generosidade ímpar de dedicar o volume de Sucessões a mim mesma e ao Professor Zeno Veloso. Eu chorei de emoção. Estou certa de que o Professor Zeno também chorou...

Quando Fabíola engravidou, fui das primeiras pessoas a saber e a me congratular com o feliz casal. E daí nasceu Luiz, menino adorável e inteligente como seus pais. Paulo tinha, agora, três filhos – e já alguns netinhos – com os quais partilhava seus momentos de felicidade e de grande sucesso sempre.

Um dia – dia de festa, de alegria, de sonho e felicidade – Paulo e Fabíola se casaram. De novo me fizeram chorar (sim, eu choro muito mesmo...), porque mais uma vez encantaram-me, convidando-me para madrinha daquele nobre acontecimento. Aceitei e chorei.

Enfim, ao escrever estas pequenas e tão simples linhas para homenagear, com recordações, meu amigo-irmão, podem acreditar que novamente choro. É sempre assim. Contudo, Paulo me proporcionou, durante toda a vida, apenas lágrimas de alegria. Que bom!

Iniciei descrevendo como o conheci. Foi em Porto Alegre e também em Gramado.

Encerro para contar aos senhores leitores deste livro lindo que a última vez que nos encontramos (há duas semanas, antes do dia de hoje, quando escrevo este texto) foi exatamente em Porto Alegre e principalmente em Gramado.

A vida é realmente fantástica!

Felicidades, Paulo. Deus te abençoe, hoje e sempre.

São Paulo, 19 de junho de 2019 (quase 33 anos de amizade)

Giselda Maria Fernandes Novaes Hironaka

Professora titular de Direito Civil da Faculdade de Direito da USP. Coordenadora titular e professora dos cursos de pós-graduação *lato sensu* (presencial e *on-line*) da EPD. Coordenadora titular e professora do programa de pós-graduação *stricto sensu* (mestrado e doutorado) da FADISP. Patronesse do curso de Direito de Família e Sucessões – *lato sensu, on-line* – da EBRADI. Fundadora e diretora nacional do IBDFAM. Diretora nacional do IBDCivil. Ex-procuradora federal. Advogada, consultora, parecerista e árbitra. Palestrante e conferencista.

BREVES NOTAS SOBRE A RESPONSABILIDADE CIVIL NO DIREITO DAS FAMÍLIAS[1]

MARCOS EHRHARDT JÚNIOR

Introdução

O dever jurídico de não causar dano a outrem e a obrigação de buscar, quando possível, a reparação do dano injustamente infligido a outro sujeito de direito há muito tempo são objeto de estudo do Direito Obrigacional. Antes do advento da Constituição Federal de 1988, a disciplina Direito de Danos, comumente estudada sob a denominação responsabilidade civil, a despeito de lúcidos posicionamentos doutrinários em sentido contrário, estava circunscrita a situações eminentemente patrimoniais, vale dizer, englobando apenas a proteção de bens mensuráveis em dinheiro.

Nesse período, era comum encontrar nas decisões jurisprudenciais o argumento de que a dor não teria preço, que não se poderia monetizar sentimentos, motivo pelo qual se afastava a possibilidade de se pleitear indenização para compensar uma violação de direito extrapatrimonial, ou seja, bens que não podem ser avaliados em dinheiro. Confundia-se a *violação* do direito – fundamento do dever de indenizar – com suas *consequências*, como, por exemplo, dor, constrangimento, vexame, angústia. Tal confusão na identificação dos pressupostos do dever de indenizar ainda não foi totalmente superada, a despeito da expressa previsão no Texto Constitucional da possibilidade de indenização por danos exclusivamente morais, vale dizer, de cunho extrapatrimonial (art. 5º, incisos V e X, CF/88).

---

[1] O presente texto representa versão atualizada, revista e ampliada do artigo "Responsabilidade civil no direito das famílias: vicissitudes do direito contemporâneo e o paradoxo entre o dinheiro e o afeto", publicado inicialmente no livro *Famílias no Direito Contemporâneo*, editado em 2010 pela editora Juspodivm (p. 353-372).

Decorridos mais de 30 anos de promulgação do texto constitucional e apesar de o Código Civil vigente já ter comemorado mais de 15 anos de vigência, ainda existem sérias controvérsias doutrinárias sobre os critérios que devem ser empregados para a quantificação da indenização devida por danos extrapatrimoniais, e, especialmente, divergência acerca da possibilidade (ou não), no sistema jurídico brasileiro, da adoção da figura de indenização com função punitiva, nos moldes do sistema do *common law*, redefinindo as bases do valor da indenização, que nesta perspectiva não ficaria apenas adstrita à extensão do dano.

Ao longo dos anos, profundas foram as transformações verificadas no âmbito das relações familiares. Inicialmente concebida como célula fundamental de qualquer agrupamento social, a família, que poderia ser descrita como um núcleo de proteção de interesses econômicos e de reprodução,[2] fundada essencialmente no matrimônio e em rígidas hierarquizações para a garantia da segurança jurídica e preservação do patrimônio familiar, revelou-se, nas palavras de Maria Celina Bodin de Moraes, "o espaço privilegiado de realização pessoal dos que a compõem",[3] onde podemos destacar, entre outros aspectos, a afetividade, como seu fundamento e finalidade,[4] permitindo a desconsideração do móvel econômico para prestigiar a estabilidade e ostensibilidade de relacionamentos que se apresentem publicamente de modo comprometido com um projeto de vida em comum, baseado na igualdade entre cônjuges e na igualdade entre filhos no domínio familiar.

Essa mudança de paradigmas é uma das características mais marcantes do Direito Privado de nosso tempo, afinal, como sustenta Luiz Edson Fachin:

> Inequivocamente estamos em *tempo* novo, nada obstante, na mesma *espacialidade* de um perdurar histórico, social e econômico. Daí que não

---

[2] Cf. SILVA FILHO, José Carlos Moreira da. PEZZELLA, Maria Cristina Cereser. *Mitos e rupturas no Direito Civil Contemporâneo*. Rio de Janeiro: Lumen Juris, 2008.
[3] MORAES, Maria Celina Bodin de. O Princípio da Solidariedade. *In:* MATOS, Ana Carla Harmatiuk (Org.). *A Construção dos novos direitos*. Porto Alegre: Nuria Fabris, 2008, p. 248-9.
[4] Cf. LÔBO, Paulo Luiz Netto. Entidades familiares constitucionalizadas: para além do *numerus clausus*. *Jus Navigandi*, Teresina, ano 6, n. 53, jan. 2002. Disponível em: http:// jus2.uol.com.br/doutrina/ texto.asp?id=2552. Acesso em: 01 abr. 2008.

se trata mais de sustentar a reconstrução do Direito Privado brasileiro em torno da idéia de *codificação*, sem embargo da relevância dos códigos como signos linguísticos culturais e sociológicos. Demarca, por isso, novas fronteiras, do que é exemplo a interpenetração dos espaços públicos e privados reconhecida na doutrina, na legislação e na jurisprudência.[5]

Parece consenso entre os doutrinadores que o modelo de proteção às entidades familiares haurido do texto da Constituição Federal impõe a necessidade de análise da realidade familiar sob a óptica interdisciplinar, pois somente dessa forma o operador do Direito terá condições de apreciar o complexo de relações existenciais que a caracteriza. Neste sentido, aduz Fachin que "a família, como fato cultural, está antes do Direito e nas entrelinhas do sistema jurídico",[6] consubstanciando-se em mais que fotos nas paredes ou possibilidades de convivência, na medida em que "vê-la tão-só na percepção jurídica do Direito de Família é olhar menos que a ponta de um *iceberg*. Antecede, sucede e transcende o jurídico, a família como fato e fenômeno".[7]

Por conseguinte, considerando que a família deixou de ser uma mera unidade de produção, vale destacar o entendimento de Antunes Varela, segundo o qual ela se converteu, "ao fim de cada semana, num lugar de refúgio da intimidade das pessoas contra a massificação da sociedade de consumo. Ela constitui hoje um centro de restauração semanal da personalidade do indivíduo contra o anonimato da rua".[8]

Difíceis e tortuosos os caminhos desde a realidade existencial de fato à realidade jurídica[9] das entidades familiares. Não se pode deixar de reconhecer que fatores de natureza econômica, embora não sejam essenciais, ainda são preponderantes nas discussões trazidas ao Judiciário, servindo as questões existenciais e afetivas

---

[5] FACHIN, Luiz Edson. Contemporaneidade, novos direitos e o Direito Civil-Constitucional no Brasil. *In*: MATOS, Ana Carla Harmatiuk (Org.). *A Construção dos novos direitos*. Porto Alegre: Nuria Fabris, 2008, p. 225.
[6] FACHIN, Luiz Edson. *Elementos críticos do Direito de Família*: Curso de Direito Civil. Rio de Janeiro: Renovar, 1999.
[7] *Idem, ibidem*.
[8] *In*: *Direito da Família*. 3. ed. Lisboa: Petrony, 1993, p. 47.
[9] Cf. RAMOS, Cármen Lúcia Silveira. *Famílias sem Casamento*: De relação existencial de fato a realidade jurídica. Rio de Janeiro: Renovar, 2000.

apenas como MEIO para a consecução dos FINS patrimoniais. É neste contexto de consolidação de algumas conquistas e ainda de intenso debate doutrinário e jurisprudencial sobre aspectos práticos das ações de indenização que se situa a discussão acerca da possibilidade de ajuizamento de ações de reparação por danos no campo do Direito de Família.

1 Responsabilidade civil no Direito de Família

Se considerarmos o ordenamento jurídico em sua unidade e interconexões, não temos como afastar a incidência das regras atinentes à responsabilidade civil do ramo do Direito de Família, por ser integrante do mesmo sistema. Além disso, o argumento comumente empregado de que não se devem monetizar relações afetivas, *a priori*, parece desconsiderar que originariamente o Direito de Família tinha como função precípua a defesa da integridade do patrimônio familiar, sem falar da constatação de que dispositivos que tratam de questões patrimoniais representam parte considerável de sua regulamentação.

Antes de aprofundarmos o tema, faz-se necessário distinguir uma relação de Direito de Família (ex.: vínculo conjugal entre um homem e uma mulher) de uma simples relação negocial no contexto de Direito de Família (genro que pede um empréstimo ao sogro). Em relação a esta, não há qualquer controvérsia quanto à responsabilização civil dos ofensores, seguindo as regras tradicionais da responsabilidade contratual. O que importa saber é se a mesma conduta pode ser empregada para as relações existenciais de Direito de Família. Em suma, não se trata de valorar economicamente situações existenciais, fixando-lhes um *quantum*, mas sim de garantir a tutela, vale dizer, proteção máxima a direitos de caráter personalíssimo.

Não percamos de vista que o grupo familiar ajuda na formação e crescimento da identidade individual, comunicação e objetivos comuns dos seus integrantes, garantindo o substrato para a consolidação do afeto e da solidariedade familiar, através do reconhecimento, tutela e da cooperação, antes mesmo que como cônjuge ou filho, como *pessoa*. Para Pietro Perlingieri, "o controle sobre as vicissitudes pessoais e familiares se justifica se e na medida em que for feito em função da garantia dos direitos fundamentais",[10] sustentando ainda o referido autor que:

> Os direitos atribuídos aos componentes da família garantem e promovem diretamente exigências próprias da pessoa e não de um distinto organismo, expressão de um interesse coletivo superior, fundamento de direitos e deveres. A família não é titular. (...) A presença simultânea da responsabilidade na liberdade individual requer exigência da colaboração, da solidariedade e da reciprocidade, sem que elas cheguem a constituir um separado interesse familiar que possa ser oposto àquele individual. O interesse individual de cada familiar não pode ser pensado se não em relação àquele dos outros familiares: diante da comunhão material e espiritual, o interesse de cada um se torna, em diferentes medidas, o interesse dos outros (...).[11]

Feitas essas observações preliminares, podemos passar a tecer considerações sobre a espécie de responsabilidade em análise.

Para ilustrar o desafio de estudar o tema, poder-se-ia indagar se seria extracontratual a responsabilidade civil no Direito das Famílias? Considerando que os cônjuges estão vinculados por um contrato, seria necessário estabelecer diferenças de tratamento entre a responsabilidade civil nas hipóteses de união estável (situação fática, logo, regida pela lei – responsabilidade aquiliana) e de casamento (negócio jurídico – responsabilidade contratual)?

Neste particular concordamos com o entendimento de Flávio Tartuce, que sustenta que a responsabilidade civil que surge nas relações de conjugalidade ou de convivência é, essencialmente, uma responsabilidade extracontratual, nos termos do disposto no art. 186 do Código Civil vigente.[12]

Não se perca de vista que a complexidade dos arranjos familiares é ponto relevante na busca pela construção de uma teoria da responsabilidade civil aplicada às relações familiares, pois não há como equiparar as relações jurídicas conjugais às relações parentais, por exemplo.

---

[10] PERLINGIERI, Pietro. *Direito Civil na Legalidade Constitucional*. Rio de Janeiro: Renovar, 2008, p. 980.
[11] Idem, p. 974.
[12] Cf. TARTUCE, Flávio. *Manual de Responsabilidade Civil*. Rio de Janeiro: Método, 2019, p. 853-4.

Resta saber qual o caminho a ser adotado para enfrentar o tema: aplicar os pressupostos tradicionais da responsabilidade civil clássica ou delimitar nova espécie de responsabilidade, especialmente para disciplinar as relações familiares?

Nada obstante, uma análise mais pormenorizada demonstrará que a maioria dos casos colocados à apreciação do Poder Judiciário é resolvida aplicando-se tradicionais institutos jurídicos que disciplinam a matéria.

Seguindo com o raciocínio, devemos inicialmente perquirir acerca da origem do dever violado. Explique-se: será que a violação descrita ao magistrado como típica do Direito de Família somente poderia ser cometida por um dos integrantes do núcleo familiar (cônjuge, companheiro, filhos, enteados etc.), ou um terceiro que praticasse a mesma conduta danosa também deveria receber a mesma punição?

Noutras palavras: será que a vítima está buscando a tutela jurisdicional contra a violação de direito personalíssimo (e, como tal, oponível, *erga omnes*) ou buscando proteção para uma conduta de "mão-própria", vale dizer, que só poderia ser praticada por um integrante de seu grupo familiar?

Certamente é possível delimitar um espaço próprio para a responsabilidade civil no Direito de Família, como, por exemplo, a intricada questão da indenização por abandono afetivo. Contudo, em grande parte das situações submetidas à apreciação do Poder Judiciário temos situações de violação a direitos personalíssimos que não estão unicamente relacionados à função que o indivíduo ocupa em sua unidade familiar. O fato de o ofensor ser filho, marido, sogra, cunhado ou outro parente apenas agrava o contexto do dano infligido injustamente à vítima, não desnatura sua origem.

Dito de outro modo, casos em que um dos conviventes impede que o outro desenvolva sua atividade profissional ou provoque indevidamente a inscrição do nome do outro num cadastro de restrição de crédito, por exemplo, podem ter como parâmetro decisões aplicadas em contextos em que não existia relação conjugal ou de parentesco entre os envolvidos. O mesmo se diga em relação a situações de contágio de doenças sexualmente transmissíveis, que pode ocorrer num contexto de inexistência de vínculo familiar, numa relação eventual entre pessoas que acabaram de se conhecer e que não possuem nenhuma intenção de estabelecer um projeto de vida em comum.

Será que todos os danos são indenizáveis? Basta o inadimplemento dos deveres decorrentes do contrato de casamento para ensejar a responsabilização civil? Seria tal ruptura um simples aborrecimento, cuja verificação, segundo a jurisprudência pacífica, não configura prejuízo indenizável diante da ausência de abalo efetivo e considerável?[13]

Um exemplo ajudará a apresentar a complexidade da questão: se eu atraso um dia a data de entrega do contrato, cujo objeto é um bem puramente patrimonial, eu posso pleitear indenização. Trata-se de hipótese pacífica e consolidada, doutrinária e jurisprudencialmente. Mas na relação familiar seria diferente? Seria possível isolar a responsabilidade de uma das partes ou sempre estaríamos diante da alegação de culpa concorrente, implicando, ao menos, a mitigação da responsabilidade dos envolvidos? Afinal, como bem assevera Luiz Edson Fachin, ao apreciar a questão da apuração da culpa nos processos de dissolução de entidades familiares, a conduta dos cônjuges "pode ser apenas sintoma do fim".[14] Neste sentido:

> As crises matrimoniais, e a Psicanálise também o comprova, raro são devidas a uma culpa episódica, pontual; quase sempre constituem manifestações tardias de um processo de transição e ruptura, do qual as pessoas, em geral, não têm consciência plena. Os inconscientes dos cônjuges rompem a comunhão de vidas muitos anos antes das crises exteriores. Os casamentos não terminam por episódios, mas pela sua história. Parafraseando o velho Machado de Assis, o qual assegurava que a ocasião não faz o ladrão, faz o furto, pode-se dizer

---

[13] Neste particular Cristiano Chaves, Felipe Peixoto Braga Netto e Nelson Rosenvald sustentam que "dúvida não há quanto à incidência das regras da responsabilidade civil nas relações afetivas. A discussão na verdade, cinge-se em saber se a violação de algum dever específico de Direito das Famílias, por si só, seria suficiente para ensejar a obrigação de indenizar que caracteriza a responsabilidade civil. Ou seja, a reparação de danos decorreria da isolada ofensa aos deveres comuns e recíprocos estabelecidos no artigo 1.566 do Código Civil. (...). Pois bem, a melhor solução parece sinalizar no sentido de que a violação pura e simples de algum dever jurídico familiar não é suficiente para caracterizar a obrigação de reparar, dependendo a incidência das regras de responsabilidade civil no âmbito do Direito das Famílias da efetiva prática de um ilícito danoso, nos moldes dos artigos 186 e 187 do Código Civil" (In: Novo Tratado de Responsabilidade Civil, 2015, p. 940).

[14] FACHIN, Luiz Edson. Elementos críticos do Direito de Família. Rio de Janeiro: Renovar, 1999, p. 179.

que a ocasião faz a crise, não a ruptura. Produz-se muito antes a ruptura, cuja verdadeira responsabilidade, quando exista, é dificilmente apurável pelo juiz.[15]

No campo da separação e do divórcio, consolidou-se o entendimento no sentido de que discutir culpa apenas retarda ainda mais o desfecho da relação no Judiciário, implodindo, numa inadequada e irrazoável busca, os resquícios de entendimento entre as partes, por vezes em detrimento dos interesses dos filhos e dos próprios envolvidos.

No entanto, quando o tema é responsabilidade civil a discussão toma outro sentido. O estágio atual de nossa codificação só admite afastar a prova da culpa, como pressuposto, vale dizer, um dos elementos de configuração do dever de indenizar, na forma do disposto no parágrafo único do art. 927 do CC/02, a saber: "Haverá obrigação de reparar o dano, independentemente de culpa, nos casos especificados em lei, ou quando a atividade normalmente desenvolvida pelo autor do dano implicar, por sua natureza, risco para os direitos de outrem".

Considerando que não existe lei específica tratando da matéria, ao contrário do que ocorre, por exemplo, com a responsabilidade objetiva dos fornecedores pelos fatos e vícios do produto ou do serviço, conforme disciplinada pelo CDC, deveria o magistrado, *v.g.*, considerar o casamento como atividade, por sua natureza, de risco para os direitos de outrem (esposa e filhos)?

Será que bastaria o insucesso do projeto de felicidade a dois do casal para ensejar o dever de reparar objetivamente os danos? Apesar de ser bem clara a tendência de objetivação da responsabilidade em todos os campos, há de se destacar que permanece o elemento culpa como norma residual do sistema de responsabilidade no Código Civil (art. 186).

Ademais, considerando ainda, apesar das contundentes e procedentes críticas doutrinárias, o fato de que nem o Código de Defesa do Consumidor conseguiu expurgar a falta de cuidado como elemento caracterizador da responsabilidade dos profissionais

---

[15] PELUSO, Antônio Cezar. A culpa na separação e no divórcio, p. 49. *Apud* SARTORI, Fernando Carlos de Andrade. A culpa como causa da separação e seus efeitos. *In:* NANNI, Giovanni Ettore (Org.). *Temas relevantes do Direito Civil contemporâneo.* São Paulo: Atlas, 2008, p. 604.

liberais,[16] não parece ainda possível afirmar que ocorreu o "divórcio" entre a culpa e os demais pressupostos ensejadores do dever de indenizar no campo do Direito de Família.

Neste sentido, Flávio Tartuce sustenta que "a culpa do ato ilícito e da responsabilidade civil é a mesma culpa motivadora do fim do casamento", concluindo que "ambas trazem a concepção do desrespeito a um dever preexistente". No entanto, o referido autor filia-se a corrente doutrinária que admite a possibilidade de mitigação da culpa em alguns casos, concluindo se tratar de hipótese de "relativização, mas não de sua morte, fim ou desaparecimento".[17]

É preciso ainda refletir sobre importantes aspectos relativos à prescrição da pretensão de reparação civil por danos nas relações familiares, afinal, existe regra suspensiva (ou impeditiva) que não permite a contagem de prazo prescricional (art. 197, inciso I, CC/02) entre os cônjuges na constância da sociedade conjugal.[18]

Seria o Juízo de Família palco de uma revisitação de toda a biografia da entidade familiar para perquirição de todos os aborrecimentos e danos ao longo dos anos? Ou pior: nos casos de traição, dever-se-á denunciar à lide o terceiro ofensor para buscar, também dele, e em caráter solidário, uma indenização?

Deve-se anotar que a ocorrência de infidelidade, sem maiores repercussões ou outras contingências, não pode, por si só, ensejar o dever de reparar danos.[19] O efeito atualmente admitido pela

---

[16] Art. 14. O fornecedor de serviços responde, independentemente da existência de culpa, pela reparação dos danos causados aos consumidores por defeitos relativos à prestação dos serviços, bem como por informações insuficientes ou inadequadas sobre sua fruição e riscos. (...) §4º A responsabilidade pessoal dos profissionais liberais será apurada mediante a verificação de culpa.

[17] TARTUCE, Flávio. *Manual de Responsabilidade Civil*. Rio de Janeiro: Método, 2019, p. 853.

[18] O tema não foi abordado em profundidade porque exigiria, por si só, um trabalho específico, diante de posições doutrinárias que consideram imprescritível qualquer violação a direito da personalidade. Além disso, seria necessário traçar a distinção entre danos patrimoniais e não patrimoniais, e suas espécies, o que foge aos objetivos do presente estudo.

[19] CIVIL E PROCESSO CIVIL. FIM DE RELACIONAMENTO OU QUESTÕES FAMILIARES. INDENIZAÇÃO. EXCEPCIONALIDADE. INFIDELIDADE. AUSÊNCIA DE SITUAÇÃO EXTRAORDINÁRIA HÁBIL A CONFIGURAR DANOS MORAIS. 1. Discussões e agressões recíprocas inerentes ao fim de relacionamentos ou questões familiares, fruto do ânimo acalorado entre as partes envolvidas, em regra, não ensejam à reparação por danos morais. Indenizações, nessas situações, apenas contribuiriam para acirrar os ânimos e impedir a pacificação das partes, função precípua da justiça. Apenas excepcionalidades devem ter a atenção necessária e a reparação devida. 2. A infidelidade, por si só, não gera indenização. Há que ocorrer uma situação extraordinária, que não foi trazida aos autos, porquanto as alegações

doutrina para a violação de deveres conjugais se circunscreve ao fim do relacionamento do casal por ruptura da vida em comum. Nada obstante, em situações de ocorrência de humilhações, com grave repercussão social, seria possível vislumbrar resposta diversa, desde que preenchidos todos os pressupostos do dever de indenizar.

Importante ressaltar que a existência de um filho fora do relacionamento não é, isoladamente, fundamento para uma pretensão indenizatória, pois não é função da responsabilidade civil servir de instrumento de represália de um integrante da entidade familiar contra o outro.[20]

Sobre a possibilidade de eventual responsabilização de um terceiro, estranho aos cônjuges ou conviventes, deve-se anotar que a jurisprudência pátria não entende ser possível a imputação do dever de fidelidade a quem não participa do relacionamento.

Deve-se também indagar até onde vai a interferência do magistrado no âmbito familiar. Será que não estaríamos indo longe demais, diante da necessidade de proteção da privacidade e da vida privada?[21] Atualmente é comum discutir se ainda deve ser considerada a máxima popular de que "em briga de marido e mulher (...) ninguém mete a colher (...)".

---

e provas evidenciam sentimentos de raiva, não aceitação ou de perda, que não são hábeis a amparar o pleito inicial. 3. Apelo não provido. Honorários recursais fixados. (TJDFT – Acórdão 0030580-98.2015.8.07.0007, Relator(a): Des. Flavio Rostirola, data de julgamento: 18.04.2018, data de publicação: 30.04.2018, 3ª Turma Cível).

[20] Neste sentido: Apelação – Ação de Indenização por Danos Morais – Alegação de infidelidade – Exame de DNA que apontou não ser pai biológico do menor – Sentença de improcedência – Autor não comprovou que não houve rompimento entre o casal durante o relacionamento ou que tinha a Ré conhecimento da origem biológica da criança e, dolosamente, a tivesse omitido do Apelante – Eventual infidelidade, por si só, não dá ensejo à reparação por dano moral e, no caso, não há comprovação de que o Autor tenha sido submetido a humilhação ou constrangimento em decorrência do fato – Não configuração do dano moral indenizável – Sentença mantida – Aplicação do RITJSP, art. 252 – Recurso improvido. (TJSP – Acórdão Apelação 1000366-73.2017.8.26.0439, Relator(a): Des. Luiz Antonio Costa, data de julgamento: 01.08.2018, data de publicação: 01.08.2018, 7ª Câmara de Direito Privado).

[21] Imagine-se, por absurdo, pedido de aplicação de dispositivo criado especificamente para o campo negocial, nas relações de casamento: "Art. 473. A resilição unilateral, nos casos em que a lei expressa ou implicitamente o permita, opera mediante denúncia notificada à outra parte. Parágrafo único. Se, porém, dada a natureza do contrato, uma das partes houver feito investimentos consideráveis para a sua execução, a denúncia unilateral só produzirá efeito depois de transcorrido prazo compatível com a natureza e o vulto dos investimentos". Não há que se falar aqui em "investimento afetivo", por exemplo, e pleitear que a possibilidade de divórcio seja adiada por determinação do magistrado.

Neste aspecto, dentro de uma perspectiva de um "direito de família mínimo", Felipe Peixoto Braga Netto aduz que vivemos um período de valorização da autonomia privada, vale dizer, da autodeterminação das pessoas. Por esta razão, "qualquer ingerência estatal somente será legítima quanto tiver como fundamento a proteção dos sujeitos de direito, sobretudo dos vulneráveis, como a criança e o adolescente, bem como a pessoa idosa (a quem se dedica proteção integral)".[22] Neste sentido:

> Os únicos motivos que devem prevalecer para manter duas pessoas unidades em laços familiares são o amor e o afeto. Caso esses venham a acabar (ou até mesmo se descubra depois que eles nem chegaram a existir efetivamente), não há mais por que se manter a união. Destarte, a falta de amor e de afeto são motivos mais do que justos e suficientes para o rompimento de uma relação. Se não for assim, os nubentes (ou os companheiros de um modo geral) se tornarão "reféns de certos acontecimentos (os famigerados motivos justos), ficando aprisionados em relacionamentos de fachada". Em respeito á intimidade de cada membro do casal, o Estado deve interferir minimamente em sua subjetividade, sob pena de acabar impondo mais uma vingança do que uma reparação propriamente dita.[23]

Cabe aqui distinguir as situações de indenização por abandono afetivo, nas quais está em jogo um comportamento objetivamente aferível pelo magistrado (dever de cuidado) e de interesse de toda a comunidade, de situações de traição numa relação conjugal e a legítima (porém não pacífica) pretensão da vítima ao recebimento de indenização.[24]

---

[22] BRAGA NETTO, Felipe. *Novo Manual de Responsabilidade Civil*. Salvador: Juspodivm, 2019, p. 661.
[23] FARIAS, Cristiano Chaves de; BRAGA NETTO, Felipe Peixoto; ROSENVALD, Nelson. *Novo Tratado de Responsabilidade Civil*. São Paulo: Atlas, 2015, p. 939.
[24] Apelação cível. Indenizatória. Danos Morais. Relacionamento amoroso. Alegação de traição que causou abalo psicológico. Família da ré que teria injuriado e difamado o autor publicamente. Reconvenção negando a suposta traição e afirmando diversas agressões físicas e verbais durante o relacionamento. Histórico de violência do autor contra anteriores namoradas. Dispensa do trabalho que na verdade decorreu de "corte geral" no trabalho. Há ação penal contra o autor onde está relatado crime de lesão corporal contra a autora, instruído com laudos e relatórios médicos que narram socos desferidos no rosto da ré, além de medidas protetivas, com denúncia recebida. Improcedência da ação e procedência da reconvenção para condenar o autor a indenizar a ré em R$ 20.000,00 a título de danos morais. Infidelidade não configura dano moral. Não comprovado nexo causal entre eventual desentendimento com a autora, abalo psicológico do autor e sua dispensa do trabalho. Quanto à reconvenção, há robusta prova de violência física e verbal contra

E como ficariam as situações em que filhos que dependem economicamente dos pais acabam por causar-lhes danos físicos? Como garantir indenização nesses casos? Há de se refletir, portanto, se é possível resolver todos esses problemas com dinheiro. Nada obstante, no atual estágio de nosso desenvolvimento como garantir outra forma de compensação?

Neste ponto, não podemos perder de vista que existem outras eficácias que decorrem de ilícitos civis que não se resumem ao dever de indenizar ou ressarcir, podendo também compreender: "a) a autorização para a prática de certos atos pelo ofendido, b) a perda de certas situações jurídicas (direitos pretensões e ações) ou c) a neutralização da eficácia jurídica (não produção de efeitos jurídicos como sanção). E tudo isso projeta efeitos no Direito de Família".[25]

Se é difícil encontrar unanimidade na possibilidade de indenização por danos morais no Direito de Família,[26] mesmo quando o julgador decide pelo caminho da reparação, ou melhor, pela compensação da violação injusta infligida à vítima, o assunto não resta menos tormentoso. Surge então o problema do receio de gerar enriquecimento sem causa, se é justo o receio, por consubstanciar perigo de situação que ofende a noção de justiça,

---

a ré. Danos morais cabíveis. Sentença mantida. Recurso improvido. (TJSP – Acórdão Apelação 1012058-19.2017.8.26.0100, Relator(a): Des. Silvério da Silva, data de julgamento: 02.07.2018, data de publicação: 02.07.2018, 8ª Câmara de Direito Privado).

[25] BRAGA NETTO, Felipe. *Novo Manual de Responsabilidade Civil*. Salvador: Juspodivm, 2019, p. 668.

[26] APELAÇÃO CÍVEL. Ação pelo procedimento comum, com pedido de indenização por dano moral. Autor que alega extremo sofrimento e humilhação em virtude de divulgação em rede social de fotos íntimas que demonstrariam traição da ex-mulher, primeira ré, quando ainda eram casados, e de requerimento de medida protetiva por ela formulado, sob alegação de temer agressão do autor, que a teria injuriado. Rés que formulam pedido contraposto, pretendendo indenização pelo dano moral que alegam haver sofrido em virtude do ajuizamento da presente demanda. Sentença de improcedência de ambos os pedidos, com condenação das partes ao pagamento de custas processuais e honorários advocatícios da parte adversa, observada a gratuidade de justiça que lhes foi deferida. Inconformismo do autor, que insiste ter comprovado a traição da ex-mulher, bem como a divulgação das fotos, ainda na constância do casamento. Não comprovada a alegação de que estivesse o autor ainda casado com a primeira ré em outubro/novembro de 2015. Infidelidade que, ademais, por si só, não enseja a pretendida reparação pecuniária, conforme precedentes colacionados. Recurso adesivo das rés, que tampouco prospera, uma vez que não se verifica abuso do autor no exercício do seu direito de ação. RECURSOS A QUE SE NEGA PROVIMENTO. (TJRJ – Acórdão Apelação 0001727-77.2016.8.19.0050, Relator(a): Des. Patrícia Ribeiro Serra Vieira, data de julgamento: 14.11.2018, data de publicação: 14.11.2018, 10ª Câmara Cível).

igualmente ofensiva a circunstância de "não se satisfazer o interesse da vítima por conta de mero receio infundado e difuso".[27]

Há de se distinguir a pretensão à indenização em sentido estrito (*restitutio in integrum*), cuja tentativa de alcançá-la ocorre mediante pedido de reparação, do pleito de compensação pelos prejuízos verificados, situação na qual não se guarda perfeita equivalência com os danos, sobretudo por não guardar qualquer correspondência com eventuais valores patrimoniais igualmente violados. Distante da quantificação matemática, resta-nos o arbitramento do magistrado, exigindo-se uma demonstração clara e objetiva das razões do seu convencimento.

No meio de tantas indagações e incertezas, às vezes perdemos o foco da necessária proteção à vítima para sobrevalorizar o desejo de vingança contra o ofensor. Será que o melhor caminho não deve ser o da precaução, evitando-se a contaminação integral do Direito das Famílias num processo de precificação e estímulo ao lucro fácil?

Considerações finais

Apesar da inegável e importante contribuição que o movimento de constitucionalização propiciou ao estudo do Direito Civil, e dos avanços conquistados nos últimos anos em relação à proteção dos valores existenciais da pessoa humana, não podemos deixar de considerar que, quando seus postulados são levados ao extremo, sem a adequada ponderação dos interesses em jogo, a legítima expectativa de sindicabilidade dos direitos fundamentais e sua efetiva concretização no campo social podem propiciar o surgimento de soluções desprovidas de legitimidade pela ausência de preocupação de fundamentação das decisões judiciais, o que, em última instância, compromete a credibilidade do próprio sistema, por representarem um exacerbado decisionismo que não se coaduna com o verdadeiro espírito do movimento.

---

[27] Cf. VIANA, Ragner Limongeli Vianna. A dignidade humana comporta indenização módica? In: NANNI, Giovanni Ettore (Org.). *Temas relevantes do Direito Civil contemporâneo*; Reflexões sobre os cinco anos do Código Civil – estudos em homenagem ao Professor Renan Lotufo. São Paulo: Atlas, 2008, p. 445.

Assim, vale destacar a preocupação de José Casalta Nabais, que ressalta a necessidade de estudo e ponderação não apenas dos direitos conquistados, mas também dos deveres correspondentes:

> Estou seguro de que o objecto, que eu escolhi para esta minha exposição, não está na moda nos tempos que correm. A bem dizer, não está na moda há muito tempo. Pois a linguagem politicamente correcta deste tempo, que é o nosso, não ousa falar senão de liberdade e dos direitos que a concretizam. Compreende-se assim que a outra face, a face oculta da liberdade e dos deveres e custos que a materializam, não seja bem-vinda ao discurso social e político nem à retórica jurídica. E todavia, eu proponho-me falar-vos dos deveres e dos custos dos direitos. Isto é, da face oculta do estatuto constitucional do indivíduo. Face oculta que, como a face oculta da lua, não obstante não se ver, é absolutamente necessária para a compreensão correcta do lugar do indivíduo e, por conseguinte, da pessoa humana em sede dos direitos fundamentais ou dos direitos do homem.[28]

No campo da responsabilidade civil nas relações familiares, deve-se evitar a polarização da discussão entre defensores irrestritos da possibilidade de ajuizamento de ações de indenização e os seus antagonistas, que negam qualquer possibilidade de compensação financeira sob o argumento principal de que não se deve monetarizar o amor. Neste sentido, vale destacar o entendimento de Luis Diez-Picazo:

> (...) não é possível falar da total separação entre vida familiar e Direito e que é vão todo intento de desregulamentação completa desse setor, parece claro que temos que chegar à conclusão de que a posição acertada é a que ao princípio designávamos com a fórmula gráfica ou geométrica dos círculos secantes. Quer-se dizer que existem zonas da vida familiar que o Direito não cobre e regula e outras que abandona à espontaneidade dos comportamentos individuais ou a outro tipo de regras, menos rigorosas que as jurídicas.[29]

---

[28] NABAIS, José Casalta. *Por uma liberdade com responsabilidade*; Estudos sobre Direitos e Deveres Fundamentais. Coimbra: Coimbra Editora, 2007, p. 163-4.

[29] A citação é uma tradução livre do pensamento de DIEZ-PICAZO, apresentado no livro *Familia y Derecho* (Madrid: Civitas, 1984, p. 29) e foi extraída da nota de rodapé nº 4 do artigo "Conjugalidade: possíveis intersecções entre economia, política e o amor" elaborado por Marcos Alves da Silva, Silvana Maria Carbonera e Tatiana Wagner Lauand de Paula, publicado no livro *Apontamentos críticos para o Direito Civil Brasileiro Contemporâneo*, p. 233-62.

Por conseguinte, o compromisso do intérprete no mundo contemporâneo é buscar a funcionalização das estruturas jurídicas tradicionais de modo reflexivo, sem perder de vista que estas não se conformam integralmente aos modelos legais atualmente disponíveis, o que em nenhuma hipótese pode servir de argumento para afastar o jurista da construção de estruturas de resposta aos problemas concretos de nosso quotidiano.

Um bom exemplo disso é apresentado por Maria Celina Bodin de Moraes:

> Em relação à violação daquilo que não pode ser considerado um direito subjetivo, nem uma faculdade, tampouco um poder-dever – isto é, nenhuma categoria preconcebida do direito civil lhe serve de vestimenta –, a solidariedade, no entanto, pode dizer-se fundamento daquelas lesões que tenham no grupo a sua ocasião de realização: ela abrangeria os danos sofridos no âmbito familiar nas mais diversas medidas, desde a lesão à capacidade procriadora ou sexual do cônjuge até a violência sexual praticada contra filha menor, do descumprimento da pensão alimentícia de filho, do não reconhecimento voluntário de filho, ou a criação de dificuldades a esse reconhecimento, à falta de visitação (…).[30]

Certamente o caminho passa por um diálogo das fontes, a partir da análise das circunstâncias particulares do caso, mas este diálogo é *interdisciplinar*, focado na *prevenção* e no emprego de medidas alternativas de solução de conflitos, não apenas na repressão.

Referências

BRAGA NETTO, Felipe. *Novo Manual de Responsabilidade Civil*. Salvador: Juspodivm, 2019.

CAVALIERI FILHO, Sergio. *Programa de responsabilidade civil*. São Paulo: Atlas, 2007.

CHAVES, Cristiano de Farias; ROSENVALD, Nelson. *Direito de Família*. Rio de Janeiro: Lumen Juris, 2008.

CORTIANO JR., Eroulths *et al.* (Org.). *Apontamentos críticos para o Direito Civil Brasileiro Contemporâneo*; Anais do Projeto de Pesquisa Virada de Copérnico. Curitiba: Juruá, 2007.

---

[30] MORAES, Maria Celina Bodin. de. O Princípio da Solidariedade. *In:* MATOS, Ana Carla Harmatiuk (Org.). *A Construção dos novos direitos*. Porto Alegre: Nuria Fabris, 2008, p. 256-7.

DIAS, Maria Berenice. *Manual de direito das famílias*. Porto Alegre: Livraria do Advogado, 2008.

FACHIN, Luiz Edson. *Elementos críticos do Direito de Família*: Curso de Direito Civil. Rio de Janeiro: Renovar, 1999.

FACHIN, Luiz Edson. *Questões do Direito Civil Brasileiro Contemporâneo*. Rio de Janeiro: Renovar, 2008.

FARIAS, Cristiano Chaves de; BRAGA NETTO, Felipe Peixoto; ROSENVALD, Nelson. Novo Tratado de Responsabilidade Civil. São Paulo: Atlas, 2015.

LÔBO, Paulo Luiz Netto. *Direito Civil – Famílias*. São Paulo: Saraiva, 2008.

LÔBO, Paulo Luiz Netto. Entidades familiares constitucionalizadas: para além do *numerus clausus*. Jus Navigandi, Teresina, ano 6, n. 53, jan. 2002. Disponível em: http://jus2.uol.com.br/doutrina/texto.asp?id=2552. Acesso em: 01 abr. 2008.

LÔBO, Paulo Luiz Netto. Danos morais e direitos da personalidade. *Jus Navigandi*, Teresina, ano 7, n. 119, 31 out. 2003. Disponível em: http://jus2.uol.com.br/doutrina/texto.asp?id=4445. Acesso em: 01 abr. 2008.

LÔBO, Paulo Luiz Netto. Direito ao estado de filiação e direito à origem genética: uma distinção necessária. *Jus Navigandi*, Teresina, ano 8, n. 194, 16 jan. 2004. Disponível em: http://jus2.uol.com.br/doutrina/texto.asp?id=4752. Acesso em: 23 dez. 2007.

LORENZETTI, Ricardo Luís. *Fundamentos de direito privado*. São Paulo: RT, 1998.

MADALENO, Rolf. *Novas perspectivas no direito de família*. Porto Alegre: Livraria do Advogado, 2000.

MATOS, Ana Carla Harmatiuk (Org.). *A Construção dos novos direitos*. Porto Alegre: Nuria Fabris, 2008.

MORAES, Maria Celina Bodin de (Org.). *Princípios do Direito Civil Contemporâneo*. Rio de Janeiro: Renovar, 2006.

NABAIS, José Casalta. *Por uma liberdade com responsabilidade*; Estudos sobre Direitos e Deveres Fundamentais. Coimbra: Coimbra Editora, 2007.

NANNI, Giovanni Ettore (Org.). *Temas relevantes do Direito Civil contemporâneo*; Reflexões sobre os cinco anos do Código Civil – estudos em homenagem ao Professor Renan Lotufo. São Paulo: Atlas, 2008.

PEREIRA, Rodrigo da Cunha. *Direito de família: uma abordagem psicanalítica*. 2. ed. Belo Horizonte: Del Rey, 2003.

PEREIRA, Rodrigo da Cunha. *Princípios fundamentais orientadores do direito de família*. Belo Horizonte: Del Rey, 2006.

PERLINGIERI, Pietro. *Direito Civil na Legalidade Constitucional*. Rio de Janeiro: Renovar, 2008.

PERLINGIERI, Pietro. *Perfis do Direito Civil* – Introdução ao Direito Civil Constitucional. Trad. Maria Cristina de Cicco. Rio de Janeiro: Renovar, 1997.

RAMOS, Cármen Lúcia Silveira. *Famílias sem Casamento*: De relação existencial de fato a realidade jurídica. Rio de Janeiro: Renovar, 2000.

SARMENTO, Daniel. *Direitos fundamentais e relações privadas*. Rio de Janeiro: Lumen Juris, 2005.

SILVA FILHO, José Carlos Moreira da; PEZZELLA, Maria Cristina Cereser. *Mitos e rupturas no Direito Civil Contemporâneo*. Rio de Janeiro: Lumen Juris, 2008.

TARTUCE, Flávio. *Manual de Responsabilidade Civil*. Rio de Janeiro: Método, 2019.

Informação bibliográfica deste texto, conforme a NBR 6023:2018 da Associação Brasileira de Normas Técnicas (ABNT):

EHRHARDT JÚNIOR, Marcos. Breves notas sobre a responsabilidade civil no Direito das Famílias. *In*: EHRHARDT JÚNIOR, Marcos; LOBO, Fabíola Albuquerque; ANDRADE, Gustavo (Coord.). *Direito das relações familiares contemporâneas*: estudos em homenagem a Paulo Luiz Netto Lôbo. Belo Horizonte: Fórum, 2019. p. 377-399. ISBN 978-85-450-0700-5.

O DANO EXISTENCIAL NO DIREITO DE FAMÍLIA A PARTIR DA EXPERIÊNCIA JURISPRUDENCIAL ITALIANA

ELAINE BUARQUE

Introdução

O novo fenômeno do dano à existência tomou cada vez mais corpo, pois a pessoa visa a concretização de um projeto de vida de caráter global, que não se exaure no desenvolvimento do aspecto exclusivamente econômico.

O alcance da proteção da pessoa na Constituição e a proteção dos valores de caráter pessoal são postos como objetivos prioritários à elaboração das normas, por meio dos quais se tem em vista a garantia do desenvolvimento da personalidade e da pessoa humana.

Os limites da tutela de certas situações, além do prejuízo à integridade psicofísica, passam a ser questionados. Começam a surgir novos danos à pessoa, a singularidade destes emergem como decorrência do complexo de ligações e interligações entre as pessoas pertencentes a uma sociedade, em um determinado tempo e em um dado momento histórico. Ações de indenizações, cujas queixas eram até então desconhecidas, terminaram chegando aos tribunais. O prejuízo causado pelos novos danos é de tal natureza que serve a conturbar, de maneira mais ou menos definitivamente, a cotidianidade imediata da vida da vítima.

Da constatação de que a espécie de dano não patrimonial existente, especificamente o dano moral, não é mais capaz contemplar as lesões causadas às pessoas, parte-se em busca de outra modalidade de dano, que possa suprir o direito de danos causados à pessoa.

Do 'fazer não remunerado' da pessoa e do seu existencialismo surge a necessidade pela busca de uma terceira modalidade de dano, para além do dano moral, porque a pessoa não vale pelo que ela produz e sim pelo que é, em sua existência. É através desta existência que a pessoa se projeta e inicia a formação dos vínculos sociais. Com o transcurso do tempo fica mais clara a necessidade de se ampliar a prevenção e a repressão em relação aos danos causados à pessoa, em defesa da dignidade humana. Torna-se perceptível que a reparação integral do dano causado à pessoa, que dá sentido a todo o sistema ressarcitório, precisa ser revista e atualizada.

Tendo-se em vista que a pessoa é e está no centro do ordenamento jurídico e que, em função dela, as normas jurídicas são produzidas, a Constituição Federal de 1988 elencou as garantias e os diretos fundamentais do homem, de forma explícita, mas não taxativa, permitindo a interpretação extensiva da proteção à pessoa.

Partindo-se de uma interpretação extensiva dos direitos fundamentais, previstos na Constituição Federal, foi possível verificar que o dano ao projeto de vida ou o dano existencial pode ser inserido no ordenamento jurídico brasileiro como uma nova modalidade apta a fazer parte do Direito de Danos.

Visto que a gravidade e extensão dos prejuízos sofridos pela vítima de um dano existencial não se confundem com as lesões provocadas pelos demais danos, parte-se para a demonstração de que o dano existencial ou o dano ao projeto de vida é capaz de gerar um vazio existencial naquele que sofreu um abalo na sua fonte de gravitação vital, nas expectativas de seu próprio desenvolvimento enquanto pessoa, profissional ou membro em uma entidade familiar, sendo assim, o prejuízo causado recai sobre a liberdade que qualquer um tem, ainda que abstratamente, de escolher o seu próprio destino e de projetar a sua vida no momento presente e futuro.

O dano existencial e o dano ao projeto de vida podem se apresentar diante de uma ameaça ou em um dano concreto ao sentido que a pessoa deseja atribuir à sua existência, sob o aspecto que esta deve conferir um sentido próprio à sua vida. O fato de o dano existencial atingir valores fundamentais da vida humana (integridade física, saúde, paz, alegria, reputação e a própria vida, entre outros), diversos dos direitos da personalidade, faz evidenciar sua autenticidade, o seu caráter inovador e o seu ineditismo.

Das referências encontradas na legislação italiana e da análise de julgados da Corte de Cassação Italiana, foi descoberta a existência do dano existencial, que é diverso do dano moral e mais amplo que o dano à saúde. Como foi dito anteriormente, o dano existencial surge como modalidade de dano à existência da pessoa, representado por um dano ao projeto de vida e um dano à vida em relações. A finalidade está em saber se tal dano é suficiente à proteção dos valores existenciais da pessoa.

O *danno esistenziale* passou a integrar a tipologia da responsabilidade civil italiana, a par e além do dano moral, em razão de sua extensão, de sua permanência e da natureza dos direitos violados. Um dano cujo reconhecimento é indispensável à proteção e ao respeito ao ser humano, em sua tranquilidade existencial e, em suma, em sua dignidade.

1 Breves apontamentos acerca das diferenças entre os danos moral e existencial

Partindo-se da fundamentação quanto às diferenças entre o dano moral e o dano existencial, deseja-se provar que não se confundem e que são duas modalidades distintas de dano não patrimonial, sendo subcategorias deste.

O dano moral corresponde à lesão de um ou mais dos direitos da personalidade, tem natureza transitória, é auferível casuisticamente, é um dano cuja indenização depende da prova dos prejuízos e não do dano em si, vez que o pagamento da indenização é, não só uma compensação, mas deve ser proporcional ao sofrimento causado no interior da pessoa, de forma a desestimular a sua prática.

O dano existencial é representado por uma lesão que atinge não a simples integridade física ou moral do indivíduo, mas a própria existência da pessoa lesada, como alguém se vê, como uma pessoa que nunca mais poderá voltar a ser ou fazer o que vinha fazendo e se realizar como vinha projetando cotidianamente o seu futuro, antes do dano ter sido causado, como alguém que perdeu a possibilidade de conquistar exatamente o que estava planejando para si. É um dano que causa impossibilidades, modificações ou cerceamentos nas atividades, nos esportes, no trabalho, nas relações afetivas, familiares, sociais, que a pessoa projetou futuramente para a sua vida.

O dano existencial está representado na lesão dos "afazeres domésticos", das "atividades realizadoras da pessoa", do "perturbamento da vida cotidiana", de um "diverso relacionamento com o tempo e espaço", da "quantidade da vida" ou perda de "ocasiões felizes".

Enquanto o dano moral é um "sentir"; o dano existencial é mais que um "fazer", aliás é um "não poder mais fazer", um "dever agir de outro modo". O dano moral está ligado à natureza "interior" da pessoa, à esfera emotiva; destina-se à consideração do que se sofreu, das angústias. O dano existencial, por sua vez, relaciona-se com o "externo", o tempo e espaço da vítima; traz uma reviravolta forçada nos compromissos anteriormente firmados ou que ainda estavam por vir a ser estabelecidos.

Da análise de ações indenizatórias baseadas na alteração do interagir da pessoa com o ambiente e no seio da família, por meio de alteração nas atividades cotidianas, no seu existir diante aos demais homens, nas suas relações interpessoais, sociais, laborais, emocionais, é que se tornou possível identificar a aplicação implícita do dano existencial nos julgados selecionados a serem examinados.

Propõe-se que o estudo do dano existencial seja analisado sob dois aspectos:

a) Dano ao projeto de vida (chamado ainda de: *prejudice d'agrément* – perda da graça ou *lost pleasure of life*): no dano ao projeto de vida está inserida toda e qualquer lesão que venha a comprometer a liberdade de escolha que possa vir a, concretamente, destruir o que a pessoa lesada idealizou para sua realização enquanto ser humano, no sentido em que toda e qualquer pessoa tem um projeto voltado à própria *autorrealização*.

O projeto de vida é o direcionamento que uma pessoa dá a *suas escolhas* interiores, com a finalidade de assegurar sua concretude. As escolhas interiores serão desenvolvidas de acordo com o contexto espaço-temporal em que o ser se encontra inserido, nas metas traçadas, nos objetivos e nas ideias intrínsecas que serão responsáveis por dar *sentido* à sua própria existência.

O dano ao projeto de vida é visto como um dano em consequência, capaz de modificar ou frustrar o projeto de vida, por meio do qual a pessoa se realiza como ser humano. O dano ao projeto de vida causa a perda do sentido que a pessoa empregou para seu viver e se relacionar com as demais pessoas e com as demais coisas.

b) Dano à vida em relações: o indivíduo, como ser humano, pode, uma vez inserido em diversas *relações interpessoais*, nos mais diversos ambientes e contextos, vir a estabelecer sua vivência e seu desenvolvimento pela busca constante do êxito no seu projeto de sua vida, do gozo dos direitos inerentes à sua personalidade, de suas afinidades e de suas atividades. A pessoa objetiva seu crescimento através da continuidade no contato, por meio dos processos de diálogo e de dialética com os demais membros, que participam com ele da vida em sociedade.

O dano existencial, em medida mais ou menos relevante, causa uma alteração que vem se demonstrando cada dia, de forma mais substancial, nas relações familiares, sociais, culturais, afetivas, etc. O dano existencial corresponde a todo acontecimento que venha a incidir de forma negativa, sobre o cotidiano, sobre as atividades normalmente desempenhadas pela pessoa humana, suscetível de vir a repercutir, de forma consistente – ainda que de maneira transitória ou permanentemente – sobre a sua existência.

A verdade é que, apesar de não haver previsão legal explícita no ordenamento pátrio quanto a esta nova modalidade de dano (dano existencial), quer-se justificar sua existência através da análise da jurisprudência nacional.

Afinal, um dano não deixa de ser reconhecido ou de ser aplicado por não haver previsão legal explícita, de forma que qualquer lesão causada à pessoa deve ser ressarcida, ainda que para isso seja necessária a criação de uma nova categoria de proteção de danos à pessoa, podendo sua indenização ser feita de outras formas, diversas do pagamento compensatório em dinheiro.

A partir do recorte epistemológico, derivado do movimento de constitucionalização do Direito Privado, desenvolve-se o estudo quanto a um problema que atinge, não apenas à pessoa, mas, de forma ampla, os direitos democraticamente consolidados pela Constituição Federal. Diante do recorte escolhido, a problemática gira em torno da demonstração da aplicabilidade de um conceito jurídico do dano existencial ao ordenamento pátrio.

Para a elaboração do presente artigo foi necessário o uso de controles metodológicos. A partir do método geral de investigação, verificou-se a adequação *a posteriori* do dano existencial, decorrente das dimensões dos dados coletados nas pesquisas bibliográfica e jurisprudencial.

Trata-se, assim, de clara tentativa de indução metodológica, cujos resultados se mostraram satisfatórios a provar a possibilidade de chegar-se ao objetivo. Tanto pelo uso subsidiário de raciocínios lógico-dedutivos, produzido pela dogmática (referencial teórico estudado), quanto pela observância da legitimidade das decisões coletadas ao longo da pesquisa.

Na verdade, muito além de um comparativo jurisprudencial e doutrinário, visou-se induzir à possibilidade específica que da hipótese poderia se tornar aplicável ao caso concreto. A coleta dos dados jurisprudenciais foi escolhida de acordo com sua referenciabilidade para o ordenamento jurídico.

1.1 O *danno esistenziale* na Itália

Na década de 1950, a Corte de Cassação Italiana reconheceu o chamado "dano à vida em relação", que deveria ser indenizado ainda que na ausência do dano material. Na década de 70 aumentaram os pronunciamentos judiciais direcionados à tutela da pessoa em suas atividades hedônicas (BELLATONI, 2007, p. 335).

> Art. 2 La Repubblica riconosce e garantisce I diritti inviolabili dell'uomo, sia come singolo, sia nelle formazioni sociali ove si svolge la sua personalità, e richiede l'adempimento dei doveri inderogabili di solidarietà politica, sanitario e sociale.[1]

Nos anos 80, como reflexo das relações econômico-sociais, destacavam-se as inspirações do indivíduo pela busca de sua realização pessoal, pelo aumento de sua qualidade de vida e pela concretização de seu bem-estar. À Suprema Corte restava cada vez mais evidente a necessidade da ampliação na tutela das relações jurídicas relativas à realização do indivíduo e uma maior proteção do dano à pessoa (CHRISTANDL, 2007, p. 233-234).

---

[1] Artigo 2º. A República reconhece e garante os direitos invioláveis do homem, ora como indivíduo, ora no seio das formações sociais onde aquele desenvolve sua personalidade, e exige o cumprimento dos deveres inescusáveis de solidariedade política, econômica e social. Tradução nossa.

Não demorou, até que, em 1993, a doutrina, através de autores como Paolo Cedon, Patrizia Ziviz e Giuseppe Gaudino, indicasse a necessidade de distinção entre as lesões causadas à integridade psicofísica e as lesões de caráter existencial.

Segundo Christandl, como resultado da sistematização doutrinária e jurisprudencial, a doutrina triestina demonstrou que os resultados das decisões judiciais, a respeito das categorias de dano existentes, apontavam para o descobrimento de uma nova modalidade de dano: o dano existencial (2007, p. 230).

Na metade dos anos 90, a jurisprudência italiana começou a citar expressamente o dano existencial, proclamado pela doutrina triestina, nos julgados de mérito. Para ser configurado como tal, o dano existencial precisaria decorrer de um evento naturalístico e causador de um prejuízo econômico (CHRISTANDL, 2007, p. 240).

Diversos poderiam ser os tipos de atividade humana, reconhecidos como dano existencial, entre eles o dano decorrente da privação da liberdade pessoal, causado pelo exercício equivocado de funções judiciais; o emprego de modalidades ilícitas na colheita de dados pessoais; a adoção de atos discriminatórios por motivos raciais, éticos ou religiosos, etc. (CHRISTANDL, 2007, p. 232).

A partir do ano de 2000 pôde-se falar em ressarcibilidade de danos que atingissem as atividades realizacionais da pessoa lesada. Danos estes que se caracterizavam pela falta de limite temporal em relação à continuidade e ressarcimento da lesão, começando a serem discutidos com maior vigor pela doutrina e jurisprudência (RUSSO, 2014, p. 20). É o que se verá a seguir.

O termo 'dano' assumia, na responsabilidade aquiliana, um significado ambíguo. De um lado representava um elemento constitutivo da *fattispecie* do ilícito civil e a lesão de um interesse; e de outro lado integrava o objeto da obrigação ressarcitória, definindo a modalidade de indenização a ser aplicada, a depender do efeito que o ilícito tivesse ocasionado à pessoa lesada (CASSANO, 2002, p. 27).

O debate sobre a jurisdição do dano passava pela: i) relevância jurídica do dano; e ii) pela tradução do dano em uma indenização.

A Corte de Cassação Italiana, ao declarar que o art. 2º da CF reconhecia e garantia os direitos invioláveis do homem, determinou que o dano não patrimonial (aquele em que não houve conotação econômica) fosse interpretado de forma ampla, inserindo-se em seu conceito qualquer hipótese de lesão aos valores inerentes à pessoa, ainda que não previstos explicitamente na Constituição. Por esta razão, analisar-se-ão os precedentes jurisprudenciais mais importantes – de acordo com a evolução histórica dos julgados da Corte de Cassação – responsáveis por consolidar a posição doutrinária atual acerca do dano existencial (ARSENI, 2015).

O dano existencial começou a adquirir visibilidade entre os operadores do Direito italiano, respondendo ao vazio antes existente sobre qual seria a modalidade de dano à pessoa a ser indenizada, mesmo que a lesão em si não se configurasse como dano moral.

1.2 O dano existencial no Direito de Família a partir dos precedentes italianos

1.2.1 III Sessão Unida proferiu a Sentença nº 6.607, de 11 de novembro de 1986

A partir da Sentença nº 6.607, de 11 de novembro de 1986, da Corte de Cassação Italiana, iniciou-se o movimento de ampliação da tutela dos danos contra as pessoas.

Foi a primeira jurisprudência que se tem notícia a inaugurar a figura do dano existencial no cenário jurídico. A sentença foi proferida em um caso que versou sobre uma ação de indenização, proposta em razão de um erro médico que produziu efeitos fisiológicos graves e comprometedores à liberdade da atividade sexual e do desenvolvimento familiar de um casal (ARSENI, 2015).

A Corte de Cassação na III Sessão Unida proferiu a Sentença nº 6.607, de 11 de novembro de 1986, nos seguintes termos:

> (...) il comportamento illecito del terzo, che cagiona ad una persona coniugata l'impossibilità di avere rapporti sessuali, è direttamente ed immediatamente lesiva, sopprimendolo, del diritto dell'altro coniuge a tali rapporti, che quale diretto dovere reciproco e inerente alla persona ed insieme agli altri diritti-doveri reciproci ne struttura il rapporto di coniugio. La soppressione di tale diritto, menomando la persona del coniuge nel suo modo di essere e nel suo svolgimento nella famiglia, comporta un danno che rientra nella previsione dell'art. 2043 C.C. ed

è di per sé risarcibile, quale modo di riparazione di quel diritto della persona (...) (Sentenza nº 6607 di 11 novembre di 1986, III Sezione Unite della Corte di Cassazione Italiana).[2]

O direito recíproco que cada cônjuge tem de ter relações sexuais com o outro é um direito inerente à pessoa, recaindo ainda sob o aspecto de como esta pessoa desenvolve o seu ser no planejamento familiar, na evolução familiar, na sociedade fundada no casamento e em sua formação pessoal.

A família assim como a sociedade são considerados meios nos quais a personalidade do indivíduo se desenvolve, onde os direitos invioláveis são constitucionalmente reconhecidos e garantidos; onde o direito da pessoa à integridade psicofísica pode ser determinado, inclusive, pela lesão decorrente da impossibilidade do relacionamento sexual. Por isso, qualquer dano que cause um comprometimento à realização do modo de ser da pessoa é ressarcível.

O caso ficou conhecido como "Santarelli", em menção ao sobrenome do médico que deu origem ao dano do direito à relação familiar. Para chegar à fundamentação utilizada no reconhecimento de tal dano, faz-se necessária a narração dos principais fatos ocorridos e a demonstração da tipologia dos direitos lesados. Segue-se a narrativa do caso.

No dia 13 de fevereiro de 1974, ao realizar o exame de citologia oncótica, a Sra. Marcella Santandrea teve a parede de sua bexiga gravemente lesionada, o que gerou a necessidade de se submeter a um procedimento cirúrgico, em 1º de abril do mesmo ano. Por ocasião deste procedimento cirúrgico, os médicos – profissionais do mesmo Hospital onde a Sra. Santandrea havia realizado o exame de citologia oncótica anterior – relataram que a paciente apresentava uma "fístula urinária" e "necrose completa da mucosa vesical".

Em outros termos, em 14 de maio 1974, a Sra. Santandrea precisou substituir sua bexiga – já completamente calcificada –

---

[2] (...) o comportamento ilícito de terceiro, que ocasiona a uma pessoa casada a impossibilidade de ter relações sexuais, é imediatamente lesiva, suprimindo-lhe, do direito do outro cônjuge tal relação, tal direito-dever recíproco é inerente à pessoa que juntamente com os outros diretos-deveres recíprocos na estrutura do relacionamento de cônjuge. A supressão de tal direito, reconhecido na pessoa do cônjuge no seu modo de ser e no desenvolvimento na família, causa um dano que ingressa na previsão do art. 2.043 C.C. e é por si ressarcível, como modo de reparação do direito da pessoa (...) Tradução nossa.

por uma neobexiga, composta por tecido retirado do cólon de seu próprio útero.

Em outubro de 1974, a Sra. Santandrea teve seu útero removido a fim de que fosse aberto um caminho para a sua neobexiga. A cirurgia foi realizada no Policlínico "Gemelli" de Roma, onde permaneceu internada até 31 de dezembro de 1974, ou seja, por mais de sete meses, desde a cirurgia anterior.

Outros procedimentos cirúrgicos se seguiram, entre os meses de abril e setembro de 1975. Quer isto dizer que, de fevereiro de 1974 a setembro de 1975 – por um período de um ano e sete meses –, a Sra. Santandrea permaneceu quase que integralmente dentro de hospitais, em meio a cirurgias diversas, sem se restabelecer completamente e sem que estas impedissem a perda de seu útero.

Diante de tais fatos, em 1976, os cônjuges Marcella Santandrea e Silvano Lucidi propuseram uma ação de indenização, perante o Tribunal de Roma, contra o médico Tito Santarelli e o Hospital de Zagarolo, sob a alegação de que os danos provocados à Sra. Santandrea, bem como todos os reflexos deles derivados, foram provenientes do resultado da imperícia médica no exame da colposcopia oncótica realizada pelo Dr. Santarelli, em fevereiro de 1974. Pois, além de viver um longo período de sofrimento e distante de seu convívio familiar, a paciente jamais poderia realizar o desejo de ser mãe e precisaria modificar a forma de se relacionar com o seu cônjuge, em razão dos processos cirúrgicos a que foi submetida.

O resultado do laudo da perícia médico-legal feita na vítima comprovou que a imperícia do médico Santarelli foi decisiva para o quadro crítico de saúde da vítima. Esta apresentava necrose em sua bexiga, ocasionada pela introdução de um líquido cáustico desinfetante (Desogen), líquido este que entrou em contato com a parede da mucosa da bexiga da paciente, no curso do exame de citologia oncótica. Ficou evidenciado que o Dr. Santarelli havia sido omisso por não verificar a eventual persistência do líquido desinfetante no instrumento utilizado durante o exame ginecológico.

A perícia toxicológica encontrou a substância Desogen presente na composição das lesões causadas na paciente. O Dr. Santarelli foi denunciado por lesão corporal gravíssima, mas na instância penal o crime foi extinto pela prescrição.

Em 1976 foi proposta a Marcella Santandrea e ao seu marido Silvano Lucidi uma ação de indenização contra o médico Santarelli e o Hospital de Zagarolo, os quais foram julgados e condenados a pagar aos autores o montante indenizatório no valor de £ 7.500.000 (sete milhões e quinhentas mil liras).

Interposta a Apelação ao Tribunal de Roma, o valor da indenização passou ao montante de £ 47.243.250 (quarenta e sete milhões, duzentas e vinte e três mil e duzentas e cinquenta liras), pelo agravamento do estado de saúde da vítima, que, em virtude de suas constantes infecções nas vias urinárias e das dores causadas pela formação de cálculos renais, teve, ao final, o comprometimento de suas funções renais.

Os pontos a serem destacados no caso citado, para fins do que se deseja defender sobre o dano existencial, foram dois: i) o fato de a Sra. Santandrea nunca mais poder ter a vida saudável e a vida de realizações que possuía antes do dano. Na verdade, ela passou longos períodos de tempo internada e sem ter o direito de gozar plenamente da vida, pois foi-lhe retirado o direito à sua saúde, o direito a uma vida sem sofrimentos, o direito de se relacionar sexualmente com seu marido e o direito de ser mãe; e ii) o fato do Sr. Lucidi ter sido indenizado em ação de indenização em nome próprio, pelo dano de nunca mais poder voltar a ter relações sexuais com sua esposa, como um direito bilateral, existente nas relações familiares dentro do matrimônio, assegurado pelo artigo 29 da Constituição italiana. O Sr. Lucidi provou que o dano provocado pelo Dr. Santarelli à sua esposa causou uma consequência direta e imediata a si mesmo, como um dano ao direito nas relações internas de uma família.

Assim, o Direito Civil italiano reconhece o direito da família como sociedade natural, visando sua unidade como tal.

> Art. 29. La Repubblica riconosce i diritti della famiglia come società naturale fondata sul matrimonio. Il matrimonio è ordinato sull'eguaglianza morale e giuridica dei coniugi, con i limiti stabiliti dalla legge a garanzia dell'unità familiare.[3]

---

[3] Art. 29. A República reconhece os direitos da família como sociedade natural fundada sob o matrimônio. O matrimônio é baseado na igualdade moral e jurídica dos cônjuges, com os limites estabelecidos pela lei à garantia da unidade familiar. Tradução nossa.

A Constituição italiana, por sua vez, trata dos relacionamentos éticos – sociais, da família, ou melhor, o direito a uma formação social, fundada no matrimônio. Uma sociedade que vincula os sujeitos que dela participam como uma organização intersubjetiva.

Estruturados no relacionamento dos cônjuges, os direitos invioláveis, constitucionalmente garantidos, são oponíveis entre si e em relação a terceiros, que devem respeitar a formação sociofamiliar formada.

O dano à vida sexual, inserido no "dano à vida em relações" – apesar de não previsto no rol taxativo dos danos morais, estabelecidos pelo Código Civil italiano –, está compreendido no complexo de lesões causado à capacidade social da pessoa, tendo como consequência a diminuição dos hábitos e relações sociais, incluídas nestas as de caráter familiar, em particular as relações físicas e sentimentais intercorrentes entre os cônjuges, no âmbito do matrimônio.

Partindo dessa premissa, os italianos estabeleceram expressamente que todo ato ilícito deve ser ressarcido, a expressão dano não patrimonial adotada pelo legislador é ampla e genérica, referindo-se a qualquer lesão que não seja eminentemente patrimonial, a fim de compreender qualquer dano não suscetível de direta valoração econômica, nele compreendido o dano à saúde, o dano às relações de direito de família e o dano à convivência familiar.

O direito à saúde previsto na Constituição italiana, portanto, não é somente de interesse individual, mas da coletividade. É um direito fundamental do indivíduo, aplicável também nos relacionamentos entre as pessoas.

A indenização não pode ser limitada às consequências incidentes sobre a atividade laboral, deve ainda compreender os efeitos da lesão ao direito independentemente de qualquer outra circunstância.

O direito à saúde é um direito da pessoa, enquanto ser que possui relações extrínsecas, que proporciona condições ao seu completo desenvolvimento. Sob o prisma do direito à saúde é que a integridade psicofísica é protegida, reconhecida e tutelada.

A Corte de Cassação, ao analisar o recurso do Sr. Lucido, proferiu o entendimento de que o direito da pessoa de se desenvolver em família era equiparado ao direito à saúde, como direito à integridade psicofísica. E como tal, lesado por um terceiro, o direito de se desenvolver em família causa a ambos os cônjuges a impossibilidade de manutenção quanto às relações sexuais. O dano que atinge um dos cônjuges, neste caso, de igual forma atinge o cônjuge que não sofreu o dano em si, mas foi direta e consequentemente atingido por este em suas relações familiares, o casal deverá ser ressarcido e não somente um dos cônjuges, já que se trata de relacionamento interpessoal entre ambos.

Assim, foi decidido procedente o recurso do Sr. Lucidi pelas Sessões Unidas da Corte de Cassação em 4 de julho de 1986.

O direito recíproco de qualquer um dos cônjuges ao relacionamento sexual com o outro, como foi visto, é um direito inerente à pessoa, um direito relativo a um conteúdo, a um modo de ser, a um aspecto do comportamento e desenvolvimento da pessoa de cada um deles, no âmbito da família, dentro da sociedade natural fundada no matrimônio, formação social onde se desenvolve a personalidade do indivíduo, cujos direitos invioláveis são constitucionalmente reconhecidos e garantidos.

Direitos estes da pessoa em um aspecto do seu ser e atuar na família, equiparados ao direito à saúde, como um direito à integridade psicofísica. E dessa forma, tendo sido lesado por ato doloso ou culposo de um terceiro, que, causando ao outro cônjuge a impossibilidade de manter relações sexuais que o atingem, pode ser ressarcido por tal dano, o qual não se caracteriza como patrimonial, tampouco como não patrimonial, porém compromete de tal maneira o modo de ser e desenvolver da pessoa que, sob este aspecto, por si só, é somente reparável como um dano a sua existência.[4]

A sentença em questão esclareceu que na definição de dano não patrimonial estão incluídos os danos existencial e moral e que há diferenças entre tais danos. Mais do que consequência de uma responsabilidade aquiliana, o dano existencial tem natureza irreparável e irressarcível, causado por terceiro, que se protrai na vida da vítima. É possível fixar a data de seu início, mas a continuidade atemporal ocasiona um cerceamento irreversível de um projeto de vida familiar conjunta. Não houve forma de compensar efetivamente o prejuízo, pois enquanto durarem as consequências ocasionadas pela lesão à saúde da vítima, o dano sempre estará presente.

---

[4] Cassação Civil, Sessão 11 de novembro de 1986, Sentença nº 6.607. Tradução nossa.

1.2.2 III Sessão Unida da Corte de Cassação Civil, Sentenças nº 8.827 e nº 8.828, de 31 de maio de 2003

A Corte de Cassação, a partir das decisões nºs 8.827/2003 e 8.828/2003, ampliou a tutela da responsabilidade civil para além das hipóteses tipificadas como dano moral. Houve a extensão das categorias de bens tutelados, excluindo-se apenas os danos causados em razão de uma causa excludente de antijuridicidade, a exemplo da legítima defesa (NEGRO, 2014, p. 30).

A Corte de Cassação, modificando seu entendimento anterior, esclareceu que o dano não patrimonial, representado tão somente pelo dano moral, não seria compatível com a busca à proteção integral da pessoa, porque existiam outros tipos de danos não patrimoniais que deveriam receber guarida na lei. E assim se inaugurou a possibilidade de indenização proveniente de um dano extracontratual (NEGRO, 2014, p. 27).

A Sentença da Corte Constitucional nº 641/1987 ressaltou que a tendência do determinado ordenamento jurídico é a de aumentar a quantidade de situações de tutela da pessoa humana, novos direitos antes não previstos expressamente passaram a receber interpretação constitucional. Foi o que ocorreu, a título de exemplo, com o direito à privacidade na internet, o direito à identidade pessoal, o direito à saúde, o direito a um ambiente saudável e o direito ao convívio familiar em situações que permitissem o pleno desenvolvimento dos seus integrantes.

Em 1987 (A) e (B), em nome próprio e em nome do seu filho menor, (C), propuseram uma ação de indenização contra o professor (D), os médicos (E) e (F), a unidade de Saúde – U.S.L. (G) e o Hospital L'Arcispedale (H) por danos conexos à tetraparesia espástica e à atrofia cerebral neonatal causada a (C).

A alegação era de que a enfermidade da criança (C) fora determinada por erros de diagnósticos e pelos comportamentos omissivos dos funcionários da parte sanitária do Hospital Arcispedale, que acompanharam e conduziram o parto cesáreo de (C). Entendamos os fatos ocorridos.

No dia 15 de abril de 1982, a Sra. (A) foi levada ao Hospital Arcispedale prestes a dar à luz uma criança, ao chegar ao referido nesocômio foi atendida pelo médico (F), que verificou, através do cardiográfico, a lentidão do batimento cardíaco do nascente, desde as 7h10. O médico precisava ser diligente, pois se os batimentos continuassem na mesma lentidão, por mais 10 minutos, ou seja, até as 7h20 seria necessário um parto cesáreo imediato. Parto este que só foi iniciado às 7h40 (20 minutos após o horário máximo fixado para sua prática), terminando às 8h05.

Com base no parecer do perito, a Corte de Apelação declarou que nos primeiros sinais de sofrimento fetal já haviam sido constatados os índices de asfixia do feto e que as consequências resultantes da intensidade e da duração da asfixia foram decisivas para causar a cerebropatia e a produção de danos físicos e mentais ao nascituro, que foi indenizado em virtude da lesão cerebral que lhe fora causada, tendo sido fixado um valor mensal a ser pago aos seus genitores, até sua maioridade. A omissão e imperícia médicas foram consideradas como fatores que contribuíram diretamente para que a criança nascesse com sequelas.

No montante total da indenização estavam incluídos o valor relativo à compensação das constantes e futuras despesas médicas e todos os demais custos para a prestação de assistência à vítima, 24 horas por dia, haja vista o menor ter sido privado de sua capacidade de maneira absoluta, impossibilitada de exercer por si só as mais elementares funções vitais, como se alimentar, falar ou andar. Para cada um dos responsáveis legais da criança fora fixada uma indenização, paga em virtude dos danos morais que lhes foram causados. Por este fato, a Corte consentiu na realização de uma valoração prognóstica e que a presunção do *quantum* indenizatório tivesse como base elementos objetivos, que deveriam vir a ser provados pela pessoa lesada, o que se justificou pelo fato do laudo pericial apontar para futuros gastos diferidos no tempo. Estes sim, inequívocos e irreparáveis, acrescendo-se-lhes valores decorrentes de situações extraordinárias.

Para fixação da indenização foram levados em consideração os hábitos, as expectativas e as necessidades perenes da criança, vítima do dano existencial. Em razão de ter sido impedida de se realizar como pessoa, da forma que poderia ou gostaria, em virtude da paralisia cerebral e das consequências desta paralisia durante a sua existência.

O dano existencial foi então definido como aquele decorrente de uma lesão à integridade psicofísica da vítima, determinável pela medicina como uma lesão decorrente de um ato ilícito de natureza objetiva causado sob os afazeres laborais do sujeito face ao empregador, que conduz à alteração dos hábitos e da estrutura relacional que eram próprios ao indivíduo lesado. O dano existencial depende de prova do ilícito, das consequências deste e de que modo o dano incidiu negativamente na vida do sujeito.

O dano existencial foi configurado como uma lesão ao direito que a pessoa possui de desenvolver, de forma livre: i) suas atividades humanas e ii) a expressão de sua personalidade.

Logo, apesar de implícitos (por não serem mencionados diretamente), direitos como a correta informação (incluído o direito à contrapropaganda), o direito à liberdade (nele compreendidos as torturas, o tratamento desumano, cruel e degradante), o direito à privacidade (em seu sentido mais amplo, para abranger a proteção dos dados pessoais), o direito à saúde (em sua acepção coletiva), o direito à família (que abrange as situações existenciais, bilaterais entre os cônjuges e em relação aos danos causados aos seus familiares), em suma, qualquer dano moral ou existencial causado à pessoa são espécies do gênero do dano não patrimonial e por isso devem ser ressarcíveis.[5]

A sentença da Corte de Cassação prosseguiu, no sentido de examinar a questão do ressarcimento da perda de relação familiar, como um dano conjunto à intangibilidade da esfera de afeto; da intangibilidade ao direito à recíproca solidariedade dentro do âmbito familiar; e da inviolabilidade do livre e pleno desenvolvimento da atividade de realização da pessoa no âmbito de uma peculiar formação social, constituída pela família. Dano este que pode causar lesões diversas às pessoas que estão ligadas entre si, por um vínculo parental. Dano este, constitucionalmente tutelado pela Constituição da República Italiana.

---

[5] No conceito do dano não patrimonial estariam compreendidas todas as situações em que um valor inerente à pessoa – sem conotação de relevância econômica – fosse lesado. Ou seja, todo e qualquer dano que venha a causar um comprometimento aos valores pessoais, ou aos valores pessoais e existenciais, deve ser ressarcido (precedente – Sentença n° 88/79 da Corte Constitucional. Disponível em: http://www.giurcost.org/decisioni/1979/0088s-79.html. Acesso em: 9 mar. 2016).

Para a valoração equitativa foi levada em consideração a intensidade dos laços familiares e a situação de convivência, após a lesão. Da mesma forma, a possibilidade de diminuição na consistência do núcleo familiar e a mudança nos hábitos cotidianos da vítima, como o correlacionamento com as demais pessoas, em lugares, tempo e situações diversas, bem como a eliminação do potencial inter-relacional da relação parental (dos pais com a filha) foram resultado direto do estado a que a criança foi reduzida.

A sentença se referiu ao dano causado pelo cerceamento do pleno desenvolvimento das normais expectativas dos genitores, quanto à vida saudável da criança, e não às expectativas relativas a um contributo econômico futuro e incerto que, na idade adulta, a vítima poderia ou não vir a fornecer.

Entendeu a Corte que, na presença de uma lesão a um interesse constitucionalmente protegido, a liquidação do dano não patrimonial deve referir-se também aos prejuízos ulteriores, consistentes na privação da reciprocidade afetiva (própria e estrita à relação familiar). A solução foi baseada no mais amplo sentido de modalidade de realização da vida do indivíduo, considerados os valores e os sentimentos presumidos de uma relação parental.

Por fim, a Corte de Cassação decidiu pela soma e sobreposição do dano existencial em relação ao dano moral e entendeu que dano biológico, em sua mais ampla acepção, era reflexo do dano moral. Ao valor do dano moral foi somado o valor relativo ao dano existencial, consistente na piora ou impossibilidade da vítima em exercer suas atividades cotidianas somada às necessidades de manutenção material e moral resultantes das lesões de caráter permanente e irreparável causadas em sua vida.

1.2.3 III Sessão Unida da Corte de Cassação, Sentenças nº 26.972 e 2.973, de 11 de novembro de 2008

As Sentenças Gêmeas de 2008, nº 26.972 e 26.973, são consideradas um relevante marco histórico para a mudança das orientações jurisprudenciais anteriores, em matéria de ressarcimento do dano não patrimonial, um efetivo ponto de partida para a aplicabilidade do dano existencial, no sentido da utilização precisa de sua nomenclatura.

Na III Sessão Unida da Corte de Cassação, em 11 de novembro de 2008, foram prolatadas as Sentenças Gêmeas de San Martino.[6] Entre outras particularidades, foi contestado o sistema ressarcitório bipolar (dos danos patrimonial e não patrimonial).

A Sentença nº 26.972, proferida em 11 de novembro de 2008, foi oriunda de uma ação de indenização interposta pelo Sr. L.A., em maio de 1989, sob a alegação de que o doutor F.S. e a U.S.L.L. de Vicência, por ocasião de uma intervenção cirúrgica para a retirada de sua hérnia inguinal esquerda, causaram-lhe um dano irreparável, representado pela atrofia de seu testículo esquerdo. O autor demonstrou, através de pareceres médico-legais que, mesmo após terapias analgésicas (que se revelaram inúteis), foi necessária a amputação de seu testículo esquerdo, em junho de 1990.

Em março de 1992 a Corte de Apelo de Veneza reconheceu que a segunda intervenção cirúrgica – na qual a vítima perdeu o seu testículo esquerdo – foi consequência direta dos erros médicos da primeira cirurgia.

Um agravo e um recurso especial foram interpostos à Corte de Cassação, que na audiência de 19.12.2007 reconheceu questões de particular importância no recurso, em relação ao dano existencial. Os recursos foram remetidos à III Sessão Unida da Corte de Cassação, tendo esta reconhecido que a jurisprudência da Corte era favorável à tese doutrinária que reconhecia a configuração do dano existencial como categoria autônoma de dano não patrimonial, cuja consequência fora o comprometimento das atividades de realização da pessoa humana (como a lesão da serenidade familiar ou de viver em um ambiente saudável).

A III Sessão Unida foi chamada a se pronunciar sobre oito quesitos: a. Seria concebível um prejuízo não patrimonial, diverso do dano moral e do dano biológico?; b. Seria concebível um prejuízo não patrimonial diverso do dano moral e do dano

---

[6] A denominação de sentenças gêmeas, porque foram casos diversos decididos no mesmo dia, mas ambas tratando do dano existencial. Já a nomenclatura de San Martino, porque foram pronunciadas no mesmo dia de homenagem ao santo São Martinho, ou seja, 11 de novembro.

biológico, consistente na lesão de questões íntimas e interiores da vítima, decorrentes estas de lesão aos valores constitucionais?; c. Seria correto revisar as características dos prejuízos sofridos? Seria necessária a comprovação da subsistência de uma grave ofensa a um valor da pessoa? Além da gravidade, haveria a análise da permanência das consequências causadas pelo dano?; d. Se a teoria que aponta para o dano não patrimonial "típico" é correta, estaria negada a concepção do dano existencial? Seria correta a teoria segundo a qual o dano existencial é ressarcível, não só no âmbito contratual, mas significativamente no âmbito das relações de trabalho? Deveria se afirmar, de modo mais geral, o princípio segundo o qual o dano existencial encontra cidadania e concreta aplicação no campo do ilícito contratual aquiliano? e. É ressarcível um dano não patrimonial que incida sobre a saúde como um todo, e não somente à integridade psicofísica? É ressarcível a lesão à sensação de bem-estar?; f. Quais devem ser os critérios de liquidação do dano existencial?; g. O dano existencial consistiria em uma peculiar categoria do dano não patrimonial, do dano tanatológico ou do dano de morte imediata?; e h. Quais seriam os encargos, a prova e os impostos aplicáveis à demanda de reparação do dano existencial? O ressarcimento do dano não patrimonial ocorreria apenas nos casos elencados no Código Civil? O dano não patrimonial que não esteja previsto naquele artigo não seria ressarcido? Se fosse ressarcido, teria de sê-lo na esfera exclusivamente penal?

Como respostas às questões levantadas, a Corte de Cassação: i) reafirmou o que já havia pronunciado nas Sentenças de San Martino, quanto ao reconhecimento da aplicação do dano existencial; ii) superou as práxis dos juízes de mérito (de 1º Grau), em sede material de quantificação do dano não patrimonial; iii) determinou que o dano biológico, o dano moral e o dano existencial são danos distintos entre si; e iv) esclareceu que o dano existencial não poderia ser entendido como o prejuízo às atividades remuneradas da pessoa, mas somente como prejuízo às atividades cotidianas e habituais de um indivíduo.

O dano existencial passou a ser utilizado como padrão de referência para a definição da noção e do conteúdo do dano não patrimonial (Raccolta di Giurisprudenza, Ufficio Milano). Reconhecido pela doutrina e aplicado pela jurisprudência, o dano existencial foi responsável por preencher um importante vazio no sistema da responsabilidade civil, inserindo uma nova possibilidade de ressarcimento ao dano não patrimonial, diverso do dano moral, que tutela a pessoa contra danos permanentes e irresarcíveis à sua existência (dano existencial).

Além de o dano existencial ter ganhado destaque no ordenamento jurídico italiano, foi demonstrado que ele não é somente um elemento mais amplo que o dano biológico, mas que dele difere, por ser outra categoria de dano, suscetível de ressarcimento.

O dano existencial foi reconhecido como um novo tipo de dano, derivado de um ato ilícito, na presença de uma injustiça constitucionalmente qualificada, que seja capaz de causar uma mudança na vida cotidiana do sujeito, no seu projeto de vida e na sua vida de relacionamento, seja ela de esfera sexual, afetiva, familiar ou social.

O dano existencial se apresenta como a juridicização do dano que impõe ao lesado o trânsito em direção a outras modalidades organizativas, que não estavam previstas no modo em que a vítima havia escolhido para se autodeterminar, que causa a esta vítima sacrifícios, renúncias, abnegações pessoais difusas, restrição de seu projeto de vida e exílio mais ou menos definido, a depender da extensão do prejuízo causado.

2 O dano existencial e suas consequências nas relações de Direito de Família: casos brasileiros

Se o cerceamento ao projeto de vida se der tão no início ou no exato momento do desenvolver da pessoa (no máximo de seu existencialismo), como exemplo o de uma criança que, ao nascer, já apresenta um estado de paralisia cerebral, decorrente de um erro médico e por isso seu único projeto de vida foi reduzido a continuar vivendo. Esta criança jamais poderá externar o que desejaria projetar vir a ser e como se relacionar com sua família e demais pessoas, ou seja, a partir do dano ela deixaria de ter seu direito de atuar no mundo de uma maneira plena, modificando-se as situações no meio em que vive e tendo a possibilidade de ser modificada por elas.

Para iniciarmos nossos estudos, foi escolhido um caso a ser deixado como uma primeira reflexão acerca do dano existencial nas relações familiares.

Trata-se do AgRg no REsp 1405910/RS, Rel. Ministro Mauro Campbell Marques, Segunda Turma, julgado em 25.11.2014, DJe 02.12.2014. O caso versou sobre o nascimento de uma criança, cujo laudo pericial foi conclusivo em seu diagnóstico: paralisia cerebral e retardamento mental severo CID-G80.0.

A mãe da criança deu início ao trabalho de parto em 08.11.2002 e logo foi levada ao Hospital Universitário de Santa Maria (HUSM), por falta de leito foi encaminhada à Casa de Saúde, onde às 8 horas foi recebida pela equipe de enfermagem, apenas às 2 horas do dia 09.11.2002 é que foi analisada por um médico.

Mesmo diante da progressão do parto da criança, o médico optou pela realização do parto natural, que não evoluiu bem. Tentada a cirurgia cesariana, esta não chegou a ser realizada, porque a criança nasceu por parto normal, em más condições e cianótica (coloração azulada ou violácea da pele e das mucosas, devido à falta de oxigenação ou insuficiência de oxigênio no sangue e no cérebro).

Transferida à CTI neonatal do HUSM, a criança permaneceu internada, teve alta apenas 25 dias depois da sua internação e saiu da CTI neonatal completamente dependente de outra pessoa para sobreviver, dado seu estado vegetativo.

Do conjunto probatório anexado aos autos, a perícia foi conclusiva nos seguintes pontos: i) a demora da realização do parto foi fator determinante para o retardo do desenvolvimento neuropsicomotor da criança, esta nunca falou, nunca caminhou e atualmente é alimentada por sonda de gastrostomia e faz uso contínuo de medicação (fenobarbital) para o controle de suas convulsões; ii) as lesões sofridas pelo nascituro foram consequência direta do parto retardado; ii) o procedimento utilizado pelo médico evidenciou a ineficiência no atendimento à parturiente, sendo inaconselhável tamanha demora na realização do parto; iv) a criança ingeriu o líquido amniótico, por ter entrado em sofrimento fetal, desta ingestão resultou a hipóxia e as lesões cerebrais presumíveis; v) o retardamento neuropsicomotor é muito grave, difícil de avaliar porque o quadro da criança não permitia uma linha de comunicação com os peritos, que presumiram ser muito deficitário; vi) não existe a possibilidade do menor prescindir dos cuidados de terceiros, tanto no seu desenvolvimento físico e ou mental, porque ele sempre será totalmente dependente das outras pessoas; e vii) as deficiências são permanentes e irreversíveis.

A perícia judicial não deixou dúvidas de que os danos causados ao nascituro decorreram da realização incorreta no procedimento de parto. Com base nas provas e nos fatos constantes dos autos, o Tribunal de origem arbitrou o valor de R$ 500.000,00 (quinhentos mil reais) a título de indenização a favor da criança, representada pelos seus pais, por danos morais, baseados nos danos decorrentes de erro médico, o qual ocasionou paralisia cerebral e retardo mental severo na vítima.

A deficiência permanente causada pelo dano infligiu à vítima um "não poder escolher como e com quem ela um dia desejaria se relacionar". O dano causou-lhe o tolhimento da escolha de como se autoconduzir, se autorrealizar, de escolher seus objetivos, prejuízo que deixou a criança totalmente dependente da ajuda das outras pessoas para realizar as coisas mais básicas do dia a dia, como andar.

O seu relacionamento com o mundo exterior é praticamente inexistente e é feito através da mediação de quem se relaciona com a vítima, não podendo ser escolhido por ela, porque foi previamente determinado pelas circunstâncias de seu estado vegetativo (que perdurará por toda a sua existência). Seus pais jamais poderão ter um filho que goze de perfeita saúde, porque essa opção lhes foi retirada desde os primeiros momentos de vida da criança. Caso houvesse a previsão do dano existencial no ordenamento jurídico brasileiro, muito mais que uma condenação por danos morais, uma pensão vitalícia deveria ser arbitrada, um vida em relações com os familiares, com seus genitores, um simples andar sozinha, comer sozinha será impossível, o projetar-se para o futuro será um só, o de dependência física, material e a necessidade de um assistencialismo pleno.

Não foi a criança a única vítima, mas a sua relação em família, no seu conjunto, danos diretos e imediatos que nosso ordenamento jurídico precisa começar a reconhecer, sob pena de quedar-se inerte à premente necessidade de reparação integral do dano, neste caso em conjunto, não apenas individual, a saúde de um (a criança) e suas vicissitudes causaram toda uma alteração nas circunstâncias de convivência no seio da família com o cerceamento do desenvolvimento de seus integrantes, como garante a Constituição Federal.

Já o Resp. 1514775/SE, Rel. Ministro Napoleão Nunes Maia Filho, Primeira Turma, julgado em 23.08.2016, DJe 10.11.2016, tratou de dano causado durante uma campanha nacional de vacinação contra influenza, promovida pela União Federal. Uma mulher vacinada nesta campanha foi, devido a um evento pós-vacinal, vinculado ao ato da vacinação e dele diretamente decorrente, declarada absolutamente incapacitada por ter contraído a Síndrome de Guillain Barré, em seu estado mais severo, conduzindo-a de maneira completa e irreversível a uma paralização muscular, mantendo-se apenas o movimento de seus olhos, o que restou comprovado nas instâncias de origem.

O processo em que a vítima figurou como autora foi movido contra a União Federal e foi julgado procedente na primeira instância. A União não interpôs recurso. Ao STJ foi ajuizado um REsp 1514775/SE, onde se pleiteou o aumento do valor da indenização. O STJ entendeu que a recorrente – conforme já provado nos autos – após ser vacinada em meados de maio de 2008, durante a Campanha Nacional de Vacinação contra a influenza, promovida pela União Federal, foi acometida de polineuropatia desmilienizante inflamatória pós-vacinal. Dessa forma, a Corte declarou ser pacífico e não haver dúvidas acerca do nexo de causalidade entre a vacina e o dano causado à vítima, porque definido em termos conclusivos nas instâncias ordinárias.

O tribunal de origem reconheceu o quadro de condição paraplégica da vítima e verificou a necessidade de ajuda da apelante para realizar todas as atividades do seu dia a dia, inclusive beber água e se alimentar; da sua impossibilidade de realizar as tarefas mais básicas do seu antigo cotidiano, como cuidar da sua filha, ainda em tenra idade infantil; de exercer seu trabalho e de realizar as demais atividades que antes faziam parte de sua vida. Por fim, teve ciência do quadro de depressão da vítima, em razão da circunstância em que se encontrava.

O STJ em seu julgamento mencionou que:

> (...) a vítima do evento danoso, que sofre redução parcial e permanente da sua capacidade laborativa, tem direito ao pensionamento previsto no dispositivo legal acima transcrito, independentemente da existência de capacidade para o exercício de outras atividades, em razão do maior sacrifício para a realização do serviço (AgRg no AREsp. 636.383/GO, Rel.

Min. LUIS FELIPE SALOMÃO, DJe 10.9.2015).; REsp. 1.344.962/DF, Rel. Min. RICARDO VILLAS BÔAS CUEVA, DJe 2.9.2015; REsp. 1.292.728/SC, Rel. Min. HERMAN BENJAMIN, DJe 2.10.2013; EDcl no REsp. 1.269.274/RS, Rel. Min. MAURO CAMPBELL MARQUES, DJe 13.3.2013).

O dano provocado por uma vacina que, supostamente serviria de benefício à saúde das pessoas, fez com que a pessoa vacinada se tornasse vítima. Esta passou a ter a necessidade de uma mudança completa na sua vida, em relação a todos os demais indivíduos, de quem precisará de um assistencialismo quase que integral, o que lhe provocou o cerceamento de seu projeto de vida, pois ela não poderá mais realizar sozinha as atividades mais cotidianas do seu dia a dia, como escovar os dentes ou comer, sem o auxílio de outrem.

O dano existencial passou a ser uma "condenação" resultante em um não fazer como antes, "penalidade" esta aplicada à vítima e não ao seu autor. Um dano que se protrai no tempo, cuja indenização é conferida a título de pensão vitalícia. Esta, resultante da verificação quanto à extensão do prejuízo e de sua irreversibilidade, não pela estética, mas por atingir a atividade humana sob o aspecto mais fundamental, qual seja, o seu projeto de vida. A vida que terá como mãe? E a criança que jamais poderá ter de sua genitora um abraço, uma convivência como naturalmente seria previsível caso o dano não houvesse sido praticado? A impossibilidade de relacionar-se afetivamente (fisicamente) com outra pessoa? Ter mais filhos?

Até que ponto uma condenação financeira irá devolver-lhe tudo o que foi efetivamente perdido? Não é que o reconhecimento do dano existencial irá resolver essas questões, mas irá tentar chegar mais próximo da reparação dos prejuízos sofridos, que não podem ser solucionados apenas à luz do dano moral.

À época em que a decisão foi publicada, não havia previsão doutrinária e jurisprudencial apta a fornecer ao julgador uma base objetiva para o acolhimento do dano existencial, como dano ao projeto de vida e à vida em relações.

Diferente do dano moral, o dano existencial exige comprovação do prejuízo sofrido e é arbitrado segundo provas nos autos que tenham o condão de comprovar que a vítima foi impedida ou cerceada de continuar suas atividades cotidianas não remuneratórias, representada nos lucros cessantes.

A hipótese defendida no presente artigo é a de que, se o STJ tivesse aplicado o dano existencial ao caso concreto, a decisão teria sido precisa sob o ponto de vista terminológico e conceitual.

Ditos danos se inserem no conceito de existir do mundo. A mulher que tomou a vacina de influenza e contraiu a doença de Guillain Barré teve a perda dos movimentos dos braços e pernas e foi comprovado que ela não consegue e nem conseguirá fazer nada mais sozinha, sequer segurar a filha pequena. Houve, na verdade, uma interrupção de um projeto de vida.

Os danos foram reconhecidos com a denominação de dano estético, por falta de previsão jurisprudencial de outra modalidade de dano que fosse mais adequada (dano existencial), porque a vítima foi prejudicada naquilo que ela tinha de maior valor em relação ao local onde ela se encontra no mundo, o seu projetar-se e o seu relacionar-se. O fazer trivial e cotidiano já não será mais tangível, pois os causadores do dano infringiram o seu dever geral de abstenção (de não causar dano a outrem).

O dano existencial acompanha a vítima por toda a sua existência, trazendo, a todo momento, à sua mente a frustração de não poder fazer suas atividades habituais ou de manter o mesmo tipo de troca existencial que possuía anteriormente. Descaracterizado o dano estético, tem-se o dano patrimonial, que pode ser cumulado com o dano moral. Não sendo caso de aplicação do dano existencial, tem-se apenas o dano moral.

Com apoio na doutrina e jurisprudência italianas nas próprias entrelinhas dos julgados do STJ é possível depreender que, apesar de não se utilizar expressa ou explicitamente da nomenclatura de dano existencial, a indenização em caso de lesões permanentes não pode ser limitada ao alcance do dano moral, porque, uma vez causadas à vítima, terá esta uma limitação no seu fazer e a imposição atemporal do não poder fazer as atividades comprometidas pelo dano por toda a vida.

Conclusão

A pessoa é e está no centro do ordenamento jurídico. Para a pessoa e em razão de sua existência é que as normas jurídicas são produzidas.

A sociedade deve servir como meio facilitador ao desenvolvimento da pessoa. A sociedade serve à pessoa, e não o inverso. O indivíduo tem o direito de exigir do Estado que lhe sejam propiciadas condições e mecanismos legais para o exercício de seu existir e de seu coexistir, norteados pelo princípio fundamental da dignidade da pessoa humana.

Desta forma, as relações interiores (da pessoa consigo mesma) e as relações externas (da pessoa com o mundo em que vive e com as demais pessoas com quem convive) deveriam ocorrer de modo pacífico e harmonioso. A coexistência deve ser garantida pelas normas existentes no tempo e no espaço em que as pessoas convivem em sociedade.

As normas jurídicas devem servir para a prevenção a eventuais danos causados à pessoa e para a repressão das lesões causadas, promovendo a justiça, a paz e o bem comum. Através das normas jurídicas são elaborados parâmetros a serem utilizados na fixação da indenização ou reparação devidas. Mas as reparações e as indenizações não estão limitadas às previsões normativas. Há a possibilidade de determinação de outros meios de ressarcimento, que podem ser fixados pelo juiz no caso concreto, através da equidade. Todas as formas de ressarcimento devem ser aptas e suficientes a proporcionar a pronta e integral reparação dos prejuízos causados à pessoa.

Do estudo da realidade social atual, representada pela fluidez das relações dinâmico-sociais, restou evidenciada, apesar de não existir previsão legal explícita do dano existencial no ordenamento jurídico brasileiro, a lesão permanente e irreversível das atividades existenciais de uma pessoa, que comprometa, a partir do dano em diante, todo o projeto de vida e a vida de relações da pessoa. Já vem sendo decidida pelos Tribunais de primeiro grau e pelos Tribunais Superiores a aplicação da indenização por dano existencial, por vezes denominado de dano ao projeto de vida.

No caso do dano existencial, por este não possuir caráter punitivo e por não haver minimamente a possibilidade de se devolver à vítima o que ela perdeu, o juiz pode determinar, por exemplo, não apenas o pagamento em dinheiro para a recomposição dos danos, mas sim a oferta de um emprego, a recolocação no mercado de trabalho, a fixação de pensão mensal, o pagamento de tratamento da saúde da vítima, compra e manutenção de próteses etc.

O dano existencial, como visto, pode ser mensurável e perfeitamente aplicável pelo ordenamento jurídico brasileiro em suas decisões judiciais como efetivamente já vem sendo feito. Resta apenas sua explicitação como tal.

Apesar do Código Civil brasileiro não dar tratamento explícito ao dano existencial e da interpretação sistemática da legislação jurídica pátria, realizada nesta tese, é possível encontrar fundamentações legais à sua aplicação.

A indenização do dano existencial é calculada sobre os prejuízos às atividades de realizações do lesado, que implique consequentes alterações de conteúdo apreciável monetariamente, seja sob o ponto de vista pessoal ou relacional, portanto, com consequências externas na vida daquele que sofreu o dano existencial.

A vítima tem o dever de provar a existência do dano, na medida em que a lesão aos valores constitucionais é um simples indício da existência do dano, que deverá ser provado através dos princípios gerais em tema de prova.

Por outro lado, é pacífico que, ainda que se recorra à valoração equitativa, nos casos em que o dano não possa ser provado através de um montante específico, deverá sempre haver a prova de que o dano foi causado.

Na ausência de provas concretas, relativas ao dano existencial – por falta de uma determinação médico-legal exata – para demonstrar o efetivo prejuízo sofrido, a vítima pode se utilizar como prova das presunções dos "fatos notórios" ou das noções de "experiência comum"; ou mesmo das situações reais baseadas na realidade sintomática em que o lesado se encontra. Em todos os casos, deve haver a verossimilhança ou elevado grau de probabilidade daquilo que se alega ter sofrido.

Conclui-se que, para fins de determinação do *"quantum"*, deve haver a individuação do dano, para evitar possíveis liquidações arbitrárias, parâmetros de valoração homogêneos que levem em conta todos os elementos da *fattispecie*. Portanto, exemplificativamente, deverá ter-se em conta a personalidade do sujeito lesado; o interesse violado; a atividade desenvolvida pela vítima; as repercussões do dano sobre a personalidade do sujeito lesado e as alterações provocadas pelo dano, no âmbito familiar social da vítima.

O dano existencial refere-se ao ambiente externo e ao modo de exercer as relações sociais do sujeito lesado e do relacionamento das pessoas com ele. A exteriorização da própria personalidade resta empobrecida ou perdida. O dano existencial é aquele avaliado pela extensão das perdas ulteriores ao dano em si. Destaca-se pelo seu caráter permanente, atemporal, que resulta no impedimento ou mudança no projeto de vida que a pessoa vinha desenvolvendo. Não se trata de perda de uma chance – instituto que foi estudado –, porque nesta tese a análise da extensão do prejuízo será em relação ao que não se pode mais obter, relacionado ao projeto de vida e à vida em relações.

No dano existencial, a extensão do dano será calculada sobre o que não se pode mais fazer depois que o dano foi causado. Representa a modificação da realização da vida que estava sendo desenvolvida, de tal modo que seja capaz de transformar os hábitos, alterar as relações pessoais, amorosas, profissionais e sociais da vítima, em razão de tudo o que efetivamente perdeu nas relações existenciais.

Em conclusão, não há na lei a previsão quanto a todos os tipos de danos reparáveis. A tutela da pessoa humana torna possível um sem-número de derivações dos direitos constitucionais que lhe são garantidos. Destes, por sua vez, derivam a obrigatoriedade de toda e qualquer pessoa se abster de causar uma lesão aos seus direitos.

O Direito protege a pessoa de danos que lhe venham a ser causados. Esses danos são encontrados na lesão ao prazer, como o propósito mais importante da vida, este prazer é a razão do existir das pessoas, que, sem ele, poderiam perder o sentido em ser pessoa, que é a sua vida, a busca de realizações, de conquistas, ou de simplesmente poder apreciar as coisas e pessoas que estão ao seu redor. A existência fomenta a ação humana e esta é a razão de ser e de existir do Direito.

Referências

ARSENI. Antonio. *Il danno esistenziale:* La faticosa evoluzione giurisprudenziale. Disponível em: https://www.personaedanno.it/danno-esistenziale/il-danno-esistenziale-la-faticosa-evoluzione-giurisprudenziale-antonio-arseni. Publicado em 04.11.2015. Acesso em: 21 jan. 2017.

BARREIRA, Amilton Antunes. *Síndrome de Guillain Barré*. Disponível em: http://neuroimunologia.com.br/sindrome-de-guillain-barre/. Acesso em: 11 dez. 2016.

BEBBER, Júlio César. Danos extrapatrimoniais (estético, biológico e existencial) – breves considerações. *In: Revista LTr*, São Paulo, v. 73, n. 1, jan. 2009.

BELLATONI, Domenico; BENIGNI, Alessandro. *Lezione dei diritto della persona*. Tutela pelale, tutela civile Rissarcimento del danno. 2. ed. Padova: Casa editrice Dott. Antonio Milani, 2007.

BONA, M. *Il danno non patrimoniale dei congiunti*: edonistico, esistenziale, da lesione del rapporto parentale, alla serenità famigliare, alla vita di relazione, biologico, psichico o morale "costituzionalizzato"?, 2002, 95. Nota a decisão do Trib. Palermo 8 giugno 2001. Disponível em: http://www.utetgiuridica.it/giurit/. Acesso em: 12 abr. 2016.

CASSANO, Giuseppe. La prima giurisprudenza del danno esistenziale. *In: Osservatorio del danno esistenziale*. Piacenza: La Tribuna, 2002. Disponível em: www.dannoesistenziale. it. Acesso em: 25 fev. 2014.

CENDON, Paolo; ZIVIZ, Patrizia. *Il danno esistenziale una nova categoria della responsabilità civile*. II Volume. Torino: Zanichelli Editore, 2000.

CHINDEMI, Domenico. Danno esistenziale e danno morale: diferenze e rispettivi ambiti di aplicazione. *In: Riccardo Riva Studio Legale*. Disponível em: http://www.studiolegaleriva. it/public/danno-esistenziale-morale.asp. Acesso em: 25 dez. 16.

CHRISTANDL, Gregor. *Il diritto privato oggi*. La risarcibilità del danno esistenziale. Milano: Giuffrè Editore, 2007.

FERNÁNDEZ SESSAREGO, Carlos. *Deslinde conceptual entre "daño a la persona", "daño al proyecto de vida" y "daño moral"*. Disponível em: http://www.pucp.edu.pe/dike/ bibliotecadeautor_carlos_fernandez_cesareo/articulos/ba_fs_6.PDF. Acesso em: 6 ago. 2010.

FERNÁNDEZ SESSAREGO, Carlos. *Protección Jurídica de la Persona*. 1. ed. Lima: Publicaciones de la Universidad de Lima, 1992.

FERNÁNDEZ SESSAREGO, Carlos. El daño al "proyecto de vida" en la jurisprudencia de la Corte Interamericana de Derechos Humanos in ¿Existe un daño al proyecto de vida? *in Scritti in onore di Guido Gerin*. Padova: Cedom, 1996.

FERNÁNDEZ SESSAREGO, Carlos. Daño al proyeto de vita. Análisis y Desarrollo del Concepto Daño al Proyecto de vida. Bases filosóficas, desarrollo conceptual, derecho comparado y aplicabilidad de la figura en Costa Rica. Disponível em: http:// wwwarrabaljuridico.blogspot.com.br. p. ii. Acesso em: 15 jun. 2016.

FLAMINI, Antonio. *Il danno alla persona*. Sggi di diritto civile. Napoli: Edizioni Scientifiche Italiane, 2009.

GAUDINO, Luigi. Commento all'art. 2043 del Codice Civile, 1995. La lesione alla persona. Disponível em http://www.jus.unitn.it/. Acesso em: 10 jun. 2015.

LÔBO, Paulo Luiz Netto. *Tradição patrimonialista do Direito Civil e as tendências da repersonalização in Direito Civil*. Parte Geral. São Paulo: Saraiva, 2015.

LUGLI, Daniela. *Il contributo dello psicologo nella determinazione del danno esistenziale*. Disponível em: http://digilander.libero.it.castelfranco/ProvvedimentiForo/23.htm. Acesso em: 25 fev. 2014.

MACCARONE, Matteo. *Le imissione*. Tutela reale e tutela della persona. Milano: Giuffrè, 2002.

MAZZON, Riccardo. *La prova del danno esistenziale*. 2012. Disponível em: https://www. personaedanno.it/danno-esistenziale/la-prova-del-danno-esistenziale-riccardo-mazzon. 10.04.2012. Acesso em: 27 dez. 2016.

MELCHIORRE, V. *L'uomo faber e la conscienza di morte*. In: *La qualità della vita*. Filosofi e psicologi a confronto, Atti de Covegno ideato e diretto da G. Trentini e C. Vigna, Franco Angeli. Milano: 2002.

NEGRO, A. Il danno ala persona: vechi i nuovi modelli risarcitori. Il danno esisenziale nel panorama risarcitorio. In: *Il diritto italiao nella giurisprudenza*. La responsabilità civile. Il danno esistenziale. Torino: Utet giuridica, 2014.

NEGRO, A. *Il danno esistenziale nel panorama risarcitorio*. Il danno ala persona: vecchi e nuovi modelli risarcitori. Turim: Utet Giuridica, 2014.

PATTI, Salvatore. *Danno e responsabilità Civile*. Torino: Giappichelli Editore, 2013.

PERLINGIERI, Pietro. La dottrina del diritto civile nella legalità constituzionale. *Revista Trimestral de Direito Civil*, Rio de Janeiro, jul./set. 2007.

PERLINGIERI, Pietro. *Rasegna di diritto Civile*. Le funzione della responsabilità civile. Napoli: Edizione Scientifiche Italiane, 2011.

PETTI, Giovanni Battista. *Antropologia Constituzionale e scientifica*. Certezza del diritto e centralità della persona. La nuova disciplina del danno alla persona. Analisi critica della giurisprudenza dopo le Sezioni Unite. Maggioli Editore: Reppublica di San Martino, 2009.

PETTI, Giovanni Battista. *Il rissarcimento dei danni:* Biologico, genetico, esistenziale. Tomo II. Torino: UTET, 2002.

ROCCHINA, Staiano. *Il danno esistenziale:* nozione (Cass. N. 6930/2012). Disponível em: http://www.diritto.it. Acesso em: 17 ago. 2016.

RODOTÀ, Stefano. *La revoluzione della dignità*. Napoli: La Scuola de Pitagora Editrice, 2013.

RUSSO, Paolo. *La responsabilità civile*. I danni esistenziale. Milano, 2014.

SAPONE, Natalino; BIANCHI, Angelo. *Le ragione del danno esistenziale*. Roma: Aracne Editrice, 2010.

VISINTINI, Giovanna. *Cos'è la responsabilità civile*. Fondamenti della disciplina dei fatti illeciti e dell'inadempiemento contrattuale. Napoli: Edizioni Scientifiche Italiane, 2014.

ZIVIZ, Patrizia; BILOTTA, Francesco. *Il nouvo danno esistenziale*. Dalla Cassazione del 2003 alla Sezioni Unite del 2008. Torino: Zanichelli Editore, 2013.

Informação bibliográfica deste texto, conforme a NBR 6023:2018 da Associação Brasileira de Normas Técnicas (ABNT):

BUARQUE, Elaine. O dano existencial no Direito de Família a partir da experiência jurisprudencial italiana. In: EHRHARDT JÚNIOR, Marcos; LOBO, Fabíola Albuquerque; ANDRADE, Gustavo (Coord.). *Direito das relações familiares contemporâneas*: estudos em homenagem a Paulo Luiz Netto Lôbo. Belo Horizonte: Fórum, 2019. p. 401-430. ISBN 978-85-450-0700-5.

A RESPONSABILIDADE CIVIL DA MÃE GESTANTE POR DANOS AO NASCITURO

MÁRIO LUIZ DELGADO

1 Introdução

A evolução da responsabilidade civil na sociedade contemporânea é marcada pela proteção integral das vítimas de danos, assegurando-lhes, em qualquer hipótese, o direito à reparação integral, que caminha a passos largos para ser reconhecido como verdadeiro direito fundamental da pessoa humana. O dano há de ser reparado sempre, ainda que suas consequências não tenham sido previstas ou desejadas pelo agente causador.

Partindo desse atual patamar evolutivo, o Direito enfrenta o desafio de assegurar a reparação de novas modalidades de danos, notadamente aqueles ocorrentes nas relações de família, como é caso do dano afetivo, do dano genético e do dano pré-natal.

A dificuldade de caracterização dos danos morais nas relações paterno-filiais tem sido paulatinamente afastada desde que se erigiu o cuidado e o afeto ao patamar de valores jurídicos fundamentais ao Direito de Família, ao mesmo tempo em que se "descobriu" o princípio da afetividade[1] e sua posição fundante e vetorial no regramento hodierno das relações de família, ao lado do princípio da parentalidade responsável, a impor aos pais o cumprimento de determinadas obrigações legais (materiais e morais) para

---

[1] Ninguém nega a existência, dentro do ordenamento jurídico, de princípios ditos "implícitos", que ainda não foram descobertos ou resgatados pelo intérprete. Eros Grau afirma que os "princípios são descobertos ou resgatados (e o ato de descobrir é declaratório e não constitutivo) no interior do próprio ordenamento jurídico, onde já se encontravam em estado de latência". *(Ensaio e discurso sobre a interpretação/aplicação do direito*, p. 44). Entre os princípios implícitos já "descobertos" pela doutrina, pelo menos no âmbito do Direito Civil, destaca-se o princípio da afetividade.

com os filhos nascidos ou por nascer, a fim de lhes propiciar o desenvolvimento físico e psíquico em condições dignas.

Ser responsável significa também ter consciência de que qualquer conduta inapropriada da gestante pode interferir de maneira prejudicial no desenvolvimento e na vida futura do filho abrigado em seu âmago.

O ventre materno, como *locus* privilegiado preparado pela natureza para acolher a vida em seu estágio inicial, deveria fornecer todas as condições necessárias ao pleno desenvolvimento do pequeno ser humano ali asilado. Infelizmente nem sempre o concepto terá nas entranhas maternas a melhor acolhida, em razão de condutas irresponsáveis ou irrefletidas praticadas pela gestante. Danos, às vezes irreparáveis, podem ser impingidos ao nascituro por comportamentos imprudentes da gestante e perfeitamente evitáveis. Basta citar a ingestão voluntária de substâncias tóxicas, reconhecidamente danosas ao feto, como a cocaína, o álcool ou o fumo.

Onde houver dano, tem que haver reparação. Esse é o paradigma atual. Pouco importa se o responsável pela reparação é a própria mãe da vítima do dano.

Uma indagação que habitualmente arrosta esse tema é saber se as técnicas tradicionais, em matéria de responsabilidade civil, são suficientes e adequadas à reparação desses novos danos, ocorrentes no âmbito das relações materno-filiais. Em outras palavras: o fundamento da responsabilidade civil será o mesmo quando a vítima do dano for o nascituro e o agente causador a mãe e gestante?

Pensamos que sim e demonstraremos isso ao longo da exposição.

A gravidez e a maternidade certamente constituem os maiores privilégios concedidos pela natureza ao ser humano do sexo feminino. Aceitá-las requer sacrifícios e ciência dos escolhos ao longo de uma jornada de nove meses. Máximo bônus, sumo ônus. O que implica, para a mãe, abster-se de muitos direitos em favor do filho que espera e, acima de tudo, reconhecer que os conflitos gerados na relação mãe e filho, enquanto gestante e nascituro, devem razoavelmente pender para o inerme, o vulnerável, o incapaz de se defender ou de clamar por socorro e que não pediu para nascer.[2]

---

[2] Reforça esse entendimento o "princípio do melhor interesse da criança e do adolescente", cujas raízes estão fincadas na doutrina da "proteção integral", a abranger, segundo

2 O conceito de nascituro

De início, convém especificar e restringir o conceito de nascituro, para os fins propugnados neste trabalho.

Nas palavras de Maria Helena Diniz, o nascituro é "aquele que há de nascer, cujos direitos a lei põe a salvo".[3] Para o dicionarista De Plácido e Silva o nascituro é um ser gerado ou concebido e que só "tem existência no ventre materno: está em vida intrauterina".[4] Flávio Tartuce afirma que o nascituro é justamente "aquele que foi concebido e ainda não nasceu".[5]

Nascituro, portanto, é alguém que está por nascer, "sua existência é intrauterina (*pars viscerum matris*'), no ventre materno ('*no uterus*'), adstrita a esta contingência até que dele separe".[6]

Assim, o conceito de nascituro não pode ser estendido aos embriões extracorpóreos, como já sustentamos em trabalhos anteriores.[7]

Entendemos que o embrião só pode ser tratado como nascituro, a merecer a adequada proteção do Estado, depois de fixado no útero materno. Antes disso, teremos apenas uma célula fora do corpo da mulher (ainda que uma célula humana), que jamais pode ser equiparada ao *conceptus* referido no Código Civil para fins

---

propugnamos, não só a criança nascida, mas igualmente o nascituro, inclusive por sua especial fragilidade e vulnerabilidade, a demandar, com ainda mais premência do que a criança nascida ou o adolescente, a proteção integral dos pais para que possa nascer e bem desenvolver suas potencialidades.

[3] DINIZ, Maria Helena. *Dicionário jurídico*. 2. ed. São Paulo: Saraiva, 2005, v. 3, p. 378.
[4] DE PLÁCIDO E SILVA. *Vocabulário jurídico*. 3. ed. Rio de Janeiro: Forense, 1973, v. III, p. 1051.
[5] TARTUCE, Flávio. A situação jurídica do nascituro: uma página a ser virada no direito brasileiro. *In*: DELGADO, Mário Luiz; ALVES, Jones Figueiredo. (Coord.). *Novo Código Civil*: Questões Controvertidas – vol. 6 (Parte Geral). São Paulo: Método, 2007, p. 85.
[6] MAIA, Paulo Carneiro. Nascituro. *In*: *Enciclopédia Saraiva do Direito*. São Paulo: Saraiva, 1980, v. 54, p. 38/52.
[7] Cf. nosso "Filhos diferidos no tempo: Ausência de legitimação sucessória". *In*: DIAS, Maria Berenice (Org.). *Direito das Famílias* – Contributo do IBDFAM em homenagem a Rodrigo da Cunha Pereira. 1. ed. São Paulo: Revista dos Tribunais, 2009. Nesse sentido também já entendeu anteriormente a professora titular de Direito Civil da USP Silmara J. A. Chinelato: "... na fecundação *in vitro*, não se poderá falar em 'nascituro' enquanto o ovo (óvulo fertilizado *in vitro*) não tiver sido implantado na futura mãe, impondo-se, pois, o conceito de 'nascituro' sempre e apenas quando haja *gravidez*, seja ela resultado de fecundação *in anima nobile* (obtida naturalmente ou por inseminação artificial), seja de fecundação *in vitro*. Pela mesma razão não se poderá reputar 'nascituro' o embrião congelado, com finalidade de implantação futura no útero materno, conforme técnicas de reprodução assistida" (*Tutela civil do nascituro*. São Paulo: Saraiva, 2000, p. 11).

de aquisição de direitos. Com muito mais razão em se tratando de material fecundante mantido em congelamento.

3 O nascituro como titular de direitos da personalidade

Os direitos da personalidade são direitos atinentes à tutela da pessoa humana, considerados essenciais à sua dignidade e integridade. Define-os Rubens Limongi França como sendo "as faculdades jurídicas cujo objeto são os diversos aspectos da própria pessoa do sujeito, bem assim seus prolongamentos e projeções".[8] Santos Cifuentes diz que "são direitos subjetivos privados, inatos e vitalícios que têm por objeto manifestações interiores da pessoa e que, por serem inerentes, extrapatrimoniais e necessários, não podem transmitir-se nem dispor-se de forma absoluta e radical".[9]

Não vinculamos a titularidade dos direitos da personalidade à aquisição da personalidade jurídica. Por isso, as nossas ponderações passarão ao largo de todas as discussões que envolvem a personalidade do nascituro. Não defenderemos aqui nem a corrente natalista, nem a concepcionista ou a da personalidade condicional, mesmo porque pouco nos importará, para os fins do nosso estudo, ser ou não o nascituro uma pessoa natural nos termos aludidos no art. 2º do CC/2002. Uma definição sobre o início da personalidade jurídica deve ser considerada como uma opção legislativa. O legislador escolhe a partir de que momento atribuirá determinados direitos à pessoa humana, nascida ou concebida, da mesma forma que escolhe a partir de que idade a pessoa humana adquire a plena capacidade para a prática dos atos da vida civil. A tutela dos direitos da personalidade, fundada no princípio da dignidade da pessoa humana, não está condicionada a tal escolha legislativa e abrange, indistintamente, todos os que pertencem à espécie humana.

Portanto, o que nos interessa saber é se o nascituro pertence ou não à espécie humana e não se possui ou não possui personalidade jurídica.

---

[8] Direitos da personalidade – Coordenadas Fundamentais. In: *Revista do Advogado*, São Paulo, AASP, n. 38, p. 5; *Manual de direito civil*. 3. ed. São Paulo, RT, 1981.
[9] CIFUENTES, Santos. *Derechos personalísimos*. 2. ed. Buenos Aires: Editorial Astrea, 1995, p. 200.

O direito à integridade psicofísica constitui um dos mais importantes direitos da personalidade do nascituro, consectário direto do próprio direito à vida e objeto de autônoma e específica tutela constitucional, abarcando sob o seu manto protetor todo aquele que pertencer à espécie humana, donde se conclui pela existência de um "direito de nascer com saúde e dignidade", de que é titular todo ser humano como tal concebido, não havendo como se admitir qualquer vulneração à integridade do nascituro, muito menos por conduta atribuível à gestante. Em idêntico patamar podemos aludir ao direito fundamental à saúde.[10]

A autonomia privada da mãe sucumbe diante do direito à vida, à saúde e à integridade física e psíquica do nascituro. O privilégio da maternidade deve conviver com o ônus de assegurar, em todos os aspectos, o melhor interesse do ser indefeso homiziado no ventre materno. A liberdade de um ser humano jamais prevalecerá sobre o direito à vida e à saúde de outro.

Confrontando, por exemplo, o direito do concepto ao nascimento com vida e com saúde em oposição à autonomia privada da mãe de consumir álcool e drogas durante a gravidez, não hesitaremos em sustentar a prevalência do primeiro, a ponto de o exercício dessa autonomia privada configurar, no caso, ato ilícito, passível de reparação civil quando houver causado dano ao concepto.

4 Os deveres parentais de cuidado e de responsabilidade extensivos ao nascituro

O artigo 229 da Constituição impõe aos pais o dever de assistir, criar e educar os filhos menores, levando em conta a peculiar condição dos filhos como pessoas em desenvolvimento, de modo

---

[10] Ou nas palavras de Silma Mendes Berti, "o direito de cada um à proteção e às condições de desenvolvimento completo de suas potencialidades sanitárias, adaptadas às suas próprias necessidades e aos riscos aos quais é exposto, assim como a igual acesso aos melhores cuidados". Segundo a carta Constitutiva da OMS, "a saúde é um estado de completo bem-estar físico, mental e social e não apenas a ausência de doença ou enfermidade" (*Responsabilidade civil pela conduta da mulher durante a gravidez*. 1. ed. Belo Horizonte: Del Rey, 2008. v. 5, p. 120).

a que cada fase desse desenvolvimento seja reconhecida em sua singularidade.[11] A primeira etapa do desenvolvimento da criança ocorre, por óbvio, no ventre materno, razão pela qual "o dever de criar *começa com a concepção*, pois tem sua gênese no *início da existência da criança*. A partir daí dura enquanto obrigação jurídica até que o filho alcance a maioridade".[12]

O princípio constitucional da parentalidade responsável (art. 226, §7º), por sua vez, comina aos pais um complexo de direitos e deveres com relação aos filhos que preexistem ao nascimento com vida.[13] O ato de conceber, ínsito ao ser humano em geral, mas excepcionalmente instintivo em relação às mulheres, "não enfeixa apenas benefícios ou vantagens à pessoa, mas impõe a assunção de responsabilidades das mais importantes na sua vida cotidiana *a partir da concepção* e do nascimento do filho".[14]

Portanto, além dos direitos da personalidade, notadamente vida e integridade biofísica, o nascituro tem o direito subjetivo de ser "cuidado", o que implica o dever dos pais de "cuidar".[15]

Considerando que a Constituição Federal de 1988 estabeleceu a máxima igualdade entre os filhos, não admitindo discriminação com base na origem da filiação, o cuidado e a assistência são devidos indistintamente a todos os filhos, nascidos ou prestes a nascer. Por isso, no que tange aos deveres parentais, o nascituro deve ser considerado como *filho desde o momento da concepção*, e a ele devem

---

[11] Cf. TEIXEIRA, Ana Carolina Brochado. *Família, guarda e autoridade parental*. Rio de Janeiro: Renovar, 2005, p. 133.

[12] TEIXEIRA, Ana Carolina Brochado. *Op. cit.*, p. 134. A criação, prossegue a autora, "está diretamente ligada ao suprimento das necessidades biopsíquicas do menor, o que a atrela à assistência, ou seja, à satisfação das necessidades básicas, tais como cuidados na enfermidade (...) o alimentar, o acompanhar física e espiritualmente". (p. 135)

[13] A noção de parentalidade responsável, explica Guilherme Calmon Nogueira da Gama, "traz ínsita a ideia inerente às consequências do exercício dos direitos reprodutivos pelas pessoas humanas (...) e representa a assunção de deveres parentais em decorrência do resultado do exercício dos direitos reprodutivos – mediante conjunção carnal ou com o recurso de alguma técnica reprodutiva". (*A nova filiação. O biodireito e as relações parentais*. Rio de Janeiro: Renovar, 2003, p. 453).

[14] GAMA, Guilherme Calmon Nogueira da. *Op. cit.*, p. 454.

[15] Um fundamento para a equiparação entre nascituro e nascido também pode ser buscado no velho adágio romano *infans conceptus* (*infans conceptus pro iam nato habetur quoties de commodis e jus agitur*), segundo a qual o filho concebido deve ser considerado como já nascido, sempre que invocada a defesa de seus interesses. Em outras palavras, o concepto é tido como nascido desde que a regra lhe favoreça.

ser reconhecidos os mesmos direitos normalmente concedidos aos filhos já nascidos.[16] Tratando-se de um ser humano *in fieri*, mas já titular de direitos personalíssimos, seria absurdo compreender o dever de cuidado como abrangente apenas da prole já nascida. Se o próprio ordenamento jurídico assegura ao feto em gestação direitos patrimoniais semelhantes aos dos seus irmãos já nascidos, como o de receber doação, alimentos e herança, por que o dever de cuidado não seria dele abrangente?[17]

Não obstante constituir imposição legal a ambos os pais, em se tratando de nascituro é evidente que a carga de responsabilidade da mulher é muito maior. Isso porque o corpo do nascituro está indissociavelmente ligado ao da mãe e será atingido sempre que o corpo *mater* sofrer qualquer tipo de agressão.[18] Quando essa agressão é praticada pela gestante, resta evidentemente caracterizado o descumprimento ou a violação do dever de cuidado. Essa infração também pode decorrer de atos omissivos da gestante, como, por

---

[16] Como bem coloca Flávio Tartuce, o Código Civil de certa forma já faz essa equiparação entre filhos nascidos e concebidos, ao admitir a curatela do nascituro, dando "a ele o tratamento como absolutamente incapaz, enquadrado na hipótese do inc. I do art. 3º (menor de 16 anos). Em outras palavras, nascituro é tratado como menor, a ser representando pelo seu curador, que irá administrar, a título de exemplo, eventuais interesses patrimoniais futuros do mesmo". (*Artigo cit.*) Giorge André Lando, partindo das afirmações de Tartuce, vai mais longe e afirma "de acordo com o artigo 1.630 do Código Civil, que os pais do nascituro são os detentores do poder familiar. O que significa dizer que, enquanto os filhos forem menores de 18 anos ou não forem emancipados (absoluta ou relativamente incapaz), o pai e a mãe exercerão o poder familiar, que é um conjunto de poderes, direitos e deveres, com a finalidade de educá-los e conduzir a sua formação moral, psíquica e social. Portanto, quando o ato ilícito que causa dano ao nascituro é cometido por aqueles que são detentores do poder familiar, a repercussão jurídico-civil do ato deve ganhar contornos mais graves e profundos". (*Responsabilidade civil da gestante por condutas prejudiciais à saúde do nascituro*. Tese de doutorado apresentada perante a Faculdade Autônoma de Direito de São Paulo – FADISP, sob a orientação da Professora Fernanda Tartuce).

[17] As dúvidas que ainda sobejam no tocante aos direitos do nascituro estariam dissipadas se já houvesse sido aprovado Projeto de Lei nº 478/2007, ora em tramitação na Câmara dos Deputados, e que institui o Estatuto do Nascituro, positivando os seus direitos fundamentais, tais como direito a tratamento médico, a diagnóstico pré-natal, a pensão alimentícia, a indenização por danos morais e materiais, além de tipificar como crime atos como dar causa, de forma culposa, a morte de nascituro ou fazer a apologia do aborto.

[18] Homem e mulher dividem entre si a responsabilidade pela concepção do filho, ressalta Silma Mendes Berti, "mas é à mulher que cabe, sem dúvida, a maior parcela de responsabilidade, por ser ela a escolhida pela natureza para abrigar no ventre um ser, desde o primeiro momento de existência". (*Responsabilidade civil pela conduta da mulher durante a gravidez*. 1. ed. Belo Horizonte: Del Rey, 2008. v. 5, p. 36).

exemplo, não se submeter a tratamento pré-natal, deixando de ingerir os nutrientes ou os medicamentos destinados a preservar a saúde do filho por nascer.

O STJ, no julgamento do Recurso Especial nº 1.159.242-SP, Rel. Min. Nancy Andrighi, em 24.04.2012, deixou expresso constituir o "cuidado" (e o consectário dever de cuidar) um valor jurídico objetivo devidamente incorporado no ordenamento jurídico brasileiro e que o descumprimento da imposição legal de cuidar da prole "implica em se reconhecer a ocorrência de ilicitude civil, sob a forma de omissão. Isso porque o *non facere*, que atinge um bem juridicamente tutelado, leia-se, o necessário dever de criação, educação e companhia – de cuidado – importa em vulneração da imposição legal, exsurgindo, daí, a possibilidade de se pleitear compensação por danos morais".

5 A tutela do direito à integridade física e psíquica do nascituro durante a vida intrauterina

Todos os direitos inerentes à pessoa humana, nascida ou concebida, devem ser tutelados dentro do núcleo familiar, sobretudo nas relações materno-filial, e a quebra de quaisquer desses direitos poderá caracterizar dano moral indenizável.

Especificamente no Direito de Família, mais do que em qualquer outro ramo, em razão da família ser considerada núcleo irradiante, preservante e disseminador da espécie humana, além de constituir o agrupamento social com maior responsabilidade na formação das novas gerações, e, por isso mesmo, especialmente protegida pelo Estado, a tutela dos direitos da personalidade deve ser assegurada plenamente, cabendo ao Direito oferecer instrumentos para impedir, coibir ou prevenir a sua violação.

Somente diante do respeito a esses direitos poderá ser assegurada, no seio familiar, a realização do valor fundante do ordenamento jurídico que é o da dignidade da pessoa humana.

A família é "formação social", como diz Pietro Perlingieri, "lugar-comunidade tendente à formação e ao desenvolvimento da personalidade de seus participantes; de maneira que exprime uma função instrumental para a melhor realização dos interesses afetivos e existenciais de seus componentes".[19]

Nessa senda, e considerando que a família desempenha relevantíssimo papel na promoção da pessoa humana, todo dano sofrido por qualquer de seus membros, ainda que no recôndito mais íntimo da vida privada (a vida uterina – o útero materno), há de ser indenizado ou compensado. O dano ao nascituro não pode constituir exceção.

O Código Civil de 2002 trouxe norma específica e genérica de tutela dos direitos da personalidade, consubstanciada no art. 12, vazado nos termos seguintes:

> Art. 12. Pode-se exigir que cesse a ameaça, ou a lesão, a direito da personalidade, e reclamar perdas e danos, sem prejuízo de outras sanções previstas em lei.

O dispositivo versa sobre os mecanismos de tutela dos direitos da personalidade, tanto na prevenção e cessação da lesão quanto na reparação dos possíveis danos daí advindos. Abriu-se aqui a possibilidade de cumulação dessas medidas com pedido de perdas e danos e com quaisquer outras sanções previstas em leis especiais.[20]

Resta saber se o nascituro poderá deduzir essa tutela contra a genitora e gestante, enquanto nascituro, ou se o filho poderá deduzir posteriormente a tutela contra a mãe por danos causados durante a vida intrauterina?

A resposta é afirmativa. Não vemos como se possa estabelecer qualquer tipo de restrição, salvo aquelas previstas em lei e referentes à capacidade e legitimidade processuais. Fora disso, não existe óbice a que o filho, nascido ou nascituro, possa valer-se de todas as medidas para a defesa de seus direitos da personalidade, incluindo a pretensão de reparação civil.

O filho nascido e maior ou emancipado poderá deduzir de forma autônoma a pretensão de reparação civil contra a mãe, tão logo

---

[19] PERLINGIERI, Pietro. *Perfis de Direito Civil*; tradução de: Maria Cristina De Cicco. 2. ed. Rio de Janeiro: Renovar, 2002, p. 178/179.
[20] Cf. nosso *Código Civil Anotado*. Inovações comentadas artigo por artigo. São Paulo: Método, 2005.

alcance a plena capacidade civil (CC, art. 197, II). Enquanto incapaz, o filho nascido só poderá propor a ação representado ou assistido. Já o nascituro tem legitimidade para propor a ação através do outro representante legal, no caso o pai, ou de curador especial. A curatela do nascituro pressupõe a prévia interdição ou destituição do poder familiar da gestante.[21]

Também nada pode obstaculizar o Ministério Público, como legitimado extraordinário, à luz da dicção final do art. 127 da CF, que o habilita a demandar em prol de interesses indisponíveis, combinado com o art. 201, incisos III e VIII, do ECA,[22] a propor as medidas pertinentes para fazer cessar a ameaça contra a integridade biofísica do feto,[23] aí incluídas, entre outras, a destituição do poder familiar, a interdição e a internação compulsória e provisória da mãe, para interromper a ingestão de substâncias ou prática de condutas

---

[21] Com o objetivo de resguardar os direitos do nascituro, o art. 1.779 do CC/2002 prevê a nomeação de curador especial ao concepto se o pai falecer ou for desconhecido e a mãe grávida tiver sido interditada ou destituída do poder familiar. Ou ainda se ambos os pais forem destituídos poder familiar. A nomeação do curador não está relacionada aos bens que porventura a criança venha a receber por sucessão ou doação depois de nascida. O principal dever do curador é garantir ao nascituro seu nascimento com vida e saúde. Após o nascimento com vida, a curadoria do nascituro será extinta e, permanecendo a mãe, ou ambos os pais, destituídos do poder familiar, será nomeado tutor para a criança.

[22] Art. 201. Compete ao Ministério Público: (...) III – *promover* e acompanhar as ações de alimentos e os *procedimentos de suspensão e destituição do poder familiar*, nomeação e remoção de tutores, curadores e guardiães, bem como oficiar em todos os demais procedimentos da competência da Justiça da Infância e da Juventude; (...) VIII – *zelar pelo efetivo respeito aos direitos e garantias legais assegurados às crianças* e adolescentes, *promovendo as medidas judiciais e extrajudiciais cabíveis*;

[23] Já decidiu o STJ, em ação proposta pelo Ministério Público para pleitear, em favor de menor, o fornecimento de medicamento, que "o direito à saúde, insculpido na Constituição Federal e no Estatuto da Criança e do Adolescente, é direito indisponível, em função do bem comum, maior a proteger, derivado da própria força impositiva dos preceitos de ordem pública que regulam a matéria" (REsp nº 716512, 1ª T., Rel. Min. Luiz Fux). Em outra demanda, em que o Ministério Público atuou em defesa de interesses mediatos do nascituro, assim decidiu o STJ: PROCESSUAL CIVIL. GESTANTE. ESTADO CRÍTICO DE SAÚDE. AÇÃO CIVIL PÚBLICA. LEGITIMIDADE DO MINISTÉRIO PÚBLICO. DIREITO INDISPONÍVEL. 1. A demanda envolve interesse individual indisponível na medida em que diz respeito à internação hospitalar de gestante hipossuficiente, o que, sem sombra de dúvidas, repercute nos direitos à vida e à saúde do nascituro e autoriza a propositura da ação pelo Ministério Público. 2. "Tem natureza de interesse indisponível a tutela jurisdicional do direito à vida e à saúde de que tratam os arts. 5º, *caput* e 196 da Constituição, em favor de gestante hipossuficiente que necessite de internação hospitalar quando seu estado de saúde é crítico. A legitimidade ativa, portanto, se afirma, não por se tratar de tutela de direitos individuais homogêneos, mas sim por se tratar de interesses individuais indisponíveis" (REsp 933.974/RS, Rel. Min. Teori Albino Zavascki, DJU 19.12.07). 3. Agravo regimental não provido (AgRg no REsp 1045750/RS, Rel. Ministro CASTRO MEIRA, SEGUNDA TURMA, julgado em 23.06.2009, DJe 04.08.2009).

que coloquem em risco a vida e a saúde do nascituro ou ainda para compelir a gestante a se submeter a tratamento médico necessário à garantia dos direitos do concepto.

6 Dano genético e dano pré-natal

O dano, como sabemos, consiste em uma lesão a um interesse juridicamente protegido, quer seja a destruição ou deterioração de uma coisa inanimada, quer seja a ofensa à integridade física ou moral de uma pessoa. Ensina Silvio Neves Baptista que, "a despeito da redoma ética que encobre a família e do restrito uso pela jurisprudência pátria, qualquer dano moral e material sofrido por um dos membros da família em decorrência de ação ou omissão do outro gera para o causador o dever de repará-lo".[24] Na relação paterno-filial os pais podem provocar danos à integridade física e moral dos filhos, a exemplo do castigo imoderado, do cárcere privado e do abuso sexual, que são ofensas à dignidade humana susceptíveis de reparação.[25]

Na relação gestante-nascituro, os danos mais comuns são o dano genético e o dano pré-natal.

O dano genético pode ser compreendido como uma agressão aos genes do nascituro que tenha afetado o seu genoma e provocado consequências que impossibilitem, dificultem ou reduzam a qualidade de vida da pessoa nascida, podendo resultar de contaminação por substâncias tóxicas ou radioativas ocorrida durante a gravidez (teratógenos) ou ainda da condição hereditária de ambos os pais.[26]

Pessoas portadoras de determinados fatores de risco possuem maior potencial de conceberem filhos com malformação genética.[27]

---

[24] BAPTISTA, Silvio Neves. *Teoria geral do dano*. São Paulo: Atlas, 2003, p. 116.
[25] Cf. BAPTISTA, Silvio Neves. *Op. cit.*, p. 122.
[26] Os chamados teratógenos são agentes ambientais que, agindo na gestante, tornam-se passíveis de acarretar malformação congênita no nascituro. São produtos com elevado potencial de lesar células do embrião e provocar alteração em seus cromossomos.
[27] "Quando um ou os dois membros do casal são portadores de uma anomalia genética ou conceberam um filho com uma doença de transmissão hereditária, a gravidez é igualmente classificada de alto risco. A gravidade destes antecedentes varia segundo o tipo de problema. Em alguns casos, como acontece com a fibrose cística, a fenilcetonúria e a talassemia, o

Por isso, a lei exige dos colaterais de terceiro grau exame médico preventivo para que possam contrair matrimônio entre si (Decreto-Lei nº 3.200/41). Mulheres com idade mais avançada, para engravidar, precisam de cuidados médicos muito maiores do que aquelas mais jovens.[28] Algumas doenças são transmissíveis dos pais para o filho. Em muitas situações, existe tratamento e o risco pode ser evitado.[29] Em outras, é a gravidez que deve ser evitada. O contrário seria admitir que alguém pudesse realizar um projeto parental para satisfação de suas exclusivas e egoísticas aspirações, sem qualquer preocupação com a saúde e a qualidade de vida do filho a ser gerado.

Sabendo ou devendo saber dos fatores de risco, os pais mostram-se negligentes quando deixam de procurar um especialista antes da gravidez, para realizar o histórico clínico do casal. A conduta responsável e esperada, no caso, é consultar um profissional para ter o aconselhamento genético, de modo a evitar a concepção de um filho com malformação congênita.[30]

---

problema apenas se manifesta quando os dois pais são portadores da anomalia genética que o provoca, mesmo que nenhum dos dois seja afetado, algo que é muito comum. Todavia, noutros casos, basta que um dos dois pais seja portador da anomalia genética, independentemente de ser ou não afetado pela anomalia genética, para que a gravidez seja considerada de alto risco, como por exemplo, em caso de coreia de Huntington e osteogénese imperfeita. Deve-se igualmente fazer referência à especificidade da hemofilia e de outras doenças provocadas por anomalias no cromossoma sexual X, pois costumem ser portadoras destas anomalias genéticas, o problema afeta quase exclusivamente os filhos do sexo masculino". (Disponível em: http://www.medipedia.pt/home/home.php?module=artigoEnc&id=747#sthash.AeCRjusU.dpuf. Acesso em: 30 jan. 2015).

[28] Estudos médicos demonstram que as mulheres acima de 35 anos, regra geral, não deveriam conceber, em razão dos riscos de malformações no concepto. Segundo Tânia Schupp Machado, a gravidez é considerada de risco depois dos 35 anos, uma vez que a probabilidade de conceber um filho com síndrome de Down (um dos maiores problemas na idade avançada) e do procedimento invasivo para fazer o diagnóstico é de um em cada 300 casos. (Disponível em: http://drauziovarella.com.br/mulher-2/gravidez-apos-os-35-anos/. Acesso em: 30 jan. 2015).

[29] Observa Giorge André Lando que "determinados danos genéticos podem ser evitados pelos progenitores. Ao planejar uma gravidez, os futuros pais devem procurar um profissional especializado em genética para realizar a anamnese (história clínica) minuciosa do casal para verificar se existe a possibilidade de os pais transmitirem genes que causarão anomalia no filho que pretendem ter. O geneticista irá fazer o aconselhamento genético e relatar aos progenitores a respeito dos riscos de ocorrência de malformação. Portanto, a anamnese e o aconselhamento genético são medidas preventivas no sentido de identificar o potencial de danos, tentar sanar o problema quando possível ou mesmo orientar pela não gravidez, em razão da elevada probabilidade de causar danos ao nascituro" (Tese cit.).

[30] Podemos afirmar, tomando por empréstimo a oração de Giorge André Lando, que "a violação dos direitos descritos nos artigos 196, 227 e 229 da Constituição Federal, e artigo

O dano pré-natal, por sua vez, é causado exclusivamente por fatores ambientais, normalmente condutas inapropriadas ou imprudentes adotadas pela gestante durante a gravidez, expondo a risco o nascituro. Entre as mais comuns, podemos mencionar a ingestão de determinadas substâncias, como é o caso da cocaína, do fumo e do álcool, aptas a prejudicar o desenvolvimento ou a comprometer a saúde do nascituro, ou ainda interferir negativamente na qualidade de vida após o seu nascimento.

Registra Silma Mendes Berti, em sua acurada pesquisa, estudos científicos comprobatórios que "o consumo de cocaína pela mulher, durante a gravidez, pode causar diversas complicações: contrações uterinas prematuras, abortos espontâneos; diretamente, no feto, foram comprovados, dentre outros males, o retardo no crescimento, anomalias congênitas, malformações cardíaca e urogenital e anomalias nos membros. Os estudos comprovam ainda que o uso de cocaína pode provocar o nascimento de crianças com cérebros deformados em decorrência de lesões hemorrágicas (...) Os efeitos do álcool não são menos perniciosos. O consumo de álcool comporta um risco elevado de malformações congênitas, associada a retardo de crescimento, disfunção do sistema nervoso central, malformações faciais e cardiopatias congênitas. A síndrome do alcoolismo fetal é considerada importante causa de malformações congênitas e retardos mentais (...) O fumo é outra droga que inquieta. Em mulheres que fumam durante a gravidez constatam-se, além de outros males, partos prematuros e principalmente nascimento de crianças de baixo peso".[31]

4º da Lei nº 8.069/90, quando cometidos pelos genitores, ao se negarem a procurar um profissional de saúde para saber sobre as possibilidades de causar dano genético a sua futura prole, configura uma conduta voluntária e omissiva e, verificada a ocorrência de dano, observa- se que todos os pressupostos estão presentes para a responsabilização civil dos pais" (*Op. cit.*).

[31] BERTI, Silma Mendes. Op. cit., p. 141-142. Colhe-se do estudo de Giorge André Lando que "crianças nascidas de mães alcóolatras apresentam um padrão comum de alteração característica, conhecida como Síndrome Alcóolica Fetal (SAF), trazendo como alterações: um grupo de anomalias craniofaciais (principalmente microcefalia, fendas palpebrais encurtadas, achatamento da região central da face e pregas epicantais), disfunção do SNC (hiperatividade, déficits de atenção, retardo mental e dificuldade de aprendizagem) e, por fim, atraso do crescimento pré-natal e/ou pós-natal" (*Responsabilidade civil da gestante por condutas prejudiciais à saúde do nascituro*. Tese de doutorado apresentada perante a Faculdade Autônoma de Direito de São Paulo – FADISP, sob a orientação da Professora Fernanda Tartuce).

7 Responsabilizando a gestante: pressupostos e casuística

Os pressupostos da responsabilidade civil que se encontram nucleados nos artigos 186 e 927, *caput*, do Código Civil, não sofrem alteração quando aplicados às relações de família, principalmente no que se refere à violação de deveres oriundos da relação materno-filial, enquanto gestante e nascituro. Os deveres relacionados ao vínculo parental não se destinam exclusivamente aos filhos já nascidos, mas são extensivos ao nascituro e, ainda que desprovidos de caráter patrimonial, não são facultativos, mas dotados de plena juridicidade (e não apenas de natureza ética), vale dizer, o seu descumprimento interfere na ordem jurídica e, sempre que causar dano ou prejuízo, caracteriza ato ilícito, obrigando à reparação.

Entretanto, a discussão sobre a responsabilidade civil da mãe-gestante, no caso, é possível apenas nas hipóteses em que se puder comprovar que o dano sofrido pela criança, genético ou pré-natal, decorreu diretamente de condutas negligentes ou imprudentes atribuídas a ela durante a gestação.

A pretensão de reparação civil deduzida pelo filho depois de nascido, ou a tutela preventiva a ser exercida pelo próprio nascituro, via curador especial, ou pelo Ministério Público, exige uma conduta (ação ou omissão) culposa (negligente ou imprudente) da mãe, violadora de direito (integridade físico-psíquica e saúde) e causadora de (ou passível de causar) dano (genético ou pré-natal). O dano experimentado pelo filho decorre diretamente dessa conduta. Não fosse a ação ou a omissão da gestante, o dano não existiria.

Algumas situações concretas são de fácil aferição, como é o caso de mães alcoólatras, fumantes, toxicômanas ou drogadictas, cujos filhos nasçam com malformação comprovadamente atribuída ao vício.

Outras demandam uma investigação mais aprofundada, especialmente no que toca à perquirição da culpa e do nexo de causalidade. A gestante, até mesmo por ignorância dos efeitos de seus atos, pode involuntariamente pôr em risco os direitos do nascituro. Encontrando-se despreparadas para a gravidez, muitas mulheres adotam, durante a gestação, "comportamento inadequado, irresponsável, por excessos ou por negligência, de modo a comprometer a integridade física e psicológica do filho".[32]

Silma Berti cita como exemplo real e tão comum entre nós "aquele de mulheres grávidas que participam de festejos e até de desfiles carnavalescos. Não é difícil imaginar que para os pequenos seres que elas trazem no ventre um divertimento dessa natureza pode transformar-se em tormento: os movimentos bruscos da mãe que baila, o barulho, vindo de todos os lados, e a agitação generalizados, tantas vezes insuportáveis até mesmo para adultos, invadem o *habitat* de quem nada pode fazer para livrar-se de tal situação".[33]

Mulheres que praticam esportes radicais ou de grande impacto durante a gravidez também podem provocar danos ao nascituro. Movimentos bruscos e vigorosos no corpo da mãe resultam em sacudidas violentas no feto, a ponto de acarretar a aceleração do crânio e lesões cerebrais, com sequelas às vezes irreversíveis. Imagine-se uma jogadora de basquete, uma ginasta olímpica ou uma piloto de Fórmula 1 praticando o esporte durante a gravidez. Outras práticas são naturalmente arriscadas tanto para mãe como para o nascituro, como saltar de paraquedas, voar de asa delta, dirigir veículo em alta velocidade. Os ônus da gravidez impõem à gestante a completa abstenção de todas as ações voluntárias capazes de pôr em risco a vida e a integridade física do nascituro.[34]

---

[32] BERTI, Silma Mendes. *Op. cit.*, p. 140.
[33] *Idem.*
[34] Giorge André Lando apresenta "um caso verdadeiro, ocorrido na Austrália. Patrícia, grávida de Nicole, estava conduzindo uma caminhonete por declive acidentado em perseguição a um novilho desgarrado, pertencente à fazenda na qual trabalhava, quando colidiu com um barranco ocasionando o capotamento do veículo. Após quatro meses do acidente, em 1973, nascia Nicole Linch, acometida de deficiência cerebral, com dificuldade de falar, pouca visão e sem conseguir se movimentar sozinha. Em 1986, representada pela tia, promoveu ação judicial contra a mãe acusando-a de ser culpada por sua deficiência. Durante o trâmite do processo, especialistas atestaram que a lesão neurológica foi resultado de forte traumatismo durante a fase de gestação. O processo durou cinco anos e em 1991 restou demonstrada a relação de causa e efeito entre o acidente e a deficiência da vítima. A mãe de Nicole foi condenada, por negligência, a pagar a indenização para a filha. No referido caso, está evidente que a conduta realizada pela gestante é culposa. É comum ouvir que gravidez não é doença, e nem se deve tratar a mulher grávida como uma inválida, mas conduzir uma caminhonete num declive acidentado, perseguindo um novilho, não pode ser encarado como um comportamento cotidiano de uma mulher grávida. A gestante, se fosse mais preocupada com a sua gestação, jamais teria se colocado em tais circunstâncias, pois ela claramente assumiu os riscos de causar danos ao nascituro, ou até mesmo ocasionar um aborto" (*Op. cit.*).

Particularmente polêmica é a situação de recusa da gestante em se submeter a intervenção cirúrgica para corrigir problemas que acometam o feto. Sabemos que os avanços da medicina fetal transformaram o nascituro em paciente, objeto das mais complexas práticas terapêuticas e podendo se submeter a delicadas e sofisticadas cirurgias. Mas a cirurgia no feto não pode ser realizada, por óbvio, sem intervenção cirúrgica na própria gestante. Seria lícita a sua recusa, com base nos princípios da autonomia e da beneficência?

A proibição de atos de intervenção cirúrgica não autorizados constitui corolário lógico do direito à integridade física e o Código Civil, no artigo 15, consagrou de modo expresso a liberdade de não ser compelido a tratamento médico ou cirúrgico, quando presente o risco de vida. O dispositivo, no entanto, deve ser interpretado restritivamente, não podendo jamais priorizar a liberdade da gestante em detrimento da vida ou da integridade física do nascituro, que tem primazia.[35] O art. 15 só pode ser invocado nas hipóteses em que haja risco de vida para a gestante. Se a intervenção cirúrgica objetiva salvar a vida ou garantir a saúde do nascituro e, ao mesmo tempo, não provoca risco à vida da mãe, não pode ser recusada. A recusa, nesse caso, caracteriza ilicitude civil e pode dar ensejo à reparação.

O outro lado da moeda consiste no uso de fármacos durante a gestação, em tratamento de saúde da gestante, com efeitos colaterais adversos para o feto.[36] A situação é particularmente delicada quando se trata de psicofármaco utilizado para tratar transtorno psiquiátrico da mulher. Giorge André Lando, em sua tese de doutorado, registra que "o tratamento dos transtornos psiquiátricos durante a gravidez constitui uma situação complexa para o profissional de saúde,

---

[35] No conflito de direitos da personalidade, o direito à liberdade não prevalece sobre o direito à vida, de modo que ninguém é livre para atentar contra a própria vida ou mesmo contra a integridade de seu corpo (CC, art. 13), nem ao paciente é dado o direito de recusar o tratamento médico que lhe venha a salvar a vida (CC, art. 15).

[36] Caso paradigmático ao qual não podemos deixar de fazer alusão, muito embora não se trate de responsabilidade civil da gestante, tão vítima do dano quanto o nascituro, é o da talidomida, medicamento usado no tratamento de náuseas características do primeiro trimestre da gravidez e também para outros distúrbios, tais como ansiedade, insônia, hipertireoidismo, e que foi responsável por malformações congênitas em milhares de nascituros (defeitos físicos, visuais, auditivos e cardíacos). No Brasil, a Lei nº 12.190, de 13 de dezembro de 2010, concede indenização por danos morais às vítimas da talidomida.

sobretudo o médico, no momento da abordagem terapêutica. Os riscos para o nascituro do uso de medicação psiquiátrica na gravidez incluem o surgimento de malformações, toxicidade neonatal e sequelas comportamentais".[37]

Estaria a gestante obrigada a suspender a terapia farmacológica que lhe restaura a saúde psicológica comprometida em prol da saúde física de seu filho? Essa resposta só poderá ser dada no caso concreto, e com recurso à técnica da ponderação de direitos fundamentais.

Deve-se tentar, em primeiro lugar, substituir o fármaco nocivo por outro que não interfira na saúde do nascituro. Não sendo possível, deve-se sopesar qual o mal menor, se para a mãe, suspender o tratamento, ou se para o nascituro sofrer a exposição à medicação. Não existe aqui uma resposta apriorística. Haverá ilicitude civil sempre que o tratamento ou a medicação puderem ser substituídos ou suspensos sem riscos à vida ou à integridade física e psíquica da gestante. A sua continuidade, por ato voluntário ou por negligência ou imprudência, do médico ou da gestante, quando produzir dano no nascituro, subsume-se ao conceito de ilicitude civil (CC, 186) indenizável (CC, 927).

Podemos elencar, finalmente, como hipótese mais complexa sob a ótica do contexto probatório, mas ainda assim passível de responsabilidade civil da mãe, solidariamente com o pai, a conjunção carnal entre parentes na linha reta ou colaterais até o quarto grau, para fins de concepção, sem o exame médico de compatibilidade. O legislador, ao elencar o parentesco consanguíneo na linha reta, em qualquer grau, e na linha colateral até o 3º grau, como impedimentos para o casamento e para a união estável, já o fez justamente para evitar o risco de anomalias congênitas.

Embora a legislação restrinja o impedimento, na linha colateral, até o 3º grau, diversas pesquisas apontam que a probabilidade de casais, com parentesco consanguíneo de 4º grau, terem filhos com algum defeito congênito é de aproximadamente o dobro, comparado com casais que não têm nenhum grau de parentesco consanguíneo.[38]

---

[37] *Responsabilidade civil da gestante por condutas prejudiciais à saúde do nascituro*. Tese de doutorado apresentada perante a Faculdade Autônoma de Direito de São Paulo – FADISP, sob a orientação da Professora Fernanda Tartuce.

[38] Cf. LANDO, Giorge André. *Responsabilidade civil da gestante por condutas prejudiciais à saúde do nascituro cit*. Por essa razão, o autor entende que "a anamnese e o aconselhamento genético devem ser feitos não apenas quando a lei determina a realização de perícia, como é o

Ora, nesses casos é inegável a imprudência dos futuros pais que não se preocupam em se certificar sobre a presença ou não em seus gametas de genes incompatíveis e aptos a ocasionar anomalias genéticas nos filhos pósteros. Por isso, devem ser responsabilizados civilmente pelas malformações que possivelmente seus filhos venham a ter.

Desde que a parentalidade responsável foi reconhecida como princípio constitucional, descabe a alegação de ignorância ou desinformação para justificar a prática de atos de procriação irresponsáveis. Com tantos meios de informação à disposição das pessoas, não há espaço para desculpas. Ainda mais quando o Estado proporciona, por imposição constitucional, o acesso de todos ao planejamento familiar.

Costuma-se falar que vivemos hoje na chamada "sociedade da informação", caracterizada pelo posicionamento da "informação" como elemento base de todos os membros da comunidade. Somos ou estamos completamente dependentes da informação, transmitida preferencialmente em tempo real. A grande mudança revolucionária deste alvorecer de um novo século não foi apenas a Internet, mas a rapidez com que possibilitou que a informação inundasse todos os quadrantes do globo. Essa gama de informações impede que "a pessoa sustente que não tinha condições de saber das consequências de seus comportamentos individuais no campo da sexualidade e da reprodução", ensina Guilherme Calmon Nogueira da Gama.[39]

8 As ações de *wrongful birth* e *wrongful life*. Um olhar sobre o Direito anglo-saxão

Wrongful birth (nascimento indevido ou injusto) e *wrongful life* (vida injusta) são termos utilizados pela jurisprudência anglo-americana, normalmente relacionados às ações de responsabilidade

---

caso dos parentes colaterais de 3º grau que pretendem a união afetiva (casamento e união estável), mas em todas as situações onde exista relação de parentesco, para que desse modo seja possível evitar filhos com malformações".
[39] *Op. cit.*, p. 456.

civil por erro médico decorrentes do nascimento de filhos não desejados pelos pais.[40] *Wrongful birth* representa o nascimento indevido de filho com deficiência ou malformação congênita incurável. A gravidez foi planejada, mas a culpa do médico ou a falha nos testes genéticos propiciou o nascimento de uma criança deficiente. Ou seja, os pais não obstante tenham planejado ou não tenham pretendido evitar a gravidez, não foram informados e aconselhados pelo médico ou pelo laboratório sobre as condições de saúde do feto e, em razão da violação dos deveres de informação e de cuidado, perderam a oportunidade de realizar o aborto. Exatamente pela perda dessa oportunidade, podem deduzir contra os responsáveis a pretensão de reparação civil, abarcando danos materiais e morais. Se tivessem ciência acerca da malformação congênita do nascituro, poderiam, nas hipóteses legais, ter optado pela interrupção da gravidez.[41]

Wrongful life, por sua vez, traduz a pretensão de uma pessoa com necessidades especiais irreversíveis, as quais alegadamente comprometam a dignidade de sua vida, de demandar contra aqueles (inclusive a própria mãe) que considera responsáveis por permitir o seu nascimento naquelas condições. O dano não se refere à enfermidade de que padece o demandante, cujas causas são naturais, não provocadas por ninguém, mas ao próprio nascimento com vida, tendo sido violado aqui um suposto direito

---

[40] Ao lado do *wrongful birth* e do *wrongful life*, o Direito anglo-saxão se refere também à *wrongful conception*, que é a concepção involuntária de um filho em decorrência de falha nos métodos contraceptivos. Ou seja, o casal decidiu não ter filhos, porém em virtude de uma falha do profissional de medicina reprodutiva na realização do procedimento de esterilização (laqueadura tubária, vasectomia, etc.) ou de um vício do produto (pílula anticoncepcional ineficaz, preservativo que se rompe durante o ato sexual, etc.) acabou concebendo um filho não desejado, ainda que posteriormente o concepto venha a nascer com vida e saudável. O foco da discussão não é o estado de saúde da criança, nem qualquer dano a ela impingido, mas, exclusivamente, a submissão dos pais a um projeto parental que não desejaram e, mais do que isso, que se empenharam em evitar.

[41] Naturalmente qualquer ação em que se discuta o *wrongful birth* não terá chances de êxito nos países onde não se admita o aborto eugênico. Até por isso, a teoria tem pouquíssima aplicação no Brasil, pois, ainda com o diagnóstico preciso do médico de que o nascituro está acometido de malformação grave e incurável, não é possível interromper a gravidez. A discussão de *wrongful birth*, portanto, só terá guarida nas situações em que excepcionalmente admitido o aborto eugênico. É o caso, por exemplo, da interrupção da gestação de fetos anencefálicos, já admitida pelo Supremo Tribunal Federal, a partir do julgamento da ADPF 54. Se tiver havido culpa do médico, quando deixou de diagnosticar ou de informar aos pais sobre a anencefalia, ou falha nos exames por parte do laboratório ou do hospital, surgirá o dever de indenizar.

de "não nascer". Não houve qualquer comportamento imprudente ou negligente da gestante. A conduta da mãe, no caso, foi a de ter dado continuidade à gravidez.

Ao contrário das ações de *wrongful birth*, voltadas à reparação dos danos sofridos pelos pais, na *wrongful life* o foco é a criança e os danos por ela experimentados. Se não há dúvida de que os pais de uma criança deficiente sofrem um pesado dano emocional e financeiro, passível de reparação, com muito mais razão deveria a criança, vítima da enfermidade, ser compensada em nome próprio. A ação de *wrongful life* permite, portanto, que a criança, por meio do representante legal, seja a autora da ação de indenização, podendo dirigir a pretensão tanto contra o médico ou o hospital como contra os próprios pais. Assim, a pessoa portadora de malformação congênita, ou mesmo adquirida durante a gestação, pede uma reparação contra aqueles que permitiram o seu nascimento, para compensar a alegada miserabilidade ou indignidade de sua vida.[42]

Nos Estados Unidos, as ações de *wrongful life* vêm sendo discutidas desde o início da década de 1970, sendo normalmente propostas pelos pais, como representantes do filho, contra o médico ou contra o laboratório, por falha no diagnóstico de doença da mãe que poderia ocasionar problemas no feto, a exemplo da rubéola. A tese central dessas ações é a de que, em decorrência do problema, teria sido melhor para a criança não ter nascido. Entretanto, poucos estados americanos admitem esse tipo de ação e, mesmo onde admitida, a pretensão tem sido rejeitada com o argumento de que o seu acolhimento violaria os princípios da responsabilidade civil, dentre os quais, o mais importante, o da reparação integral do dano, considerando, ao mesmo tempo, o maior dano possível o atentado contra a vida. Ora, se o maior de todos os danos seria causar a morte de outra pessoa, como conceder a reparação por se haver, ao contrário, permitido a vida?

Além disso, para as cortes americanas não há como identificar o nexo de causalidade entre a conduta médica, que deixou, p. ex., de

---

[42] Na demanda de *wrongful life* os danos sofridos pela criança podem ser congênitos ou adquiridos, mas as causas são naturais. A conduta da mãe foi apenas a de haver permitido o nascimento da criança, mesmo ciente dos problemas pelos quais padeceria.

diagnosticar a malformação congênita, e o dano sofrido pela criança, já que não é possível vincular a ação ao dano alegado. A deficiência de origem genética não pode ser atribuída ao médico. Muito menos a qualquer comportamento dos pais, cuja única alternativa teria sido a interrupção da gestação. Em suma, admitir esse tipo de ação significa punir o médico ou os pais, por não haverem realizado ou viabilizado o aborto, imputando-lhes, retroativamente, a violação de um suposto dever legal de pôr termo à gravidez e de um suposto "direito de não nascer". O dever de cuidado não poderia, em hipótese alguma, abranger uma obrigação de abortar.

No caso *McKay v. Essex Area Health Authority* (Reino Unido, 1982) o Tribunal de Apelação expressou o ponto de vista de que as diferenças entre a existência (mesmo com restrições decorrentes de enfermidade) e a não existência seriam impossíveis de mensuração pela corte.

Rejeitadas nos países de *common law*, as ações de *wrongful life* receberam importante impulso na jurisdição continental europeia, em 2000, quando, relata Maria Celina Bodin de Moraes, "a Cour de Cassation francesa, reunida em sessão plenária, pronunciou-se favoravelmente à reparação do dano sofrido por Nicolas Perruche, então um adolescente de 17 anos, deficiente físico e mental, pelo 'fato de ter nascido' – ou, por outra, pelo fato de não ter sido abortado –, em consequência da conjugação de dois erros: um do médico, outro do laboratório, que não diagnosticaram a rubéola contraída pela mãe aos dois meses de gravidez [...] Do puro fato 'nascimento com vida' teria resultado, por conseguinte, o dano. [...] para a Suprema Corte francesa, a proteção da dignidade humana, neste caso, estaria na sua não existência".[43]

Na Holanda, no caso *Kelly Molenaar* (2003), onde o acompanhamento pré-natal da gestante deixou de apontar a necessidade de realizar o exame de amniocentese e a criança nasceu com defeito cromossômico severo, a Corte de Apelação de Haia seguiu a decisão francesa e, a par de conceder indenização aos pais por *wrongful birth*, simultaneamente, indenizou a criança pela *wrongful life*.

---

[43] O conceito de dignidade humana: substrato axiológico e conteúdo normativo. *In:* SARLET, Ingo Wolfgang (Org.). *Constituição, Direitos Fundamentais e Direito Privado.* Porto Alegre: Livraria do Advogado, 2003, p. 146/147.

Entretanto, mesmo na jurisdição europeia, os casos são isolados. Na França, o julgamento de Nicolas Perruche gerou tanta polêmica que motivou a promulgação de uma lei, vedando expressamente novas ações de *wrongful life (Lei Anti-Perruche)*. A Lei Francesa nº 2002-303, que trata dos direitos dos pacientes e da qualidade do sistema de saúde, estabelece que ninguém pode se prevalecer de um dano decorrente do simples fato do seu nascimento.[44] O diploma só permite a reparação dos danos no caso de a pessoa ter nascido com deficiência em decorrência de erro médico, quando este provocou diretamente a deficiência ou a agravou, ou não permitiu a adoção de medidas suscetíveis para atenuá-la.[45]

Admitir a ação de *wrongful life*, com o consequente reconhecimento do direito à reparação civil, implicaria admitir a existência de um direito subjetivo à vida ou a determinada forma de vida, como se o ser humano fosse dono absoluto de sua vida ou de seu corpo, a ponto de ter direito sobre a própria morte, o que não é verdade. Daí por que alguns autores preferem o uso da expressão "direito de viver", no lugar de "direito à vida". Como primeiro enumerado em todo e qualquer catálogo de direitos humanos, esse direito, mais do que um direito individual, é necessariamente um direito de toda a humanidade. A cada pessoa não é conferido o poder de dispor da vida, sob pena de reduzir sua condição humana.

9 Conclusões

No que se refere aos danos sofridos e aos atos ilícitos praticados no espaço íntimo da família, o instrumental jurídico atualmente existente é suficiente e adequado para a solução das pretensões indenizatórias deduzidas pelos membros da família, uns contra os outros, ou mesmo pelo filho contra a mãe.

A família constitui uma "dimensão" autônoma, com foco no desenvolvimento do ser humano enquanto pessoa. Qualquer

---

[44] *Nul ne peut se prévaloir d'un préjudice du seul fait de sa naissance* – artigo 1º, I.
[45] *La personne née avec un handicap dû à une faute médicale peut obtenir la réparation de son préjudice lorsque l'acte fautif a provoqué directement le handicap ou l'a aggravé, ou n'a pas permis de prendre les mesures susceptibles de l'atténuer.*

conduta praticada nessa dimensão não sofre alteração em sua natureza jurídica apenas em razão dos personagens envolvidos. Se a vítima é ascendente ou descendente do autor do dano, isso não muda a forma de incidência dos pressupostos que asseguram a reparação civil. Mudam os personagens, porém os fundamentos para o tratamento jurídico que lhes deve ser destinado não podem ser alterados. Na síntese precisa de Silvio Neves Baptista, "do ponto de vista estrutural, essas relações não se diferenciam das demais situações de responsabilidade civil criadas pela incidência do dano. Destacam-se, porém, de outras porque nessas hipóteses as pessoas estão ligadas por laços familiares".[46]

O Superior Tribunal de Justiça, no julgamento do Recurso Especial nº 1.159.242-SP, assentou, pela voz da Ministra Nancy Andrighi, inexistirem restrições legais à aplicação das regras e princípios gerais concernentes à responsabilidade civil e o consequente dever de indenizar/compensar às relações de família.

Ao nascituro vítima do dano genético ou do dano pré-natal, como a qualquer outro membro da família, não pode ser subtraído o direito à reparação integral tão somente porque o agente causador foi a sua própria mãe. O ordenamento jurídico brasileiro não alberga imunidade ou inimputabilidade à gestante que, de forma culposa ou dolosa, ocasionar qualquer espécie de dano ao nascituro. A doutrina da imunidade parental, muito aplicada nos países de *common law* até meados do século passado e segundo a qual preservação da harmonia familiar deveria se sobrepor a toda e qualquer compensação eventualmente devida pelos pais aos filhos, encontra-se em franco declínio.[47]

---

[46] *Op. cit.*, p. 117.
[47] Segundo o princípio da imunidade parental (*parental immunity doctrine*), os filhos não podem acionar seus pais, nem os pais podem acionar seus filhos, por responsabilidade civil, na vigência do poder familiar. O princípio foi descoberto pela jurisprudência estadunidense em 1861 a partir do caso HEWLETT v. GEORGE, onde a Corte assentou que enquanto os pais detiverem os deveres de cuidado, assistência e controle e os filhos os respectivos deveres contrapostos, nenhuma pretensão de reparação civil poderia ser deduzida. Baseia-se na política pública de manutenção da paz e da harmonia familiar, além de prevenir o comprometimento do exercício da autoridade parental que poderia advir pelo receio de os pais serem processados pelos filhos. A proteção das crianças contra eventual violência dos pais seria exercida exclusivamente pelo Estado, por meio do Direito Penal. (Cf. HOLLISTER, Gail K. "Parent-Child Immunity: A Doctrine in Search of Justification". *Fordham Law Review*. Volume 50 | Issue 4 Article 1. 1982).

É preciso, apenas, demonstrar o preenchimento dos pressupostos da responsabilidade civil: a ação ou omissão que viola direito, ligada, pelo nexo causal, ao dano à integridade física ou psíquica do nascituro. Finalmente, não há que se falar, por ausência de previsão legal, em responsabilidade objetiva. A investigação da culpa em sentido lato é fundamental. Mister identificar no fato concreto qual foi a ação ou omissão negligente ou imprudente da gestante que violou direito do nascituro, demonstrando sua ligação com o dano, bem como a inexistência das excludentes clássicas de responsabilidade civil, como o estado de necessidade, a força maior e a culpa exclusiva de terceiro.

Referências

BAPTISTA, Silvio Neves. *Teoria geral do dano*. São Paulo: Atlas, 2003.

BERTI, S. M. *Responsabilidade civil pela conduta da mulher durante a gravidez*. 1. ed. Belo Horizonte: Del Rey, 2008. v. 5.

CHINELATO, Silmara Juny. *Tutela Civil do Nascituro*, São Paulo: Saraiva, 2000.

CIFUENTES, Santos. *Derechos personalísimos*. 2. ed. Buenos Aires: Editorial Astrea, 1995.

DELGADO, Mário Luiz; ALVES, Jones Figueiredo. *Novo Código Civil*: Questões Controvertidas – vol. 5 (Responsabilidade civil). Coord. e coautoria. São Paulo: Método, 2006.

DELGADO, Mário Luiz; ALVES, Jones Figueiredo. *Código Civil Anotado*. Inovações comentadas artigo por artigo. São Paulo: Método, 2005.

DELGADO, Mário Luiz. Direito da Personalidade nas Relações de Família. *In*: MADALENO, Rolf; MILHORANZA, Mariângela Guerreiro (Org.). *Atualidades do Direito de Família e Sucessões*. 2. ed. Sapucaia do Sul: Notadez, 2008.

DELGADO, Mário Luiz. Filhos diferidos no tempo: Ausência de legitimação sucessória. *In*: DIAS, Maria Berenice (Org.). *Direito das Famílias* – Contributo do IBDFAM em homenagem a Rodrigo da Cunha Pereira. 1. ed. São Paulo: Revista dos Tribunais, 2009.

DE PLÁCIDO E SILVA. *Vocabulário jurídico*. 3. ed. Rio de Janeiro: Forense, 1973.

DINIZ, Maria Helena. *Dicionário jurídico*. 2. ed. São Paulo: Saraiva, 2005, v. 3.

GAMA, Guilherme Calmon Nogueira da. *A nova filiação. O biodireito e as relações parentais*. Rio de Janeiro: Renovar, 2003.

GRAU, Eros Roberto. *Ensaio e discurso sobre a interpretação/aplicação do direito*. 3. ed. São Paulo: Malheiros, 2005.

HOLLISTER, Gail D. "Parent-Child Immunity: A Doctrine in Search of Justification". *Fordham Law Review*. Volume 50 | Issue 4 Article 1. 1982.

LANDO, Giorge André. *Responsabilidade civil da gestante por condutas prejudiciais à saúde do nascituro*. Tese de doutorado apresentada em 2014 perante a Faculdade Autônoma de Direito de São Paulo – FADISP, sob a orientação da Professora Fernanda Tartuce.

MAIA, Paulo Carneiro. Nascituro. *In*: *Enciclopédia Saraiva do Direito*. São Paulo: Saraiva, 1980, v. 54.

MORAES, Maria Celina Bodin. O conceito de dignidade humana: substrato axiológico e conteúdo normativo. *In:* SARLET, Ingo Wolfgang (Org.). *Constituição, Direitos Fundamentais e Direito Privado*. Porto Alegre: Livraria do Advogado, 2003.

PERLINGIERI, Pietro. *Perfis de Direito Civil*. Tradução de: Maria Cristina De Cicco. 2. ed. Rio de Janeiro: Renovar, 2002.

TARTUCE, Flávio. A situação jurídica do nascituro: uma página a ser virada no direito brasileiro. *In*: DELGADO, Mário Luiz; ALVES, Jones Figueiredo (Coord. e Coautoria). *Novo Código Civil*: Questões Controvertidas – vol. 6 (Parte Geral). São Paulo: Método, 2007.

TEIXEIRA, Ana Carolina Brochado. *Família, guarda e autoridade parental*. Rio de Janeiro: Renovar, 2005.

Informação bibliográfica deste texto, conforme a NBR 6023:2018 da Associação Brasileira de Normas Técnicas (ABNT):

DELGADO, Mário Luiz A responsabilidade civil da mãe gestante por danos ao nascituro. *In*: EHRHARDT JÚNIOR, Marcos; LOBO, Fabíola Albuquerque; ANDRADE, Gustavo (Coord.). *Direito das relações familiares contemporâneas*: estudos em homenagem a Paulo Luiz Netto Lôbo. Belo Horizonte: Fórum, 2019. p. 431-455. ISBN 978-85-450-0700-5.

RESPONSABILIDADE CIVIL E RELACIONAMENTO EXTRACONJUNGAL

ANA CARLA HARMATIUK MATOS
LÍGIA ZIGGIOTTI DE OLIVEIRA

1 Introdução

O terreno sobre o qual se constrói o Direito contemporâneo expõe fissuras que ora rejeitam, ora reproduzem o arcaico. Nem o que se disciplina sobre família, tampouco o que se desenvolve sobre responsabilidade civil escapa desta complexidade.

No contexto das relações conjugais e parentais, ao lado da enunciada família eudemonista,[1] louvavelmente extraída de um número, ainda que limitado, de vivências resistentes que contornaram a rigorosa letra codificada de outrora, espelham-se, na realidade social majoritária, desigualdade de gêneros e responsabilidades parentais às avessas de um modelo emancipador.

Ademais, é possível afirmar que o viés existencial se sobrepõe ao patrimonial segundo a sistemática contemporânea do ordenamento jurídico brasileiro,[2] embora seja o desempoderamento financeiro decisivo para situações de sujeição em família.

A título de exemplo, registra-se que a violência doméstica vitimou 71,8% das 43 mil mulheres assassinadas no Brasil na última

---

[1] "Assim, a concepção eudemonista da família progride à medida que ela regride ao seu aspecto instrumental. E, precisamente por isso, a família e o casamento passam a existir para o desenvolvimento da pessoa – para a realização dos seus interesses afetivos e existenciais" (OLIVEIRA, José Lamartine Corrêa de; MUNIZ, Francisco José Ferreira. *Curso de Direito de Família*. 4. ed. Curitiba: Juruá, 2001, p. 13).

[2] "A família, ao converter-se em espaço de realização da afetividade humana, marca o deslocamento da função econômica-política-religiosa-procracional para essa nova função. Essas linhas de tendências enquadram-se no fenômeno jurídico-social denominado repersonalização das relações civis, que valoriza o interesse da pessoa humana mais do que suas relações patrimoniais" (LÔBO, Paulo Luiz Netto. *Direito civil*: famílias. 4. ed. São Paulo: Saraiva, 2011, p. 22).

década, sendo nosso país o 7º com maior índice de feminicídio no mundo.[3] Quanto à conjugalidade, ainda, importa problematizar que elas ganham substancialmente menos que seus companheiros.[4] Por fim, no que toca ao paterno-filial: aproximadamente 500 mil crianças brasileiras não têm filiação paterna registrada, o que sugere um perfil sombrio da participação do homem no exercício do cuidado pelo outro.[5]

Trata-se, pois, de lidar com a tensão entre a novidade que trazem as mais diversas famílias e a preocupante permanência de práticas não só incompatíveis com referidos avanços, mas também inaceitáveis diante de um ordenamento protetor da dignidade humana, corolário que origina a principiologia aplicável à matéria. Assim sendo, não há que se rejeitar intervenção quando se verifica, na concretude, a potencialidade lesiva da convivência familiar.[6]

Neste diapasão, oxigenam-se os debates acerca do papel do Direito e do Estado frente não apenas ao novo, mas também ao arcaico na esfera doméstica. Exploram-se institutos e categorias jurídicas a partir de lentes críticas, reinventando-os, colhendo o que se adéqua ao projeto contemporâneo de família e se despedindo, aos poucos, do que não mais se justifica diante da *ratio* emancipatória.

Também a responsabilidade civil enfrenta instabilidades. Ao passo que, sob a insígnia de geradores de danos morais, mais fatos corriqueiros e pretensamente indenizáveis são levados ao Judiciário, o mesmo instituto é visto com maus olhos pelos julgadores, receosos do enriquecimento sem causa do ofendido, e que acabam concedendo valores muito baixos mesmo para violações graves.[7]

---

[3] REVISTA IBDFAM. Editorial. *Tanto sangue*, n. 98. Belo Horizonte: IBDFAM, mar. 2014, p. 03.

[4] A diferença constatada implica que a mulher ganhe aproximadamente 70% do salário do homem, abismo que aumenta conforme ambos se especializam, posto existir verdadeiro teto de vidro que as impede de ascender (CÔRREA, Marcello; ALMEIDA, Cássia; SPITZ, Clarice. *Desigualdade de renda entre homem e mulher aumenta em 2012*. Disponível em: http://oglobo.globo.com/economia/desigualdade-de-renda-entre-homem-mulher-aumenta-em-2012-10172667. Aceso em: 20 jun. 2014).

[5] THURLER, Ana Liési. *Em nome da mãe*: o não reconhecimento paterno no Brasil. Florianópolis: Editora Mulheres, 2009.

[6] FACHIN, Luiz Edson. *Direito civil*: sentidos, transformações e fim. Rio de Janeiro: Renovar, 2015, p. 167.

[7] A respeito do tema, confira-se: "*A quantificação do dano moral no Brasil*: justiça, segurança e eficiência", da série "Pensando o Direito", organizada pela Fundação Getúlio Vargas, publicada em 2011 e disponível no site: file:///Users/owner/Downloads/37Pensando_Direito.pdf.

Referido panorama se deve à inconsistência metodológica em torno da qual se preenche o próprio conteúdo dos danos morais na doutrina e na jurisprudência, os quais, não raramente, reproduzem fórmula da primeira metade do século XX de que a indenização responde a qualquer situação causadora de dor, tristeza, humilhação e sofrimento.[8]

A análise superficial do cabimento ou não deste remédio jurídico que tende a valorizar cada vez mais a compensação da vítima de dano injusto do que a tipificação do ato ilícito também pode conduzir, enfim, à reprodução de fórmulas que fragilizam o instituto.

Tendo este horizonte em vista, é necessário enfrentar a reflexão sobre se a infidelidade conjugal, embora possa causar tais sentimentos negativos, deve ser encarada ou não como geradora de danos morais.

Referidos panoramas com que se lida no presente momento exigem cautela. Nesta imbricação entre os temas da responsabilidade civil e do Direito de Família, não pode ocorrer uma apropriação de novos ares para simplesmente retroceder a um tempo que se deseja decretar superado.

2 Danos morais na conjugalidade

As primeiras dúvidas que entornaram a interlocução entre responsabilidade civil e Direito de Família residiram na possibilidade de que áreas alheias à seara familista se intrometessem nos confins domésticos, os quais já se consideraram sagrados e fechados ao ambiente externo.

Rejeita-se tal perspectiva, porém, pela progressiva desmitificação do ambiente privado, que, não obstante devesse realizar existencialmente os indivíduos da família, tem significado, para considerável parte da população, um lugar de opressão.

Enxergar por completo o fenômeno familiar não compreende destacar apenas o amor e seus derivativos que encantam, mas também denunciar seu viés destrutivo e que, em muitos casos, vitima

---

[8] BODIN DE MORAES, Maria Celina. *Na medida da pessoa humana*: estudos de direito civil-constitucional. Rio de Janeiro: Renovar, 2010, p. 432.

alguns membros do grupo, ao encontro dos quais deve se voltar a análise jurídica.[9]

A responsabilidade civil, como qualquer instituto, opera a partir de possibilidades e limites.

Dentre aquelas, constatamos que se apresenta como um possível remédio à violação de direitos fundamentais, o que pode interessar, portanto, ao Direito de Família. Não faz sentido blindar comportamentos atentatórios simplesmente por estarem sob tal manto. Contudo, tem também limites de atuação, como tem limites a própria compreensão da dignidade humana que embasa referida fundamentalidade.

Ante o exposto, importa salientar que parte dos autores acata discutir danos morais neste campo apenas quando presente o ilícito absoluto, nos termos do art. 186 e do art. 927 do Código Civil,[10] enquanto outros incluem ainda como possível geradora de indenização a violação dos deveres conjugais elencados no art. 1.566 do mesmo diploma.[11] [12]

Segundo ilustra Maria Celina Bodin de Moraes:

> Para um exemplo, considere-se que, de acordo com os defensores da primeira posição, se o marido bate na mulher, evidentemente há dano moral a ser reparado; se, porém, a mulher trai o marido não haverá, pelo puro fato da traição, dano moral a ser indenizado, na medida em que houve violação do dever de fidelidade. Para a segunda posição, haverá compensação do dano moral nos dois casos: tanto pelo ilícito absoluto como pela violação do dever conjugal.[13]

Maria Celina Bodin de Moraes e Ana Carolina Brochado Teixeira, exemplificativamente, filiam-se à primeira corrente; ao

---

[9] GROENINGA, Giselle Câmara. Afetos, sexualidade e violência: a família desmitificada. In: Eliene Ferreira BASTOS; DIAS, Maria Berenice (Coord.). A família além dos mitos. Belo Horizonte: Del Rey, 2008, p. 68.

[10] Art. 186. Aquele que, por ação ou omissão voluntária, negligência ou imprudência, violar direito e causar dano a outrem, ainda que exclusivamente moral, comete ato ilícito.
Art. 927. Aquele que, por ato ilícito, causar dano a outrem, fica obrigado a repará-lo.

[11] BODIN DE MORAES, Maria Celina. Na medida da pessoa humana: estudos de direito civil-constitucional. Rio de Janeiro: Renovar, 2010, p. 425-426.

[12] Art. 1.566. São deveres de ambos os cônjuges: I – fidelidade recíproca; II – vida em comum, no domicílio conjugal; III – mútua assistência; IV – sustento, guarda e educação dos filhos; V – respeito e consideração mútuos.

[13] BODIN DE MORAES, Maria Celina. Na medida da pessoa humana: estudos de direito civil-constitucional. Rio de Janeiro: Renovar, 2010, p. 426.

passo que a segunda conta com Regina Beatriz Tavares da Silva como principal porta-voz.[14]

Discorrer sobre o adultério, por si só, como possível causa para indenizar, impõe abordar o entendimento desta segunda corrente. Assim, é preciso refletir acerca das consequências jurídicas da inobservância dos deveres conjugais por um dos membros do casal.

3 Reflexão crítica sobre os deveres conjugais

Abordadas as relações familiares nos eixos da conjugalidade e da parentalidade, é curioso notar, conforme diagnostica Nelson Rosenvald, que a maior resistência tem sido na admissão da responsabilidade civil nas relações entre pais e filhos e menos nas relações entre companheiros e esposos.[15]

Quando se refere a esta hipótese, a primeira ideia sobre a qual se parece atentar é justamente a infidelidade. Este ponto centraliza as produções teórica e jurisprudencial em outros países onde também se parece associar danos morais em relações conjugais com descumprimento de deveres conjugais, e onde se trata, sobre a violação destes últimos, automática e quase que exclusivamente acerca do adultério.[16]

Tal panorama vai de encontro ao possível futuro da chamada família democrática, cuja configuração deverá contar com maior autonomia existencial nas relações conjugais e responsabilização crescente e solidarista nas relações parentais.[17]

---

[14] GAMA, Guilherme Calmon Nogueira da; ORLEANS, Helen Cristina Leite de Lima. *Responsabilidade civil nas relações familiares.* In: *Revista Brasileira de Direito das Famílias e Sucessões*, ano XIII, n. 24, out./nov. 2011.

[15] ROSENVALD, Nelson. Entrevista ao Instituto Brasileiro de Direito de Família [04.09.2013]. Disponível em: http://www.ibdfam.org.br/noticias/5134/+ENTREVISTA%3A+especialista +vai+abordar+a+responsabilidade+civil+no+IX+Congresso+Brasileiro+de+Direito+de+Fa m%C3%ADlia. Acesso em: 20 set. 2014.

[16] A percepção é colhida por Esther Algarra Prats, em *"Incumplimiento de deberes conyugales y responsabilidad civil"* e leva em conta os contextos espanhol, italiano, francês e alemão (In: *La responsabilidad civil en las relaciones familiares.* Madrid: Dykinson, 2012).

[17] BODIN DE MORAES, Maria Celina. A nova família, de novo: estruturas e funções das famílias contemporâneas. In: *Pensar Revista de Ciências Jurídicas da Universidade de Fortaleza*, vol. 18, n. 2, maio/agosto 2013.

Ao que parece, este horizonte não se encontra tão próximo, dadas as práticas ainda majoritariamente reprodutoras de modelos conjugais tradicionais, apegados àqueles deveres, e muitos exercícios de parentalidade ainda pautados em uma *ratio* coerente com o século passado, de império do *pátrio poder*.

De qualquer forma, há indícios de que o ordenamento jurídico tem se prestado menos como espelho do arcaico e tem procurado, em vários aspectos, projetar as relações familiares para além de uma perspectiva transpessoal, especialmente se considerado o sopro constitucional contra a rigidez codificada.

Prova disso foi a superação das principais consequências oriundas do descumprimento dos deveres conjugais, identificada, hoje, pela doutrina majoritária.[18] Em 2010, quando passou a vigorar a Emenda Constitucional 66, o instituto da culpa pela dissolução do vínculo conjugal foi ultrapassado, sendo minoritárias as vozes que ainda advogam pela sua permanência.

Anteriormente, sendo os deveres conjugais violados por uma das partes, uma série de sanções era, então, imputada a quem incidia no tipo, desatentando-se o legislador para a complexidade de se identificar um responsável pelo desfazimento de um laço afetivo.

A primeira versão do Código Civil, por causa da violação dos deveres conjugais, limitava o direito à convivência entre filho e pai culpado, reduzia o poder familiar deste último, suprimia-lhe o direito a alimentos, e condicionava a partilha de bens à inocência, ao passo que a segunda versão reduziu tais consequências para a perda do direito ao sobrenome do outro, para a limitação do pedido de alimentos pelo culpado quando impossível sua subsistência e para afastar direitos sucessórios se sobrevivente o cônjuge culpado da separação de fato.[19]

Imperioso observar que num contexto de dominação simbólica e patrimonial masculina como ainda é o nacional, tais sanções,

---

[18] Assim se posicionam Maria Berenice Dias, Rodrigo da Cunha Pereira, Gustavo Tepedino e Paulo Luiz Netto Lôbo. José Fernando Simão sustenta que tal discussão não condiciona o divórcio, mas pode ser enfrentada em ações de alimentos ou eventual ação de indenização. Por fim, Flávio Tartuce, minoritariamente, ainda vislumbra a viabilidade da discussão da culpa para a dissolução do casamento.

[19] LÔBO, Paulo Luiz Netto. *Divórcio*: alteração constitucional e suas consequências. Disponível em: file:///Users/owner/Downloads/DIVORCIO%20-%20altera%C3%A7%C3%A3o%20 constitucional%20e%20suas%20consequ%C3%AAncias.pdf. Acesso em: 12 out. 2014.

embora soem neutras do ponto de vista de gênero, têm potencial de atingir quase que exclusivamente as mulheres. Basta constatar quem, via de regra, contrai o sobrenome alheio com o matrimônio, quem, em geral, demanda alimentos e quem mais depende dos bens deixados pelo cônjuge falecido. É possível concluir, portanto, que "o estabelecimento dos deveres conjugais tal como disposto no Código Civil constitui mais deveres femininos".[20]

Assim sendo, considera-se que refletir sobre os deveres conjugais implica abordar criticamente a desigualdade entre os gêneros. Ao lado disso, afrouxar as amarras estatais que disciplinam os modos de ser família pode conduzir a práticas futuras mais democráticas.

Se, por um lado, distinguir com radicalidade o público do privado significa ocultar violentamente o estado de sujeição de dados personagens no âmbito doméstico, trazer o público como sinônimo puro do privado é igualmente inadequado, pois que esvazia uma esfera de intimidade desejável.[21]

Desta forma, combate-se a inflexibilidade do art. 1.566 do Código Civil, transferindo suas previsões do âmbito público ao privado, para que "o real conteúdo pessoal da conjugalidade possa ser construído a partir da realidade, tendo como norte as diretivas gerais constitucionais e como objetivo a produção de condições para o desenvolvimento das personalidades de cada um deles".[22]

Paradoxalmente, em um mesmo contexto de mitigação dos deveres conjugais, quase que se inaugura a aplicação do dano moral como instrumento jurídico capaz de fortalecê-los, ressuscitando o debate em seu entorno mesmo em face de uma combativa atuação favorável à facilitação do divórcio e contrária à insistência na culpa pela dissolução dos vínculos conjugais.[23]

---

[20] HOLANDA, Caroline Sátiro. *Uma análise feminista dos deveres conjugais e das consequências da culpa pelo fim do casamento no direito brasileiro*. Disponível em: http://www.ufpb.br/evento/lti/ocs/index.php/17redor/17redor/paper/view/29/185. Acesso em: 18 out. 2014.

[21] PATEMAN, Carole. Críticas feministas a la dicotomía público/privado. In: *Perspectivas feministas en teoría política*. Trad.: Carme Castells. Barcelona: Paidós, 1996.

[22] CARBONERA, Silvana Maria. *Reserva de intimidade*: uma possível tutela da dignidade no espaço relacional da conjugalidade. Rio de Janeiro: Renovar, 2008, p. 296.

[23] Destacamos, neste ínterim, o papel do Instituto Brasileiro de Direito de Família (IBDFAM), pois que autor da sugestão de projeto que posteriormente desembocou na Emenda Constitucional nº 66.

4 Danos morais em razão de relações extraconjugais?

Conforme apontado anteriormente, há uma gradual substituição dos agentes externos, notoriamente do Estado, na elaboração dos deveres conjugais pela figura dos próprios cônjuges, para que decidam, sem interferência impositiva, o modo de sua convivência.

Danos morais pelo chamado adultério, mesmo assim, ainda recebem atenção destacada em relação a todos os outros deveres conjugais, ainda que mútua assistência e respeito e considerações mútuos, por exemplo, possam favorecer debates igualmente interessantes, como a indenização por uma desequilibrada divisão de tarefas domésticas.[24]

Colhe-se, exemplificando a variedade de tendências, da experiência francesa, ser plenamente possível indenizar pela inobservância do dever conjugal de fidelidade. Ainda que exista um movimento em prol de privatizá-lo, os primeiros passos têm sido no sentido de limitar a responsabilidade do chamado cúmplice do adultério por se relacionar com alguém casado, há muito admitida no país[25] e extensão rechaçada no contexto brasileiro.[26] Conforma-se, inclusive, o ressarcimento de um dos cônjuges pelo adultério do outro sem a dissolução do vínculo familiar, ou seja, na constância da relação, o que, segundo admite a doutrina, é hipótese raríssima.[27]

Considerável parte dos juristas, na Alemanha, inclina-se por rejeitar a responsabilidade civil como resposta à infidelidade, confiantes nos remédios já oferecidos pelo próprio Direito de Família, os quais são considerados suficientes para o tratamento destas questões.[28]

---

[24] PRATS, Esther Algarra. Incumplimiento de deberes conyugales y responsabilidad civil. *In:* Moreno Martínez; Juan Antonio (Coord.). *La responsabilidad civil en las relaciones familiares.* Madrid: Dykinson, 2012, p. 51.

[25] PRATS, Esther Algarra. Incumplimiento de deberes conyugales y responsabilidad civil. *In:* MARTÍNEZ, Moreno; ANTONIO, Juan (Coord.). *La responsabilidad civil en las relaciones familiares.* Madrid: Dykinson, 2012, p. 18.

[26] Exemplificativamente, confira-se o entendimento ementado: "O dever de fidelidade recíproca dos cônjuges é atributo básico do casamento e não se estende ao cúmplice de traição a quem não pode ser imputado o fracasso da sociedade conjugal por falta de previsão legal" (BRASIL, Superior Tribunal de Justiça. Recurso Especial 922.462-SP. Terceira Turma. Relator Ministro Ricardo Villas Bôas Cueva. Julgado em 04 de abril de 2013).

[27] COURBE, Patrick; GOUTTENOIRE, Adeline. *Droit de la famille.* 6. ed. Paris: Dallo, 2013, p. 95.

[28] PRATS, Esther Algarra. Incumplimiento de deberes conyugales y responsabilidad civil. *In:* MARTÍNEZ, Moreno; ANTONIO, Juan (Coord.). *La responsabilidad civil en las relaciones familiares.* Madrid: Dykinson, 2012, p. 19.

Por fim, na Itália, parece influente a posição de que não bastaria violar o dever de fidelidade para gerar obrigação de indenizar, pois que, para tanto, seria necessário constatar lesão a um direito constitucionalmente protegido.[29]

Entre nós, compreensão análoga à que relacionamos à experiência alemã já teve relevante adesão quando os deveres conjugais importavam em graves sanções aos cônjuges denominados culpados pelo fim da relação, tornando desnecessária a contaminação do especializado Direito de Família pela responsabilidade civil.

Conforme explicitado, a recusa dos danos morais neste âmbito por conta do exaustivo controle da conjugalidade outrora empreendido pelo ordenamento "perdeu sentido e espaço para sua aplicação com o advento da Emenda Constitucional nº 66, de 13 de julho de 2010, ao suprimir a culpa e o instituto da separação judicial".[30]

Ao se posicionar pela direta incidência dos danos morais em razão de relacionamento extraconjugal, deve-se ter em mente a profunda dificuldade que implica configurar a própria violação: a partir de que ponto se consideraria rompido o compromisso? A infidelidade virtual se incluiria na previsão? Haveria majoração do valor devido caso fossem múltiplos amantes?[31] E mais: tão facilitado quanto está o divórcio, não bastaria esta via, já sofrida, como resposta suficientemente impactante do traído?

Socorre-se, muitas vezes, mesmo com tantos reveses, para reavivar a obrigação da fidelidade, de uma ideia quase intuitiva dos danos morais. O que os configura parece algo tão amarrado à condição humana que ainda hoje é custoso tomar distância e reconhecer, enfim, as reais possibilidades e limites jurídicos de se responder por tal via as situações que causam algum grau de sofrimento às pessoas.[32]

---

[29] PRATS, Esther Algarra. Incumplimiento de deberes conyugales y responsabilidad civil. *In:* MARTÍNEZ, Moreno; ANTONIO, Juan (Coord.). *La responsabilidad civil en las relaciones familiares*. Madrid: Dykinson, 2012, p. 22.

[30] MADALENO, Rolf. *Curso de direito de família*. 5. ed. Rio de Janeiro: Forense, 2013, p. 348.

[31] DIAS, Maria Berenice. *Manual de direito das famílias*. 9. ed. São Paulo: Revista dos Tribunais, 2013, p. 127.

[32] Também neste sentido: *"A lo largo de la historia del derecho civil no resultó fácil saber de qué se hablaba cuando se hacía referencia al daño moral. Casi me atrevería a decir que la percepción de su existencia fue algo intuitivo y por ello le llevó tantos años definir sus contornos jurídicos. O, mejor dicho, la idea de daño moral es tan consustancial a la realidad humana que costó tomar distancia intelectual para poder verlo claramente"* (ALCORTA, Julio Martínez. Hacia un régimen de responsabilidad objetiva en materia de daños derivados de la falta de

Por outro lado, tomando como premissa a reformulação proposta por Maria Celina Bodin de Moraes, emerge o dano moral como violação à integridade física e psíquica, à liberdade, à igualdade ou à solidariedade de uma pessoa humana.[33]

Não parece, porém, que a mera violação do dever conjugal da fidelidade, por si só, e a configuração do chamado cônjuge culpado, tão defasado pelo atual ordenamento, atinjam níveis atentatórios a referidos aspectos que compõem a dignidade humana.

Pelo contrário, se tomado tal compromisso como consequência do princípio da monogamia, conclui-se não ser razoável seu abrigo sob o manto da dignidade humana. Talvez, aproxime-se bem mais de um mero respaldo para a prevalência de uma família eleita como legítima, renegando-lhe a perspectiva eudemonista, e da qual se pretende proteger tão somente o patrimônio.[34]

Uma perspectiva inclusiva do Direito de Família tampouco pode exigir a readequação das ainda tímidas vivências que negam o tradicional, reafirmando, pela via da responsabilidade civil, a permanência de institutos marcados historicamente. O dever de fidelidade não representa consequência natural da formação de família, mas sim uma escolha pessoal com influências culturais, com a complexidade própria do campo das pulsões humanas.

Algumas realidades construídas à margem do convencional, como as representadas por conjugalidades e parentalidades protagonizadas por gays, lésbicas e transgêneros, bem como experiências de poliamor, por exemplo, ao se tornarem progressivamente mais visíveis ao fenômeno jurídico, contribuem para inaugurar novos modos de ser família. Talvez nasçam relações mais pautadas no diálogo horizontal e, assim, menos hierarquizadas.[35]

Neste sentido, será possível, dados alguns passos, preparar campo para o fortalecimento de uma ética da lealdade, mais

---

reconocimiento filial. *In: Derecho de Familia*. Buenos Aires: Abeledo Perrot, Febrero 2013, 2013-1, p. 225-226)".

[33] BODIN DE MORAES, Maria Celina. *Na medida da pessoa humana*: estudos de direito civil-constitucional. Rio de Janeiro: Renovar, 2010, p. 433.

[34] SILVA, Marcos Alves da. *Da monogamia*: a sua superação como princípio estruturante do Direito de Família. Curitiba: Juruá, 2013, p. 267.

[35] GATTI, José. Notas sobre masculinidades. *In*: PENTEADO, Fernando Marques; GATTI, José (Org.). *Masculinidades*: teoria, crítica e artes. São Paulo: Estação das Letras e Cores, 2011, p. 16.

reflexiva, em substituição ao dever de fidelidade que ainda não só pauta a maioria das práticas afetivas como se perpetua com alguma frequência através do discurso jurídico. Muitas vezes, aparece neste último como preocupação de primeira ordem dos juristas, caminho pelo qual não se pretende enveredar.

5 Além do dever de fidelidade

Conforme se sustentou, o mero descumprimento do dever de fidelidade ainda enunciado pelo Código Civil não deve, por si só, fundamentar a indenização por danos morais.

Decidindo pelo contrário, mune-se novamente o ordenamento jurídico em favor de normativas anacrônicas, dado o contexto histórico em que se engessou certo modelo de conjugalidade como coercitivo, mesmo que o movimento contemporâneo tenha evoluído no sentido de mitigar relevância ao art. 1566 e às consequências até então previstas na própria disciplina familista.

Ao mesmo tempo, abstratamente tratada, a infidelidade, mesmo que cause sofrimento, não nos parece infringir a fundamentalidade de direitos constitucionalmente garantidos. Não são danos morais a resposta jurídica para qualquer dor humana, especialmente quando esta, além de tudo, é previsível no âmbito do afeto, que opera com falibilidades.

Outras manifestações do inconsciente verdadeiramente violadoras da integridade física e psíquica, da liberdade, da igualdade ou da solidariedade no âmbito da conjugalidade não só podem como devem ser controladas juridicamente, inclusive pela responsabilidade civil. Exemplificando-as, a violência física, moral e patrimonial supera o âmbito dos deveres conjugais e merece tratamento permanente.

Todavia, é possível aventar casos relacionados à infidelidade e que podem demandar maior reflexão do jurista quanto ao cabimento de danos morais. Nestes não se pode afastar tão facilmente a ideia de violação aos princípios já referidos, e, ainda que não perturbem a conclusão principal da presente análise, fazem sentido quando discutidas as consequências práticas de eventual relacionamento extraconjugal.

Em primeiro lugar, apontamos a dificuldade que enseja o caso em que a mãe engravida de terceiro e, sabendo disso, omite tal verdade do cônjuge. Trata-se de caso limítrofe e que envolve um sujeito alheio à conjugalidade, o filho, que, quando criança, é também vulnerável na esfera familiar.

Responde o Direito alemão que nem a infidelidade da mãe nem a postura reticente ou silente dela sobre a paternidade biológica geram danos morais. Ressarce-se, porém, o pai a quem a mulher infiel confirmou, dolosa e exaustivamente, o vínculo biológico.[36]

Nota-se que tal solução implica uma investigação profundamente subjetiva da conduta materna, pois que é exigido que soubesse ser outro o genitor. O sentido parece, portanto, contrário às atualizadas orientações em responsabilidade civil, já que as têm tornado mais objetiva.

Entre nós, o Superior Tribunal de Justiça já se manifestou favoravelmente à indenização de marido traído induzido a erro quanto à paternidade porque se omitiu a verdade.[37]

Diferentemente do mero descumprimento do dever de fidelidade, que só parece fazer sentido entre os cônjuges, poderia, além do mais, em tal circunstância, o pai biológico reivindicar indenização a partir da teoria da perda de uma chance, qual seja, a perda da chance de conviver com o filho que não sabia ter gerado?[38]

Da mesma via poderia quiçá se valer o filho quando privado de uma paternidade responsável. Acreditando haver um único pai possível, e não tendo estabelecido com este qualquer vínculo de qualidade, não teria perdido a chance de construir diferente caminho se soubesse da origem biológica? Estaria tal caso, enfim, plenamente acobertado pela possibilidade de abandono afetivo deste que ocupou precariamente a figura paterna ao longo dos anos?

De qualquer modo, precisamente sobre a situação enfrentada pelo Superior Tribunal de Justiça, bem observou Rolf Madaleno

---

[36] PRATS, Esther Algarra. Incumplimiento de deberes conyugales y responsabilidad civil. In: MARTÍNEZ, Moreno; ANTONIO, Juan (Coord.). *La responsabilidad civil en las relaciones familiares*. Madrid: Dykinson, 2012, p. 20.

[37] BRASIL, Superior Tribunal de Justiça. Recurso Especial 922.462-SP. Terceira Turma. Relator Ministro Ricardo Villas Bôas Cueva. Julgado em 04 de abril de 2013.

[38] BARROS, Fernanda Otoni de. *Do direito ao pai*: a paternidade no tribunal e na vida. 2. ed. Belo Horizonte: Del Rey, 2005, p. 88.

que "a criança talvez tenha sido a maior de todas as vítimas, pois perdeu seu pai da socioafetividade".[39] Ainda, sendo crescente o reconhecimento desta categoria tanto pela doutrina quanto pela jurisprudência, a solução a que se chegou não deixa de causar certo desconforto.

Outra grande dificuldade, a nosso ver, que envolve tal contexto é driblar o lamentável argumento de que a infidelidade do cônjuge virago merece pior condenação que a do varão.[40] Mais uma vez, "a predominância da regra da monogamia tem-se prestado a intensificar a desigualdade e, fundamentalmente, a marginalização da mulher".[41]

Em segundo lugar, tem-se hipótese na qual determinado indivíduo constrói famílias paralelas[42] à revelia dos companheiros de cada núcleo, que acreditam estar num relacionamento monogâmico, o que pode ensejar debate acerca de possível indenização. Isso porque, para além do reconhecimento jurídico das entidades como tais, importa proteger as pessoas que se veem afetivamente envolvidas neste contexto.[43]

Se a alguém foi negada a liberdade de escolher entre estar ou não em relacionamento paralelo, fato ocultado pelo indivíduo que integra os dois núcleos, pela ponderação dos valores cabíveis no caso concreto, a responsabilidade civil extrapatrimonial deve compensá-lo pela quebra de expectativas eventualmente legítimas criadas por seu parceiro?

---

[39] MADALENO, Rolf. O dano moral na socioafetividade. In: Revista dos Tribunais, ano 102, vol. 937, p. 543, nov. 2013.

[40] A ideia de que discordamos pode ser encontrada na doutrina de ontem e de hoje: "É preciso salientar que sob o prisma psicológico e social o adultério da mulher é mais grave que o do marido, uma vez que ela pode engravidar de suas relações sexuais extramatrimoniais, introduzindo prole alheia dentro da família ante a presunção da concepção de filho na constância do casamento prevista no art. 1.597, do Código Civil, transmitindo ao marido o encargo de alimentar o fruto de seus amores. (...) Já em relação ao adultério do marido, os filhos que tiver com sua amante ficarão sob os cuidados desta e não da esposa, e, além disso, pode ocorrer que a infidelidade do homem seja um desejo momentâneo ou mero capricho, sem afetar o amor que sente pela sua mulher (DINIZ, Maria Helena. Curso de direito civil brasileiro: direito de família. 19. ed. São Paulo: Saraiva, 2004, p. 126-127).

[41] SILVA, Marcos Alves da. Da monogamia: a sua superação como princípio estruturante do Direito de Família. Curitiba: Juruá, 2013, p. 295-296.

[42] A respeito do tema, confira-se: PIANOVSKI RUZYK, Carlos Eduardo. Famílias simultâneas: da unidade codificada à pluralidade constitucional. Rio de Janeiro: Renovar, 2005.

[43] HIRONAKA, Giselda Maria Fernandes Novaes. Famílias paralelas. In: Revista IBDFAM Famílias e Sucessões, vol. 1, jan./fev. 2014.

Por ora, tem-se a impressão de que certo olhar de desconfiança deve acompanhar a apreensão de situações subjetivas de coexistência afastadas da violência por institutos mais afeitos ao direito obrigacional. Parecem ser os tempos presentes especialmente propícios para, ao invés de insistir em traços da conjugalidade tradicional, enfrentar criticamente a clandestinidade histórica da figura da "outra", a amante, nas relações familiares.[44]

Além dessas considerações, se tomados os baixos valores que em média se têm atribuído aos danos morais em nosso país, somados os custos emocionais da argumentação e da prova do relacionamento extraconjugal, bem como da presença e extensão do dano, acredita-se que sua aplicação, ao final, não cumpriria, na maior parte dos casos, um resultado de promoção da pessoa humana.

Considerações finais

O Direito das Famílias tem se reconstruído constantemente. O fio condutor da dignidade da pessoa humana parece se responsabilizar pela discussão dos contemporâneos modelos e práticas das plurais famílias brasileiras. Nesta esteira, para além de denunciar descompassos como a desigualdade de gêneros, ainda experimentada, é preciso dar caminho para vivências menos arraigadas ao arcaico, comprometendo-se com perspectivas inclusivas, pautadas pela liberdade substancial de seus membros.

O dever de fidelidade, assim, perde terreno, pois que, construído historicamente e aliado ao controle da sexualidade, especialmente da feminina, não parece se fundamentar nos atributos da integridade física e psíquica, na liberdade, na igualdade ou na solidariedade da pessoa humana. Assim, parece melhor fortalecer uma ética da lealdade como informadora dos afetos.

Os atributos referidos preenchem mais satisfatoriamente o conteúdo protegido pela responsabilidade civil extrapatrimonial. A simples conclusão que há dano moral pelo sofrimento da vítima,

---

[44] A respeito do tema, confira-se: SILVA, Marcos Alves da. *Da monogamia:* a sua superação como princípio estruturante do Direito de Família. Curitiba: Juruá, 2013.

tão comum nas vicissitudes das relações afetivas, especialmente quando ocorreram infidelidade e rompimento dos vínculos afetivos por este motivo, não parece suficiente para atender a contemporânea compreensão dos princípios e valores fundamentais a serem tutelados.

Assim sendo, embora encontre interessante terreno para se desenvolver nas relações familiares, a responsabilidade civil por danos morais parece mais urgente no eixo da parentalidade, primando pela igualitária e efetiva responsabilização de ambos os genitores, tanto na criação quanto pela conduta de seus filhos.

No eixo da conjugalidade, destacamos a violência doméstica, em suas várias facetas, contra a mulher como principal merecedora de atenção, inclusive para fins de compensação por dano moral, em razão dos dados extraídos da realidade brasileira. Por fim, contextos como desequilibrada distribuição do trabalho doméstico, do cuidado dos filhos, da viabilidade para o exercício da profissão podem render debates mais interessantes sobre como impactam negativamente, por exemplo, a liberdade e a igualdade da parte mais onerada do casal, podendo ter repercussões no campo das indenizações.

Referências

ALCORTA, Julio Martínez. Hacia un régimen de responsabilidad objetiva en materia de daños derivados de la falta de reconocimiento filial. *In:* Derecho de Familia, Febrero 2013, 2013-1.

BARROS, Fernanda Otoni de. *Do direito ao pai*: a paternidade no tribunal e na vida. 2. ed. Belo Horizonte: Del Rey, 2005.

BODIN DE MORAES, Maria Celina. A nova família, de novo: estruturas e funções das famílias contemporâneas. *In: Pensar Revista de Ciências Jurídicas da Universidade de Fortaleza*, vol. 18, n. 2, maio/ago. 2013.

BODIN DE MORAES, Maria Celina. *Na medida da pessoa humana*: estudos de direito civil-constitucional. Rio de Janeiro: Renovar, 2010.

BRASIL, Superior Tribunal de Justiça. Recurso Especial 922.462-SP. Terceira Turma. Relator Ministro Ricardo Villas Bôas Cueva. Julgado em 04 de abril de 2013.

CARBONERA, Silvana Maria. *Reserva de intimidade*: uma possível tutela da dignidade no espaço relacional da conjugalidade. Rio de Janeiro: Renovar, 2008.

CÔRREA, Marcello; ALMEIDA, Cássia; SPITZ, Clarice. Desigualdade de renda entre homem e mulher aumenta em 2012. Disponível em: http://oglobo.globo.com/economia/desigualdade-de-renda-entre-homem-mulher-aumenta-em-2012-10172667. Aceso em: 20 jun. 2014.

COURBE, Patrick; GOUTTENOIRE, Adeline. *Droit de la famille*. 6. ed. Paris: Dallo, 2013.

DIAS, Maria Berenice. *Manual de direito das famílias*. 9. ed. São Paulo: Revista dos Tribunais, 2013.

DINIZ, Maria Helena. *Curso de direito civil brasileiro*: direito de família. 19. ed. São Paulo: Saraiva, 2004.

FACHIN, Luiz Edson. *Direito civil*: sentidos, transformações e fim. Rio de Janeiro: Renovar, 2015.

FUNDAÇÃO GETULIO VARGAS. A quantificação do dano moral no Brasil: justiça, segurança e eficiência. Disponível em: file:///Users/owner/Downloads/37Pensando_ Direito.pdf. Aceso em: 12 out. 2014.

GAMA, Guilherme Calmon Nogueira da; ORLEANS, Helen Cristina Leite de Lima. Responsabilidade civil nas relações familiares. *In: Revista Brasileira de Direito das Famílias e Sucessões*, ano XIII, n. 24, out./nov. 2011.

GATTI, José. Notas sobre masculinidades. *In:* PENTEADO, Fernando Marques; GATTI, José (Org.). *Masculinidades*: teoria, crítica e artes. São Paulo: Estação das Letras e Cores, 2011.

GROENINGA, Giselle Câmara. Afetos, sexualidade e violência: a família desmitificada. *In:* BASTOS, Eliene Ferreira; DIAS, Maria Berenice (Coord.). *A família além dos mitos*. Belo Horizonte: Del Rey, 2008.

HIRONAKA, Giselda Maria Fernandes Novaes. Famílias paralelas. *In: Revista IBDFAM Famílias e Sucessões*, vol. 1, jan./fev. 2014.

HOLANDA, Caroline Sátiro. Uma análise feminista dos deveres conjugais e das consequências da culpa pelo fim do casamento no Direito brasileiro. Disponível em: http://www.ufpb.br/evento/lti/ocs/index.php/17redor/17redor/paper/view/29/185. Acesso em: 18 out. 2014.

LÔBO, Paulo Luiz Netto. *Direito civil: famílias*. 4. ed. São Paulo: Saraiva, 2011.

LÔBO, Paulo Luiz Netto. *Divórcio*: alteração constitucional e suas consequências. Disponível em: file:///Users/owner/Downloads/DIVORCIO%20-%20altera%C3%A7%C3%A3o%20 constitucional%20e%20suas%20consequ%C3%AAncias.pdf. Acesso em: 12 out. 2014.

MADALENO, Rolf. *Curso de direito de família*. 5. ed. Rio de Janeiro: Forense, 2013.

MADALENO, Rolf. O dano moral na socioafetividade. *In: Revista dos Tribunais*, ano 102, vol. 937, nov. 2013.

OLIVEIRA, José Lamartine Corrêa de; MUNIZ, Francisco José Ferreira. *Curso de Direito de Família*. 4. ed. Curitiba: Juruá, 2001.

PATEMAN, Carole. Críticas feministas a la dicotomía público/privado. *In: Perspectivas feministas en teoría política*. Trad.: Carme Castells. Barcelona: Paidós, 1996.

PIANOVSKI RUZYK, Carlos Eduardo. *Famílias simultâneas*: da unidade codificada à pluralidade constitucional. Rio de Janeiro: Renovar, 2005.

PRATS, Esther Algarra. Incumplimiento de deberes conyugales y responsabilidad civil. *In:* MARTÍNEZ, Moreno; ANTONIO, Juan (Coord.). *La responsabilidad civil en las relaciones familiares*. Madrid: Dykinson, 2012.

REVISTA IBDFAM. Belo Horizonte: IBDFAM. Editorial. Tanto sangue, n. 98, mar. 2014.

ROSENVALD, Nelson. *Entrevista ao Instituto Brasileiro de Direito de Família* [04.09.2013]. Disponível em: http://www.ibdfam.org.br/noticias/5134/+ENTREVISTA%3A+especialista+vai+abordar+a+responsabilidade+civil+no+IX+Congresso+Brasileiro+de+Direito+de+Fam%C3%ADlia. Acesso em: 20 set. 2014.

SILVA, Marcos Alves da. *Da monogamia*: a sua superação como princípio estruturante do Direito de Família. Curitiba: Juruá, 2013.

THURLER, Ana Liési. *Em nome da mãe*: o não reconhecimento paterno no Brasil. Florianópolis: Editora Mulheres, 2009.

Informação bibliográfica deste texto, conforme a NBR 6023:2018 da Associação Brasileira de Normas Técnicas (ABNT):

MATOS, Ana Carla Harmatiuk; OLIVEIRA, Lígia Ziggiotti de. Responsabilidade civil e relacionamento extraconjugal. *In*: EHRHARDT JÚNIOR, Marcos; LOBO, Fabíola Albuquerque; ANDRADE, Gustavo (Coord.). *Direito das relações familiares contemporâneas*: estudos em homenagem a Paulo Luiz Netto Lôbo. Belo Horizonte: Fórum, 2019. p. 457-473. ISBN 978-85-450-0700-5.

QUESTÕES CONTEMPORÂNEAS

AVE, PAULO LÔBO!

Sobre Paulo Lôbo, eu teria muito a dizer para expressar minha enorme admiração pelo professor, homem público e queridíssimo amigo, por tudo o que representou e representa para a minha geração e para as gerações futuras, associando sempre o Direito Civil aos preceitos de igualdade formal e substancial, de solidariedade e de justiça social.

Dentre tantos predicados, gostaria de ressaltar duas de suas notáveis características: a independência e a honestidade intelectual para com os princípios nos quais acredita e aos quais jamais transige. Assim foi desde que o conheci, nos anos 80 do século passado, até os dias de hoje; em bancas de concurso e congressos; na Comissão avaliadora da Capes – que nos reuniu por quase uma década; assim como na OAB, no IBDFAM, no IBDCivil e especialmente em suas obras, que guardam, por isso mesmo, impressionante coerência teórica.

Exemplo eloquente de sua independência e honestidade intelectual, quando de sua atuação como Conselheiro do Conselho Nacional de Justiça, o voto divergente, em 2007, contrariamente a todos os demais conselheiros, a favor da retirada dos símbolos religiosos que, a exemplo do crucifixo exibido no Plenário do STF, são apostos nas dependências do Judiciário. Seu primoroso voto proclama a laicidade que deve assegurar, nos espaços públicos, a liberdade religiosa, a pluralidade das famílias e das comunidades intermediárias e a convivência democrática.

O posicionamento de Paulo Lôbo, naquela ocasião derrotado, em favor do Estado laico e das liberdades fundamentais, estimulou a retirada espontânea de símbolos religiosos de alguns Tribunais e confirmou sua biografia de homem público probo e professor destemido, compromissado com os valores humanistas e princípios genuinamente republicanos. Seu comportamento modelar tem sido para mim inspirador, a encher de orgulho sua legião de amigos, dentre os quais tenho o privilégio de me incluir. Ave, Paulo!

Petrópolis, junho de 2019.

Gustavo Tepedino
Professor Titular de Direito Civil da Faculdade de Direito da Universidade do Estado do Rio de Janeiro (UERJ).
Sócio do Escritório Gustavo Tepedino Advogados

MEDIAÇÃO FAMILIAR: NOVAS PERSPECTIVAS

GUSTAVO ANDRADE

1 Introdução

Ao tempo da publicação deste artigo em sua versão original, no ano de 2010, foi editada a Resolução nº 125 do Conselho Nacional de Justiça, a qual oficializou a mediação como método alternativo de resolução de conflitos. O mencionado ato normativo dispôs sobre a política judiciária nacional de tratamento adequado aos conflitos de interesse no âmbito do Poder Judiciário.

À época e ainda hoje é possível perceber uma grande transformação na maneira como vêm se comunicando os homens e as instituições. A complexidade dessas relações ainda está sendo absorvida. Vive-se uma fase de transição, um momento de crise, aqui entendido na compreensão adotada por Thomas Kuhn em sua obra clássica *Estrutura das Revoluções Científicas* (KUHN, 2009). Os últimos 70 anos, tempo médio de vida de boa parte da população do planeta, arejaram os pensamentos e trouxeram, por consequência, novas possibilidades.

Nesse ambiente, surgiram diferentes maneiras de solucionar conflitos sem a interferência direta do Estado, entre elas a mediação, cujo desenvolvimento crescente, em especial no Brasil do final do século passado, desponta como eficaz alternativa para a resolução de conflitos das mais diversas ordens, mas com peculiar adequação àqueles oriundos das relações familiares. Sendo estas por si mesmas sensíveis, em função dos sentimentos que amoldam tais relacionamentos, os conflitos surgem como uma consequência lógica, inerentes que são à própria natureza humana. É na família que as emoções explodem com maior naturalidade; nela se expõem com maior espontaneidade os sentimentos.

O conflito, por sua vez, não está atrelado a um caráter negativo, destrutivo por excelência. Pelo contrário, o conflito é extremamente útil às relações interpessoais. Ele ajuda o reconhecimento das diferenças existentes entre as pessoas, podendo em alguns casos representar uma experiência renovadora. Um mundo sem conflitos seria tão inabitável quanto um em que somente houvesse situações conflituosas. Daí porque, ao invés de centrar-se no imediatismo da resolução do conflito, talvez se devesse dirigir mais esforços no manejo desse conflito. O manejo do conflito implica a compreensão de sua natureza e sua utilização para atingir objetivos positivos e evitar os resultados negativos (WORCHEL, 1996). Essa deve ser a essência da mediação: manejar o conflito visando antes de tudo a sua transformação.

E assim é possível, de logo, apontar que na seara do Direito de Família, a prática da mediação não somente é viável quanto necessária na busca da pacificação de conflitos. O Código de Processo Civil de 2015 (Lei nº 13.105) reconheceu a importância da mediação, prestigiando a mediação familiar no capítulo dedicado às ações de família (Cap. X do Título III – Procedimentos Especiais – Livro I da Parte Especial – arts. 693 a 699), determinando o empreendimento de esforços para a solução consensual da controvérsia inclusive pela mediação (art. 694) e tornando obrigatória a realização de audiência para tal finalidade (art. 695).

O desenvolvimento do instituto da mediação, hoje regulamentado pela Lei nº 13.140/2015, ao tempo em que tenta contribuir para a sua difusão e aperfeiçoamento, tem, por outro lado, trazido à tona diversas incongruências de ordem metodológica, principalmente uma confusão conceitual, por sinal muito comum, com os demais métodos alternativos para a resolução de conflitos.

Ainda à guisa de introdução, não há como falar sobre os meios alternativos de resolução de conflitos sem discorrer sobre os caminhos percorridos e os fatores que concorreram para o seu surgimento.

Na verdade, foi o fim da Segunda Guerra Mundial e o desenvolvimento que lhe seguiu, principalmente nos Estados Unidos e em alguns países da Europa, que trouxeram a explosão das mais variadas formas de consumo e o aumento proporcional das ações judiciais dela decorrentes.

A busca de uma solução para a ameaça de estrangulamento da prestação jurisdicional norte-americana fez nascer na Universidade

Harvard meios de solução de conflitos distintos do processo judicial, mais tarde conhecidos como "*Alternative Dispute Resolution (ADR)*".

Na mesma Universidade, Frank Sander criou o conceito de sistema multiportas ("*multi-door courthouse*") com o fim de demonstrar a necessidade de serem elaborados programas para a resolução de disputas dentro e fora dos tribunais. O sistema multiportas foi também prestigiado pelo Código de Processo Civil de 2015 (Lei nº 13.105), a exemplo do disposto no §3º do artigo 3º, assim como no artigo 175, entre outros.

Fator que sempre contribuiu para a dificuldade de se buscar caminhos que respondam, de maneira mais profunda e perene, à pacificação dos conflitos é a existência de uma cultura adversarial para a compreensão e a solução desses conflitos. A formação do próprio jurista sempre foi comprometida com essa cultura, estimulando-se nas bancas universitárias a concepção das partes de uma pretensão resistida apenas como ganhador ou perdedor, autor ou réu, etc.

Hoje são muitas as possibilidades de composição de litígios além da jurisdição estatal, esta ainda preponderante, dado seu grau de garantia, qualidade e coerção.

A heterocomposição, método em que um terceiro decide a questão trazida pelas partes, conta também com a arbitragem, além da jurisdição. Já a autocomposição traz incontáveis maneiras de solução de controvérsias, uma vez que são os próprios envolvidos que a viabilizam. As mais conhecidas formas de autocomposição são a negociação, a mediação e a conciliação, esta última, diferentemente das demais, extremamente vinculada ao processo judicial.

2 Situação do tema

Os métodos alternativos de resolução de conflitos passaram, de um modo geral, a despertar grande interesse no país com o advento da Lei nº 9.307/96, conhecida como Lei de Arbitragem, não obstante o instituto estivesse presente no ordenamento jurídico brasileiro desde as ordenações do Reino de Portugal (RODRIGUES JUNIOR, 2007).

A conciliação, por sua vez, foi bastante estimulada quando das reformas levadas a efeito no Código de Processo Civil de

1973, em meados da década de 90, quando se passou a constituir dever do magistrado promovê-la, como determinavam vários dispositivos daquele diploma (arts. 331, 447, 448 e 449). Com a redação modificada pela Lei nº 10.444/2002, o artigo 331 do antigo estatuto processual previa, desde 1994 (Lei nº 8.952), a designação, por parte do juiz, de uma audiência preliminar com vistas à conciliação das partes.

Atualmente, a conciliação permanece fortemente arraigada ao processo civil, permeando o Código de 2015 em toda sua extensão.

Diversas leis esparsas, a exemplo da Lei nº 9.099/95, que dispõe sobre os Juizados Especiais, prescrevem a tentativa de conciliação como uma fase do processo, um momento solene que não impede, no entanto, que as partes possam conciliar a qualquer tempo.

A conciliação está presente também na Lei de Arbitragem (Lei nº 9.307/96). Prevê seu artigo 7º, §2º, que, existindo cláusula compromissória e havendo resistência quanto à instituição da arbitragem, poderá a parte interessada requerer a citação da outra parte para comparecer em juízo a fim de lavrar-se o compromisso, designando o juiz audiência especial para tal fim, quando previamente tentará a conciliação acerca do litígio. Já o §4º do artigo 21 da aludida lei, dada a proximidade entre os procedimentos da justiça estatal e da justiça arbitral, determina que compete ao árbitro ou ao respectivo tribunal, no início do procedimento, tentar a conciliação das partes, a qual, uma vez exitosa pode ser declarada mediante sentença arbitral.

No que diz respeito à mediação, algumas iniciativas foram apresentadas ao Congresso Nacional visando a sua regulamentação. Destaca-se a que foi idealizada por um grupo de pesquisadores e inspirada no modelo europeu de mediação, com base em estudos acerca da inserção do instituto no Código de Processo Civil da França, o que aconteceu na reforma processual daquele país, de 8 de janeiro de 1995 (BARBOSA, 2003). Dita iniciativa foi apresentada no Congresso Nacional pela Deputada Zulaê Cobra Ribeiro, dando origem ao Projeto de Lei nº 4.827/98. Diversos outros projetos foram apresentados ao Poder Legislativo até que em 2015, por intermédio da edição do Código de Processo Civil, a mediação finalmente foi reconhecida no ordenamento jurídico, o que foi imediatamente reforçado com a promulgação da Lei nº 13.140, de 26 de junho de 2015 (Lei de Mediação).

3 Os diversos meios para a resolução de conflitos

Com ênfase na mediação, serão abordados a seguir os meios alternativos de resolução de conflitos mais conhecidos e utilizados, entre os quais a negociação, a arbitragem e a conciliação.

A negociação tem por principal característica prescindir da intervenção de terceiros. Nela são as próprias partes que argumentam na busca de uma solução para o conflito, por si ou por seus representantes. É muito comum, inclusive, na prática da advocacia. O cumprimento do que restou acordado entre as partes somente é obrigatório se à negociação for atribuída juridicidade, como a celebração de um negócio jurídico. Tem se justificado que a negociação acontece naturalmente na vida do ser humano, atingindo desde a criança que negocia com outra o uso de um brinquedo, até os empresários que negociam uma parceria visando à melhoria de seus negócios, caracterizando-a como um acontecimento natural, antes de evidenciar-se como fato jurídico (SALES, 2004, p. 36).

Nas relações internacionais, a negociação surge como o método próprio da diplomacia e representa o principal mecanismo para a resolução de conflitos (CALMON, 2007, p. 117).

A arbitragem, por sua vez, é uma forma heterocompositiva de resolução de conflitos, tendo por maior característica a imposição por um terceiro, o árbitro, da solução encontrada para dirimir a controvérsia. Está mais próxima da jurisdição, distinguindo-se desta por não ser atividade estatal.

De todos os meios de resolução de conflitos, a conciliação é o que mais traz elementos semelhantes aos da mediação, o que vem acarretando confusão conceitual.

3.1 Mediação e arbitragem

A distinção entre mediação e arbitragem pode ser compreendida com muita nitidez, já que poucos são seus elementos comuns. Em verdade, é praticamente a atuação de um terceiro no conflito e sua classificação como meio alternativo de resolução de controvérsias que as aproximam.

Como foi visto anteriormente, a crise estrutural do Estado, mormente em sua organização administrativa e judiciária, proporcionou o surgimento e a difusão dos chamados métodos alternativos de solução de disputas, sendo os mais conhecidos a mediação, a conciliação e a arbitragem.

Segundo Pietro Perlingieri,

> A arbitragem aparece como uma das formas mais evidentes de tal tendência: de uma parte desestataliza a função jurisdicional, atribuindo, de fato, o poder decisional a sujeitos fora da magistratura ordinária; de outra, põe os pressupostos para a criação de uma jurisprudência e de uma prática negocial referíveis a ordenamentos não nacionais como, por exemplo, a *lex mercatoria* como regra de disciplina uniforme das relações comerciais internacionais (PERLINGIERI, 2008, p. 39).

A arbitragem possui larga utilização na seara empresarial, estando também muito presente nos contratos internacionais e, por consequência, no comércio exterior. Isto ocorre, em grande parte, porque o instituto faz vencer as incertezas e inseguranças que surgem naturalmente quando uma parte domiciliada em um país acorda um negócio com outra, domiciliada em outro país. A arbitragem é capaz de assegurar, assim, que eventual controvérsia existente em função do aludido contrato seja decidida sem que haja a necessidade de se recorrer a um tribunal do país da parte adversa.

A entrada em vigor da Lei Brasileira de Arbitragem (Lei nº 9.307/96) representou uma transformação que adveio, em grande parte, da importância do instituto em face das relações comerciais internacionais.

O que difere substancialmente a arbitragem da mediação é a posição assumida pelo terceiro: na arbitragem ele vai tomar uma decisão sobre o caso trazido; na mediação, o terceiro vai ajudar as partes a direcionarem, elas próprias, os rumos do procedimento, com vistas à transformação do conflito instalado, que pode ou não representar um acordo.

A arbitragem está mais próxima da jurisdição. Nela está presente a linguagem binária (ganhador-perdedor), já que o árbitro, não obstante ter sido escolhido livremente pelas partes e ser obrigatoriamente dotado de imparcialidade, decide o conflito em favor de um ou de outro litigante. Diz-se que a arbitragem é convencional em sua instituição e jurisdicional em seu funcionamento:

Os árbitros são juízes de fato e de direito, exercem a função pública de ministrar a Justiça e garantir a paz social e estão sujeitos aos mesmos requisitos de independência e imparcialidade dos juízes estatais. O processo arbitral, embora estabelecido por consenso das partes, deve observar os requisitos básicos do processo judicial, quais sejam o contraditório, a igualdade das partes, o livre convencimento dos árbitros. A sentença arbitral deve ater-se aos contornos determinados pela lei, sob pena de nulidade. Tudo isso porque a convenção de arbitragem exclui o processo judicial, mas a sentença arbitral regularmente proferida obriga as partes e é passível de execução forçada perante os juízes e tribunais estatais, da mesma forma que a sentença judicial (LOBO, 2003).

O traço de maior dissonância entre a mediação e a arbitragem é, dessa forma, o fato de que nesta a solução do conflito é externa às partes. Estas elegem livremente um terceiro imparcial – o árbitro – autorizando-o a tomar uma decisão que as obrigará. As partes, assim, por livre e espontânea vontade, se submetem à vontade de um terceiro, que exercerá a função de juiz (BARBOSA, 2004). Na mediação, diferentemente, as partes decidem e se responsabilizam por suas próprias escolhas. Na arbitragem, o árbitro não se coloca entre as partes, mas acima delas, igualando-se à posição de juiz, o que não acontece na mediação, onde o mediador se posiciona ao lado das partes auxiliando-as a encontrarem, por si, a melhor alternativa para pôr fim ao impasse.

Por sua aproximação com a jurisdição, a arbitragem é regida por princípios aplicados à justiça estatal, como o contraditório, a ampla defesa, a igualdade de tratamento das partes, a imparcialidade e a independência do árbitro, bem como o livre convencimento do julgador.

3.2 Mediação e conciliação

A avalanche de acontecimentos que perpassaram o século XX, os quais, além de aproximarem as pessoas, permitiram-lhes o acesso ao consumo, aqui entendido em sua acepção mais ampla, fez aumentar a possibilidade da ocorrência de conflitos, seja na família, seja na comunidade, entre o Estado e o cidadão, entre este e os fornecedores de bens e serviços, entre as empresas e até entre as nações. O aumento dos conflitos, por sua vez, fez advir o crescimento de demandas e a busca natural por sua solução através do Judiciário.

No Brasil, foi a Constituição de 1988 que promoveu o aumento na expectativa da população por um acesso mais fácil à justiça estatal. A consequência, por óbvio, não poderia ter sido outra: o quase colapso dos serviços judiciários, preocupação de todas as pautas, assunto de todas as agendas, não somente do Estado, mas também da sociedade civil.

Por razões que não cabe explorar no presente estudo, as investidas do Conselho Nacional de Justiça e de resto do próprio Poder Judiciário terminaram por judicializar a mediação, trazendo à tona grande confusão conceitual e prática entre esta e a conciliação, o que é repetido de maneira ostensiva no novo Código de Processo Civil, o qual faz reiterada menção aos dois institutos como se sinônimos fossem.

Na verdade, a diferença entre mediação e conciliação vai muito além do que preconiza o novo CPC ao estabelecer que a primeira será melhor utilizada nos casos em que houver vínculo anterior entre as partes, acontecendo o contrário com a conciliação, embora ali seja delimitada no mínimo possível a atuação dos conciliadores e dos mediadores (art. 165).

O que mais diferencia a conciliação da mediação é a forma como a terceira pessoa que irá participar da prática atua junto aos interessados. Na conciliação, a figura do terceiro, que pode ser um órgão judicial, vai funcionar como um intermediário entre os litigantes. Nela são polarizados os direitos que cada parte acredita ter, eliminando-se os pontos incontroversos, para delimitar o conflito. O conciliador intervém com sugestões e alerta sobre a possibilidade de perdas recíprocas das partes, que por sua vez admitem perder menos em um eventual acordo do que em um suposto sentenciamento desfavorável. Na conciliação está presente a linguagem binária, a ótica do ganhador-perdedor.

Na mediação deve ser buscada uma terceira alternativa, em que todos ganhem e ninguém perca, para tanto se utilizando da linguagem ternária. O terceiro, na mediação, não influenciará na decisão, que é exclusivamente das partes.

A propósito da linguagem ternária de que fala Jean-François Six, vale ressaltar que ela se contrapõe à linguagem binária, tradução do pensamento daqueles que veem tudo em preto e branco, que pensam o mundo como um grande campo de batalha entre o bem e o mal (SIX, 2001).

O mediador auxiliará as partes, ajudando-as a identificar e articular as questões essenciais que devem ser resolvidas durante o procedimento (RODRIGUES JUNIOR, 2007). Já o objetivo primordial da conciliação é a celebração de um acordo. Em se tratando de um processo judicial, dito acordo representará sua extinção. Esta a razão de sua larga utilização e também outro critério que a diferencia da mediação. Nesta, o acordo reproduz uma consequência da prática e pode ocorrer ou não. O que realmente importa na mediação, como já dito, é a transformação do conflito, seja com vistas a perpetuar o relacionamento entre as partes envolvidas, seja para simplesmente diluir esse conflito de forma perene, de maneira a não reacendê-lo no futuro.

Na verdade, a celebração de um acordo pode significar o encerramento de um processo judicial, mas não necessariamente do conflito que a ele subjaz. Não raro, por permanecer intacto o conflito e toda a gama de emoções que o acompanham, uma nova demanda surge mais adiante e novo processo se inicia.

4 Mediação familiar

4.1 Definição

Na perspectiva do Direito de Família, a mediação toma forma e importância que não são observadas em qualquer outro tipo de situação jurídica.

No que concerne ao Direito de Família, o capítulo da Constituição dedicado à instituição familiar promove sua tutela, funcionalizando-a ao desenvolvimento das pessoas que a integram. Para Paulo Lôbo, "a entidade familiar não é tutelada para si, senão como instrumento de realização existencial de seus membros" (LÔBO, 2008).

Na trilha da valorização da pessoa humana e da solidariedade, fundamentos que passam ao longo de todo o ordenamento jurídico brasileiro, a mediação encontra terreno fértil para florescer. A sua prática irriga esse solo como uma seiva que dá concreção e sentido a ditos fundamentos.

Eduardo José Cárdenas identifica quatro tipos de situações em que a mediação familiar pode ser utilizada com eficácia: para resolver os problemas que surgem quando da separação de um casal, geralmente relativos aos filhos e aos bens; para solucionar as dificuldades que surgem com a formação de um novo casal (famílias recompostas); para solver os conflitos nas relações entre pais e filhos, em geral problemas de convivência; e nos casos de violência entre o casal (CÁRDENAS, 1999). Os casos de violência, no entanto, não são vistos pela maior parte da doutrina como adequados a se submeterem à prática da mediação familiar, quer pela necessidade de uma maior intervenção por parte do mediador, que não poderá manter-se suficientemente equidistante, quer pela enorme dificuldade de equilibrar a relação conflituosa, o que demandará um tempo que talvez não se disponha, já que medidas enérgicas devem ser tomadas de imediato sob pena do agravamento da violência.

Ao discorrer sobre a índole dos conflitos que podem ser solucionados por intermédio da mediação de uma maneira geral (patrão/empregado, locador/locatário, vizinhos, etc.), e em especial pela mediação familiar, Cárdenas aponta uma constante presente nessas situações: trata-se de conflitos entre pessoas que vão seguir mantendo o relacionamento no futuro (CÁRDENAS, 1999). Aqui reside a importância da mediação familiar para aqueles que têm filhos, ainda que não mais convivam como casal. Nesse aspecto acertou o Código de Processo Civil ao dispor no §3º do artigo 165 que o mediador atuará preferencialmente nos casos em que houver vínculo anterior entre as partes, embora oferecendo uma definição restritiva, levando em conta apenas um dos muitos aspectos da mediação

A constante a que se refere Cárdenas está presente nas reflexões de Danièle Ganancia como uma das missões da justiça familiar contemporânea:

> A mediação participa, com sua especificidade, de uma missão tripla da justiça familiar de hoje: pacificar o conflito, responsabilizar os protagonistas e permitir a continuidade das relações de coparentalidade. Ela não é, portanto, uma capitulação da justiça. Ao contrário: ela constitui um meio de assegurar uma justiça mais personalizada, mais em contato com o real e mais eficaz (GANANCIA, 2001).

O restabelecimento ou a manutenção do exercício da coparentalidade é uma das mais importantes funções da mediação familiar.

A necessidade de perpetuar essas relações familiares exige que, nesta modalidade de mediação, o mediador esteja qualificado para uma escuta especializada e se apresente com uma postura não adversarial para cumprir a missão de esclarecer os limites das pretensões de cada um dos mediandos, focalizando os pontos controvertidos e conduzindo as partes ao diálogo, o qual, muitas vezes, sequer foi por eles experimentado durante o convívio (BARBOSA, 2001).

A mediação aplicada ao Direito de Família ou mediação familiar possui características próprias em face das peculiaridades apresentadas.

É, antes de tudo, um comportamento a ser almejado. As relações familiares necessitam de um espaço e de um tempo para reflexões, para a busca do equilíbrio, para a transformação do conflito, com ou sem a ajuda de um terceiro. Os chamados operadores do Direito devem ter sempre em mente essa possibilidade.

Em emblemática abordagem que bem demonstra as dificuldades enfrentadas no decorrer do procedimento, Lenard Marlow define a mediação familiar como um procedimento imperfeito, que emprega uma terceira pessoa imperfeita para ajudar duas pessoas imperfeitas a concluírem um acordo imperfeito em um mundo imperfeito (MARLOW, 1999).

Stella Breitman e Alice Costa Porto sintetizam a mediação familiar como "um processo extrajudicial, não adversarial, onde uma terceira pessoa, o mediador, colocando-se numa posição imparcial, ajuda as partes a resolver, de maneira cooperativa e consensual, um conflito, uma pendência, um mal-entendido entre elas, transformando critérios próprios preexistentes" (BREITMAN; PORTO, 2001).

A mediadora inglesa Lisa Parkinson, com fundamento no Código Deontológico do Colégio de Mediadores Familiares do Reino Unido, de 1995, indica que a mediação familiar vem sendo definida como

> um processo no qual uma pessoa imparcial ajuda os envolvidos em uma ruptura familiar, em especial os casais em vias de separação ou divórcio, a se comunicar melhor entre eles e a chegar a suas próprias decisões conjuntas, sobre a base de uma informação suficiente, a respeito

de alguns ou todos os temas relacionados com a separação, o divórcio, os filhos, a economia ou o patrimônio familiar (PARKINSON, 2005).

A mediadora Águida Arruda Barbosa, que trouxe para o Brasil o modelo francês de mediação, parte da concepção adotada pelo artigo 1º da lei francesa ("Mediação é a atividade que facilita a comunicação, exercida por terceira pessoa, neutra, que escuta e orienta as partes, permitindo que encontrem uma solução consensual para o conflito que as opõem, ou que previna o litígio") e complementa que "a mediação familiar é uma atividade humana, que lida diretamente com o sofrimento humano, que é objeto desta prática, enquanto instrumento com a finalidade de conter a angústia e recuperar a adequada comunicação entre os mediandos" (BARBOSA, 2003).

4.2 Interdisciplinaridade

A interdisciplinaridade na mediação familiar é uma realidade inconteste. Como de resto é o diálogo entre as disciplinas do Direito, que cada vez mais exige de seus operadores conhecimentos externos a sua área específica de atuação.

Após a Segunda Guerra Mundial, com a massificação do consumo e as mudanças comportamentais que deram origem a toda sorte de relações jurídicas e, por consequência à necessidade de maior proteção de determinados sujeitos por força de sua manifesta vulnerabilidade em ditas relações, irromperam inúmeras leis esparsas que foram denominadas de microssistemas. Assim ocorreu com a locação de imóveis, com os menores, com o consumidor, tendo sempre o disciplinamento dessas relações jurídicas o elemento comum da vulnerabilidade de uma das partes.

A opção pelos microssistemas se deu em face da complexidade das situações jurídicas em questão, a exigir, no mais das vezes, regulamentação de ordem administrativa, processual e criminal, entre outras, fazendo-se necessária a inserção de normas destes jaezes em um mesmo diploma.

Além da diversidade de ramos do Direito em uma mesma fonte normativa, tem se mostrado também necessária a interlocução entre leis de Direito Privado em função da Constituição da República. O melhor exemplo se dá entre o Código Civil e o Código de Defesa do Consumidor. Este último um microssistema promulgado em 1990, mais de uma década antes do Código Civil, já apresentava, na seara contratual, diversos avanços e plena harmonia com a ordem constitucional vigente. Com a edição do Código Civil de 2002, à teoria geral dos contratos foram acrescentados dispositivos que complementam a normativa consumerista, como os que dizem respeito aos contratos de adesão e aos princípios sociais dos contratos. Assim, transita-se entre um e outro diploma na busca, por exemplo, de uma interpretação mais favorável à parte vulnerável da relação, no caso do consumidor.

A propósito dos microssistemas, Ricardo Luis Lorenzetti observa que o Código passou a dividir sua vida com outros códigos, com microssistemas jurídicos e com subsistemas, e perdeu sua centralidade, a qual se desloca progressivamente:

> Em alguns casos trata-se de normas gerais que foram fracionadas gradualmente, até se afastarem de modo tal que pareceram dividir-se, como ocorre com o direito da empresa, do consumidor, ou inclusive a responsabilidade civil, e dos contratos. Em outros, trata-se de problemas novos que geram suas próprias regulações, que atravessam transversalmente o sistema, como ocorre com a questão ambiental, ou com a atuação jurídica no mundo digital (LORENZETTI, 2009).

Aludindo à famosa descrição de Wittgenstein, aplicada ao Direito, aduz Lorenzetti que "o Código é o velho centro da cidade, a que foram se agregando novos subúrbios, cada qual com seus próprios centros e características de bairro". Dessa maneira, poucos são os que visitam uns aos outros; somente se vai ao centro de vez em quando, para contemplar relíquias históricas (LORENZETTI, 2009).

Outra face da interdisciplinaridade, bem mais abrangente que a vista anteriormente, surge de maneira irreversível para diversos ramos do Direito, muito especialmente para o Direito de Família. Esta interdisciplinaridade diz respeito à comunicação de diversas disciplinas, das mais variadas áreas do conhecimento, visando melhor compreensão e interpretação dos problemas que serão enfrentados.

A mediação familiar é uma prática essencialmente interdisciplinar. Dados sua finalidade e objeto, o encontro entre diferentes conhecimentos pode facilitar sobremaneira a transformação da realidade conflituosa que se apresenta.

Ao invés de "verdades isoladas" advindas de uma linguagem hermética, a interdisciplinaridade favorece a troca de saberes, de experiências, estabelecendo uma comunicação harmônica entre as ciências (BARBOSA, 2003).

Muitas são as faces de um conflito familiar. O profissional que irá conduzir a mediação necessita tomar atitudes, adotar posições, no mais das vezes com o raciocínio voltado para uma área diversa da que geralmente atua. Por isto os candidatos a mediadores devem ter acesso aos fundamentos de diversas disciplinas, promovendo sempre uma escuta especializada, sem dúvida a mais importante ferramenta para uma mediação exitosa. Esta também a razão pela qual não deve haver reserva de mercado para qualquer profissão. O mediador, além de poder ter uma formação plúrima, pode também – e neste caso deve – dialogar com outros saberes, com profissionais das diversas ciências humanas, como a psicologia, a psicanálise, a sociologia, o serviço social, entre outras. É salutar que as equipes que venham a atuar em mediação familiar sejam formadas por profissionais de diversas áreas, tendo, portanto, feição multidisciplinar.

5 Conclusão

A pesquisa sobre mediação, já não mais considerada um tema imaturo, assim como sua prática, que longe está de ter atingido seu pleno desenvolvimento, deve ser conduzida com cautela.

Muito se tem escrito sobre mediação, muito se tem falado sobre mediação e muito se tem praticado de mediação. Na verdade, como anunciou o francês Jean François-Six, ainda em 2001, mediação virou palavra da moda (SIX, 2001). E assim tem acontecido também no Brasil.

Defende-se aqui a maior difusão possível da prática da mediação. Somente a partir dessa prática se conseguirá quebrar eventuais resistências, promover o seu desenvolvimento e uniformizar sua metodologia, possibilitando diferenciá-la da conciliação e de outros meios de resolução de conflitos.

Os métodos alternativos de resolução de conflitos surgem como uma forma de pacificar litígios sem a energia que provavelmente seria despendida pelo magistrado e pelas partes durante a tramitação de um processo judicial. A mediação, por sua vez, como demonstrado, vem se mostrando um instrumento extremamente eficaz para essa pacificação, já que, trabalhando e transformando o conflito, é capaz de eliminar os sentimentos negativos que podem permanecer entre as partes em função de um sentenciamento ou de uma conciliação.

Dada a indubitável viabilidade prática da mediação, agora regulamentada pela Lei nº 13.140/2015 e pelo Código de Processo Civil, apresenta-se o instituto como um fim a ser alcançado. A cultura de paz que advém de sua prática deve ser estimulada, fazendo parte da vida dos cidadãos em todas as situações, em todos os setores, em todas as instâncias.

Referências

BARBOSA, Águida Arruda. Mediação: A clínica do direito. *Revista do Advogado*, São Paulo: AASP, n. 62, p. 41-48, mar. 2001.

BARBOSA, Águida Arruda. *Mediação familiar*: instrumento transdisciplinar em prol da transformação dos conflitos decorrentes das relações jurídicas controversas. Dissertação (Mestrado em Direito) – Programa de Pós-Graduação em Direito da USP. São Paulo: USP, 2003.

BARBOSA, Águida Arruda. Mediação Familiar: instrumento para a reforma do judiciário. *In*: PEREIRA, Rodrigo da Cunha (Coord.). *Afeto, ética, família e o novo código civil brasileiro. Anais do IV congresso brasileiro de direito de família.* Belo Horizonte: Del Rey, 2004, p. 29-39.

BREITMAN, Stella Galbinski; PORTO, Alice Costa. *Mediação familiar.* Uma intervenção em busca da paz. Porto Alegre: Criação Humana, 2001.

CALMON, Petrônio. *Fundamentos da mediação e da conciliação.* Rio de Janeiro: Forense, 2007.

GANANCIA, Danièle. Justiça e mediação familiar: uma parceria a serviço da coparentalidade. *Revista do Advogado*, São Paulo: AASP, n. 62, p. 7-15, mar. 2001.

KUHN, Thomas S. *A estrutura das revoluções científicas.* São Paulo: Perspectiva, 2009.

LÔBO, Paulo Luiz Netto. *Direito civil. Famílias.* São Paulo: Saraiva, 2008.

LOBO, Carlos Augusto da Silveira. Uma introdução à arbitragem comercial internacional. *In*: ALMEIDA, Ricardo Ramalho (Coord.). *Arbitragem interna e internacional.* Questões de doutrina e da prática. Rio de Janeiro: Renovar, 2003, p. 3-51.

LORENZETTI, Ricardo Luis. *Teoria da decisão judicial*. Fundamentos de direito. São Paulo: RT, 2009.

MARLOW, Lenard. *Mediación familiar*. Barcelona: Granica, 1999.

PARKINSON, Lisa. *Mediación familiar*. Teoría y práctica: principios y estrategias operativas. Barcelona: Gedisa, 2005.

PERLINGIERI, Pietro. *O direito civil na legalidade constitucional*. Rio de Janeiro: Renovar, 2008.

RODRIGUES JUNIOR, Walsir Edson. *A prática da mediação e o acesso à justiça*. Belo Horizonte: Del Rey, 2007.

SALES, Lília Maia de Morais. *Justiça e mediação de conflitos*. Belo Horizonte: Del Rey, 2004.

SIX, Jean-François. *Dinâmica da mediação*. Belo Horizonte: Del Rey, 2001.

WORCHEL, Stephen; LUNDGREN, Sharon. La naturaleza y la resolución del conflicto. *In*: DUFFY, Karen Grover; GROSCH, James W.; OLCZAC, Paul V. (Org.). *Mediación*: la mediación y sus contextos de aplicación. Barcelona: Paidós, 1996.

Informação bibliográfica deste texto, conforme a NBR 6023:2018 da Associação Brasileira de Normas Técnicas (ABNT):

ANDRADE, Gustavo. Mediação familiar: novas perspectivas *In*: EHRHARDT JÚNIOR, Marcos; LOBO, Fabíola Albuquerque; ANDRADE, Gustavo (Coord.). *Direito das relações familiares contemporâneas*: estudos em homenagem a Paulo Luiz Netto Lôbo. Belo Horizonte: Fórum, 2019. p. 475-494. ISBN 978-85-450-0700-5.

A TUTELA JURÍDICA DA TRANSEXUALIDADE NO BRASIL

MARIANA CHAVES
FERNANDA LEÃO BARRETTO
RODOLFO PAMPLONA FILHO

1 Introdução

Menina ou menino? É essa sempre a pergunta clássica que se faz aos pais depois de um exame de ultrassonografia ou após o nascimento da sua prole. O *status* jurídico de um indivíduo invariavelmente inclui o seu sexo, que acarreta direitos e tutela específica em algumas circunstâncias, como ocorre com as mulheres no que tange ao direito à especial proteção contra a violência doméstica, conquista espelhada na Lei Maria da Penha.

O binarismo que singra a humanidade entre homens e mulheres desde o começo dos tempos, e que só na contemporaneidade começou a ser mais seriamente investigado e questionado, importa na definição, para a existência do indivíduo, de coisas tão distintas quanto as roupas que veste, o banheiro que usa em espaços públicos, os brinquedos a que tem acesso na infância, a idade mínima para se aposentar e a imposição legal do serviço militar.

O fato é que o sexo sempre foi e ainda é considerado, ao menos pelo senso comum, um elemento natural e, *a priori*, inalterável. Destarte, compõe o corpo de dados inflexíveis ou imutáveis da identidade da pessoa.[1] A terminologia *transexual* surgiu no ano de

---

[1] Note-se, entretanto, que o sexo genital não constitui o único fator determinante na identidade sexual de um indivíduo e nem sempre o sexo morfológico coincide com o sexo psicossocial daquela pessoa, o que levou à criação do que se denomina de identidade de gênero. Cfr. neste sentido, BARBOZA, Heloísa Helena. Direito dos transexuais à reprodução. In: DIAS, Maria Berenice (Org.). *Direito das famílias* – Contributo do IBDFAM em homenagem a Rodrigo da Cunha Pereira. São Paulo: Revista dos Tribunais, p. 264-279, 2009, p. 273.

1949, utilizada por Caul Dewlz, e sua utilização no meio médico se propagou em virtude do prestígio de Harry Benjamin, que publicou no ano de 1966 a obra *The transsexual phenomenon*,[2] classificando-a como uma disforia de gênero.[3] A partir das décadas de 1960 e 1970, a transexualidade ganhou mais espaço com o surgimento de associações internacionais que passaram a articular o discurso teórico com as práticas reguladoras dos corpos.[4]

Pode-se afirmar que, no caso do transexualidade, a questão é predominantemente psicológica, já que o indivíduo não se aceita como é, não acata seu sexo,[5] se identifica com o sexo contrário, sendo considerado, assim, um hermafrodita psíquico, um arrendatário no próprio corpo, cuja solução, em regra, para seu sofrimento seria a

---

[2] Sobre a diferenciação entre travestilidade e transexualidade, Harry Benjamin afirma que "The transsexual (TS) male or female is deeply unhappy as a member of the sex (or gender) to which he or she was assigned by the anatomical structure of the body, particularly the genitals. To avoid misunderstanding: this has nothing to do with hermaphroditism. The transsexual is physically normal (although occasionally underdeveloped). These persons can somewhat appease their unhappiness by dressing in the clothes of the opposite sex, that is to say, by cross-dressing, and they are, therefore, transvestites too. But while "dressing" would satisfy the true transvestite (who is content with his morphological sex), it is only incidental and not more than a partial or temporary help to the transsexual. True transsexuals feel that they belong to the other sex, they want to be and function as members of the opposite sex, not only to appear as such. For them, their sex organs, the primary (testes) as well as the secondary (penis and others) are disgusting deformities that must be changed by the surgeon's knife. This attitude appears to be the chief differential diagnostic point between the two syndromes (sets of symptoms) – that is, those of transvestism and transsexualism". BENJAMIN, Harry. "The transsexual phenomenon", disponível em: http://www.symposion.com/ijt/benjamin/chap_02.htm. Acesso em: 23 ago. 2008.

[3] Cfr. TALAVERA, Glauber Moreno. *União civil entre pessoas do mesmo sexo*. Rio de Janeiro: Forense, 2004, p. 56.

[4] Como indica BENTO, Berenice. *A reinvenção do corpo*: sexualidade e gênero na experiência transexual. Rio de Janeiro: Garamond, 2006, p. 40.

[5] A identificação do sexo é feita no momento do nascimento do indivíduo, pelas características anatômicas, registrando-se a pessoa como pertencente a um ou outro sexo principalmente pela análise dos órgãos genitais externos. Todavia, a identificação do gênero não se origina apenas nas características anatômicas, não havendo mais legitimidade em se considerar o conceito de sexo "fora de uma apreciação plurivetorial, resultante de fatores genéticos, somáticos, psicológicos e sociais". DIAS, Maria Berenice. *Conversando sobre homoafetividade*. Porto Alegre: Livraria do Advogado, 2004, p. 135; No mesmo sentido, cfr. SPENGLER, Fabiana Marion. Os transexuais e a possibilidade jurídica do casamento. In: WELTER, Belmiro Pedro; MADALENO, Rolf Hanssen (Coord.). *Direitos fundamentais do Direito de família*. Porto Alegre: Livraria do Advogado Editora, p. 103-120, 2004, p. 104. Sobre a temática, manifesta-se J. P. Remédio Marques afirmando que, "uma vez lavrado o assento de nascimento, adquire eficácia tendencialmente duradoura, pelo que respeita, justamente à menção do sexo, determinando o 'destino' e a construção da 'biografia registral' da pessoa". MARQUES, J. P. Remédio. *Mudança de sexo*. O problema jurídico: o problema do "paradigma corporal" da identificação/identidade sexual no Registo Civil. Tese de Mestrado em Ciências Jurídico-civilísticas. Coimbra: 2001, disponível na Biblioteca da Faculdade de Direito de Coimbra, p. 134.

cirurgia de reversão sexual, instrumento capaz de fazer com que seu corpo reflita exteriormente o que intimamente ele é e deseja ser.[6] Psicanalistas dos EUA julgam a cirurgia de adequação do sexo ou de redesignação sexual "como a forma de buscar a felicidade para um invertido condenado pela anatomia".[7]

Entretanto, note-se que atualmente existem muitos transexuais que, embora asseverem com firmeza se sentir pertencentes ao sexo oposto, não sentem repulsa total por seus órgãos sexuais e simplesmente não desejam se submeter à cirurgia de redesignação sexual ou, ainda, não podem realizar a cirurgia por questões médicas, falta de condições financeiras e objeções religiosas, dentre outros motivos. Aliás, boa parte das leis e normas reguladoras que dizem respeito a essa matéria já vem se afastando da ideia de uma obrigatoriedade da cirurgia de ablação sexual para que a pessoa trans possa ter o seu nome e o seu sexo registral modificado.[8] E o Judiciário brasileiro acompanhou de modo firme e claro esse entendimento quando, em 09 de maio de 2017, no julgamento do RE 1.626.739/RS, a 4ª Turma do Superior Tribunal de Justiça proferiu acórdão – que será doravante minudentemente analisado –, relatado pelo Min. Luís Felipe Salomão, no qual decidiu que a identidade psicossocial é a verdadeira identidade do indivíduo e, portanto, se em rota de colisão com a identidade biológica, deve prevalecer sobre esta, não podendo a intervenção médica ser exigida para que a pessoa transexual tenha o direito de alterar seu gênero e seu nome em documentos públicos.

A transexualidade, portanto, é caracterizada por um contundente conflito entre corpo e identidade de gênero, que usualmente

---

[6] Pode-se afirmar que o fato é que o transexual constrói uma nova identidade psicológica e social para si, em concordância com o sexo que acredita que deveria possuir, ignorando, indubitavelmente, aquele que lhe foi dado pela natureza. Neste sentido, consultar SPENGLER, Fabiana Marion. Os transexuais e a possibilidade jurídica do casamento. In: Direitos fundamentais do Direito de família, cit., p. 105.

[7] DIAS, Maria Berenice. União homossexual: o preconceito & a justiça. 3. ed. rev., e atual. Porto Alegre: Livraria do Advogado Editora, 2006, p. 120.

[8] Por exemplo, o Departamento de Estado dos EUA implementou uma nova política relativa aos passaportes daquele país. A partir de 2010, as pessoas trans – ainda que não tenham se submetido e nunca venham a se submeter à cirurgia de redesignação sexual – podem fazer com o que o sexo do seu passaporte corresponda ao sexo da sua identidade de gênero. Afirma-se que, com essa medida, os EUA deram alguma esperança às pessoas trans, diante das leis e políticas inconsistentes, anacrônicas e injustas a que a população trans se encontra submetida. BALLARD, Amy. Sex Change: Changing the Face of Transgender Policy in the United States. In: Cardozo Journal of Law & Gender, vol. 18, p. 775-799, 2012, p. 775.

abarca um inabalável e visceral desejo de ajustar o corpo hormonal e/ou cirurgicamente ao gênero pretendido. A identidade de gênero deve ser compreendida como a consciência íntima de uma pessoa pertencer ao gênero feminino ou ao gênero masculino.[9] Importa também distinguir os termos "transgênero" e "transexual". Pessoas transgêneras são aqueles indivíduos cujo gênero subjetivo não se alinha com seu sexo objetivo. "Transgêneros" é uma categoria "guarda-chuva", um termo abrangente que inclui os transexuais como um subgrupo único. Os transexuais são indivíduos transgêneros que sentem que seu sexo físico é tão divergente do seu sexo mental a ponto de desejarem promover as alterações físicas para alinhar seu sexo com seu gênero, de forma a sentir que seu corpo está adequado, harmonizado com a sua mente.[10]

Diante dessa perspectiva, o presente trabalho se propõe a apresentar um panorama sobre a tutela jurídica dos transexuais em território brasileiro, nomeadamente em relação ao acesso às cirurgias de redesignação sexual e a necessidade – ou não – dessas cirurgias para a mudança de nome e sexo no registro civil das pessoas trans.

2 A despatologização das identidades trans

Para a Associação Paulista de Medicina, transexual[11] é aquele com identificação sexual oposta aos seus órgãos genitais externos, com o desejo compulsivo de transformá-lo.[12] Em resumo, transexu-

---

[9] Cfr. neste sentido, VIEIRA, Tereza Rodrigues. Transexualidade. In: DIAS, Maria Berenice (Coord). Diversidade sexual e direito homoafetivo. 2. ed. São Paulo: Revista dos Tribunais, p. 541-558, 2014, p. 541.

[10] Cfr. COLOPY, Travis Wright. Setting Gender Identity Free: Expanding Treatment for Transsexual Inmates. In: Health Matrix: Journal of Law-Medicine, vol. 22, n. 1, p. 227-272, 2012, p. 231-232.

[11] A transexualidade ainda é considerada uma forma de transtorno psíquico, designada pela Classificação Internacional de Doenças da OMS, como transtorno de identidade de gênero. Segundo a CID-10, a transexualidade caracteriza-se por "um desejo de viver e ser aceito como membro do sexo oposto, usualmente acompanhado por uma sensação de desconforto ou impropriedade do seu próprio sexo anatômico e o desejo de se submeter a tratamento hormonal e cirurgia, para seu corpo ficar tão congruente quanto possível com o sexo preferido". Texto original disponível em: http://www.who.int/classifications/apps/icd/icd10online. Acesso em: 22 jun. 2012.

[12] Cfr. FERNANDES, Taísa Ribeiro. Uniões homossexuais e seus efeitos jurídicos. São Paulo: Método, 2004, p. 27. No mesmo sentido, afirma Remédio Marques que, "em traços

alidade[13] se caracteriza pela sensação de pertencer ao sexo oposto àquele a que física e juridicamente pertence, comportando o desejo de modificar a identidade sexual e igualmente adaptar a anatomia ao sexo psicológico ao qual se acredita pertencer, mediante, em regra, tratamentos hormonais e/ou operações de mutilação e/ou transformação de órgãos,[14] mas esses dois processos não são indispensáveis, como se verá a seguir.

Afirma-se que a identidade de gênero pode ser suprimida, mas não alterada. Existe uma quantidade crescente de estudos científicos que indicam que a incongruência entre gênero e sexo estaria

---

gerais, o transexualismo corresponde a um persistente mal-estar, convicção inelutável que o seu *'verdadeiro sexo'* está em contradição com o seu sexo cromossómico/gonadal/morfológico, que nada tem a ver com qualquer tipo de v.g., de hermafroditismo, outras disfunções cromossómico-morfológicas ou parafilias como o feiticismo, travestismo, (...) que raramente colocam a problemática de mudança de sexo". MARQUES, J. P. Remédio. *Mudança de* sexo, *cit.*, p. 147-148.

[13] Acerca da diferenciação entre a transexualidade e a homossexualidade, assevera Sessarego Fernández que, "en el primer caso el deseo de pertenecer al género opuesto es permanente y obsesivo, por lo que los transexuales están decididos a modificar su aspecto sexual mediante una dolorosa intervención quirúrgica a fin de adecuarlo al que corresponde a su propia vivencia. El transexual, tal como se ha apuntado, siente profunda repugnancia por sus órganos genitales, a los que califica como el resultado de un 'error de la naturaleza'. De otra parte, y en mérito a una honda convicción, no tiene un sentimiento de culpa en lo que atañe a sus relaciones amorosas y sexuales. El homosexual, en cambio, carece de tales precisas características. De ahí que no este decidido a modificar su morfología sexual ni experimenta repugnancia por sus órganos sexuales sino que, por el contrario, sienta por ellos atracción y complacencia". SESSAREGO FERNÁNDEZ, Carlos. El cambio de sexo y su incidencia en las relaciones familiares. In: Revista de Direito Civil, Imobiliário, Agrário e Empresarial, São Paulo, ano 15, n. 56, p. 7-50, abr./jun. 1991, p. 18-19. No mesmo sentido, cfr. MARQUES, J. P. Remédio. Mudança de sexo, *cit.*, p. 160-163.

[14] Segundo a Associação Espanhola de Endocrinologia, para que um indivíduo possa conseguir a sua identidade sexual, deve ser incluído em uma equipe multidisciplinar que aplique os protocolos estabelecidos internacionalmente. Este processo se baseia no consenso da Associação *Harry Benjamin*, onde pormenorizam os passos a seguir. Deve ser atendido, inicialmente, por um psiquiatra que diagnostique o caso e sirva de suporte psicológico durante todo o processo. Efetivamente, primeiro deve-se descartar a possibilidade de o indivíduo sofrer de psicose ou algum transtorno de personalidade. A seguir, o especialista em endocrinologia prescreverá o tratamento hormonal adequado, por um período de mais ou menos dois anos. Durante este tempo, as modificações no corpo irão acompanhando as modificações sociais. Por fim, com pareceres favoráveis do endocrinologista e do psiquiatra, a pessoa em questão será submetida às intervenções cirúrgicas que farão desaparecer os caracteres sexuais que abomina e implantar os caracteres do novo sexo. As transexuais femininas terão mamas implantadas e o pênis amputado, com a consequente modelação de uma vagina artificial. Os transexuais masculinos terão os seios extirpados, assim como o útero e os ovários, e posteriormente deverão se submeter a uma reconstrução do pênis, de técnica complexa, e a uma implantação de próteses de testículos. Cfr. AMAYUELAS, Esther Arroyo i. Sexo, identidad de género y transexualidad. *In: Matrimonio homosexual y adopción:* perspectiva nacional e internacional. Madrid: Editorial Reus, p. 113-189, 2006, p. 118.

relacionada com a forma como a estrutura do cérebro que regula o gênero se desenvolve em resposta aos hormônios sexuais no útero materno. Todavia, tal fato não significa que os transexuais possuam deformidades ou anomalias cerebrais, mas apenas significa que o cérebro se desenvolveu sob diferentes influências hormonais em relação ao resto do corpo, o que acarretou a referida discordância.[15]

A identidade de gênero possui, portanto, um forte componente biológico e genético e é – ou deveria ser – o elemento mais poderoso, determinante do sexo de uma pessoa. Todos possuem identidade de gênero, não apenas as pessoas trans. A identidade de gênero pode ser congruente ou incongruente com a determinação médica do sexo, feita no momento do nascimento, que ainda é baseada na aparência da genitália externa e ou no exame de cariótipo do recém-nascido. Ser um transgênero é resultado de uma diversidade natural e parte de um fenômeno humano culturalmente diversificado, que não deve ser reputado como inerentemente negativo ou patológico.[16]

O Conselho Federal de Medicina estabelece que a definição de transexualidade[17] obedecerá, no mínimo, aos critérios a seguir: a) Desconforto com o sexo anatômico natural; b) Desejo expresso de eliminar os genitais, perder as características primárias e secundárias do próprio sexo e ganhar as do sexo oposto; c) Permanência desses distúrbios de forma contínua e consistente por, no mínimo, dois anos; e d) Ausência de transtornos mentais.[18]

Recentemente, nos EUA, a Associação Americana de Psiquiatria (AAP) retirou o termo "transtorno de identidade de gênero" para diagnosticar as pessoas que são transexuais. Em outras palavras, a transexualidade não é mais, para esta associação, considerada uma

---

[15] Como indica COLOPY, Travis Wright. Setting Gender Identity Free: Expanding Treatment for Transsexual Inmates, *cit.*, p. 231.

[16] Nesse sentido, ver LEVASSEUR, M. Dru. Gender Identity Defines Sex: Updating the Law to Reflect Modern Medical Science is the Key to Transgender Rights. In: *Vermont Law Review*, vol. 39, p. 943-1004, 2015, p. 951-952.

[17] A Resolução 1.955/2010 do CFM utiliza a terminologia "transexualismo".

[18] A Resolução fala em "ausência de outros transtornos mentais". Todavia, em virtude da postura adotada pela Associação Americana de Psiquiatria (ainda não adotada em território brasileiro), opta-se por não se considerar a transexualidade um transtorno mental. Também se manifesta pela despatologização da transexualidade BARBOZA, Heloísa Helena. "Direito dos transexuais à reprodução", *cit.*, p. 277.

doença.[19] Na última revisão do Manual da AAP, o DSM-5, utiliza-se a terminologia "disforia de gênero"[20] para se referir às pessoas que sofrem "uma incongruência marcante entre o sexo experimentado/ expressado e o sexo atribuído".

Para transexuais que desejam se submeter à transformação sexual, a WPATH (*World Professional Association of Transgender Health*) esboçou os *standards* de cuidado. Esses *standards* representam o consenso da comunidade médica internacional sobre o tratamento da disforia de gênero. Essas orientações detalham uma sequência

---

[19] Há alguns anos existe um movimento pela despatologização das identidades trans. Neste sentido, foi publicado um manifesto pelo Conselho Regional de Psicologia de São Paulo: "Embora a instituição do chamado "Processo Transexualizador" no SUS tenha sido uma grande conquista, entendemos que o acesso à saúde é um direito de tod@s e que a assistência médica e psicológica a pessoas trans, o tratamento hormonal e cirúrgico pelos serviços públicos de saúde não devem estar condicionados a um diagnóstico psiquiátrico. Defendemos o princípio da integralidade do SUS, considerando uma concepção positiva de saúde, em que a mesma não é sinônimo de ausência de doença, e sim, do bem estar biopsiquicossocial das pessoas. Os Estudos de Gênero e as próprias experiências vividas por pessoas trans demonstram que a concepção binária de gênero presente no ocidente e o alinhamento entre sexo, gênero e desejo não são algo "natural". A ideia da existência de dois gêneros opostos, feminino e masculino, baseada na diferença entre os sexos, é algo construído culturalmente. A realidade de sexo, de gênero e do corpo não pode ser imposta. Ela tem que ser observada nas formas e nas experiências do indivíduo e do grupo. As sexualidades, os gêneros e os corpos que não se encaixam no binarismo convencional (masculino/feminino, macho/fêmea) não podem servir de base para uma classificação psicopatológica. A normatividade do binarismo de sexo e de gênero só permite aos deslocamentos, como a transexualidade, a travestilidade, o crossdressing, as drag queens, serem vistos como maneiras de existir desviantes, criando-se categorias linguísticas e psiquiátricas que conferem inteligibilidade à vivência destas pessoas. Portanto, numa concepção que desnaturalize o gênero, a pluralidade das identidades de gênero refere possibilidades de existência, manifestações da diversidade humana, e não transtornos mentais. Ser considerad@ um@ "doente mental" só traz sofrimento à vida de quem possui uma identidade de gênero trans. Apesar de considerar que vivências como a transexualidade e a travestilidade podem e, em geral, geram muito sofrimento, entendemos que isto tem mais a ver com a discriminação do que com a experiência em si. A patologização das identidades trans fortalece estigmas, fomenta posturas discriminatórias e contribui para a marginalização das pessoas. A "doença" trans é social: é a ausência de reconhecimento destas pessoas como cidadãs, é a ausência de reconhecimento de seu direito de existir, de amar, de desejar e de ser feliz. Retirar o rótulo de "doente mental" das pessoas trans significará devolver a elas uma potência perdida na ideia de que são "seres desviantes", proporcionando uma abertura para que possam se apropriar de suas identidades e desenvolver sua autonomia. Defendemos: – A não medicalização da sociedade; – A retirada do "transtorno de identidade de gênero" dos manuais internacionais de diagnóstico; – Que o direito à mudança de nome e sexo nos documentos de identificação não seja condicionado a um tratamento obrigatório ou diagnóstico; – O investimento na formação de profissionais qualificad@s para o atendimento integral para tod@s". Texto integral do manifesto disponível em: http://www.crpsp.org.br/portal/midia/fiquedeolho_ver.aspx?id=365 Acesso em: 09 out. 2014.

[20] Terminologia utilizada para delimitar a desagregação entre o sexo físico e o sexo psicossocial.

clínica de tratamentos escalonados que facilitam uma transição controlada, assegurando que os pacientes recebam apenas aqueles tratamentos que são clinicamente justificados.

A sequência indica em um primeiro momento, a terapia psiquiátrica, seguido por redesignação sexual hormonal aprovada pelo psiquiatra. Num segundo momento, o paciente deverá vivenciar uma experiência de vida real não inferior a um ano, na qual ele ou ela viverá plenamente em sua comunidade identificando-se com o sexo pretendido. Finalmente, se a experiência de vida real for bem-sucedida, após a aprovação de dois psiquiatras, o paciente estará autorizado a submeter-se à cirurgia de redesignação sexual.[21]

Importa ressaltar que a variabilidade de gênero não é o mesmo que disforia de gênero. A WPATH indica que a não conformidade ou variabilidade de gênero refere-se ao grau em que a expressão, o papel ou a identidade de gênero distingue-se dos paradigmas culturais preconizados para os indivíduos de um determinado sexo. A disforia de gênero diz respeito ao mal-estar ou incômodo ocasionado pela desarmonia entre a identidade de gênero de uma pessoa e o sexo que lhe foi atribuído quando nasceu (e o papel de gênero relacionado e/ou características sexuais primárias e secundárias). Apenas alguns indivíduos com variabilidade de gênero vivenciam disforia de gênero em algum estágio das suas vidas.[22]

Ainda segundo a *guidelines* da WPATH, existem diversos tratamentos disponíveis para auxiliar as pessoas com esse gênero de incomodidade a conhecer sua identidade de gênero e encontrar um papel de gênero que seja satisfatório para elas. O tratamento deve ser individualizado e pode ou não envolver uma modificação da expressão de gênero ou transformações corpóreas. Dentro das várias opções acessíveis de terapêutica médica encontram-se a feminização ou a masculinização do corpo através de terapia hormonal e/ou cirurgia, que são operativos na suavização da disforia de gênero e são fundamentais para muitas pessoas. As identidades e expressões de gênero são diversificadas, e as cirurgias e os hormônios são apenas

---

[21] COLOPY, Travis Wright. "Setting Gender Identity Free: Expanding Treatment for Transsexual Inmates", *cit.*, p. 235.

[22] WPATH. Normas de atenção à saúde das pessoas trans e com variabilidade de gênero, p. 5. Disponível em: http://www.wpath.org/uploaded_files/140/files/SOC%20-%20Portuguese.pdf. Acesso em: 25 jul. 2015.

dois dos muitos caminhos que as pessoas podem tomar para se sentirem confortáveis com suas identidades.[23] Para as pessoas que buscam auxílio médico para a disforia de gênero, existe uma grande diversidade de tratamentos disponíveis. O tipo, o número de intervenções e a ordem em que elas acontecerão podem variar de pessoa para pessoa. As opções terapêuticas incluem: modificações na expressão e papel de gênero (que pode envolver uma experiência de vida real em tempo parcial ou integral em outro papel de gênero, em conformidade com a identidade de gênero do indivíduo); terapia hormonal para masculinizar ou feminizar o corpo; intervenções cirúrgicas para alterar as características sexuais primárias e/ou secundárias (como mamas, genitais externos e/ou internos, traços faciais, formato do corpo); psicoterapia objetivando investigar a expressão, o papel e a identidade de gênero; discutir o impacto negativo da disforia de gênero e a marca na saúde mental; amenizar a transfobia internalizada, aprimorar a imagem corporal ou promover uma reação positiva às adversidades.[24]

Note-se que, em 2010, a WPATH emitiu uma declaração incentivando a despatologização da variabilidade de gênero em todo o mundo. A declaração asseverou que "a expressão das características de gênero, incluindo as identidades, que não estão associadas de maneira estereotipada com o sexo atribuído ao nascer, é um fenômeno humano comum e culturalmente diverso que não deve ser julgado como inerentemente patológico ou negativo".

Em poucas palavras, segundo a WPATH, ser trans ou possuir variabilidade de gênero é uma questão de diversidade e não de

---

[23] "À medida que o campo profissional progrediu, os/as profissionais de saúde reconheceram que, embora muitas pessoas precisem tanto de terapia hormonal como de cirurgias para aliviar a disforia de gênero, outras precisam de apenas uma dessas opções de tratamento, e algumas não precisam de nenhuma das duas (BOCKTING e GOLDBERG, 2006; BOCKTING, 2008; LEV, 2004). Muitas vezes com a ajuda da psicoterapia, alguns indivíduos conseguem integrar seus sentimentos trans no papel de gênero que lhes foi atribuído ao nascer e não sentem a necessidade de feminilizar ou masculinizar seu corpo. Para outras pessoas, mudanças no papel e na expressão de gênero são suficientes para aliviar a disforia de gênero. Algumas pessoas podem precisar de hormônios, de uma possível mudança no papel de gênero, mas não de cirurgias; enquanto outras podem exigir uma mudança no papel de gênero junto com as cirurgias, mas não de hormônios. Em outras palavras, o tratamento para a disforia de gênero tornou-se mais individualizado". WPATH. Normas de atenção à saúde das pessoas trans e com variabilidade de gênero, *cit.*, p. 5 e p. 9.

[24] WPATH. Normas de atenção à saúde das pessoas trans e com variabilidade de gênero, *cit.*, p. 10-11.

patologia.[25] A Associação indica ainda que muitos dos problemas mentais experimentados pela população trans advêm do preconceito e do rechaço social, que terminam se traduzindo em um sofrimento psíquico que pode levar a desordens mentais.[26] Como indica alguma doutrina, não raras vezes as pessoas trans sentem como se tivessem a sua própria humanidade questionada e sua opressão legitimada.[27]

Pessoas e corpos cisgêneros são considerados a regra da qual as pessoas trans diferem. Há uma ideia de que transgêneros e transexuais estão sendo, fraudulentamente, indivíduos que biologicamente eles não são. Assim, são vistos como violadores de um limite "natural", fixo e binário do sexo. Essa noção simplista de gênero, como duas categorias binárias fixas, é médica, científica e, principalmente, factualmente contestável.[28]

O sexo, afinal, deve ser uma conjugação de elementos que devem guardar afinidade entre si, como os componentes biológico, comportamental e psicológico das pessoas. Assim, para o diagnóstico rematado e preciso do sexo é importante contemplar a expressão complexa e plurivetorial: o sexo civil, o sexo psicológico e o sexo biológico (composto pelo sexo endócrino, sexo genético e sexo morfológico).[29] Além disso, alguma doutrina[30] assevera que o gênero é, portanto, multifacetado e que, dentre os múltiplos

---

[25] WPATH. Normas de atenção à saúde das pessoas trans e com variabilidade de gênero, *cit.*, p. 4.

[26] "Infelizmente, em muitas sociedades ao redor do mundo há um estigma associado à variabilidade de gênero. Tal estigma pode levar ao preconceito e à discriminação, resultando no chamado "estresse de minoria" (I. H. Meyer, 2003). O estresse de minoria é único (além dos estressores gerais experimentados por todas as pessoas), crônico, e de base social, e pode aumentar a vulnerabilidade das pessoas trans e com variabilidade de gênero para desenvolver problemas de saúde mental, tais como ansiedade e depressão (Institute of Medicine, 2011). Além do preconceito e da discriminação na sociedade em geral, o estigma pode contribuir para o abuso e a negligência nas relações com companheiros/as e familiares, que, por sua vez, pode conduzir ao sofrimento psíquico. No entanto, esses sintomas são socialmente provocados, e não são inerentes ao fato de ser uma pessoa trans ou com variabilidade de gênero". WPATH. Normas de atenção à saúde das pessoas trans e com variabilidade de gênero, *cit.*, p. 5.

[27] JOHNSON, Jaime. Recognition of the Nonhuman: The Psychological Minefield of Transgender Inequality in the Law. *In: Law & Psychology Review*, vol. 34, p. 153-164, 2010, p. 153.

[28] Cfr. LEVASSEUR, M. Dru. "Gender Identity Defines Sex: Updating the Law to Reflect Modern Medical Science is the Key to Transgender Rights", *cit.*, p. 946.

[29] Cfr. DIAS, Maria Berenice. *Homoafetividade e os direitos LGBTI*. 6. ed. reformulada. São Paulo: Revista dos Tribunais, 2014, p. 268.

[30] Cfr. LEVASSEUR, M. Dru. "Gender Identity Defines Sex: Updating the Law to Reflect Modern Medical Science is the Key to Transgender Rights", *cit.*, p. 947.

fatores determinantes do sexo, a identidade de gênero deverá ter preponderância por ser, de fato, "biológica". Dito de outra maneira, a identidade de gênero, para essa corrente científica, deverá ser o fator determinante e primeiro do sexo de um indivíduo. Sem um entendimento apropriado do sexo e o papel que a identidade de gênero representa na determinação do sexo, afirma-se que os tribunais continuarão a sonegar, suprimir ou denudar a dignidade e a personalidade das pessoas trans perante a lei.

Portanto, para além das transformações corporais, o indivíduo transexual almeja alterar seu nome e sexo legal. Tais mudanças de elementos do estado da pessoa são julgadas como essenciais para o completo êxito da terapia de "mudança de sexo", uma vez que põem fim aos embaraços pessoais e sociais de se vivenciar um sexo oposto ao de sua identificação civil.[31] Destarte, há o favorecimento do livre desenvolvimento da personalidade e integração social daquele submetido às referidas alterações.[32]

No Brasil, não existe legislação específica que discorra acerca dos direitos dos transexuais. Os critérios e os pressupostos de acesso ao tratamento hormonal e cirúrgico para "mudança de sexo" estão elencados na Resolução nº 1.955/2010, do Conselho Federal de Medicina. A mudança do *status* civil do indivíduo transexual vem sendo deliberada, caso a caso, em ações judiciais propostas individualmente, via de regra, pelas pessoas já em processo de transformação corpórea.[33]

Com base na proteção de diversos direitos de personalidade e/ou fundamentais (*v.g.*, Direito ao Livre Desenvolvimento da

---

[31] Sobre o sofrimento dos transexuais, assevera J. P. Remédio Marques que "a sexualidade, só por si impregna a personalidade da pessoa. Na realidade, a tradicional distinção entre os caracteres sexuais anatômicos e funcionais já não se esgrime com sucesso, pois que a "*marca*" da sexualidade se topa, aqui e acolá, em todas as manifestações da vida. Ou melhor, aqui mais do que alhures, a relação corpo-alma compensada, por sua vez, pela identificação normativa sexual, a partir dos dados externo-corpóreos. Intui-se, deste modo, o drama daqueles indivíduos que, por formas diversas, apresentam um desenvolvimento sexual-anatômico-funcional ou psicológico-social desviante". MARQUES, J. P. Remédio. *Mudança de sexo, cit.*, p. 136.

[32] Neste sentido, *vide* VENTURA, Miriam. Transexualidade: Algumas reflexões jurídicas sobre a autonomia corporal e a autodeterminação da identidade sexual. *In*: RIOS, Roger Raupp (Org.). *Em defesa dos Direitos Sexuais*. Porto Alegre: Livraria do Advogado, p. 141-168, 2007, p. 142.

[33] Cfr. VENTURA, Miriam. "Transexualidade: Algumas reflexões jurídicas sobre a autonomia corporal e a autodeterminação da identidade sexual", *cit.*, p. 142.

Personalidade, Dignidade da Pessoa Humana, Igualdade, Liberdade, Identidade Pessoal/Nome e Felicidade), tem-se reconhecido o direito de acesso dos transexuais à cirurgia e à possibilidade da modificação do prenome e sexo jurídico, ou seja, um direito subjetivo à cirurgia de transgenitalização e um direito à mudança do prenome e do sexo no registro civil, para que este se adeque à realidade psíquica e à expressão da identidade do sujeito, com reflexos em diversos outros campos da atuação jurídica, como, por exemplo, no direito da filiação, no direito matrimonial[34] e no direito contratual.

3 Sobre o direito à liberdade, à identidade pessoal e ao nome

A determinação do sexo como uma característica de ordem cromossomicamente inalterável (com a presença ou não de determinados órgãos genitais) fere a liberdade e a autonomia privada da pessoa trans, assim como afronta o seu direito à intimidade, cuja proteção é uma função inafastável do Estado. O direito à intimidade assegura que a pessoa, em benefício da edificação da sua identidade sexual, disponha até certo limite do seu próprio corpo, em consonância com a sua intimidade, ou seja, a condição existencial que escolheu para si. Assim, em nome do direito à identidade, à dignidade, à igualdade, à liberdade e à privacidade, o Estado deve amparar as pessoas trans contra a ingerência de terceiros e do próprio Estado, ao invés de exigir que estejam em posse de determinada genitália.[35]

---

[34] Como está bem esmiuçado, relativamente a Portugal e outros Estados europeus, em MARQUES, J. P. Remédio. *Mudança de sexo, cit.*, p. 413 e ss.; relativamente ao Brasil, alguns consideram o casamento de um transexual inexistente, outros consideram um casamento anulável, com fundamento no erro essencial da pessoa do cônjuge (art. 1.557, I, do CC brasileiro). Entretanto, existem aqueles que afirmam que o casamento é válido, uma vez que o sexo biológico fora alterado, juntamente com a genitália do indivíduo. Para além disso, a capacidade procriativa não é requisito para a validade de um casamento. Ademais, "a dignidade da pessoa humana deve prevalecer sobre qualquer estrutura institucional". Neste sentido, *vide* SPENGLER, Fabiana Marion. "Os transexuais e a possibilidade jurídica do casamento", *cit.*, p. 116-117.

[35] No mesmo sentido, cfr. DIAS, Maria Berenice. *Homoafetividade e os direitos LGBTI, cit.*, p. 269.

A liberdade de fazer com que o seu corpo e sua identificação civil reflitam a sua real identidade de gênero termina por se relacionar com o direito à saúde da pessoa trans, que é tutelado pela Carta Magna,[36] e assegura o direito à busca do melhor e mais adequado tratamento para o problema. Neste caso específico, significa postular o bem-estar geral, psíquico, físico e social o qual contribuirá para o desenvolvimento da sua personalidade, ultrapassando a angústia experimentada pela imposição de uma genitália repulsiva, dissociada da sua verdadeira identidade.[37]

A ausência de identidade da pessoa trans acarreta desajuste psicológico, não se podendo falar em bem-estar de qualquer natureza, muito menos geral. Desta forma, o direito à adequação do registro é uma garantia à saúde e o seu óbice materializa afronta a mandamentos constitucionais, traduzindo-se em grave violação aos direitos humanos.[38]

A ordem jurídica brasileira consagrou o direito ao nome desde a entrada em vigor da CF de 1988, que afirma que os tratados e convenções internacionais aprovados nas duas casas do Congresso Nacional equivalerão às emendas constitucionais. No plano internacional a Convenção da ONU sobre os Direitos da Criança, de 1989, em seu art. 8º, nº 1, assinala que os Estados-Partes comprometem-se a respeitar o direito da criança e a preservar a sua identidade, incluindo a nacionalidade, o nome e relações familiares, nos termos da lei, sem ingerência legal. Desta maneira, de acordo com o art. 7º, nº 1 da Convenção, o direito à identidade engloba o direito a possuir um nome, a adquirir uma nacionalidade e, na medida do possível, a conhecer seus progenitores e ostentar seus nomes.

Curiosamente, a Declaração Universal dos Direitos Humanos não referiu explicitamente o direito ao nome, ainda que o tenha reconhecido como um direito fundamental de maneira reflexa, quando, em seu art. 6º, institui que todos os seres humanos têm direito ao reconhecimento, em qualquer lugar, de sua

---

[36] Cfr. art. 6º e art. 196 da CF.
[37] De igual maneira se manifesta VIEIRA, Tereza Rodrigues. O direito do transexual e a bioética. In: *Jus Navigandi*, Teresina, ano 8, n. 125, 8 nov. 2003. Disponível em: http://jus.com.br/artigos/4354. Acesso em: 9 out. 2014.
[38] Consultar em igual sentido DIAS, Maria Berenice. *Homoafetividade e os direitos LGBTI*, cit., p. 280.

personalidade jurídica, o que, indubitavelmente, inclui o direito a um nome.

O direito ao nome é um direito de personalidade, tendo em vista que está orientado à tutela da dignidade humana, por meio da defesa daquilo que assegura a infungibilidade, a irrepetibilidade e a indivisibilidade de cada um dos indivíduos. Toda e qualquer pessoa tem direito à sua "individuação, como pessoa única com uma dignidade própria, não susceptível de ser amalgamada na massa nem hipostasiada numa transpessoa", como afirma Pedro Pais de Vasconcelos.[39]

O nome é um dos elementos identificadores no âmbito civil, após adquirirmos personalidade jurídica pelo nascimento com vida e a posterior atribuição da condição de pessoa. Por via dessa imputação nominativa passa-se a possuir representação individual na sociedade onde se está inserido. Portanto, como já referido, o nome é um direito de personalidade, consagrado no art. 16 do Código Civil, que deve ser prerrogativa de toda pessoa. Desempenha a função de marca distintiva, alicerçado na dignidade da pessoa humana, que além de fundamento da República brasileira também constitui um valor-fonte elementar do próprio arranjo constitucional de direitos fundamentais.[40]

Desconstruída a correlação antecipada entre gênero e sexo, é imperativo o reconhecimento da identidade individual por meio do arranjo do nome ao sexo correspondente. O nome da pessoa deve estar de acordo com a sua identidade pessoal. Não basta que seja atribuído a um sujeito o nome de João ou Maria. É preciso que aquele nome reflita a identidade real do indivíduo em causa; a escolha e a determinação do nome pressupõem ajustamento sexo-genérico. Na inocorrência dessa pressuposição de conformidade entre sexo e gênero, é incontestável a necessidade de alteração do nome da

---

[39] VASCONCELOS, Pedro Pais de. *Direito de personalidade*. Coimbra: Almedina, 2006, p. 73.

[40] "Tanto o nome quanto o gênero sexual – que é a identificação através da designação do grupo social – não têm mais importância na identificação do indivíduo. O nome e o gênero sexual cumprem duas funções: de representação, que é como o sujeito se reconhece e assim se apresenta no meio social; e de identificação, como o meio social o reconhece. Convenção social determina que o prenome seja capaz de identificar o gênero sexual. Assim, incoerente e atentatório ao próprio fundamento do nome sobre o cidadão que este seja uma imposição ou uma fonte geradora de discriminação, como no caso dos indivíduos transexuais e travestis". Cfr. DIAS, Maria Berenice. *Homoafetividade e os direitos LGBTI, cit.*, p. 279.

pessoa trans (com ou sem a cirurgia de readequação de sexo), a fim de que o seu prenome reflita a sua verdadeira identidade.[41] Ademais importa notar que a ideia de que o gênero sexual seja um elemento primacial de identificação civil dos indivíduos está a se tornar obsoleta, em razão de tecnologias que vêm sendo cada vez mais utilizadas, como a biometria, em especial a identificação pela íris.[42] Desta forma, a necessidade de a sociedade identificar uma pessoa buscando, principalmente, proteção está cada vez mais segura e aprimorada através de técnicas modernas, não sendo mais indispensável a identificação por meio do sexo.

4 O direito à cirurgia de transgenitalização

Como a WPATH assevera, a operação de readequação sexual – mormente a intervenção genital – em regra é o último e mais ponderado passo no processo terapêutico da disforia de gênero. Ainda que existam

---

[41] Rio Grande do Sul – Alteração de registro civil. Transexualidade. Cirurgia de transgenitalização. O fato de o apelante ainda não ter se submetido à cirurgia para a alteração de sexo não pode constituir óbice ao deferimento do pedido de alteração de registro civil. O nome das pessoas, enquanto fator determinante da identificação e da vinculação de alguém a um determinado grupo familiar, assume fundamental importância individual e social. Paralelamente a essa conotação pública, não se pode olvidar que o nome encerra fatores outros, de ordem eminentemente pessoal, na qualidade de direito personalíssimo que constitui atributo da personalidade. Os direitos fundamentais visam à concretização do princípio da dignidade da pessoa humana, o qual, atua como sendo uma qualidade inerente, indissociável, de todo e qualquer ser humano, relacionando-se intrinsecamente com a autonomia, razão e autodeterminação de cada indivíduo. Fechar os olhos a esta realidade, que é reconhecida pela própria medicina, implicaria infração ao princípio da dignidade da pessoa humana, norma esculpida no inciso III do art. 1º da Constituição Federal, que deve prevalecer à regra da imutabilidade do prenome. Por maioria, proveram em parte (TJRS, AC 70013909874, 7ª C. Cív., Rel. Desª. Maria Berenice Dias, j. 05.04.2006).

[42] "Biometria é a ciência do reconhecimento da identidade de alguém por meio de atributos físicos ou comportamentais, como a face, impressões digitais, voz e íris, utilizando para isso tecnologia eletrônica e recursos informáticos. A utilização de técnicas biométricas tem sido cada vez maior, como por exemplo em documentos de identidade nacional e internacional, controle de acesso físico ou de dados, controle da identidade para fins de transações comerciais, finalidades criminais etc. As evoluções desse campo acompanham o ritmo da evolução da tecnologia contemporânea, ou seja, são extremamente aceleradas. Entre as técnicas de biometria encontram-se as que se baseiam em atributos oculares, como as características da íris e da retina. Sobretudo a primeira, a biometria da íris, tem encontrado uma utilização cada vez mais frequente no dia a dia do cidadão comum, e tende a ter cada vez maior utilização prática". GARCIA, Iberê Anselmo. *A segurança na identificação*: A biometria da íris e da retina – Dissertação de Mestrado em Direito Penal, Medicina Forense e Criminologia. São Paulo: FDUSP, 2009, p. 1-2.

muitas pessoas trans satisfeitas com seu papel, expressão e identidade de gênero sem necessidade de cirurgia, para outros indivíduos a intervenção é indispensável e clinicamente prescrita para aplacar a disforia de gênero. Em outras palavras, para essas pessoas, o alívio da disforia de gênero não pode ser atingido sem a transformação das características sexuais primárias e/ou secundárias, de maneira a conceber uma maior conformidade com a sua identidade de gênero. Além disso, a intervenção pode ajudar as pessoas trans a se sentirem mais confortáveis na presença dos parceiros sexuais ou em lugares como consultórios médicos, clubes e academias.

A associação afirma ainda que as intervenções para a disforia de gênero podem ser admitidas por recomendação (uma ou duas, a depender do caso) de um profissional de saúde mental habilitado, que deve fornecer a documentação (no registro e/ou carta de referência) do histórico individual e do método, evolução e elegibilidade do paciente. Os profissionais de saúde que recomendam as intervenções compartilham a responsabilidade ética e legal da decisão com o médico que realiza a cirurgia. Na hipótese de cirurgia de mamas (mastectomia, reconstrução mamária ou mamoplastia de aumento) se faz necessária uma indicação de um profissional de saúde mental habilitado. Para a cirurgia genital (ou seja, histerectomia/salpingooforectomia, orquiectomia, cirurgias genitais reconstrutivas) são necessárias duas referências – de profissionais de saúde mental, que tenham avaliado de maneira apartada e neutra o paciente. Se a primeira referência for do psicoterapeuta, a segunda deve ser de alguém que somente teve um papel avaliativo junto ao paciente.[43]

---

[43] "O conteúdo recomendado das cartas de referência para cirurgias é:
Características gerais de identificação da pessoa usuária do serviço;
Resultados da avaliação psicossocial da pessoa usuária do serviço, incluindo diagnósticos;
Duração da relação do/a profissional com a pessoa usuária do serviço, incluindo o tipo de avaliação e terapia ou aconselhamento até a data;
Uma explicação que os critérios para a terapia hormonal foram cumpridos, e uma breve descrição do raciocínio clínico para apoiar o pedido da pessoa para a terapia hormonal;
Uma declaração sobre o fato de que a pessoa usuária do serviço entregou o seu consentimento informado;
Uma indicação de que o/a profissional de saúde que encaminha está disponível para a coordenação dos cuidados e espera um telefonema para defini-la.
Para as e os fornecedores que trabalham dentro de uma equipe multidisciplinar especializada, uma carta pode não ser necessária; a avaliação e recomendação podem ser documentadas no registro clínico da pessoa usuária do serviço". WPATH. Normas de atenção à saúde das pessoas trans e com variabilidade de gênero, cit.

No Brasil, o Conselho Federal de Medicina autoriza as cirurgias em transexuais desde o ano de 1997. Com o passar dos anos, o Conselho editou diversas resoluções determinando os pressupostos para que os pacientes pudessem ter acesso à cirurgia. A atual Resolução do CFM (1.955/2010), em seu art. 1º, permite "a cirurgia de transgenitalização do tipo neocolpovulvoplastia e/ou procedimentos complementares sobre gônadas e caracteres sexuais secundários" e em seu art. 2º autoriza, "a título experimental, a realização de cirurgia do tipo neofaloplastia".

A exemplo de outros países onde a técnica já foi implantada, como a Espanha,[44] a resolução brasileira determina que a seleção dos pacientes para a cirurgia de transgenitalidade obedecerá à avaliação de equipe multidisciplinar constituída por médico psiquiatra, cirurgião, endocrinologista, psicólogo e assistente social, após, no mínimo, dois anos de acompanhamento conjunto, obedecendo aos critérios a saber: 1- Diagnóstico médico de transgenitalismo; 2- Maioridade de 21[45] anos; 3- Ausência de características físicas inapropriadas para a cirurgia.

Critica-se fortemente na doutrina a necessidade do decurso do prazo de dois anos para a obtenção do diagnóstico de transexualidade. Acertadamente alega-se que, de certa forma, termina por se afrontar a dignidade dos pacientes em causa, ao determinar que

---

[44] Segundo a Associação Espanhola de Endocrinologia, para que um indivíduo possa conseguir a sua identidade sexual, deve ser incluído em uma equipe multidisciplinar que aplique os protocolos estabelecidos internacionalmente. Este processo se baseia no consenso da Associação *Harry Benjamin*, onde se pormenorizam os passos a seguir. Deve ser atendido, inicialmente, por um psiquiatra que diagnostique o caso e sirva de suporte psicológico durante todo o processo. Efetivamente, primeiro deve-se descartar a possibilidade de o indivíduo sofrer de psicose ou algum transtorno de personalidade. A seguir, o especialista em endocrinologia prescreverá o tratamento hormonal adequado, por um período de mais ou menos dois anos. Durante este tempo, as modificações no corpo irão acompanhando as modificações sociais. Por fim, com pareceres favoráveis do endocrinologista e do psiquiatra, a pessoa em questão será submetida às intervenções cirúrgicas que farão desaparecer os caracteres sexuais que abomina e implantarão os caracteres do novo sexo. As transexuais femininas terão mamas implantadas e o pênis amputado, com a consequente modelação de uma vagina artificial. Os transexuais masculinos terão os seios extirpados, assim como o útero e os ovários, e posteriormente deverão se submeter a uma reconstrução do pênis, de técnica complexa, e a uma implantação de próteses de testículos. Cfr. AMAYUELAS, Esther Arroyo i. Sexo, identidad de género y transexualidad. *cit.*, p. 118.

[45] Curiosamente, mesmo a Resolução tendo sido editada em 2010, ainda faz menção à maioridade civil do Código de 1916. Entende-se que, onde se lê 21 anos, deve-se ler 18 anos, por tal determinação estar em desacordo com as normas vigorantes no sistema atual.

a situação de desconforto se alargue por um período de pelo menos dois anos de insatisfação corpórea.[46]

Seguindo o espaço aberto pelo Conselho Federal de Medicina, não obstante a falta de legislação reguladora, em 2008 o Ministério da Saúde brasileiro baixou uma Portaria,[47] instituindo no âmbito do SUS – Sistema Único de Saúde "o Processo Transexualizador, a ser implantado nas unidades federadas". Para que as cirurgias sejam realizadas, basta que na unidade em questão exista uma equipe de profissionais habilitada.

É mister ressaltar que não são suficientes apenas o acompanhamento psicológico, a execução da cirurgia ou o tratamento hormonal para a ressocialização da pessoa em causa. Esses são apenas os primeiros passos. Uma identidade registral que não representa a realidade do transexual é um violento óbice para a sua inclusão social, como restará demonstrado.[48]

5 O direito à mudança do prenome e do sexo no registro civil com ou sem cirurgia

Após o processo de transformação a que se submetem os transexuais (hormonioterapia e a cirurgia de redesignação sexual), em regra, emerge um segundo problema que diz respeito à alteração legal dos elementos que constitui o estado da pessoa – prenome e sexo –, *a priori*, imutáveis e indisponíveis.

O estado da pessoa é um velho instituto originário do Direito romano, tido como um bem de ordem pública, que define

---

[46] Sobre a questão, afirma Maria Berenice Dias que "para os transexuais o discurso do sofrimento faz parte do diagnóstico, expresso pelo desconforto e vontade de aniquilar os genitais. É o sofrer do cidadão que lhe assegura direitos, e não sua própria cidadania, sua autonomia, seu direito ao livre-desenvolvimento da personalidade. O cidadão transexual tem de, por dois anos, demonstrar o descontentamento com o seu corpo e alegar que isso lhe causa sofrimento para ser considerado transexual, seja isso verdade ou não. A verdade, afinal, ele já traz consigo desde que se descobriu transexual. Mas para ter acesso à cirurgia, à saúde, precisa mostrar que somente ela fará cessar seu sofrimento, real, inventado ou exagerado". DIAS, Maria Berenice. *Homoafetividade e os direitos LGBTI, cit.*, p. 277.

[47] Portaria nº 1.707/2008 do Ministério da Saúde, de 18 de agosto.

[48] No mesmo sentido se manifesta VIEIRA, Tereza Rodrigues. Transexualidade. *In:* DIAS, Maria Berenice (Coord.). *Diversidade sexual e direito homoafetivo*. São Paulo: Revista dos Tribunais, p. 412-424, 2011, p. 415.

e delimita o sujeito no corpo social ao qual ele pertence. A justificação fundamental para esta imutabilidade emerge do dever do Estado em garantir a segurança das relações institucionais e pessoais, basicamente de natureza patrimonial – contratual e de herança – e de preservação da instituição familiar, relacionada à filiação e ao casamento.[49]

Sobre tal questão, Maria Berenice Dias afirma que de maneira injustificável, há decisões judiciais (e alguma doutrina) que ainda insistem em rechaçar o pedido de modificação. A motivação, como alerta a jurista, nem ao menos oculta o preconceito. Alega-se que o Direito consagra o princípio da imutabilidade relativa ao nome, não aprovando qualquer pretensão do transexual à alteração. Todavia, a Lei dos Registros Públicos afirma que o prenome pode ser mudado quando sujeitar ao ridículo o seu portador.[50] Também se permite a sua alteração, a pedido do interessado, contanto que não prejudique o sobrenome de família.[51]

Como leciona Patrícia Sanches, "a busca da felicidade no perfeito ajuste da personalidade do indivíduo com sua representação social é tônica moderna". Desta maneira, o ajuste do nome assim como o do sexo estão "sob os holofotes do direito". Em primeiro lugar, porque tanto o gênero sexual como o nome são conferidos nos momentos iniciais da vida do indivíduo; em segundo lugar, porque tais elementos irão catalogar o seu papel na sociedade; e, por último, porque eles podem transformar-se em promotores de infortúnio e grandes embaraços quando não se mostram adequados à realidade daquele a quem deveriam representar, o que leva às demandas de modificação de tais elementos.[52]

---

[49] Cfr. VENTURA, Miriam. "Transexualidade: Algumas reflexões jurídicas sobre a autonomia corporal e a autodeterminação da identidade sexual", *cit.*, p. 143.
[50] "Rio Grande do Sul – Registro civil. Transexualidade. Prenome. Alteração. Possibilidade. Apelido público e notório. O fato de o recorrente ser transexual e exteriorizar tal orientação no plano social, vivendo publicamente como mulher, sendo conhecido por apelido, que constitui prenome feminino, justifica a pretensão já que o nome registral é compatível com o sexo masculino. Diante das condições peculiares, nome de registro está em descompasso com a identidade social, sendo capaz de levar seu usuário à situação vexatória ou de ridículo. Ademais, tratando-se de um apelido público e notório justificada está a alteração. Inteligência dos arts. 56 e 58 da Lei nº 6.015/73 e da Lei nº 9.708/98. Recurso provido" (TJRS, AC 70001010784, 7ª C. Cív., Rel. Des. Luis Felipe Brasil Santos, j. 14.06.2000).
[51] DIAS, Maria Berenice. *União homossexual*: o preconceito & a justiça, *cit.*, p. 123.
[52] SANCHES, Patrícia Corrêa. Mudança de nome e da identidade de gênero. *In*: DIAS, Maria

Não existindo legislação que defina a cirurgia como crime, ausente está, portanto, em sua execução, a afronta à ética médica. Note-se que a própria Resolução do CFM fez questão de ressaltar que a cirurgia de transformação plástico-reconstrutiva da genitália externa, interna e caracteres sexuais secundários não configura crime de mutilação previsto no artigo 129 do Código Penal, uma vez que possui o propósito terapêutico específico de adequar a genitália ao sexo psíquico.

Tal hipótese termina por ter abrigo legal implícito sob a égide do art. 13 do Código Civil brasileiro, que autoriza realização da cirurgia de redesignação sexual quando houver prescrição médica que a considere necessária, apartando a ilicitude da conduta. Desta forma, se a Lei Civil autoriza a conduta, ela não pode ser considerada crime, por representar exercício regular de direito do indivíduo transexual.

De qualquer maneira, existe um projeto de lei acerca do assunto, aguardando votação no plenário brasileiro. O projeto sugere a adição de um parágrafo ao artigo que define o ilícito de lesões corporais, instituindo como excludente do crime a intercessão cirúrgica reservada à readequação de sexo. Da mesma forma, objetiva a modificação da Lei dos Registros Públicos[53] com o intuito de tornar possível, por meio de autorização judicial, a retificação do prenome do indivíduo. Prevê a averbação, no assento de nascimento e no documento de identidade, que se trata de um transexual.

Entretanto, esta última previsão pode ser considerada como oposição ao direito à privacidade e à intimidade. Desta forma, a jurisprudência brasileira[54] vem permitindo a troca de identidade sexual

---

Berenice (Coord.). *Diversidade sexual e direito homoafetivo*. São Paulo: Revista dos Tribunais, p. 425-444, 2011, p. 425.

[53] Lei nº 6.015, de 31 de dezembro de 1973.

[54] PEDIDO DE ALTERAÇÃO DE REGISTRO DE NASCIMENTO EM RELAÇÃO AO SEXO. TRANSEXUALISMO. IMPLEMENTAÇÃO DE QUASE TODAS AS ETAPAS (TRATAMENTO PSIQUIÁTRICO E INTERVENÇÕES CIRÚRGICAS PARA RETIRADA DE ÓRGÃOS). DESCOMPASSO DO ASSENTO DE NASCIMENTO COM A SUA APARÊNCIA FÍSICA E PSÍQUICA. RETIFICAÇÃO PARA EVITAR SITUAÇÕES DE CONSTRANGIMENTO PÚBLICO. POSSIBILIDADE DIANTE DO CASO CONCRETO. AVERBAÇÃO DA MUDANÇA DE SEXO EM DECORRÊNCIA DE DECISÃO JUDICIAL. REFERÊNCIA NA EXPEDIÇÃO DE CERTIDÕES. É possível a alteração do registro de nascimento relativamente ao sexo em virtude do implemento de quase todas as etapas de redesignação sexual, aguardando o interessado apenas a possibilidade de realizar a

sem qualquer menção à mudança levada a cabo. Ademais, há algum tempo se iniciou um movimento de abertura do Judiciário para a possibilidade de alteração do prenome[55] sem realização da intervenção

---

neofaloplastia. Recurso provido por maioria (TJRS, 8ª C. Cível, AC 70019900513, Rel. Des. Cláudio Fidélis Faccenda, j. 13.12.2007). APELAÇÃO CÍVEL. Registro Civil. Alteração. prenome e gênero. TranSexualismo. Probição de referência quanto a mudança. Possibilidade. Determinada a alteração do registro civil de nascimento em casos de transexualidade, desde que demonstrada a existência da alopatia, é imperiosa a proibição de referência no registro civil quanto à mudança, a fim de preservar a intimidade do apelado. Negaram provimento (TJRS, 8a C. Cível, AC 70021120522, Rel. Des. Rui Portanova, j. 11.10.2007).

[55] Cfr. DIAS, Maria Berenice. *União homossexual*: o preconceito & a justiça (2006), *cit.*, p. 122. Nesse sentido, alguns julgados de tribunais de todo o Brasil: São Paulo – Retificação de registro civil. Transexual que preserva o fenótipo masculino. Requerente que não se submeteu à cirurgia de transgenitalização, mas que requer a mudança de seu nome em razão de adotar características femininas. Possibilidade. Adequação ao sexo psicológico. Laudo pericial que apontou transexualismo. Na hipótese dos autos, o autor pediu a retificação de seu registro civil para que possa adotar nome do gênero feminino, em razão de ser portador de transexualismo e ser reconhecido no meio social como mulher. Para conferir segurança e estabilidade às relações sociais, o nome é regido pelos princípios da imutabilidade e indisponibilidade, ainda que o seu detentor não o aprecie. Todavia, a imutabilidade do nome e dos apelidos de família não é mais tratada como regra absoluta. Tanto a lei, expressamente, como a doutrina buscando atender a outros interesses sociais mais relevantes admitem sua alteração em algumas hipóteses. Os documentos juntados aos autos comprovam a manifestação do transexualismo e de todas as suas características, demonstrando que o requerente sofre inconciliável contrariedade pela identificação sexual masculina que tem hoje. O autor sempre agiu e se apresentou socialmente como mulher. Desde 1998 assumiu o nome de "Paula do Nascimento". Faz uso de hormônios femininos há mais de vinte e cinco anos e há vinte anos mantém união estável homoafetiva, reconhecida publicamente. Conforme laudo da perícia médico-legal realizada, a desconformidade psíquica entre o sexo biológico e o sexo psicológico decorre do transexualismo. O indivíduo tem seu sexo definido em seu registro civil com base na observação dos órgãos genitais externos, no momento do nascimento. No entanto, com o seu crescimento, podem ocorrer disparidades entre o sexo revelado e o sexo psicológico, ou seja, aquele que gostaria de ter e que entende como o que realmente deveria possuir. A cirurgia de transgenitalização não é requisito para a retificação de assento ante o seu caráter secundário. A cirurgia tem caráter complementar, visando a conformação das características e anatomia ao sexo psicológico. Portanto, tendo em vista que o sexo psicológico é aquele que dirige o comportamento social externo do indivíduo e considerando que o requerente se sente mulher sob o ponto de vista psíquico, procedendo como se do sexo feminino fosse perante a sociedade, não há qualquer motivo para se negar a pretendida alteração registral pleiteada. A sentença, portanto, merece ser reformada para determinar a retificação no assento de nascimento do apelante para que passe a constar como "PN". Sentença reformada. Recurso provido. (TJSP, AC 0013934-31.2011.8.26.0037, 10ª C. Dir. Priv., Rel. Carlos Alberto Garbi, j. 23.09.2014). Minas Gerais – Retificação de assento de nascimento. Alteração do nome e do sexo. Transexual. Interessado não submetido à cirurgia de transgenitalização. Princípio constitucional da dignidade da pessoa humana. Condições da ação. Presença. Instrução probatória. Ausência. Sentença cassada. O reconhecimento judicial do direito dos transexuais à alteração de seu prenome conforme o sentimento que eles têm de si mesmos, ainda que não tenham se submetido à cirurgia de transgenitalização, é medida que se revela em consonância com o princípio constitucional da dignidade da pessoa humana. Presentes as condições da ação e afigurando-se indispensável o regular processamento do

cirúrgica O entendimento jurisprudencial do caráter acessório[56] ou secundário,[57] e até mesmo dispensável das cirurgias de ablação sexual, foi, por fim, cristalizado com a conclusão do julgamento do REsp 1.626.739/RS, relatado pelo Min. Luís Felipe Salomão.

O caso, que chegou ao Superior Tribunal de Justiça e que tramitou em segredo de justiça, dizia respeito a uma pessoa identificada psiquicamente como mulher trans e que desejava a retificação completa do seu registro de nascimento, para a troca do seu prenome e do seu gênero, originalmente assentado como sexo masculino, para o sexo feminino.

A autora logrou êxito em demonstrar, ao juízo de primeiro grau, qu, embora tenha nascido com a genitália masculina e tenha sido registrada com o gênero que se convencionou atribuir a ela, qual seja, o masculino, ela sempre se sentiu, se comportou e se expressou, desde a infância, como pessoa do sexo feminino.

O recurso se insurgiu contra acórdão do Tribunal de Justiça do Rio Grande do Sul, Corte estadual, o qual, por maioria, manteve sentença que indeferiu o pedido de alteração do gênero registral da autora, mulher transexual, cingindo-se a autorizar a mudança do prenome masculino para um prenome feminino.

---

feito, com instrução probatória exauriente, para a correta solução da presente controvérsia, impõe-se a cassação da sentença. (TJMG, AC 1.0521.13.010479-2/001, 6ª C. Cív., Rel. Des. Edilson Fernandes, j. 22.04.2014).

[56] Rio de Janeiro – Agravo de instrumento. Ação em que se pleiteia a alteração de nome e sexo em assento de nascimento. Insurgência contra a decisão que determinou a suspensão do processo até a data marcada para a realização da cirurgia de transgenitalização. Acerto da decisão recorrida quanto à modificação de sexo no registro. Possibilidade de antecipação da tutela no tocante à mudança do prenome, passando a se adotar no registro o nome social do requerente. Art. 273, §6º, do CPC. Parecer subscrito por dois peritos a confirmar que o requerente é social e profissionalmente reconhecido como mulher. Identidade social em conflito com o nome de registro. Alteração do nome que independe da realização da operação programada. Necessidade da modificação do nome evidenciada. Decisões judiciais sobre a possibilidade de alteração de nome civil. Art. 57 da Lei 6.015/73. Recurso parcialmente provido. Art. 557, §1º-A, do CPC. (TJRJ, AI 0060493-21.2012.8.19.0000, 6ª C. Cív., Rel. Des. Wagner Cinelli de Paula Freitas, j. 08.03.2013).

[57] São Paulo – Retificação de assento. Portador de transexualismo que fundamenta sua pretensão em situações vexatórias e humilhantes. Extinção da ação sob o fundamento de que não realizada a cirurgia de transgenitalização. Descabimento. Informações prestadas pelo médico psiquiátrico, que identificam incongruência entre a identidade determinada pela anatomia de nascimento e a identidade que a parte autora relatou sentir. Cirurgia de transgenitalização que possui caráter secundário. Sexo psicológico é aquele que dirige o comportamento social externo do indivíduo. Recurso provido com determinação (TJSP, APL 0082646-81.2011.8.26.0002, Ac. 7145642, 8ª C. Dir. Priv., Rel. Des. Helio Faria, j. 30.10.2013).

Um dos fundamentos centrais do acórdão atacado é o de que

> Ora, *o recorrente não é mulher e o registro público espelha a verdade biológica*, admitindo-se, como exceção, a troca de sexo quando existe prévia cirurgia de transgenitalização. Ou seja, quando há adequação da sua forma física ao gênero sexual a que pertence.
>
> *A definição do sexo é ato médico, e o registro civil de nascimento deve espelhar a verdade biológica, somente podendo ser corrigido quando se verifica erro.* Com a realização da cirurgia, ocorrendo a transgenitalização, verifica-se uma situação excepcional, ou seja, há o ato médico redefinindo o sexo e atestando a inadequação do registro, que de verá então ser corrigido.

Em seu voto vencedor, no acórdão que reformou a referida decisão colegiada, o relator trouxe, inicialmente, vários pontos essenciais para a compreensão plena da questão da transexualidade. Iniciou com uma didática diferenciação dos conceitos de sexo, gênero, identidade de gênero e orientação sexual, dentre outros; elaborou um apanhado sobre a hodierna situação jurídica da pessoa transexual no Brasil; seguiu por uma análise da jurisprudência dos tribunais superiores sobre a transexualidade; e também ofereceu uma reflexão comparativa sobre como a identidade transexual é tratada em outros países, como Portugal, Espanha, Reino Unido e Noruega.

Tendo em vista todos os pontos suscitados, ponderou o relator que

> Diante deste quadro, penso que a recusa da alteração de gênero de transexual com base na falta de realização de cirurgia de transgenitalização ofende a cláusula geral de proteção à dignidade da pessoa humana, a qual, segundo Ingo W. Sarlet, não contém apenas declaração de conteúdo ético e moral, mas também "norma juridicopositiva dotada, em sua plenitude, de status constitucional formal e material e, como tal, inequivocadamente carregado de eficácia". (*Dignidade da Pessoa Humana e Direitos Fundamentais na Constituição Federal de 1988.* 9. ed. rev. atual. Porto Alegre: Livraria do Advogado, 2011, p. 84).

A partir da correlação direta e necessária entre o princípio da dignidade da pessoa humana, verdadeira cláusula geral impositiva de ampla proteção a todos os seres humanos, e a adequação da identidade civil da pessoa transexual, o Min. Relator debruçou-se sobre o direito da personalidade que se consubstancia no direito à identidade, asseverando que

> O direito à identidade integra o conteúdo mínimo dos direitos de personalidade. Na presente perspectiva, diz respeito ao direito fundamental dos transexuais de serem tratados socialmente de acordo com sua identidade de gênero. A compreensão de vida digna abrange, assim, o direito de serem identificados, civil e socialmente, de forma coerente com a realidade psicossocial vivenciada, a fim de ser combatida, concretamente, qualquer discriminação ou abuso violadores do exercício de sua personalidade.

Queda evidente, pois, que sendo o direito à identidade um direito da personalidade, e estando ele intimamente correlacionado à expressão da própria personalidade e ao seu pleno desenvolvimento enquanto ser humano, não há como se negar à pessoa transexual o acesso a todos os meios necessários para que a expressão de sua personalidade se dê de forma livre, ampla, conduzida por seus sentimentos, crenças e percepções acerca de si mesmo e do mundo que a rodeia. Não há como se suprimir do indivíduo transexual o direito personalíssimo à sua identidade, a que seja reconhecido no seio social como aquele que ele sente e sabe que é.

Nesse ponto, conclui o relator que

> sendo certo que cada pessoa é livre para expressar os atributos e características de gênero que lhe são imanentes, não se revela legítimo ao Estado condicionar a pretensão de mudança do sexo registral dos transexuais à realização da cirurgia de transgenitalização. Tal imposição configura, claramente, indevida intromissão estatal na liberdade de autodeterminação da identidade de gênero alheia.

Em breve, a questão da transexualidade deverá ser tratada pelo Supremo Tribunal Federal, em dois casos que tiveram a repercussão geral reconhecida.[58]

---

[58] Santa Catarina – Transexual. Proibição de uso de banheiro feminino em shopping center. Alegada violação à dignidade da pessoa humana e a direitos da personalidade. Presença de repercussão geral. 1. O recurso busca discutir o enquadramento jurídico de fatos incontroversos: afastamento da Súmula 279/STF. Precedentes. 2. Constitui questão constitucional saber se uma pessoa pode ou não ser tratada socialmente como se pertencesse a sexo diverso do qual se identifica e se apresenta publicamente, pois a identidade sexual está diretamente ligada à dignidade da pessoa humana e a direitos da personalidade 3. Reper-

Relativamente à Europa, é interessante trazer à baila a sentença de 11 de setembro de 2007 do TEDH, que configura um patente avanço na postura do mesmo Tribunal em relação ao reconhecimento jurídico da mudança de sexo. A exegese feita em tal sentença, do art. 8º da Convenção Europeia para a Proteção dos Direitos Humanos e das Liberdades Fundamentais, leva a sustentar que os países membros do Conselho da Europa estão não somente obrigados a permitir a mudança de sexo e o nome dos transexuais no Registro Civil, mas também obrigados a facilitá-las.[59]

É importante referir que é possível garantir uma autonomia ao transexual, a ponto de ter reconhecida a sua identidade, ainda que não se submeta à cirurgia.[60] Note-se que, mesmo que deseje se submeter a intervenções cirúrgicas para readequação corporal, em regra, a aparência da pessoa trans já reflete a sua identidade de gênero antes de qualquer procedimento cirúrgico.[61]

---

cussão geral configurada, por envolver discussão sobre o alcance de direitos fundamentais de minorias uma das missões precípuas das Cortes Constitucionais contemporâneas, bem como por não se tratar de caso isolado. (STF, RE 845.779-SC, Rel. Min. Luís Roberto Barroso, j. 23.10.2014).
Rio Grande do Sul – Direito constitucional e civil. Registros públicos. Registro civil das pessoas naturais. Alteração do assento de nascimento. Retificação do nome e do gênero sexual. Utilização do termo transexual no registro civil. O conteúdo jurídico do direito à autodeterminação sexual. Discussão acerca dos princípios da personalidade, dignidade da pessoa humana, intimidade, saúde, entre outros, e a sua convivência com princípios da publicidade e da veracidade dos registros públicos. Presença de repercussão geral. (STF, Repercussão Geral No Recurso Extraordinário 670.422/RS, Rel. Min. Dias Toffoli, j. 06.09.2014).

[59] Para uma leitura mais aprofundada da referida sentença, da doutrina relativa e da evolução da postura do TEDH nesta seara, consultar RESINA, Judith Solé. Não discriminação e transexualidade: A doutrina mais recente do Tribunal Europeu de Direitos Humanos e a solução do Direito espanhol. In: *Revista Brasileira de Direito das Famílias e Sucessões*, Porto Alegre: Magister, vol. 5, p. 63-74, ago./set. 2008, p. 63 e ss.

[60] Piauí – Apelação cível. Ação de modificação de registro civil. Transexualismo. Modificação do prenome sem a realização de cirurgia de transgenitalização. Dignidade da pessoa humana. Direito à identidade pessoal. Reforma da sentença. Recurso provido. Suficientemente demonstradas que as características da parte autora, físicas e psíquicas, não estão de acordo com os predicados que o seu nome masculino representa para si e para a coletividade, tem-se que a alteração do prenome é medida capaz de resgatar a dignidade da pessoa humana, sendo desnecessária a prévia transgenitalização. Decisão unânime, de acordo com o parecer ministerial superior. (TJPI, AC 2012.0001.008400-3, 2ª C. Esp. Cív., Rel. Des. Brandão de Carvalho, p. 22.01.2014).

[61] São Paulo – Ação de retificação de assento civil. Alteração do nome por contra dos constrangimentos sofridos em razão do transexualismo. Insurgência contra sentença de improcedência do pedido porque o autor não se submeteu a cirurgia de ablação dos órgãos sexuais masculinos. Desnecessidade. Desconformidade entre sexo biológico e sexo psicológico que pode ser demonstrado por perícia multidisciplinar. Constrangimentos e humilhações que justificam o pedido de alteração do prenome masculino para feminino. Exigência de prévia cirurgia para

Como já foi mencionado, a realização da cirurgia para a readequação sexual não é condição para o diagnóstico da transexualidade, mas sim o último recurso de tratamento ao qual se recorre quando os demais não são exitosos. O fato de um indivíduo estar acertadamente caracterizado como um transexual não significa que ele, invariavelmente, tenha que se submeter à cirurgia de redesignação de sexo.[62]

O diagnóstico da transexualidade não está conectado à ideia da cirurgia de transformação do órgão sexual. Alude a doutrina que já se admite que existem tratamentos medicamentosos e hormonais, além de terapias psicopedagógicas e psiquiátricas exitosas em possibilitar que o indivíduo viva como alguém do sexo oposto, sem ter que se submeter a qualquer intervenção cirúrgica. Em outras palavras, a transformação da genitália não é indispensável para o reconhecimento de direitos à pessoa transexual, tendo em vista a existência de outros meios de readequação corporal capazes de avizinhar o aspecto daquele indivíduo ao seu sexo de identificação. Destarte, pode-se dizer que a intervenção cirúrgica encontra-se na esfera do tratamento e não no âmbito dos direitos.[63]

Outro não podia ser o entendimento, porque não se pode exigir que para reconhecimento de direitos, mormente a possibilidade de alteração de um nome registral que afronta a identidade da pessoa

---

interromper situações vexatórias constitui violência. Dilação probatória determinada. Sentença anulada para esse fim. Recurso provido. (TJSP, AC 0040698-94.2012.8.26.0562, Ac. 7648449, 3ª C. Dir. Priv., Rel. Des. Carlos Alberto de Salles, j. 24.06.2014).

[62] Como afirma Elimar Szaniawski, para quem a cirurgia será a última alternativa utilizada, apenas posteriormente à falência dos demais métodos. SZANIAWSKI, Elimar. *Limites e possibilidades do direito de redesignação do estado sexual*. São Paulo: RT, 1999, p. 68.

[63] Camila Gonçalves, com base nas lições de Berenice Bento e Roger Raupp Rios, afirma ainda que "nessa quadra, a proposta de tutela dos transexuais a ser desenvolvida baseia-se em perspectiva jurídico-humanística, fora dos marcos patologizantes próprios da medicina, como proposto pela socióloga Berenice Bento, que há muito vem se dedicando ao estudo da transexualidade. Tal perspectiva caracteriza-se pela aproximação da transexualidade do campo do conflito de identidade e dos direitos humanos. O distanciamento do discurso médico na reflexão sobre a situação jurídica do transexual é igualmente proposto por Roger Raupp Rios para quem é necessário considerar a transexualidade também por uma abordagem social, ao lado da médica. Segundo o autor, a interpretação constitucional sobre os direitos fundamentais dos transexuais pressupõe uma compreensão das relações sociais, a partir da noção de gênero, transcendente à discussão sobre o direito à intervenção cirúrgica que costuma dominar no debate sobre a transexualidade". GONÇALVES, Camilla de Jesus Mello. *Transexualidade e direitos humanos*: o reconhecimento da identidade de gênero entre os direitos da personalidade. Curitiba: Juruá, 2014, p. 89-70.

transexual, esta tenha que se submeter a uma cirurgia. Há que se respeitar o direito das pessoas trans simplesmente não desejarem submeter-se a qualquer operação de transformação dos órgãos sexuais. Negar este direito representa uma afronta do Judiciário ao direito à identidade, à intimidade, à privacidade de quem apenas deseja adequar-se à sua identidade social sem transgredir a sua integridade física. Compulsar alguém a enfrentar uma intervenção cirúrgica – extremamente delicada – à qual não deseja encarar, para assegurar-lhe o direito à identidade, afronta patentemente o direito à liberdade, além de violar a própria tarefa estatal de proteger todos os seus cidadãos.[64]

Essa ideia parece já estar a inspirar outros ordenamentos. Em 2012, o Tribunal Administrativo de Apelações da Suécia considerou que a exigência da cirurgia (e consequente esterilização) para o reconhecimento jurídico do gênero invade a privacidade das pessoas e não pode ser vista como uma escolha voluntária, uma vez que os indivíduos são compelidos a sofrer esterilização, a fim de obter o reconhecimento legal do seu gênero. Em 2013, o Parlamento sueco revogou tais requisitos de esterilização, em uma revisão da *Gender Recognition Act* (Lei de Reconhecimento de Gênero). A legislação modificada permite que as pessoas maiores e capazes, que tenham se sentido "por algum tempo" como pertencentes ao gênero preferido, tenham o reconhecimento legal desse gênero. A lei não exige mais qualquer evidência psiquiátrica ou diagnóstico médico para esse reconhecimento.[65]

Em 2014, a Dinamarca seguiu os passos da Suécia e revogou o requisito de submissão à cirurgia de redesignação de sexo para a mudança de gênero. De igual modo, a legislação dinamarquesa não exige que o requerente forneça provas médicas, a fim de receber esse reconhecimento. Ao invés disso, a lei exige um período de espera de seis meses entre o pedido inicial e a emissão de uma nova certidão de nascimento e outros documentos de identidade pelo governo.[66]

---

[64] Cfr. DIAS, Maria Berenice. *Homoafetividade e os direitos LGBTI*, cit., p. 281.
[65] Neste sentido, ver RAPPOLE, Amy. Trans People and Legal Recognition: What the U.S. Federal Government Can Learn From Foreign Nations. In: *Maryland Journal of International Law*, vol. 30, p. 191-216, 2015, p. 208-209.
[66] Os autores da moção que inseriu esse detalhe no projeto de lei acreditam que o período de seis meses de espera teria uma função acautelatória, ajudando a reduzir a probabilidade

Ainda em 2012, a Argentina aprovou a legislação de identidade de gênero que é considerada uma das mais (senão a mais) avançadas do mundo e a única que não patologiza a identidade trans. Com a aprovação da Lei nº 26.743 foi estabelecido o direito à identidade de gênero das pessoas daquele país.

De acordo com o art. 1º da referida normativa, toda pessoa tem o direito ao reconhecimento da identidade de gênero (alínea "a"); ao livre desenvolvimento de sua pessoa de acordo com sua identidade de gênero (alínea "b"); e a ser tratado de acordo com sua identidade de gênero e, em particular, a ser identificado desta maneira nos instrumentos que comprovem sua identidade em relação ao nome, imagem e sexo com o qual não tiver sido registrado (alínea "c").

O art. 2º da lei traz a definição de identidade de gênero, que seria a vivência interna e individual do gênero tal como cada pessoa a sente. Essa vivência pode corresponder ou não com o sexo atribuído no momento do nascimento, incluindo a experiência pessoal do corpo. Isto pode envolver a modificação da aparência ou da função corporal através de meios farmacológicos, intervenções cirúrgicas ou outros, desde que seja livremente escolhido pela pessoa. Também se incluem outras expressões de gênero, como o vestuário, o modo de falar e os costumes.

Assim, qualquer pessoa pode solicitar a mudança de nome e sexo e a consequente retificação de registro civil, sempre que a imagem, prenome e sexo legal não coincidam com sua identidade de gênero autopercebida (art. 3º). Os seguintes requisitos deverão ser observados, de acordo com o art. 4º: idade mínima de 18 anos; apresentação perante o Registro Nacional das Pessoas ou suas repartições seccionais de um requerimento manifestando encontrar-se amparado pela legislação e pleiteando a retificação do registro de nascimento e o novo documento nacional de identidade

---

de que um candidato pudesse se arrepender da decisão de se submeter à mudança legal. Como a lei só exige que o candidato faça uma declaração de que realmente sente que pertence ao sexo oposto – e não requer nenhuma evidência médica para esse efeito – o governo não pode verificar de forma independente a veracidade dessa alegação. Desta forma, também se incluiu uma outra moção para alterar o projeto de lei inicial, de forma a inserir a indicação de que poderia haver consequências no âmbito criminal para quem tiver falsificado suas aplicações. Cfr. RAPPOLE, Amy. "Trans People and Legal Recognition: What the U.S. Federal Government Can Learn From Foreign Nations", *cit.*, p. 210.

correspondente, conservando o número original; e indicação do novo prenome com o qual deseja ser identificado.

A legislação é bem explícita na sua inclinação de não patologizar as identidades trans. Em nenhum caso será requisito acreditar intervenções cirúrgicas de redesignação genital parcial ou total, nem comprovar terapias hormonais ou quaisquer outros tratamentos psicológicos ou médicos para que as referidas mudanças sejam levadas a cabo.

Relativamente aos menores de idade, o requerimento do procedimento previsto no artigo 4º deve ser feito através de seus representantes legais e com expresso consentimento da criança ou jovem, tendo em conta os princípios da autonomia progressiva e melhor interesse da criança, em conformidade com as disposições da Convenção da ONU sobre os direitos das crianças e da Lei nº 26.061 de proteção integral dos direitos das crianças e adolescentes (art. 5º).

O art. 6º estabelece que, uma vez cumpridos os requisitos estabelecidos nos arts. 4º e 5º, o funcionário público competente notificará de ofício, sem necessidade de qualquer trâmite administrativo ou judicial, o Registro Civil da jurisdição onde foi emitida a certidão de nascimento para que retifique o sexo e modifique o nome da pessoa em causa e emita um novo registro de nascimento e um novo documento nacional de identidade que reflita essas modificações.[67] É proibida qualquer referência à lei de identidade de gênero no assento de nascimento retificado e no documento de identidade expedido em virtude da retificação. O art. 9º indica que apenas as pessoas que tenham autorização do titular ou autorização judicial mediante pedido por escrito e fundamentado terão acesso ao assento de nascimento original.

O art. 11 consagra um direito ao livre desenvolvimento pessoal ao estabelecer que todas as pessoas maiores de 18 anos poderão, de acordo com o art. 1º da lei e a fim de garantir o gozo de sua saúde integral, ter acesso a intervenções cirúrgicas totais e parciais e/ou tratamentos hormonais para adequar seu corpo, incluindo sua genitalidade, à sua identidade de gênero autopercebida, sem

---

[67] Há relatos de que todo o processo demora cerca de 15 dias. Cfr. RAPPOLE, Amy. "Trans People and Legal Recognition: What the U.S. Federal Government Can Learn From Foreign Nations", *cit.*, p. 211.

necessidade de requerer autorização judicial ou administrativa. Indica-se ainda no mesmo dispositivo que os operadores do sistema público de saúde, sejam estatais, privados ou do subsistema de obras sociais, deverão assegurar de forma permanente os direitos reconhecidos pela lei. Todas as prestações de saúde contempladas estão incluídas no Plano Médico Obrigatório, ou o que o substitua, conforme regulamente a autoridade de aplicação.

Desta forma, recomenda-se que a salvaguarda de reconhecimento da pessoa na sua diversidade e a viabilização do exercício de direitos dentro de todas as suas singularidades devem ser buscadas mais à luz da ideia da identidade e menos em decorrência da submissão à cirurgia plástico-construtiva. Assim, propõe-se na doutrina uma alteração do âmago do estudo, da biologia para o direito, com tônica nos princípios constitucionais.[68]

6 Considerações finais

Em regra, as pessoas transgêneras e transexuais estão expostas e sujeitas a uma enormidade de situações constrangedoras e incômodas ao longo de suas vidas. Uma das razões primaciais para a existência de tais fatos – que causam sofrimento, angústia e também frustrações – reside no fato de as pessoas trans não se encaixarem nos confins das definições aceitáveis de masculino e feminino, e terem essa condição patologizada. A patologização das identidades trans termina por perpetuar a discriminação, o preconceito e a violência direcionada a essa parcela da população LGBTI.

Conforme indica a *World Professional Association of Transgender Health* apenas algumas pessoas com variabilidade de gênero irão vivenciar a disforia de gênero em algum ponto das suas vidas. Ser uma pessoa trans ou com variabilidade de gênero é uma questão de diversidade e não de patologia.

Importa referir, mais uma vez, que boa parte, a maioria esmagadora dos problemas mentais que acometem a população trans,

---

[68] Cfr. GONÇALVES, Camilla de Jesus Mello. *Transexualidade e direitos humanos*, cit., p. 90.

possui sua origem na discriminação e no repúdio social, que levam a uma enorme angústia psíquica que pode gerar transtornos mentais. Assim, é evidente que não é a identidade de gênero que é uma doença, mas a falta de compreensão e o desacato a essa identidade que podem ocasionar desordens psíquicas de caráter patológico.

Referências

AMAYUELAS, Esther Arroyo i. Sexo, identidad de género y transexualidad. *In: Matrimonio homosexual y adopción:* perspectiva nacional e internacional. Madrid: Editorial Reus, 2006.

BALLARD, Amy. Sex Change: Changing the Face of Transgender Policy in the United States. *In: Cardozo Journal of Law & Gender*, vol. 18, p. 775-799, 2012.

BARBOZA, Heloísa Helena. Direito dos transexuais à reprodução. *In:* DIAS, Maria Berenice (Org.). *Direito das famílias* – Contributo do IBDFAM em homenagem a Rodrigo da Cunha Pereira. São Paulo: Revista dos Tribunais, 2009.

BENJAMIN, Harry. *The transsexual phenomenon*, disponível em: http://www.symposion.com/ijt/benjamin/chap_02.htm. Acesso em: 23 ago. 2008.

BENTO, Berenice. *A reinvenção do corpo:* sexualidade e gênero na experiência transexual. Rio de Janeiro: Garamond, 2006.

COLOPY, Travis Wright. Setting Gender Identity Free: Expanding Treatment for Transsexual Inmates. *In: Health Matrix:* Journal of Law-Medicine, vol. 22, n. 1, p. 227-272, 2012.

DIAS, Maria Berenice. *Conversando sobre homoafetividade*. Porto Alegre: Livraria do Advogado, 2004.

DIAS, Maria Berenice. *Homoafetividade e os direitos LGBTI*. 6. ed. reformulada. São Paulo: Revista dos Tribunais, 2014.

DIAS, Maria Berenice. *União homossexual:* o preconceito & a justiça. 3. ed. rev., e atual. Porto Alegre: Livraria do Advogado Editora, 2006.

FERNANDES, Taísa Ribeiro. *Uniões homossexuais e seus efeitos jurídicos*. São Paulo: Método, 2004.

GARCIA, Iberê Anselmo. *A segurança na identificação*: A biometria da íris e da retina – Dissertação de Mestrado em Direito Penal, Medicina Forense e Criminologia. São Paulo: FDUSP, 2009.

GONÇALVES, Camilla de Jesus Mello. *Transexualidade e direitos humanos*: o reconhecimento da identidade de gênero entre os direitos da personalidade. Curitiba: Juruá, 2014.

JOHNSON, Jaime. Recognition of the Nonhuman: The Psychological Minefield of Transgender Inequality in the Law. *In: Law & Psychology Review*, vol. 34, p. 153-164, 2010.

LEVASSEUR, M. Dru. Gender Identity Defines Sex: Updating the Law to Reflect Modern Medical Science is the Key to Transgender Rights. *In: Vermont Law Review*, vol. 39, p. 943-1004, 2015.

MARQUES, J. P. Remédio. *Mudança de sexo*. O problema jurídico: o problema do "paradigma corporal" da identificação/identidade sexual no Registo Civil. Tese de Mestrado em Ciências Jurídico-civilísticas. Coimbra: FDUC, 2001.

RAPPOLE, Amy. Trans People and Legal Recognition: What the U.S. Federal Government Can Learn From Foreign Nations. *In: Maryland Journal of International Law*, vol. 30, p. 191-216, 2015.

RESINA, Judith Solé. Não discriminação e transexualidade: A doutrina mais recente do Tribunal Europeu de Direitos Humanos e a solução do Direito espanhol. *In: Revista Brasileira de Direito das Famílias e Sucessões*, Porto Alegre: Magister, vol. 5, p. 63-74, ago./set. 2008.

SANCHES, Patrícia Corrêa. Mudança de nome e da identidade de gênero. *In:* DIAS, Maria Berenice (Coord.). *Diversidade sexual e direito homoafetivo*. São Paulo: Revista dos Tribunais, 2011.

SESSAREGO FERNÁNDEZ, Carlos. El cambio de sexo y su incidencia en las relaciones familiares. *In: Revista de Direito Civil, Imobiliário, Agrário e Empresarial*, São Paulo, ano 15, n. 56, p. 7-50, abr./jun. 1991.

SPENGLER, Fabiana Marion. Os transexuais e a possibilidade jurídica do casamento. *In:* WELTER, Belmiro Pedro; MADALENO, Rolf Hanssen (Coord.). *Direitos fundamentais do Direito de família*. Porto Alegre: Livraria do Advogado, 2004.

SZANIAWSKI, Elimar. *Limites e possibilidades do direito de redesignação do estado sexual*. São Paulo: RT, 1999.

TALAVERA, Glauber Moreno. *União civil entre pessoas do mesmo sexo*. Rio de Janeiro: Forense, 2004.

VASCONCELOS, Pedro Pais de. *Direito de personalidade*. Coimbra: Almedina, 2006.

VENTURA, Miriam. Transexualidade: Algumas reflexões jurídicas sobre a autonomia corporal e a autodeterminação da identidade sexual. *In:* RIOS, Roger Raupp (Org.). *Em defesa dos Direitos Sexuais*. Porto Alegre: Livraria do Advogado, 2007.

VIEIRA, Tereza Rodrigues. O direito do transexual e a bioética. *In: Jus Navigandi*, Teresina, ano 8, n. 125, 8 nov. 2003. Disponível em: http://jus.com.br/artigos/4354. Acesso em: 9 out. 2014.

VIEIRA, Tereza Rodrigues. Transexualidade. *In: Diversidade sexual e direito homoafetivo*/ Maria Berenice Dias (Coord.). São Paulo: Revista dos Tribunais, 2011.

WPATH. Normas de atenção à saúde das pessoas trans e com variabilidade de gênero. Disponível em: http://www.wpath.org/uploaded_files/140/files/SOC%20-%20Portuguese.pdf. Acesso em: 25 jul. 2015.

Informação bibliográfica deste texto, conforme a NBR 6023:2018 da Associação Brasileira de Normas Técnicas (ABNT):

CHAVES, Mariana; BARRETTO Fernanda Leão; PAMPLONA FILHO, Rodolfo. A tutela jurídica da transexualidade no Brasil. *In:* EHRHARDT JÚNIOR, Marcos; LOBO, Fabíola Albuquerque; ANDRADE, Gustavo (Coord.). *Direito das relações familiares contemporâneas*: estudos em homenagem a Paulo Luiz Netto Lôbo. Belo Horizonte: Fórum, 2019. p. 495-526. ISBN 978-85-450-0700-5.

LICENÇA-NATALIDADE: EM BUSCA DE UMA READEQUAÇÃO DE CONCEITOS EM UM NOVO DIREITO DE FAMÍLIA

EVERILDA BRANDÃO GUILHERMINO

(Procura da Poesia)
Penetra surdamente no reino das palavras.
Lá estão os poemas que esperam ser escritos.
(...)
Chega mais perto e contempla as palavras.
Cada uma tem mil faces secretas sob a face neutra
e te pergunta, sem interesse pela resposta,
pobre ou terrível, que lhe deres:
"Trouxeste a chave?"
Carlos Drummond de Andrade

Para um novo direito, novas palavras

Até pouco tempo o estudo do Direito de Família possuía um universo muito bem-definido. Os agentes que compunham a família eram poucos e bem-definidos: pai, mãe e filhos. Era o retrato de um grupo nascido de uma união heterossexual, com rígida moral cristã e com clara divisão hierárquica. Para esse modelo, patriarcal e monogâmico, era suficiente o mundo das regras a conduzir as possibilidades jurídicas deste agrupamento.

Mas o século XX, ao sair de cena, deixou para o novo século uma nova missão. Entregou-lhe uma Constituição Federal que consolidou uma pluralidade de modelos familiares e um ordenamento regido por princípios com poderes normativos. As velhas regras se tornaram insuficientes para regular um novo tempo e um novo modelo familiar.

Diante de tal desiderato, o primeiro passo para uma nova interpretação da norma é a observação das palavras que nomeiam cada direito positivado pelo legislador. E isso se faz necessário porque cada palavra traz em si uma carga de valores e significados que identificam o seu verdadeiro conteúdo no mundo real. É o jogo entre significante e significado, relacionando um mundo abstrato e um mundo concreto.

Existem palavras que trazem alegrias, sonhos, esperança. Outras trazem preconceito, amargura, atraso. Cada povo, em cada tempo e em cada cultura, nomeará o mundo dando a ele o seu significado particular. E quando as palavras já não dão conta do que está no mundo, é precisa a chegada de um novo observador, com novos olhos para uma nova realidade, possibilitando o nascimento de novas palavras para novos direitos.

O legislador trabalha com significantes, criando termos e expressões que serão os instrumentos de trabalho do juiz no caso concreto. Por vezes, o significante traz um significado simples, que não gera maiores interpretações. Outra vezes, o significante, ou o texto normativo, traz um universo de possibilidades, cabendo ao intérprete a sua adequação nas situações reais. Contudo, inevitavelmente, haverá situações em que o significante mostra-se limitado diante dos princípios e valores normativos já consolidados em um ordenamento jurídico. Neste momento é preciso um novo significante (ou um novo texto normativo) para readequar o próprio Direito aos valores que ele mesmo enseja.

É fato que a humanidade se reflete na sua linguagem e nesta está toda exteriorização de seus valores e sentimentos. Nesse universo linguístico, as palavras são os instrumentos que permitem a comunicação e compreensão desses valores e sentimentos. Sem linguagem não há relaçío social. Marcos Alcino Torres (2008:261) vê na linguagem um instrumento vital de comunicação das ideias na formulação dos conceitos e, citando Antônio Hernandez, destaca:

> "O pensamento precisa de articulação linguística" e as "palavras sempre as recebemos, nos chegam ou chegamos a elas", é "uma obra coletiva por excelência". O conceito é forma de comunicação e de conhecimento de uma certa realidade e se elabora com base na observação de um determinado fenômeno científico ou social e as características e peculiaridades que permitem distinguir o objeto do conceito de outros objetos.

Por vezes é preciso mudar uma palavra para mudar o mundo. Tomemos por exemplo a união homoafetiva. Qual não foi o avanço do movimento social que buscava o seu reconhecimento jurídico quando a expressão "homossexual" foi substituída por "homoafetiva", uma inegável contribuição da jurista Maria Berenice Dias na evolução do Direito de Família. Na primeira expressão, o significante trazia uma associação ao impuro, ao pecado, ao que não é bom. Já na segunda expressão, o reflexo do amor, do respeito, do afeto. A alteração do texto mudou todo o contexto. E a autora ainda apresenta outros exemplos pertinentes no âmbito do Direito de Família:

> O conceito unívoco de família do início do século passado, que a identificava exclusivamente pela existência do casamento, chegou-se às mais diversas estruturas relacionais, o que levou ao surgimento de novas expressões, como "entidade familiar", "união estável", "família monoparental", "desbiologização", "reprodução assistida", "concepção homóloga e heteróloga", "homoafetividade", "filiação socioafetiva", etc. Tais vocábulos buscam adequar a linguagem, que decorrem da evolução da sociedade e da redefinição do conceito de moralidade, bem como dos avanços da engenharia genética. Essas alterações acabaram por redefinir a família, que passou a ter um espectro multifacetário (DIAS: 2004:20).

É a partir desta premissa de necessidade de movimentação das palavras que se entende oportuna uma readequação de conceito no que se refere ao direito da licença-maternidade, um instituto do Direito do Trabalho cujas bases interpretativas nascem do Direito de Família, um Direito remodelado na Constituição Federal de 1988 e ainda em construção diante das profundas mudanças valorativas consolidadas pelo Constituinte.

A alteração do termo para licença-natalidade trará não somente uma nova roupagem linguística, mas uma renovação semântica refletidora da mudança dos valores sociais ao longo do tempo.

Torna-se indispensável a observação sobre o novo Direito de Família, pois compreendendo os novos arranjos familiares e os novos valores sociais e legais que a envolvem, ter-se-á uma nova base hermenêutica para promover o alargamento necessário do significado da expressão licença-maternidade até que o legislador promova a atualização linguística de um significante cujo significado foi alterado pela Constituição Federal.

A família, de fato e de direito, na contemporaneidade

A fotografia da família mudou e é preciso limpar as lentes dos óculos daquele que a observa. A compreensão da família pós-moderna exige de seu observador o desapego a modelos rígidos e emoldurados, fazendo-se necessário compreender os movimentos sociais vividos ao longo do tempo e que bateram às portas do Estado em busca de uma tutela real para as questões jurídicas que envolvem os novos agrupamentos familiares.

A antiga família patriarcal, monogâmica e hierarquizada tinha papéis bem-definidos e esse enquadramento deixava claro o espírito de cada regra destinada ao núcleo familiar. O homem recebeu historicamente o dever de função pública, com o exercício do trabalho e provedor do sustento da casa; a mulher recebeu a relevância do espaço privado, com aptidões domésticas. Ao marido provedor era dado o poder de chefia da família e a administração de seus interesses. À esposa cabia a educação dos filhos e a dedicação às tarefas do lar.

Destaca-se aqui a importante menção de Juliana Cleto (2014:39)

> A relação entre gêneros vem acompanhada de uma ideologia velada, que promove a discriminação e a separação de vocações e obrigações – cria-se o indivíduo para que este atue de forma preestabelecida por construções sociais, assim como se esperam dele atitudes condizentes com seu gênero.

Partindo-se dessa fotografia, não é difícil compreender a aplicação do instituto da licença-maternidade, totalmente direcionada à mulher, única responsável pelo convívio direto e integral com os filhos desde o seu nascimento.

Nesse passo, a consequência lógica era a criação de um instituto que protegesse a mulher no mercado de trabalho, propiciando-lhe condições para exercer a tarefa materna por excelência, o aleitamento. Somente ela seria capaz de proporcionar ao filho os cuidados materiais e afetivos mais elementares para a formação de um cidadão saudável a ser entregue à sociedade, pois o ingresso de uma criança no seio familiar era tarefa primordial da mulher. Não havia nome mais adequado do que licença-maternidade.

Mas a família contemporânea mudou, assim como também mudaram os papéis dos agentes que a compõem. A isonomia tomou o lugar da hierarquia, dando ao modelo familiar um contorno de afeto, ética e solidariedade. Como bem ressalta Farias e Rosenvald (2008:5), "abandona-se, assim, uma visão institucionalizada, pela qual a família era, apenas, uma célula social fundamental, para que seja compreendida como núcleo privilegiado para o desenvolvimento da personalidade humana".

Nesse novo reagrupamento de agentes e de papéis é cena comum da família brasileira a divisão de tarefas na formação moral e social dos filhos, com homens aumentando seu espaço no lar e dividindo com as mulheres as antigas atribuições exclusivamente maternas no âmbito doméstico.

O modelo engessado da antiga família patriarcal não mais representa a família brasileira, nem compõe o modelo constitucional vigente, mas a correta aplicação das questões de gênero é algo ser construído e depende de uma modernização da visão ora do legislador, ora do intérprete.

Se num tempo passado a morte da mãe, por exemplo, trazia a consequência natural de criação dos filhos pelos avós, hoje tem-se o pai que abarca as funções maternas não por obrigação, mas por afeto. Cenário semelhante tem-se na guarda compartilhada, em que a criança vivencia em cada lar uma família inteira, embora em casas separadas.

Para além dessa realidade, tem-se ainda o mais novo arranjo familiar cuja validação jurídica tem exigido um maior cuidado na aplicação dos velhos institutos: a união homoafetiva. Aqui cabe um grande destaque para o casal masculino, já que este terá mais resistência na materialização de um direito que sugere ser apenas a mulher o seu titular. Exige-se do estudioso do Direito uma ampla abertura em sua visão de mundo, a fim de promover um arejamento dos institutos, retirando os obstáculos que venham impedir a tutela jurídica em razão de textos normativos cujos significantes sugiram uma aplicação anti-isonômica.

> Direitos novos surgiram e estão a surgir, não só aqueles exercidos pela família, como conjunto, mas por seus membros, entre si ou em face do Estado, da sociedade e das demais pessoas, em todas as situações em que a Constituição e a legislação infraconstitucional tratam a família, direta ou indiretamente, como peculiar sujeito de direitos (ou deveres) (LÔBO, 2008:2).

Uma mudança estrutural tão profunda inevitavelmente obriga a uma releitura dos institutos jurídicos, especialmente os que guardam raízes históricas plantadas em valores já ultrapassados.

> Há, pois, desafios contemporâneos para o estudo e para a aplicação do Direito. Cumpre ter em conta as premissas de contextualização histórica; dela não podem se descurar as transformações no Direito Privado; são reptos para a Constituição a ser realmente efetivada e para o papel dos tribunais superiores; esses apontamentos se voltam, pois, à retomada da ética na sociedade e na sua expressão jurídica (FACHIN, 2015: 153).

Neste ponto, a metodologia da interpretação civil constitucional permite a fundação de novas balizas para atribuir novos significados quando o significante ainda persiste no sistema jurídico, uma tarefa do Judiciário enquanto aguarda a ação do legislador para a atualização do texto base (o significante).

Neste sentido, destacam Farias e Rosenvald (2008:73) texto pioneiro de Calmon Nogueira da Gama e Leandro Santos Guerra, os quais propõem que os institutos de Direito de Família como um todo (casamento, união estável, parentesco, alimentos, etc.) devem observar uma determinada finalidade, sob pena de perderem a sua razão de ser. "Assim, deve-se buscar, nos princípios constitucionais, o que almejou o constituinte para a família, de forma a bem entender sua normatização".

As demandas são, pois, de mais autonomia e liberdade e menos intervenção estatal na vida privada, pois a legislação sobre a família foi, historicamente, mais cristalizadora de desigualdades e menos emancipadora (LÔBO, 2008: 15).

O projeto da modernidade assegura uma interpretação que promova a crescente tutela de direitos e essa deve ser a premissa básica na leitura de todas as regras postas no ordenamento jurídico.

O caminhar da evolução legislativa em busca da ampliação da proteção à maternidade

A licença-maternidade, em si, é um instituto trabalhista, mas encontra suas premissas teóricas no Direito de Família, pois é aqui que tem as definições essenciais. Paralelo a isso, repercute no Direito

Previdenciário por competir ao INSS o custeio do salário-maternidade, cujo pagamento não se restringe à trabalhadora empregada.

Quando se lê o capítulo "da proteção à maternidade" na Consolidação das Leis do Trabalho (arts. 391 a 400), é possível perceber que já se apresenta no texto, desde o seu título, a carga histórica atribuída à família. A proteção não é de cunho familiar, mas materno, a partir do conceito cultural de que o nascimento de uma criança é assunto somente de mães, não de pais.

Todos os artigos do capítulo da lei estão destinados à mulher, não havendo qualquer previsão que adéque a tutela jurisdicional às novas demandas familiares que apontam desde o final do século XX. Caberá à doutrina e à jurisprudência a adequação do Direito através da metodologia do Direito Civil-Constitucional, proporcionado a máxima efetividade ao projeto familiar tal qual posto na Constituição Federal.

A formação da família e sua ampliação através dos filhos, biológicos, ou não, são um projeto do casal, seja heterossexual ou homossexual, e ambos os pais devem participar da vida do filho desde os primeiros dias de chegada ao lar. Somente a ampliação da visão do estudioso do Direito tornará possível perceber que a proteção da maternidade, por força do texto constitucional, já se estende à família, e não somente à mãe.

Até 1973 a empregada rural não tinha direito à licença-maternidade por ser entendimento do TST, através do sua composição plena que a CLT não estendeu a ela o direito consolidado. A maternidade protegia mulheres, desde que urbanas. Eis a marca histórica da criação do instituto.

Somente com a Lei nº 5.889/73 foi possível ampliar a eficácia da norma, assim mesmo através do decreto que a regulamentou, gerando questionamento quanto à sua validade quando visto pelo princípio da legalidade. Somente a promulgação da Constituição de 1988 pôs fim ao dilema igualando a trabalhadora urbana e rural para efeito do benefício.

Vencido este desafio, um novo se apresentava: a adoção. Se a licença era para as mães que geravam seus filhos, como garantir o direito a quem não passou pela gestação e, portanto, não terá condições físicas a recuperar e sequer poderá amamentar. Mais uma faceta da lei passava a ser vista: a licença era um direito da mulher, vinculada biologicamente ao filho, desconstituindo-se o pilar do afeto nessa relação, como bem explica Alice Monteiro de Barros (2006:1052):

> É que no Brasil, tanto a Constituição da República de 1988, quanto a legislação ordinária, atribuíam tratamento especial à empregada gestante, assim considerada aquela que desenvolve o embrião em seu útero até o nascimento; logo, pouco importa que a gravidez ocorra por método de inseminação artificial.

Aplicar o princípio da afetividade como pilar das relações familiares ainda era um desafio, pois o próprio Texto Constitucional se refere à licença-gestante,[1] apesar de consolidar a grande revolução dos modelos familiares. Tanto o legislador quanto o intérprete ainda não tinham olhos para ver e nesse ponto a expressão consolidada na CLT, "proteção à maternidade", era mais ampla, permitindo mais avanços na análise do instituto.

Foi somente a Lei nº 10.425/2002[2] que subiu mais um degrau na escalada da ampliação dos direitos, alterando a CLT para conceder a licença para mulheres adotantes, mantendo, contudo, uma tabela decrescente de dias a ser aplicada de acordo com a criança adotada. Tem aqui um elemento discreto, mas visível da discriminação dos filhos do afeto.

A correta aplicação do princípio da isonomia só veio com a Lei nº 12.010/2009, que igualou o prazo de 120 dias em casos de adoção, independentemente da idade da criança. Contudo, a Lei nº 8.213/91 manteve a gradação de dias em razão da idade da criança. Finalmente, após a promulgação da Lei nº 11.770/2008, a discussão atual caminha para a concessão de 180 dias na concessão da licença para todas as hipóteses independentemente da natureza do vínculo trabalhista ou com o serviço público.

A ideia é que somente os bebês precisam de cuidados contínuos no momento de adequação na nova família, quando as crianças com marcas de meses ou anos de abandono também precisam de cuidados especiais e contínuos. Não é só amamentação

---

[1] Art. 7º. XVIII – licença à gestante, sem prejuízo do emprego e do salário, com a duração de cento e vinte dias.

[2] Art. 392-A. À empregada que adotar ou obtiver guarda judicial para fins de adoção de criança será concedida licença-maternidade nos termos do art. 392, observado o disposto no seu §5º.

a necessidade fundamental de quem chega a um novo lar. Urge um olhar do legislador sobre o prisma dos direitos fundamentais, aqui em especial a dignidade da pessoa humana. Para compreender o desafio de uma visão constitucionalizada dos institutos, destaquemos um comentário ainda da autora Alice Monteiro de Barros:

> Sempre afirmamos que deveria o legislador superar a concepção meramente biológica da maternidade e estender parte da licença pós-parto aos pais adotivos, concedendo-lhes o afastamento a partir do ingresso da criança no lar adotivo e desde que ela se encontrasse em idade que requeresse cuidados especiais, inclusive alusivos à adaptação.

Para a autora, a escala de tempo se faz justa porque se deve atentar para as hipóteses em que sejam necessários cuidados especiais para a adaptação do filho adotivo. Pergunta-se em que situação de adoção a criança chega ao lar substituto sem precisar de forte período de adaptação. O período de 30 ou 60 dias certamente não é suficiente para a adaptação de crianças que ainda não conheceram a plenitude da rotina de um lar afetivo e precisam construir novos laços à medida que vão curando as feridas do abandono.

Outra curiosidade a ser destacada está no fato de que não se estendeu à licença-paternidade os efeitos da adoção. Novamente a herança cultural de que a filiação é um laço materno e não familiar. A diversidade de tratamento parece valorizar a mulher, mas, ao contrário, a coloca num patamar doméstico, como única responsável pelos cuidados iniciais da criança. Acaba-se por dispensar o homem do dever de criação dos filhos, tal qual regula o novo Código Civil (1.634, I) que numa seara civil-constitucional atribui esta tarefa aos pais e não somente à mãe.

Segundo Juliana Cleto (2014:41), a licença precisa ser concedida em nível parental, só assim afasta-se a discriminação de gênero:

> Por muitas vezes, no entanto, o Direito, objetivando proteger a mulher, acaba por discriminá-la, como ocorre no caso da licença-maternidade. Fosse a licença concedida em nível parental, a visão da mulher reduzida ao ambiente privado possivelmente não seria considerada socialmente inferior – o preconceito vigente em relação aos afazeres domésticos demonstra que o homem ainda detém um papel ativo em detrimento da função passiva feminina.

Para além dessas situações, novas demandas batem à porta do ordenamento jurídico, exigindo soluções para a dificuldade de aplicação de velhos institutos frente aos novos modelos familiares. O direito à licença-maternidade precisa ser visto através da metodologia do Direito Civil-Constitucional, a fim de garantir a máxima de efetividade para os novos arranjos familiares, com destaque para a família monoparental entre pai e filhos e a união homoafetiva.

Por uma alteração de palavras e de conceitos

É indiscutível que a licença-maternidade foi criada para tutelar um fato específico, que é a geração de filhos e os cuidados especiais a serem dispensados à mãe e ao filho. Tal proteção nasceu num momento histórico em que a lei regulava uma sociedade patriarcal, hierarquizada, heterossexual e com papéis definidos para o sustento da casa (marido) e o cuidado e educação dos filhos (esposa).

Mas os tempos mudaram e a família também. Também se promoveu uma revolução de conceitos a partir da Constituição Federal de 1988, a qual trouxe um texto mais humanizado, consolidado pela igualdade de direitos e pela solidariedade como dever jurídico, além de respeito à pluralidade e à diversidade entre as pessoas. Por isso é urgente adequar os modelos antigos às novas demandas, enquanto não se produz uma atualização do texto normativo, tanto no seu significante quanto no significado.

É por isso que este estudo compreende como mais completa em seu significado histórico e constitucional a expressão "licença-natalidade" no lugar de "licença-maternidade", justamente porque as palavras têm o poder de guardar uma infinitude de valores, crenças e aspirações.

O modelo familiar de hoje é plural, com vários formatos e com a mistura de papéis entre os sujeitos que o compõem. Já é uma realidade na lei a família homoafetiva e os filhos nascidos por barriga solidária, situações que enfrentam o atual texto de lei. Somado a isso tem-se que o papel dos homens no núcleo familiar já deixou de ser o de provedor para ser partícipe da formação dos filhos, tanto quanto as mulheres.

Uma leitura literal do texto normativo que consolidou no ordenamento a licença facilmente excluirá os mais novos modelos familiares, justamente porque não contemplam a figura da mulher, mãe, geradora de filhos. Por isso, pertinente o alerta de Luiz Edson Fachin (2015:163):

> Bem por isso que excluir as relações jurídicas que não se amoldam às tradicionais cercaduras familiares e que rompem a barreira da predeterminação normativa implica verdadeiramente, em *olvidar* a própria condição existencial de sujeitos concretos, que vivencialmente buscam a felicidade e a si próprios no afeto para com outrem.

Na família homoafetiva masculina existe o impedimento natural da gestação, barreira que tem sido vencida através da adoção e da barriga solidária. De um modo ou de outro, haverá a necessidade real de cuidados com o filho que chega, tanto no desenvolvimento físico como na construção dos primeiros laços afetivos. E tanto a negativa da licença como possível exigência de que um deles assuma o "papel familiar de mãe" a fim de obter o benefício seria uma conduta altamente discriminadora e inconstitucional.

Esse novo arranjo familiar tem sido, inclusive, a última esperança para crianças que já ultrapassaram a condição de bebês e que não são brancas (preferência das famílias tradicionais), reduzindo e muito suas chances de encontrar um lar substituto.

Já é um cenário comum o reconhecimento legal da existência de dois pais para uma única criança e nesse modelo familiar homoafetivo serão eles que responderão pelos primeiros cuidados com o filho, seja bebê ou criança, vindo de barriga solidária ou adoção. Portanto, é preciso garantir que ambos estejam próximos da criança nos primeiros meses, tempo indispensável para a construção do afeto que durará por uma vida inteira.

Não obstante, o reconhecimento de que eles fazem jus a uma licença-natalidade ainda traz outro dificultador. Tarefa difícil e discriminadora seria a escolha de qual deles está mais apto a receber a licença justamente porque ambos estão compartilhando a mesma fase emocional. Essa reflexão se amplia para todos os tipos familiares porque em todos os modelos é o afeto o pilar principal. "Há que se compreender o Direito de Família em toda a sua plenitude, atendendo à sua *função social* – a felicidade e estabilidade, da célula e de seus indivíduos" (PARODI: 2007:50).

Somente a visualização do real espírito da lei é que proporcionará, numa leitura civil-constitucional, tratar igualmente todos os modelos familiares, concedendo-se o benefício que se trata de verdadeira licença-natalidade. Como afirma Paulo Nalin (2002: 275), "numa perspectiva pós-moderna é necessário revisitar as fontes da modernidade, tendo em mãos os elementos metajurídicos e históricos que compõem a sociedade no momento de aplicação da regra".

Na relação homoafetiva feminina, curiosamente, o que parece um facilitador é mais um motivo de reflexão. Tem-se a facilidade de que uma delas se declare mãe e requeira o benefício, mas afasta-se a correta aplicação da regra a ser aplicada num contorno constitucional. Além disso, tem sido comum que o óvulo de uma seja gestado pela barriga da outra, fazendo o intérprete, num primeiro momento, escolher entre a genética e o afeto.

Ambas são mães e cabem a elas, conjuntamente, os primeiros cuidados com a criança. Negar esta vivência a uma delas atenta contra o direito a um projeto familiar e à própria dignidade da pessoa humana.

Outra hipótese digna de análise diz respeito à família monoparental resultante da mãe que morre no parto. Pela leitura literal da lei seria fácil afastar o direito do pai a cuidar do filho nos primeiros meses de vida. Mas uma leitura mais sistemática não deixa dúvidas de que a finalidade da lei é proteger a família e, portanto, totalmente cabível é a concessão da licença-natalidade para o pai viúvo.

No âmbito do Poder Judiciário já é possível observar uma posição de ampliação dos direitos a partir da interpretação constitucional das regras de licença-maternidade. O Tribunal Regional Federal da 2ª Região[3] concedeu a um servidor público que vive em união homoafetiva a concessão da licença ao adotante, em razão da guarda judicial obtida, por 90 dias, nos termos do artigo 210 da Lei nº 8.112/90. Segundo a Relatora, "diante da ausência

---

[3] TRF 2ª Região, Ap-RN 0009306-04.2012.4.02.5101, 8ª T. Esp., Rel. Des. Federal Vera Lúcia Lima, p. 10.07.2013.

de previsão legal de licença ao adotante do sexo masculino nos moldes da licença à adotante (mulher), a sua negativa implicaria tratamento discriminatório, que deve ser evitado, possibilitando, ainda, às crianças os mesmos cuidados dispensados por casais heterossexuais". O mesmo fundamento foi utilizado pela 25ª Vara Federal em Brasília[4] e pela 32ª Vara Federal do Rio de Janeiro,[5] em processos semelhantes.

Na esfera estadual, notícia de jornal[6] aponta que na cidade de Recife/PE foi concedida licença-maternidade para as duas mulheres que vivem em união estável homoafetiva. Chama a atenção pelo ineditismo, pois é comum que o direito seja concedido apenas à mulher que gesta o filho. No caso, o benefício foi concedido para a mulher que não gestou e é apenas a companheira da que gerou a criança.

O caminho utilizado é o de aplicar o princípio da igualdade na regra que concede a licença para a mulher e assim estender seus efeitos para o homem, já que não há contexto para aplicar, nem por analogia, as regras destinadas à adoção.

Não resta dúvida que o melhor modelo seria aquele que concedesse a licença a ambos os sujeitos formadores do núcleo familiar porque não cabe à lei definir papéis familiares. A máxima de efetividade dos direitos fundamentais de liberdade, autonomia e justiça social só será alcançada quando o Estado perceber que a necessidade de contato com o filho, seja crescido ou não, seja genético ou não, é uma necessidade da família, não havendo razão para escolher quem será o cuidador e quem será o provedor.

Aqui oportunas são as palavras de Fabíola Albuquerque (2010:38):

> o fenômeno da constitucionalização do direito civil impôs uma hermenêutica interpretativa diferenciada às relações jurídicas privadas, e quiçá o direito de família tenha sido o ramo do Direito mais instado a olhar sob novas perspectivas os desafios sociais.

---

[4] AI 00327631520124030000. 5ª Turma. e-DJF3 Data 17.06.2013.
[5] Proc. nº 0008790-13.2014.4.02.5101, Juiz Federal Antônio Henrique Correa da Silva, Dj. 11.07.2014..
[6] Fonte: Diário de Pernambuco. Disponível em: http://www.diariodepernambuco.com.br/app/noticia/vida-urbana/2015/04/28/interna_vidaurbana,573666/licenca-maternidade-para-casal-de-maes.shtml, capturado em 28.04.2015.

A melhor interpretação sem dúvida é a que redefine o papel de homens e mulheres na relação parental, seja num casal homoafetivo ou heteroafetivo, eliminando-se a desigualdade de gênero. A igualdade já está consolidada como direito fundamental, cabendo ao intérprete a tarefa de readequação dos institutos até que o legislador ajuste os termos das regras infraconstitucionais.

No âmbito internacional, a Corte Europeia de Direitos Humanos já absorveu esta interpretação e desde 2012 decidiu que os homens têm direito ao mesmo tempo de licença que as mulheres para cuidar de filhos recém-nascidos. O entendimento firmado foi o de que restringir a licença para cuidar do filho apenas à mulher é discriminação sexual e, por isso, viola a Convenção Europeia de Direitos Humanos.

O caso analisado foi de um casal de militares russos.[7] Ele relatou que a mulher foi embora de casa deixando que ele cuidasse dos três filhos, um deles recém-nascido. O pai das crianças requereu ao Exército licença-paternidade de três anos, tempo previsto para as mulheres militares que se tornam mãe. A licença foi negada, razão pela qual recorreu à Corte Europeia, onde seu direito foi reconhecido. A Corte considerou que a Rússia desrespeitou a Convenção Europeia de Direitos Humanos.

Como se vê, o projeto da modernidade exige um estudo constante dos institutos, exercitando o benefício do confronto de teses na construção de novos paradigmas, método apresentado por Thomas Kuhn. Ricardo Soares (2007:13) assim apresenta as ideias do autor:

> Para ele, o progresso científico seria marcado por revoluções paradigmáticas. Com efeito, nos períodos de normalidade, o paradigma, visão de mundo expressa numa teoria, serviria para auxiliar os cientistas na resolução dos seus problemas, sendo, posteriormente, substituído por outro paradigma, quando pendentes questões não devidamente respondidas pelo modelo anterior.

Não há razão para a restrição interpretativa do instituto. Insistir nisso é viver no passado. E como diria aquela música de Belchior, "é você que ama o passado e que não vê que o novo sempre vem...".

---

[7] Disponível em: http://www.conjur.com.br/2012-mar-22/pai-direito-mesma-licenca-mae-cuidar-filho-corte-europeia. Capturado em 15.04.2015.

Que não tenhamos medo do novo, nem da construção de novas palavras. Homenageando o poema de Carlos Drummond, elas, palavras, trazem suas caixas, sempre perguntando ao estudioso do Direito: "trouxeste a chave?".

Referências

ALBUQUERQUE, Fabíola Santos. Os Princípios Constitucionais e sua Aplicação nas Relações Jurídicas de Família. In: Famílias no Direito Contemporâneo. Salvador: Juspodivm, 2010.

BARROS, Alice Monteiro de. Curso de Direito do Trabalho. 2. ed. São Paulo: LTR, 2006.

CLETO, Juliana. A Licença-Maternidade como Representação de uma Ideologia Velada: a divisão de tarefas por gênero e o dever de cuidado parental. Revista do Tribunal Regional do Trabalho. 3ª Região. Nº1(1965-), Belo Horizonte, v. 58, n. 89, p. 37-48, jan./jul. 2014.

DIAS, Maria Berenice. Conversando sobre o direito das famílias. Porto Alegre: Livraria do Advogado, 2004.

FACHIN, Luiz Edson. Sentidos, Transformações e Fim. Rio de Janeiro: Renovar, 2015.

FARIAS, Cristiano Chaves; ROSENVALD, Nelson. Direito das Famílias. Rio de Janeiro: Lumen Juris, 2008.

LÔBO, Paulo Luiz Netto. Famílias. São Paulo: Saraiva, 2008.

NALIN, Paulo Ribeiro. O Contrato em Movimento no Direito Pós-Moderno. In: Revista Trimestral de Direito Civil, São Cristóvão: Padma, v. 10, abr./jun. 2002. Compilação de palestra proferida no Campus I da Pontifícia Universidade Católica do Paraná em março de 2001.

PARODI, Ana Cecília. Responsabilidade Civil nos Relacionamentos Afetivos Pós-Modernos. Campinas: Russel, 2007.

SOARES, Ricardo Maurício Freire. O Direito de Família Pós-Moderno: Breves Apontamentos. In: Revista Brasileira de Direito das Famílias e Sucessões. IBDFAM, Belo Horizonte: Magister, 2007.

TORRES, Marcos Alcino de Azevedo. A Propriedade e a Posse: um confronto em torno da função social. 2. ed. Rio de Janeiro: Lumen Juris, 2008.

Informação bibliográfica deste texto, conforme a NBR 6023:2018 da Associação Brasileira de Normas Técnicas (ABNT):

GUILHERMINO, Everilda Brandão. Licença-natalidade: em busca de uma readequação de conceitos em um novo Direito de Família. In: EHRHARDT JÚNIOR, Marcos; LOBO, Fabíola Albuquerque; ANDRADE, Gustavo (Coord.). Direito das relações familiares contemporâneas: estudos em homenagem a Paulo Luiz Netto Lôbo. Belo Horizonte: Fórum, 2019. p. 527-541. ISBN 978-85-450-0700-5.

PLANEJAMENTO PATRIMONIAL FAMILIAR: AS *HOLDINGS*

PAULA FALCÃO ALBUQUERQUE
DANILO RAFAEL DA SILVA MERGULHÃO

Considerações iniciais

Atualmente, cada vez mais as pessoas vêm tentando organizar sua vida patrimonial para minimizar eventuais desconfortos em períodos vindouros, tentando prever possíveis intercorrências que podem surgir. Isso porque, durante vida, não raro as pessoas acumulam bens e planejam a destinação destes para uma fase posterior.

Alguns indivíduos não se preocupam e não oficializam seus anseios em relação a acontecimentos futuros que possam interferir na organização patrimonial. De outro lado, outros mais cautelosos preferem se organizar e definir o destino e o modo de condução a ser ofertado ao seu patrimônio, principalmente em relação aos acontecimentos que podem ensejar a consumação de uma sucessão patrimonial, seja ela *causa mortis* ou *inter vivos*.

Depois de um longo esforço para acumular riquezas, é natural que se queira protegê-las, seja de intempéries presentes ou futuras. Estabelece-se a vontade de comandar todos os reflexos e a destinação do próprio patrimônio, inclusive para depois da vida. Com isso, arquiteta-se a proteção patrimonial enquanto vida tiver, como também a alocação dos bens para eventuais herdeiros, no afã de dominá-los de forma eterna.

Várias são as razões que podem levar as pessoas a darem oficialmente destinação ao seu patrimônio pessoal, evitando que este ganhe caminhos diversos do almejado. Com isso, pode-se evitar conflitos familiares em caso de dissolução de união estável ou casamento, nos casos de sucessão hereditária, ou até mesmo para beneficiar aqueles por quem o titular dos bens tenha mais afeição ou preocupação. Não obstante tais vantagens, há alguns indivíduos que planificam seu patrimônio com o interesse de camuflar a existência de bens que sirvam para o cumprimento de obrigações, sejam elas legais ou convencionais.

Atualmente, diversos são os mecanismos que podem ser utilizados para tal finalidade, permitindo uma organização que envolva reflexos no patrimônio, nas relações familiares e afetivas, como também nas relações obrigacionais. Um dos institutos que se presta a tal fim são as *holdings*, sociedades que são constituídas com o condão de administrar bens, direitos e obrigações de um grupo de pessoas (físicas ou jurídicas), podendo ser utilizada, inclusive, na esfera familiar. Nesse sentido, é possível a adoção de medidas aptas a organizar e administrar o patrimônio familiar para otimizar a perpetuação dos bens ao alcance dos membros da família, conferindo proteção econômica a ela.

Porém, o atual sistema de Direito Privado, especialmente o de Direito Civil, não mais analisa os bens de maneira isolada e com sobreposição aos interesses sociais. O advento do Estado Social mudou o olhar ofertado à propriedade, família e negócios jurídicos, deixando de lado uma postura individualista e essencialmente patrimonialista. A humanização e os valores sociais prevalecem em face dos individuais, apresentando barreiras na liberdade de destinação patrimonial.

Nesse contexto, pretende o presente ensaio investigar a ordem jurídica brasileira de forma sistemática e analisar a possibilidade e os limites de utilização das *holdings* patrimoniais familiares como mecanismo para a consecução de um planejamento patrimonial. Indaga-se, então: a legislação brasileira oferece aparato para uma planificação patrimonial, através da indicação de organização e destinação dos bens pessoais? Pretende-se identificar qual a melhor interpretação que deve ser feita em relação a tal permissivo.

No intento de responder à problemática apresentada, inicialmente será feita uma abordagem acerca da constitucionalização do Direito Civil e como se apresenta diante dos institutos família, contratos e propriedade. Depois, será feita uma análise acerca dos conceitos de planejamento e blindagem patrimonial.

Ao final, pretende-se discorrer acerca das *holdings* familiares patrimoniais, delimitando a possibilidade de utilização e seus limites impostos pelo atual sistema jurídico brasileiro.

1 A constitucionalização do Direito Civil: família, contratos e propriedade

O Direito Civil de outrora já não é mais visualizado nos dias de hoje. A visão clássica das normas que regiam as relações privadas ganhou novos contornos. Nesse sentido, Tepedino ao cuidar do Direito Privado de antes afirma que

> O direito privado tratava de regular, do ponto de vista formal, a atuação dos sujeitos de direito, notadamente o contratante e o proprietário, os quais, por sua vez, a nada aspiravam senão ao aniquilamento de todos os privilégios feudais: poder contratar, fazer circular as riquezas, adquirir bens como expansão da própria inteligência e personalidade, sem restrições ou entraves legais. Eis aí a filosofia do século XIX, que marcou a elaboração do tecido normativo consubstanciado no Código Civil.[1]

No Brasil, o Código Civil de 1916 foi alicerçado por uma ideologia fincada no individualismo, o voluntarismo, formalismo e de sobreposições dos interesses patrimoniais. Não havia qualquer relação entre Direito Público e Direito Privado, sendo o Código Civil único instrumento disciplinador das relações privadas, sem que o Estado efetivamente interviesse para evitar maiores abusos.

Porém, "a sociedade que servira de paradigma para a codificação civil brasileira e os fundamentos ideológicos do Estado liberal e do correlativo individualismo jurídicos já estavam superados".[2] A sociedade foi se transformando e, junto com ela, a legislação também teve que se adequar. O Estado passou a adotar uma postura mais intervencionista, mitigando do Código Civil quando da existência de excessos individualistas e egoístas, e tolhendo o regramento acerca da ampla concessão de liberdade para cuidar de interesses individuais.

Diante da dificuldade de modificar e adequar a codificação civil à nova realidade social, foram se desenvolvendo diversos microssistemas legislativos que traziam novos contornos para as relações privadas, fenômeno chamado de descodificação do Direito

---

[1] TEPEDINO, Gustavo. *Temas de direito civil*. 2. ed. rev. atual. Rio de Janeiro: Renovar, 2001. p. 2.
[2] LÔBO, Paulo. Novas perspectivas da constitucionalização do direito civil. *Revista Jus Navigandi*, Teresina, ano 18, n. 3754, 11 out. 2013. Disponível em: https://jus.com.br/artigos/25361. Acesso em: 28 fev. 2019.

Civil.[3] Com a pulverização de diversas leis esparsas, "a disciplina codificada deixa de representar o direito exclusivo, transformando-se em centro normativo do direito comum".[4]

Esse processo de mudança, fundado nos ideais do Estado Social, permitiu que o Direito Privado fosse, paulatinamente, sendo humanizado. Solidificando tal ideário, a Constituição Federal de 1988, ao elencar um rol de direitos e garantias fundamentais, passou a cuidar, em várias passagens, do Direito Civil. Paulo Lôbo[5] afirma que, ao buscar a promoção da justiça social, "além das funções de organização do Estado, delimitando o poder político, e da garantia das liberdades individuais decorrentes, a Constituição do Estado social incorpora outra função, que a identificará: a de reguladora da ordem econômica e social".

Com isso, a Constituição Federal de 1988 passou a ser o centro do sistema do Direito Civil, que, além de trazer expressamente normas que cuidam da matéria, passou a funcionar como filtro axiológico pelo qual o Direito Civil deve ser lido.[6] Sobre o assunto, Konrad Hesse afirma que *"el derecho constitucional ofrece al derecho privado directrices e impulsos que son, considerablemente importantes, en particular, para una evolución adecuada del derecho privado. Corresponde al derecho constitucional una función de guía".*[7]

Nesse contexto, verifica-se o Direito Civil Constitucional, que nada mais é do que "uma metodologia de estudo, de pesquisa e de aplicação do Direito Civil",[8] ou seja, uma nova perspectiva de olhar para a aplicação do Direito Privado, totalmente remodelado com valores sociais, humanizados e com patrimonialismo flexibilizado.

---

[3] AMARAL NETO, Francisco dos Santos. A descodificação do direito civil brasileiro. *Revista do Tribunal Regional Federal da 1ª Região*, Brasília, n. 4, p. 635 *et seq.*, out./dez. 1996.
[4] TEPEDINO, Gustavo. *Temas de direito civil*. 2. ed. rev. atual. Rio de Janeiro: Renovar, 2001.
[5] LÔBO, Paulo Luiz Netto. Contrato e mudança social. *Revista dos Tribunais*, São Paulo, v. 722, p. 42, dez. 1995.
[6] BARROSO, Luís Roberto. Neoconstitucionalismo e constitucionalização do direito (triunfo tardio do direito constitucional no Brasil). *Revista Eletrônica sobre a Reforma do Estado (RERE)*, Salvador, Instituto Brasileiro de Direito Público, n. 9, mar./abr./maio 2007. Disponível em: http://www.direitodoestado.com.br/redae.asp. Acesso em: 28 fev. 2019.
[7] HESSE, Konrad. *Derecho constitucional y derecho privado*. Tradução de Ignácio Gutiérrez. Madrid: Civitas, 1995. p. 196.
[8] LÔBO, Paulo. Metodologia do direito civil Constitucional. *In*: RUZYK, Carlos Eduardo Pianovski; SOUZA, Eduardo Nunes de; MENEZES, Joyceane Bezerra de; EHRHARDT JR., Marcos (Org.). *Direito Civil Constitucional* – A ressignificação da função dos institutos fundamentais do direito civil contemporâneo e sua consequências. Florianópolis: Conceito Editorial, 2014, p. 19-27, p. 20.

A constitucionalização do Direito Privado permite a sobreposição da pessoa humana em face do fim patrimonial e a funcionalização dos institutos. Ora,

> a patrimonialização das relações civis, que persiste nos códigos, no sentido de primazia, é incompatível com os valores fundados na dignidade da pessoa humana, adotados pelas Constituições modernas, inclusive pela brasileira (art. 1º, III). A repersonalização reencontra a trajetória da longa história da emancipação humana, no sentido de repor a pessoa humana como centro do direito civil, passando o patrimônio ao papel de coadjuvante, nem sempre necessário.[9]

Através dessa metodologia, o tratamento ofertado às relações familiares, contratuais e patrimoniais está completamente embasado nos princípios da eticidade, operabilidade e socialidade.

O tratamento jurídico posto às relações familiares talvez tenha sido o que sofreu maior mudanças ao longo das últimas décadas, afinal as relações interpessoais vêm sendo modificadas e, atualmente, prevalece a ideia da convivência embasada em afeto. Ou seja, apesar de as relações familiares terem certa natureza patrimonial, sobrepõem-se atualmente os interesses existenciais. Dessa forma,

> A excessiva preocupação com os interesses patrimoniais que matizaram o direito de família tradicional não encontra eco na família atual, vincada por outros interesses de cunho pessoal ou humano, tipificados por um elemento aglutinador e nuclear distinto: a afetividade. Esse elemento nuclear define o suporte fático da família tutela pela Constituição, conduzindo ao fenômeno que denominamos repersonalização.[10]

Assim, com a repersonalização das relações familiares, hoje se podem definir alguns alicerces que sustentam o tratamento jurídico de tais ligações. Rodrigo da Cunha Pereira, em um artigo que cuida da principiologia do Direito de Família, aponta dez princípios norteadores dessa relação. Para o autor são eles: prin-

---

[9] LÔBO, Paulo. Novas perspectivas da constitucionalização do direito civil. *Revista Jus Navigandi*, Teresina, ano 18, n. 3754, 11 out. 2013. Disponível em: https://jus.com.br/artigos/25361. Acesso em: 28 fev. 2019.

[10] LÔBO, Paulo. A repersonalização das relações de família. *Revista Brasileira de Direito de Família*, Porto Alegre: Síntese, n. 24, p. 136-156, jun./jul. 2004.

cípio da dignidade da pessoa humana, princípio da monogamia, princípio do melhor interesse da criança e do adolescente, princípio da igualdade dos gêneros e o respeito às diferenças, princípio da autonomia e da menor intervenção estatal, princípio da pluralidade das formas de família, princípio da afetividade, princípio da solidariedade, princípio da responsabilidade e princípio da paternidade responsável.[11]

Do individualismo do século passado ao humanismo dos dias atuais, a estrutura familiar agora é pautada pela solidariedade, como alicerce para a afetividade e proteção às relações interpessoais de cunho existencial, respeitando a dignidade da pessoa humana. Entende-se como solidariedade do núcleo familiar a reciprocidade "dos cônjuges e companheiros, principalmente quanto à assistência moral e material. A solidariedade em relação aos filhos responde à exigência da pessoa de ser cuidada até atingir a idade adulta, isto é, de ser mantida, instruída e educada para sua plena formação social".[12] Ou seja, vai além do interesse individual e egoísta de prevalência de proteção patrimonial.

Além do aspecto familiar, a constitucionalização do Direito Civil fornece novos contornos à contratualística. O olhar tradicional dos vínculos obrigacionais (que limitava os negócios jurídicos à análise unicamente dos elementos subjetivos, objetivos e do vínculo jurídico como algo transitório e de interesse apenas das partes) não se coaduna com as hodiernas relações obrigacionais, tendo em vista que, com a mitigação da perspectiva exclusivamente patrimonialista,

> se revelou inadequado e insuficiente para tutelar todas as vicissitudes inerentes à visão solidarista da relação obrigacional, que não mais se limita ao resultado da soma de débito e crédito, devendo abandonar tal posição estática para que o vínculo obrigacional seja visto como um processo de cooperação voltado para determinado fim.[13]

---

[11] PEREIRA, Rodrigo da Cunha. Uma Principiologia para o Direito de Família. *Síntese do livro Princípios Fundamentais norteadores do Direito de Família*. 2. ed. São Paulo: Saraiva, 2012.

[12] LÔBO, Paulo. Novas perspectivas da constitucionalização do direito civil. *Revista Jus Navigandi*, Teresina, ano 18, n. 3754, 11 out. 2013. Disponível em: https://jus.com.br/artigos/25361. Acesso em: 28 fev. 2019.

[13] EHRHARDT JR., Marcos. Relação obrigacional como processo na construção do paradigma dos deveres gerais de conduta e suas consequências. *Revista da Faculdade de Direito – UFPR*, n. 56, Curitiba, p.141-155, 2012, p. 144-145.

Nesse sentido, há necessidade de se fazer uma leitura dos negócios jurídicos através de uma dimensão social, revelando uma necessária satisfação de todos os interesses postos no negócio, que vão além das cláusulas contratuais. Para tanto, além de observar os princípios individuais dos contratos,[14] deve-se considerar os negócios jurídicos com base nos "princípios contratuais típicos do Estado Social", que são: função social do contrato, da equivalência material do contrato e da boa-fé objetiva.[15]

O princípio da função social do contrato reflete a ideia de que "os interesses individuais das partes do contrato sejam exercidos em conformidade com os interesses sociais, sempre que estes se apresentem. Não pode haver conflito entre eles, pois os interesses sociais são prevalecentes".[16]

Nesse sentido, a realização do negócio jurídico (formação e cumprimento) não deve se contrapor aos interesses sociais, afinal estão em patamar de prevalência em face dos interesses individuais.

O princípio da equivalência material está inserido na função social do contrato. Independente de se considerá-lo como princípio ou tentáculo da função social, a ideia de equilíbrio contratual deve ser observada em qualquer avença. Isso porque não se admitem prestações desproporcionais, tendo em vista que "o desequilíbrio mostrou-se insuportável para a visão do contrato contemporâneo, com a superação da concepção simplesmente liberal".[17]

Tanto é verdade que, ao tratar acerca da lesão, típico vício que desequilibra o contrato, Anderson Schreiber[18] afirma que,

> A possibilidade de revisão judicial do negócio manifestamente desequilibrado não deriva tão-somente da aplicação das normas do Código Civil, mas decorre, antes disso, das normas fundamentais do ordena-

---

[14] Tais como a relatividade dos contratos e da *pacta sunt servanda*.
[15] LÔBO, Paulo. Princípios contratuais. Princípios sociais dos contratos. *Revista Jus Navigandi*, Teresina, ano 18, n. 3750, 7 out. 2013. Disponível em: https://jus.com.br/artigos/25359. Acesso em: 28 fev. 2019.
[16] LÔBO, Paulo. Princípios contratuais. Princípios sociais dos contratos. *Revista Jus Navigandi*, Teresina, ano 18, n. 3750, 7 out. 2013. Disponível em: https://jus.com.br/artigos/25359. Acesso em: 28 fev. 2019.
[17] HIRONAKA, Giselda Maria Fernandes. Principiologia contratual e a valoração ética no Código Civil Brasileiro. *Civilistica.com*. Revista eletrônica de Direito Civil, ano 3, n. 1, p. 9, 2014.
[18] SCHREIBER, Anderson. *O princípio do equilíbrio das prestações e o instituto lesão*. Disponível em: http://www.marcosehrhardt.com.br/index.php/artigo/download/122. Acesso em: 28 fev. 2019.

mento jurídico brasileiro. O reequilíbrio de um contrato flagrantemente injusto é, mais que um remédio civilístico, um imperativo constitucional, decorrente da solidariedade social (art. 3º, I), do valor social da livre iniciativa (art. 1º, IV) e da igualdade substancial (art. 3º, III e IV), na sua direta incidência sobre o direito contratual.

Ou seja, admite-se a revisão judicial das cláusulas contratuais para reequilibrar a relação afinal, a necessidade de equilíbrio das prestações vai muito além do manifesto interesse das partes; decorre de exigência contida na Constituição Federal.

O outro princípio que deve ser observado nas relações é o da boa-fé objetiva, que significa

> uma atuação refletida, pensando no outro, no parceiro contratual, respeitando seus interesses legítimos, suas expectativas razoáveis, seus direitos, agindo com lealdade, sem abuso, sem obstrução, sem causar lesão ou desvantagem excessiva, cooperando para atingir o bom fim das obrigações: o cumprimento do objetivo contratual e a realização dos interesses das partes.[19]

É, portanto, a demonstração da vontade de praticar determinado ato sem prejudicar, sem enganar, tentando respeitar o direito e terceiros; serve-se como limites de conduta aos contratantes, exigindo deles a abstenção de prática de condutas abusivas, desleais e de obstrução de direito de terceiros.

Por fim, a propriedade também foi atingida pela metodologia civil-constitucional, podendo ser vista tanto como um direito quanto como um dever. Com o advento da Constituição Federal de 1988, a propriedade foi posta no catálogo dos direitos e garantias fundamentais, tendo como limite a observância da função social. Como dever, atribui-se ao seu titular a possibilidade de "exercer o poder de fato ou de direito não apenas para atender seus interesses individuais legítimos, mas também e necessariamente os interesses da sociedade ou da comunidade onde está inserido o objeto de pertencimento".[20] Essa é a funcionalização da propriedade, que limita o exercício do direito pelos indivíduos.

---

[19] GOMIDE, Alexandre Junqueira. A teoria do adimplemento substancial e o princípio da segurança jurídica. *Revista de Direito Privado*, vol. 45/2011, p. 71-87, jan./mar. 2011, p. 75.
[20] LÔBO, Paulo. *Direito civil:* coisas. 2. ed. São Paulo: Saraiva, 2017. p. 118.

Nesse sentido, a utilização da propriedade deve ser pautada como mecanismo de produção e circulação de riquezas, produção econômica ou para servir de morada, não se admitindo a sua utilização de forma a causar prejuízo aos bens ou valores importantes para sociedade. Há, portanto, limites postos pelo ordenamento jurídico brasileiro no que se refere ao uso, fruição e disposição do direito de propriedade.

Diante desse fenômeno chamado constitucionalização do Direito Civil, é possível as pessoas organizarem e planejarem seu patrimônio familiar de acordo com suas próprias vontades? As chamadas *holdings* familiares recebem amparo jurídico para sua consecução? Antes de responder às perguntas lançadas, far-se-á uma apresentação do que seria o planejamento patrimonial.

2 Planejamento e blindagem patrimonial

A palavra planejamento faz parte da vida de todas as pessoas, com forte importância para aquelas que são organizadas. O termo planejar é utilizado quando se quer "estabelecer um plano, isto é, um programa a ser cumprido em um determinado período".[21] Planejar significa organizar o futuro, traçar ideais que se pretende pôr em prática, organizando os percursos que serão feitos. Planejam-se as férias, a compra de imóveis, o passeio com os filhos, a reforma de uma casa, o trajeto para o trabalho, o estudo para a aprovação em concurso público etc. E esse planejamento, em geral, permite que o caminho a ser percorrido seja esboçado e, com isso, que se evitem surpresas, otimizando o alcance dos objetivos.

Esse planejamento pode ser feito, especialmente, com o patrimônio das pessoas, que nada mais é do que a organização do "conjunto das relações jurídicas que têm como objeto coisas atuais, futuras, corpóreas e incorpóreas, além dos créditos e débitos, que estejam sob a titularidade ou responsabilidade de uma

---

[21] PEREIRA, Rodrigo da Cunha. *Dicionário de direito de família e sucessões*: ilustrado. São Paulo: Saraiva, 2015.p. 538.

pessoa".[22] Ou seja, o conceito de patrimônio vai além do simples conjunto de bens, como coloquialmente é posto; sua definição engloba "todas as relações jurídicas dotadas de valor econômico, formando o que os teóricos clássicos chamam de *universitas iuris* (universalidade jurídica). Em outras palavras, ao contrário da compreensão leiga, patrimônio é tanto o que se tem, quanto o que se deve, isto é, os haveres".[23]

Ora, é natural que alguns indivíduos, durante a vida, produzam, adquiram e multipliquem os bens. Vários são aqueles que iniciam suas atividades sem uma quantidade de bens consideráveis e que, ao longo da vida, conseguem se organizar patrimonialmente. Algumas dessas pessoas adotam uma postura de despreocupação em relação ao futuro; já outras não querem ser surpreendidas com acontecimentos capazes de prejudicar todo o acumulado. Para tanto, buscam instrumentos aptos a organizar seus bens, definindo os possíveis destinos que lhes serão dados em momentos pósteros.

Dessa maneira, o planejamento do patrimônio é uma série de prévias ações organizadas que têm o condão de salvaguardar o conjunto patrimonial (bens, direitos e obrigações) de determinada pessoa ou de determinado grupo de pessoas. Essas medidas, elaboradas de maneira sistematizadas, ajudam a metodizar o plano sucessório patrimonial (seja ele de caráter *inter vivos* ou *causa mortis*), evitando, assim, consequências indesejadas e desfavoráveis (moral e economicamente). Com isso, "é possível mitigar os conflitos negociais e familiares, tornando-os objeto de controle mais facilmente, além de outros fatores que visam contribuir para a continuidade das atividades empresariais e a manutenção do núcleo familiar e financeiro".[24]

Tal planificação é ideal e recomendável, desde que, esteja de acordo com o ordenamento jurídico brasileiro, isto é, dentro dos limites postos pelo Direito no que se refere ao exercício do direito de propriedade, negócios jurídicos e relações familiares, fundado

---

[22] LÔBO, Paulo. *Direito Civil*: parte geral. 6. ed. São Paulo: Saraiva, 2017, p. 216.

[23] MAMEDE, Gladston; MAMEDE, Eduardo Cotta. *Blindagem patrimonial e planejamento jurídico*. 5. ed. São Paulo: Atlas, 2015, p. 22.

[24] CARVALHO, Tomás Lima de; PAZ, Leandro Alves. A utilização estratégica do planejamento jurídico na organização e gestão do patrimônio familiar. *Revista de Direito Empresarial*, vol. 11/2015, p. 95-123, set./out. 2015.

no que prega o Direito Civil-Constitucional. Assim, o planejamento patrimonial deve identificar as possibilidades lícitas e seguras que podem ser utilizadas para estruturar o destino do seu acervo,[25] sob pena da prática de fraude contra credores e violação ao ideal solidarista e humanista da Constituição Federal de 1988.

Nas relações familiares, tal organização de planejamento ganha contornos especiais. Diante do laço afetivo que une os membros da família, disputas patrimoniais podem gerar o rompimento das relações afetivas dos membros. E isso não é difícil de acontecer. Inúmeros casamentos são desfeitos e a dificuldade de concretizar juridicamente o divórcio gira em torno da separação dos bens, vários irmãos não conseguem manter um bom relacionamento tendo em vista disputas patrimoniais, inúmeros filhos havidos fora do casamento não conseguem manter um convívio com outros membros da família por questões econômicas... não são raras tais situações.

Nas palavras de Mamede,

> as disputas entre familiares são conhecidas por se aproximarem de um vale tudo, com episódios lamentáveis (...) O pior é quando se observa que essas desavenças acabam por colocar em risco a hegemonia da família sobre determinado negócio. A hipótese é tola, certo que os envolvidos, cegos por impulsos primitivos de disputa, acabam por não perceber que se enfraquecem mutuamente quando enfraquecem o poder que a família tem sobre empresa(s) ou grupo de empresas. Na busca de uma vitória, todos perdem.[26]

O Direito brasileiro se ocupou em trazer regras que cuidam da esfera patrimonial, a exemplo do regime de casamento e algumas outras aplicadas ao Direito Sucessório. Mas falar em planejamento patrimonial familiar vai além desses contornos. É cuidar de forma específica do que a lei não tratou; é permitir que as pessoas promovam uma estruturação do seu patrimônio de acordo com a própria vontade, evitando, inclusive disputas

---

[25] MAMEDE, Gladston; MAMEDE, Eduardo Cotta. *Blindagem patrimonial e planejamento jurídico*. 5. ed. São Paulo: Atlas, 2015, p. 65.
[26] MAMEDE, Gladston; MAMEDE, Eduardo Cotta. *Holding familiar e suas vantagens*: planejamento jurídico e econômico do patrimônio e da sucessão familiar. 9. ed. rev., atual e ampl. São Paulo: Atlas, 2017. p. 72.

entre os pares. Tal mecanismo "se resume em um processo pelo qual a família cria meio para ter uma manutenção racional do patrimônio adquirido".[27]

A ideia de se fazer tal organização despontou do ideário de salvaguardar os negócios e bens de família, com o propósito de que, após o óbito do titular da herança, fosse dado um destino racional dos bens, evitando desestabilização familiar e a dilapidação destes.[28] Com o passar do tempo, além de servir para organização *post mortem*, passou-se a utilizar o instituto com o condão de delimitar e proteger os bens enquanto a pessoa ainda estiver viva.

É importante, porém, destacar que o planejamento patrimonial familiar nada tem a ver com a chamada blindagem patrimonial para camuflagem de bens. Esta nada mais é do que "um ato ilícito complexo, ou seja, envolve a prática de diversos atos que são considerados ilegais por disciplinas jurídicas diversas: ilícitos civis, ilícitos tributários e ilícitos penais, entre outros".[29] Nesse sentido, o termo blindagem é utilizado quando o planejamento se recobre através de um expediente astucioso que se presta a burlar a legislação e camuflar os bens para tentar escondê-los daqueles que, por lei, teriam direito de parte ou de seus reflexos.

Na esfera das relações familiares, várias são as pessoas que tentam ocultar seus bens e deixá-los imunes à responsabilização.[30] O cônjuge ou companheiro que pretende dissolver a relação sem, contudo, repartir o patrimônio conforme o previsto em lei ou o regime de casamento previamente escolhido; os ascendentes que querem beneficiar descendentes sem uma oferta igualitária aos demais; pais que não querem materialmente dar suporte aos descendentes ou ascendentes através de pensão alimentícia ou do exercício do direito de herança e até mesmo aqueles que querem se

---

[27] SOUZA, Bárbara Schneider de. *Holding patrimonial*: blindagem de patrimônio e planejamento sucessório. Disponível em: https://www.univates.br/graduacao/media/direito/holding_patrimonial_barbara_schneider_de_souza.pdf. Acesso em: 28 fev. 2019.

[28] CARVALHO, Tomás Lima de; PAZ, Leandro Alves. A utilização estratégica do planejamento jurídico na organização e gestão do patrimônio familiar. *Revista de Direito Empresarial*, vol. 11, p. 95-123, set./out. 2015.

[29] MAMEDE, Gladston; MAMEDE, Eduardo Cotta. *Blindagem patrimonial e planejamento jurídico*. 5. ed. São Paulo: Atlas, 2015, p. 43.

[30] APOCALYPSE, Sidney Saraiva. PGBL: a falácia da blindagem patrimonial e do planejamento sucessório. *Revista Tributária e de Finanças Públicas*, vol. 66/2006, p. 222-231, jan./fev. 2006.

esquivar da responsabilização patrimonial por dívidas contraídas aleatória e desordenadamente. Para tanto, adotam estratégias para encobrir o real conjunto de ativos. Além do comum uso de pessoas conhecidas por laranjas,[31] atualmente, uma das maneiras mais sofisticadas para a realização da blindagem ilícita ocorre através da criação de pessoas jurídicas em países que possuem uma legislação mais liberal e de menor controle que o Brasil.[32] Essas pessoas jurídicas constituídas no exterior são chamadas de *offshore*, "sociedades constituídas em paraísos fiscais, vale dizer, locais cuja legislação fiscal e societária seja mais liberal, facilitando seu uso para a prática de fraudes".[33] Essas e quaisquer outras formas de ocultação de patrimônio com o condão de imunizar ilicitamente qualquer obrigação devem ser combatidas pelo Direito brasileiro.

Porém, há várias maneiras de se organizar o patrimônio familiar dentro dos limites da legalidade, evitando surpresas, reflexos indesejados e desgastes entre os membros da família. Para que isso ocorra, é necessário que os profissionais aptos a fazê-lo conheçam não apenas a realidade patrimonial e a vontade do planejador como também o ambiente familiar vivenciado por quem deseja tal organização.

Na relação interfamiliar, visando à destinação racional dos bens, diante do que é juridicamente permitido dispor, é possível apontar a maneira adequada e conveniente de administrar o patrimônio e indicar quais os parâmetros serão utilizados para a sucessão patrimonial. O arcabouço jurídico brasileiro oferta aos interessados algumas formas de planejamento, tais como pactos antenupciais, escolha de regime de bens, antecipação de herança, contratação com planos de previdência privada, seguros contra eventos, dentre outros. Atualmente, porém, vem ganhando notoriedade a chamada *holding familiar*, que será adiante conceituada e delimitada.

---

[31] São aqueles que se apresentam como proprietários dos bens sem os ser.
[32] É importante destacar que não são todas as pessoas jurídicas constituídas em outros países que se prestam à blindagem patrimonial; apenas aquelas que se destinam à camuflagem de bens para a imunização de responsabilidades. Para a caracterização de licitude, as *offshores* precisam estar de acordo com a legislação brasileira.
[33] MAMEDE, Gladston; MAMEDE, Eduardo Cotta. *Blindagem patrimonial e planejamento jurídico*. 5. ed. São Paulo: Atlas, 2015, p. 45.

3 *Holding* familiar como forma de planejamento patrimonial familiar

De origem norte-americana,[34] a *holding* nada mais é do que "uma sociedade de participação com o fim imediato de titularizar o controle de outra ou de outras sociedades".[35] Gladston Mamede e Eduardo Mamede[36] afirmam que

> A expressão *holding company*, ou simplesmente *holding*, serve para designar pessoas jurídicas (sociedades) que atuam como titulares de bens e direitos, o que pode incluir bens imóveis, bens móveis, participações societárias, propriedade industrial (patente, marca etc.), investimentos financeiros etc.

Nesse sentido, as *holdings* são constituídas para administrar outras sociedades ou patrimônio.[37] Para Prado[38] não se trata especificamente de um tipo societário, mas sim de uma característica que pode ser reconhecida nas diversas modalidades de sociedades existentes no ordenamento jurídico brasileiro.

Ao tratar do assunto *holding*, Comparato e Salomão Filho apontam quais as vantagens desse objeto societário, sintetizando com: "1) controle centralizado, com uma administração descentralizada; 2) gestão financeira unificada do grupo; 3) controle sobre um grupo societário com o mínimo investimento necessário".[39]

---

[34] COMPARATO, Fábio Konder; SALOMÃO FILHO, Calixto. *O poder de controle na sociedade anônima*. 6. ed. rev. e atual. Rio de Janeiro: Forense, 2014.

[35] CAMPINHO, Sérgio. *Curso de direito comercial*: direito de empresa. 14. ed. rev. e atual. São Paulo: Saraiva, 2016. p. 54.

[36] MAMEDE, Gladston; MAMEDE, Eduardo Cotta. *Holding familiar e suas vantagens*: planejamento jurídico e econômico do patrimônio e da sucessão familiar. 9. ed. rev., atual e ampl. São Paulo: Atlas, 2017. p. 13.

[37] É possível a criação de *holdings* puras e mistas. As puras são aquelas que possuem a atribuição tão somente de administrar e participar de outras sociedades. Já as mistas, além do interesse em administrar, prestam-se à exploração de outras atividades econômicas.

[38] PRADO, Fred John Santana. A *holding* como modalidade de planejamento patrimonial da pessoa física no Brasil. *Revista Jus Navigandi*, Teresina, ano 16, n. 2800, 2 mar. 2011. Disponível em: https://jus.com.br/artigos/18605. Acesso em: 28 fev. 2019.

[39] COMPARATO, Fábio Konder; SALOMÃO FILHO, Calixto. *O poder de controle na sociedade anônima*. 6. ed. rev. e atual. Rio de Janeiro: Forense, 2014.

Com respaldo na Lei nº 6.404/76,[40] atualmente proporciona a solução de vários impasses familiares, especialmente quando da existência de um vasto patrimônio familiar que, eventualmente, em momento futuro poderá ser objeto de disputas entre entes da mesma família. Planeja-se para evitar que "desavenças internas e particulares dos sócios, futuros herdeiros, não venham a afetar a continuidade e existência da sociedade".[41]

A chamada *holding* patrimonial familiar se presta a tal finalidade e, se utilizada de maneira racional e adequada, pode "ser o caminho mais eficiente e eficaz para perpetuar a continuidade das atividades empresariais que eventualmente sejam exercidas pela família, bem como o patrimônio conquistado com o passar de anos".[42] Nessa sociedade, os membros da família são postos em condição de sócios.

Isso acontece porque os familiares interessados em constituir uma *holding*

> deixam de ser proprietários dos bens usados na integralização, sejam móveis ou imóveis, sejam materiais ou imateriais (a exemplo de quotas e ações). A holding passará a ser a proprietária desses bens. Os membros da família se tornam membros da holding, ou seja, tornam-se sócios e, assim, titulares de suas quotas ou ações, conforme o tipo societário escolhido.[43]

A *holding* patrimonial é constituída para a organização de bens, direitos e obrigações. Com isso, há uma sistematização de entrega de ativos por parte dos familiares à sociedade para que esta passe a administrar todo antigo patrimônio individual, que agora pertence à pessoa jurídica. Sobre o assunto, Lobato

---

[40] Art. 2º (...) §3º A companhia pode ter por objeto participar de outras sociedades; ainda que não prevista no estatuto, a participação é facultada como meio de realizar o objeto social, ou para beneficiar-se de incentivos fiscais.

[41] CARVALHO, Tomás Lima de; PAZ, Leandro Alves. A utilização estratégica do planejamento jurídico na organização e gestão do patrimônio familiar. *Revista de Direito Empresarial*, vol. 11, p. 95-123, set./out. 2015.

[42] CARVALHO, Tomás Lima de; PAZ, Leandro Alves. A utilização estratégica do planejamento jurídico na organização e gestão do patrimônio familiar. *Revista de Direito Empresarial*, vol. 11, p. 95-123, set./out. 2015.

[43] MAMEDE, Gladston; MAMEDE, Eduardo Cotta. *Holding familiar e suas vantagens*: planejamento jurídico e econômico do patrimônio e da sucessão familiar. 9. ed. rev., atual e ampl. São Paulo: Atlas, 2017. p. 179.

afirma que acaba por proteger o patrimônio pessoal dos sócios, pois "restringe a interferência no capital social das obrigações e responsabilidades por dívidas pessoais dos sócios, a não ser nos casos previstos em lei para desconsideração da personalidade jurídica em situações excepcionalíssimas".[44]

Se constituída de maneira pura, presta-se tão somente para a atividade organizacional de bens. Assim, a criação da pessoa jurídica com aptidão de administrar os bens e os negócios, através da escolha de um administrador com potencial de otimização de bens e direitos, possibilita a profissionalização no comando dos bens. Diante disso, salvaguarda os bens contra terceiros e, inclusive, pessoas da própria família.

A constituição de sociedades com características organizacionais de bens pode ser de natureza contratual ou estatutária, simples ou até mesmo empresária e, ainda, pode adotar qualquer tipo societário (simples, em nome coletivo, em comandita simples, limitada, anônima ou comandita por ações), exceto cooperativa.[45] Não há um tipo societário predefinido de utilização obrigatória; as partes escolhem de acordo com a livre intenção para melhor atender o anseio de todos os interessados.

Entretanto, apesar das diversas modalidades de sociedade, há uma prevalência entre as simples e as limitadas, tendo em vista o fato de impedirem o ingresso de estranhos ao quadro social, evitando um inconveniente familiar.[46] Ademais, burocraticamente, são de organização e criação mais simples.

Independentemente do tipo escolhido, os membros da sociedade são postos em situação de igualdade, podendo ter obtenção de receita na proporção das quotas sociais. A sociedade será comandada e atuará sob o manto do seu ato constitutivo, seja ele o contrato social

---

[44] LOBATO, Marcelo Augustus Vaz. Repasse do patrimônio: quando bem planejada, formação de holdings familiares traz benefícios. *Revista Consultor Jurídico*, 14 dez. 2014. Disponível em: http://www.conjur.com.br/2014-dez-14/bem-planejada-formacao-holdings-familiares-traz-beneficios. Acesso em: 28 fev. 2019.

[45] MAMEDE, Gladston; MAMEDE, Eduardo Cotta. *Holding familiar e suas vantagens*: planejamento jurídico e econômico do patrimônio e da sucessão familiar. 9. ed. rev., atual e ampl. São Paulo: Atlas, 2017. p. 13.

[46] LODI, Edna Pires; LODI, João Bosco. *Holding*. 4. ed. rev. e atual. São Paulo: Cengage Learning, 2011.

ou o estatuto. Nesse sentido, os sócios (que são membros da família) só poderão agir de acordo com a previsão no documento constitutivo, evitando, com isso, ações que não sejam previamente planejadas.

Há que se ter em mente, porém, qual a verdadeira finalidade da *holding* familiar como forma de planejamento patrimonial. Ora, não há qualquer óbice na constituição de sociedades com tais características, sendo juridicamente possível a sua formalização. A possibilidade de se fazer um planejamento sucessório, a possibilidade de haver redução da carga tributária no que se refere ao imposto que é cobrado em relação aos rendimentos da pessoa física, a eventual profissionalização na administração de bens e outros são as razões que podem e devem motivar tal planejamento.

Entretanto, é necessário atentar para a maneira e finalidade de constituição dessa sociedade. Há que se ter cautela e evitar a prática de eventual blindagem patrimonial para se esquivar do cumprimento de obrigações. Há que se evitar condutas abusivas ou ilícitas.

Ora, as *holdings* não podem se prestar à camuflagem patrimonial para obstar o cumprimento de obrigações. A constituição de uma sociedade que tem a intenção de esconder patrimônio para evitar satisfação de crédito viola expressamente o dever de boa-fé indispensável à prática de qualquer cumprimento de obrigações. Tanto o devedor quanto o credor devem guardar a ideia de boa-fé, vez que

> O princípio da solidariedade social (CF, art. 3º, I) atravessa intensamente o direito obrigacional. Se ele determina um digno relacionamento social, inclusive o jurídico, é imperioso que as partes de qualquer negócio jurídico obrigacional busquem, na proporção dos esforços que lhes cabem, em cooperação, o adimplemento da obrigação assumida.[47]

Assim, qualquer prática que vise à obstaculização do adimplemento de obrigações dá ensejo a ilícito e atos inconstitucionais.

Ademais, a alocação dos bens em uma *holding* também encontra limites postos pela legislação que cuida das relações familiares. A legislação civil, na intenção de que seja ofertado um tratamento igualitário à prole, torna anulável o contrato de compra e venda entre ascendentes e descendentes, quando não houver a anuência do cônjuge

---

[47] LÔBO, Paulo. *Direito Civil*: obrigações. 5. ed. São Paulo: Saraiva, 2017. p. 184.

e dos outros descendentes.[48] O legislador pretendeu proteger o núcleo familiar, cuidando de "ingredientes psicológicos e econômicos que podem defluir de uma venda celebrada entre pessoas de uma mesma família".[49] A norma tem a intenção de salvaguardar os descendentes eventualmente prejudicados com a não obediência de igualdade dos quinhões na sucessão hereditária, tendo em vista as possíveis vantagens desproporcionais econômicas que algum deles venha a ter.

Mais adiante, o Código Civil, ao cuidar da doação, manteve o mesmo raciocínio de igualdade entre descendentes quando tratou acerca de eventuais relações desproporcionais entre pais e filhos. A legislação brasileira aduz que a doação feita pelo ascendente ao descendente importa em antecipação de herança.[50] Assim, caso uma *holding* se preste a tentar camuflar negócios jurídicos, praticando uma simulação que intente beneficiar descendente em detrimento dos demais e do cônjuge, ela não se encaixa nos permissivos legais e não pode ser mantida no Brasil.

Outro exemplo posto pelo Código Civil acerca da limitação familiar ao direito da propriedade é a atribuição aos pais do usufruto sobre os bens de propriedade dos filhos durante o poder familiar.[51] Trata-se de proteção ao melhor interesse da criança e do adolescente, que não pode ser mitigado pela transferência de bens às *holdings* que obstem a consecução de tal direito.

Outrossim, o Código Civil trouxe proteção aos cônjuges e aos companheiros que se esforçam para juntos construírem o patrimônio. A alocação de bens comuns e pertencentes a ambos em uma *holding* com exclusão do outro vai de encontro ao que se prega em relação à solidariedade patrimonial. Admite-se a exclusão de um cônjuge ou companheiro apenas do regime de contrato de união estável que contiver cláusula

---

[48] Código Civil – Art. 496. É anulável a venda de ascendente a descendente, salvo se os outros descendentes e o cônjuge do alienante expressamente houverem consentido. Parágrafo único. Em ambos os casos, dispensa-se o consentimento do cônjuge se o regime de bens for o da separação obrigatória.
[49] FARIAS, Cristino Chaves; ROSENVALD, Nelson. *Curso de Direito Civil*: contratos. vol. 4. 5. ed. São Paulo: Atlas, 2015. p. 606.
[50] Código Civil – Art. 544. A doação de ascendentes a descendentes, ou de um cônjuge a outro, importa adiantamento do que lhes cabe por herança.
[51] Código Civil – Art. 1.689. O pai e a mãe, enquanto no exercício do poder familiar: I – são usufrutuários dos bens dos filhos; II – têm a administração dos bens dos filhos menores sob sua autoridade.

que demonstre a intenção de se fazer a separação obrigatória e se um dos integrantes não tiver contribuído para o acréscimo patrimonial. Esses são alguns exemplos postos pelo Direito Civil que têm a função de tentar proteger os bens inseridos no seio familiar. No instante em que se cria uma *holding* para burlar a legislação e impedir a proteção patrimonial familiar, esta se apresenta fora dos contornos constitucionais e deve ser impedida de funcionar.

Ora, a boa-fé se posta não apenas para conduzir a confecção dos contratos. Vai além, trata-se de um dever geral de conduta que regra qualquer relação jurídica, inclusive de cunho existencial. Rodrigo da Cunha Pereira afirma que são

> deveres jurídicos não previstos em legislação ou em cláusulas contratuais, mas que são esperados das partes (...) A quebra ou violação desses deveres pode acarretar a responsabilização civil daquele que desrespeitou, configurando espécie de inadimplemento, independente de culpa.[52]

Dessa forma, a intenção de camuflar o patrimônio para se esquivar do cumprimento de obrigações está completamente eivada pela má-fé e, portanto, não pode receber respaldo legal. Aqueles que utilizam as *holdings* para blindar seu patrimônio (colocando seus bens fora do alcance de quem tem direito), potencializando seus ganhos e deixando de cumprir as obrigações (legais ou convencionais), desvirtua a real finalidade daquelas.

Com isso, resta clarividente que as sociedades de organização patrimonial familiar devem se curvar aos ditames constitucionais, totalmente humanizados, especialmente no que se refere à proteção aos integrantes da família, a nova faceta do tratamento ofertado ao patrimônio e dos princípios sociais que regem os negócios jurídicos.

Considerações finais

O presente texto se propôs a verificar a possibilidade jurídica da utilização das *holdings* familiares patrimoniais como mecanismos

---

[52] PEREIRA, Rodrigo da Cunha. *Dicionário de direito de família e sucessões*: ilustrado. São Paulo: Saraiva, 2015. p. 128.

aptos a planificar o patrimônio pessoal. Por ser uma sociedade com propósito de administração de bens, direito e obrigações, a princípio, não há qualquer obstáculo jurídico para sua existência, desde que obedeça às normas postas pelo ordenamento jurídico brasileiro no que se refere à proteção à família.

Os óbices jurídicos podem surgir quando, no lugar de se fazer um simples planejamento patrimonial, adota-se expediente astucioso com o intento de camuflar os bens e direitos e, por via de consequência, retirá-los do alcance daqueles que podem executar ou reaver. Ou seja, deixa de ter amparo legal quando desvirtua a sua real finalidade: as *holdings* são meras sociedades administradoras e podem ser otimizadoras de recursos.

Essa tentativa de blindagem esbarra nos princípios que atualmente alicerçam o Direito Civil. A metodologia civil-constitucional tem fornecido um grande aparato para a utilização do Direito Privado diante da atual conjuntura social. Com isso, as regras de Direito Privado vêm sendo encontradas e interpretadas diante da Constituição Federal.

Nesse sentido, não há como deixar de olhar o Direito Civil (e com ele uma possível planificação patrimonial) de forma desvinculada com o caráter solidarista e humanista da Constituição Federal de 1988. O arcabouço constitucional traz mecanismos para impedir e combater os abusos de direito, negociações desproporcionais, mitigação de proteção às entidades familiares, sobreposição de valores patrimoniais em face dos existenciais.

A constituição das sociedades *holdings* para a consecução de uma planificação patrimonial facilita a organização, o planejamento, o controle e a destinação do patrimônio familiar. Porém, deve estar pautada no dever de boa-fé, que, nas relações familiares patrimoniais, enseja um excelente instrumento de controle da liberdade de criação das *holdings*, impondo um dever geral de conduta com base nos princípios éticos e sociais.

Referências

AMARAL NETO, Francisco dos Santos. A descodificação do direito civil brasileiro. *Revista do Tribunal Regional Federal da 1ª Região*, Brasília, n. 4, p. 635 *et seq.*, out./dez. 1996.

APOCALYPSE, Sidney Saraiva. PGBL: a falácia da blindagem patrimonial e do planejamento sucessório. *Revista Tributária e de Finanças Públicas*, vol. 66/2006, p. 222-231, jan./fev. 2006.

BARROSO, Luís Roberto. Neoconstitucionalismo e constitucionalização do direito (triunfo tardio do direito constitucional no Brasil). *Revista Eletrônica sobre a Reforma do Estado (RERE)*, Salvador, Instituto Brasileiro de Direito Público, n. 9, mar./abr./ maio 2007. Disponível em: http://www.direitodoestado.com.br/redae.asp. Acesso em: 28 fev. 2019.

CAMPINHO, Sérgio. *Curso de direito comercial*: direito de empresa. 14. ed. rev. e atual. São Paulo: Saraiva, 2016. p. 54.

CARVALHO, Tomás Lima de; PAZ, Leandro Alves. A utilização estratégica do planejamento jurídico na organização e gestão do patrimônio familiar. *Revista de Direito Empresarial*, vol. 11, p. 95-123, set./out. 2015.

COMPARATO, Fábio Konder; SALOMÃO FILHO, Calixto. *O poder de controle na sociedade anônima*. 6. ed. rev. e atual. Rio de Janeiro: Forense, 2014.

EHRHARDT JR., Marcos. Relação Obrigacional como processo na construção do paradigma dos deveres gerais de conduta e suas consequências. *Revista da Faculdade de Direito – UFPR*, Curitiba, n. 56, p. 141-155, 2012, p. 144-145.

FARIAS, Cristino Chaves; ROSENVALD, Nelson. *Curso de Direito Civil*: contratos. vol. 4. 5. ed. São Paulo: Atlas, 2015.

GOMIDE, Alexandre Junqueira. A teoria do adimplemento substancial e o princípio da segurança jurídica. *Revista de Direito Privado*, vol. 45, p. 71-87, jan./mar. 2011.

HESSE, Konrad. *Derecho constitucional y derecho privado*. Tradução de Ignácio Gutiérrez. Madrid: Civitas. 1995.

HIRONAKA, Giselda Maria Fernandes. Principiologia contratual e a valoração ética no Código Civil Brasileiro. *Civilistica.com*. Revista eletrônica de Direito Civil, ano 3, n. 1, 2014.

LOBATO, Marcelo Augustus Vaz. Repasse do patrimônio: quando bem planejada, formação de holdings familiares traz benefícios. *Revista Consultor Jurídico*, 14 de dezembro de 2014. Disponível em: http://www.conjur.com.br/2014-dez-14/bem-planejada-formacao-holdings-familiares-traz-beneficios. Acesso em: 28 fev. 2019.

LÔBO, Paulo Luiz Netto. Contrato e mudança social. *Revista dos Tribunais*, São Paulo, v. 722, p. 42, dez. 1995.

LÔBO, Paulo Luiz Netto. A repersonalização das relações de família. *Revista Brasileira de Direito de Família*, Porto Alegre: Síntese, n. 24, p. 136-156, jun./jul. 2004.

LÔBO, Paulo Luiz Netto. *Direito civil*: coisas. 2. ed. São Paulo: Saraiva, 2017.

LÔBO, Paulo Luiz Netto. *Direito civil*: obrigações. 5. ed. São Paulo: Saraiva, 2017.

LÔBO, Paulo Luiz Netto. *Direito Civil*: parte geral. 6. ed. São Paulo: Saraiva, 2017.

LÔBO, Paulo Luiz Netto. Metodologia do direito civil Constitucional. *In*: RUZYK, Carlos Eduardo Pianovski; SOUZA, Eduardo Nunes de; MENEZES, Joyceane Bezerra de; EHRHARDT JR., Marcos (Org.). *Direito Civil Constitucional* – A ressignificação da função dos institutos fundamentais do direito civil contemporâneo e sua consequências. Florianópolis: Conceito Editorial, 2014, p. 19-27.

LÔBO, Paulo Luiz Netto. Novas perspectivas da constitucionalização do direito civil. *Revista Jus Navigandi*, ISSN 1518-4862, Teresina, ano 18, n. 3754, 11 out. 2013. Disponível em: https://jus.com.br/artigos/25361. Acesso em: 28 fev. 2019.

LÔBO, Paulo Luiz Netto. Princípios contratuais. Princípios sociais dos contratos. *Revista Jus Navigandi*, ISSN 1518-4862, Teresina, ano 18, n. 3750, 7 out. 2013. Disponível em: https://jus.com.br/artigos/25359. Acesso em: 28 fev. 2019.

LODI, Edna Pires; LODI, João Bosco. *Holding*. 4. ed. rev. e atual. São Paulo: Cengage Learning, 2011.

MAMEDE, Gladston; MAMEDE, Eduardo Cotta. *Blindagem patrimonial e planejamento jurídico*. 5. ed. São Paulo: Atlas, 2015.

MAMEDE, Gladston; MAMEDE, Eduardo Cotta. *Holding familiar e suas vantagens*: planejamento jurídico e econômico do patrimônio e da sucessão familiar. 9. ed. rev., atual e ampl. São Paulo: Atlas, 2017.

PEREIRA, Rodrigo da Cunha. *Dicionário de direito de família e sucessões*: ilustrado. São Paulo: Saraiva, 2015.

PEREIRA, Rodrigo da Cunha. Uma Principiologia para o Direito de Família. *Síntese do livro Princípios Fundamentais norteadores do Direito de Família*. 2. ed. São Paulo: Saraiva, 2012.

PRADO, Fred John Santana. A *holding* como modalidade de planejamento patrimonial da pessoa física no Brasil. *Revista Jus Navigandi*, Teresina, ano 16, n. 2800, 2 mar. 2011. Disponível em: https://jus.com.br/artigos/18605. Acesso em: 28 fev. 2019.

SCHREIBER, Anderson. *O princípio do equilíbrio das prestações e o instituto lesão*. Disponível em: http://www.marcosehrhardt.com.br/index.php/artigo/download/122. Acesso em: 28 fev. 2019.

SOUZA, Bárbara Schneider de. *Holding patrimonial: blindagem de patrimônio e planejamento sucessório*. Disponível em: https://www.univates.br/graduacao/media/direito/holding_patrimonial_barbara_schneider_de_souza.pdf. Acesso em: 28 fev. 2019.

TEPEDINO, Gustavo. *Temas de direito civil*. 2. ed. rev. atual. Rio de Janeiro: Renovar, 2001.

Informação bibliográfica deste texto, conforme a NBR 6023:2018 da Associação Brasileira de Normas Técnicas (ABNT):

ALBUQUERQUE, Paula Falcão; MERGULHÃO, Danilo Rafael da Silva. Planejamento patrimonial familiar: as *holdings*. *In*: EHRHARDT JÚNIOR, Marcos; LOBO, Fabíola Albuquerque; ANDRADE, Gustavo (Coord.). *Direito das relações familiares contemporâneas*: estudos em homenagem a Paulo Luiz Netto Lôbo. Belo Horizonte: Fórum, 2019. p. 543-564. ISBN 978-85-450-0700-5.

SOBRE OS AUTORES

Ana Carla Harmatiuk Matos
Mestra e doutora pela Universidade Federal do Paraná. Mestre em Derecho Humano pela Universidad Internacional de Andalucía. Tutora Diritto na Universidade di Pisa – Itália. Professora na graduação, mestrado e doutorado em Direito da Universidade Federal do Paraná. Vice-coordenadora do programa de pós-graduação em Direito da Universidade Federal do Paraná. Professora de Direito Civil e de Direitos Humanos. Advogada. Diretora da Região Sul do IBDFAM. Vice-Presidente do IBDCivil. Autora de artigos e livros jurídicos.

Catarina Oliveira
Doutora em Direito Civil pela UFPE. Professora de Direito Civil da Unicap. Advogada. Membro do Grupo de Pesquisa Constitucionalização das Relações Privadas (CONREP/UFPE). Vice-Presidente do IBDFAM/PE.

Danilo Rafael da Silva Mergulhão
Mestre em Direito pela UFPE. Especialista em Direito Processual. Bacharel em Direito pela Universidade Católica de Pernambuco. Advogado. Assessor Jurídico do Município de Belo Jardim – PE. Coordenador do Núcleo de Direito de Empresa da Escola Superior da Advocacia de Pernambuco (ESA/PE). Professor da Escola Judicial de Pernambuco (ESMAPE). Pesquisador do Grupo de Pesquisa Constitucionalização das Relações Privadas (CONREP/UFPE). Professor universitário. E-mail: danilomergulhao@gmail.com.

Elaine Cristina de Moraes Buarque
Mestra e doutora em Direito pela Universidade Federal de Pernambuco com estágio doutoral sanduíche pela CAPES na Università di Camerino (UNICAM), Itália. Professora universitária e advogada.

Everilda Brandão Guilhermino
Advogada. Mestra e doutoranda em Direito Civil pela Universidade Federal de Pernambuco (UFPE). Professora de Direito Civil e Direito Ambiental em graduação e pós-graduação.

Fabíola Albuquerque Lobo
Professora doutora do Departamento de Direito Privado do CCJ/UFPE. Professora dos cursos de mestrado e doutorado do CCJ/UFPE.

Fernanda Leão Barretto
Graduada em Direito pela Universidade Federal da Bahia. Mestra em Família na Sociedade Contemporânea pela Universidade Católica do Salvador (UCSAL). Especializada em Direito Civil e do Consumidor pelo Juspodivm. Advogada. Professora da Universidade Salvador (UNIFACS), da pós-graduação da Faculdade Baiana de Direito e Gestão, da Escola dos Magistrados da Bahia e do Centro de Estudos José Aras (CEJAS).

Flávio Tartuce
Doutor em Direito Civil pela USP. Professor do programa de mestrado e doutorado da Faculdade Especializada em Direito (FADISP). Professor dos cursos de graduação e pós-graduação *lato sensu* em Direito Privado da Escola Paulista de Direito (EPD), sendo coordenador destes últimos. Professor da Rede LFG. Diretor nacional e estadual do Instituto Brasileiro de Direito de Família (IBDFAM). Advogado e consultor jurídico em São Paulo.

Gustavo Andrade
Pós-doutorando em Direito Civil pela UERJ. Mestre e doutor pela UFPE. Pesquisador do Grupo de Pesquisa Constitucionalização das Relações Privadas (CONREP/UFPE). Pesquisador do Grupo de Pesquisa Historicidade e Relatividade do Direito Civil (UERJ). Pesquisador visitante do Max-Planck-Institut für ausländisches und internationales privatrecht. Procurador Judicial do Município do Recife. E-mail: gustavo@gustavoandrade.adv.br.

João Ricardo Brandão Aguirre
Pós-doutorando em Direito Civil pela Faculdade de Direito da Universidade de São Paulo, sob a supervisão da professora livre-docente doutora Patrícia Faga Iclecias Lemos. Doutor em Direito Civil pela Faculdade de Direito da Universidade de São Paulo, sob a orientação da professora titular doutora Teresa Ancona Lopez. Mestre em Direito Civil pela Pontifícia Universidade Católica de São Paulo, sob a orientação do Professor Doutor Francisco José Cahali. Especialista em Direito Processual Civil pelo Centro de Extensão Universitária (CEU). Graduado em Direito pela Faculdade de Direito da Universidade de São Paulo. Professor da Faculdade de Direito da Universidade Presbiteriana Mackenzie. Coordenador da pós-graduação em Direito de Família e Sucessões da Universidade Anhanguera Uniderp/MS. Foi coordenador dos cursos jurídicos da rede LFG. Presidente do Instituto Brasileiro de Direito de Família em São Paulo (IBDFAM/SP). Tem experiência na área de Direito, com ênfase em Direito Civil. Advogado.

José Barros Correia Junior
Doutor em Constitucionalização das Relações Privadas pela FDR/UFPE. Professor e diretor da Faculdade de Direito de Alagoas (FDA/UFAL). Integrante do Grupo de Pesquisa Constitucionalização das Relações Privadas (CONREP) pela FDR/UFPE. Advogado militante.

Karina Barbosa Franco
Mestranda em Direito Público pela UFAL. Professora universitária. Advogada licenciada. Membro do IBDFAM e do IBDCIVIL. Participante do Grupo de Pesquisa Constitucionalização das Relações Privadas (CONREP/UFPE) e Direito Privado e Contemporaneidade – Linha de Pesquisa: Constitucionalização das Relações Privadas (UFAL). E-mail: karybfranco@gmail.com.

Lígia Ziggiotti de Oliveira
Doutora em Direitos Humanos e Democracia pelo programa de pós-graduação da Universidade Federal do Paraná. Mestra em Direito das Relações Sociais pela mesma instituição. Professora de Direito Civil da graduação em Direito do Centro Universitário Autônomo do Brasil e da Universidade Positivo. Advogada.

Luciana da Fonseca Lima Auto Brasileiro
Doutoranda em Direito Privado pela UFPE. Advogada. Professora universitária.

Manuel Camelo Ferreira da Silva Netto
Mestrando em Direito pela Universidade Federal de Pernambuco (UFPE). Graduado em Direito pela Universidade Católica de Pernambuco (UNICAP). Advogado. Mediador Humanista. Membro do Grupo Frida de Gênero e Diversidade. Pesquisador do Grupo de Pesquisa Constitucionalização das Relações Privadas (CONREP/UFPE/CNPq). Associado do Instituto Brasileiro de Direito de Família (IBDFAM). E-mail: manuelcamelo2012@hotmail.com.

Marcos Ehrhardt Júnior
Doutor em Direito pela Universidade Federal de Pernambuco (UFPE). Professor de Direito Civil da UFAL e do Centro Universitário CESMAC.

Maria Rita de Holanda Silva Oliveira
Mestra em Relações Sociais pela PUC-SP. Doutora em Direito Civil pela UFPE, professora-adjunta I da Universidade Católica de Pernambuco.

Marianna Chaves
Doutoranda em Direito Civil pela Universidade de Coimbra em cotutela com a Universidade de São Paulo. Mestra em Ciências Jurídicas pela Universidade de Lisboa. Pós-graduada em Direito da Bioética e da Medicina pela APDI e Universidade de Lisboa. Pós-graduada em Consentimento Informado pelo Centro de Direito Biomédico da Universidade de Coimbra. Pós-graduada em Direito e Medicina da Reprodução pelo Centro de Direito Biomédico da Universidade de Coimbra (THD-ULisboa). Consultora Jurídica e advogada especializada em Direito das Famílias e da Saúde.

Mário Luiz Delgado
Doutor em Direito Civil pela USP. Mestre em Direito Civil Comparado pela PUC-SP. Advogado. Presidente da Comissão de Assuntos Legislativos do IBDFAM. Diretor de Assuntos Legislativos do Instituto dos Advogados de São Paulo (IASP). Membro da Academia Brasileira de Direito Civil (ABDC) e do Instituto de Direito Comparado Luso-Brasileiro (IDCLB).

Patricia Ferreira Rocha
Mestra em Direito Civil pela Universidade Federal de Pernambuco (UFPE). Professora de Direito das Famílias e Sucessões na graduação, pós-graduação, cursinhos preparatórios para OAB e carreiras jurídicas, presenciais e virtuais. Pesquisadora do CONREP/UFPE. Advogada e conselheira seccional da OAB/Alagoas. E-mail: patriciarochamcz@hotmail.com.

Paula Falcão Albuquerque
Mestra em Direito pela FDA/UFAL. Membro do Grupo de Pesquisa Constitucionalização das Relações Privadas (CONREP/UFPE). Membro do Grupo de Pesquisa Direito Privado e Contemporaneidade da UFAL. Professora de Direito. Advogada. E-mail: paula.falcao@hotmail.com.

Renata Vilela Multedo
Doutora e mestra em Direito Civil pela UERJ. Professora titular de Direito Civil do Grupo IBMEC. Professora da pós-graduação *lato sensu* em Direito Privado Patrimonial e em Direito das Famílias e das Sucessões da PUC-Rio. Membro do Conselho Executivo da *civilistica.com* – Revista eletrônica de Direito Civil. Membro efetivo do IAB. Membro do IBDFAM e do IBDCivil. Advogada. E-mail: renatavilela@bmvf.com.br.

Ricardo Calderón
Doutorando e mestre em Direito Civil pela Universidade Federal do Paraná (UFPR). Pós-graduado em Teoria Geral do Direito e em Direito Processual Civil. Coordenador da especialização em Direito das Famílias e Sucessões da Academia Brasileira de Direito Constitucional (ABDCONST). Professor dos cursos de pós-graduação da Fundação Getúlio Vargas (FGV/ISAE), Escola Paulista de Direito e Universidade Positivo. Pesquisador do grupo de estudos e pesquisas de Direito Civil Virada de Copérnico, vinculado ao PPGD-UFPR. Diretor Nacional do Instituto Brasileiro de Direito de Família (IBDFAM). Membro do IBDCivil. Membro do Instituto dos Advogados do Paraná. Vice-presidente da Comissão de Direito de Família da OAB/PR. Membro da Comissão de Educação Jurídica da OAB/PR. Advogado em Curitiba e sócio do escritório Calderón Advogados.

Rodolfo Pamplona Filho
Graduado em Direito pela Universidade Federal da Bahia, com mestrado em Direito pela Pontifícia Universidade Católica de São Paulo. Mestre em Direito Social pela Universidad de Castilla-La Mancha (UCLM) e doutor em Direito pela Pontifícia Universidade Católica de São Paulo. Membro da Academia Brasileira de Direito do Trabalho, Academia de Letras Jurídicas da Bahia, Instituto Baiano de Direito do Trabalho, Academia Brasileira de Direito Civil (ABDC), Instituto Brasileiro de Direito Civil (IBDCivil) e Instituto Brasileiro de Direito de Família (IBDFAM). Poeta. Músico. Juiz do Trabalho concursado, com posse e exercício em 10.07.1995, sendo, atualmente, titular da 32ª Vara do Trabalho de Salvador/BA, desde junho de 2015.

Rodrigo da Cunha Pereira
Advogado. Presidente do Instituto Brasileiro de Direito de Família (IBDFAM). Doutor (UFPR) e mestre (UFMG) em Direito Civil. Autor de vários livros e trabalhos em Direito de Família e Psicanálise.